凯鲁亚克与金斯堡
通信集

〔美〕杰克·凯鲁亚克　艾伦·金斯堡　著

胡怡君　译

JACK KEROUAC

AND

ALLEN GINSBERG:

THE LETTERS

上海译文出版社

目　录

编者导言
I

致　谢
I

一九四四
1

一九四四年八月中旬前后：艾伦·金斯堡致杰克·凯鲁亚克

一九四四年九月前后：杰克·凯鲁亚克致艾伦·金斯堡

一九四五
7

一九四五年七月下旬前后：艾伦·金斯堡致杰克·凯鲁亚克

一九四五年八月十日：杰克·凯鲁亚克致艾伦·金斯堡

一九四五年八月十二日：艾伦·金斯堡致杰克·凯鲁亚克

一九四五年八月十七日：杰克·凯鲁亚克致艾伦·金斯堡

一九四五年八月二十二日：艾伦·金斯堡致杰克·凯鲁亚克

一九四五年八月二十三日：杰克·凯鲁亚克致艾伦·金斯堡

一九四五年九月四日：艾伦·金斯堡致杰克·凯鲁亚克

一九四五年九月六日：杰克·凯鲁亚克致艾伦·金斯堡

一九四五年九月六日后：艾伦·金斯堡致杰克·凯鲁亚克

———

一九四八

35

一九四八年四月前后：杰克·凯鲁亚克致艾伦·金斯堡

一九四八年五月十八日：杰克·凯鲁亚克致艾伦·金斯堡

一九四八年五月十八日后：艾伦·金斯堡致杰克·凯鲁亚克

一九四八年七月三日：艾伦·金斯堡致杰克·凯鲁亚克

一九四八年夏：艾伦·金斯堡致杰克·凯鲁亚克

一九四八年九月九日：杰克·凯鲁亚克致艾伦·金斯堡

一九四八年夏末：艾伦·金斯堡致杰克·凯鲁亚克

一九四八年九月十八日：杰克·凯鲁亚克致艾伦·金斯堡

一九四八年十月十九日后：艾伦·金斯堡致杰克·凯鲁亚克

一九四八年十二月前后：艾伦·金斯堡致杰克·凯鲁亚克

一九四八年十二月前后：艾伦·金斯堡致杰克·凯鲁亚克

一九四八年十二月十六日前后：杰克·凯鲁亚克致艾伦·金斯堡

一九四八年十二月前后：艾伦·金斯堡致杰克·凯鲁亚克

一九四八年十二月前后：杰克·凯鲁亚克致艾伦·金斯堡

———

一九四九

83

一九四九年四月二十三日前后：艾伦·金斯堡致杰克·凯鲁亚克

一九四九年五月初前后：艾伦·金斯堡致杰克·凯鲁亚克

一九四九年五月十五日前：艾伦·金斯堡致杰克·凯鲁亚克

一九四九年五月二十三日：杰克·凯鲁亚克致艾伦·金斯堡

一九四九年五月二十三日后：艾伦·金斯堡致杰克·凯鲁亚克

一九四九年六月十日：杰克·凯鲁亚克致艾伦·金斯堡

一九四九年六月十三日：艾伦·金斯堡致杰克·凯鲁亚克

一九四九年六月十五日：艾伦·金斯堡致杰克·凯鲁亚克

一九四九年六月二十九日前后：艾伦·金斯堡致杰克·凯鲁亚克

一九四九年七月五日至十一日：杰克·凯鲁亚克致艾伦·金斯堡

一九四九年七月十三日至十四日：艾伦·金斯堡致杰克·凯鲁亚克

一九四九年七月二十六日：杰克·凯鲁亚克致艾伦·金斯堡

一九五〇

143

一九五〇年一月十三日：杰克·凯鲁亚克致艾伦·金斯堡

一九五〇年一月二十一日：艾伦·金斯堡致杰克·凯鲁亚克

一九五〇年二月前后：艾伦·金斯堡致杰克·凯鲁亚克

一九五〇年二月二十四日：艾伦·金斯堡致杰克·凯鲁亚克

一九五〇年三月前后：艾伦·金斯堡致杰克·凯鲁业克

一九五〇年七月八日：艾伦·金斯堡致杰克·凯鲁亚克

一九五二

165

一九五二年二月前后：艾伦·金斯堡致杰克·凯鲁亚克和尼尔·卡萨迪

一九五二年二月前后：杰克·凯鲁亚克致艾伦·金斯堡

一九五二年二月十五日：艾伦·金斯堡致尼尔·卡萨迪和杰克·凯鲁亚克

一九五二年二月二十五日：杰克·凯鲁亚克致艾伦·金斯堡

一九五二年三月八日前后：艾伦·金斯堡致杰克·凯鲁亚克和尼尔·卡萨迪

一九五二年三月十五日：杰克·凯鲁亚克致艾伦·金斯堡

一九五二年三月二十日：艾伦·金斯堡致尼尔·卡萨迪和杰克·凯鲁亚克

一九五二年三月末前后：艾伦·金斯堡致杰克·凯鲁亚克

一九五二年三月末：杰克·凯鲁亚克致艾伦·金斯堡

一九五二年三月末四月初：艾伦·金斯堡致杰克·凯鲁亚克

一九五二年五月十日：杰克·凯鲁亚克致艾伦·金斯堡

一九五二年五月十五日：艾伦·金斯堡致杰克·凯鲁亚克

一九五二年五月十八日：杰克·凯鲁亚克致艾伦·金斯堡

一九五二年六月十二日：艾伦·金斯堡致杰克·凯鲁亚克

一九五二年十月八日：杰克·凯鲁亚克致艾伦·金斯堡

一九五二年十一月一日至七日前后，八日之前：艾伦·金斯堡致杰克·凯鲁亚克

一九五二年十一月八日：杰克·凯鲁亚克致艾伦·金斯堡

―――

一九五三

245

一九五三年二月十九日：艾伦·金斯堡致杰克·凯鲁亚克

一九五三年二月二十一日：杰克·凯鲁亚克致艾伦·金斯堡

一九五三年二月二十四日：艾伦·金斯堡致杰克·凯鲁亚克

一九五三年五月七日：杰克·凯鲁亚克致艾伦·金斯堡

一九五三年五月十三日：艾伦·金斯堡致杰克·凯鲁亚克

一九五三年七月二日：艾伦·金斯堡致杰克·凯鲁亚克

一九五三年七月十三日：艾伦·金斯堡致杰克·凯鲁亚克

一九五三年十一月二十一日：杰克·凯鲁亚克致艾伦·金斯堡和威廉姆·苏·巴勒斯

一九五四

259

一九五四年一月十二日前：艾伦·金斯堡致杰克·凯鲁亚克、尼尔·卡萨迪和卡洛琳·卡萨迪

一九五四年一月十八日至二十五日：艾伦·金斯堡致尼尔·卡萨迪、杰克·凯鲁亚克和卡洛琳·卡萨迪

一九五四年二月十八日至十九日：艾伦·金斯堡致尼尔·卡萨迪、卡洛琳·卡萨迪和杰克·凯鲁亚克

一九五四年三月前后：杰克·凯鲁亚克致艾伦·金斯堡

一九五四年四月四日：艾伦·金斯堡致尼尔·卡萨迪、卡洛琳·卡萨迪和杰克·凯鲁亚克

一九五四年五月末前后：杰克·凯鲁亚克致艾伦·金斯堡

一九五四年六月十八日：艾伦·金斯堡致杰克·凯鲁亚克

一九五四年六月十八日后：杰克·凯鲁亚克致艾伦·金斯堡

一九五四年七月十日前后：艾伦·金斯堡致杰克·凯鲁亚克

一九五四年七月三十日：杰克·凯鲁亚克致艾伦·金斯堡

一九五四年八月初前后：艾伦·金斯堡致杰克·凯鲁亚克

一九五四年八月二十三日：杰克·凯鲁亚克致艾伦·金斯堡

一九五四年九月五日：艾伦·金斯堡致杰克·凯鲁亚克

一九五四年十月二十六日前：艾伦·金斯堡致杰克·凯鲁亚克

一九五四年十月二十六日：杰克·凯鲁亚克致艾伦·金斯堡

一九五四年十一月九日：艾伦·金斯堡致杰克·凯鲁亚克

一九五四年十一月二十六日：艾伦·金斯堡致杰克·凯鲁亚克

一九五四年十二月二十二日：杰克·凯鲁亚克致艾伦·金斯堡

一九五四年十二月二十九日：艾伦·金斯堡致杰克·凯鲁亚克

一九五五

343

一九五五年一月十二日：艾伦·金斯堡致杰克·凯鲁亚克

一九五五年一月十四日：艾伦·金斯堡致杰克·凯鲁亚克

一九五五年一月十八日至二十日：杰克·凯鲁亚克致艾伦·金斯堡

一九五五年二月十日：杰克·凯鲁亚克致艾伦·金斯堡

一九五五年二月十四日：艾伦·金斯堡致杰克·凯鲁亚克

一九五五年三月四日：杰克·凯鲁亚克致艾伦·金斯堡

一九五五年三月十三日：艾伦·金斯堡致杰克·凯鲁亚克

一九五五年四月二十日：杰克·凯鲁亚克致艾伦·金斯堡

一九五五年四月二十二日：艾伦·金斯堡致杰克·凯鲁亚克

一九五五年五月三日：杰克·凯鲁亚克致艾伦·金斯堡

一九五五年五月十日前后：艾伦·金斯堡致杰克·凯鲁亚克

一九五五年五月十一日：杰克·凯鲁亚克致艾伦·金斯堡

一九五五年五月二十日：杰克·凯鲁亚克致艾伦·金斯堡

一九五五年五月二十七日：杰克·凯鲁亚克致艾伦·金斯堡

一九五五年五月二十七日：艾伦·金斯堡致杰克·凯鲁亚克

一九五五年六月一日：杰克·凯鲁亚克致艾伦·金斯堡

一九五五年六月五日至六日：艾伦·金斯堡致杰克·凯鲁亚克

一九五五年六月十日左右：杰克·凯鲁亚克致艾伦·金斯堡

一九五五年六月二十七日至二十八日：杰克·凯鲁亚克致艾伦·金斯堡

一九五五年六月二十九日：杰克·凯鲁亚克致艾伦·金斯堡

一九五五年七月五日：艾伦·金斯堡致杰克·凯鲁亚克

一九五五年七月十四日：杰克·凯鲁亚克致艾伦·金斯堡

一九五五年七月十四日后：艾伦·金斯堡致杰克·凯鲁亚克

一九五五年八月七日：杰克·凯鲁亚克致艾伦·金斯堡

一九五五年八月十五日前：艾伦·金斯堡致杰克·凯鲁亚克

一九五五年八月十九日：杰克·凯鲁亚克致艾伦·金斯堡

一九五五年八月二十五日：艾伦·金斯堡致杰克·凯鲁亚克

一九五五年八月三十日：艾伦·金斯堡致杰克·凯鲁亚克

一九五五年九月一日至六日：杰克·凯鲁亚克致艾伦·金斯堡

―――――

一九五六

431

一九五六年三月十日：艾伦·金斯堡致杰克·凯鲁亚克

一九五六年五月末前后：艾伦·金斯堡致杰克·凯鲁亚克

一九五六年八月十二日至十八日：艾伦·金斯堡致杰克·凯鲁亚克

一九五六年九月二十六日：杰克·凯鲁亚克致艾伦·金斯堡

一九五六年十月一日：艾伦·金斯堡致杰克·凯鲁亚克

一九五六年十月十日：艾伦·金斯堡致杰克·凯鲁亚克

一九五六年十月十日：杰克·凯鲁亚克致艾伦·金斯堡

一九五六年十二月二十六日：杰克·凯鲁亚克致艾伦·金斯堡

―――――

一九五七

453

一九五七年四月末五月初前后：杰克·凯鲁亚克致艾伦·金斯堡和威廉·苏·巴勒斯

一九五七年五月十七日：杰克·凯鲁亚克致艾伦·金斯堡

一九五七年五月三十一日：艾伦·金斯堡致杰克·凯鲁亚克

一九五七年六月七日：杰克·凯鲁亚克致艾伦·金斯堡、彼得·奥洛夫斯基、威廉姆·苏·巴勒斯和艾伦·安森

一九五七年七月二十一日：杰克·凯鲁亚克致艾伦·金斯堡、彼得·奥洛夫斯基和艾伦·安森

一九五七年八月九日：杰克·凯鲁亚克致艾伦·金斯堡

一九五七年八月十三日至九月五日：艾伦·金斯堡致杰克·凯鲁亚克

一九五七年九月二十八日：艾伦·金斯堡致杰克·凯鲁亚克

一九五七年十月一日：杰克·凯鲁亚克致艾伦·金斯堡

一九五七年十月九日：艾伦·金斯堡致杰克·凯鲁亚克

一九五七年十月十六日：艾伦·金斯堡致杰克·凯鲁亚克

一九五七年十月十八日：杰克·凯鲁亚克致艾伦·金斯堡

一九五七年十一月十三日至十五日：艾伦·金斯堡致杰克·凯鲁亚克

一九五七年十一月三十日：杰克·凯鲁亚克致艾伦·金斯堡

一九五七年十二月五日：艾伦·金斯堡致杰克·凯鲁亚克

一九五七年十二月十日：杰克·凯鲁亚克致艾伦·金斯堡、彼得·奥洛夫斯基和格雷戈里·柯索

一九五七年十二月二十八日：杰克·凯鲁亚克致艾伦·金斯堡

———

一九五八

513

一九五八年一月四日：艾伦·金斯堡致杰克·凯鲁亚克

一九五八年一月八日：杰克·凯鲁亚克致艾伦·金斯堡

一九五八年一月十一日：艾伦·金斯堡致杰克·凯鲁亚克

一九五八年一月十六日：杰克·凯鲁亚克致艾伦·金斯堡

一九五八年一月二十一日：杰克·凯鲁亚克致艾伦·金斯堡

一九五八年二月二十六日前后：艾伦·金斯堡致杰克·凯鲁亚克

一九五八年四月八日：杰克·凯鲁亚克致艾伦·金斯堡

一九五八年六月二十六日：艾伦·金斯堡致杰克·凯鲁亚克

一九五八年七月二日：杰克·凯鲁亚克致艾伦·金斯堡

一九五八年八月十一日：杰克·凯鲁亚克致艾伦·金斯堡

一九五八年八月二十日：艾伦·金斯堡致杰克·凯鲁亚克

一九五八年八月二十八日：杰克·凯鲁亚克致艾伦·金斯堡

一九五八年八月三十一日前后：艾伦·金斯堡致杰克·凯鲁亚克

一九五八年九月八日：杰克·凯鲁亚克致艾伦·金斯堡

一九五八年九月十六日：艾伦·金斯堡致杰克·凯鲁亚克

一九五八年十月五日：杰克·凯鲁亚克致艾伦·金斯堡

一九五八年十月二十八日：杰克·凯鲁亚克致艾伦·金斯堡

一九五八年十月二十九日：艾伦·金斯堡致杰克·凯鲁亚克

一九五八年十一月十七日：艾伦·金斯堡致杰克·凯鲁亚克

一九五八年十一月十九日：杰克·凯鲁亚克致艾伦·金斯堡

一九五八年十二月十六日：杰克·凯鲁亚克致艾伦·金斯堡

一九五九

573

一九五九年三月二十四日：杰克·凯鲁亚克致艾伦·金斯堡、格雷戈里·柯索和彼得·奥洛夫斯基

一九五九年五月十二日：艾伦·金斯堡致杰克·凯鲁亚克

一九五九年五月十九日：杰克·凯鲁亚克致艾伦·金斯堡

一九五九年六月十八日：杰克·凯鲁亚克致艾伦·金斯堡

一九五九年七月一日：艾伦·金斯堡致杰克·凯鲁亚克

一九五九年十月六日：杰克·凯鲁亚克致艾伦·金斯堡

一九五九年十月十六日：艾伦·金斯堡致杰克·凯鲁亚克

一九五九年十一月二日：杰克·凯鲁亚克致艾伦·金斯堡

一九五九年十一月五日：艾伦·金斯堡致杰克·凯鲁亚克

一九五九年十二月二十四日：杰克·凯鲁亚克致艾伦·金斯堡

一九五九年十二月二十九日：艾伦·金斯堡致杰克·凯鲁亚克

一九六○
601

一九六○年一月四日：杰克·凯鲁亚克致艾伦·金斯堡

一九六○年六月二十日：杰克·凯鲁亚克致艾伦·金斯堡

一九六○年九月十九日：艾伦·金斯堡致杰克·凯鲁亚克

一九六○年九月二十二日：杰克·凯鲁亚克致艾伦·金斯堡

一九六○年十月十三日前后：艾伦·金斯堡致杰克·凯鲁亚克

一九六○年十月十八日：杰克·凯鲁亚克致艾伦·金斯堡

一九六一
623

一九六一年四月十四日：杰克·凯鲁亚克致艾伦·金斯堡

一九六三
627

一九六三年六月二十九日：杰克·凯鲁亚克致艾伦·金斯堡

一九六三年十月六日：艾伦·金斯堡杰克·凯鲁亚克

索引
639

编者导言

这两天我一直在整理旧信件，把它们从旧信封里取出，把信纸夹在一起，收好……数百封艾伦、巴勒斯、卡萨迪寄来的旧信件，年轻人的热情足以让人热泪盈眶……可如今我们变得多么凄凉。名声毁了所有人。总有一天，"艾伦·金斯堡与杰克·凯鲁亚克通信集"会让美国热泪盈眶。

一九六一年五月二十五日，杰克·凯鲁亚克致劳伦斯·费林盖蒂信

绝不要承认两颗真心的结合会有任何障碍——爱算不得真爱,若是一争吵便随风转舵[1]——哦,不!爱是坚守原地的云雀。

——二十二岁的杰克·凯鲁亚克在给十七岁的艾伦·金斯堡的第一封信中转述威廉·莎士比亚的话

近几十年来,人们越发哀叹手写或打字机打出的信件逐渐消亡,常将其归咎于大幅下降的电话费。事实的确如此。直到上世纪六十年代中期,对许多人来说,拨打国内长途仍是罕见且奢侈的行为,人们只有在紧急情况或通报出生、死亡的消息时才铺张浪费一下。但随着技术发展,人们越来越用得起电话,他们不愿花时间坐下来写信,而是通过电话与亲友互诉衷肠。近来,电子邮件的出现进一步减少了平信往来的数量。

现在的问题是,那些具有持久吸引力又通过电子邮件广泛交流自己的生活和写作的作家,是否会不厌其烦地为未来的学者和读者保留可查阅的记录。但无论未来如何,我们不常能见到两位重要作家之间的大量书信,这些书信能让我们更深入地了解他们的工作和生活。而这两位作家,杰克·凯鲁亚克和艾伦·金斯堡,他们的通信和往来的明信片,却让我们得见其风采。他们写了大量信件,其数量之多,以及由此结下且不断加深的文学友谊,皆为人称道。事实上,两人的书信无论是时间跨度、行文质量还是展现出的亲切感,都是非凡的。如此长时间内容丰富的通信往来,实属罕见。

事实证明,凯鲁亚克和金斯堡是二十世纪下半叶极具影响力的两位作家。凯鲁亚克的《在路上》和金斯堡的《嚎叫》影响深远，激励了无数读者，包括许多在文学领域之外工作的艺术家——他们认为这两本书能解放心灵，改变人生。凯鲁亚克的小说对美国作家的写作方式影响至深，并帮助塑造了几代人的世界观。金斯堡凭借诗歌、引人注目的公开表演，以及活动家和教师的角色，几十年来已成为一股文化力量。他们的作品和生活仍继续发挥其深远影响，所以他们的历史地位如何仍尚无定论。

选集中三分之二的信件尚未发表过，所选书信对理解他们的作品贡献巨大。金斯堡和凯鲁亚克的友谊是后来人们称作垮掉的一代的文学运动和文化观念的核心关键，对两人成年后的职业写作生涯亦至关重要。他们跨越二十五年独特的书信往来呈现了多幅富有激情的自画像，生动记录了他们参与创造的文化场景，充满了对垮掉的一代运动核心的文学探索的关键洞见，是一部记载了两人相互鼓励进行精神探索的独特的编年史，也是一份个人深厚友谊的记录。

一九四四年，金斯堡还在哥伦比亚大学念本科时，他们的友谊已经开始。他们于同年开始通信，一直持续到一九六九年凯鲁亚克去世前不久。这些信件记录了一段漫长而激烈的对话，不同时期的频率和强度各不相同。

两人早期就投身文学事业，往来信件相当于一个重要的工作坊，他们在其中就各自不断生发的想法进行分享与无休止的争辩。无论思想是否一致，他们写信时都抱着开放且相互信任的态度。信件中展现的金斯堡和凯鲁亚克首先是充满艺术激情和创新天赋的作家。为了实现文学愿景，他们在职业生涯中做出了无尽的奋斗、努力和牺牲。无论境况好坏，他们都为对方提供了坚实的参考。他们的书信往来展现了作家间的交集和冲突。作为语言"素描家"，他们都有着不可思议的非凡才艺，都致力将写作作为一种训练有素的

"自发思考"进行全面探索。金斯堡的不懈支持和鼓励令凯鲁亚克受益匪浅。金斯堡的社交能力和凝聚人心的十足劲头，对推动形成垮掉的一代至关重要。而凯鲁亚克写作上的创新对金斯堡的创作亦极为关键，正如金斯堡所说，"我自己的诗歌创作一直是模仿凯鲁亚克的做法，即在纸上直接追踪自己的思想和声音"。

拜伦勋爵曾写道，"友谊是没有羽翼的爱"。显然他错了，因为这本书证明，终生不渝的友谊是有羽翼的爱。两位挚友随着信件飞来飞往而展翅高飞。有时，他们通信的热情如此之高，以至于信件在飞行途中擦肩而过。这些信件是他们作品的重要组成部分，通常也是那些作品逐渐发展的载体。他们在信中分享并思考语词表达、相互推荐书籍、分析作家和朋友、交换诗作、验证想法，他们对彼此的回应有助于决定下一步的行动。信中有盛怒也有狂喜，有玩闹、痛苦，也有学识的展现，他们交流日常生计、赚钱的难处，还为协调聚会和活动规划详细的后勤安排。他们与朋友保持联系，并相互转发这些朋友的信件。在影印技术出现以前，原件往往就是唯一的复本，所以这些信件弥足珍贵。

其中一些信件以单倍行距写成，如同惊人的长篇史诗，比他们已发表的故事或文章还要长。从远方寄来的航空信件，文字塞满页边，填满每一英寸。手写信则写在横格页、小笔记本和旧信笺上。信封上潦草地写着附加内容，有时还有冗长的附言。信中有对出版策略的持续关注，年复一年将自己及友人作品予以付印的艰辛；有讨论代理人、编辑和出版商，分享愤怒和挫折；有新的方向、重建的决心以及绝望；有争论，也有抛开争论的时候。最重要的是，在过去的岁月里，他们经常表达出对彼此的欣赏和喜爱。艾伦会称杰克为"亲爱的布列塔尼人""杰克亲亲""我亲爱的朋友让""仁慈的心灵之王"或"幽灵"。而杰克则以"亲爱的阿兰""亲爱的小猴子""艾伦亲亲""欧文"或"老弟"起笔。

编者导言　VII

凯鲁亚克开始关注佛教思想时，也一直试图吸引金斯堡的兴趣。他在广泛阅读中做了大量笔记，热情地与金斯堡分享，并指导和督促他学习。凯鲁亚克最终放弃了修行，但金斯堡接受了藏传佛教，并认真修行了几十年，他的追悼会在曼哈顿的一座寺庙举行。两人对佛教的探索都源于这些书信。

成功给凯鲁亚克带来的关注并非是善意的。大多数时候他不愿投身六十年代的反主流文化，在生命的最后几年，他离群索居。金斯堡则完全拥抱时代，把艺术和政治结合起来，发挥起独特的作用。他们的通信在六十年代仍继续着，但只是零星几封。偶尔的电话成了维系他们感情的主要纽带。一九六九年凯鲁亚克去世时，金斯堡在事业上正大步迈进，并且，在接下来的三十年里，他的工作在各个方面都将蒸蒸日上。

杰克·凯鲁亚克去世几年后，艾伦·金斯堡和诗人安妮·瓦尔德曼在科罗拉多州博尔德市那诺巴大学共同创立了杰克·凯鲁亚克虚空诗学学院。有一年夏天，金斯堡在那儿教书时，请他当时的学生助理杰森·辛德帮忙收集他与凯鲁亚克之间所有信件的复本。幸运的是，金斯堡和凯鲁亚克都为子孙后代着想，他们整理并保存了几乎所有的东西。当时，他们的大部分信件已经被两个伟大的研究型图书馆所收藏：凯鲁亚克的在哥伦比亚大学图书馆，金斯堡的在得克萨斯大学图书馆。金斯堡希望有朝一日他们的信件能集结出版，但一旦堆积如山的材料被收集起来，抄录所有信件的工作势必令人难以应付。在接下来的三十年里工作毫无进展。

编辑本书时，我们一开始面对的是近三百封信件。每封信各有优点，如果能全数收录，那就再好不过了，但这不切实际。最后，我们收录了最好的那三分之二。我们旨在出版尽可能多的信件，为了实现这一目标，我们放弃了过去几年两人零星的信件往来。那些信只不过是私人对话的补充。本书以两位老友一段激烈的交流高调收尾，几年后，凯鲁亚克的声音渐渐沉寂下来。

大多数信都是全篇收录，个别信件做了恰当的删减，删减内容用方括号加省略号［……］表示。金斯堡和凯鲁亚克在信中偶尔会把省略号当空格用，这些省略号我们通常都保留下来，但方括号里的表示对文本的删除。有时，我们也会删除一些与信函内容毫无关系且无关紧要的附言，这些附言通常是为了询问朋友情况、传达指示或问候他人。两位作家有时会在信里附上诗歌和文本，其中一些也已删除。

确定一些信函的写作日期一直是个难题。在日期不明确处，编辑做出了有根据的推测，这些大致的日期会用括号标明，就像对作者自己标注的日期的更正一样，比如在新年的头几个月，由于习惯而错误使用了前一年的年份。一般来说，我们会纠正简单的拼写错误，除非是明显或可能是故意的错误拼写，类似"eyedea"和"mustav"。有些错误是他们一贯犯的，比如金斯堡用"卡罗琳"（Caroline）代替"卡洛琳"（Carolyn），用"伊莉丝"（Elyse）代替"伊利斯"（Elise），这些错误第一次出现时我们会指出，之后会予以纠正。其他时候错误更为多变。杰克·凯鲁亚克可能会在一个句子中使用 *On the Road*，而在下一个句子中使用 *On The Road*。摩洛哥的城市可能是丹格尔（Tanger），丹吉尔（Tangier），丹吉尔斯（Tangiers），甚至是丹格尔斯（Tangers），他们几乎不考虑一致性。

金斯堡的笔迹尤其难以辨认，凯鲁亚克的一些双面书写的信件透印得厉害，即使借助放大镜，也很难辨认出每个单词。因此，如果编辑对某个特定的词进行了精确的推测，这个词就会被放入方括号中。同样，如果一个词或一段文字完全无法辨认，则用［?］表示。

添加脚注是为了帮助说明读者可能不太熟悉的人物和事件，

但编辑尽量减少脚注,我们建议读者自行查阅参考资料。凯鲁亚克和金斯堡的生平事迹在相关传记中已经得到了很好的讲述,贯穿全书的编者按作为垫脚石,帮助读者跨越时间上的空白,或者填补信函缺失的上下文。故事都在书信中得以讲述,我们把它们留待读者去发现。

    1. 原文引自莎士比亚十四行诗第116首:"Let me not to the marriage of true minds/Admit impediments. Love is not love/Which alters when it alteration finds .... O no! it is an ever-fixed mark",将alteration改为altercation,mark改为了lark。此处援引梁宗岱先生的译文,相应做了改动。——译注

致 谢

编辑比尔·摩根和戴维·斯坦福谨代表金斯堡基金会和凯鲁亚克基金会在此感谢：

艾伦·金斯堡信托基金；信托基金董事鲍勃·罗森塔尔和安德鲁·怀利，特别感谢彼得·霍尔，他为金斯堡基金会不辞辛劳。史蒂文·泰勒对书稿终稿提出了善意的建议。朱迪·马茨一如既往的是编辑过程中的无名英雄。

我们还要感谢安德鲁·怀利代理公司，尤其是艾伦·金斯堡的代理人杰弗·波斯特纳克。

还有杰克·凯鲁亚克基金会，基金会执行人约翰·桑帕斯，特别感谢约翰多年来对我们持续钻研凯鲁亚克作品时的指导，以及在帮助破译某些复杂段落的排版方面的专业知识。

感谢斯特林·洛德文学代理公司，尤其是凯鲁亚克的长期经纪人斯特林·洛德，与他共事总是一种优雅的乐趣。

感谢美国企鹅出版社，确切地说，是维京企鹅出版社，更确切地说，是我们的编辑保罗·斯洛瓦克，我们对他长期以来对凯鲁亚克作品的推广工作深表赞赏。多年来，他和戴维·斯坦福在之前的维京出版社，于彼此苦中作乐的同僚情谊中夜以继日、并肩奋战。

感谢以下图书馆：得克萨斯大学奥斯汀分校哈里·兰索姆人文研究中心；哥伦比亚大学特藏部巴特勒图书馆；斯坦福大学特藏部格林图书馆。

我们想向编辑、作家和诗人杰森·辛德致敬，他参与了项目最初阶段的工作。当人们重新燃起完成此书的兴趣时，他代表金斯堡基金会签约成为合编者。他的英年早逝剥夺了他的机会。在借鉴合著作品提案备忘时，我们毫不犹豫地将他的一些想法纳入了编者按。我们感谢他的贡献，作为编辑同仁，我们向他致敬。

一九四四

编者按：金斯堡和凯鲁亚克的通信始于两人见面六七个月后。其间，他们成了密友，几乎每天都在曼哈顿上西区的哥伦比亚大学校园或附近见面。一九四四年八月十四日，他们卷入了一场悲惨的谋杀案，两人共同的朋友吕西安·卡尔杀害了迷恋他多年的年长男人戴维·卡默勒。凯鲁亚克帮卡尔销毁了证据，大约一天后，卡尔向警方自首，凯鲁亚克被捕，并作为重要证人被拘留。由于无法缴纳保释金，他被押往布朗克斯县监狱候审。

艾伦·金斯堡［纽约州纽约市］致杰克·凯鲁亚克［纽约州布朗克斯县监狱］

一九四四年八月中旬前后

亲爱的杰克，在地铁上：

整个上午，我都陪着"无情的妖女"［伊迪·帕克[1]］，先去路易丝[2]家，现在去监狱。我没有许可证，无法探望你。

我昨儿瞧见她带了本《死魂灵》给你——我不知道你正在读这本（她说你已经开始读了）。我们（塞莉纳·扬[3]和我）从大学图书馆给吕西安·卡尔也借了一本。不管怎样，言归正传：书很好！这本书是我的家庭"圣经"（除了《一千零一夜》），它包含了所有俄国母亲的忧郁和伟大、所有在斯拉夫人的血管里冒着泡的罗宋汤和鱼子酱、所有空灵的无价之宝，即俄国的灵魂。我家里有一部很不错的论著——等你看完书后我就寄给你（或者，我希望亲手给你）。果戈理的魔鬼有平庸之恶，我相信你会因此喜欢上它的。不管怎样，我另找时间把书读完。

伊迪和我查看了戴·克拉威尔［戴维·卡默勒］的旧房间，墙上所有铅笔字都被某个庸俗的油漆工抹去了。枕头上方小块的石墨印记已不复存在——石膏从墙体剥落的地方原先印着"吕—戴夫！"的标记，昔日的白粉似乎已被同样的白漆覆盖。

暴风雨般的岁月幸好已经逝去，为了摆脱这种病态的追忆，我在读简·奥斯汀的书，还读完了狄更斯的《远大前程》。因为英语课，我又开始重读勃朗特的《呼啸山庄》；当然，我同时（没有伊迪在我耳边念叨时）也在翻阅四本历史书，主要关于十九世纪欧洲的革命。等我读完，我就读这里面的某一本。

请代我向格吕梅［雅克·格吕梅，地方检察官助理］致以最深切的问候——放他娘的屁。

艾伦

1. 伊迪·帕克是凯鲁亚克当时的女友。（书中注释如无特殊说明，均为原注。）
2. 金斯堡经常使用假名来伪装他所写人物的真实身份。这里的路易丝很可能要么是琼·沃尔默·亚当斯，她和伊迪、杰克合住一间公寓，要么是被关在监狱里的吕西安·卡尔。亚当斯后来成为威廉·巴勒斯普通法上的妻子。
3. 塞莉纳·扬是吕西安·卡尔当时的女友。

编者按：一九四四年八月二十五日，杰克·凯鲁亚克与伊迪·帕克结婚，当时杰克仍收监在押。婚后伊迪可以从她的信托基金借钱替杰克支付保释金。写这封信时，这对新婚夫妇正准备离开纽约，去密歇根州格罗斯波因特和伊迪的母亲同住。

杰克·凯鲁亚克［纽约州纽约市］致艾伦·金斯堡［纽约州纽约市］

一九四四年九月前后

亲爱的艾伦：

绝不要承认两颗真心的结合会有任何障碍——爱算不得真爱，若是一争吵便随风转舵——哦，不！爱是坚守原地的云雀。

我们的结婚纪念日正好是巴黎解放日。我想吕西安听到这个消息一定会闷闷不乐——他可是想第一个去巴黎。现在看来只能等一等了……但肯定能够实现[1]。战后我想和伊迪、吕西安、塞莉纳一起去巴黎，花钱在蒙帕纳斯租套像样的公寓。也许我现在努力工作，迅速积累财富，就能实现这远大抱负。你可以暂时放下你的法律工作[2]，去巴黎找我们。新幻象[3]即将绽放……

但这不过是沉思冥想，哦不，是阉割……谢谢你的来信。有时我深受触动。我在你身上发现了一种类似的对身份、戏剧意义、经典的统一性及不朽概念的痴迷：你在舞台上踱步，也坐在包厢里观看。你在难以分辨的混乱、蔓生无名的现实中寻找身份。像我一样，你配得上阿德勒式[4]的诊断结果，但我们对此毫不在意：阿德勒尽管说我们以自我为中心，那不过是因为他自己就是以自我为中心的那种人（龌龊的杂种）……

这种狂热源于伟大的德国人，歌德和贝多芬。他们寻求所有知识，然后是所有生命和所有力量——他们视自己为雷电。他们以自我为中心。但这个定义多没价值啊。

吕西安不一样，或者至少，他的自我中心不同于我们，他极度厌恶自己，而我们不会。他厌恶自己，厌恶他的"人类属性"，他寻求新的幻象，寻求后人类的后智能。他想否定的比尼采否定的更多，他期待下一次突变——一个后灵魂。只有上帝知道他想要什么！

我更希望看到艺术上新的幻象——我相信，我自鸣得意地坚信，艺术是从人类艺术素材中获取的潜在的终极真实，我告诉自己，新的幻象出现了。看看《芬尼根的守灵夜》、《尤利西斯》和

一九四四

《魔山》。只有上帝知道真相！只有上帝才能知道！

先这样吧，再见……记得写信：告诉我更多影子和圆圈的事。

你的朋友，
让

1. 吕西安·卡尔要在监狱里呆两年。
2. 艾伦·金斯堡上大学的初衷是成为一名劳工律师。
3. 凯鲁亚克和金斯堡所在的晨边高地社区的小圈子用"新幻象"一词来形容自己的哲学，他们希望通过自己的艺术来表达这种哲学。他们吸取波德莱尔的"诗人作为炼金术士"的概念、象征主义的精神反抗态度，以及阿波利奈尔的"新精神"。后者以"实验艺术"抗衡日益增长的社会同一性。
4. 阿尔弗雷德·阿德勒是维也纳的一位心理学家，他在20世纪早期放弃了弗洛伊德的研究方法。

一九四五

编者按：凯鲁亚克在密歇根只呆了一个月就回到纽约，与金斯堡和威廉·巴勒斯继续往来。像以前一样，他们每天联系，所以无需写信，即使写信，也只是为了安排在城里各处见面。一九四五年夏，凯鲁亚克离家去找工作，金斯堡报名加入了布鲁克林羊头湾的海事训练站。

艾伦·金斯堡［无地址，新泽西州帕特森市］致杰克·凯鲁亚克［纽约奥松公园］

一九四五年七月下旬前后

亲爱的布列塔尼人：

我们动身前没法再见一面了，真是遗憾。好心的卢里亚医生（商船的医生）告诉我你来过电话，于是我赶紧又寄了张明信片。这是我最后一次写信，希望能在你出发前送达。我呢——明天一早，所有的准备工作都将结束，我就要跟商船签约。开始新生！周一我将动身去羊头湾，希望在那里，我能从炼狱一季里学到的所有怪异现实中脱胎换骨。

我去了趟纽约，想要重温往日的辉煌，但一无所获。回来后，我收到了你的信。这封信就好像来自过去，在我心中唤起几天前我一直在寻找的所有情感。

但是，杰克，放心吧，我会回哥伦比亚大学。比尔［巴勒斯］[1]从未建议我远离高等教育的源头！我会回去完成大学学业，即使只把它当作对过去时光表示认可的某种朝圣行为。

塞莉纳［·扬］常给我写信。两周前我见了她一面。也许动身前我会跟她再见一面。哈尔［·蔡斯］（一周前）已回丹佛度夏。琼［·亚当斯］和约翰［·金斯兰］没有消息。我还时常见到

[莱昂内尔·]特里林[2],他邀请我去他家(是的,我承认,我收到了邀请,这种事向来让我高兴不已)。希望能收到你从巴黎寄来的信;你回美国后,在去加利福尼亚之前,无论如何请给我写信。

我们虽是朋友,但个性迥异,你对此毫不隐瞒,我很理解,也很感动。我知道这一点,从某种程度上讲,也尊重这种差异。但也许我该解释一下,因为我觉得我对此负有主要责任。正如你所说的,我们是不同的人,我现在比以前更充分地认识到了这一点,因为我曾经害怕这种差异,也许还为此感到羞耻。让,你是个比我更彻底的美国人,更完满的自然之子,更充分地接受了世界所有的恩惠。你知道,(我要跑题了)那正是我最欣赏吕西安的地方,我们的野兽吕西安,他是自然的继承者,被世界赋予了所有美好的自然形态,无论是身体上的还是精神上的。他的灵魂和肉体相互协调,相互映照。同样地,你是他的兄弟。根据你自己的分类,尽管有些混杂,但你们都是浪漫的幻象家。你们内省,也兼收并蓄。而我既不浪漫,也无幻象,这是我的弱点,可能也是我的优点。无论如何,这是你我的区别之一。用不那么浪漫和幻象的话来说,我是个犹太人,(或许也有内省和兼收并蓄的能力。)但我与你们与生俱来的优雅格格不入,与你们作为美国的参与者所知道的那种精神格格不入。吕西安和你很像塔迪斯[3][《死于威尼斯》里那个年轻俊美的男孩];但我没那么浪漫,也没那么不精确,能把自己当作阿申巴赫[那个迷恋塔迪斯的老教授],虽然我也很孤僻;我不是像[托马斯·]沃尔夫(或你自己)那样的宇宙流亡者,因为我是个自我放逐者。我和你一样,对家庭、社会都感到厌倦无力。你喊着说:"哦,到某个遥远的城市去,感受不被认可的自我那令人窒息的痛苦!"(你还记得吗?我们曾是终极的自我。)但我不希望逃向自我,我希望逃离自我。我希望抹掉自我的意识和对独立存在的认知,抹掉我的罪恶感、我的隐秘性,还有你(可能会毫不客气地)

所说的我的"虚伪"。我不是自然之子，对我自己来说，我丑陋且不完美，我不能通过诗歌或浪漫的幻象将自己拔高至象征性的荣耀。为了避免你误解我，我不承认，或者现在还不承认这种差异是一种劣势。我已经感觉到你对我的——艺术力量（可以这么称呼它吗？）——有所怀疑。让，我早就不再怀疑自己作为艺术创造者或开创者的能力。这一点我是肯定的。但即使我愿意，我也不能像你那样把艺术看作终极的光辉，或拯救的荣耀、救赎的天赋。我不会自欺欺人，艺术对我来说，只是对我所渴望的东西的一种微不足道的补偿。我对这些疯狂的渴望感到厌倦，厌倦了它们，也因此厌倦了自己。我对自己的自我怜悯和表达痛苦的巨大能力虽然宽容，却很轻蔑。我是什么？我在寻找什么？正如你所描述的，自我夸耀是对我的动机和目的的肤浅描述。如果我不自量力去寻求爱，那是因为我太渴望爱，却对爱知之甚少。爱也许是麻醉剂，但我知道它也同样富有创造力。它更像是一种自我夸耀，超越了我下意识去争取的自我谦避，从而抹杀了自我夸耀的力量。我不知道你能不能理解这点。我放弃"失意的自我"带来的痛苦，放弃被动的诗意的歇斯底里；我了解它们太过长久，因过于成功地寻求它们而疲惫不堪。我受够了这该死的生活！

过去这些年是最接近于我满足渴望的几年，真心感谢你的恩赐。我想，你跟我保持距离是对的。我太热衷于自我实现，丑态毕露，还有意识地利用你的同情，表现得相当粗鲁。我过度消耗自己的耐心和力量，甚至可能超过了对你的消耗。你表现得像个绅士；不过我觉得你太把我当回事，赋予我的行动和冲突过多的象征价值。在我的自我和行为之中，存在不少不仅是反讽的，而且是无目的和愚蠢的部分。我忘不了当我戏谑而认真地向巴勒斯解释我的狡黠之处时他那宽容的笑容。不过，杰克，我明白自己所做的一切，我的内心一直都是真诚的，我一向如此。不知道我无法说明白的那

一九四五

些含义你能否理解。好吧,虽然我会在诗中扯善意的谎,将这些失意拔高升华成"创伤",但我也会有灵光乍现和更好的认知。无论如何,如果你能理解我,我请求你的宽容;如果不能,我请求你的谅解。当我们再见面时,我向你保证,这七个月的时间会带来益处,我们会像喜剧中的兄弟一样重逢,或者悲剧,随你怎么说,但我们会成为兄弟。

将来的事我不知道;告别辞是我们的遗产;这个季节暂时死去,在它复活之前,我们也必须死去。再会,致所有逝去的人,所有失败的人;致陌生人、旅行者、流亡者,就此告别;再会,致诸位忏悔者和审判官们;再会,致忧郁而愤怒的年轻人;再会,致温柔的孩子和愤怒之子;对那些眼中充满鲜花的,那些悲伤或病痛的,温柔地说声再会。

艾伦

1. 比尔为昵称,故以"昵称[本名]"表示;如非昵称,则以"名[·姓]"表示。——译注
2. 莱昂内尔·特里林是作家、文学评论家,也是金斯堡在哥伦比亚大学的教授。
3. 金斯堡记错了男孩的名字,应为塔齐奥(Tadzio)。——译注

杰克·凯鲁亚克[纽约奥松公园]致艾伦·金斯堡[海事训练站,纽约布鲁克林羊头湾]

一九四五年八月十日

艾伦你好:

夏令营[1]的情况不太妙,无论是工作还是薪酬都和我想象的不一样,所以我又回来了。第一件事就是收到你的信。

我偶尔去卖卖冷饮,赚的钱足够付去洛杉矶的车费了。我还在写一批适合速食杂志的爱情故事,希望能卖出去一篇。

（他们想让我清洗营地厕所，一周付我三十块。呸。）

告诉我你喜不喜欢羊头湾。

一如既往的，
让

1. 那年夏天，凯鲁亚克在一个夏令营里受雇打扫厕所，后来他在家附近找了份卖冷饮的工作。

艾伦·金斯堡［纽约布鲁克林羊头湾］致杰克·凯鲁亚克［纽约奥松公园］

一九四五年八月十二日

亲爱的让：

"秋天已到"……如果我没记错，一年前，世界就已结束。今天是周日。今晚，或者十四号，我们这些满怀心事的暴力孩子将要重演自己的罪行，审判自己。[1] 不知何故，这一年过得飞快，几乎已黯然失色。有时，当悔恨以普鲁斯特式的姿态展现，我会带着伤感和怀念，主动回想起那地狱般的三个月。今天，我正要入睡时，听到有个黑人轻声唱着"你总是伤害你所爱的人"，我自己也开始哼唱以示敬意。你必须改变你的人生！

相对于谋求一份稳定的工作，你个人财富的突然波动已不再让我感到惊讶，尽管这听上去仍然"挺有趣"。我不能批评你离开夏令营地，我觉得你脑中除了资产阶级理想主义外还缺少了某样东西，我错误地称之为"情感上的自负"，这是你把自己弄成这副［鬼样子］的原因。你难道不明白自己找的是什么工作吗？你有我祖母所说的非犹太人的头脑——一个异邦人的头脑，有别于犹太人的头脑，即犹太人的精明远见——巴勒斯有一些。我还没收到他的信。

而我呢——这是一个关于我发疯的故事——我在这儿已经驻扎了十二天。这儿的男孩都是过度生长或扭曲的青少年——都是些大喊大叫的神经质的人。而我，带着我所有被大肆宣传的罪恶和挫折，能够以一种海员也未曾有过的平静和不带感情的仁慈来接受海事训练这一变化。到这儿的第二天，我们看了一部电影短片，里面有一个低配版的弗洛伊德，向街上的恶棍们解释他们的背痛、腿痛、头痛、眩晕和忧郁都是功能性的——而他们的烦恼纯粹是精神上的。我左手边坐了个职业海员，是个硬汉子，却很天真，他弯下身子，带着恐惧低声说，天啊，也许他应该像他们说的那样去看看心理医生？我惊讶地发现，绝大多数神经衰弱的人一经受"压力"就会崩溃。这个地方的管理上有诸多愚蠢之处。士官等都是屁股浑圆的海军中士，嗓门很大。他们大谈秩序和纪律，但这儿的行政和秩序部门却是我所见过的最混乱、最矛盾、最散漫、最无序的，空气中弥漫着不确定性，让人倍感焦虑。我做的第一件事就是遵循巴勒斯的准则，弄清楚整体安排，检查各个节点，掌握所有规定，然后认清自己的位置。所以一切进行得很顺利，我的犹太人的头脑并没有感到惊讶和紧张。我知道"逃避"的技巧（逃避责任、惩罚和细节）。这儿的规矩就是例行公事，终极目标是次要的，重要的是"细节工作"，这让我有些吃惊。我从没想过军队训练的目的是什么。它只是在这儿自身维系着，没有任何外在目的。因此，我洗净衣物，时刻学习保持整洁，把装备妥善地放进干净的储物柜，整理铺位，没人注意时偷着乐。还有擦擦洗洗的细节工作。擦地板（用脚推着抹布）是让学员保持忙碌的标准程序。所以即使清洁工作所剩不多，没有更多东西可以用来清洁时，我们会被安排重做一遍。这让我们忙忙碌碌，教会我们纪律和勤务。因为我来这儿是自愿的，也是实验性的，所以我不会感到难受，也不会恨不得打落别人的牙齿或是擅离职守。我不太会有托马斯·沃尔夫式的反应——具有浪漫色彩的反对和激烈的抗拒。这些姿态是否明智，是否有效，我很怀疑。总之，我过得很开心，因为我不放在心上，而且这种改变让人耳目一新。这里有海滩，周末我可以在那边游泳，晒太阳。我最想念的是音乐。这里有收音机，但你知道怎么回事的。

我开始用巴勒斯那套评估法去评判他人。首先，他倾向于给自己不认识的所有个体分类，因此难以评估一群人。而这儿的人都是不同的个体——他们让人联想到这一类或那一类人，某些形象是一类（退化的基佬，恋母的好哭鬼，前途渺茫的孩子，虐待狂，等等），还有一些准确说来更像人类。虽然每人都有个引发人联想的主题，但他们都是独立的个体，我被他们所吸引，对他们报以同情。顺便说一句，我没能一直戴着"正常人"的面具，因为我控制不住自己，不时暴露出真实的自我。幸运的是，我还能说正常人的语言；而且，我以前干过焊接，我利用了这一点——我成了一名机械师，一个正常人。我担心他们可能觉得我是个"文化人"（他们看到我在读哈特·克兰，邮递员送来你的明信片，说是法语写的——他看到了最后一行，我想那句话是法语）。但这并不会损害我和这些好心人的关系，所有人都接受我作为他们的一员（"上天保佑"）。我发现他们会来找我寻求同情（我也会给予）和建议，因为我是我所在部门中最年长的人之一。还有，他们一直跟我说女人的事。那些关于性的讨论可真够刺激的。所以我就跟他们讲起那个曾跟我住在一起的荡妇琼·亚当斯，还有她下午是怎么跟我上床的事。通常我很克制自己的语言；如果我想显得"正常"，我就会用轻微的南方口音谈论丹佛和圣路易斯，诅咒黑鬼。所以一切都很顺利，我没有受到伤害，也没有为此感到焦虑。

我喜欢其中的几个男孩（你知道的，就像朋友一样，仅此而已）。一个是红头发的瘦高个，还是个处子，名叫加夫尼，他有点害怕周遭的一切。另一个自称有"钢铁之躯"，却送给自己母亲一

一九四五

个丑陋的绿紫色丝绸枕套,上面绣着一句(押韵的)煽情话。

除了偶尔写几首诗,我什么都没写。这让我有些困扰。我收到琼的来信,她九月的第一周要来纽约。约翰[·金斯兰]写信给琼,在信背面署上塞莉纳的名字好瞒过她父母。现在他们觉得既然女儿和塞莉纳关系这么亲密,也许应该邀请塞莉纳去奥尔巴尼。塞莉纳回信说她在尚普兰湖。兰开斯特在一家乡村俱乐部当服务员。

我现在不想写了,我累了。

艾伦

1. 指一年前(1944年8月13日至14日晚)发生的那桩卡尔-卡默勒谋杀案。

杰克·凯鲁亚克[纽约奥松公园]致艾伦·金斯堡[纽约布鲁克林羊头湾]

一九四五年八月十七日

奥松公园一号

我的男孩:

是的,我的朋友,我渴望拥有犹太人的头脑,我会为此自豪。这是一种能感知唯一真实价值的头脑:上周从夏令营回来时,我碰巧坐在一位有犹太人头脑的绅士旁边。他大约五十岁。我正在看《伪币制造者》[安德烈·纪德著]——(我必须承认,这是一种姿态!)——这时我的同伴伸出手来,从我手中夺过书。不用说,我很喜欢他这种不拘礼节的做派。"啊,非常好的书!"他说着,用手指戳戳我,"啊,非常有价值的书!"

"是吗?你喜欢这本书?"

他点点头,然后打开书(我放松下来,期待一段关于精选场景的论述），褪去书皮。他非常仔细地检查了书皮，用他敏感的手指怜爱地抚平它。然后把书往后一折，直到封皮咯吱作响，他又仔细端详了一会儿。最后，他把书倒过来，像个钟表匠一样凝视着封面，凝视着上面的烫金字，然后是书页本身！他在指间感受着这些书页，叹了口气。我说："你想读读看吗？如果你想读书，我包里还有几本。"

"哦，"他说，"你是卖书的。"

"不是——不过我带了几本。"我找出柏拉图的《理想国》，他立马从我手中夺过，转眼间的事！带着快速准确的判断、犹太人头脑的精明远见和悲伤而又精明的微笑，他把它还给了我。他敲了敲我手里的书，摇了摇头。"不太行，不太行。"

于是我继续读柏拉图，而他则继续叹息并爱抚着我们的好朋友安德烈·纪德，也许这么做不合时宜，但他丝毫没有意识到自己的行为该受到指责。

比尔［巴勒斯］进城了。"投降之夜"让我们重聚。我们跟杰克和艾琳一起出的门。比尔和我没怎么说话。所有人喝得酩酊大醉，疯疯癫癫，但我敢肯定比尔对此毫无兴趣。最后就剩下他和我独自去泡妞。他头戴一顶巴拿马草帽，我们出师不利一定跟他那副尊容脱不了干系……当他站在时代广场上时，他让人感觉他环视的不是人海，而是"目力所及之处"一望无垠的罂粟花田。或者他看起来像路西法的使者，负责地狱事务，那些路过的女人瞥见了他外衣里那道红色的内衬。当然，这些都是无稽之谈。这个夜晚属于军人，不属于清醒的毒品大亨，或是醉酒的流氓。比尔回家后，我去了艾琳家，和她上了床，杰克就睡在我们旁边。

比尔要去羊头湾找你！你不用再费力调整自己了，因为比尔会凑近你大喊："偷窥狂！你啥时候走人？有没有逃过有伤风化罪的刑罚?"

我倒建议他凑近你说:"偷笑狂! 妙极了! 你死哪儿去了,你这行踪不定的家伙!"——但比尔认为这样做对你俩都没好处。

我明天去见比尔,希望能和他把事情谈清楚。

你给我写信时,对让和他的世界观的批判要尽量避免幼稚傲慢和死气沉沉。拜托多用些技巧,如果可能的话,再来点幽默。你信里那些俏皮话不过是 PM 报[1] 的风格;而你知道,那与我们努力追求完美的吕西安主义的倾向背道而驰。吕西安爱挖苦人,我的朋友,但从不沉闷、偏执。你说"这些姿态是否明智,是否有效,我很怀疑"。你永远不会赞同"托马斯·沃尔夫式的具有浪漫色彩的反对和激烈的拒绝"。这让我很痛苦,我的朋友,这让我很痛苦。也许你对我过于苛求,在涉及我最近在夏令营的那种异邦人头脑式的"激烈的拒绝"时更是如此,但你瞧,我只是个勤杂工,勤杂工靠小费过活,小费必须可观,这样那些阅读托马斯·沃尔夫的有着异邦人头脑的勤杂工才能生存下去,只是你瞧,我的老朋友,我举的例子令人伤感,夏令营里的客人全是中产阶级的犹太人。可人毕竟要谋生,于是我带着具有浪漫色彩的反对意见从那儿冲了出来,并带着拜伦式的尊严离开——这样的姿态恐怕会遭到你不浪漫的反对,却是基于最紧迫的现实,除非是我自以为是,在这种情况下,我理应得到你在关键时刻一直为我保留的所有温和的责难、怜悯和同情。

做个好噩梦!

你挚爱的怪物,

让

1. PM 报是在纽约发行的倾向社会主义的报纸。

艾伦·金斯堡［纽约布鲁克林羊头湾］致杰克·凯鲁亚克［无地址，纽约奥松公园］

一九四五年八月二十二日

为国效力

亲爱的猿猴，

听说比尔［巴勒斯］进城了，我很开心（是不是有点过？）。他住哪？我很想知道他这次挑了哪家廉价旅馆当掩护。旁边有土耳其浴室吗？什么，他要到羊头湾找我，这太好了，不可能吧！让他发誓，再把宣誓词和出发时间、日期等详情告知我，或者让他自己寄给我（我会安排一支欢迎队伍在门口迎接他）。

至于你说的什么幼稚，去你的。还有什么"努力追求的吕西安主义"，你自己努力去吧。我没那个心情。我现在知道怎么用犹太人的头脑来修饰美了。顺便说一句，我的意思是，你之所以搞砸选工作这事儿，全是因为你那愚蠢的浪漫主义，直到彻底搞砸了，你才会发现唯一可行的就是像沃尔夫那样行事。好吧，所以你被迫干了错误的工作，这并不是你的错。但这却偏偏只会发生在你身上。我的信很沉闷，但愿不偏执。

附言：这周末我有空，如果可能的话，我想再见比尔一面，还有你。我暂定周六五点半在上将餐厅。现在就给我写封信或明信片，请赶快寄给我，告诉我你什么时候能和我还有比尔见面，他的电话和地址是什么。你可以选其他时间地点；我三点就能到纽约。

特里林写了封精彩绝伦的信给我，我会把信带上。

紧依你的，
艾

编者按：这封信中出现了一个新的"比尔"，比尔·吉尔摩，吉尔摩和其他有比尔这样常见名字的人会出现，但我们总是可以通过方括号中给出的姓氏清晰地辨认他们。如果没有这样的标识，读者应该明白所指为比尔·巴勒斯。

杰克·凯鲁亚克［纽约奥松公园］致艾伦·金斯堡［纽约布鲁克林羊头湾］

一九四五年八月二十三日

亲爱的小猴子：

我来回答你所有愚蠢的问题，因为没有其他事可做。比尔［巴勒斯］到羊头湾了，从二十号周一那天开始就在了。当然他不会马上去找你——那是他的习惯，他不想让我们觉得他过于迫不及待。除非你碰巧遇见他，不然他肯定会找个好时机才来看你。别太惊讶！——哎，他到纽约五天后才给我打电话，或是给我个口信，告诉我他在附近。我立即去看他，我可不担心自己是否显得迫不及待。这次他没有住廉价旅馆，而是公园大道的一家旅馆，每天收费四点五美元。旅馆边上没有土耳其浴室（我还是在回答你的问题），但人们都说，那旅馆本身就是个有名的土耳其浴室。

我仔细翻看了你的信，没别的问题了。奇怪！——我一直觉得那上面写满了为什么和什么。一切都很好……没有为什么。我们头脑中竟会产生"为什么"这样的概念，真令人不可思议！这是个谜团。死亡是个谜，几乎和生命一样神秘。好了够了，不说了。

你说我有"愚蠢的浪漫主义"，说对了。当然，我完全赞同你的看法。现在问题都解决了。我们操心点别的事情吧。

几天前的一晚，我见到比尔的最后一晚，遇到了件怪事……我喝得酩酊大醉，脑子糊里糊涂。听着，这种事不常发生，但有时也会发生，就像那天晚上。［比尔·］吉尔摩安排了个家伙到我们桌……我们喝着酒……大伙儿都去了他的公寓，在那儿我们喝得更多。就连比尔也犯了点傻。我们都犯了傻。我讨厌那家伙。你知道他的,那晚他和一大群人聚在布列塔尼咖啡馆,我们和吉尔摩还有爱德华叔叔也在那,真是个闹哄哄的美国聚会,到处都是海军少尉和交际花。我得告诉你那晚我犯糊涂的事。从那傻里傻气的混乱中,我只带走了一样东西……一本书!我偷了一本书。塞利纳的《长夜行》。出色的英语译本。而且,我喝得酩酊大醉。这是我见比尔的第二面,我们仍然没有说话。我们单独在一家餐馆里呆了一会儿,我突然意识到我们没什么可谈的了。这就是事情发展的方式,这就是结果。我们没什么好说的了。我们已经穷尽了彼此的可能性。我们累了。再过几年,等积累了新的可能性,我们才有东西可谈。至于你,我的小朋友,总有一些可谈的,因为你是那么虚荣愚蠢,总留有一个充满能量的绝妙空间来与人争辩。去你的!——这就是我要说的。

鉴于这一切,我想我们可以在上将餐厅见面,如果你真想在那儿见我的话。至于是否在那吃饭,我不知道。那地方的服务、食物和一切都每况愈下。那是一种糟糕的生理变化,就像癌症。带好特里林的信。我不妨现在就开始弄清楚他到底是个怎样的蠢蛋……无论他是比你我或任何人更蠢,还是更聪明一些。

我写了不少东西,你也许会感到惊讶。目前我正在写三本小说,此外,我还记着一本很厚的日记。还有读书!我一直像个疯子一样看书。没有别的事可做。当你对其他一切都不感兴趣时,读书是可做的事情之一,我的意思是,当其他一切都无法提供更多价值时。我打算读一辈子书。至于艺术,现在只是我的个人问题,只和我有关,所以我可能不会再为这个来烦你了。一切都很好。我日记里有这样一句话:"我们都被封闭在自己那小小的忧郁的大气层里,就像行星一样,带着共同但遥远的欲望,绕着太阳旋转。"这话也许不是很好,但如果你偷用了,但凡有一点改动,我真的会杀了你。

一九四五

周六五点半，上将餐厅见。

再见了，小子。

让

编者按：金斯堡病了，不得不在基地医院住了几周。他错过了威廉·巴勒斯对基地的短暂拜访，也错过了与凯鲁亚克在纽约的餐厅共进晚餐，这封信中提到了这些。

艾伦·金斯堡［纽约布鲁克林羊头湾］致杰克·凯鲁亚克［无地址，纽约奥松公园］

一九四五年九月四日

周一下午

［原文如此。但一九四五年九月三日才是周一］

亲爱的让：

我今天好多了，已经可以下床，所以溜到营房去取一直滞留在那儿的信件。我收到你的信，一想到马上就能见到比尔［巴勒斯］，真是激动万分，便跑到B-1楼接待室去找他。你说他二十号到的。我请求长官告诉我如何才能找到他，之后让一个士官给我看了登记簿。他们告诉我他二十二号被赶出了羊头湾，就在来的两天后。我才回到病房，感到很茫然，很沮丧。发生了什么？他现在在哪——从那以后你收到过他的信吗？我想他可能回公园大道了。我非常想见他，但接下来的几周我只能呆在这儿。现在我感到很扫兴，极度困惑。

我等着听你描述愚人之夜，有些急不可耐。希望等到我听你描述时，你的脑袋已经不糊涂了。我喜欢听你那些有关保住男子气概的——其实大可不必——错综复杂的阐述。但我更想听你描述那位迷失在地狱边缘、看似堕落的人物，这人我记得很清楚。至于警察那边,不要因为内疚或悔恨而烦恼,因为我担心从你的语气听出来你已经心烦意乱了。

信里面你听起来有些疲倦,精神疲惫,无论是说到你与比尔的交谈,还是你的倦怠(这正是你大量阅读的原因),或是你对我的"愚蠢虚荣"不明所以的攻击,不管你的目的是什么,这些攻击让我感受到的是痛苦,而不是快乐或伤害。怎么回事?无论如何,不要把你的艺术问题遣回洞穴;我想听你说一说,因为我认为这些问题,借用你的比喻来说,几乎是你神圣之旅中的高光时刻。

唉!我很抱歉周六上将餐厅的事。我真的没法到场,我在昨晚寄给你的明信片上解释过了。我现在感觉好多了,尽管有一阵子我病得厉害,甚至担心起人类灵魂的未来,尤其是我自己的灵魂。你去餐厅了吗?你做了什么,想了什么,我没现身时你是怎么诅咒我的?我躺在床上看书,因为这是我唯一能做的事。我终于读完了《众生之路》,桑顿·怀尔德的《圣路易斯雷大桥》,这两部作品都没有让我特别感动。现在,我终于开始读《战争与和平》,已经读了八百二十五页。比起托尔斯泰,我更喜欢陀思妥耶夫斯基(不管这个告白意味着什么),但《战争与和平》是自《白痴》以后我读过的最尽兴的小说。随信附上特里林的信。[……]

艾伦

杰克·凯鲁亚克 [无地址,纽约奥松公园] 致艾伦·金斯堡 [纽约布鲁克林羊头湾]

一九四五年九月六日
周四晚上

亲爱的艾伦:

我必须说,你那封短信感动了我……尤其是这一句:"我病得厉害,甚至担心起人类灵魂的未来,尤其是我自己的灵魂。"这句话引出了世上事物的真实画面……也就是疾病、失落和死亡。我喜欢里尔克那种以非资产阶级的态度面对这些事实的方式，而且我必须说，我不太赞成在知识分子伪造的狂欢中忘却生与死的事实……雪莱的"白色光辉的穹顶"现在已变成玫瑰色的穹顶，为我们所有人洒下人造的绚烂粉红色。然而，我认为告诉你这些没有什么意义，因为我知道你和那些知识分子软骨头不一样。你也不是年轻无知的小伙子。

由于意识到人们变得多么不真实，我精神上承受着极度的痛苦……而你必须承认，我是我们当中最接近公众的鄙俗一面的。虽然比尔也读《纽约每日新闻》，但我比他更甚，唉，而且还不厌其烦地听收音机……还通过读 PM 报折磨自己。对我来说，以现代高压的奥逊·威尔斯式战争情报办公室和赫斯特派行头为典型的道德——你瞧，已经没有左右派的区别，从来就没有过，不管兰开斯特一家和弗里茨·斯特恩一家[1]会怎么说——已变成我的堂吉诃德的风车一类的东西……我在想琼·亚当斯和金斯兰会怎么说；我成了最可笑的人。我在和过时的东西搏斗……你可能就是这么想的。好吧，我们不要再谈这个了……

你想知道巴勒斯的消息……我没见过他，也不知道他在哪。不过，我已经给大学俱乐部寄了张卡片，希望能转交给他，他也许会告诉我他在哪。吉尔摩的室友，弗朗西斯·汤普森［？］以为比尔还在纽约……吉尔摩自己在科德角的一间小屋里写小说。比尔被赶出羊头湾的原因是他想进商船队当一名事务长，而他们很可能不会同意他的想法……弗朗西斯觉得比尔会再尝试一次。目前我对巴勒斯就知道这些，但我一收到他的新地址，就马上寄给你。关于巴勒斯还有一件事。乔伊斯·菲尔德说他"像个麻风病人"。我必须跟比尔说……

我再说一遍，你的信打动了我。部分原因是你生病了，而且现在还病着……部分是因为特里林的信，那封信代表了我希望某一天会发生在自己身上的事，也就是，被像他这样的人所喜欢和钦佩。尽管他强调诗歌中的"效果"有些令人厌倦，但他给你写的那封信确实很棒，很好地说明了一个已站稳脚跟的文人如何激发年轻诗人的信心。这里面有点法国的味道……我的意思是，这有点马拉美鼓励《安德烈·瓦尔特笔记》的年轻作者［安德烈·纪德］的意味；或者［保罗·］魏尔伦在寄往夏尔维勒的那封信中对那个脾气暴躁的乡巴佬[2]的称颂；或者是纪德向年轻而不知名的朱利安·格林献上热情的赞赏和钦佩。我急不择言地说了这么多，但说实话，我很羡慕你。我想，我们谁也没有意识到赞美的重要性，也不知它如何甜蜜。这是行将消逝的品格德行之一。比如，哥伦比亚大学周围那么多冷血动物，他们对吕西安［·卡尔］表现出神经质的怨恨，这些人无法与他争辩，也无法像他那样穿着红衬衫、戴着引人注目的白面具走上街头。我最近去了趟哥伦比亚大学，卡尔在学校里仍旧大出风头，我想，用一个恰当而又令人厌恶的词来说，我的这次访问揭示了属于我们这个时代的神经质……所有这些混蛋张牙舞爪尽情咆哮着——尤其是对吕西安，根本没有人满怀爱意说"看呀！看呀！"，去感受……没有人急切地抓住你的手臂，用他的观点见解甜蜜地诱惑你……没有德国人的热情，没有低沉的喉音呐喊……只有诸多乏味的隽语警句，实际上，哥伦比亚大学出不了奥斯卡·王尔德。当然，华莱士·瑟斯顿除外……

我在学校见到了塞莉纳·扬，乔伊斯·菲尔德，格罗弗·史密斯，琼［·亚当斯］和约翰［·金斯兰］，二年级的烦人精奥尔巴克，华莱士·瑟斯顿，［亚瑟·］拉扎勒斯（他问起你的消息），还有其他一些我记不得的人。塞莉纳喝醉了，给我看了［哈尔·］蔡斯的一封信。她说他们分手了，但我觉得他们没有……如果你见识到我和塞莉纳那晚的默契，你一定会觉得很好笑：除了打了一架,我俩就像兄妹一样。但说实话,我认为塞莉纳是个了不起的女孩……她瘦了十五磅,看上去就像从托马斯·曼笔下的疗养院里出来的——美丽动人,妙不可言,注定要自我腐蚀,还有点疯狂。她带着忧郁的神情对我说吕西安不爱她,将来他要到别处去寻找爱情……她还说,没有哪个姑娘能使吕西安满意。那天晚上我对塞莉纳太友好了……你知道吗,艾伦,我和塞莉纳再也不能成为恋人了。好像她更希望我是她哥哥……我倒觉得不错,因为她在某种神秘的欲望献祭中已经失去所有对我的性吸引力。但令人抓狂的是,她已经决定接受各种命运,包括和唐·卡恩发生关系!我的小友,这可是陀思妥耶夫斯基笔下的情节!可以这样来看:她很喜欢伊迪[·帕克·凯鲁亚克],因此保留向我索取友情的权利。其次,她一直渴望我的信任。可以说,从我这儿除了浪漫,她什么都想要。最后,鉴于这一切,她决定与任何想跟她上床的人发生关系……如今她说她不想再跟蔡斯在一起了;她提到了那个卡恩。我无法接受这一切,太讽刺了。随着时间的推移,我觉得自己越来越像梅诗金[3]。我现在爱上了很多人,塞莉纳也不例外。作为一个耽于肉欲的布列塔尼人,我很难抗拒与女人发生性关系。但这会儿我发现自己很乐意扮演听人告解的神父的角色,扮演同情索尼娅的拉斯柯尔尼科夫[4],而她却只向一群无名之辈展现她的魅力,好像我们已心照不宣,达成默契。哎,真该死!当然,新鲜感是有的,而且我还年轻,可以尝试新事物。不管怎样,我十月份要去加利福尼亚……

我让伊迪这周末去哥伦比亚见我。我们打算聚一下,包括伊迪、琼、约翰、格罗弗、塞莉纳、卡恩和我自己,希望还有巴勒斯——如果我能找到他的话。我们要为你祝酒,我保证。虽然金斯兰可能会傻笑,巴勒斯假笑,伊迪扬起嘴角,琼调侃,塞莉纳甜甜地笑,格罗弗使用双关,但我还是建议为我们卧病在床的小伙伴干一杯。

你对愚人之夜的好奇心可以理解。是的,我确实感到懊悔……以至于取消了第二天和巴勒斯的约会，这很可能让他厌烦。我知道，他对我的神经症缺乏耐心……但从那以后，我一直直视自己的本性，结果净化了自己。我相信你能理解。你记得我早些年一直是在一种与这种气氛截然相反的氛围中度过。我本能地感到厌恶，由此产生了极大的悔恨和反感。那些人有一种沉闷的单调，一种美国式的千篇一律，从无变化，永远沉闷……就像一个职业团体。他们提前聚在酒吧，试图模糊体面和违法的界限，成功游走于两者之间……真是令人讨厌，但他们愚蠢的闲谈和窃笑更加恼人。如果他们是希腊人，事情就完全不同了。所以我反感的主要是社交方面的事，那晚我社交活动过多。至于性交，如你所知，我很清楚自己的厌恶，我再确信不过……我潜意识里的东西都在那里，对此我不打算装傻。我整个清醒的本性告诉我，这类事情我不擅长。它不停地告诉我，于我的本性中不停地敲击，告诉我，直到我开始怀疑它的动机。但我漂亮的小脑袋不会再为此担心了。我想，这最终不过是"硬着头皮继续前进"的问题。——你听说过瘾君子菲尔的故事吧？我要让我的神经症"如其所是地"消融于行动的白色火焰中。奇怪的是，最让我恼火的是大家都误以为我被这一切撕成了两半……而事实上，我想要的只是可以呼吸的清新空气，却求而不得，因为每个人都充满热气。你在我上一封信中发现的悔恨并不完全是你想象的那种原因所致……有一次，我在巴尔的摩和一个女孩上床；我在酒吧认识的她，她答应我会过来。我们上床时，她睡着了，叫也叫不醒……我一整晚都在和她那抹布般绵软的身体搏斗，而她在一旁鼾声大作。真是可怕的经历，可怕……第二天你感到悔恨，为你的欲望感到羞耻；也许你感觉自己像一个恋尸癖者，也许我们所有人都有对恋尸癖的恐惧，而和一个失去意识的女人角力是最接近恋尸癖的事情了……这就是我出于相同的原因而感受到的那种悔恨。但我知道，第二天不会有赐予我的清新空气……听我

一九四五　27

讲述此事的每一个人都会反过来给我吹许多热气……就好像我的神经症不是内生的，而是我周围空气造成的结果。因为我这辈子在远离一切的黑暗里做过很多可怕的事，那些骇人之事不仅仅是对我自己做出的。我不是清教徒，不必对自己负责；更确切地说，我是耶和华的儿子——我惴惴不安地走向怒容满面的长老们，他们似乎知道我的每一桩罪行，并将以这样或那样的方式惩罚我。你知道，当我还是个小男孩时，我在马萨诸塞州引发了一场非常严重的森林火灾……对此我一点也不担心，因为那桩罪行我只需对我那快乐无忧的自身负责。另一方面，如果我被抓，我便会痛苦不堪。这就是我当时感到的那种悔恨……但它如今已经涤净……我是这么认为的。

你不该为我上一封信的语气而"苦恼"。那只是一种情绪……也同样没有一丝恶意。我是以兄长的口吻写信的。有时候，你让我产生一种优越感，比如说，道德上的优越感，我无法克制自己……其他时候，我觉得自己不如你——就比如此时此刻。我担心你永远无法完全理解我，而正因为如此，有时你会感到害怕、厌恶、烦恼或高兴……我与你们所有人不同的是，我拥有广阔的内在，一个首先与外在息息相关的内在……但这就变成了对我的艺术的讨论，这个话题太过亲密，我不想再唠叨了。我"把艺术问题遣回洞穴"这一事实也许会让你感到遗憾，但可以肯定那才是它真正的归宿。我的内在成长得愈大愈深，你们当中就愈少有人能理解我……这么说也许听起来很傻，也许会让巴勒斯觉得可笑，但事实就是如此。在我找到一种用来释放内在的艺术方法之前，关于我的一切都是模糊的。当然，这让我处于令人羡慕的位置……这让我想起吕西安有一次对我说过的话："你似乎从不完全暴露自己，但黑头发的人当然就是如此神秘。"上帝作证，他就是这么说的……而且你自己在去年冬天写的一首诗中也提到我身上那种"长时间生长的奇怪的疯狂"……还记得吗？上帝作证，我只是凭此茁壮成长而已。从现在起，我想我要开始故意迷惑大家，这倒是件新鲜事。

毕竟对我来说，我的艺术比任何东西都重要……没有你们都沉迷其中的那种以自我为中心的情绪，没有你们对性生活之类话题无止境的分析。那是种非常糟糕的消遣方式，真的！我早就把自我献给自己了……朱利安·格林所有作品都有一个主题：自我献身他人之不可能。朱利安也因此实践了他所宣扬的……此说法只有一个缺陷：人们如此强烈地渴望献身于他人，即便献身他人是如此无望……在这件事上人们别无选择。

去年夏天，我告诉咪咪·韦斯特，我正在寻找一种新方法来释放我体内的东西，吕西安在房间另一头问我："新幻象怎么样？"事实上，我有新幻象……我想每个人都有……我们缺少的是方法。吕西安需要的只是一种方法。

我理解特里林为什么如此渴望艺术大祭司的位置……这其中有虚假的成分。这是在方法无法自给自足时所采取的姿态……一段时间后，这种姿态，也就是祭司的姿态，开始比艺术本身更具意义。还有什么比这更荒谬的呢？

但我们要避免让整个事态恶化，因为我觉得在特里林之流的心态中——带着热情和一心一意的虔诚去接受艺术，就像做大祭司的姿态——事情已经恶化。不，这二者是有区别的，毫无疑问。

所以暂且晚安吧……关于上将［餐厅］，我及时收到了你的明信片，所以事先得到了提醒。我要把特里林的信保留一段时间，以便向一些人展示：你一定会觉得，我对你的友情比你对我的要纯洁得多，你和你的受虐情结。我最讨厌的莫过于，每当我对你展现出最深情的本能时你所表现出的屈尊俯就；这就是为什么我总是生你的气。你让我觉得自己把宝贵的友情浪费在一只自负的黄鼠狼身上。我真心希望你能拥有可以让我敬重的更本质的个性。也许你有，却害怕表现出来。至少你要试着让我觉得自己的热情适得其所。至于你的热情，让它见鬼去吧……你比我有更多的热情可以去挥霍。那么，如果你愿意原谅我刚才的情绪爆发，那么请允许我向你道声晚安。

[……]

让

1. 这二位都是他们在哥伦比亚大学的同学。
2. 指诗人兰波。——译注
3. 梅诗金公爵是陀思妥耶夫斯基所著《白痴》中的主人公。
4. 拉斯柯尔尼科夫和索尼娅是陀思妥耶夫斯基所著《罪与罚》里的人物。

艾伦·金斯堡［无地址，纽约布鲁克林羊头湾］致杰克·凯鲁亚克［无地址，纽约奥松公园］

一九四五年九月六日后

亲爱的杰克：

我昨天收到了你的信。我在西区酒吧见到琼［·亚当斯］时对她说过："塞莉纳［·扬］让我联想到《魔山》里那个叫娜塔莎还是什么的人。"你信里最后的评论跟我所说的如出一辙——这是心灵感应吗？可令我吃惊的是，琼居然不同意我的看法。我觉得她脑子里想的是健康的塞莉纳，给那些前途光明的律师当情妇的塞莉纳（某种程度上和托马斯·曼倒是很合拍）。就像你最近当起了告解神父，我也做了好些年的知心兄弟（或者姐妹？），所以我明白这种感觉。我怀疑这个角色转移了一些性欲。

我想，在我和比尔对你种种荒唐之事敏锐的好奇心中亦不乏性欲的转移。我之前对你的双重秉性及由此产生的冲突的假定（现在已经是半习惯性了）——"大家都误以为我被这一切撕成了两半",不过是某种淫秽愿望的不完全的满足。现在你把我难倒了。可你自己也无法下定论——从某种意义上说,你正受某种氛围之苦,无法像你得出让它"如其所是地"消融于行动的白色火焰中那样轻而易举地得出结论。我厌恶拉里家和主街上的氛围,厌恶[比尔·]吉尔摩含沙射影的方式,而与此同时,我发现自己(用你的话说)正在那个特定的宇宙中围绕着它们旋转。这跟你的情况差不多;毕竟,你并非仅仅出于审美冲动而选择某种氛围,我想你也能有意识地受到一种淫欲的好奇心的驱使。你甚至可以接受他们(这些装腔作势的人)为希腊人,尽管你有点蔑视又害怕他们本来的样子。你所感受到的"悔恨"公然外化,你害怕巴勒斯好奇的嘲讽,害怕外界意识到你的致命缺陷。巴勒斯或吉尔摩也许正试着把你逼到这个层面,而另一方面,你通过表现出恐惧,试图将自己保持在与他们不同的层面,忽视或合理化所有相反的证据,来对他们进行挑衅。你比吉尔摩更像希腊人,又比希腊人更像美国人,所以你不必为此紧张。

我不喜欢仰慕你的同时却因为阵阵神圣的疯狂发作而惊慌失措——时而"害怕、厌恶、烦恼或高兴"。你知道你不是玩具,而我也不是好心的傻瓜,试图理解你却一无所获。与此同时,在你杂乱无章的自我展示中,你对思考力的保持,以及你日益增长的超然态度,都让我觉得像情感领域的另一条通道,令人惊讶地具有巴勒斯的风格,而且(我承认)在发展过程中趋于成熟。如你所言,你的艺术对你来说比什么都重要,而我的艺术则是以自我为中心的情绪。我接受这一点,因为我要把艺术降级为一种纯粹的表达和自我伸张的工具——我想,在这一点上我更像兰波。对我来说,艺术的另一个目的是作为一种发现的工具。伸张——自我,以及发现——外界,这些是我的艺术目的;我只忠于自己。是你没有认识到,把你自己奉献给你的同胞是不可能的,你献身于你的艺术。我的艺

一九四五

术是献给我的。

无论如何，如果我们追溯诗歌的潮流，我认为最终整个艺术制造机器（你的机器，也是我的机器）都将以自我为中心，不管我们是否希望用其他想法来欺骗自己。最终我们会利用朱利安［吕西安·卡尔］来欺骗自己。他不希望献身于另一个人，除非对他而言那意味着将另一个人奉献给他。爱只不过是承认我们自己的罪行和不完美，以及向完美的爱人祈求宽恕。这就是为什么我们爱比自己更美丽的人，为什么我们害怕他们，为什么我们必须成为不幸的恋人。当我们把自己当作艺术的大祭司时，我们再一次欺骗了自己。艺术就像一个精灵。它比我们更强大，但它的存在和创造都依赖于我们。如同精灵一样，它没有自己的意志，甚至有些愚蠢；但它会按照我们的意愿建造闪闪发光的宫殿，并为宫殿奉上一位女主人，这是最重要的。大祭司是狂热的邪教信徒，他崇拜别人召唤的精灵。

我忠实的朋友，你说你留着特里林的信、为了我而将它广而告之，我理应感受到你纯粹的情谊。我灵魂里那膨胀的欲望似乎向你证实了我的受虐情结。好吧，你这个忘恩负义的家伙——枉我（半年前）对特里林说你是个天才，我真是太鲁莽了。这就是我得到的回报！（顺便说一句，我想我这么跟他说的一半原因是想让他以为，或者暗示他，我的朋友们都是天才。不过，我为你赌上了我的声誉。）

除了这些无聊琐事外，我很吃惊你居然认为每当你对我表现出深情时，我就会变得屈尊俯就——我认为事实恰恰相反。你真的这么觉得吗？

顺便说一句——当着巴勒斯的面我不好意思告诉你——我给特里林写了一封长达八页的信来阐释（我的阐释）兰波的世界，主要是对比尔的斯宾格勒和人类学思想的诠释。我现在觉得自己有点蠢——自负过了头。

　　我想我周六晚会在纽约——比尔家，也许周日。我期待周一休息一天。我没钱，所以不得不寻求内省式的娱乐方式——大概吧。

　　吉尔摩真的在写小说吗？

　　这里有两首关于诗人的十四行诗，它们包含了我对艺术的部分看法[1]。

　　附言：除非有特别的事，否则不要给我写信。我不想占用你的时间，我们很快就会见面。不知何故，我想把你的信留存起来，待处境凄惨、告别漫长或远航之时再读。

艾伦

---

1. 金斯堡在这里附上的两首诗，可以在他的《殉道与诡计之书》（纽约：达卡波出版社，2006）中找到，分别是《诗人：一》和《诗人：二》。

一九四八

编者按：一九四五年九月到一九四八年四月间，两人很少通信。这些年，杰克和艾伦很多时候都在一起，便不必通信了。一九四八年，他们都在海上，于是再度恢复通信。他们遇到了尼尔·卡萨迪，第一次横跨美国去西部看望他。其间，他们的友谊有起有落。

杰克·凯鲁亚克［无地址，纽约奥松公园］致艾伦·金斯堡［无地址］

一九四八年四月前后

周六晚上

亲爱的艾伦：

我思想不集中，情绪亢奋，又受邪念的影响，没听进去你所说的关于范·多伦的事以及你的"阴霾"的发表计划[1]。因此，拜托你坐下来并为此给我写封信。我本想就此去找你，只是我的书快写完了，一想到离开它，我就心惊胆战。我夸张了——不过下周末我就能见到你啦。同时，我也想听听你的事，我想多听听，听你简短介绍几遍。

我在琢磨你这个犹太人的头脑，你要我把《镇与城》交给范·多伦而不是出版商，这样做是否正确。告诉我你那考虑周到、井井有条、穿浴袍的布赖尔利[2]式匈牙利头脑是怎么想的。在我看来，如果我把我的小说拿给出版商看，他们在知道我没有出版过作品又不为人所知的情况下，会对小说产生偏见，而如果范·多伦欣赏我的作品，一切都会大不相同。我猜你也是这么想的。我们这些有创造力的天才必须咬紧牙关，至少我们应该这样做，或者也许能做点什么。

你有尼尔［·卡萨迪］的消息吗？我之所以问你，是因为如果我六月一日去丹佛的农场干活,我想见见他。他没有写信,真是奇怪——就像我说的,他一定是为了某件事连干九十天,只是我希望不是九十个月,那才是我真正担心的。

哈尔[·蔡斯]一直在读我的小说,他说小说比他想象中的要好,每个人都这么说。事实上,我自己也不太了解,因为我从来没连着读过。哈尔还是那个令人惊叹的哈尔——你知道的,那个处于最佳状态,自我最为神秘、激越的哈尔。真是个奇怪的家伙,用意想不到的万分纯真超越了他那单调的深奥。而他的深奥是真正的深奥。

有趣的是,每当我给你写信,我总是觉得一切都不对劲,因为我一直想象你在说:"为什么?他为什么这么说?这是什么意思?这是干什么用的?"你知道吗,这听起来就像:大哲学家马丁·斯宾塞·莱昂斯问"你在做什么"而你答"在写小说",接着他又问"为什么",以一副加百列的口吻。他要让你明白宇宙的始末缘由。我告诉你,老弟,像马丁·斯宾塞·莱昂斯那样的人曾经进去过"疑惑之屋",然后不得不从后门溜出来,而我呢——我也进去过那间屋子,我在每个房间都转了一圈,然后怎么进的就怎么出。如果你问我做任何事情的始末缘由,或者问起我那些下意识里精心设计的疯狂举动,我会以我最真诚的马克·吐温的口吻对你说:"该死,我甚至知道疑惑之屋墙里面白蚁的名字。"很棒的回答,对吗?总之,一个人不该总问为什么,因此也不要问我为什么给你写这封信。其实是因为我突然有和你谈谈此事的冲动,而且上周六晚,我向你借了一块钱,当时我俩就像两个服装行业的老犹太人那样笑容可掬,熟到假笑也无妨,所以我潜意识里想通过写信完成上周六晚开始的这个小故事。另外,那一块钱可能要到我本周末见到你时才能还给你。

所以你见到范·多伦时,告诉他我打算把我的小说(三十八万字）带给他，告诉他我将在五月中旬或五月底把完稿的小说带给他；告诉他是大约半年前我跟他提过的那本小说，告诉他我经历了贫困、疾病、丧亲之痛和疯狂的磨难，但小说依旧毫不逊色。如果这不是执着、坚韧或者天赋之类的话，我不知道什么才是。去告诉他，我被神秘的悲伤时光吞噬，但我已跨越岁月，最悲伤、最受时间困扰之时我始终笔耕不辍。还请转告马丁·斯宾塞·莱昂斯，可怜、可悲、摇摇欲坠的怪胎，他已经成功地惹恼了一个行动家。再见了老弟。给我讲讲洪克。

附言：我喜欢范·多伦的一点是：他是我在哥伦比亚大学认识的唯一一位外表谦逊却不装腔作势的教授——虽是外表的谦逊，但我深深觉得，也是实际上的谦逊。一种诚挚而又痛苦的谦卑，就像你想象老狄更斯或老陀思妥耶夫斯基在晚年所经历的那样。他也是诗人，一个"梦想家"，一个有道德的人。这个有道德的部分就是我最喜欢的部分。他们这类人对待生活的态度中含有道德命题的元素。这个命题要么是对他提出来的，要么是他自己对生活提出来的。明白了吗？我最喜欢的一类人。我从来没向任何人展示过这些东西，因为我害怕给人留下虚伪而不是同情或友好的印象。因此，如果他碰巧喜欢我的小说，我就会收获和沃尔夫从斯克里布纳出版社的老［麦克斯·］珀金斯那里得到的一样的感觉——一种父慈子孝的感觉。在一个充斥着各式各样父亲的世界里找不到父亲很糟糕。等你最后发现自己身为父亲时，你却永远找不到可以让你做他父亲的儿子。老伙计，人类自讨苦吃这类事情一定很真实了吧。

附言：从我那"格林威治村"系列小说中找到的一句话："在所有这些场景（格林威治村的聚会）中，严肃的弗朗西斯就像某个名副其实的年轻的教会执事，在他职业生涯的早期，因为一桩巨大的神学丑闻而被免职。"

附言：还找到了对纽约的描写："他们看到曼哈顿在这个世界午后的巨大红光中屹立在河对岸。它太令人难以置信了，近在咫尺，似乎触手可及（像星星一样）。从这儿看过去，它是如此巨大，错综复杂，深不可测，美丽动人。那里一片氤氲，窗面闪烁，藏于峡谷般的阴影之下，真实可辨。水似的围裙下面，事物编织一处，触碰着，颤抖着。最高的塔楼上发出粉色的光芒，深不见底的阴影垂挂于巨大的深渊。目力所及之处，数以万计的小东西在移动，千丝万缕的烟雾从四面八方升腾而起，从波光粼粼的围裙河畔到城市宏伟的侧翼，再到至高处，如此不一而足。"然后它暗了下来——"就像这样：夕阳西下，给世界留下一片巨大浮辉，像深红色的葡萄酒和红宝石。泛着天鹅绒紫和明亮玫瑰色的长长的绶云带，到处都是阴郁、黑暗、巨大和无可名状的美。一切都在变化，水从饱满的低色度变成漆黑一片（喜欢吗？），街道的深渊也变成漆黑一片，等等，无与伦比的万盏灯火，等等，等等，最后——"你看向河对岸的布鲁克林——"俯冲的跨河大桥，河面像硬币一般，通向布鲁克林，通向那熙熙攘攘、船只错综复杂、织物般柔软却又难解的泛着浪花的河流尽头，通向布鲁克林的岩石暗礁"。

附言：更多的多得多的话要说，不过我累了。

就此别过。

一个有着神秘知识和对侵略感到绝望的人，
杰

1. 马克·范·多伦当时是哥伦比亚大学的英语教授，金斯堡曾向他展示过他的组诗《丹佛的阴霾》和《达喀尔的阴霾》。
2. 贾斯汀·布赖尔利是来自丹佛的哥伦比亚大学校友，他曾劝说哈尔·蔡斯和尼尔·卡萨迪就读哥伦比亚大学。

34 杰克·凯鲁亚克［无地址，纽约奥松公园］致艾伦·金斯堡［无地址，纽

约州纽约]

主题：所有年轻天使都随着天上小酒馆里的廉价音乐摇摆。（在旱冰场）

一九四八年五月十八日

晚上

亲爱的艾伦：

谢谢你的来信。我这周五晚上也许能见你，但现在我不想和你详细讨论你的信[1]，因为里面谈到的东西对我来说太老旧了。我来回答你所有的问题：是的，在保持表达的"个性化"，同时又努力与人交流（如果你愿意，可以甜言蜜语）方面，我也有同样的问题……所有这些，是的，我已经用我自己的方式解决了。在《镇与城》期间而不是之后解决了。我们可以就此谈谈。我确信自己已经"成熟起来"；我怎么会忽略呢？——年复一年，我除了写作什么都没做，你知道我并非愚钝。也许我能帮你指出陷阱。至于小说，我两周前就已经交给斯克里布纳出版社，他们现在正在审读；还没有回音。

但有个消息你一定很感兴趣，我收到了尼尔［·卡萨迪］的来信。哦，正是这些甜蜜而黑暗的东西使写作成为写作……总之我收到了尼尔的信，我得填张申请表来向他的雇主证明他的人格。我敢保证，我以比尔·巴勒斯那种最好的写作方式夸夸其谈了一番。我想我说的是，他"对贵公司的组织和宗旨具有重大原始价值"，等等。他要到南太平洋铁路公司当司闸员。所以我猜——我猜对了——尼尔惹上了麻烦，被判了三个月监禁，所以他们正通过某个监狱代理机构给他找工作。然而，尼尔本人却毫不知情。顺便说一句，南太平洋铁路是世界上最奇妙的铁路……一个周日的早晨，我乘车穿过阳光明媚的圣华金河谷，河谷里满是葡萄和身材像葡萄的女人。我躺在一辆敞篷货车上，和其他男孩一起看着周日连载漫画，司闸员朝我们微笑，愉快地挥手。这是流浪汉最喜欢的一条路。在加州,任何聪明人都会在这条路上无休止地乘车往返于旧金山和洛杉矶,只要他们愿意,每周都可以往返一次,没人会打扰他们。当火车停在铁路侧线时,如果有田地,你可以跳下车来摘水果吃。这么说来,了不起的尼尔即将在萨洛扬笔下的乡村为一条很棒的铁路工作……(如果说有什么凶残的谋杀案发生,那不是我的错,也不是尼尔或萨洛扬的错。)如果你被圣达菲的司闸员抓住,而他们又有足够的棍棒,他们会杀了你的。南太平洋铁路公司不会这样。

35　　我又恋爱了,艾伦,我又恋爱了。持续了整整四天。她十八岁,我在街上看到她,被迷得神魂颠倒,跟着她进了旱冰场。我试着和她滑旱冰,结果摔倒在地。她当然很年轻漂亮。——吕西安的朋友托尼·摩纳乔(也是我的朋友)熟悉我这段风流往事……他觉得对我来说那个叫贝弗利的女孩太蠢了,不够伶牙俐齿。我一想到这个就讨厌……你无法想象我是多么疯狂地爱着她,就像我爱塞莉纳[·扬]那样,但比那更糟,因为塞莉纳更优秀。但最后她拒绝了我,因为"她不了解我,对我一无所知"。看在上帝的分上,我试着带她回家见我母亲,但她显然很怕,怕我骗她。甜蜜的爱就这样被温柔地拒绝了。她以为我是什么小混混……一直在暗示我这一点。她还觉得我很"怪",因为我没有工作。她自己有两份工作,她工作很拼命,不明白"写作"为何物。聚会结束后,托尼·摩纳乔和我在他的屋里发现了醉得不省人事的吕西安——那天晚上吕西安本应飞往普罗维登斯,开始他两周的假期。我们护送他上了机场大巴。他睡眼惺忪,目光迷离,穿着棕白色的马鞍鞋,就像斯科特·菲茨杰拉德笔下二十年代的人物。我突然意识到,吕西安喝得太多了,而芭芭拉[·黑尔][2]却对此束手旁观。我是说他真的很不好受。托尼对他说:"杰克的女朋友既甜又美但愚蠢。"难受得头晕目眩的吕西安回答说:"这世上的每个人都是既甜又美但愚蠢。"艾伦，就是这些，就是这些，不要担心什么写作理论，完全不用担心。接着吕西安感谢我们护送他上"飞机"（他是这么称呼机场大巴的），然后我们就告别了。那天下午，我的小姑娘拒绝了我。你现在怎么样啊？在这个甜美而愚蠢的世界里，大家都还好吗？

杰克

1. 凯鲁亚克指的是金斯堡1948年4月中旬的来信，这封信没有收录进本书。
2. 芭芭拉·黑尔是吕西安·卡尔当时的女朋友。

艾伦·金斯堡［无地址，纽约州纽约］致杰克·凯鲁亚克［无地址，纽约州纽约］

一九四八年五月十八日后
周一晚上一点三十分

亲爱的杰克：

周六晚上我收到你的来信——我在帕特森呆了几天。我这个周末在（纽约）。

你说起我信里"谈到的东西太老旧"时，似乎很自鸣得意。在某种程度上（较小程度上），我想说的是，（你小说中）那些老旧内容很难辨认，但是但是但是。这不是我（和［比尔·］吉尔摩）以前一直谈到的那种老成。即使吉尔摩能理解，我也一点都不愿意知道什么是"老成"，也不在乎。但你是对的，也许你要说的意思就在我眼皮底下。这虽然很有乐趣，但我不想继续下去了。

学期结束了，我一直在读但丁，很受启发。这学期我读完了《神曲》，正在阅读《新生》[但丁·阿利吉耶里著]等书。今晚我凭空想出一个宏大的试验性计划，让我来告诉你。我对阅读的兴趣在于从别人的经验中获益。我有时发现（最近才发现）作者会直接与我对话，发自内心的对话。我想我打算写一系列十四行诗。我想读彼特拉克和莎士比亚，斯宾塞和西德尼，等等，从头到尾学习十四行诗，再重新构思，写一系列完美的以爱情为主题的十四行诗。在看到《新生》某页的标题中的第一个字时我便有了这整个想法：我的诗总由它们的标题预言。也就是说，一首诗背后往往有一个单一的"超验的、个人的、严肃的想法"，就好像一部小说背后往往有一个单一的意象。我想以各种各样的方式赞美我的"爱人们"，理性的、俏皮的、激情的、专注的，或者怀旧的、沉思的、漂亮的、如实的、"严肃的"、热情的等等，将每一种可能的感知都嵌入清晰而复杂的如刺绣般的诗节——包括我所拥有的，以及在一些时刻，无论我显得多愚蠢，你都明白我拥有的那尚未定义或未阐明的情绪或知识，当然后一种情况要好得多。这组诗就叫《爱人的幻想》。你大声读一遍，这标题包含了我的整个想法。主要想法之一就是"吕西安的脸"的动态含义，你曾跟我提过，当时我听得一知半解。我想用诗意的方式来表达它，如果可能的话，把它作为诗的结尾，但不掺和任何私人的或主观的或在纽约长岛时形成的以标题名作为过渡的想法。我要谈论人性，并开始尝试在永恒中写作。

最近我一直在忍受一系列关于尼尔［·卡萨迪］的恼人的梦。收到你的消息时我正感受到这些梦所预示的危机，尽管不是激情的危机，也没有伴随智力的风暴。我想知道他正在他的永恒中做什么。我感觉自己如此远离人群，不觉得孤独，却很快乐。［……］

我并不担心写作理论，我只是在验证对它的实践。我的"阴霾"诗早已过时。我之前从没有投稿过诗歌。从《凯尼恩评论》那里我收到了第一张退稿单，但编辑兼诗人约·克·兰塞姆留言说："我非常喜欢这首缓慢、反复、有条理、沉思的诗。有时它读起来像六节诗。谢谢你的来稿。但我还是觉得它不适合我们。我想我们需要更紧凑的东西。"

我寄给他们的是《丹佛的阴霾》。凑巧的是,我手头有些紧凑的东西,他下周就会收到。

你的恋爱经历听起来很美。我真希望能见到吕西安醉得不省人事。你大可从中得到你想要的。

不,这事听起来像你干的。有人在唱小曲"所以请递给我一小块比萨",这让我希望自己还活着,所以我不能再说什么了。

大家都很好,这个世界是甜的、美的,但没那么愚蠢。吕西安说它蠢的意思是,我们不明白自己知道什么。我是说,我们不肯承认我们知道多少。

怀特[1]说斯克里布纳出版社就像那女孩一样拒绝了你。我可以看看你的小说[《镇与城》]吗?但别担心,被拒根本说明不了什么。这是我的看法。

格雷布斯尼格[2]

1. 埃德·怀特来自丹佛,是他们哥伦比亚大学的同窗,与尼尔·卡萨迪也相熟。
2. Grebsnig,金斯堡故意打乱了自己姓氏的拼法。——译注

艾伦·金斯堡[纽约东哈莱姆区]致杰克·凯鲁亚克[纽约奥松公园]

一九四八年七月三日

亲爱的杰克:

[……]

是的,伙计,我现在在哈莱姆区,正读着《哈克贝利·费恩历险记》。我有一台收音机,只要我喜欢,我什么都听。德金[1]整夜醉醺醺地进进出出,因为一些荒唐事傻笑个不停。我们疯狂甚至愉快的交谈时短时长。我坐下来写作,他坐下来写关于托马斯·阿

奎那、马丁·布伯和莎士比亚的文章,还咳嗽。我对他渐渐生出了深厚的兄弟情谊,他人很好,也很忧伤。他了解这座城市所有的酒吧:他了解这座城市,但他并不在乎,他对灵魂投入过多的思考,而且有过度的神学倾向。过几天他就要去萨拉纳克[2]接受肺放气治疗了。我坐下来给他讲一些我去哈莱姆散步的即兴故事,讲我在阿波罗旅馆见到莱斯特·扬,莱斯特是谁,他吹气时的样子,以及房东是一个叫比特的犹太老妇人,等等。

[艾伦·]特姆科[3]在旧金山发生了什么事?他无法接受吗?他知道恐惧吗?他在乎什么,他为什么不找份工作,像个老实人一样呆在那儿?他为什么不去巴黎,在那儿定居,在阴沟里打滚呢?我能想象他在黑市上大赚一笔,然后坐在朗佩尔梅耶斯饭店里看风景的样子。告诉他到艾克斯(塞尚的故乡)或查勒维尔朝圣去。

我每周都在学习,但我的诗还不属于我自己。用文字创造新的韵律新的我,我我我。我不是那种写死板的华丽辞藻的人。

如果你想看漩涡,来哈莱姆区吧。

我这周末要去帕特森陪老爸[路易斯·金斯堡]。那之后随便什么时候过来都行,比如周一晚或之后的任何一个晚上。如果你工作日上午十点半之前拨打哥大的常用号码,转政治科学研究院[4],就可以找到我。

你来信的结尾打动了我。这可能是个伟大的结尾。如果你远离沃尔夫式的思考,不把它搞砸了,这将是最有希望的结尾。

"无论你做什么都很棒。"

我给尼尔写了封长信,信太长了,我不得不把它装在包裹里寄出去,我把我写的所有东西都抄了下来,开头是《达喀尔的阴霾》。

丧气鬼,啊唷。

1. 罗素·德金是金斯堡的同学，当时金斯堡住在他的公寓里。
2. 位于纽约州阿迪朗达克山脉的萨拉纳克湖是一家著名结核病疗养院的所在地。
3. 艾伦·特姆科是金斯堡和凯鲁亚克在哥伦比亚大学的同班同学，是他们在丹佛的朋友之一，后来成了旧金山的建筑评论家，并获得了普利策奖。
4. 金斯堡当时正为政治科学研究院的院刊工作。

编者按：一九四八年夏天，金斯堡住在东哈莱姆区东一二一街三二一号罗素·德金的公寓里，经历了一系列宇宙幻象和幻觉，第一个便是威廉·布莱克朗诵诗歌的声音。接着是一段意识增强的时期，断断续续持续了几周。这些幻象大大影响了艾伦，并在接下来的十年里成为他思考的对象。在下面这封写给凯鲁亚克的信中，金斯堡试图陈述他的精神经历。

艾伦·金斯堡 [纽约东哈莱姆区] 致杰克·凯鲁亚克 [无地址，纽约州纽约]

一九四八年夏

亲爱的杰克：

我希望你仍记得上周在十四号街和我的谈话。那次谈话中出现了我们之前谈话未曾清楚意识到的因素——也就是我（还有你，以及其他所有人）在过去几个月里反复提到的那个未知数。重要的是，我们清晰地理解（如果有什么重要的东西需要理性理解的话）来世的完全的他者性。任何时候它都不会进入我们的意识——也许除了极少数时刻，但我相信它是唯一有价值的东西，唯一的所有物，唯一的思想，唯一有价值的劳动或真理，我已献身于它，或献身于消除它之中的自我因素，不知何故我献身给它我一生的生死较量——就像卡夫卡的主人公，某天早晨醒来发现，某种神秘的东西已找到实体形式，正无休止地迫害或告发他。现在对我来说，那些不真实的已经变成最真实的。这也许就是为什么你我的有意识的思想生活相距如此遥远的原因。你所为之战栗的疯狂，你所瞥见的不可思议——也许是不可思议之最，很有可能是几个月来我所见之唯一，不可避免的唯一。对我来说没有逃避——我忘不了我所看到的，忘不了在不同的时刻自己所看到的，它比我们上周在一起时所推测的还要清晰。我曾经清楚地看到自己生命之外的东西，看到我必须去往那里。我重复使用诸如"如实地"、"实际上"、"现实性"一类的词，可能会让你感到恼火，但那是因为我缺乏一种词汇——也因为我所述内容缺乏即时的存在感，我一直在努力表达自己对奇迹的看法。

几个月以来，我一直在努力理智地定义、描述、展示我们所知道的另一种存在——如果我们有能力承担破坏现有生活的责任，我们便可以对这一存在有所感知，但就其本质而言，它远远低于或高于存在，据我通常的了解，除了能唤起（如在几次谈话中）有关我们自身某种梦幻般的、白色的、浪漫的幽灵般的模糊感觉，它毫无用处，而那种感觉是我们有意识地感知到的最接近童话的感觉。一旦我放弃这种尝试，我将更接近我所追求的最终实现，因为那是虚空的且抵挡了知识可怕的感知力。如果我不相信精神分析的机械过程可以让我面对自己和上帝，那我将不再在城市里等待新幻象的出现，我会对这里的生活感到绝望，我会离开——像往日一样，开启一场真正的朝圣之旅，穿越大地，屈服于自然，在这种空虚和恐惧的生活中死去，彻底放弃，到处流浪，无家可归，直到四海为家。对我来说，把这种精神上的雄心壮志与改变一切的精神分析结合起来——朝着那个目标——似乎不合时宜。但那是我自己的生活和选择，我不能擅自给别人开除受难以外的任何药方——受难至竭，竭尽受难。我所知道的一切都不重要。你还记得斯宾格勒把上帝比作魔术师的那段描述吗？在二百三十五页[1]上面："作为肉体和灵魂，他专属于他自己，但另有一些东西，一些外来的和更高级的东西也寄寓在他身上，使他通过他所有的警视和信念而成为共通感中的一员，这种共通感作为上帝的流溢物，固然可以排除错误，但同时也排除了所有自我主张的可能性……思考自我、相信自我、认识自我都是不可能的……个人意志的观念是毫无意义的，因为人的'意志'和'思想'并不是原始的，而是神灵业已施加在人身上的影响。"毕竟，和其他任何人相比，我都有更多的自我主张——有一个比你更恶毒的自我，一个更"放荡"的自我？除了我，还有谁能实现我的自我的终极幻想，在所有的自我、所有的个体思想和人格之中？尽管我使出所有恶魔般的个人主义，但在那场为了内心的最终战斗中，是你捍卫了自我，是你拒绝放弃你的自我。那是最关键的战斗——内心只能与上帝同在，它与其他一切同质；任何内在和隐秘的力量，如果不能用来表达对那一的国家、一的精神和一的情感——那无法想象的"一"——的骄傲和恐惧，都会失去其意义或力量，不是吗？但我说的是真正的天启（不仅仅是神秘主义），所以我这样自淫也是徒劳。最后的审判日！有一天，当我进入另一个世界时，我会发现所有这些言论都是试图欺骗别人关于天启的真实本质。你也要为那一天感到恐惧。我们都将受到审判。

周三我可能在纽约。如果在的话，我就去一趟新学院大学。另外，这是我公寓的钥匙。

你的同类，
艾伦

---

1. 请参阅奥斯瓦尔德·斯宾格勒的《西方的没落》。

一九四八

杰克·凯鲁亚克［纽约奥松公园］致艾伦·金斯堡［无地址，纽约州纽约］

一九四八年九月九日

我的朋友艾伦：

是的，我想见你，但如果不约在下午、晚上或深夜，你为什么不干脆周一来我家呢？就在奥松公园这边。我正忙着摆脱收到出版商退稿信的恐惧，还忙着做出新的尝试。还得修改更多文稿。芭芭拉·黑尔觉得我的小说"伟大而笨拙"，但显然经营出版业的大佬们想要的是油腔滑调。几周后我要去北卡罗来纳经营妹夫的停车场，跟护士求爱，离开这个我必须打交道的可怕又肤浅的文学世界，休息一下。克劳德·德·毛布里［吕西安·卡尔］是怎么回事？……真的吗？我拒绝了联合出版社的工作，因为它有损我的尊严，写成那样一部小说却被拒绝，我就像沉默而悲伤的塞缪尔·约翰逊。呸！我读了《白痴》，最喜欢罗戈任。（周一）过来吧！

杰

编者按：金斯堡再次给凯鲁亚克写信，讲述他的幻象，但这次他否认这些幻象曾经出现过。杰克在信纸边空白处写下"他脑子不正常时"并不为过。这一时期的金斯堡比任何时候都更接近疯狂。

艾伦·金斯堡［无地址，纽约东哈莱姆区］致杰克·凯鲁亚克［无地址，纽约奥松公园］

一九四八年夏末

亲爱的杰克：

我疯了，你惊讶吗？哈！我觉得我的脑袋就像饼干一样开始碎裂。如果提早五分钟写信，我恐怕会哭；如果提早十分钟，我会告诉你别管我；如果再等一会儿，我根本就不会写这封信。恐怕我此刻无法真诚地回复你。显然,你的信写得很自然。我该说什么呢?我能想象你读这封信时的反应,你会冷冰冰地告诉我不要再摆姿态,因为我正在摆,如同自地下摆起姿态一样。但我对至高无上的医生信心十足。

尽管我想我最近看到的幻象给你留下了深刻印象,你再跟我说话时不敢不双膝跪地。但是不,我不再这么认为了,并非因为我更明智或对你更加公正,而是因为我找到了更好的方式来折磨你,既然你这么坦率。整个幻象都是垃圾,一个巨大的幻想而已。我这不是在瞎编,跟你说的时候我就已经心知肚明,虽然到后来我才完全意识到。事实上,我根本不在乎。如果你认为那是我的主要美德,即看到一个幻象,哦不,我有更重要的事情要考虑。然而,你大可放心,尽管这个"幻象"含有自然的元素,但它只是为了掩盖一些更深刻更可怕的东西。不,也不仅仅是性。

如果你想知道我的真实本性,我现在就是那种到处向少年犯展示自己鸡巴的人。

我真的无法给你回信,虽然我很想这么做,我很想就你现在所处的水平和我将来要达到的水平表达我的期望和看法。

你说我令人讨厌,确实如此。

让我走出这个怪圈。来看我吧。不,我会去看你的。我有事要告诉你。

杰克·凯鲁亚克[纽约奥松公园]致艾伦·金斯堡[新泽西州帕特森市]

一九四八年九月十八日

周六晚上

巫师的书架

亲爱的艾伦:

自从见到你后,我就一直有一些非常疯狂的想法……那些幻象告诉我没有所谓"生活的痛苦的奥秘",(没有所谓沃尔夫和其他人),但是——我看得更清楚了,它确实是个美丽的谜。它是个谜,你知道的。我们没有人真正明白自己在做什么,不管这是否有意为之,也不管我们是这样想还是那样想——我们一直在做其他事,非常美好的事。即使是敏锐却不自知的卡尔,也不可能总是知道大家在做什么。那天你走后,我接到汤姆·利沃内斯[1]的电话,去了他家。我们喝了酒,熬了一夜,然后去纽约处理他的一些事务。我在第三大道的一家酒吧里等他,心里充满了幻象。你有关塞尚的那些描述让我念念不忘,我一直在想该怎么去理解视觉。我看到——尤其是那天由于湿度低,纽约像汽车引擎盖一样明亮——一切事物的真实轮廓和光线。但这不是我想说的重点(有关精神美学的),现在还不是。他回来时——已经是上午十一点——我打电话给吕西安。汤姆和我想继续喝酒,我知道吕西安那天休息。吕西安让我们去他家叫醒他。我们手头有特利斯塔诺[2]的唱片。我们播放唱片,吕西安躺在床上试图醒来,他专心听了会儿特利斯塔诺的曲子,然后就起床了。他宿醉得厉害。我一直在想我该怎么表现才能打动吕西安。但因为一宿没睡,又饿着肚子,我突然一阵恶心,就闭上眼在沙发上躺下。吕西安走过来,猛拉了一下我的腿,咧嘴一笑。他跟汤姆说了几句话。后来他给我喝了牛奶,我感觉好多了。"我有个好主意,"他说,"我们去华盛顿广场坐坐。"顺便说一下,芭芭拉[·黑尔]出城了,或者说这是意料之中?……我们在塞尚的阳光下沿着第六大道出发,我跟吕西安提了这个比喻,他很赞同。我们走进一家巴黎风格的酒吧(罗尚博酒吧),喝了三杯茴香酒。酒保小心翼翼地往杯子里加上冰,再把冰块取出,倒上茴香酒和水,然后把烟雾腾腾的绿色饮品递给我们。就像白天的阳光和吕西安的智慧之光一样,茴香酒带来另一种光。它在我们的胃里头,温暖了我们三个。我们容光焕发地坐在吧台前,慢慢地喝着酒。接着我们又一次漫步在那天美丽的街道上。我们去拜访了几个来自圣路易斯的吕西安的朋友,喝了高杯酒,还和他们聊了天。他们都是些高高在上的年轻人,但后来吕西安很欢快地指出,他们的优越感远不及汤姆·利沃内斯,毕竟他比他们都有钱。这期间汤姆对某家夜店的光顾让吕西安高兴不已……我们钱花光了,却还想整日整夜地喝酒……走进夜店并问:"利沃内斯这个名字值钱吗?"他们说当然,然后就递给他一张二十美元的现金支票,或者说,他们信任他,给了他二十美元……我不太清楚,我在夜店外头等,用全新的眼光观察经过的人群。吕西安冲了出来,告诉我人们为了弄到钱总会想出一些诡计,一些像汤姆那样的大胆的诡计,但从没成功过,可汤姆成功了。我们当时站在街角吃热狗,吕西安一边跟汤姆说话,一边高兴地向我提起这件事。汤姆转过身来对我说:"待会儿再告诉我他说了些什么。"你能看出这一切多么融洽吗?后来汤姆给我们留了五美元,就和女朋友吃饭去了,说他会在另一家酒吧和我们见面。吕西安和我边喝酒边聊天。他跟我说了你和他的事,就像你跟我说的那样。接着,他为我感到遗憾,因为我不得不成为"声名狼藉的作家",不能像他那样进入金融体系。但我知道,他之所以这么说,是因为他曾经相信你和他在哥伦比亚大学经常谈论的"艺术的各种共通性"的艺术观,记得吗?我的意思是,我头一次能够听到来自另一个世界的人在说什么。我们不知道自己在说什么,看来只有上帝知道。我们的交流没有深度,也没有我们常用的语言。"糟糕的"写作也是如此。我们一直担心对彼此的感受如何,然而,如果我们是上帝,我们就会知道我们彼此感受到的是爱,没有偏差,只有复杂的干扰和意图倒置的变化……嗯,此外还有困惑。但是还有更多,更多……吕西安和我走出酒吧,因为我们想在夜幕降临前看看白天的阳光。现在街道已经被染红,我们一起漫步到华盛顿广场。在那儿,我们走在所有孩子中间。我们看到一个穿着溜冰鞋的小女孩摔倒,擦伤了膝盖,然后站起来,带着痛苦、悲伤和怨恨跺了跺脚,因为她受伤了。吕西安说:"孩子们表达痛苦的方式真是太棒了。"他走过去拍拍小女孩的头,告诉她她会没事的。她噘了噘嘴,红了脸,转身离开。她的小伙伴们都咯咯地笑起来……不知何故,她们误解了他的话,吕西安转过身,说:"哦,我不是那么说的……我是说她会没事的。"但随之而来的是进一步的误解,虽然很小。吕西安有点泄气、尴尬,走回我身边,但他还是很开心,孩子们也很开心。这些真正有意义的意图的迅速干扰,让我明白了我们之间的交流障碍是什么:是一种以爱为基础能量的恐惧,害怕被理解或被误解——因为完全被理解意味着一种真空。艾伦,你要知道,如果整个世界都是绿色的,那就不会有绿色这种东西。同样,人们如果不明白分开的感觉,就不可能明白在一起是什么感觉。如果整个世界都是爱,那么爱怎么可能存在?这就是为什么我们在最幸福和亲密的时刻会远离对方。如果不把它们像光一样进行对比,我们又怎么能知道幸福和亲密的意义呢?在光与色彩的真理中蕴含着一样的道德上、心理上、精神上的真理。接着,我们沿着公园散步,吕西安在池塘边蹦蹦跳跳地说:"你知道吗,杰克,我变得越来越快乐了。"他一直说起他在埃尔迈拉[3]的日子,以及他在那里燃起的所有希望。你看,我突然想到,吕西安之所以被拯救,是因为他曾经失去了一切——就像耶稣劝告我们丧失一切去拯救一切。吕西安不仅得救了,而且死了——因为那一次失去。这也是比尔的目标,是为什么他现在是个小丑的原因。从更深层的意义上说,他们通过抛弃所有世俗财产和骄傲而获得了天国,在华盛顿广场的余晖中说:"我变得越来越快乐了……"

  人们之所以盯着吕西安看,我想是因为他太美了。我问他为什么人们总盯着他看。他说:"他们一直都这样。"这无法解释——事实上,人们确实总是盯着吕西安看。那天,我充满了爱的感悟:

那天，我了解了他的一切。

我们走到波威里街的另一家酒吧，在那儿花光了钱。但我学着汤姆的样子，设法从酒保那儿骗了一杯免费酒给他，他很高兴。我们聊了更多，他告诉我，我和你们俩的区别是，我与所有人的交往都达到了一种"担心对方会怎么看待自己"的程度，而他和你与人交往的方式我永远无法理解。他说你和他都有一个站在一旁审视的存在，那个存在会问："这会是我吗？""呸！"而我总是说："啊，这就是我，别人会怎么想呢！"你看，这是恭维，尽管事实上我并不希望由此得出任何理论，因为理论把我们分开了，就像所有理论把世界分开一样，这个世界并非完全不同。从那以后我也"呸！"，所以说，亲爱的吕西安还是错了。

最后，我们又联系上汤姆，与他在第六大道的另一家酒吧会合。吕西安和我顺路接上吉尼·贝克[4]。一见到她，我的心又怦怦直跳，但立马意识到不对劲的地方。我无法理解吉尼。我故意走在她和吕西安后面，她不停地说："走在我旁边吧，你这样走在后边，让我很难受。"可一旦我和她并排走，她看我的眼神就变得轻蔑，听她说出"歇斯底里"这个词时，我抓住她的袖子问："谁歇斯底里了？嗯？谁歇斯底里了！"她满脸厌恶地看着我。她为什么讨厌我？为什么第一次见我时会喜欢我，为什么让我爱上她而现在又这样做？我要走在哪边呢——她的后边、前边（她对我走在她前边不感兴趣），还是旁边，从而忍受轻视？与此同时，吕西安取笑着她，跟她说些非常下流的话。我们进了酒吧等汤姆。后来我们去了位于十二街的公寓，因为实在无法理解吉尼，所以我准备回家，尽管心里清楚，吕西安不可能被抓到一个人和吉尼在芭芭拉家，因为芭芭拉随时会回来。吕西安说："但你知道我不能留在这陪她。"然后我大声说："那就把她扔出去。"但吕西安把我留了下来。我故意向吉尼借一毛钱回家，以示对她的厌恶。可当吕西安色眯眯地抓住她吓唬她时,"她又开始喜欢我了"。我则像个傻瓜似的又开始相信她喜欢我,和她跳舞,热切地看着她。接着汤姆走进来,取笑了她一番,然后和吕西安出门喝酒,留下我们单独做爱。汤姆甚至在留声机上放了一张梅尔·托尔梅的《随风而逝》的唱片。但他们一离开,吉尼又开始厌恶我。我无法理解。她说:"请不要再给我打电话了。"我狠狠咬了一口她的手指,而她似乎突然对此产生了兴趣。你瞧,我猜她想被虐待,她想一直虐待别人,这样他们就可以顺理成章、坚定不移地虐待她。我与那种倒置的关系无涉。也许我理解错了?"好吧,你还是回家吧。你可以自己走回家的吧?""哦,当然。"她说。到了街角,她又说:"请不要再给我打电话了。"我握了握她的手,看着她说:"我不理解你,你也不喜欢我。"(但之前吕西安一直跟我咬耳朵,说她所做的一切都是为了我。这是真的吗?可街角发生的那些又是怎么回事呢?吕西安是在戏弄我吗?)她一路走回家,按理说很伤心……也许她一直想要的就是合乎逻辑的伤心,想独自回家,这样她就可以忧伤下去,获得比她的姐妹和维克托·特杰拉[5]更伤心的满足感。就是这样,但就像我一开始说的,没有人明白自己在做什么,但在这一切背后隐藏着一种神性,在吉尼这件事上也一样。和她在一起时,我不知道该怎么跟她说明这一点。你瞧,所有这些都饱含生命力。仅此而已。

所以我独自一人回到酒吧,吕西安和汤姆在那儿正聊得开心。他们竟然这么喜欢对方,你知道了一定会大吃一惊。我进门时,吕西安正在问汤姆,为什么每次汤姆说什么自己立刻就能明白他的意思。汤姆回答说他们俩想法一样,只是用词不同。汤姆因为自己完美的理解力而有些忘乎所以,你明白我的意思吗?我们喝啊喝啊,吕西安一度跟汤姆提起我的事,我没听清,但肯定是奉承话,那就好。我不想一直奉承他人,我明白那样做收效甚微,也就是说,我并不明白,但我明不明白对你来说又有何区别?你明白吗?只要存在赞美和恭维,而我从另一个世界注意到它们就好了。我们回到十二街,芭芭拉躺在床上,她对我说:"趁我一转身就把吕西安灌醉,这可真是个好主意。"后来我对她说:"严肃点,芭芭拉。"吕西安以抱着煎锅跳舞结束了这个夜晚。他抱着煎锅轻轻地、悲伤地敲打自己,砰砰,砰砰,砰砰,直到天明,我则坐在一旁看着。我们都知道,我们都知道。难道不是吗?

杰克

1. 汤姆·利沃内斯是凯鲁亚克的学生朋友,他认识薇姬·罗素和小杰克·梅洛迪。他也是一名兼职爵士钢琴家。
2. 莱尼·特利斯塔诺是一位爵士钢琴家和作曲家。
3. 在戴维·卡默勒的谋杀案中,吕西安·卡尔承认过失杀人罪,在纽约北部的埃尔迈拉监狱服刑两年。
4. 吉尼·贝克是凯鲁亚克的年轻女友,《在路上》中吉尼·琼斯的原型。
5. 维克托·特杰拉是《在路上》中维克托·比利亚努埃瓦的原型。——译注

艾伦·金斯堡[无地址,纽约州纽约市]致杰克·凯鲁亚克[无地址,纽约州纽约市]

一九四八年十月十九日后
周三

亲爱的杰克:

我们说的或写的信含义模糊,但这只是因为我们是模糊的。没有什么"生活的痛苦的奥秘",可你却说生活是个美丽的谜。对我们来说它是个谜,仅此而已。"没有人明白自己在做什么",但我们还是做了美好的事。我们所做的其他事总是以这样或那样的方式被我们认识到。我想知道我正在做的事是什么/我想认识它。它是可以被认识到的。这就是精神分析、宗教、诗歌教给我

们的，我们正在做的从本质上是可以被认识的，不去认识则是罪过。对我来说，塞尚是认识的开端，但它不是正品，只是一种理智的替代品。人们相遇，产生共鸣，其魅力和美源于我们尚未上升到意识的本能，我们没有意识到我们在这里，也没有意识到我们在争论爱时谈到的某个特定的东西。就这样接受它，或者像在梦境中漫游一样，对神秘的美感到不可思议，这是一回事。但如果有人回以一种直截了当的交流冲击——不是神秘的，而是直截了当的，有些人能够做到这一点——这会让你我感到恐惧，因为它会破坏整个关于模糊的意图之美的梦境。如果我说别跟我开玩笑——别装得好像我不知道你在说什么，那会怎么样？你没有说出你的意思，尤其是在你解释吕西安说他很抱歉你不是为社会所接受的作家时。

"我们不知道自己在说什么。""看来只有上帝才该知道。"如果我们真的知道而只是在掩饰呢？这就是我们正在做的。当你告诉我不要再窥探你的灵魂时你真正的意思是什么？我只是理解得过多了，理解那些你不想被提起，更不想被实践的感觉和感受。你在信中所说的一切都属实，但仍然是片面的，因为它确实是试图以某条君子协议来行骗。我比任何人都更害怕的一条君子协议是"君子不中伤"。每个人都知道的君子协议是"避重就轻"，这种思考背后的怀疑正是知识的领域。如果肯定这种怀疑存在，然后假装它不重要，即使它是全部意义所在，这么做不会带来幸福，也不会激发艺术。"如果我们是上帝，我们就会一直感受到爱，只是伴随着混乱而已。"是的，的确如此，我们已处于这种状态。我们要做的就是摆脱这些混乱，而不是忽视它们或辩解说它们是毫无意义的事情的一部分，最好是含糊其词，不了了之。否则你知道会怎么样。"我们只是害怕被理解。"是的，当然。因为爱是基本的、唯一的、详尽的全部意义之所在，是被理解着的绝对之物。这就是为什么我会伸手触碰别人的身体。也许我践行了形式,没有内容。但那是因为我相信实践。你说,如果你被完全理解了,那么理解就不再有意义,因此罪是必然的。"艾伦,你要知道,如果整个世界都是绿色的,就不会有绿色这种东西。同样,人们如果不明白分开的感觉,就不可能明白在一起是什么感觉。如果整个世界都是爱,那么爱怎么可能存在!"这是你也是我不诚实的根源。你试图掩饰。关键是,所有思想都是不存在、不真实的,唯一的真实是绿色,是爱。你难道看不出来生活的全部意义就在于不自觉吗?世界一定全是绿色的、全是爱吗?那样世界会不会显得不可理解?这是一个错误。对于我们的理性来说,这个世界似乎是不可理解的,它总是试图把我们与绿色的生命隔开,使一切都支离破碎,都显得模糊、神秘、色彩斑斓。世界和我们都是绿色的。我们是不存在的,除非我们下定决心让个人的思想成为绝对的闭环,以对绿色、爱、只有爱的绝对无条件和无意识的理解开始存在于上帝之中,直到车子、金钱、人、工作、事物都成为爱,动作是爱、思想是爱、性是爱,一切都是爱。这就是"上帝就是爱"这句话的意思。世上只有一条法则,但大多数人都努力活得好像他们的法则各不相同,好像他们对自己的法则有所了解。你没有意识到,你唯一的个性,那别人甚至你自己都以为的你唯一的个性,并非你真实的个性,你的个性不是你为了自己和他人所建立起来,不是你那自我封闭的、反叛的、自我中心的心理机制,也不是你的孩子气。你的个性与你无关,与你在自欺欺人时希望它所是的样子无关。你不承认真实的自我,但我看到的你是真实的。如果你意识到这一点,一定会深受打击。这也是你曾经一直对我说的话。人们在彼此身上清楚看到的是思考背后的不可信,而不是那些他们凭借"彼此不要'误解'的君子协议"就可以不去相信的理由。你他妈到底在乎什么,你是否知道你就是虚假的爱,你以为你"知道"一切?你为什么害怕屈服于这种愚蠢、无意义、不真实的知识的毁灭呢？这就是个深渊。一切都是绿色的、是爱，不存在我们所创造的不切实际、逻辑上模棱两可的东西，我们创造它们是为了不去面对彼此。耶稣劝告我们，在真正的死亡中，每个人面对和死去的方式尽管不同，但绝非完全的顺服。他们经历了这种死亡的各种可能的阶段：面对它，害怕它，推迟它，把它解释成一个毫无意义的复合动词，避开它，用经验改变、巩固它。你真的相信吕西安完全死了吗，还是说，他和比尔没有变化而只是重新巩固了自己？我们认识的人中并未有谁死去。

这会是我吗？每次我看到自己本来的样子，我都在凝视着一面宇宙之镜，我在其中看到自己的思想破碎成乌有，自己确定无疑的肉身以一种不可理喻的猴子般喋喋不休的愚蠢，在宇宙中迂回旋转，一幅肮脏可怕的画面。事实上，处于这个阶段的我会成为圣人或普通的自然人，但由于我的观念与现实是如此不同，以至于当我看到可能的画面时，我认为自己是个怪物。我每次面对这面镜子时，虽然只是一眨眼的工夫，但事实上那是恐惧的一刹那，我一生中在三个不同的阶段有过这般体验。这就是我与吕西安的平衡之处。我尝试以他那副性感的样子去调情，那副样子与我的如出一辙，而且因为我信任并承认他的公正和爱，如果我没有在他面前变成怪物，那我只能怪我自己。所以我转而告诉他我的镜中所见，而他相信了我，同时我们都意识到当我们没有变成我们本来的样子时我们是在欺骗彼此。小时候，我被《化身博士》里的变身场景吓坏了，因为它让我想起真实的自己。这个真实的自我以及生活本身是如此不可思议、令人难以置信，以至于它看起来就像一个恐惧的意象，一旦我们接受这种恐惧的存在，我们就会发现它不过是一种强烈的发作，它是生育的痛苦，是承认自我欺骗、承认我们在爱里（在绿色里）的剧痛。布莱克和艾米莉·狄金森以及其他很多人都对此进行过专门描述。

"为找寻西去的路途，

我加快步伐

径直穿过愤怒之门；

和蔼的'仁慈'引我上路

伴着忏悔的轻叹：

我见天空破晓。"[1]

  这是死亡的时刻，是每个人都谈到的甘露，是吕西安在黎明时分抱着煎锅轻轻地、悲伤地敲打自己脑袋的原因。他从来没这样做过。我还没这样做过。是的，为了这该死的一切，我疯了。这一切都是胡言乱语。我存在，我说话、阅读、写作，命运的圈子在我周围缩小、闭合：死去，发疯，你现在以为是疯狂的东西其实是爱和理智。死去，发"疯"。这是精神分裂。我现在偏执狂般专注于这一刻的意志。

  我认为我说的或多或少是对的，虽然我认为你无法理解，因为我没说清楚。或许我该说，关于你的信，我或多或少理解了你所说的一切。我能理解，不是因为我聪明，而是因为你真的明白自己在写什么。我听到了你说的话。但我没有完全理解，因为你说得还不够透彻，因为你才开始理解，还没完全理解。当你理解得更完整，我也会理解得更多。不要说永远无法完全理解，因为我想说的是，甚至对你来说，完全的理解是可行的才是关键。全部都是绿色的。抛弃其他一切吧。

艾伦

---

1. 诗行选自威廉·布莱克的诗《破晓》(*Daybreak*)。——译注

艾伦·金斯堡［纽约州纽约市］致杰克·凯鲁亚克［无地址，纽约州纽约市］

一九四八年十二月前后

亲爱的杰克：

我已经搬到约克大道一四〇一号——上三层楼梯，往左后边走（也就是第一大道以东的七十四号街）。我在哈莱姆区的最后几周非常糟糕且令人困惑（现在一切都很糟糕且令人困惑）。洪克搬了进来，烦躁地对我喋喋不休了一周半，不仅吃我的，花光我最后一分钱，还顺走了我最后几套西服、一件夹克，还有罗素［·德金］冬天的衣服（西服、大衣等）和二三十本昂贵的书（价值数百美元）——上面全是神学笔记。如你所知，我的打字机也没了。我得赔给罗素，不是吗？洪克几天后写信给他，告诉他自己知罪了，总有一天（可能就在这个月）会"设法补偿他，只要他有了钱"。——他就像《白痴》里那个退休的老酒鬼陆军上尉。

但我得到了上帝的补偿，因为有人把他的公寓留给了我，每月十三美元租金，只有冷水，三个房间（其中一个）装修得非常考究。

别因为你觉得我不想见你就躲着我。别把我想得太坏。

有一晚吕西安和我谈了很久。我首先从塞尚（他买的）的角度来解释我的新信仰（你可以这么叫它），我越谈越深入，已经接近我自己的中心要点，而他聆听着，反应积极。他说他认为我疯了。我父亲认为我应该去看心理医生。你认为我变丑了（是一个意思？）。（比尔明白我说的每句话，但他没有和我在一起生活的经验，他祝我好运。）也许要把比尔排除在外——假设我疯了（哈），天哪，我一定受了天大的苦，才会发疯。我一直向人们呼救，却没人向我伸出援手。这就像自杀，唯一的区别是我还活着，在这虽生犹死之时，我可以看到人们哭泣，我感到难过。哎，甚至没有人哭泣。只是梦一场。

爱你的，
艾伦

艾伦·金斯堡［新泽西州帕特森市］致杰克·凯鲁亚克［无地址，纽约州纽约市］

一九四八年十二月前后

亲爱的杰克：

我们联系上了吗？我从别人那打听到［沃尔特］·亚当斯说你要我的地址。地址我写给过你的，约克大道一四〇一号后边三楼。（你收到我的信了吗？）

我的循环或者至少又一个循环完成了。我回到帕特森暂住一段时间。我认为这是半永恒的，也就是说，在持续了五年后，它确实标志着某种回旋的结束。真正使它完成的（这就是它所做的一切）是我终于和吕西安上床了。等见到你时我会告诉你的。地球并没有在它的坟墓里翻转，而是另一个球体打开了。我们总是惊叹于一个又一个层面，一个又一个循环。你将它们视为生命，完整而美丽的生命。有时我想这就足够了，因为我理解那种美，尽管我的理解不如你的那样成熟、谦逊。然而对我来说，存在一个至尊循环，所有这些都是它的一部分，如同存在一个单一的真实的（实在的）（事实的）（实际的）幻象，所有新幻象都是它的影子。这些影了随着我越变越亮，我的理解越来越接近最终的知识。一层又一层面纱被揭开——借由我们揭开面纱的行动。我的意识介入我的灵魂和世界之间，使我的一部分变得不真实，也许这就是你所说的丑陋。有一天，我会摧毁这种意识，成为我自己。我也觉得近来的自己最为自在。但我一直都这么说。有一度我确信自己错了。但就我自己而言，我是对的。我现在很清楚这一点，不会再质疑。但即使是这些我正在讲的故事我也将停止讲述,直到你不再反对并热爱一切为止。我的意思是我的意识不会妨碍你。

学校像往常一样一直给我找麻烦。我有一门维多利亚时期文学的课程不及格[一九四八年夏季学期],因为考试时我以现有的永生观念为基础,写了一篇关于已故作家的文章。老师说这是"矫揉造作的概括"。我想确实也是这样,但这样的分数可叫人怎么办?

你呢?我知道这段时间我一直没跟你说话。希望你见谅。你是一罐金子,别以为我没有意识到。劳伦斯[1]出于安全考虑拒绝了你的小说。所以你不要绝望,我们没有偏离正轨。我们的问题没办法轻易解决,真是太糟糕了。但这种抱怨已是老生常谈,且愚蠢透顶。不过,其他人也愚蠢透顶。似乎为了拯救我们自己,我们也必须拯救他们。所以说天才必须受苦——他必须承受整个世界的负担。我们的幸福和现实取决于别人的幸福和现实。还记得兰波说过,有一天他将不得不离开魏尔伦去帮助别人吗?亲爱的灵魂,那可不是个很好的提议。我越来越没有幽默感了——那是因为我疲于表现风趣以及我的风趣总是不合时宜,并非因为它本身含糊不清。好吧,就像我一直说的,也许,如果你不得不被他们拒绝,你就不得不摧毁更多,突破另一重防御,破除你言辞的不实之处。亲爱的灵魂,这可不是个很好的提议。灵魂必须发声,你必须直接说出来,而不是通过"沉思"这样的文学符号。你必须承担起小说中所有逃避你的责任。所有的,全部的,没有多余。但你完全感觉到存在多余的责任,所以你的处境很糟。我认为你推迟下一部小说的决定很正确。这部写得够好了。唯一实际的问题在于外部世界。好吧,我猜你艺术的真正症结就是从这里开始的。你唯一要做的就是直面它。外部世界会强迫你这样做,这是好事,除非你意志动摇并诉诸愤怒和幻想。我当真是在对自己而不是对你说这些话。我想我说的这些就是我的决定，我只是把它们投射到你身上。我不知道它们对你来说有多真实。但当我试图用神父的方式去理解或"帮助"你时，你却又超出了我的理解范围。

我想见你。现在和你在一起，我感觉比以往任何时候都更自在，我更能感受到你。事实上，这种感觉更清晰，更自信，有了更多信任。我会在帕特森呆上几周。你终究会来吗？

1. 那年早些时候，哈佛文学杂志《觉醒》的编辑西摩·劳伦斯拒绝发表《镇与城》中的《乔治·马丁之死》。

杰克·凯鲁亚克［无地址，北卡罗来纳州］致艾伦·金斯堡［新泽西州帕特森市］

一九四八年十二月十六日前后

艾伦：

我意识到，雷金纳德·马什从紧绷的责任和自然主义转为在上帝的真实世界中以上帝视角看待人类，这一转变很伟大。（用低沉的声音来说。）

不要在电话里尖叫——你和芭芭拉［·黑尔］是酷儿。

你应该去雷恩画廊研究一下"新花园"。

你知道我在想什么吗？本世纪的人一直在用自然主义的眼光看人，这就是所有问题的根源。在我看来女人是美丽的女神，我总想和她们上床——琼［·亚当斯］、芭芭拉，所有人；而男人是美丽的神，包括我在内，散步时我总想用胳膊搂住他们。

昨晚我给［艾伦·］特姆科写了封关于末日启示的信，我抄了一份给你，也许还有［约翰·克莱伦·］霍尔姆斯看看。信里充满了"可怕的"和不可避免的预言，偶尔带着一抹下作邪恶的淫笑，很像"过去的我，过去那个常心血来潮的我"那样。所有真实的话语都是那样……"蛇山之所以被称为蛇山,是出于一个非常真实的蛇般的理由。""如果真是那样,那么我很高兴影子变成了骨头。"

我对特姆科说:"当我们走出表面理性狭隘的'白光',当我们走出房间,我们会看到神秘主义者制造的并非垃圾。"

但是,我恨你。因为几年前,你和伯罗斯[巴勒斯]曾经嘲笑我,因为我认为人人都像上帝,甚至像壮实的足球运动员,像上帝一样四处走动,哈尔[·蔡斯]当时跟我想法一样,现在他还是这么想。过去你和比尔常坐在白灯下边聊天边调情,那时我们就已快乐地认识到了我们的肉体。艾伦,我觉得你满嘴瞎话,我终于要跟你说出口了。你就像戴维·戴蒙德[1]——你以为你那爪子是虔诚之人的手;你混淆了爱情。我厌倦了你,我希望你改变:你为什么不死一次,不放弃一次,不发疯一次呢。

我已经决定我死了,放弃了,疯了。我对你直言不讳。我再也不在乎了。可能我很快也会结婚——也许是和波琳。我们会逃走。现在,我正处于爱上我那畸形的、负罪的肉体自我的边缘,从而能恢复到当初与哈尔在一起时的清醒状态。我总是梦到折磨比尔、杀死比尔(昨晚也做了类似的梦),因为他以别的名义把我变成了怪胎。但我给比尔写了封重要的信,我要送他一场革命[2]。我不知所措。唯一能做的就是放弃——我正在放弃。

一想到要在加油站找份工作,我就像以前一样不寒而栗。我不知所措。如果我的书卖不出去,我该怎么办?写这封信时,我差点从椅子上掉下来摔死。刚才我一阵头晕目眩。生命太让人难以承受,太接近死亡。我必须学会接受这绷紧的绳索。

你知道哈尔做了什么吗?他就像于连·索雷尔[3]一样,在进入神学院的那一刻,自言自语道:"这里有三百八十三个神学院成员,或者更确切地说,有三百八十三个敌人……"因此,唯一与他成为朋友的神学院成员是"那三百八十三个敌人中唯一的,也是最大的敌人"。我认为哈尔一派胡言。

我也满口胡言。你没发现吗？我们全都满嘴瞎话，因此我们才会被拯救。

在这张海滩照片上，一个赤身裸体的男人正面抱着一个女人，这就是我想做的一切——没有别的。所以请不要用空话赘言来打扰我。给我写一封真正有意义的信。我不相信自己说的任何话。

然而，我相信爱情。我爱雷·史密斯[4]。我也爱波琳、我的母亲、吕西安（在某种程度上）、比尔和你（在某种程度上），还有小孩子。我爱关于小孩子的一切。再见了。

这封信从头到尾都贯穿着虚假的调子，将真正的我——这个疯狂的大男孩——隐藏起来……原谅我说你满嘴瞎话。艾伦，我不知道该怎么想或说什么，所以……我是说，为什么思考？为什么说话？就任我存在着吧。你把照片寄给我是对的。让我们做上帝，什么也不说，就像那两个站在海滩上遥望大海的男人。现在的人话太多了，不是吗？但你和尼尔讨厌我不说话，还讨厌我身上那种你所说的"尊严"。好吧，好吧，好吧，好吧，好吧，啊啊啊。

我不必告诉你我相信什么，因为你不相信信仰，我也不相信，但我相信……（千真万确）。

我相信避寒之地，好的食物，好的酒水，身边女人成群，两性的相互影响，许多快乐的无意义的谈话，故事，书籍，以及狄更斯式的快乐。我甚至相信你的存在。我相信很快我们都会死去，会发疯，会放弃，会衰退。我相信孩子和一切。（听听这话有多假吧？）我相信我和你说话时我觉得自己必须说假话。所以才有了地铁上的歇斯底里。我以前瞪你，骂你的时候对你比较诚实。现在我假装像你一样相信并假装像你一样。我不。

我相信我必须不断提醒你我对女人和孩子的爱，就因为我感觉（也许不准确）你憎恨女人和孩子。我相信（也许不对）你是个宇宙酷儿，除了男人什么都恨，也因此你最恨男人，最恨我（正如你恨尼尔，你一定对尼尔恨之入骨）。我相信避寒之地。我也会发脾气，会挂掉电话，并继续这样做。芭芭拉和我是狮子，我们在狮子的饮水处相遇，并没有注意到小鹿、长颈鹿（［艾伦·］哈林顿）、黄鼠狼（［约翰·］霍尔姆斯）、熊猫（玛丽安［·霍尔姆斯］）、北美红雀（［艾伦·］伍德–托马斯）或者猫。诸如此类。这些都是歇斯底里，我不知道我为什么要对你歇斯底里，我以前可是你兄长一般的存在。你瞧见我是多么诚实地不诚实吗？你瞧见世界是多么美好地邪恶吗？你瞧见我们必须如何保护自己不受寒冷的温暖吗？

你瞧见我们必须保护自己吗？
你瞧见我们必须这么做吗？
你瞧见必须吗？
你瞧见吗？
你吗？
我吗？
谁？
什么？
我不里一角[5]

我现在跟你说话，就像我跟常人说话一样
除了你没人会接受这些胡言乱语
谢谢你

最终，当我们都变得诚实，我们会像上面那样删词减句，最后什么也不说。我们会用新的低沉嗓音简单说："哼""嘘"

"哗""发",然后我们就全明白了。我们的信仰会成为我们。然后所有人都会像上帝一样庄严地四处走动——你看,就像照片上一样。望着大海的两个上帝一个会说"哗",另一个会说"嚅",而正对着女人的男人会说"叽",她则回答"嚓"。食物会比现在更美味,高潮更持久,温暖更甜蜜,孩子不会哭泣,水果熟得更快。最终上帝会从他的思想中现身,不得不承认我们干得不错,真不错。

再次原谅我试图变疯狂……嚅……像你一样;我是你疯狂的伙伴。

既然我已经或多或少解决了问题,也表达了对我们新生活的欣赏,以及对彼此的关心,接着我来谈谈下一件"大"事:(你看,我现在只用带引号的"美"和"大",就是为了让你知道,我意识到了我们之前的虚伪)——

就是这样,"亲爱的"艾伦……(你明白了吗?但再也用不着你明白,现在我们的眼睛都瞎了,我们会安静下来)——

尼尔要来纽约。

尼尔要来纽约。

尼尔要来纽约过新年。

尼尔要来纽约过新年。

尼尔会开着一辆一九四九年的哈德逊来纽约过新年。

如此等等……开着一辆一九四九年的哈德逊。

我几乎完全有理由相信是他偷了车,但我不知道。

事实是:上周三,十二月十五日,他从旧金山给我打长途,我在电话里听到他那疯狂激动的西部嗓音。"是的,是的,我是尼尔,你看……我打电话给你。我有辆一九四九年的哈德逊。"如此等等……我说:"那你打算做什么?"

他说:"这正是我要问你的。为了不让你搭便车去海边,你瞧,我会开上我的新车,开到纽约,试试车,然后尽快开回旧金山,再开回亚利桑那,到那儿的铁路上工作。我给我们找了活儿干,明白吗。你听到我说的了吗,伙计?"

"听到了,听到了。"

"是这样。阿尔·欣克尔和我一起在电话亭里。阿尔要和我一起去,他想去纽约。我会需要他的,知道吗?万一我出车祸或遇到麻烦,他可以帮我用千斤顶把车顶起来,知道吗?一个真正的帮手和朋友,知道吗?"

"完美。"我说。

"你还记得阿尔吗?"

"那个警察的儿子?当然记得。"

"谁?杰克是谁?"

"警察的儿子。那个军官的儿子。"

"哦,是的,哦,对……我知道了,知道了——警察的儿子。哦,对。就是阿尔,没错,你完全正确,那个阿尔,那个丹佛警察的儿子,没错,伙计。"

一团乱麻。

接下来——"我需要钱。我欠人家二百美元,但如果我能跟那些债主拖延一下,比如,告诉他们或者还他们十美元左右来缓一缓。我还需要钱让卡洛琳在我离家的时候能继续生活,你看……"

"我可以给你寄五十块。"我说。

"十五?"

"不,是五十。"

"好吧,好吧,好吧。明白了。"诸如此类。"我可以用它来帮卡洛琳,来拖住这些要债人……还有我的房东。而且我在铁路上还有一周的活要做,所以我能赚到钱。很完美,对吧。之所以打电话是因为我的打字机坏了,我正在侦察(原文如此!我只是夸张了下)——我写不了信,于是就打了电话。"

总之,真是太疯狂了。因此,我当然同意了我们所有的新安排;我之前一直写信叫他出海,但我们都同意现在这样更好,当然开销也更大。一个月要花三百五十美元。还要去亚利桑那,对吧。他说他用他的福特车和所有积蓄换了那辆一九四九年的哈德逊。恐怕你不知道,那可是全国最好的车了。我们谈得最多的就是车的事。

可到了周六,我和我亲爱的波琳还在纽约,尼尔又打来电话,求我母亲提醒我寄钱时不要写他的名字,他会把另一个名字和另一个地址寄给我。可我已经用航空挂号信把钱寄给他了……只寄了十美元,我可不能因为一通电话就糊里糊涂开开心心地把钱送出去。我母亲反馈说他似乎说了句毫无关联的话,那就是:"我不在那儿。"

除非他是说他不在阿尔派恩街一百六十号[6]之类的吧。

另外,我给他寄去十美元时请他在去东部的路上来北卡罗来纳接上我和我妈,这样我们就可以用省下的钱返回旧金山和亚利桑那。他在跟我母亲的电话里同意了我的请求,他还提到要去芝加哥,那里离卡罗来纳路线往北还有很远。但显然他会这么干……两个地方都会去。

我什么也不知道。不知道车是不是他偷来的或者卡洛琳、他的房东、那些借债的(要债的?)、那些警察什么的,还有他想寄给我的那个假地址是怎么一回事。我只知道他因为那辆车非常兴奋,当然还有"他要出发了"。

所以我大概会在十二月二十九日在北卡罗来纳见到他,我们会回纽约过新年,你理所当然立马要动手安排约克大道家里的盛大聚会,除夕夜邀请每个人过去……特别是[埃德·]斯特林厄姆和霍尔姆斯等人。我们会轮流到霍尔姆斯家、你家、埃德家还有吕西

一九四八　71

安家聚会，结束后开着我们的大车去哈莱姆或者其他什么地方。精心挑选要邀请的人——埃德·斯特林厄姆、霍尔姆斯一家（我会邀请波琳），当然还有吕西安和芭芭拉［·黑尔］，以及赫伯·本杰明，邀请他们一道来嗑药、玩耍。我会试着帮尼尔把阿黛尔［·莫拉莱斯］[7]约出来。

不过，如果你不愿意，那就什么都不要安排，因为已经没有安排的必要；我们已经跟原来不一样了。你自己看着办。周三晚在卡津那等我，我们再谈。另外，哦不，周一下午四点在塔塔克那儿等我（如果你周一收到信的话，那就今天），如果……好吧，去他的吧。就这样了。

附言：你可能不相信，但就在我写这封信时，一个小孩在我身后看着……一个真正的小孩，他和他阿姨来看我们，他很惊讶我打字这么快。瞧，那个小孩脑子里想的就是这个。

杰克

1. 戴维·戴蒙德是一位纽约作曲家，他是凯鲁亚克《地下人》中西尔维斯特·施特劳斯的原型。
2. 此处原文为"茶党"（Tea Party），是"革命"的代名词。——译注
3. 于连·索雷尔是司汤达小说《红与黑》的主人公。
4. Ray Smith，《在路上》续作《达摩流浪者》中的主人公。——译注
5. 原文为un-stan'，此处效仿原文，译为"里-角"。——译注
6. 卡洛琳·卡萨迪去年夏天怀孕期间在旧金山的阿尔派恩街160号租了一套房子。
7. 阿黛尔·莫拉莱斯是凯鲁亚克的女友，后来嫁给了诺曼·梅勒。

58 艾伦·金斯堡［新泽西州帕特森市］致杰克·凯鲁亚克［无地址，纽约州纽约市］

一九四八年十二月前后

亲爱的穆斯塔夫：

当你在电话那头大喊大叫时，我才听出你的声音。难道不是

你吗？你从没听到我在电话里大叫过。所以我才会在帕特森这里坐着，脚后跟着地来回摇晃，一边手淫一边向上帝哭诉。

> 为什么永恒的天使大声
> 抗议他们自己的永恒性？
> 他们所有堕落的面孔都装出
> 一副对确定性不确定的表情
> 曾经确定的事，将来也会同样确定。
>
> 我想，我将满足于
> 活上一千年
> 给忧郁千万思绪；
> 我如涓流连绵不绝
> 直到所有思想都筛滤成一，那神圣的一。
>
> 呜呼一千年！如我所愿
> 将被给予，直到我忏悔后被赦免；
> 这个奇迹值得相信。
> 有多少个千年我不曾忘却？
> 为什么其他天使都悲伤不已？

［……］

几年前，你把人看作如上帝——假设你真那么看——我根本不知道这样的事居然可能。我只能相信你，相信你不敢说谎。你和［哈尔·］蔡斯真见到那个幻象（不同于我的那个幻象）了吗？如果真是这样，"我就服从自己被伤害的心，直到它原谅我"（威·巴·叶芝）。我会替自己辩护，我的确将爪子当成虔诚之人的

一九四八

手。你想让我改变，我也想改变。这就是我说起愤怒之门——即将降临的我自己的羞耻——的原因。

我应该为你真正指责我的一切感到羞耻。当你说你厌倦了我（我的自我）时，我的心因愤怒的喜悦而踊跃。我希望你如此并且无惧于将其表现出来。这给了你自此以后完全的自由。

你难道不知道我为什么让你在地铁里揍我一顿吗？哦，杰克……因为羞辱！

至于比尔和他白色的淫笑，你要温柔相待，因为他还没准备好……也许我也没准备好，这就是为什么你否认你的仇恨。我因为同样的东西而仇恨你，我那多疑的头脑想象那些东西就存在于你体内。

我离发疯还差得很远呢。但我早晚得疯；到那时，我们之间可能会暂时决裂。你明白这是双向的吗？

当我们在［约翰·克莱伦·］霍尔姆斯面前交谈时，难道他不觉得我们好像根本不认识对方吗？我们听起来很天真，是不是？是，也不是。

我和比尔以别的名义把你变成了怪胎。没错。而且，如果你不是堕落天使，我们也不可能把你变成这样。布莱克指责我们（尤其是我）"在应该被领导的时候却希望领导别人"。

你口中绷紧的绳索就是我赖以为生的东西。谁都可以推我一把。你和比尔帮我稳住，吕西安时不时地推我一把，世上其他人也一样。像范·多伦、韦茨纳[1]和威·莎士比亚这样的人告诉我，要明白自己真的站在绳索的这一端，要走到另一端去……诸如此类。但他们不会坚持推我一把。他们让我看清自己身处何处。蔡斯也一样。他一定很明智。

"如果我的书卖不出去该怎么办？"那段关于绷紧的绳索的描述异常真实……你所说所见都是真实。即使你的书卖出去了，又会有什么改变？深渊比当下的肉体或未来的幻想更真实。你该怎么办？

"为找寻西去的路……"或者，顺便说，我也不是很清楚，但有一首诗——我写的。周末我写了三首诗。

> 你无法知道要过多久
> 才能进入另一种生活。
> 首先是超越信仰的思想
> 堵塞了心灵；然后心碎了；
> 一切都分解为灵魂。
> 生活在变化，即使是时间
> 时间什么都不是，一切就是一切。

我说我的心已碎，你能相信吗？我的心，我存在的中心。（接下来会发生什么还不确定。）

不，我不恨尼尔；也许我真的爱他——从根本上说，我们都是天使。我宁愿被人恨，也不愿恨别人。我害怕憎恨。也许让我感到羞耻的是我真的恨他——还有你，蔡斯，卡尔等人。

我曾和乔·梅[2]谈论过这颗破碎的心。他说我太年轻了——十八九岁时你只想做爱，那就去做爱。你是自由的。我跟你说，别担心。

我给你那张照片并不是想教训你，但我希望所有来自上帝的神迹都该有它们的指导意义。我不是出于轻蔑才将它寄给你的。

我不是真的恨你。爱有很多形式。我的意思是，我也相信避寒之地，无痛牙科。

相信我，如果你为了我而妥协，那你就错了。我知道对你来说真诚待我有多困难，因为这涉及许多相互冲突的愤怒。与此同时，当我意识到（在芭芭拉［·黑尔］家的那次谈话）你在效仿我

一九四八

时，我可能比你更吃惊。因为我一直觉得情况是反过来的，是我在效仿你表现"愉悦"。所以你看，像往常一样，这是个荒唐的闹剧。请原谅上述愚蠢的语气，但你必须明白，我也必须明白，我们都很虚伪。古老的数学定律让我们拥有相同的本质。我们应该改变生活方式。你想和我决一死战吗？接下来几周欢迎你来找我。以前你（在哈莱姆）跟我说这些的时候，我避而不谈；也许下次我可以和你谈谈。下次见面时我们何不抽出点时间，如果可能的话，坦诚相待，不必妥协。以前我害怕你那厌恶的眼神。现在我依然害怕，但那时候我恐惧的是未知事物、难以想象的事物。如今，一切已经可以想象，我也会欣然接受。不过，我不会逆来顺受。我也许会大声疾呼。

是的，我是个宇宙酷儿；你要知道，与你在宇宙中相对健康的外表相比，我被放逐到一种多么孤独的存在啊。

你不知道我们都很痛苦吗？是的，你当然知道。这确实是我们"友谊"的基础。对彼此深度理解的秘密知识——也许是关于仇恨的知识，还有痛苦和孤独。这就是我们既温柔又虚伪的原因。尼尔知道，这就是我喜欢他的地方。这也是为什么打破未知是好的，是一种善。

不管发生什么，我们都会从彼此身上、从这个世界得到我们应得的。没有什么可以失去，也没有什么可以挽回。所以我们必须，或者我必须，不惧怕未知。让我们从现在开始成为兄弟。你做我的哥哥，我是你刚大学毕业的弟弟。

关于深渊：你想知道，如果你所有的小说都泡汤了会怎样？

我的诗歌已经在我最深刻和最可靠的知识中化为乌有——已化为乌有。我知道这件事已有半年。现在，除了那种在一小时内就会消失的最空洞和短暂的安全感，我向它寻不到任何安慰，我也开始接受这一点。我的磐石，如果我有的话，现在在别处。

这样也好。

"男人来,男人走。
一切留给上帝"[3]

(威·巴·叶芝。妓女之歌)

"老友问我何叹息"
"问我颤栗何惶惶?"
颤栗叹息是想起
多才荷马也同样
和西塞罗都曾经
像雾和雪一般狂[4]

你读了叶芝的诗吗?今年圣诞节我暂时把这本书当礼物送给你。我研究过他,他知道所有的问题。你可能会喜欢读他的诗。如果你觉得无聊就拒绝好了。他的声音如回声室一般。

还有一些人,一些别的人。你以后会认识吕西安和韦茨纳在科罗拉多泉市的朋友杰思罗·罗宾逊先生,他正在写小说。他最近出版了一本自己印刷的小册子——十四行诗和其他诗歌,以每本一美元的价格出售。这些诗很有智慧,让我嫉妒得发抖。有些甚至可以媲美莎士比亚——他知道辽阔大海的秘密。我派人去取他的小册子。我把寄给他的信附上给你看看。在我寄给他的第二个版本中,你会读出老艾伦语气中绝望和讽刺的意味。我把诗写在你看到的纸上,然后抄在一张干净的纸上寄给他。有趣。

我的下一首诗的标题是(屈膝礼):

经典的统一

诗是这样的：

看那扭曲的木偶
在那不变的光里来回旋转。
仿佛他们的行为超越了他们的世界
他们在舞台上惊恐地转身。

所有这些木偶都是上帝，
他们扭曲的腰部，是他唯一的权杖。
他们嘴里沾满话语的鲜血。
在上帝面前，每一双眼睛都是盲的。

韦茨纳指出，在我早期一些诗作中有诸如"盲眼得见"或"失明的幻象"这样真实的短语，说剩余的都很空洞。他没有主动说，是在我问他意见之后才说的。

如果你觉得我对你信中所提危机敷衍了事，那是因为你表达得不够直白。

重大新闻。再过十分钟我将离开帕特森去纽约。对此我想我几乎可以肯定，所以屏住你的呼吸！我很兴奋，我有工作了！嘻嘻嘻！给美联社做送稿生。哦，洛克菲勒中心！哦，生活！我要和你一样工作、写作、生活了。一旦我到了纽约，我会活下去的。

1. 理查德·韦茨纳是金斯堡在哥伦比亚大学的同学和好友。
2. 乔·梅是金斯堡的一个同性恋朋友。
3. 选自叶芝的《疯珍妮谈上帝》(Crazy Jane on God)，译文见《叶芝诗集》(上海译文出版社，2018)。——译注

4. 选自叶芝的《像雾和雪一般狂》(Mad as the Mist and Snow)，译文见《叶芝诗集》(上海译文出版社，2018)。——译注

杰克·凯鲁亚克［纽约奥松公园］致艾伦·金斯堡［新泽西州帕特森市］

一九四八年十二月前后

周六下午

家中

亲爱的艾伦：

因为我昨天很晚才从城里回来，所以只读了一遍你的信，但你对我千篇一律的攻击的真诚反应仍让我记忆犹新，欣喜异常。然而，这一切都不能"粗暴地"解决——像我经常对卢［吕西安］那样，因为我们之间没有暴力的感觉，只有高深精妙的交流。你没有必要给我发下流的照片（鸡巴），因为它们不会"吓到"我，只会吓到任何读我信的人——我猜你尊重的是"上流社会"（"瞧，美联社在洛克菲勒中心"）。我很高兴自己会生你的气，也很高兴你的回信如此"坚决"。现在我们俩坦诚相待，也许这种状态可以保持下去，我也不知道。如今我明白了你所有的理论，还有我自己的。花在《镇与城》上三年的努力结果证明不过是一个疯子的妄想，这一事实已经不再困扰我，这本书成功与否我已了然于胸。就像波琳所说的那样，我有"两只手"，因此我能挣到我的面包。意识到艺术无论如何（大部分）都是破碎的，这只会让我成为事实主义者。我将再次以事实主义的艺术开始，也许像德莱塞和巴勒斯那样，一直"在路上"。和你一样，我巩固了我的路线，然后继续前进。临终之时我们就会意识到，无论如何，这件事与那件事之间并没有差别，就像你自己说的那样，"没有什么可以失去，没有什么可以挽回"。放轻松。

而且，不管怎样，生命的一半就是死亡。这是我最新、最伟

大的想法。从精神分析的角度来看，这使我意识到我将家庭、母亲、农场和《镇与城》等与某种幼稚的永恒性（会被救赎的"天才"等）关联起来，将"外部世界"（你、尼尔、比尔、战争、工作、搭便车旅行、警察、监狱以及在不带孩子气的懊悔和任性的前提下抓住机会让女人输或赢等）与"生命的一半就是死亡"关联起来。只有当你想"永生"（幼稚）时绷紧的绳索才会存在。在那之后，只有坚实但仍然静谧危险的大地，只有森林中危险的真实的土地，其中有老虎、狮子，也有情人。看清事物的本来面目当然是最简单的真理——你不能告诉我老虎和狮子是羔羊（即使它们是羔羊，我也不在乎）。只有在上帝面前，它们才是羔羊。但在这个世界上，它们是食肉动物。所以你必须"往远处看"，看向上帝，你才能透过石头寻到自己的目光，因为在联合广场上从我们身边无情地蜂拥而过的弱肉强食的世界里你无法做到这一点。既然我看到了你的本来面目，我就又喜欢你了——尤其是我觉得你很"美"，因为你认为和我在一起是"快乐的"，因此我惯于看到（我承认我很天真）我们在试图取悦对方，我以歇斯底里的方式，你则以佯装快乐的方式。其背后所付出的精力，即使是欺骗或幻想性质的，也是真实的，因为我们在尝试过那一半是死亡的生活。顺便说一句，请在"我的层面"上而不是在你的上帝层面上来理解这些观察……只是为了当下的理解。你的上帝层面具有超越性，我敢肯定，但这些解释此刻属于这个世界。而且，我说的事实主义不是指自然主义……只是接受我将死的事实，接受生命的一半是死亡的事实，接受我并不比任何人更好（更有特权）的事实，接受我必须挣到面包的事实，接受我必须把爱限制（在婚姻里）的事实，接受我必须走过"这世界"又走过"远方"的事实。事实上，我现在所有的理论就是没有理论。我正在为斯洛霍瓦[1]写一篇关于"神话"的论文，文中我要告诉那位学究，神话不过是建立在某种特定事物上的概念，这种概念永远不会重复，虽然讲起来很伤感。我要走自己的路，消除概念，不带"预见"（尼尔的话），而只带我自己和你自己的深度和无深度的感受……就像吕西安一样。我开始明白，借你的话来说，"变得越来越快乐"是怎么回事。

我唯一要你改变的，就是用你的盲眼去观察。（嘻嘻！）我们终究会变得悲伤、敏锐、活跃，就像吕西安一样。你也必须改变给以前那个混蛋杰思罗［·罗宾逊］写信的方式——变成一个安静的老男孩。（嘻嘻！）我们会记得嘻嘻！这是我们为了取悦对方而做出的无知尝试，它跟比尔面对菲尔·怀特之流时慢慢吞吞地讲话一样真实。这么长时间以来，我第一次感到一种处变不惊的兴奋之情在你我之间流动——因为我们判定自己是伪君子，并且选择继续了解对方。

1. 哈里·斯洛霍瓦是布鲁克林学院的教授，写了很多书，包括《没有声音完全消失》(*No Voice is Wholly Lost*)。

一九四八

一九四九

编者按：通信往来一阵子后，凯鲁亚克开车和卡萨迪穿越美国回到旧金山，但没过多久，他却乘公共汽车回到他母亲在奥松公园的家。与此同时，金斯堡又陷入另一个糟糕局面。他允许赫伯特·洪克、小杰克·梅洛迪和薇姬·罗素把偷来的商品存放在自己的公寓，在一场车祸后，警察发现了被盗的物品，包括金斯堡在内的所有人都被逮捕了。下面这封信是艾伦在等待案子了结时从监狱里写的。

艾伦·金斯堡［纽约州长岛市］致杰克·凯鲁亚克［无地址，纽约州纽约市］

一九四九年四月二十三日前后
周六上午

纽约长岛市
科特广场一号
亲爱的杰克：

我的日记和信件都被（警察）拿走了，这让我焦虑不安，不然我过得挺好的，尽管发生了严重的车祸，而且也前途未卜。我的案子还不算太糟。如果你想知道细节，可以给尤金[1]（他现在是律师）的办公室打电话询问详情。

赫伯特［·洪克］在监狱另一头，但我在车祸中丢了眼镜，所以看不清他。被捕前的几个小时我被震惊和恐惧——主要是自我恐惧，因为我对此行动模式看得如此透彻——扰得心慌意乱。每件事的发生都预示着将要发生的事情（我指的是人们身上将要发生的事）。我总是让事情发生在我身上，这是我的愿望。

你可以告知丹尼森和他妹妹［巴勒斯和琼］发生了什么。他们（警察）手头也有你的信。我希望他们能还给我——五年的文学通信对以后的人来说是无价之宝。

读一读杰弗里·豪斯霍尔德的《恶棍》（只需二十五分钱）的前几页。从翻倒的车里出来后，我一直想着这本书。我感觉很好，写了首诗：

> 有时我放下愤怒，
> 如同我将身体放平
> 在呼吸与呼吸的隐痛之间
> 才能安然入睡。
>
> 我所有想变得善良的尝试
> 所有想变得美好的意图
> 都已消失，就像精神的死亡
> 会在空气中留下活着的鬼魂
>
> 凝视一张张幽灵般的面孔
> 且不知何为美或何为失，
> 无需记得哪一具是荒芜的肉体
> 或让它获得鬼与鬼的和睦。

艾伦

1. 金斯堡的哥哥尤金·布鲁克斯。

编者按：在家人和一位优秀律师的帮助下，金斯堡获释出狱。

大家一致认为比起监狱，他更应该去精神病院接受治疗。在安排他入院期间，艾伦呆在帕特森他父亲家中。

艾伦·金斯堡［新泽西州帕特森市］致杰克·凯鲁亚克［无地址，纽约州纽约市］

一九四九年五月初前后

周三傍晚

亲爱的杰克：

我回来了，就像你说的，回到了家人的怀抱。附近很安静，不过只要我愿意，就能把事做完。过去这四天，我详细记录了上个月发生的事，记了满满一百五十页。这些笔记是写给我的律师的，他想了解我，想知道我为什么与这些人交往，为什么会做那些事。他让我给他写日记，而我并没有认真地按他说的那样做，但在写的过程中（和写之前），我想我终于对［赫伯特·］洪克以及他与其他人的全部关系有了清晰的理解；这是我长期以来一直试图理解的东西，而缺乏这种理解让我以前无法以积极的方式对待他。我（也许是我们）以前将他非人化了。他自己向我们掩盖了他最易于接近、最显而易见的一点。他和其他人一样首先需要一个伴侣。我也是，尼尔也是。我把这件事告诉了薇姬［·罗素］，我发现她也从来没有意识到洪克暗中想从我们这儿得到什么，或者我们想从他那儿得到什么。我猜比尔理解洪克。

自从我母亲第一次出院后，我的家庭问题就变得更加复杂奇怪。母亲目前和姨母一同住在布朗克斯。我周一见到她了。她的情绪有点起伏，但这很自然，可我姨母不明白这一点。好在她们是姐妹，像其他姐妹一样，能相互理解对方。我不知道她接下来会做什么或者会被怎么样。吉恩［尤金·布鲁克斯］和我不会和她住在一起；我不敢这么做，而且（医院里的）医生也不允许我这么做。

所以这不是我的问题。但内奥米在经济上不得不依靠我哥哥、我父亲和姨母，这给他们带来额外的经济压力。一切似乎都是突然间发生的。

我不知道我的案子怎么样了；这事基本上不归我管，归律师管。我家人和律师的态度是，我和不三不四的人混在一起，未来这势必会带来很多长期的社会问题，而我目前又不得不（感激地）接受他们的经济和法律援助。他们也想让我出卖、告发所有人来洗脱自己的罪责。我跟洪克一样，已经无法用自己确信的逻辑来解释自己的立场了，所以我感到不安。幸运的是，我知道的很少，我没什么可抱怨的。但我猜薇姬、赫伯特和杰克［小杰克·梅洛迪］会试图根据自己的看法分担罪责，我害怕被人利用，说出一些会破坏他们的说法的话。情势不妙。当然，再过一年（或十年），这件事就会失去所有意义。但此刻，我正虔诚地走在绷紧的绳索之上。我不想再继续这种辛苦的把戏并操控我的律师按照我自己的意愿推进我的案子，但这似乎是我当下的责任。无论如何，他认为我必须认罪，让他们撤销指控，然后把自己交到精神医师的手里，或者借由看精神医师服缓刑。我见了［莱昂内尔·］特里林，他认为我疯了；还有马克·范·多伦，他认为我心智正常，但只对我报以有限的同情（我们交谈时，他一直对我眨眼）。他写信给知名刑事律师莫里斯·恩斯特，但为时已晚，因为我家人已经安排好了律师。我还见了迈耶·夏皮罗[1]（特里林让我去见他）。他让我过去，坐着和我谈了两个半小时的宇宙世界，还告诉我他在欧洲被当作无国籍的流浪汉而关进监狱。他问起你，又为没能让你上他的课而道歉。我的问题，即上述请律师一事，如果不是因为比尔的那些信会变得简单得多。正是这些信导致我必须在我自己最便利、最清晰、最简单的解决方法之外选择其他方法，好让比尔在危险找到他之前及时脱身。这是有可能办到的，但我害怕冒险。我不知道这上帝之怒筹划得有多深入,也不知道会持续多久。

我最近常想到托马斯·哈代的那首《未致命的疾病》,如果你看了他的《诗集》,它就在第一百三十九页上。不知道吕西安怎么想,他是否会认真对待(那首诗)?诗写得清晰透彻,尤其是最后一节。你带我去[埃尔伯特·]伦罗家时给我看过的那首《黑暗中的画眉》的后一页上就是这首。我当时也在读莎士比亚——《麦克白》。被忽视、被遗忘的误解和自满情绪如鬼魂一般返场报复,多讽刺啊。

我想让你来帕特森。

给我讲讲吕西安。他给你讲过他的故事吗?他开始写它们了吗?还有,如果你还没跟比尔说这整件事,请再给他写封信告知。告诉他,无论他人在哪儿,他都要彻底清除家里的犯罪证据。就说是我这么说的。他不需要那些东西。尼尔写信了吗?

穆斯塔法

1. 迈耶·夏皮罗是一位艺术史学家,在哥伦比亚大学和新学院大学任教。

艾伦·金斯堡[无地址,新泽西州帕特森市]致杰克·凯鲁亚克[纽约奥松公园]

一九四九年五月十五日前
五月的一个雨天

亲爱的杰克:

谢谢你的来信,我父亲(他现在也看我的信)把信[1]交给我的,你的信给我焦头烂额的日子带来了一丝宁静。

我整个周末都在纽约,打电话给[约翰·克莱伦·]霍尔姆斯打听你的消息。如果你在城里,你可以上午晚些时候或下午早些时候在我的律师那儿找到我;傍晚也许我会在我姨母家,晚上在查尔斯·彼得斯家。另外，尤金［·布鲁克斯］最有可能知道我的下落。

至于会发生什么事，目前还没有消息。我自觉越来越深陷其中。范·多伦直接给我上了一课，他告诉我，哥伦比亚周围的人已经厌倦了我伪装的愧疚感和我所谓"撒旦崇拜"——认为我才是始作俑者。他们厌倦了我所有的"废话"。嗯，我想他是对的。每个问题都有两面。但我开始感到越来越失落，越来越不自信。和往常一样，我认为这是一种好的感觉。没关系，等我见到你时会试着解释这一切。不管怎样，我的废话会一直回来纠缠我的。事情变得更加真实。

我给［埃尔伯特·］伦罗打了电话，告诉他周五的事没问题，所以我们四点在他家见。那将会是一场正式的会面。

当你写信时，如果你有关于任何人偏离正轨的任何消息，那就给那个人取个小说人物的名字：波梅罗伊［卡萨迪］，克劳德［卡尔］，丹尼森［巴勒斯］，弗吉尼亚［薇姬］。比如瘾君子［洪克］给克莱姆（好名字吧？）打电话。如果今后我跟你通信频繁，不妨考虑从一开始就准备好保障措施。

也许我应该发明一个暗号。

我问过我父亲对你附上的诗有什么看法；他说他"不喜欢"，因为诗里的修辞手法"模糊不清"。我想知道你是怎么处理诗歌的。我对它真正的内在奥秘或技术手段知之甚少，所以我说的话不够"权威"（我的意思是我不确定我是否正确）。在我看来，你对信任体系有着纯粹的情感——一种是先知—《圣经》式的（"我是看守羔羊的人"），一种是先知—快乐式的（"扯我的雏菊，倾倒我的杯"）。而对后一种的保留是最受渴望的。碰巧你已经从周围的生活中获取了有意义或重要的符号——一九三五年，在一本名为《伟大的钟楼》的书中，叶芝曾描述过他如何向庞德和另一个叫A.E.的神秘主义者寻求文学上的建议："然后，我把我的诗带给学校里的一个朋友，朋友确实是说，像《伟大的钟楼》这样的剧本总是看起来未完待续，但这无关紧要。但为了抒情诗句之故，也要在不知如何收尾的心态下开始剧本创作。我曾经写过一出戏，可在写完剧里的抒情诗句之后，我就放弃了那出戏。"诸如此类。这是在有意义的背景下获得灵感和语言的纯粹性的一种方式。将来你应该写一本美丽的书，像拉伯雷、堂吉诃德和薄伽丘一样，书里充满故事、诗歌、谜语、抒情诗句和秘密短语。低潮期的我想做的就是写很多诗，虽然就诗本身而言，没有一首看起来意义非凡。等我读到你那本书时，全部的目的和目的的真实性便会突显出来。比如眼下写鬼魂、天使、幽灵等等；那些逝去的已经为这些象征的使用铺平了道路，而即将到来的将改变这条道路。以上这些不过是我在听了你有关那首诗（我在你的笔记本上读到并认同其纯粹诗性的那首）的评论后的一点建议罢了。

　　这首（和笔记本上的那首）诗里的象征在我看来有实际的参考，比你自认（就笔记中的话而言）的更清晰。你笔记中说的话就如真正的羔羊第一次开口说话，闻之令人敬畏，可对某些人（包括你自己？）来说却是一种模糊的景象。除非我弄错了，否则你会在诗歌（或小说）中看到越来越多真正的意义。（我的意思是，一切皆在于你写了什么，为何而写作。一切皆有可能，事实上极有可能，只要具有"先知的"或者我在这里称之为先知的力量。）当诗歌的意义（除了其热情、狂热的诗意之外）变得清晰，剩下的就是有意识地进行组织和引领。我的意思是，同样的或者类似的风格提升，是有可能达到纯粹实际、实用的目的的，当然前提是要先有这样的觉悟。换句话说，你可能感觉你写诗的方式或诗的内容有误（"我写了一些真正令人惊叹的诗，如果你能称之为诗的话……"），那它就是虚假有误，必须着手处理这种虚假错误，但不一定是要转变成一种更刻薄、更有限的风格、野心以及偏好或倾向或嗜好；而是要追随诗的倾向直到尽头，见到终极真理，方才可以称之为"诗"——你写的似乎是潜在的伟大的诗。你所做的与任何真正的诗人所做的没有什么不同（你知道的），比我所知道的我们这一代的任何诗人都更有光彩，更加深刻。你不一定要研究诗歌的韵律（押韵和格律传统）。你的诗由于即兴性，有突然的停顿和过渡，只能靠目的臻于成熟来实现，而不是通过人为地限制节奏以求与传统相符。我已经这么做了，我犯了错。我必须再次学习如何用诗歌自然地交谈，学会如何自然地表达伟大或美丽的事物。你已经做到了。

我一直在即兴发挥，我真正的意思是，当你说"我是看守羔羊的人"时，我相信你所说的。但我父亲不相信，也许他也不相信有羔羊，所以他觉得这一切都是迷雾。

我又读到我们的诗了：

> 这一象征我或与之交尾
> 碾过破碎。
> 扯我的雏菊，
> 倾倒我的杯，
> 我的门全敞开。

以及：

> 夜中蒙面低语者为何人
> 绿色的头发，发霉的眼睛
> 在窗棂的微光中泛红
> 吓着了老人，弄哭了孩子？

街上裹着尸衣的陌客为何人
投向孩子们身上的阴影散发着死人的臭气
被幽灵的脚束缚,却灵活地舞蹈
追赶着哭泣孩子沉重的脚步。

那隐秘而熟悉的阴影为何人
穿过有睡眠者蜷起身子
睁着眼一动不动的卧室?没有任何迹象。
世界一定对世界摆出徒劳的召唤手势。

上面是第一稿,因为缺少集中的意象显得有点发散。我必须把它都染成绿色。

你的好友,
艾伦

1. 该信现已遗失。

编者按:一九四九年五月十五日,凯鲁亚克到达丹佛,给母亲和妹妹租了间房。他的《镇与城》的出版终于有了进展,他觉得成功只是时间问题。六月,他迎来家人,家具也寄到,结果家人和家具七月初却又返回了东海岸。

杰克·凯鲁亚克 [科罗拉多州韦斯特伍德] 致艾伦·金斯堡 [新泽西州帕特森市]

一九四九年五月二十三日
科罗拉多州韦斯特伍德

中心大道西六一〇〇号

亲爱的艾伦：

  在拿到打字机之前只能先给你写个便条。我一人住在丹佛以西山麓丘陵地带的新房里，等着家人……等着任何未来生活的迹象。房子是租的，租期一年，月租七十五块。舞蹈大师[1]帮我搞到的内部优惠价。顺便说一句，他和我们很像。他说他认识丹佛所有有头有脸的人物，我回他说他替我省了不少麻烦。他微微一笑。他人还不错。我还见到了丹佛另一个大人物——社科界的天才大佬。

  我的房子在群山附近。这里是愤怒之源——雨水和河流在此分界。这里也有午后八卦盛行的柔软草地。我是鲁本斯，这里就是教堂台阶下的我的荷兰。（记得我给你们看的那幅鲁本斯吗？）这地方到处都是上帝，还有黄蝴蝶。

  波默罗伊——尼尔·卡萨迪——在旧金山。有个女孩——阿尔·欣克尔的妹妹——告诉我，她两周前把他送到了俄罗斯山[2]的某个地方。因为波默没有车。俄罗斯山的白色公寓都有弯曲的屋顶。

  舞蹈大师说你是个伟大的诗人。

  我搭便车来的丹佛，在拉里默台球房坐坐，花二十美分看看关于神秘的灰色西部的电影。大部分时间用来写作……还有徒步"溯溪"旅行。

  等我有了打字机，我就把最近写的东西都打出来。一切都和艾伦港市艾伦港边的密西西比河有关——因为雨是有生命的，河流也会哭泣，也会哭泣。艾伦港就像艾伦，可怜的艾伦，哎呀呀。

  在生命之水上架起一座万桥之桥。"它是雨的归宿，雨轻柔地将我们所有人连接在一起，我们汇聚在一起，就像雨水一起汇聚成河流，流向大海。"

  "而海是蓝色永恒中人类的港湾。"

"所以晚上，墨西哥湾的星星发出温暖的光芒。"

"然后从轻柔而雷鸣般的加勒比——（克莱姆的）——涌来潮汐、轰隆声、电光，赐予生命的雨神的狂暴和愤怒——从落基山脉分水岭扑来大气漩涡、雪与火、鹰与虹之风以及厉声尖叫的鸟身女妖助产士——然后是海浪上的劳作——密苏里州落下的小雨滴，在路易斯安那州汇成人间的泥和土；同样的小雨滴坚不可摧——起来！在黑夜的海湾里复活，飞吧！飞！飞回去，飞越你先前来的那片洼地——重新活过来吧！活过来吧！——再去采集泥泞的玫瑰，在水床波浪起伏的漩涡中开花，睡吧，睡吧，睡吧……"

（换句话说，我开始发现雨水沉睡的原因了。你大大地鼓舞了我，我得以继续进行这种之前不允许的调查。）

还有——

在俄亥俄写下的诗

这里是非常之地——俄亥俄
在蜜蜂的喧闹声中
在一个桑葚的日子里，
你在干草丛中一阵巨大的喧闹

这里是非常之地——俄亥俄
在干草的摇篮曲中
在蜜蜂和干草和蜜蜂干草的
喧闹和摇篮曲中

请给我写信。试试我的新地址。明年我要在山上建个牧场。我担心的是"那张绿色的脸"，而不是法律。（你知道的，我进过疯人院。）

一九四九

另外,我想知道一切事情。希望你能多给我写信。写得越快越好,越多越好——我也会这样做的。

杰

1. 舞蹈大师是他们给贾斯汀·布赖尔利取的绰号,指他有操纵他人的能力。
2. 美国旧金山的一个街区。

艾伦·金斯堡〔新泽西州帕特森市〕致杰克·凯鲁亚克〔科罗拉多州丹佛市〕

一九四九年五月二十三日后

新泽西州帕特森市

汉密尔顿大道三二四号

亲爱的让-路易:

韦斯特伍德在哪个位置?我记得北边的〔?〕小山麓通向市中心的群山,以及科罗拉多斯普林斯市以南的漫长高原和红色沙漠。还是西边?你家人什么时候出发?我写信给你姐夫〔保罗·布莱克〕,协商了很久才弄到床,他同意了,我哥哥帮忙一起搬的。我没看到他们见面,他们在纽约的天空下相遇完全是场意外,但他们确实相遇了。我一直觉得舞蹈大师还不错,但他太像我了,我觉得自己是他的转世,经历了几轮新生和涤罪。奇怪的是,我觉得自己挺了解他——还是说人人都认识死神先生,都感觉和他是同类?我欠死神十块钱;告诉他很抱歉我不能像往常那样还清他的债务,但我会在最后审判前还清。既然我清楚这点,那就告诉他我心里清楚,他的十块钱最终会回到他手里的。(除非奇迹发生,债务被免除——但别告诉他。)是的,我记得那些土包子的盛大舞会——一切对你来说真的那么鲜活和自由吗?全是上帝和蝴蝶?我羡慕你。(我仍陷在自我和思想的灰色泥淖里,我害怕自己会永远感受不到途经生活的分水岭，永远感受不到雨水从脸上流下，永远不会在黑暗的河里游泳。）波默罗伊呢？他一个人干什么去了？

你一定独自住在丹佛的大房子里。说到土包子，在浮士德的传说中有这样一幅场景：大师离开书房，他才放弃炼金术和形而上的学问，一下又踏入如画中所描绘的庆典。除了唱了首歌或写了首诗来赞美这支舞，我不记得他还说了什么、做了什么，然后他回屋召唤魔鬼——魔鬼出现了。我看了托马斯·曼关于"歌德与民主"的讲座——也许和波默罗伊去年看的是同一堂课。托马斯·曼瘦削结实，精力充沛，非常年轻；他通过屏幕向每个观众传递思想，但通常他们无法理解。曼厌倦了人，但赞美"生活"。

我不知道雨是怎么回事，希望你们能找到它沉睡的原因，但就像我说的，我不知道雨是怎么回事。哦，我厌倦了鼓励你。这对我来说很难维持。对话算愉快，音乐也美妙，但就像克莱姆［洪克］过去常说的，"该死，又来，我不会跳舞"。你听他这么说过吗？他会心不在焉地在屋子里转来转去，扔下一块餐巾，或者疲惫地陷在椅子里，念叨着这些话。他多像个舞蹈学校的小女孩，总挂在妈妈身上。我有他现存的文章（大约三十页）。

我想，事情有了转机。我感到恶心，周围这些人不断地发表评论，却又（似乎）完全不知道自己在说什么，我厌倦了。但我现在太过困惑而无法反击。不管怎样，他们要送我去医院了，精神病院，我相信很快就会把我送过去。我的律师带我去看精神医师（特里林极力推荐的，人还不错），他说一看我的样子就知道我"病得很严重"——比我或除了他以外的其他任何人所知道的都要严重，只能去医院。我松了一大口气；我终于设法到了一个我一直认为最适合我、对我来说最真实的地方。你说你进过疯人院，但我必须重申我多次说过的话，我真的相信或愿意相信我疯了，否则我永远

一九四九

不会神志正常。或者更简单地说，是的，我很认真地对待这件事，我希望和他们口中愿意帮助我的当局合作。不幸的是，我（就像被诅咒的邪恶的巴勒斯）不相信他们（你，凯鲁亚克，比我还疯狂），但我可以被拯救，因为我有时会歇斯底里地垮掉，然后乞求他们原谅我曾经怀疑过他们。不幸的是，他们也不断地自相矛盾——但我必须忘记这些，抑制知识分子那种不合理的骄傲或虚荣，否则我会失去同情心，认为自己（像丹尼森［巴勒斯］一样）比他们聪明。不管怎样，正如你所见，我又陷入思想的苦闷之中；希望这一次是决定性的。当然，我厌倦了所有随之而来的自省式的胡言乱语，厌倦了懒散和疯狂的自我撕裂，厌倦了与人争吵——律师、父母、克莱姆［洪克］、学校等等，厌倦了不断专注于使人衰弱的反思内省，这种反思此时已经失控，落入恐惧和欢乐的荒野仙境，又通过外部行为表现出来——如今，我终于脱离束缚，成为一家精神分析诊所（位于一六八街）的病号（我认为会是这样），真不错。我不想到头来还陷在颓废和多愁善感的抽象概念中，我宁愿一路向西，面朝太阳。但现在我真的不知道该怎么办，就像困在陷阱里的老鼠。我一直以为我的头脑越来越清醒，越来越理性，越来越聪明，越来越真实，但事实是，蔡斯一直都是对的，我现在感觉就好像我自恋过了头，以至于它变得不再有趣。我在谈话中间停下来，尖声大笑——带着彻底的冷静和悔恨凝视他人，然后继续咯咯笑下去。

你离开的那个周五晚上，我给克劳德［吕西安·卡尔］打过一次电话。他说没人问过他问题。他很好。他说："小伙子，我支持你，不要气馁。"他很严肃，我觉得他的严肃非常真实。

在进疯人院前，我曾像你建议的那样，打算在帕特森永居——我发现我必须那样做。但我没做到。我本该接受另一种命运（也许是更好的命运）而不是最终归家，真是讽刺啊。我越来越发觉，我所有的门都敞开着。我让人们享有极大的自由。他们在我身边跑得多么疯狂，在这世界的各种事务中来回摇摆！我的律师说我疯了，我甚至把我的性观念也主观化了；所以我相信他。他滔滔不绝，后来我才发现他太天真了，竟然不知道女人也会给男人吹箫，不知道这在美国再自然不过了——我跟他讲金赛报告，他说我在夸大自己的幻觉。天哪，我可没有！我要相信每一个人！就像范·多伦说的，要在罪犯（洪克）和社会（我的律师）间做出选择。我说选个折中的，但他说一定要"选择"。我是多么害怕啊；我选择了社会。他（范·多伦）告诉我，我把克莱姆夸大和浪漫化了，让他脱离了他的阶级，而他只是个普普通通的流氓；我的律师形容他是个"肮脏、发臭的邋遢鬼——你一眼就能看出他不是什么好人"。但我也相信他们！事情是这样的，杰克，我一直被迫去相信每个人，因为我不知道自己到底相信什么，现在我很困惑，我甚至写不了诗，几乎写不了。但是（啊！）他们都会受到审判的，感谢上帝。（我感觉）我现在就受到了审判，就在现世。他们也许到死才会受到审判；但他们必因每一句虚妄的话、每一个（不洁的？）创伤、每一桩犯下的无情恶行、每一种侮辱贬损而遭受火刑。他们会遭受火刑！他！他！他！我已经在燃烧，我笑得出来。我给它押上韵。

（啊！这些该死的！如果让我来复仇！）

写信跟我说说丹佛和姑娘们。

骷髅向时间的抱怨

1.
带走我的爱，它并不真诚，
别让它诱惑新的肉体；

一九四九

带走我的姑娘,她总要叹息
无论我躺在哪里的床;
"带走它们。"骷髅说,
但不要碰我的骨头。

2.
带走我的衣服,天凉了
送给某个贫苦的老诗人;
给他掩盖这真相的污垢,
如果他的年纪可披上我的青春;

"带走它们。"骷髅说,
但不要碰我的骨头。

3.
带走这如风的思想
它吹得我身体发狂;
带走夜晚来的鬼魂,
它偷走我心中的快乐;
"带走它们。"骷髅说,
但不要碰我的骨头。

4.
带走这灵魂,它不属于我,
我从未来的某处将它偷来,
连这肉体也一道带走
并从老鼠传给老鼠另一只;

"带走它们。"骷髅说,
但不要碰我的骨头。

5.
带走我这哀怨的声音,
然后带走这用于赎罪的苦行,
虐待我吧,尽管我或将呻吟
当面对最严酷的棍棒和石头
"带走它们。"骷髅说,
但不要碰我的骨头。

这是对一切毁灭时间之物的赞美。我不确定骨头是否代表最后要被放弃的自我的内核,也不确定我是否在告诉所有人,只要不碰上帝之骨,他们就可以恣意妄为。我像往常一样,读了很多书,也写作,但时断时续。下次我的信会写得更连贯些;事实上,我今天本来可以写连贯的,但我不得不在你的信中应对雨天,所以我撑起雨伞,走进暴风雨中。我开始从美学的角度思考梦的意象(比如那张绿色的脸),并将这些意象织进诗里(我希望如此),而不是利用抽象概念和插科打诨。我正在根据几个月前构思的小曲写一首民谣(记得吗?):

> 我在城市街头遇见一个男孩,
> 美丽的头发,美丽的眼睛,
> 裹着尸衣一路走来,
> 和我自己的伪装一般美丽;
> 他不会再走出去,
> 沐浴在雨中,沐浴在雨中。

一九四九

它本质上是一个意象,一个美丽的白脸青年,在死寂的夜里走来走去。从现在开始,我不会再像过去那样,试图将形而上的概念植入意象之中(就像阳光透过放大镜那样?),因为强迫所有人在智力上达到同一个层次相遇是不可能的,但他们有可能以一种自我生成的意象自觉地走到一起。(这就是《萨克斯博士》的秘密吗?)所以我有了一个方法。

我想去看看霍尔登［蔡斯］,但我不敢去。我希望他会……我一直(或者说上个月)想起他。也许有一天我们会相聚。我现在状态不佳。下次写信时,我会把事实和清醒的头脑寄给你。你认为我是对还是错,是理智还是疯狂?

我的意思是,以上这些你怎么看?你知道的。我现在处境很混乱,感到很困惑。我有时会想,即使我现在想摆脱,我是否真的能摆脱(一路向西,面朝太阳)。［……］

艾伦

80　杰克·凯鲁亚克［科罗拉多州丹佛市］致艾伦·金斯堡［新泽西州帕特森市］

一九四九年六月十日

亲爱的吉勒特:

你的长信占据了正在此处隐居的我整整一天的心思。关于我怎么看你这个问题,我会说,你总是试图替你妈妈的疯狂辩护,抗拒符合逻辑、清醒却乏味的理智。这种理智确实无害,甚至是忠诚的。对此我说不了太多,毕竟我又知道什么呢?我只希望你幸福,并为自己的目标竭尽全力。正如比尔所说,如果人类继续做自己不愿意做的事,那么他们终将灭绝。至于我,我认为你是一个伟大的青年诗人,并且已然是一个伟人了(尽管你对我模棱两可的金玉良言已感厌烦,而其中那些不光彩的原因你也是知道的;你心知肚明）。

就想做的事而言，我并不比你好多少。我现在得去建筑工地干活，可不能整晚都做关于羔羊开口说话的美梦。（不过，这种田园理想对那些整日忙于工作的人来说还是别具意义的。）

要我说，虽然克莱姆［洪克］说了"妈妈，我不会跳舞"，但他真的会跳舞。

我说的鲁本斯的画并非《虚空横舞之上的白色手臂》，而是另一幅，教堂台阶之下是飞禽和一片辽阔的荷兰田野……但又有什么关系呢？不，我的生活也不是那支舞蹈。

昨晚读你那首《比你圣洁》，或《写于洛克菲勒中心的诗行》，或《诗篇：献给无线电城[1]之夜》时，我把它与我自己的诗相比，因而看到了一些奇怪的东西。比方说，让我们从我最近的狂诗说起，然后再说说你的。

> 长着金色鼻子的上帝，玲，
> 像海鸥一样从山腰呼啸而下，
> 鼓动渴望之翼直到于羔羊上方
> 如此温顺地停悬，咯咯笑的玲。
>
> 夜晚的中国佬
> 从老旧的绿色监狱潜出，
> 手执真正的白玫瑰
> 献给那真正的金羔羊，
> 他们为此献上自己，
> 羔羊接受了他们，还有玲。
>
> 金色鼻子咯咯笑的玲接着沉了下去

一九四九

> 而他的确得到了神秘——
> 一切都包裹在绿色的尸衣里,
> 他和中国佬几乎都拿不住,
> 它是那么绿,那么怪,那么水汪汪:
> 而羔羊确实揭开了神秘的面纱。
>
> 羔羊说:"尸衣里的脸
> 即水。因此不要为绿色
> 和黑色担心,它们是金色乳汁
> 的欺骗性标识。"
> 别西卜就是羔羊。
> 羔羊就此结束了他的演说。

我发现你的诗唤起了你自己,我的诗则是唤起了我自己……本该如此。"罂粟非玫瑰"一句回荡着一种怪异的靡靡之音;不仅于此,还有"阁楼上与妓女同居",以及特级罂粟那句。我不想深入探讨……但从诗歌的角度来说,感官的暗示、淫荡的眨眼、肮脏的小调,这三者的结合与你的创作相得益彰,甚至可以和赫里克[2]相媲美:

> 胜利的挥手,值得注意/在暴风雨的衬裙里/
> 粗心的鞋带,在系紧的带子里/我看到粗野的礼貌/

想象一下赫里克笔下的衬裙,等等。够了,不说了。我住在丹佛西部,就在通往市中心的那条路上。

现在,只要条件允许,我就读法国诗歌:德·马尔赫贝和有"法国莎士比亚"之称的拉辛。但我没时间。布赖尔利让我读卡波特。今天一所高中举办了午宴,教师、工会领袖和大亨济济一堂,其间他朝我使了几次眼色。

当我在丹佛惨兮兮地来回奔波时,我好奇波默罗伊会怎么做。

下次我会写封更长的信。我们总是喜欢说"下次"。为什么?因为有太多话要说。

我家人到了,家具也到了,猫啊、狗啊、马啊、兔子啊、牛啊、鸡啊、蝙蝠啊,在这个社区里比比皆是。昨晚我看见蝙蝠在州议会大厦的金穹顶上飞来飞去。如果我是蝙蝠,我就去寻找金子。和金蝙蝠一起住在穹顶上。周围有这么多漂亮姑娘。我心生渴望。一个小姑娘爱上了我……真是遗憾。迷恋上老男人,也就是我。我给了她古典唱片和书籍,现在我成了舞蹈大师。使眼色的舞蹈大师。

今天下午,我参加了一场牛仔竞技比赛,没有佩鞍,差点摔下来。

总有一天我要成为山区的梭罗。像耶稣和梭罗那样生活,但我少不了女人。就像自然之子和自然之女一样。我要花三十美元买个马鞍,在拉瑞莫街淘个旧马鞍,去军需用品店买睡袋、煎锅、旧锡罐、培根、咖啡豆、酸面团、火柴等等;还有来复枪。然后就去山里,不再出山。夏天去蒙大拿,冬天去得克萨斯和墨西哥。趁月亮高挂,喝几口旧锡罐里的咖啡。还有,我忘提我的半音阶口琴了……这样我就有音乐了。我不用刮胡子,我要在荒山中游荡,等待审判日降临。我相信会有审判日,但不是对人类的审判……是对社会的审判。社会的存在是个错误。告诉范·多伦,我根本不相信这个社会。它是邪恶的。它会崩塌。人必须做自己想做的事。但一切都失控了——从一八四八年起,蠢货们丢下敞篷马车,丢下家人,发疯般前往加利福尼亚淘金。当然,没有足够的金子给所有人,即使大家都想要金子。耶稣是对的;巴勒斯是对的。为什么波默罗伊拒绝舞蹈大师的帮助,不去上高中?我看了他们昨晚的毕业典礼,那个十八岁的毕业生代表用低沉虚假的声音,讲述为自由而战的故事。我要去山里,到鹰与虹的国度,等待审判日来临。

人们也不想犯罪。我以前常想着去抢商店,最后不想去了。我不想伤害任何人。

我想一个人呆着。我想坐在草地上。我想骑马。我想让一个女人裸躺在山腰的草地上。我想思考。我想祈祷。我想睡觉。我想看星星。我想要我想要的。我想准备自己的食物,用自己的双手,就这样生活。我想自己动手丰衣足食。我想熏点鹿肉装进鞍囊,到悬崖那边去。我想看书。我想写书。我要在树林里写书。梭罗是对的,耶稣是对的。这一切都是错的,我谴责它,一切都会完蛋。我不相信这个社会;但我相信人,比如托马斯·曼。所以,我说,自力更生吧。

我甚至不再相信教育……甚至是高中。"文化"(从人类学的角度来说)是围绕穷人如何挣口饭吃的冗长曲折的故事。历史就是人们听从领导人的命令,而不是先知的话。生活给你欲望,却没有给你实现欲望的权利。这一切都很卑鄙,但你仍可以为所欲为。只要你的欲望真诚,你就可以满足欲望。想要钱就跟想要仆人一样不真诚。金钱恨我们,就像仆人恨我们一样,因为这种欲望是虚伪的。亨利·米勒是对的,巴勒斯是对的。我说,自力更生吧。

我要花很长时间才记起来,我也可以像我们的祖先那样自力更生。我们走着瞧吧。这就是我所想的。

所以不要碰我的骨头。我觉得那首诗很棒。再给我写一首。把那封连贯的信写给我。一切都好。

去吧,去吧,去自力更生吧。骨头—骨头。自力更生你的骨头，等等。

  什么样的女巫会站在白色夕阳下？
  什么样的骨头长在骨头上——白骨？
  去吧，去吧，去自力更生吧。

杰克

  1. Radio City Music Hall，位于纽约城第六大道的老牌演出场所。——译注
  2. Robert Herrick（1591—1674），17世纪英国抒情诗人，教士。——译注

  编者按：金斯堡写下面这封信时一定还没有收到凯鲁亚克六月十日寄来的信。

艾伦·金斯堡［新泽西州帕特森市］致杰克·凯鲁亚克［科罗拉多州丹佛市］

一九四九年六月十三日

亲爱的杰克：

  没收到你的信，在给你写完信后的那两周我忘记了你。我正等着去诊所，过去这几天，我一直在整理自己的书，从中午一直工作到熄灯上床后那几个小时，我躺在床上虚构出那些诗。昨晚我梦到了我们的诗里的更多诗节——

    我问那位女士玫瑰代表什么，
    她一脚把我踢下床，
    我问男人，然后是这样，
    他让我去死。

一九四九 107

没人知道,
没人知道,
至少没人说过。

用我们自己的韵律和抽象意象去理解就更纯粹了。(快速读读前几行,听听发音。)

我是个陶罐,上帝是陶艺家,
我的脑子是一大块油灰渣
掰开我的面包,
涂抹我的黄油,
真幸运我是个傻瓜。

但接下来这节最好,几乎和"扯我的雏菊,倾倒我的杯"一样好,是这样的:

在东方,他们住在小屋,
但他们喜欢我无所事事的地方。
别再想那些椰子,
我的无花果纷纷落下。

"别再想那些椰子"总有一天将成为世界通用表达的一部分。对城市意象的又一贡献——你听说过小巷木乃伊吗?我修改了《尸衣陌客》这首诗,第二节是这么开头的:"哪个旅者在马路上浪笑,如木乃伊在小巷行走,恶臭滑。"你难道看不见他,在一个死寂的半夜里,从堆满垃圾、飘散着啤酒味的帕特森和拉瑞莫街走出来吗?他正躺在垃圾筒里,周围全是破瓶子、雨水浸湿的报纸和袋子，身上缠着某个老人绑在腿上的脏绷带，裹在旧面巾纸和女人的破衣烂衫里。人们都知道巷子有多可怕——黑暗的巷子、黑暗的走廊——想想卡斯巴城[1]里所有的街头幽灵、阴沟精灵和屋顶小妖精吧。还有，我有没有告诉过你电视里的那张脸，那个对着客厅里的孩子们呼唤"请打开窗户让我进去"的可怜鬼？我大概半年前想到了这个形象。我还修改了之前在你家给你看过的《赞美诗》，它现在基本连贯了，我还写了很多短小的抒情诗和长诗——所有的夜莺——我重新打字，清理一切，希望几天后能整理好我的书。我还删除了很多无序和狂热的部分，只留下完整的诗歌。但即便如此也不免有瑕疵，有关于永恒、光明和死亡的长篇大论，它们没有实在的出处，也没有真正的形式。但我没删掉，留了几句，因为我希望人们不会注意到它们并非真理。它们是如此美丽以至于写完它们后我真的必须转向新的东西——比如关于人类的带有情节的真正的长诗——还有诗剧——一部波默罗伊［卡萨迪］和克莱姆［洪克］在监狱或医院遭受磨难的悲剧。但我很后悔过去没有更努力地发表自己写的东西，因为我无心将个人的诗全副武装后寄给杂志发表，而没在杂志上发表过的作品是很难结集出版的。如果找不到出版商，而我又非要出版不可，那我就得像杰思罗［罗宾逊］那样自己把它们印出来——但我人在医院里，又没钱。好吧，我再考虑看看。也许你能赏光给我写篇序言，因为等我快准备好出版时，你一定是著名作家了。正如我开始时说的，我今晚完成了最繁重的工作，正在放松，试图让自己心平气和。我打开收音机，拿起你最近的来信。读到以"守望的波浪起伏的漩涡"[2]结尾的那一长段时我既惊喜又感动，程度尤甚于第一次读到它时。第一次读时感觉它似乎不怎么像对雨点的深沉呼唤；今晚再读时，我感觉自己就像一颗坚不可摧的小雨滴，被大海告知要飞升！飞升！飞回去，飞越先前来的那片洼地。帕特森让我发生了点变化。我越发思念曾住过的洼地里的老房子、我的学校、我的童年、我的父亲。我也对这个小镇的历史产生了点兴趣。你一定得把这个关于雨夜的神话设定在这儿,在纽约附近,你知道这儿有座蛇山,山上有座真正的城堡俯瞰整个城市吗?还有镇中心的那条河?城堡是老兰伯特先生所建,大约建于一八九〇年,它的历史和你的相似,但现在城堡属于县公园系统。兰伯特引进了大量的艺术品(提香和伦勃朗的伟大幻象,雷诺兹的女士们,意大利小雕像,中世纪的酒神像),还混杂了数百件与帕塞伊克县有关的当地重要物件,把它变成了一个巨大且疯狂的博物馆,一座历史悠久的宝库(帕特森在独立战争前定下疆界)。顺便说一句,一个叫威廉·卡洛斯·威廉斯的诗人利用了很多次这个博物馆。这里有一八四〇年曾挂在制鞋店上方的古老青铜狗,有帕特森大瀑布的地图,有十九世纪七十年代的裙撑,有十八世纪的灯柱。城堡(几十年前拆除了一半)很大,有塔楼,坐落在离城镇五分钟路程的山坡上。城堡远处的山顶上立着一座巨大的石塔,就像《安娜贝尔·李》里的地牢塔,从山谷一直俯瞰到纽约城那些昏暗的尖顶。从市中心可以看见城堡——但很少有人过去。顶层住着博物馆管理员和他妻子,还有哈蒙德先生和一个愚蠢的老太太,她是帕特森第十六中学的校长,也是公园系统的主管,在那里有自己的办公室,还是帕塞伊克县各种边角料的杰出专家。顺便说一句,这些人我都认识——你可能会感到惊讶,我父亲可是帕特森的首席诗人,在当地很出名;我还见过所有的市长、新闻记者、学校老师、银行官员和拉比。总有一天我会在这里自由漫步,讲述丝绸之城——这是帕特森的别名,大萧条前这里曾生产丝绸产品——中魔童的成长过程。

　　就像我说的,我还在等着去纽约[精神病院],应该快了——上周出了点小问题。我不知道其他被告的情况如何——我受到庇护,予以隔离,无需离开庇护所。上周我给克劳德[吕西安·卡尔〕打了个电话——他还好,说我效率很高、干净利落,祝我成功了结了自己的案子,他的祝贺让我惊喜,就好像我是整个事件的幕后谋划者一样。我猜他是在祝贺我(但他自己并没有意识到)放手不管,不论我的律师在法律的"讨价还价"层面上做了什么,我都接受。听到克劳德夸我很好地处理了一件世俗之事,这种感觉很美好,所以我接受他的祝贺。除此之外,我对他知之甚少。他确实写了个短篇故事,他说:"天哪,你在不务正业和找香烟上浪费的时间比真正投入写作的时间还多。做艺术家很容易,只要管好自己的事,干就完了。"这不是他的原话,但也差不离——他的意思是,或者他是说,如果你能认真对待它,那结果就不会太糟。我很快会再给他打电话。他说他正和一个女孩约会,女孩不完全是男女同校什么的;我没能让他在电话里细说这事儿。

再会。写信给丹尼森〔巴勒斯〕——如有必要(你有他的地址吗?),信可由得克萨斯州法尔市的凯尔斯[3]转交。我想知道他的近况。把我这边的情况告诉他。告诉他以我现在的状态不适合给他写信,但我想他。还要告诉他我会沉默相当长一段时间,直到我弄明白自己活在哪个世界。看看他情况怎么样。求你了,杰克。

给我写信。你家人到了吗?你们都安顿好了吗?我想,你是退伍军人,或许可以贷款买房,然后还贷,而不是每月支付七十五块的房租——但我知道,你有租约。

我附上了去博物馆的票。[4]你知道伦罗是"伊戈努"[5]吗?他把票给我,让我留着而不是扔了。他不仅意识到我会用浪漫的方式抓住这张没用过的票作为怀旧的对象,而且还把它给了我,还愉快地说我可能想要。

顺便说一句,"伊戈努"一词只适用于世上像丹尼森和波默罗伊这类人。

一九四九

我还从杂志上剪了篇民谣演唱的文章给你。

哦，天哪，该死的骨头，该死的骨头，该死的干枯的骨头……

1. Kasbah，阿尔及利亚首都阿尔及尔的旧城区。——译注
2. 凯鲁亚克的原句是"在水床波浪起伏的漩涡中"，金斯堡把the waterbed看成了the watched。——译注
3. 凯尔斯·埃尔文斯是巴勒斯最亲密的老友之一。
4. 在艾伦被捕前，埃尔伯特·伦罗曾计划带凯鲁亚克和金斯堡去现代艺术博物馆看卡尔·德莱叶的电影《圣女贞德蒙难记》。
5. Ignu，艾伦·金斯堡自造的一个词，特指一类人，他们"只活一次但不朽且自知"。——译注

艾伦·金斯堡［新泽西州帕特森市］致杰克·凯鲁亚克［科罗拉多州丹佛市］

一九四九年六月十五日

亲爱的杰克：

我今天才收到你的信，那这封信就当作我昨天那封信即你一周前收到（那封）的附言吧。好消息：波默罗伊［尼尔·卡萨迪］在旧金山的地址是拉塞尔街二十九号。我收到一封来自固特异轮胎服务公司的咨询信，便写了一封推荐信寄给对方，说波默罗伊富有活力和想象力，恭喜他们能雇到他，还保证他会让他们满意。这让我想起他叫［哈尔·］蔡斯的女人在盒子里留张纸条的事来。可怜的波默罗伊，想象一下他竟然要找像我这般落魄的难民给他做可靠的推荐人。哎，我们舞蹈大师可不用忍受这些。好吧，给他写信吧；我暂时不会写了（也不会给丹尼森［巴勒斯］或其他任何人写），也许几个月后再说吧。关心关心他，跟他解释解释近况。还有，我的律师告诉我，大陪审团已经认定我无罪，我没有被起诉，但梅洛迪、薇姬和赫伯特被起诉了。我没有参加听证会，后来才知

道的。我的好律师让我远离混战；所有战争都在高空进行。显然，需要位精神分析师，还有范·多伦、特里林夫妇、卡曼院长[1]必须到场发言；我不清楚任何细节。不过我得说，这是支厉害的队伍。上个月我真的很担心；我有理由这样，不过其他人背负了所有重担。我很感激。应该感激吧？我想这就是范·多伦所说的社会；人们聚在一起，是为了让彼此远离麻烦（或远离悲剧），之后才对将他们卷入其中的事件有所了解。顺便说一句，你知道二十二年前范·多伦写过一本关于"光与埃·阿·罗宾逊"的小书吗？"可以想象罗宾逊先生会说，无所不知并不好，但伟人因此犯错却是必要的，即便这样做无异于死亡。悲剧是必要的。"他就这样结束了书的前半部分。书里还时不时出现这样的评论："换句话说，巴塞洛[2]见的太多了，他被他的光蒙蔽了双眼。我不止一次谈到光的意象，这是他所见的能反映生命的意象。这六首诗的主题都是人们看到光明，并因此受到奖惩。"我想范·多伦谈论的就是我去年试图指出并具象化的那个神奇幻象；他的诗就是关于那个幻象的，我和他谈话时似乎也涉及了；但自二十二年前以来，他已经超越了那道光，看到它与时间的世界或"冷静却无趣的理智"世界的关系。我说超越，并不是指他已放弃它或它放弃了他，而是指它超越了它最初的偶然的表象，作为某种超验事实的实际存在已具备了新的意义。说白了，也许他已经学会在人类的法律中看到永恒，在有组织的社会中看到上帝的方式。也许他现在甚至可以不加思索地相信对违法者甚至是对我们这些意志薄弱的人的一切控诉，也许他认为违法者应该自觉地对他人的暴行负责，即使他们（像我一样）没有意识到自己的暴行，人们也应该给他们"一记耳光，让他们听到铁的铮铮声"。这句话引自他的课堂。也许他看到我和那些嬉普士[3]与社会抗争，也看到奶和蜜悄无声息地倾泻下来。也许他认为这是个隐秘的天大笑话，而我的问题是我把它（和我自己）看得太重了。

事实上，这些都是他的观点。他对我的看法很夸张，因为最近霍兰德[4]和其他人告诉他，我把自己想象成兰波。这些笨蛋。是的，他认为我太把自己当回事了。还有什么比收到聪明人的信更可恶的？杰克，你的书就像一个巨大的气球，你太把自己当回事了。确实是这样。主啊，你在路途之中设下了怎样的诱惑？把我从我自己的想法和别人的想法中解放出来吧。我想范·多伦对你的看法也差不多，问题全出在那些"咯咯笑的玲"身上。这样一来，所有这些对恶的强烈探究又是为了什么？

还记得我们关于祷告的讨论吗？这一周，我又在启示的边缘震颤，我看见一条半具象半抽象的鱼；没有真正的启示，所以没有真正的鱼（顺便说一句，我觉得很长一段时间里自己都不会再无偿地看到光的路标了）。以前我一直祈求上帝的爱，祈求让自己受苦（我希望他扯我的雏菊）；六月十四日，我在（新）笔记本上写下"勿言'主啊，爱我'而言'主啊，我爱你！'"直到最近，我才明白了这方面的意义。你已经用这种或那种形式对我说过多次；克劳德［吕西安·卡尔］也对我说过同样的话。是我错了。

谈谈你的诗。叶芝警告我们要小心"变色龙之路"[5]。你知道那是什么吗？（我在读他的自传，问伦罗借的。）那是条大龙，中国龙，虽然它只是条变色龙；前一秒你见到的是中国意象，后一秒你就会碰到玛雅蜘蛛；你还没反应过来，它又变成北非豪猪、印度奇葩和西洋猫。

"因此，不要为绿色/和黑色担心，它们是金乳汁/的欺骗性标识。/别西卜就是羔羊。"或者"这是一层白鸽的表皮"。

不仅如此，"变色龙之路"机械刻板，令人不安，还很抽象。你知道吗，我色眯眯的眼神已变得如此重复、陈腐、机械，以至于我被逮住时裤子都没穿上？这是因为我面对的都不是真实的事物，而是价值之间的抽象关系；虽基于真正的灵感，但灵感已逝，教训尚存，并通过不断重复的符号而非公式，死记硬背地重复着。这就是我的思维方式，在虚幻的安息地，安息地啊安息地。就象征而言，这就是我所怀疑的"雨夜神话"的问题所在；这也是我的丹佛妞、夜莺和黎明的问题所在；我对一系列单词着迷，所以以抽象的方式四处组合颂歌，一个接一个地，直到现在连我也无法分辨它们，无法说明它们的含义，如此看来，我在整理自己的书时，必须删掉所有献给威利·丹尼森的生日颂歌[6]。这就是"雨水和河流在此分界"的问题所在。你赋予象征一个神话。（雨是时间，事件，事物；河流和大海是连接在一起的所有神圣的雨滴，不是吗？）且这些象征又好又稳，便于利用，这样你会在渲染和扩展时遇到麻烦吗？艾略特抱怨说，唉，布莱克是个伟大的次要诗人却不是重要诗人，因为他自造了很多疯狂的象征，无人能懂。甚至连我也无法读懂那些奇怪而美丽的预言书，因为它们充斥着变色龙。（我现在正在读莫娜·威尔逊针对它们写的一篇评论文章。）而从你那短短一句"啊，向日葵"中，我不仅得到了理解，而且得到真正的智慧启迪。这就是为什么你能成为如此幸运和明智的小说家的原因，你有史诗般的诸多事件要写；也是你为什么倾向于（难道不是吗？）把雨夜的神话当作某个宏大而详细的寓言故事，而不是（如我试图暗示的那样）某个具有明显深刻象征意义的寓言的原因。"咯咯笑的玲"本身并不是变色龙的一面，因为除了它的中式风格之外，它还消灭了会让自己露出马脚的那个陈腐而真实的音效；它是现实重建的真情实感。因此雨的神话里那些成千上万的细节都会自动显现，而不必通过人工的思维系统。回到你的来信，你说我作品中的肮脏小调来自这种感受，即我拥有自己和其他人偷偷想要的东西……我有过很多次这样的经历，我沿着彩虹向上走，当我到达彩虹的另一边时，我发现的不是一罐金子而是一个盛满屎的便盆。但我不会失望，因为屎就是金子。除了屎，金子还能是别的什么吗？

是雨还是水？所以说问题的关键是，要提醒他们（人们），裹着尸衣的陌生人阴茎会勃起，通往永生的钥匙也要经过锁孔。这里我用了大量的性暗示；请注意，这不是黄色笑话，而是严肃的暗语。如果有人读到了，他会明白在我的诗的表面下，就像在他心灵的表面下一样，有一根金色的杆子，一个多孔的箭靶，一阵银色的雨。我希望有一天能实现一次彻底的感官交流；希望随着我的爱变得越来越纯洁，越来越不淫荡，当有人偷窥我的话语表面之下时，他们真的在跟人做爱。不仅如此，我还会和他们进行一次严肃的长谈，就好像我们俩在同一个大脑里。而且，只有那些自己在表面之下的人才能窥到我的表面之下；但任何本质上完全相似的人都能一眼认出，因为这就是我在上面、下面、前面一直讲的内容。我也会像布莱克一样，写那些在梦境中坠入爱河的男孩女孩，写那些从坟墓中爬出的苍白青年和洁白处女，他们渴望去往"我的向日葵想去的地方"，以及"如果她的父母哭泣，/莱卡[7]怎能睡着？"和"禁欲在沙漠上遍地撒下/燃烧的头发和健壮的肢体"。如果我能像其他诗人宣称的那样对死亡有更多了解，那么我也会拥有表达死亡的方式。不幸的是，我现在牵挂的是性，所以我把它作为关键的象征，但随着时间推移，性会挥发成更健康、更鼓舞人心的真实。我还从我俩都相识的人那里得知，从"肉体的低贱和心灵的高傲中得知/女人热衷于恋爱之时/可能会骄傲而矜持（即爱是物质的），/但爱神已把他的宅院/抛进了沤粪的土地"。这是我最喜欢的一首诗，因为它如此字面意义，它只有一个意思，那就是叶芝的意思。我不是只为了显得可爱才说脏话，那只是部分原因（在一首诗里，我会说吹，而不是抽，特级罂粟）；我说脏话是因为我正在将诗歌本身和读者的注意力都吸引到一种事实的状态，这种状态是隐藏的，既无法被意识到也无法获得真正的关注。是的，我也看到［罗伯特·］赫里克醉着酒写关于女人衬裙的温柔诗行。我记得他走在街上，读着《圣经》，喊着《耶利米书》里的句子："污秽在她的衬裙之上？"

啊，是的，我清楚地记得那条通往市中心的路，还有那里的小山。我还希望你住在那儿呢。我和波默〔尼尔·卡萨迪〕曾半夜骑着车在那边的小道上转悠，半夜在别人家门廊下放鞭炮。你写信时跟我说说你母亲对丹佛的感受，她说了些什么。还有，通信有困难吗？我是说，你收我的信有困难吗？如果有，我们应该做些实事来解决困难。可以存局候领。

是的，我相信丹尼森也是对的。

下次我写信时——顺便说一句，下次写信时我肯定已经在疯人院了，所以不要担心——我可能已经完成那首之前写下几行的诗了。

> 我在城里街上遇见一个男孩，
> 他有美丽的头发美丽的眼，
> 裹着被单行走在路上，
> 像我自己的伪装一般美丽。
> 沐浴在雨中，沐浴在雨中。

我已经写了一些，波默看了就知道。我正在给波默写一首预言诗；这首诗将看见一切，听到一切，明了一切。我是波默的证人，尽管他并不知道。诗的结尾会是：

> 所以我走了，留下这几行
> 很少有人会读或理解的诗句；
> 如果某个游荡的可怜的时间之子
> 看到它们，让他牵着我的手。

一九四九

我将带他到石头那里，
我将带他穿过坟墓，
让他不要害怕骨头的光，
不再害怕海浪的黑暗……

后面是几段未写成的诗节，描述了主的宅院。此外，也许我还要加上，我的名字是天使，我的眼睛是火焰，所有追随我的都会得到我的恩惠。

我可以给诗取个文绉绉的名字，比如"倾倒我的杯"吗？你也多想想，再写信告诉我。不如我们一起写首诗，然后我用你的名字在我的书里发表，你用我的名字在你的书里发表，还有他和她在它里面。我们就叫它《天生最佳》。献给谁呢？坡吗？沃尔特·亚当斯[8]？埃及的"伊戈努"七世？奥斯卡·博普？温泉关一役的幸存者？满脸粉刺的鲍比？歇斯底里的拉里？

说到癫痫（我保证这是最后一次提到波默的名字），你知道费奥多尔和波默都患有癫痫吗？我读过费奥多尔［陀思妥耶夫斯基］太太写的一本书，书中描述了她丈夫在巴登赌博的日子以及她一个孕妇如何在家独自哭泣。费奥多尔输到只剩下一个卢布，甚至一个戈比，最后回到家扑倒在她脚边大哭，打算自杀以证明对她的爱，还叫她把身上的披肩给他，因为把它当掉后他还能再赌上几轮。她真是可怜，不知如何是好。她为自己能理解他而自豪。后来有一天，当他带着赢来的钱回家时，她更觉得自己做的没错。他们俩庆祝了一番，然后他又出门，又输光了赢来的钱。如此这般，一周周过去了，几个月过去了，整整半年过去了，每隔一晚就有熟悉的歇斯底里的场景，有安抚有求情，就像丹佛某个酒店客房里发生的事，直到他最后垮掉，再也无法继续——他输光了钱，自责，哭着喊着说自己是个失败者。最后他倒在她脚边，哭得像个受伤无助的孩子，然后癫痫发作。她用外套捆住他，带他到火车站，他们一起回到俄国。陀思妥耶夫斯基太太写的这本书可真棒、真疯狂啊，也许可以在丹佛图书馆借到。几年后，（在几封信中）他对这件事的描述以及对她的评价，听起来就像聪明而年老的波默回忆他自己的一生。但睿智而年迈的波默精力不减，随着岁月的流逝，变得更有见识。你一定想知道多年后，波默会真正地（对着自己）想着什么。

你瞧，我事先没想过，最后却花了好几个小时给你写信。我将它们作为礼物送给你，无偿的，无条件。

艾伦

1. 哈里·卡曼是当时哥伦比亚大学的院长。
2. 埃·阿·罗宾逊《罗曼·巴塞洛》一诗中的主人公。——译注
3. hipster，最早出现于1940年代，随着战后青年群体的壮大和青年文化的第一次形成，"嬉普士"开始成为"反叛"的代名词。——译注
4. 约翰·霍兰德是金斯堡在哥伦比亚的同学，后成为诗人和文学评论家。
5. Hodos Chameliontos，出自叶芝自传《面纱的颤抖》(*The Trembling of the Veil*)："在这条变色龙之路上，想象力变得如此丰富、过度活跃，不停地制造大量的意象，以至于意象变得难以理解。"——译注
6. 《生日颂歌》是为比尔·巴勒斯儿子的出生而写，后改名为《超现实主义颂歌》，并收录于金斯堡的《殉道与诡计之书》（达卡波出版社，2006）。
7. Lyca，布莱克两首诗《幼女之失》(*The Little Girl Lost*)和《幼女之得》(*The Little Girl Found*)中的人物。——译注
8. 沃尔特·业当斯是金斯堡的同学，也是女诗人凯瑟琳·特拉韦林·业当斯的儿子。

编者按：经过近两个月的等待，金斯堡最终被送入位于曼哈顿上城区西一六八号街哥伦比亚长老会医院的纽约州精神病研究所。

艾伦·金斯堡［纽约州纽约市］致杰克·凯鲁亚克［科罗拉多州丹佛市］

一九四九年六月二十九日前后

帕特森巫师寄给丹佛巫师

我亲爱的让-路易：

我终于到了可可之家，这里的动物很有趣。有一个二十一岁的超现实主义者，他那富有灵感的野兽派想象力让我发笑，他的世界观和丹尼森［巴勒斯］先生的很像；这个年轻人（非常丑）是个犹太人，也是个嬉普士，但他疯了。呃，这个法国人让我感到没劲。

这里气氛怪异。我觉得（多么真实啊，我想我很快就会发现）护工们对"疯狂"的本质没有太清楚的概念，对他们来说，它的主要特征是荒谬或古怪。我本来希望在理智的眼睛的清光下审判自己的灵魂。不过明晚我们要看侏儒怪的表演。

写信给我，写信给我，我等着你。至少努力写得平衡和庄重，不要疯狂（也许这会改善你的文学风格？）。但不管怎样，用自由的笔调写给我。信交给我前要先给别人审读。你可以畅所欲言，但不要像政治小册子那样暗示我炸毁这个机构之类的。我的意思是，他们可能会生气。

值得分享的消息都要告诉我。

是这样，我收到一封［约翰·克莱伦·］霍尔姆斯写来的疯狂的长信，询问我我的灵魂。我详细地作答。他一直否认他的询问是出于个人兴趣，并坚持认为自己是对与抒情诗有关的幻想及文学创作过程感兴趣。如果他真的只对冰冷的事实感兴趣，那对我而言是个天大的笑话。他住在科德角。没有克劳德［吕西安］的消息。我现在是个悲观的预言家。（凄凉的永恒，凄凉的天堂，凄凉的微笑。）我喜欢凄凉这个词，它代表了我在一个基调中可能感受到的那种永恒的快乐之品质。

爱你的，
艾伦

杰克·凯鲁亚克［科罗拉多州丹佛市］致艾伦·金斯堡［纽约州纽约市］
一九四九年七月五日至十一日
科罗拉多州丹佛市
中心大道西六一〇〇号
亲爱的艾伦：

  你能把自己送到真正的疯人院，我很敬佩。这表明你对人和事都有兴趣。在说服医生相信你是疯子的同时，小心不要把自己绕进去了（你看，我很了解你）。霍尔姆斯要求了解你灵魂的信竟然送到了你手里，真有意思。去屋顶上放松放松，呼吸呼吸新鲜空气。

  关于这类事情，请允许我引用昨晚在《法尔公报》上读到的一篇文章，作者是M.丹尼森［威廉·苏·巴勒斯］（一位脾气暴躁的当地编辑）。文章提到该地区另一个农民，名叫吉勒特［艾伦·金斯堡］，他在杀害妻子后被带到休斯敦一家疗养院："艾尔·吉勒特谈论上帝的愤怒是什么意思？他发疯了吗？我们这里有来自G的W，作为边境巡逻人员，驱逐我们雇农，还有农业领域的官僚D告诉我们种植什么，在哪里和什么时候种植。只有我们农民才用别名。如果任何一群肮脏的官僚认为我们会坐等来自G的W接管，他们就会知道我们不是自由主义者。"（注意官僚一词的拼写，这是南方种植园的拼法，是密苏里贵族的拼法。）

  那位编辑继续说道（在时间际遇［原文如此］的"不朽抱怨"中）："如果你的编辑处在吉勒特的位置上，他会说：'请继续，如果有的话，请把你的指控写下来。'"（该编辑认为吉勒特在这起发生在得克萨斯州的案件中是无辜的。）想象一下路易·吉勒特［路易·金斯堡］和马克·范·玲［范·多伦］这样的"老女人"簇拥着你。另外，我不明白范·玲为什么要贡献两分钱。抽抽搭搭的自由主义基佬……所有的自由主义者都是懦夫，而所有的懦夫都睚眦必报、卑鄙吝啬。你的编辑看不出休斯敦新政有什么好处。罗斯福新政的支持者多是弗洛伊德的信徒。你的编辑连他的鸡眼都不会交给那些烂人来医治，更别说他的心灵了。

读完这篇惊人的社论后，我给丹尼森打电话，他对我说："我刚读完威廉·赖希的新书《癌症生物疗法》。杰克，我告诉你，他是精神分析领域唯一靠谱的人。读完这本书后，我建了一个生命能[1]蓄能器，这个小玩意儿真的很管用。这人不是疯子，这人他妈的是个天才。"关于这篇社论，他补充说："薪酬过高的官僚阶层是这个不再属于公民的国家政治机构的毒瘤。"

顺便说一下，我八月要去拜访他。

丹佛是个伤心地。我母亲又孤单又疲惫，昨天她回到纽约，回到鞋厂工作。她一直是正确的。稍后我来解释。所以我也要搬回纽约，永远定居在那儿。我母亲是个伟大的骑兵——她想自食其力。

还有，我和伊迪［凯鲁亚克-帕克］又和好了，我们写信沟通的。既然我的书卖出去了，她对我就又感兴趣了。她说："如果你成了好莱坞作家，住在大宅子里，我最先有靠你过活的权利。"我打算设法让她今年秋天去纽约上学（学花卉培育）。她母亲嫁了巴里涂料店的老板，他们如今住在底特律湖滨的大宅子里。伊迪的房间在一座高塔里！等到春天，我就带她去巴黎，写《萨克斯博士》。如果到那时我有足够的钱，我一定资助你去巴黎的路费。我设想在纽约呆一个季度，然后到一九五〇年就在巴黎长住下来（如果我足够富有，可以带上克劳德［吕西安］，甚至是维恩［尼尔］）。如果我变富了，我们就可以克服这个红色的、红色的夜晚的庞大，所有人都会得救。

我这周开始写《雨夜的玫瑰》，一来为写《在路上》时自娱自乐，二来也为写《神话［萨克斯博士］》做准备。《雨夜的玫瑰》是斯宾塞风格的多章节长诗。开头是这样的：

> 雨像融化的鲁特琴一样
> 吹下来，曲调凝结，
> 水形成竖琴和瀑布，
> 以及所有格式的六角手风琴，
> 夜的奥秘充满诱惑。

如你所见，写得不太好，但我会好好修改。我只是把脑子里想到的写下来，但也不是随意乱写。就这么写下去的话，我会堆起一朵大的玫瑰花，然后把花瓣摘下来：

> 展开花瓣——我的反常花！
> 雨的玫瑰绽开，下垂
> 最轻柔的露水从小桶中照亮天空。
> ［……］

不过，现在我懂诗了，正全力以赴。我的小说因这些研究也有了长进。这里我就抄一句，写得太多的就留给你以后再读吧：

"渐渐地，除了一盏昏暗的大厅灯，所有灯都已熄灭，人们裹着五月夜的被单，做好睡眠的心理准备。"这一切发生在监狱。主人公瑞德正在聆听着……"在他右边，艾迪·帕里似乎在独自呻吟,在又硬又热的垫子上翻来覆去,除非他进一步向隔壁牢房里的人呻吟。"

这证明我们的诗歌实验拥有绝对的严肃性和重要性,因为它们已获得散文体句子的理性氛围,就像麦尔维尔的小说一样,使诗句本身更具意义、更为重要。

再一次,对语言的纯粹关注的影响出现了,并逐步增强,这也是支撑理性而光明的小说句子的迫切要求——

"当沉默加剧时,瑞德和其他醒着聆听的人才有可能听见外面纽约的惊涛骇浪:谣言四起的周六夜晚如潮水一般在辽阔多事的平原上蔓延开来——其高耸的骑士岛、盆地和延伸的蜂巢般的黑暗的公寓,一直到洛克威,到扬克斯的悬崖,再到披着蓝色斗篷的新泽西,这个牙买加人抵达带兜帽的地平线上像祭坛蜡烛一样的阴沟。拥有万千秘密和狂暴灵魂的周六夜晚,三心二意昏昏欲睡思索着的瑞德即将回归,他自己就是秘密,就是那古老的生命海洋中狂暴而激动的行进。什么原因呢?为什么他对白天、黑夜、这里、任何地方都提不起兴趣?"

但那晚晚些时候,瑞德看见一个幻象(描述得非常详细,非常清晰),他从黑暗中复活了。

他的幻象包括:"现在,令人费解的是,他坐在电影院里,贪婪地看着疯狂严肃的灰色屏幕和屏幕上显示的东西。他看着屏幕旁的幕布,甚至看着坐在折梯旁愁眉苦脸、头戴礼帽的驼背老人。然后他看到一块糖果——一大块土力架,他小时候在电影院常吃——他开始在影院角落里慢慢吃起来,整个人高兴地弓着腰,把它捧在手里,一粒接一粒吃着里面的花生仁。与此同时,外面正下着雨,但电影院里温暖而黑暗,他躲在暗处,高兴地把脚搁在前座上。银幕上出现的是马克斯兄弟,画面很疯狂,几乎就要爆炸,哈勃被一根绳子吊在阁楼窗户上,格劳乔和一头狮子在大理石大厅里滑翔,什么东西倒塌了，一个女人在壁橱里尖叫。接着是一部西部片，巴克·琼斯骑着一匹大白马在干旱平原的尘土里疾驰——屏幕上是雨的灰色神话，灰色西部的神话，穿马甲的坏蛋骑着普通马紧追其后，另一个厉害人物从破旧摇晃的小镇里咆哮着冲过来。屏幕上的那张大脸慢慢侧过去，是张男人的脸，眼睫毛扑闪着。这是谁？维恩？"

瑞德看到所有这些幻象，这是他在监狱的最后一晚，最后他跪下祈祷。于是，他开始了搭便车的朝圣之旅，和善良愚蠢的史密提一起去加利福尼亚寻找他父亲，却在第二年冬天的蒙大拿酒吧里发现他正在赌博，之后与维恩开启在全国各地风尘仆仆的疯狂之旅，经历了各种各样的事，其中包括我那一版的"黑天使与疯子"。（还记得阿波罗剧院上演的陀思妥耶夫斯基剧目吗？）最后大家都走了，留下瑞德一个人，故事到此结束。我就是瑞德。（另外，有一个神秘的男高音搭便车周游全国，瑞德常遇到他。他就像只彩色的野猫，瑞德很怕他；他甚至看到他半夜出现在蛇屋，在新奥尔良河口，带着他的高音喇叭，吓得瑞德猛踩油门。）他就像那个裹着尸衣的陌生人。《在路上》是这部作品的名字；我想写疯狂的这一代人，把他们放到地图上，赋予他们意义，让一切再一次开始改变，就像每二十年都会变化一次一样。等我死了，我会变成一块裹尸布，带着瘦削的白臂和莲花眼，在河上的游行队伍里漂浮，就这样，在夜里漂浮。谢谢你告诉我变色龙之路。我在读艾略特、克兰、狄金森和罗宾逊，甚至是凯因瓦瓦维克（凯尔特诗人）和《仙后》。以后再交流。九月见。

布赖尔利邀请我参加卢修斯·毕比[2]的盛大聚会。他自称是"最后的波旁家族"，冒牌货一个……他说，只有这个世界提供了"最后仅剩的最美好事物"时，他才感兴趣。他总是喝得酩酊大醉，而且醉得一点也不逍遥。我见到了托马斯·霍恩斯比·费里尔和全丹佛的大人物。我表现得像个傻瓜。我大喊大叫，讲下流故事，喝得醉醺醺。然后回到自己在山中的小木屋，休息，沉思。我每天身边都围着成群的孩子和狗，它们会进我的屋子。今天来的是个十三岁的女孩，还有个六岁的女孩，一个四岁的男孩，一个婴儿，一只捕鸟猎犬，一只脏兮兮的猎狗，两只吉娃娃和一只猫。那个十三岁的女孩用我的打字机写了个故事，她说花园里住着一个巨人，孩子们不敢进去，他们觉得花园门锁了，但根本没锁，门开了，他们进到花园里，巨人喜极而泣。这证明孩子确实比成年人懂得多。孩子们全神贯注于莎士比亚所知道的事情……花园、仙子、施了魔法的岛屿、巨人和巫师，以及一切可称为"玄学幻境中隐喻性思考"的东西。

难道不是吗？

我是花园里那个巨人吗？当然。

我爱这些孩子，我爱鲁本斯的乡村。让我伤心的是，我们的世界不是小花园，如果世界是个小花园，人们就可以一直在一起，直到他们死去并烂在坟墓里。我也会在伊迪离开前再爱她一次。

你知道我怎么看待心灵的吗？——它由各种有序的神话组成，每个神话都有自己的方向和希望（愚蠢或不愚蠢的希望）；如果你剖析这些有序的神话（星群组合），你就破坏了它们，取而代之的是你建立的白色理性神话，然后它会武断地指导、命令你；发生的这一切都意味着财富的损失。心灵可能会变得更连贯，但那团有机的藤蔓却消失了。就像丛林可以推倒了用来建水泥厂一样。所有藤蔓、花朵、凤头鹦鹉和老虎都消失了，人们在嘈杂的尘土中制造水泥。我看不出这有什么好称赞的。这只是人类犯的另一个愚蠢的错误。几个世纪后，人一样会笑笑闹闹。

丹佛妞？我认识的一个孩子认为每个人都应该满足于自己卑

微的工作，比如制造水泥等，他还认为人应该墨守成规，这样社会学家才能把他们的论文整理得井井有条。我觉得自己就像丹尼森那个家伙。除了肉体之外，一切都是一个巨大的错误，而心灵是肉体的花瓣，是和肉体一样的汁液。这话是阿尔贝特·施韦泽[3]在这儿举办的阿斯彭歌德音乐节上说的。我明天要去听他的法语演说。

我的编辑吉鲁下周乘飞机回去，我和布赖尔利打算带他去趟中央城市歌剧院。我很可能会和他一起飞回去，所以如果他们允许，我也许很快就能见到你。我希望你能把你疲惫的骨头放到比较容易接近的区域……比如迪克西酒店、波克里诺酒店、米尔斯酒店或华尔道夫酒店之类。医疗中心能有什么乐趣呢？嘿，那儿有什么吸引你的？

（眨眼睛。）

另：哈尔［·蔡斯］死了。

老友杰克

1. Orgone，系奥地利精神病医师威廉·赖希（William Reich, 1897—1957）造词。——译注
2. Lucius Beebe（1902—1966），美国作家、摄影师、铁路历史学家和记者。——译注
3. 阿尔贝特·施韦泽是一名传教士、医生和神学家，诺贝尔和平奖得主。

艾伦·金斯堡［纽约州纽约市］致杰克·凯鲁亚克［科罗拉多州丹佛市］

一九四九年七月十三日至十四日
周三晚上

亲爱的杰克：

请你搞清楚，我把自己送进真正的疯人院，可不是像你以为的那样，为了去看看它长什么样子，里面有什么人、什么事之类。

给那个编辑写封信，告诉他我在疯人院这件事上很认真。事情就是这样。至于是否要把灵魂出卖给新政，我现在已经不感兴趣了，不再担心——我一直在与抽象的事物（社会）作斗争并寻求惩罚，然后我在自己身上找到了惩罚。（我厌倦了我那悲伤的崇高。）也许反动分子骄傲狂妄久矣，但那是他们的事。也许哈尔［·蔡斯］没死——他了解我，会让我不寒而栗。圣洁表现为爱和谦卑，还有真理和自我——伟大的白色神话——比虚幻的丛林更广阔。我将成为"社会"的羔羊，我从来都不是像丹尼森［巴勒斯］那样的豺狼，也不是像琼［·亚当斯］那样的猞猁，尽管我试着模仿除我之外的所有人。不是吗？

我弄错了。疯人院里没有知识分子。这里的人一天见到的幻象比我一年见到的还要多——尽管到处都是不可逾越的鸿沟。你知道失忆是怎么回事吗？如果有个名字就在你嘴边却说不出口，你忘了——比如一行诗或一个人，等等。如果这种情况不只是个例，而是在更大范围内发生呢？如果你无法表达超出你思考范围的东西怎么办？如果所有记忆都消失了怎么办？如果整个世界都是陌生的，你觉得熟悉却无从认识，连自己的名字都忘了怎么办？这里每天都有这样的人，我们口中的幻象对其他人来说是迷失。噩梦每天都在上演。

我发现我没有情感，只有思想，从我崇拜的人那儿借来的思想，因为那个人似乎有情感。我厌倦了反对新政的想法。如果新政能教会我爱它，那我就会爱它。

言语只意味着它们所说的，即它们表面上所陈述的；无限、虚无，这些从字面上讲并不存在。只有表面上的才是真实的。

官僚没有错，因为我花了一辈子时间与他们作斗争。为什么他们不该是对的？因为如果我们觉得他们没错，那一定会扰乱我们既定的精神秩序吧。太好了，那就打乱我们以前的秩序。来一场革命？为什么不呢？如果那个反动编辑突然发现自己在一场堂吉诃德式的毫无意义的战争中白白浪费生命，来对抗"官僚"所代表的真实世界，你知道这对他意味着什么吗？永恒之虱，现实之深渊，"啊，那诸多悲惨坟墓的苦报。大海的凶残和纯真"。哦，凄凉的比尔。他害怕我发现他疯了，他对我的分析是一场悲惨的闹剧——不是荒谬的而是真正悲惨的闹剧，他把我引入歧途。好极了——给那个编辑写封信，告诉他有个不情愿的订阅者现在发现，尽管受到过父母的警告，他还是被浪荡子和变态引上歧途。他是贵族的后裔。还是把信放进你烟斗里烧了抽掉吧，随你处置。我不是耶稣基督。我是杰瑞·劳奇[1]。我父亲是对的，我母亲疯了。

> 瞧！那天鹅摇摆着
> 出没于鹅群嬉戏处。
> 说我的"唉呀"，
> 敲我的骨头
> 我所有的蛋都是炒的。

正如克劳德·德·毛布里［吕西安·卡尔］所深知的那样，现实就是我们这些疯子已经终止了关系的家庭和社会共同体。俄狄浦斯王——他一手造成了剧中的瘟疫。

如果我们爱得像我们现在恨得一样强烈，同时消除憎恨的矛盾冲突——爱我们所恨的东西呢？

还能有什么别的答案吗？无非就是我们是疯子，而他们不是。对于当地的孤立主义宣传者来说，这是一种与之格格不入的宏大的外交策略。我正在思考与过去十年任何一场革命都不同的不可思议的逻辑革命。

我们所培养的这种季节性的疯狂和骄傲精神,如果不是对他人的蓄意侮辱的话,那又会是什么?对他们的爱的辩护?疯人院的护工很爱我,他们想帮我。我为什么要怨恨他们,拿他们开涮?我独自笑着。自力更生,自力更生,别丢下我的骨头。我们都疯了。你也疯了。

总而言之,我觉得自己是个病人。丹尼森[巴勒斯]进过一次疯人院,但他没有学到新东西,反而怀疑那里每个人都在折磨他。你也一样。想想卡夫卡。那就是愤怒之门。

你不相信我有足够的放纵精神。威廉·赖希是对的,我很高兴。他可能比其他精神分析学派更正确。在未来的岁月里,你我将在纽约相聚,这也让我高兴。如果你留在丹佛,很可能我也会过去。我们每晚都要通话,从顶层公寓到村子里的小宅,一直到一九五四年为止。

沃尔特·亚当斯回来了。我还没见到他,但这周六我会去见他。他给我写了三行字,说他想见我。你母亲打算住在哪儿?

还有伊迪[·帕克·凯鲁亚克]!

我上周末给克劳德打过电话,简短聊了一下。一切都好。他正和某人交往呢,但不愿在电话里告诉我是谁。我们要到秋天才会再见面。

你真的想资助我这个可怜鬼去巴黎旅行吗?如果那时候我还是疯子,我就接受你的资助。你收到波默罗伊[尼尔·卡萨迪]的信了吗?

(哈!我多么想有一天吓唬吓唬波默!)至于你的诗节,我的看法和你一样。六个水天使是最好的,还有水竖琴和瀑布。(我觉得得有一个连续的情节以显得连贯,否则很怪异)但你有吗?水是你的媒介。水的裹尸布,六个水天使在宝座上歌唱——你说这些都是胡扯,所有象征都是胡说八道。凄凉的布鲁克[2]也一样。

你的散文创作比之前多了许多凄凉的回声，这是你说的。你还说："我们的调查绝对严肃。"这是我最初在塞尚的作品中感觉到的，而你的小说改变了我。令人惊讶的是，我们早期的轻浮像被施过法术一般发生了变化。所有气球都飞起来了。阴影变成了骨头。

我们很快就会重聚，别担心。我会亲自去找波默和丹尼森……在我神志清醒时。我相信那个伟大的白色神话，但不再相信丛林，真的。打倒星座群！打倒星座群！我想被"武断的理性"指导、命令。我要说的是：一、上帝啊，现实不是武断的而是必然的，因为它真实存在。丛林是个大营地，大骗局。它不存在，只是幻觉。存在即真实，不存在就是不存在，什么都不是。都是虚空啊虚空。伟大的白色神话不是水泥和嘈杂的灰尘，而是伪装的爱。到目前为止，我是第一个看到这一点的人（除了克劳德和霍尔登［蔡斯］）。二、说实话，我是一只刚被老虎吃掉的小牝鹿，我再也不相信丛林了；我寻找最深处的阴影。

但我们所有的思想（甚至是丹尼森的思想，尽管他不自知）会在天堂相遇。我真的不敢苟同那位编辑的观点。

不提这个了——我来告诉你有关疯人院的故事——事实、轶事、故事、描述。我试着回答你整封信提出的那个真正的问题，即最后那一句："嘿，那儿有什么吸引你的？"我正在学习、正在成为我认为是真实的东西，那个不管怎么说被你在信中轻描淡写予以嘲弄的东西。

周四下午

请忽略我说的一切，除了从那些夸大其词中读出我不能轻易表达的东西。我对待疯人院的态度很认真；看来我这几年一直因为同一种刺激而威胁他人、对别人使眼色。

    应当要做的事

一九四九

他们都实现；

一切就像露滴

悬在草叶尖。

——《对不相识的导师们的热忱》，叶芝

这里有一个叫巴特比的，脸色苍白，还有个叫弗洛姆的犹太男孩，（这里有很多犹太疯子）坐在他的椅子上。我刚来时，在大厅的椅子上坐下，等着被叫去看床位，那是初步的例行安排。他垂头丧气地坐在我对面。他什么都注意到了，但什么也不说。还有一个帮助进行职业疗法的德国难民，又高又胖，有个女人走到他面前说："你今天不想接受职业疗法吗？其他人都去了。你不会想一个人坐在这儿吧？"他抬起苍白无力的头，疑惑地望着她，但什么也没说。她又非常温柔地问了他一次，希望他也许会突然起身，跟着她过去，后悔自己一个人呆着。他看了她半晌，然后抿了抿嘴，慢慢地摇了摇头。他甚至没有说"我不想去"，只是摇了摇头，一副若有所思的样子，似乎认真考虑了许久但还是理智地表示拒绝。我以为自己能识破他优雅背后的奥秘，但我错了，他不过是个可怜的、迷失的时间之子罢了。但医生们（整个医院都是思想开明的社会实验者）从很久以前就在这儿给他治疗，试图让他说一句"好的"。他接受了胰岛素和（或）休克疗法、心理疗法、麻醉合成疗法、催眠疗法，除了额叶切除术之外，能做的都做了，但他还是不肯说"好的"。他很少说话——我只有一次听到他在户外提高嗓门。有人告诉我，最后听到他的声音时自己非常失望，因为他一开口就是令人讨厌的抱怨声。这就是他不说话的原因。就在两天前，我听到他说话，他在抱怨一些官僚机构乱象丛生。接着他似乎刮起了胡子，刚刮完半张脸，就被叫去吃早饭，回来后发现剃须刀被锁了起来。他站在大厅里跟护士理论。她说"先生，你必须明白，刮胡子是有固定时间的",然后他说"但、但是,我脸上的肥皂都干了,而我只刮了半张脸",等等。有时,他们会在脑海中想象,如何用武力把他拖到职业治疗室或屋顶上。他什么也不说,只是反抗;他们不得不弄疼他,把他的胳膊往后背,然后把他带到电梯上。但他站在电梯门旁,悲哀地在门上轻轻敲着,表示他想走开,回到他的椅子上。除此之外,他[从不]惹任何麻烦。

还有,昨晚,我听到大厅里传来一声歇斯底里的可怕尖叫,就冲过去看看怎么回事。我看到弗洛姆正匆匆离开。他抬头看了我一眼(他走得很快,眼睛只顾着脚下),随即露出半是尴尬半是喜悦的微笑。我很难回以微笑,以为他正惊恐地逃离精神屠杀的现场(患者经常勃然大怒,或攻击他人)。我不想承认自己很害怕,所以我没有朝他笑,但我有点想笑,因为场面太棒了。(顺便说一句,尖叫声其实是笑声。)发生了什么呢?弗洛姆当时正沉默地、无精打采地坐在一直坐的那张椅子上,另外两名患者(我会描述其中一名)正在聊天,也许是在调侃自己正关在疯人院里。弗洛姆突然面露喜色,从椅子上站起来,然后开始默默地模仿疯人院里所有人,他表情严肃地模仿起刚入院的患者、医生、护士、我以及和他谈话的那些人,野蛮而绝望的姿态是对每一个人的捕捉和讽刺。我很想给他看我刚写的东西,但我真的不知道他心里在想什么。他很可能会不动声色地把东西还给我(而且还是仔细看了之后)。

(这类故事的危险在于,它们是对可能性的一厢情愿的夸大。啊,这些永恒的孩子!但这是事实。)

这里有个叫卡尔·所罗门[3]的男孩,他最有趣,我和他交谈了好几个小时。第一天(坐在椅子上),我禁不住诱惑,想把我的神秘过往告诉他。在疯人院里做这种事很是尴尬。他似乎认为又来了一个疯狂的"伊戈努",同时用一种阴谋诡计的口吻说:"啊,好吧,你是新来的。""疯人院里没有知识分子"这句话也是他说的。

一九四九　　133

他来自格林威治村,是个大高个酷儿,以前住在布鲁克林,是一个真正的莱文斯基[4]式的"娘炮"(他说他以前很"娘")——但这个莱文斯基又高又胖,而且对超现实主义文学感兴趣。他上过纽约市立学院和纽约大学,但没有毕业,认识格林威治村所有的嬉普士以及信仰托洛茨基的知识分子群体(这一代的迈耶·夏皮罗们),熟悉各种先锋流派,从十几岁起就是一个真正的兰波一类的人物。他没有创造力,不写作,也不太了解文学,除了在小杂志上读点文章(他读过《虎眼》、《党派评论》和《肯尼恩评论》),他对文学了解甚少。他跳船后花几个月时间在巴黎闲逛,最终在达到性同意年龄那天(在他二十一岁生日时)决定自杀,接着把自己交给这个地方(他说进疯人院相当于自杀——疯人院式幽默)。他走到疯人院门前,要求做额叶切除术。他一进门就疯狂地比划着(手里拿着一本《夜林》[5]),威胁说如果不给他一个僻静的(私人)房间安静读书,他就把粪便抹在墙上。他还威胁护士说:"如果我听到有人对我说'所罗门先生,你在胡言乱语',我就把乒乓球桌掀翻。"他说到做到。这是展示存在主义荒诞派言行的绝佳机会。他现在安静下来,用一种不祥的语气对我说医生们是如何用休克疗法让他恢复理智的。"他们让我叫'妈妈'。"当我告诉他我也想被要求叫"妈妈"时,他说"当然了(我们都想)"。你可以感受到这里的氛围是多么怪异险恶,跟卡夫卡笔下的一样,因为医生掌握控制权,他们有办法说服最顽固的人。哈!我希望看到丹尼森暴露在这些可怕的深渊和危险中。这里的深渊是真实的。每天都有人爆发,还有医生!医生!天啊,那些医生!我告诉你,他们是恶魔,是绝对平庸的食尸鬼。真可怕!他们掌握真理!他们是对的!他们全是些呆头呆脑的心理学专业学生,身材瘦削,嘴唇苍白,戴副眼镜,举止笨拙!他们全是自由主义者,穿着一模一样的绉面套装,脸上总是带着乏味的、半尴尬的、礼貌的微笑。"什么?所罗门先生今天不吃饭吗?把他送去休克治疗!"过去几年间我遇到的点头哈腰之人、毫无诗意的冷血官僚、社会学家、卑鄙的实验人员以及参加班级舞会、辩论社会主义的蓝眼睛们,他们全都乘公共汽车向西穿过连绵起伏的麦田去学习社会心理学和医学,还有老古板和无知者,布朗克斯的犹太人。他们看起来都一个样儿,我告诉你,我分不清谁是谁,除了一个特别疯狂的东印度侏儒,他也是精神病医生。他来美国做什么?给那些神经衰弱的药店牛仔进行心理治疗吗?就是这样一群人要来对我不朽的灵魂胡作非为!天啊!丹尼森在哪儿?城堡在哪儿?洪克在哪儿?为什么他们不来救我?

说到这儿,因为所罗门,我最近在小杂志上读的都是一些法国新人。其中大概属一个叫让·热内的最厉害——也许比塞利纳还厉害,他俩有点像。他像波默罗伊一样在监狱长大,是个同性恋嬉普士,创造了大量的末日题材的小说。一九四九年四月刊的《党派评论》上有一篇文章谈到了他。他写了一本名叫《玫瑰奇迹》的长篇自传,那是一首关于监狱生活的长篇散文诗!主人公是刺客哈卡蒙,"他在死囚牢房的重重阴影中,那阴影透过整个监狱,散发着强烈的神秘力量,成为美和成就的标准,作者把他当作坟块的象征。他的生命从他被判死刑一直持续到他死……"我用的正是所有宗教神秘主义者用来谈论他们的神和他们的奥秘的语言。我读了关于某个入店行窃之秘密结局的二页节选(我记得是这样的):"因此在末日审判中,上帝会用我自己温柔的声音呼唤我到石墓王国,喊着'让,让'。"(石墓王国是我自己的短语。)

还有一个叫亨利·米肖的,写了一些关于古怪的寻求天堂的人的散文诗,发表在《肯尼恩评论》和《哈德逊评论》上,很有趣。

最重要的当属最近去世的一个叫安托南·阿尔托的疯子,他在法国的罗德兹疯人院呆了九年。("阿尔托先生今天不吃饭。把他送去休克治疗。")所罗门在巴黎四处游荡,突然听到街上传来野蛮的令人震惊的呼喊声。他被吓坏了,击穿了,完全败下阵来,呆若木鸡——他看见这个疯子在街上跳舞,用这样的声音重复着比博普短句。他的身体僵硬,像一道闪电"迸发"出能量。疯子打开了所有的门,沿着巴黎大喊大叫。他写了一首长诗——和凡·高有关(翻译发表在《虎眼》上)——诗里他对美国的观点和我对塞尚的观点一致。所罗门说,这是他经历过的最深刻的一瞬间(直到他来到这里,这里的医生有胰岛素,而"药物可以与之对抗")。

几天前,一个叫布卢姆的二十岁的结巴男孩进来(几年前他来过这里)大谈"时间的浓缩"和永恒。他也逃跑了,护工沿着街区追他,他逃进地铁。你看,我不是唯一有这种想法的人。我觉得理查德·韦茨纳在疯人院会过得很好。我进来前曾告诉他:"如果我疯了的话,那你比我更疯,而我确实疯了。"他饶有兴趣地看着我说:"是吗?"

舞蹈大师老贾·布[贾斯汀·布赖尔利]对我出现在疯人院有什么看法?他之前有没有预料到?在丹佛时,他认为我是那种理智和官僚的类型(相比你)。你知道吗?他说他吃不准你(你有点像波希米亚人,而我则是打扮得体的匈牙利人),但觉得你还行,因为有艾德·怀特为你担保(我记得那段对话)。

范·多伦要求看我的书(在我提出给他看之后)。

我在这儿什么也没写——没有笔,没有写字的地方,没有片刻安宁。写了一首诗的结尾:

永远不要问我是什么意思

> 我所说即我所见
> 虽然似乎很遗憾,
> 但任何人都能这么说
> 无论如何,它发生了。

开头是这样的:

> 事情发生在灰雨蒙蒙时
> 一个阴沉、不祥的多云天。
> 我不记得是怎么回事
> 但它当时看起来像玻璃般清晰,
> 无论如何,它发生了。

看来我很想写首有真实故事情节的诗或叙事诗,但最终写了一首关于未提及的神秘的"它"的诗——真是笑话。

我开始恨我母亲。

再会——

你到纽约后给我哥哥[尤金·布鲁克斯]打个电话,他会告诉你怎么找到我。我可以在周末出去,尽管他们不鼓励到处乱跑。得有人签字担保我才能出去,回来也需要人签字,有时是亲戚,有时是朋友。你回来后,我们可以一起度个周末——去科德角,[约翰·兑莱伦·]霍尔姆斯、[艾伦·]安森、[比尔·]坎纳斯特拉、[埃德·]斯特林厄姆和其他很多人都在那儿。我只能在周末见你,但如果我好一些了,我可能会有更多特权。

给克劳德打电话后,我连续两晚梦见他。

写信跟我说说琼的消息?几个月后,我可能会给《法尔公报》[威廉·巴勒斯]写封信。

106

一九四九

再会，我的老朋友。

另：来信不审查。是我弄错了。

半小时后——我要去参加舞会——男女患者都有——有八百零二个当地音乐家——在屋顶上——我穿白裤子，菲茨杰拉德鞋，黄T恤。

我还在画画（职业疗法的一部分），画了一系列"各各他的启示"——十字架上的基督，燃烧的巨大白色翅膀，以及作为光环的巨大的天堂黄玫瑰，旁边围着盗贼，其中一个是白痴，一个带着死人的脑袋。（我总是从某个机构给你写信——羊头湾、帕特森、哥伦比亚等等。）

艾伦

1. 杰瑞·劳奇是他们在哥伦比亚大学的朋友。
2. 《萨克斯博士》中的人物。
3. 这是第一次提到卡尔·所罗门，金斯堡把《嚎叫》献给了他。
4. Levinsky，凯鲁亚克处女作《镇与城》中的人物，人物原型为金斯堡。——译注
5. 《夜林》是朱娜·巴恩斯于1936年创作的一部小说。

杰克·凯鲁亚克［科罗拉多州丹佛市］致艾伦·金斯堡［纽约州纽约市］

一九四九年七月二十六日

亲爱的艾伦：

这封信必须简短些。这是我在这个空屋子（搬家）里找到的唯一一张纸——我想我现在明白你的意思了。如果你能像叶芝那样直截了当、直言不讳就好了，而且如果我也那样就好了。我坐在桌子旁。你的信在我身边。

　　他们承诺做的事
　　他们实现了：

一切都像信件

盖上邮戳,写上地址——

给我的?亲爱的上帝给我的?

我畏缩了,现在我畏缩了。

一切都是这样,

它们终于寄达。

它们坐在那里等我。

一切都像

架子上的一条面包,

传递,送达

幸福的家庭面包。

一切都像

架子上的铅笔,我的猫

活生生地卧着,糖碗

在桌子上,雨滴在形成。

一切都成为沉默中

它们所是的样子。

是的,那位编辑不知道,

或者知道,却不在乎,

或者你知道,别放在心上,

一切都已承担完成,

沉默是你活着的中间的祷告。

知道什么是"知道"难免凄凉。

此非见因所见即所知,

而是内视眼和骨头在等待。

所有事实际上都已完成和在进行?

你很高兴生活活着吗?哦,凄凉!

一九四九

哦，真实骨头的所有阴影真凄凉。

当然，我没做到直言不讳。但亲爱的艾伦，我将会做到。哦，数不清的文件夹。

听我说，我跟罗伯特·吉鲁说了你的事，他很感兴趣。就是他和罗伯特·洛威尔一起去精神病院见的埃兹拉·庞德。（告诉你所有细节。）他要离开时，庞德从窗口喊道："你要去哪儿？难道你没资格留在这儿吗？"自那以后，洛威尔就疯了。吉鲁有点害怕。他去修道院看望了托马斯·默顿。他也认识［托·斯·］艾略特。他是一个博学的信仰天主教的纽约"伊戈努"——等着瞧吧。把你的作品带到麦迪逊大道三八三号的哈考特·布雷斯出版社，告诉哈考特你的名字。他知道你。他认同"盲眼得见"。但请记住，他也是［艾伦·］哈林顿[1]想成为的那种大生意家，他是公司股东、主编，还是歌剧俱乐部的成员（和洛克菲勒一起）。放聪明点，还有，别激动得拉在裤子里。世界只等着你用伤感沉默的爱来取代排泄物。明白吗？我想我所说的伤感沉默的爱是指某种妥协，但它必须是凄凉的，明白吗？即使在光天化日之下也是凄凉的。一切都预备好了。你就等着书出版吧。

你那些疯人院的故事太真实了，让我想起我在海军疯人院[2]的时候，那些惊恐万分却能看穿一切的人。我曾和最差劲的人坐在一起学习。请求他们善待我，让我寻求去看见。哦，看在上帝的分上，我什么都知道……你不知道吗？我们都知道。我们甚至知道自己是疯子。我们都厌倦了那些令人乏味的权威人士。别卖弄学问了。闭嘴！

哈尔［·蔡斯］真死了。我的意思是，他在电话里说很想见我，但他没提金吉尔叫他不要在丹佛见我。我是通过他父亲知道的，他父亲无意中成了我的密探。或许是金吉尔能让我们胆战心惊。她已经彻底消失了。

我爱舞蹈大师。我告诉他我从来不知道舞蹈大师这么棒。他载着吉鲁和我以每小时八十五英里的速度到山上去看歌剧。有个女人跟他一块,一个叫伊迪的老女人,我几小时前刚上过她,她给了我钱。

有一天晚上,不知怎地,我在丹佛到处找波默[尼尔]。有个黑人女孩说:"你好,艾迪。"我知道我就是艾迪——越来越接近波默。那是墨西哥黑鬼在丹佛的神秘之夜。有一场垒球赛。我以为波默在投球。我以为露安娜[3]随时会从背后偷袭我,抓住我的鸡巴。星星,夜晚,紫丁香树篱,汽车,街道,摇摇晃晃的门廊。在丹佛,在丹佛,我所做的就是死去。

你死过几次?

我看到你的《丹佛的阴霾》在我书桌里——啊,你知道吉鲁做了什么吗?他在一个黑暗的角落里修改孩子的话,把"哇嘿……抓到你了!"简单改成"抓到你了"。我问他是否知道自己做了什么,他说"当然知道"。顺便说一句,他喜欢我,我们现在是朋友了。我也喜欢他,我们要一起去纽约看演出、听歌剧。我新认识的好朋友。为了理解《在路上》,他和我一起搭了便车。他是艾略特的编辑,也是范·多伦的朋友,他认识所有人——[斯蒂芬·]斯彭德、杰伊·劳夫林(新方向)等等。他在我的荒野中和我一起搭便车。

我明天要搭便车去底特律。别再寄信到中心大道西六一〇〇号。两周后纽约见。我不知道你精神病院里那些犹太病猫的事。也许到时候我会知道。他们让我想起诺曼[4]。去和凄凉的沃尔特·亚当斯谈谈吧。[艾伦·]特姆科从布拉格给我写了封长信。圣诞节我赚了些钱,我想和伊迪一起去意大利的学校上学,春天在罗马和吉鲁见面,然后去巴黎。到一九五〇年十月我才会有钱。所以要先

一九四九

节约开支。

　　请照你说的做——把丹尼森［巴勒斯］和波默都叫来。我给波默写了两次信，都没有回音。发生什么事了？我要写信给丹尼森，让他搬去纽约。为什么我们都驻扎在加利福尼亚、得克萨斯和科罗拉多？我希望丹尼森能和我一起去欧洲。此外，他的信托基金在那儿也将是一笔财富，那边一个月三十美元就能过得很好。问问亚当斯是不是这样。你知道吗，伊迪给我写过信。"也许你和我只是一个梦。"以及："我想我们将永远是夜晚的鸟儿。"最后是："我喜欢早上和别人一起喝咖啡。"她现在听起来像个正直却可悲的女人。我渴望和她做爱。在这一点上，每隔一段时间，我就会觉得自己像波默一样——越来越像。希望在一切都太晚之前，在季节因遭人遗忘（迟早的事）而消逝（人们总是适时地这样做）之前，我们所有人都能相聚一起。为什么？你介意我的问题吗？

　　如此平静——请原谅我的灵魂。

　　感谢你那巨长且惊人的来信——我也读给吉鲁听了。

一如既往的，
杰克

1. 艾伦·哈林顿是凯鲁亚克和霍尔姆斯的朋友，后来写了《不朽者》。
2. 1943年春天，凯鲁亚克曾在贝塞斯达一家海军精神病院呆过一段时间。
3. 露安娜·亨德森是尼尔·卡萨迪的第一任妻子。
4. 诺曼·施内尔是这些人早期的朋友，《在路上：原稿本》中有提到他。

一九五〇

编者按：凯鲁亚克离开丹佛，原本计划在底特律逗留探望下前妻伊迪，但他却去了旧金山，尼尔·卡萨迪答应他只要想留下就免费提供食宿。这种日子没持续多久，到了八月，尼尔和杰克都到了纽约。整个秋季，金斯堡都住在精神病院（尽管他每个周末都去帕特森家里收信）。他仍抱有希望，觉得治疗能带来一些积极效果，但随着时间的推移，他开始认为医生对精神疾病的了解并不比他多。他想一下子解决问题的梦想破灭了。

杰克·凯鲁亚克［纽约州纽约市］致艾伦·金斯堡［新泽西州帕特森市］

一九五〇年一月十三日

亲爱的艾伦：

今夜，走在滨水区天使般的街道上时，我突然想告诉你我觉得你有多棒。请不要讨厌我。这个世界有什么奥秘？没人知道自己是天使。上帝的天使蛊惑我、愚弄我。我在午餐车上看到一个妓女和一个老头，上帝啊——他们的脸！我想知道上帝在做什么。在地铁上我差点跳脚："刚才那是在干什么？发生了什么？意味着什么？"天啊，艾伦，我们都清楚人生不值得，几乎所有事都是错的，但我们对此无能为力，活着就是天堂。

好了，我们到了天堂。这就是天堂。同样是在地铁里，我突然不寒而栗，就像地震时地面裂开那样，只是这条裂缝在空中裂开，我看到了深坑。突然我不再是天使，而是颤抖着的魔鬼。

我主要想告诉你，我多么珍视你的灵魂，珍惜你的存在，希望你能明白我内心的渴望。总之，我钦佩你，爱你，永远把你看作伟大的人。为了让这番话有价值，让我先自夸一会儿，毕竟从蠢货、幽灵、刺儿头或者黑妞那里是得不到什么好处的：我的英语编辑（我没见过他）给吉［吉鲁］寄了张明信片，上面是他们公司古色古香的会计室，他说这地方和我们出版戈德史密斯和约翰逊时看起来一模一样。请告诉凯鲁亚克，他找到了好伙伴，更重要的是，他值得拥有好伙伴。

114 我这样一个来自米尔谷的美国的垮掉的一代，如今和戈德史密斯、约翰逊平起平坐，即使不是从现实来看，从历史上来看，不也很奇怪吗？让我们继续和这世界的奥秘和谐相处吧。

比如说，我明明和你住在同一个城市、明晚就能见到你，为什么还要给你写这封信？为什么每个人都像塞巴斯蒂安［·桑帕斯］[1]那样被记录在案，他们口齿不清，战到最后跌跌撞撞，伤痕累累，越来越虚弱，嘴里说着："再见了，杰克老伙计……放轻松……再见……老朋友……回头见，我想……再见……照顾好自己，现在……再见……我想……再见……再见……再见老伙计。"大多数人终其一生都在对自己最好的朋友道别；他们总是穿上外套，走出门，道声晚安，走在街上，转身，最后一次挥手致意……他们要去哪里？

让我来告诉你大天使要做什么。在一个沃尔特·亚当斯或［比尔·］坎纳斯特拉举办的大型聚会上，大天使会在一道耀眼的白光中突然出现，周围是真实的浅金桃色的瀑布。当大天使用自己的声音说话时，所有人都会保持沉默。我们会看到，听到，并且颤抖。在大天使身后，我们会发现爱因斯坦关于封闭空间的看法完全错误——空间是无限的，无穷无尽的天藤，和下面所有如淤血般的泥沼，天使的欢歌和魔鬼的颤抖混合在一起。我们会看到一切都存在着。我们将第一次意识到一切都有生命，就像海龟宝宝一样，在午夜的聚会上爬来爬去……大天使会斥责我们。接着天使的云团将坠落，与萨蒂尔、不可名状之物及幽灵混在一起。如果我们没有被这世界的奥秘所困扰，我们就不会有任何发现。

杰克

1. 塞巴斯蒂安·桑帕斯是凯鲁亚克儿时的朋友，在二战中阵亡。

艾伦·金斯堡［新泽西州帕特森市］致杰克·凯鲁亚克［无地址，纽约州纽约市］

一九五〇年一月二十一日
午夜

帕特森

亲爱的杰克：

大天使的信已经收到，但不幸的是，我父亲把它放错了地方，所以找不着了。他不是故意的。我们花了很长时间找信。我告诉他不要担心。

上次在尼尔家[1]时我觉得恶心，吐了，早起后你又占了床。我膝盖无力，还是感觉恶心，所以才迫切地想躺回床上。我觉得糟透了，存心想激怒你。我记得你被卡在椅子里，但我能帮上什么忙呢？希望你已经消气了。

我昨晚参加了我妹妹希拉的十六岁生日聚会。除了和几个十来岁的女孩跳舞外，大半时间我一直呆坐着。晚上结束时，我跟我继兄（他认为聚会上每个人都很"虚伪"）喝醉了，我告诉他达喀尔巫医和新奥尔良妓院的故事。聚会上的男孩子让我惊讶——他们是兄弟会的成员，大多衣着光鲜，喜欢玩牌，比我更有经验，更追求感官享受。我开始感觉难受，差点就要离开，觉得自己没理由继续呆着——像只蟑螂一样——后来哈罗德（我继兄）慢吞吞走进来，皱着眉头，怒气冲冲，看着这群互相搂着脖子的情侣，咒骂了一通，说他们是群虚伪的笨蛋。哎呀！我怯生生地问他出了什么事，是他们失败还是我和他失败。他坚称一定是他们，然后我们就喝醉了。我们在厨房里喝酒，过了一会儿，他开始辱骂所有经过厨房的年轻姑娘，说她们是妓女，还把水洒在她们裙子上（顺着她们的胸脯）。我感觉大家都注意到了我，并问那个混蛋是谁。哦，帕特森，我为爱你还有什么苦难没承受过？希望有一天，我能认识他们所有人，当我赢得荣誉时，能被他们接受。我之所以回家，是为了充分领受自己和同龄人及家人之间的深渊，并为此煎熬，为了理解那些把我们区分开的岁月，为了学习如何克服自我意识，学会和族人一起生活。到目前为止，我还是阁楼上的弗朗西斯。我很惊讶自己经常想起他以及他如此真实；我就是死而复活的弗朗西斯，复活只是为了再被羞辱一次，而不是拒绝羞辱。（你的小说是一个死去的世界，但角色仍活着，在同一个迷宫中行走在死亡的另一边，这就是书中最后一页的内容。）

我昨晚做了个梦。我梦见自己才离开亨利街，正在找比尔［·巴勒斯］。我们没有约定见面，因为我们认为世界已经死去，不知道该对彼此说些什么。但我们知道我们会在纽约的某处相见。那将是一次非正式的会面，时间很短：他之后去谈生意，我去看电影，尽管我们已经很久没见面。当我沿着街道朝第八大道走去时，我望向天空，在东边见到一道极光般的光晕，好像从月亮散发而出。我转过身，向西望去，看到地球另一半的天空中也有一道光晕。两道光晕一模一样，都是昏暗的圆形光，尽管远在天边，却大得足以覆盖相当于十个月亮大小的夜空。看到此情此景，我希望比尔也在，希望在这座城市无论他身处何地，都能看到这样的光晕。我没有在街上找到他，也找不到四十二街和四十三街之间的酒吧，然后我发现自己在第七大道，而不是第八大道。我去了第八大道，试图找到他，但为时已晚，他已经走了，没有等我。

这个梦跟我之前做过的一个梦很像，我依稀记得自己迷失在一个未知的庞大的地铁系统中，当时我正在布鲁克林找房子安家落户。

帕特森正在发生一场政治斗争，一方是腐败强大的老共和党，已经输掉前两次选举，另一方是年轻强大的民主党，自获胜后就变得腐败。我父亲强烈支持民主党。我试图在有民主党倾向的《晨报》找份工作，但他们规模小，由一群老家伙们经营，没有空岗位。我又去找在《新闻晚报》（拥护共和党）工作的朋友，但他们揪住我，花了几个小时盘问我是否忠于报纸的政策，指责我父亲的公开舆论和演讲。事实证明，报纸老板要是帮路易斯·金斯堡的儿子这个忙，那就太愚蠢了，因为在过去几年间，尽管路易斯是报纸编辑的朋友，但他多次公开抨击该报及其支持的候选人。他们告诉我，帕特森是在严格残酷的美元和权力基础上运行的，以及因为我父亲为了他那不切实际的政治理想主义铤而走险，还被市长利用他的好名声来获得犹太人的选票，他们认定我是一个不可能的荒唐的人选（更别提我的坏名声了，尽管去年春天关于我的事迹尚未见诸报端，但还是引起了编辑们的注意，等等）。接下来我要试试《帕塞伊克先驱新闻》（三英里外）。这是一家发展迅速的保守派报社，同时还拥有一家电视台。我开始感觉到在管理这座城市的官员中，气氛是多么怪异、多么肮脏。但也许这只是因为努力去争取一份涉及"责任"的工作太过麻烦。这里的大多数人，无论看似敏感、有权势还是富有，他们的生活和思想似乎都被对社会保障和商业地位最轻微且空洞的恐惧（对局外人来说）所主宰。友谊实际上是政治性的。我不想这么概括，但这些就是我对那个周末发生的小摩擦的印象，其中不含任何私心（甚至不含审美趣味，也就是说，我在行动时并没有意识到那家报纸很刻薄，他们竟然拒绝给一位沮丧的天才一份微不足道的工作），也是我对人格、爱情、工作的真正退化以及对体制的残酷性的印象。这个体制就像一台真正可怕的机器，

一九五〇

我在其中感受它、忍受它，看着人们欺瞒彼此，我们都因为现实而怀疑自己的想象力——我觉得困惑，这一切是否真实，我呆在这个体制中会怎么样。也许我真的会被钉死在十字架上。如果我的怀疑不假，事情就简单了。如果确实如此，那吕西安之所以看不见是因为他身处高处，而非在底层，国内人心惶惶，到处都是明目张胆的恐怖主义机器。一些南太平洋岛国有着残酷的青春期仪式，因为那儿的老人很邪恶，但他们并非想伤害年轻人，而是想在一次完全正式的情感迸发中给他们一个教训，这不是对个人的羞辱。

我又开始怀疑这个世界有多邪恶了。我本以为接受混乱会让一切都好起来。

上周末我带瓦尔达（辛普森家那个看起来像亚述人的女孩）出去约会，她把我介绍给她最好的女性朋友，并在家做了晚餐（那个女性朋友给了我一幅她自己的画作）。就我所认识的女性而言，她是我目前最愿意见面的。希望我能遇到一个超级可爱又爱我的女孩。但要找到超级可爱的女孩，过于奢望。

为什么每件事都这么难？

奥威尔的《一九八四》的最后几行是从爱的怀抱中固执任性的自我放逐！"但是没有事，一切都很好，斗争结束了。他战胜了自己。他热爱老大哥。"

这个周末给［卡尔·］所罗门或任何能接近你的人留个口信。我会尽量过来。

我给你写信是为了暂时摆脱末日的痛苦，大天使。

爱你的，

艾伦

---

1. 尼尔·卡萨迪和戴安娜·汉森住在一起，他们有时住在戴安娜在纽约的公寓，有时住在她母亲位于波基普西的公寓。那年下半年他俩结了婚。

艾伦·金斯堡［纽约州纽约市］致杰克·凯鲁亚克［纽约州纽约市］

一九五〇年二月前后

周日晚

亲爱的杰克：

我回家了。在解决了所有实际问题并推迟了其他事情后，周六我坐下来读了你的书［《镇与城》］——大约从十点读到下午一点半，然后从凌晨两点读到三点。

首先（或者最容易首先说出口的），我之前低估了吉鲁的影响力。他确实在一些非常重要的方面帮助了你这本书——主要有两点：

一、从你的行文中我感受不到任何超出同理心的过分夸张或用力过猛。

二、我更清楚地看到（第一次读的时候并没有看到——也许这是重读的效果）作品的结构，并不断惊喜于每个角色、一段段历史发展的必然性。有时候它似乎完全受控于你。你那男子气概的（歌德式的）智慧浮现出来，并以一种轻松自如、"技艺精湛"的方式创造出它的效果，这是我不敢企望的，而且对其是否可能我也只是半信半疑——你不断给我惊喜，引导我前进。

另一方面（批评你一下），你删掉了许多美丽且有时不可或缺的独立想象，令人遗憾。我指的是：

一、雨滴沉睡。

二、纽约和丹尼森［巴勒斯］。

三、沃尔多这个人物。

四、记者席上的"安第斯秃鹫"。

五、弗朗西斯·马丁在葬礼上遇到三女巫。

当然，我不记得具体删掉了哪些，第一和第四项只是修辞（句子或段落）上的细微变化，但删除第五项令人遗憾。我现在就谈谈这个问题。有关纽约的场景写得极紧凑,但缺乏对悲剧性危机时刻的关注——读者看不到沃尔多死去,冲击力因而有所削弱——似乎没有我想的那么重要(除非你想删掉整个关于树林的次要情节,把它降级为某个偶然的场景)。我希望保留那个颤抖的盲人和巴尔米拉塔。按你现在的写法,读者不会真正感受到肯尼内心和沃尔多(在精神上)的联系,事实上他俩是紧密相连的。

好像还有一段漂亮的全景描述,写的是一辆卡车穿行过西部,我怎么找都找不到这一段——哎。

就像我(之前)常说的,你在偶尔展现弗朗西斯的高贵品格时过于吝啬。在开头和大部分场景中(尤其是人物栖息于黑暗中时),他都表现得非常高贵。我希望他(也许还有威尔弗雷德·恩格斯)在聚会上表现得更伟岸,或者你果真认为他已精衰力竭?但他的领悟力却在那场他姗姗来迟的葬礼和三位女士的荡漾中熠熠生辉,以至于最后反而显得虎头蛇尾——但他确实是写得最漂亮的角色之一。

总结一下上面这番流于表面的评述——我觉得吉鲁绝对没问题,很抱歉我之前对他不信任。此外,如果你想知道我的(预言性的)意见——这是一本真正伟大的书,理应得到很好的反响,我确信它会引起轰动并收获赞歌。我认为在各个方面它都是成功的,我的意思是,它所向披靡。此外,如果有人给我打电话表示不喜欢,我会跟他决斗——你没什么可丢脸的,不喜欢你的作品(还有你本人)是愚蠢任性的表现。

现在我回信给你,之前我一直在逃避。天使,你真让我吃惊。(我必须告诉你,我不够体谅他人,也毫无洞察力。)第一次读你的书时我哭了,因为你对世界的感知不仅如此美丽,而且无比真实,刻骨铭心,具有柔情关怀、无私老到的品质以及该有的生活智慧——在这样的感知面前,我禁不住流下泪水。但我总是退回到小心翼翼又懒散的状态,甚至在我最需要你的时候也会怠慢你——当我发现你如此甘之如饴的表现力时,泪水再次从我这个希伯来人的脸上流淌下来。我和你一样都是温柔的造物——我懂你,也再次懂得你也懂我。

也许相互了解并非靠日常,而是通过一辈子或艺术的永恒才能达成,即便如此,我依然感激你对我的忍耐,直到我们在你的呕心沥血之作中再度相遇。

我在你的作品里完全感受到了你的力量,并惊讶于它得出如此清晰和成熟的结论(你的艺术是确凿的);(时不时地)比起妒忌,我会吃惊得落泪,或者比起敬畏,我会产生颇具启发性的奇想。你教会我关于羔羊的事。我只希望自己知道如何在日常的灵魂之光里跟你相见,并公开展示我在正确阅读你时所体会到的部分安宁。

我知道你为人真诚,但没想到你会这么真诚。你的书继续着,并以不可更改的真诚的自我陈述(不是可怕的而是平和的揭露)收尾,耗尽了可能性——用洪克那句煽情话来说,这是真正的东西。

希望我们能更频繁地展示我们的真面目。我不想再多说了,因为你明白我的感受。我不想夸夸其谈(尽管通过意象我可以召唤一闪而过的牧羊人)。我不想因为不了解你而欺骗你,只是一味沉浸在我们的葬礼或生命提供的某种抽象狂喜中。(句子被水冲走。)同样,我不想失去这表达爱意的小小机会。因为你的书,我今天才能更加近距离地看到尼尔。今晚我们以礼相待,我带瓦尔达到戴安娜家跟他见面,在那儿呆了一个小时。难道这一切还不够完满吗?

好吧,扎格[1],今天就到此为止吧,因为我要上床睡觉了。如果可能的话,我打算周四下午找个时间去看看夏皮罗。然后晚上去尼尔那儿,给他看看那些画。这周跟我保持联系,我好给你打电

一九五〇

话,告诉你我们为迈耶·夏皮罗做了哪些具体安排——通过霍尔姆斯?所罗门要离开一周。

我希望周五下午能见到伦罗(还书给他,大概还可以一起吃晚饭),如果你想见他,就给他打电话。

我想写小说,可能很快就会写。我还是害怕写作,但也可能会写一首叫"尸衣陌客"的篇幅更长的诗,涉及对虚幻和腐败的防腐处理和狂喜、佛陀的异象、鬼魂的音信、昏暗的窗口、猪驴们、羔羊的地牢、海里面黑乎乎、乱蓬蓬的东西、撒哈拉怪异的光芒、我这个希伯来人脸上的泪水以及毒气。

哦,我这个希伯来人脸上的泪水。

另:我现在也能理解你的诗了。

我妒忌尼尔和你的手足情谊。

艾伦

1. "扎格"是凯鲁亚克小时候的绰号。

艾伦·金斯堡〔新泽西州帕特森市〕致杰克·凯鲁亚克〔无地址,纽约州纽约市〕

一九四九年二月二十四日
〔原文如此。应是一九五〇年〕

帕特森

我亲爱的朋友让:

我今天出院了,直接带着行李去了帕特森,所以这周都没法见你,只能写信。

吉鲁二月十七日给我来信说他试着推销我的诗,但没有成功。他说他有意这么做是因为他喜欢这些诗。他认为这本书还不能出版,还认为我的个人表达需要通过杂志传达给公众。他建议我先从散文入手，写给他看看，由此积累些名声。信只有半页，最后以展示萨洛扬的《亚述人》[1]收尾，署名鲍勃。我去了办公室，收拾好自己的东西，还偷了一本《鸡尾酒会》（托·斯·艾略特著）（这个世界欠我至少价值三美元的赔偿金）。他还建议我试试《诗歌》杂志（现在的编辑是卡尔·夏皮罗）。我和范·多伦短暂地见了一面，告诉他结果，说我会试试《诗歌》杂志（再次被拒，因为他们今年已经不收诗歌），并请他向《党派评论》通融通融。到目前为止，似乎还没有杂志接受我的文章，真不对劲。至少到明年，如果我还不能成功发表，我会很惊讶的。我不知道这种情况是否与我缺乏工作动力有关。好吧，不要再抱怨了，相比我想出人头地那会儿，出版业已失去了它往日的荣光。

我在帕特森，明天就搬进新的住所。等我安顿好，天气暖和了，我就出门。接下来的几个月，周一、周二和周四上午我要去纽约看医生。周四一点半左右你想在哪儿见我都行。如果你要寄明信片，我的新地址是：帕特森东三十四街四一六号。

转折点已经到来，我不会再跟其他同性恋乱搞：我的意志已经足够自由，可以把它作为最终声明写下来。

我去戴安娜家看望维恩［尼尔·卡萨迪］时，他时不时显得有点可怜和无措。这周有一晚当我必须回家时，他拒绝跟我道别或者理解我想走的意愿，不停给我读辛杜斯的《塞利纳》[2]里的段落篇章，直至我昏昏欲睡。后来我打断他，问他道歉、道别时，他却指责我（玩笑话）浪费时间。（他的意思是，我应该出门，而不是解释我很抱歉不得不打断他。）哎。虽然他知道我必须按时离开，但他还是不停地念给我听，他那偏执的、几近刻意的方式激怒了我。完全适得其反。他试图在我们之间营造出某种温和的交流，而不是像这样强行灌输；这就是他的问题所在。他不知道自己在做什么。我对他的一意孤行感到恼火。他之所以这么想，是因为他已

一九五〇

经竖起一堵思想计划的墙。就他玩弄时间不让它稳定下来的方式来看，你几乎无法插嘴，也无法多看一眼。我之所以知道这一点，是因为我感觉到也看到了，而事实也证明，他冷静放松或者状态好的时候，情况完全不同。但他脑子里有太多过去的无形负担，他无法逃脱。维恩的心性还是非常年轻的。

我不会谈论我的创作计划（它们又开始萌芽了）。接下来一段时间我打算写无韵诗。关于表面的知识我已有足够的了解。《愤怒之门》是个不错的短篇小说标题吧，像不像斯坦贝克？

你觉得我最近冷漠疏远吗？我没有，我向你保证，让。对维恩也没有。

在这十年间，关于沃尔夫、权力和悲怆的美国神话正发生着变化。本周当我在阅读沃尔夫的信条时，我意识到一件正在发生的事情，那就是我们离不可避免的社会变革越来越近，而变革本身势必影响我们的思想和意识。首先，你是否意识到西方跟东方的差异越来越小，尤其是在英国人对我们的选举施加影响之后？如果我们顺利度过目前的困难局面，那就不一样了；但我从骨子里觉得我们并不是真正的世界精神力量，俄国实际上更强大，它的军事力量已经很强大，具有更加压倒性的潜在力量，甚至连她的神话都变得强大起来。我认为沃尔夫笔下"失落的"美国可能会沦落到自我欺骗的可悲地步。我们习惯在对复杂生活和财富权势的思考中思考自己，但实际上，我们可能会因傲慢可悲而膨胀，历史将在下半个世纪绕过我们（甚至我和你）。我们将成为更大版图的西班牙或葡萄牙。你同意吗？到时候，不仅是《生活》杂志标榜的神话，那只是美国虚假的形式意识——就连拓荒精神也将丧失其原有的意义。你看到地铁里《得克萨斯小宝贝》[3]的广告了吗？看起来像俄国政治宣传杂志上对腐朽资本主义的粗暴讽刺，讽刺美国大男子主义式的机器崇拜。这里（帕特森）没有人意识到可能发生的任何事——经济萧条、战争——将再一次彻底撼动美国。没有人意识到自我以外的严重性。

这些都是一时的胡思乱想,不知是否具有任何意义,但可能成为关于真实生活的预言。

纽约有四十万失业人口正在领取救济。

我继母认为你的书(读了一半)比大多数小说好得多。

你的朋友,
帕特森的艾伦

1. 指威廉·萨洛扬写的《亚述人及其他故事》。
2. 指米尔顿·辛杜斯写的《跛脚的巨人:与路易-费迪南·塞利纳的文学关系》。
3. 《得克萨斯小宝贝》(Texas, Li'l Darling)是约翰尼·默瑟和罗伯特·埃米特·多兰的音乐剧。

艾伦·金斯堡［新泽西州帕特森市］致杰克·凯鲁亚克［无地址,纽约州纽约市］

一九五〇年三月前后

亲爱的杰克:

上周四没见到你。洛威尔怎么样?现在看来你的文学首秀将会跟我的作品出现在《神经症》杂志(一本小杂志)同一期。我在兰德斯曼[1]面前跪下(事实上我过了好几天才从愤怒中恢复过来),请求他发表《扯我的雏菊》。他最终同意了,但要求我将诗的篇幅减半,这样杂志才有足够的空间排进去;删减过的诗看起来还不错。我替他考虑把［卡尔·］所罗门推荐给他,引起了他的关注。我来回奔走,卡尔终于写成一篇关于胰岛素、精神错乱、精神病院和精神健全的嬉普-酷文章。[2] 兰德斯曼和［约翰·克莱伦·］霍尔姆斯读过之后一致表示这可能是他们发表过的最好的文章。我们这一期也是最棒的。顺便说一句,你一定要把你的作品交给他们,这样我就不会觉得一切都是虎头蛇尾了。卡尔成功了,我感到非常高兴(兰德斯曼本人是个大学生,他认为卡尔是个伟大的新发现),于是我跑去找尼尔[·卡萨迪],让他写一篇关于偷车的文章,希望他取得一些小成就,这样就能给所有人打一剂强心针,也是为了我们共同的情怀。这么说吧,担负了如此重任,他高兴得像个孩子(他本性中更好的一面)。我在周一和周四早上(八点半)进城看医生之前,特意到七十五街[3]呆了两个小时。

还是上周四,我与《纽约客》的诗歌编辑(霍华德·莫斯)共进午餐。我寄给他一些诗,他将其转交给主编,均遭到拒绝,三次拒绝的情况各不相同。他会翻翻我的书,看看能不能找到对他们有用的东西。也许能找到点什么。他还邀请我下周四(本周四)晚十一点去他家参加聚会:为就希伯来青年协会的系列诗歌发表演说的年轻诗人们而举办。两周后他还会介绍我认识迪伦·托马斯。我想如果我多走动走动,多见见人,我的诗也许能出版。吕西安会和芭芭拉[·黑尔]一起来参加聚会;如果可以的话,你也来吧。

我昨晚看见卢[吕西安·卡尔]了。我们一致认为你的书没有宣发,这个问题很严重。建议你和哈考特的人谈谈,如果不行就给吉鲁打电话解释下情况,问一下怎么回事。在这么紧要关头不去推广,这似乎有悖常理,最终后果也会大相径庭。如果不大加宣传,《镇与城》可能会归于沉寂。这也许听上去像老太太们的八卦,但在我看来,我最初的乐观预测,虽然因为正面评价而有所强化,却因为担忧哈考特一些意料之外的经营失误而被迅速削弱了。必须做点什么。放出救生艇。请求支援。你有责任维护你所投入的时间成本。不要犹豫。时间至关重要。我是认真的。为什么那个臭公司在周日报纸上只登默顿的广告?这会毁了一切。

你如果听到吕西安(他自己)说杂志上洛·迈·琼斯的评论

"明显"是一堆文学废话，应该感到高兴。记住，吕西安是一个现实主义者。我把这点写下来是因为我为此感到不可思议，我猜你也一样。

我没有自己的主张。你呢？

我觉得你是个懒汉，就像我觉得自己（在帕特森的聚会上）是个难为情的废物一样，而克劳德［吕西安］呢，在我看来他实际上只关注他自己。尼尔的问题是他不愿承认自己只是个懒汉。懒散就是真理（不是全部的真理，却是真理的主要部分），正是基于这种谦卑的态度，我们才能真实地面对生活。就像你在《波基普西的诅咒》中对自己的描述那样，二十七岁，形单影只，大腹便便，你在我眼里就是这个样子。如果你打算找一个爱你的人，爱你这个人而不是你的金发，那你应该认真找寻，以家族的谦卑态度去尊重那个人。我慢慢发现，那才是唯一的未来。在我的想象中，卡尔·所罗门是这方面的老师。今早卡尔在电话里说："这个世界很美妙。"他把我叫醒，给我读了一首名叫《先生，谢谢你》的诗，还引用了麦尔维尔的一句话："渴望的空虚向后退缩，因为可怕的是大地。"可怕在这里的含义很妙；摆脱空虚的渴望惧怕家庭生活的密度。

我让尼尔去看医生。

我感觉永恒的春躁即将来临。最好的春躁是寻求爱和温暖的春躁，没有思想，没有狂热，没有神经紧张，在阳光明媚的周日去公园里一边散步，一边意识到生活是多么平静。

很高兴菲茨杰拉德[4]喜欢我，不管我处在哪个阶段，也很高兴他像莱文斯基那样喜欢我。我要在第一个春日给他写个便条（五十页）。

卡尔说尼尔想让我跳女巫舞时我应该对他严加管教。他说："尼尔必须清醒过来。尼尔必须清醒过来。尼尔必须清醒过来。"

你给我的写作建议通常会让我萎靡不振好几个小时。（大众观

一九五〇

察笔记）［……］

从今往后，让我们享受生活。不再痛苦，不再悲伤。希望这封信能使你心情愉悦。

你的伙计，
帕特森的艾伦

> 1. 《神经症》杂志的编辑杰伊·兰德斯曼在1950年春季刊上以金斯堡的名义发表了他们的合作诗歌，题为《歌曲：呸我的恼》（*Song: Fie My Fum*）。
> 2. 卡尔·所罗门的文章也以笔名卡尔·戈伊发表在《神经症》1950年春季号上。
> 3. 尼尔·卡萨迪所寄居的戴安娜·汉森公寓位于曼哈顿七十五街。
> 4. 杰克·菲茨杰拉德，金斯堡在哥伦比亚大学的同学，爵士乐爱好者。

编者按：因为在精神病院的经历，金斯堡相信，只要他愿意，他便可以矫正自己的同性恋倾向。出于这个原因，他试着寻找具有性吸引力的女性。最终，那年夏天，在马萨诸塞州的普罗温斯敦，他将自己的童贞给了一名女子，正如他在给凯鲁亚克的信中所描述的那样。凯鲁亚克那时正在墨西哥拜访巴勒斯。

125　艾伦·金斯堡［新泽西州帕特森市］致杰克·凯鲁亚克［无地址，纽约州纽约市］

一九五〇年七月八日
周六晚上

我最亲爱的杰克：

如果你感到厌倦或消沉，请振作起来，因为太阳底下确有新事。我已经开启人生的新篇章，女性是我的新主题。我爱海伦·帕克，她也爱我，这是稍一理解和她在普罗温斯敦共度的三天便有的发现。和她睡了第一晚后，我的许多恐惧、想象和阴暗的邪念便荡然无存，我们都清楚我们想要彼此，并开始了一段装饰着爱欲、记忆以及几乎无法解决的交通问题的恋情。

无论从哪方面来说，她都非常伟大。我最终找到了这个美丽、聪慧的女人，她一直都在，尽管背负着各种知识的伤痕，但仍在与大蛇搏斗，深知如果只剩下智慧果和大蛇，人会何其孤独。我们不断交谈，我以最得体的匈牙利人的方式尽情招待她，我表现得像电车上的莱文斯基或与宇宙共振的疯狂嬉普士，接着，哦，奇迹发生了，我做回了我自己，我们继续认真而亲密，不带讽刺地谈论各种话题，从最晦涩的形而上跨越到本我；然后我们做爱，我男子气概爆棚，心中充满爱意，然后我们抽烟、聊天、睡觉、起床、吃饭等等。

失去童贞之后最初的那些日子——每个人都是这般感觉吗？我四处游荡，以最温和、最谦恭的心态陶醉于完美的人性。我感到轻松和释然，因为我知道所有令人发狂的天堂之墙终于倒塌，知道我已经走出所有令人不适的古老回廊，我的同性恋倾向就像是一道壁垒，是不必要的、病态的，如此残缺不全，缺乏爱的分享，几乎和阳痿或禁欲一样糟糕，无论如何，实情就是这样。我开始幻想各式各样的女孩，这是我第一次自由地去幻想并且知道这些幻想是可以获得满足的。

啊，杰克，我总是说有一天我会成为一个伟大的情人。我现在就是，我终于成了一个伟大的情人。我的女人好到没人可以比得上。而她又怎能抗拒我呢？我成熟，内心充满爱，兴奋起来就像一头不折不扣的温柔公牛；我内心不自傲，了解所有的领域，是诗意的又是反诗意的；我是劳工领袖，我是疯子，是人，是男人，有鸡巴；我没有幻想，却又像处子一样浮想联翩，我头脑聪明，内心单纯。而她，她是一位伟大的老妇人，有着妓女才有的美丽脸庞和完美白皙的身体。她是如此敏锐,却也从不会使我颤栗。她要的不是战争,而是爱情。

很显然,在我前面的都是些可敬的角色——她和多斯·帕索斯订婚超过一年,当时他把她和孩子们带去了古巴;她和海明威共进午餐,结识各式各样的文人。她后来又跟托马斯·海根有过短暂的婚约,并促使他写成《罗伯茨先生》;他不久之后便自杀了。(他呀他!)但她说,没人能和我相比。这就是女人的用处,她让你感觉良好,反之亦然。还有她的孩子们,他们是我见过的最迷人的红发男孩(一个五岁,一个十岁),像天使一样,又很聪明。他们需要一个父亲,唉(这是实际问题的症结所在),但我肯定无法胜任,因为我没钱以及其他一些不愉快的因素,比如不想永远陷在这种处境里。对此我们也讨论过。

我还在帕特森——也还在工作,所以虽然内心渴望,却不能时常见到她。她提议我跟她一起搬去科德角,她出去工作,而我呆在家里写作、照顾孩子,但我觉得这不可能,因为我仍然需要看医生,想要维持一定程度的财务稳定(尽管目前我穷得跟狗一样)。她还说如果我愿意,可以去基韦斯特岛过冬。啊,欢乐多多!

哈尔·蔡斯一定给自己找了个古怪冷淡的小妞。

告诉琼[·巴勒斯],起先我的好姑娘让我想到了她,她们与生俱来的个人风格颇为相似。你还必须告诉我比尔发表了哪些令人厌烦的疑神疑鬼的评论。

真希望能和你在这儿聊聊天。吕西安还是老样子——他嘲弄似的拍了拍我的背,我要回城的那天凌晨四点还一直请我喝酒,尽问我些讽刺、淫荡和实际的问题,声称不相信我说的任何话。

天哪,我大吃一惊!

尼尔两周前又回来了,他的车在得克萨斯抛了锚,所以他得飞回去。他在和戴安娜[·汉森]闹矛盾,部分原因是他们对实际的计划意见不一——在这一点上,他表现得有点粗暴刻薄,她整日以泪洗面;他也有点惴惴不安、神经紧张。如果我是他,我也会。他不该让她怀孕——本来一切都好好的,直到她开始用权威和成规捆绑他,孩子曾经是或变成了一种诡计,对此他含糊其词。他们结婚了,前几天到纽瓦克(和[约翰·克莱伦·]霍尔姆斯、[艾伦·]哈林顿一起)领了结婚证。现在他焦躁不安,他丢了工作,接到旧金山铁路局打来的电话,打算过几天就回西部。他答应继续创作,他会攒点钱,一旦被解雇就会回来;至于她,那个蠢姑娘,她开始意识到自己对他的贪欲让她自食了恶果,从长远来看,我觉得她不仅毁了她自己,也毁了他,因为她破坏了他俩之前的平衡。她明白自己的处境,那不只是认真的爱情,而是一种由嫉妒和虚荣引发的长期的纠缠不清,她还以为凭此能成功地"搞定"他。[127]

他在他对墨西哥、石英石以及边陲小镇的曼波舞的描述中是如此的细腻,我从未见过这样的他。

我想告诉你的是,海伦认识各种各样的人——像坎纳斯特拉、兰德斯曼甚至托洛茨基派和嬉普士那类人,比如圣雷莫的大胡子毒贩斯坦利·古尔德(认识他吗?)。前几天我在米尼塔[酒馆]见过他,他骨瘦如柴,浑身脏兮兮的,年纪轻轻却一团糟,他不知道自己要什么,内心充满嬉普士式的绝望和可怕的骄傲。我心如刀绞——已经半年没见,这次偶遇却恰逢他刚开始走下坡路,他已然因为挥霍而沦为原来那个猫一样健康、聪明、活泼的自己的替代品。我支支吾吾地对他说:"你该多吃点。守护好你的健康,这是你唯一的财富。"他对我微微一笑,说:"当然,老兄,你身上有货没?"这是自从洪克去当牛仔以来我听到的最耳熟的险恶腔调。

你的小说进展如何?我打算把我的那本《镇与城》给海伦读读。我很贫乏,什么也写不出。我担心这样零产出的状态会一直持续下去。

一九五〇

收到你的信了,它读起来就像糟糕透顶的狗屁歌剧。给我写封信,给我订个计划。

告诉比尔,他对我的恐惧的描述相当准确,我花了很长时间才克服它;那也是我对自己在精神和性方面押错赌注的恐惧。虽然比赛尚未结束,但当我发现自己已经押错了赌注时,我惊恐不已;况且我的赌注对除了我自己之外的其他人亦有影响——责任重大啊!迄今为止!

爱你的,
艾伦

一九五二

编者按：一九五〇年晚些时候，杰克·凯鲁亚克与才认识几周的琼·哈弗蒂结婚。他们在一起生活时，杰克在长卷轴纸上完成了一部写了多年的小说，也就是《在路上》。琼怀孕后，这对夫妇分手。简·凯鲁亚克生于一九五二年二月。在此期间，金斯堡仍住在帕特森，一边写诗，一边打零工。他和杰克的交流更多是面对面的，而不是通过信件。一九五二年，他们重新开始通信，当时凯鲁亚克正在旧金山看望尼尔·卡萨迪，威廉·巴勒斯在墨西哥等待审判，前一年的九月，他在一起悲惨事故中意外枪杀了他的同居妻子琼。

艾伦·金斯堡［新泽西州帕特森市］致杰克·凯鲁亚克和尼尔·卡萨迪［加利福尼亚州旧金山市］

一九五二年二月前后

亲爱的杰克、尼尔：

啊，我今天精神错乱了！你们的信到了。昨晚我打开一封奇怪的信，寄自纽约韦斯顿酒店，我看不出是谁寄来的。我上周给威·卡·威廉斯写了封疯狂的爵士信（提到了你们）和一些奇怪的诗。他在回信（太讨人喜欢了，所以我照抄下来）里写道：

亲爱的艾伦：

太棒了！说真的，你将是我新诗的核心——我要告诉你：你是《帕特森》的延伸。（我会自豪地把《帕特森：四》带到你面前。）

为了它，我要把你的《形而上》置于卷首（就像一些狗屁诗人在诗前面引用一些无助的希腊人的话一样）。

一九五二

你有多少这样的诗？一定有一本那么多。我会让你成功的。不要抛弃任何一首。这些很棒。

我在纽约度寒假。周日回家。下个周末我们要行动起来。我会和你父亲联系的。

你的一心一意的，
比尔

我打开信，大叫一声："天哪！"他提到的那些诗（早些时候还提出要我带他去帕特森的河街为他的诗做补充，当时我父亲写信邀请他过来，他答应了，留口信说想探索一下我那裹着尸布的街区）只不过是我从日记里挑出来的一堆零散蹩脚的碎片，然后整理成诗，像这样的东西我一天可以写十首。比如这首：

形而上

这是人间唯一的
苍穹；因而
它是绝对的世界；
无他。
我活在永恒中：
这世界的道路
是天堂的道路。

以及

蜘蛛网万岁

消耗了七年的语词
静静留守在蜘网，

七年的思想
聚集，聆听，
七年迷失的知觉
为幻象命名，
最后塌缩成无用的
姓名，
七年：
恐惧
用蛛网古老的维度
测量死亡的语句
苍蝇，捕获的
鬼魂。
蜘蛛已经离去。

以及［另外七首……］
　　现在你们明白我是什么意思了吧，你们这两个老疯子？如果我愿意，这样的诗我可以编一本交给新方向出版（我估计）。什么，你们还有别的发现，发现［威廉·卡洛斯·］威廉斯也是个疯子？这意味着我们（我指的是你和我，还有尼尔，别告诉拉曼蒂亚，他太礼貌客套了）要尽我们所能把书写出来。我有了创作诗歌的新方法。只需翻翻笔记本（我的那些诗就是这么翻出来的）或躺在沙发上，想想你脑子里浮现出的任何东西，尤其是痛苦、磨难或失眠前一个小时脑子里想的那些，起身把它们记下来，然后整理成行，每行两个、三个或四个单词，不要在意是否成句，再将两行、三行或四行合成一段，一本有关美国乐趣和精神痛苦的大部头选集就大功告成了。它将是美国的精神博物馆，一个华丽的设计时髦的美国画廊。比如：

一九五二

我今天三十二了。

什么！这么快？

我的妻子怎么了？

我捋起她的衣裙。

我的鸦片怎么了？

我抽了它。

我的孩子们怎么了？

我上周把他们当晚饭吃了。

我的车怎么了？

又撞了一次电线杆。

我的事业怎么了？

一败涂地，一败涂地。

到此为止。

我读不懂你的信。谁签署了什么？谁叫我甜心？你们难道不是不再拥有姓名了吗？

我虽然一贫如洗，但邮票钱还是会寄给你的。大声朗读我的诗时发生了什么？有人哭了吗？给我寄点佩奥特掌。告诉拉曼蒂亚，为了我的形而上的低鸣，我需要佩奥特掌。天哪！你给比尔［·巴勒斯］写信了。我要给金吉尔分享一个大的抽象概念。我还是没见到约翰·克莱伦·霍尔姆斯。但他会现身的。

正事儿！！！！！

看到了吗，卡尔［·所罗门］寄来的合同？那是一个赔本合同（连百万都不到？），但无所谓。[1]好好看看。还有，快把书写完，这样不用等到一九五四年你就能赚更多钱。吉恩［尤金·布鲁克斯］给你寄了封律师函。伙计，你收到了吗？他们会出版艾伦·安森[2]的作品，但不想预付他稿酬。卡尔请我会法语的朋友翻译热内的《小偷日记》,也在帮比尔［·巴勒斯］游说韦恩,希望别人的书能出平装本。这样一来既能赚到钱,又能让子孙后代都读到它,就像新方向出的书那样。我要做做新方向的工作。

杰克,《在路上》一定会成为第一部美国小说。我的天啊,我们去了那么多地方。你写的小说真棒。加利福尼亚和尼尔对你帮助很大。但我们该给尼尔找个什么样的情人,让他继续写作呢?如果我出柜,他会继续写吗?不,伙计,我怕我只会惹毛你。但事实上,我感觉很好——东边下了场大雪,下在我帕特森家门口的台阶上。

没错,就是这样,一点点累积起来,积少成多。我小说快写完了。我们都能找乐子去了。说句玩笑话,我跟你保证,它会是有史以来第一部现代小说。

哦,吕西安,除了天生爱发些无伤大雅的牢骚之外,他刚刚结了婚,这就是他的问题所在。不过,我还是爱他。

我们又能拿哈尔［·蔡斯］怎么办?甚至没人知道他的地址。我怎样才能联系上他?请详细告诉我——或者让［阿尔·］欣克尔写信告知详情。我会给他写一封疯狂的长信,让他没法理解,这样也许他就会回信。他没病,他只是在炫耀。仁慈的心灵之王首先要把他的金发染成绿色。

这封信真的很傻。

关于麦尔维尔和惠特曼的漂亮诗,我把我们一起写的麦尔维尔笔记寄给了范·多伦,从那以后再没跟他联系过。

有个叫格雷戈里·柯索[3]的年轻朋友去了西海岸,他走之前我没见到他,但你可能会遇到。两年前,他常常从街对面一间带家具的房间透过窗户看达斯迪［·莫兰］脱衣服。我介绍他们认识。他爱上了她。他也是个诗人。但达斯迪不肯嫁给我,我向她求过婚吗?我又能怎么办?但我也会转达你的请求。也许她会嫁给我们三

一九五二

个？想象一下婚宴当晚的盛大舞会。

你一定要见见［威廉·卡洛斯·］威廉斯，他喜欢我们，我把你的书给了他，还会给他看你的信。他年纪大了，不像我们那么嬉普士，但他就是天真本身，并靠此重获活力。

你的抽象法很高明，收好那些散文诗。它们有你的鲜明特征，一看就知道是你写的。

我和哥伦比亚大学所有姑娘都上过床，我是说巴纳德学院的姑娘。我正经历着巨大的转变，变得很被动。不知从什么时候开始，我不再做爱，只躺着让别人给我吹箫（但这对达斯迪不起作用——别再和她上床了）。我已转交你那砖头一样厚实的稿子，会盯着他们把它印出来，或者把它寄给卡尔，由他来跑腿。我现在太势利了，不会再白给谁跑腿（除非对方是像尼尔那样桀骜不驯的人，没人替他出头，他就不知道自己失去了什么）。

世上唯一像我们这样真正写作的人是福克纳。《士兵的报酬》，二十五美分的口袋书。

我没读过《白鲸》的评论，把剪报寄给我。我有大量吕西安婚礼［一九五二年一月］的快照。等见过威廉斯之后，我就前往国家海员工会，先找份客轮上的洗碗工作，再做一个月的文书军士，然后回来接受精神治疗。没错！让尼尔把他的信用录音机录下来，然后你再誊到纸上寄给我。

阿德勒[4]十二号是什么玩意儿？埃德·罗伯茨又是哪个？

走了，
艾伦

1. 所罗门在王牌图书公司为他的叔叔艾·阿·韦恩工作，他给了凯鲁亚克一份《在路上》的合同，里面有1000英镑预付款，但凯鲁亚克从未签字。
2. 艾伦·安森是他们的朋友，也是诗人，做过威·休·奥登的私人秘书。

3. 格雷戈里·柯索后来成为垮掉的一代的代表诗人之一。
4. 阿德勒是旧金山北滩一家很受欢迎的社区酒吧。

杰克·凯鲁亚克［加利福尼亚州旧金山市］致艾伦·金斯堡［无地址，新泽西州帕特森市］

一九五二年二月前后

亲爱的艾伦：

威廉斯是对的：心灵的原始冲动在"小说的种子"里或在诗歌未经修饰的初稿中，"形式的颂歌"是遮盖现实那伟大迷人胴体的呆板制服。我想到你这些伟大的诗歌，也想到你在出租屋写的那些关于门板上的蟑螂和在地板上变老的诗，它们同样伟大。我主要是——我想立马开始对你作品的严肃讨论……但还是慢慢来。《死神之首达斯迪》是首伟大的小诗："这样的日落更美丽，因为钢铁是赤裸的，就像赤裸的思想未经计划，从黑暗的心灵中挖掘出来。"事实上，你后来加上的"血"字（记得吗？）可能与肉欲有关，却并非这首诗"缺少"的东西，它是另一首关于日落钢铁的诗的种子。我相信这一点，在这个问题上我有自己的想法。还记得范·多伦说的深渊之上莎士比亚式紧绷的绳索，或者他是飘浮在深渊上方的气球吗？我喜欢永恒之中"想象出来的目的"这句。（对了，你为什么不拿这首诗作为对我笔下伟大的"天使"的评论呢？）你的《形而上》值得威廉斯借鉴，上帝证明，他真是伟大，不仅"为你做了这些"，而且那么聪明，用你那些纯粹的诗行作为他下一首关于帕特森晚年生命走向永恒的史诗的引言吧。五十七岁的陀思妥耶夫斯基是世界上最狂野的作家，我们则不过是些无知小辈。《蜘蛛网万岁》是即兴创作还是冷饭热炒？

听着，我爱你，这你知道的，对吧？只爱你——去他的吕西安,他是我——他不理我,对我粗暴无礼,我不明白这是为什么,尤其是那几次毫无意义的施虐行为。但我为什么要在一封这么重要的信中提这些呢?"黑人爬来爬去"是这个世界的奇怪幻象的绝佳展示——还有对盥洗室的寻找,就好像你穿着黑色长裤穿过蜘蛛网般的大厅,抚摸着自己的下巴,身上覆着一层自远处黑色天幕的罅隙中而来的巨大泪尘,在铁环之间说着"嗯"……哦,见鬼,黑人爬来爬去就像工厂里那些孩子游回来的地方一样,跟你以前看到黑人在公园里从哈莱姆的山丘挖穿纽约的幻象一样。听着,我也有句诗写得很妙,算了不提了。("对坠机的偏执。"好了,我大声说出来了。)《面纱的颤抖》很完美,它让我想起我写的一首诗,叫《里士满山》:

> 十一月,一簇黄色的叶子
> 在一棵原本光秃秃、
> 窘迫的被阉割的树上
> "啪啦"一声轻响,
> 它们相互摩擦,
> 准备死去——
> 当我看到一片叶子落下,
> 我总是会说再见。
> [这里划掉了五行,旁边写着"呸"]
> ……这一部分喘一口气,
> 想告诉我点
> 明白易懂的东西。

别给威廉斯看这封信,他看了就会知道信是我写的。风一吹,树枝立刻弯下来,就像惠特曼诗中的敬畏和悬念,就像向日葵沾满露珠的花茎和你最爱的《爱丽丝漫游奇境》中所有诗意的奇迹。看，心灵的价值在于它的自发性，不在于其他。深思熟虑属于那些好战的存在主义将士和斯宾格勒式的失意人士。他们被卷入官僚主义的队伍，穷奢极欲，在滑稽的市中心鸡尾酒会的流言蜚语中拈花惹草——请欣赏《在路上》的最末几行。约翰——每次我一称赞你的诗句，我就必须再提一下自己写的句子，因为想从你那儿也得到同样的称赞，可即便如此，你也别以为我变了，我还是那个在纸上写狗屁玩意儿的老家伙。对了，第一个绑住你、往你头发里扔东西的人是谁啊？喜欢这段："……夜幕降临，车又往北开了回来，沿着我们来时的改革大道，墨西哥铁路公司在黑暗中搜寻着左轮毂盖，借着智者们创造的第一缕星光穿过神圣的'圣经平原'。在带露珠的仙人掌对面，丛林狼正像狗一样咧着它长长的嘴角嗥叫，一个挂在钉子上的白麻袋，一个在树上摇曳的圣像，忏悔的葡萄酒在小溪里流淌。他像个疯子一样趴在方向盘上（这是尼尔，正开车回纽约），光着膀子，没戴帽子，月亮在他肩膀上方挑逗他，深不见底的黑夜紧紧裹着尸衣疾驰而去，他在颠簸的夜色中破门而入，像往常一样开始打飞机。他看到灯光了吗？"（《在路上》靠后的一章里，尼尔［克拉芬］成了传统的爱尔兰英雄。）此外，我还评论了他帅气的照片，以及他的孩子们会怎么看这些照片。我们的孩子，还有他的孩子，会看着（照片）说："一九五〇年时，我爸爸还是个高大魁梧的年轻人，放荡不羁，惹人喜爱，尽管遇到了一些困难，但仍不失爱尔兰人的那种坚韧和力量。啊，棺木以你的原力为食，然后留下了蛆虫？（或者"传承了蛆虫"，哪个更好？）悲伤的孩子们如何说得出口他们的父亲被谋杀、被享用，杀了他们并以杀戮为乐，让他们像被风吹落在垃圾筒里的蔬菜一样的到底是什么……可怜的人，成了肥料。"这点摘录就够了，毕竟你是无法从一封粗浅的短信里欣赏它

一九五二

们的,放在一张大的稿纸上会好一些。问问威廉斯对这本小说的看法。

谁拉下了蛆虫?

请经常来信;我已加入海事厨师和乘务员工会——

哈尔·蔡斯的地址:丹佛马里昂街十六四三号

另:我还没给比尔［·巴勒斯］写信——我不想让凯尔斯［·埃尔文斯］的老婆知道我的地址。

杰克

艾伦·金斯堡［纽约州纽约市］致尼尔·卡萨迪和杰克·凯鲁亚克［无地址,加利福尼亚州旧金山市］

一九五二年二月十五日
周四晚上十点

亲爱的尼尔、杰克:

杰克,我住在你上次在十五街看到的那幢房子里,但这会儿我正在阁楼上。昨晚我闭上眼躺着(半睡半醒),想起尼尔的生日,又想到自己六个月后的生日——我马上二十六岁了,跟尼尔一样。我时常觉得,现在的岁月似乎更短,流逝得更快。到了二十六,就快三十了,我内心突然醒悟,眼睛猛地睁开,我看见时间像一只巨鸟在飞翔。我们正步入盛年,步入巅峰时期。我觉得自己比以往任何时候都苍老,也更清醒——尽管同时也觉得自己在这个如梦似幻的世界变得更加孤立,无法挽救。我真的看不到什么未来,看来我应该加强与外部——比如金钱和社会——的联系。无论我怎么努力,我还是成为不了自己想要成为的那种人,我没有变成自己期待的任何样子——也许将来也不会。我还在不断审视世界。

我来告诉你纽约的情况。克劳德［吕西安］结婚时举行了盛大的聚会——社交细节我就不多说了。现在他和塞萨住在［杰里·］纽曼[1]商店附近的街区——他们酗酒，互扔东西，就像往常一样，只有一点不同，克劳德现在总是不得不以某种方式进行弥补。我每周都和他见面。他说："为什么杰克在婚礼前不辞而别？"我说："他以为你讨厌他。"他说："确实如此。"但他问过我好几次你为什么没去参加婚礼、你是怎么想的。他还是老样子。他很喜欢他的岳父老冯·哈尔茨。有一次下雪天，哈尔茨站在离达斯迪的旧公寓几户人家远的阳台上眺望远处的街道，克劳德走到街上，朝他扔了个雪球。"正中要害。"老冯·哈尔茨说，"好吧，我知道你现在心情不错，但你可能会打破落地窗的。"克劳德接着解释说，一周前窗户卡住时冯·哈尔茨不耐烦地又拉又推，结果窗户被他一气之下亲手打破。

巴勒斯一直在写作。他很孤独，给他写信吧，由凯尔斯转交到墨西哥城绅士俱乐部。他的小男友［刘易斯·］马克暂时离开他去了佛罗里达，之后与他到厄瓜多尔团聚。我一直在给劳夫林[2]打电话，但还没有消息。我仍在考虑（显然是认真的）比尔的话："与此同时，这儿似乎有点沉闷。其他几个我喜欢的人差不多在同一时间离开了。我想把这个案子办妥，然后滚蛋。"他父母和岳父母认领了他的孩子。没有哈尔［·蔡斯］的消息。

我见到［比尔·］加弗[3]（杰克，自那以后我见过你吗？），他说菲尔·怀特在"墓地"[4]里自杀了，因为他获得了三项罪名，本想给警察当线人，供出另一个毒贩，那个毒贩不贩毒给妓女、孩子，只跟那些体面的罪犯做生意。后来罪名减了两项，但他无法摆脱最后那一项（吸食非麻醉性致幻剂），而这一项就足以送他进雷克岛监狱。可是没想到那个毒贩和那帮男孩已经在雷克岛等着他了，所以他便在"墓地"自我了结。就像一幕悲剧电影。加弗说："我从来没想到他这么有个性，但他还能怎么办呢？他作为瘾

一九五二

君子在纽约已经混不下去了。"巴勒斯说（在一月十九日的信中）："他在做线人这件事上态度非常坚定又极其拘谨。他以前常说：'我不晓得像我们这样的瘾君子只靠自己怎么行？'我想菲尔经历过那些，他做不到只靠自己。即便如此，我对菲尔的看法还是跟以前一样。"

达斯迪回来了，跟她那易受惊吓、怕难为情的母亲住在巴罗街十九号一间更新更大的公寓——亨利·克鲁[5]曾在那儿住过，就在路易酒吧附近。我想跟她结婚，但我没钱没权，而且我们也不相爱。现在我们是互无新鲜感的老朋友——经常一起聊天，偶尔睡在一块，但不做爱。我自己也厌倦做爱了。这让我想起以前读过的一首打油诗：

> 从前有个从达切特来的年轻人
> 用斧头砍下他的鸡巴，
> 然后说，好了，结束了，
> 但我的小狗罗孚饿了。
> 这里，罗孚！给你。

第三行写得最棒。我又想起来之前给你讲的那个笑话。我和卡尔［·所罗门］以及一个地下人闲坐在他十七街的旧公寓里。那个人几年前和我有过一面之缘，是个土里土气的年轻人——又高又瘦，骨架很大，面色苍白，（我记得是）黑头发。他是个公认的聪明人，还是个预言家和诗人。他寡言少语，却不粗暴无礼，只是很沉默，太嬉普了而不愿说话。于是卡尔和我开始了一场有预谋的对话。我们开始聊打油诗，讲愚蠢下流的笑话，营造出一种非常友好、轻松又让人昏昏欲睡（拜上面的打油诗所赐）的氛围。突然，约翰·霍夫曼[6]（那个地下人，他的名字和命运你都知道)开始讲笑话,他的嗓音低沉而直接,忧郁而严肃,非常深沉,非常疲惫。

"有个爵士乐爱好者杀了自己的母亲——为了拿到保险金。他们住在旧金山一栋旧房子里,母子关系非常恶劣。他想拿到手她的保险金,这样他就可以改变人生,过上快活日子。他用斧头砍倒她,但又突然意识到,如果试图拿走她的保险金,他最终会背负谋杀的罪名。所以他决定收敛他的愤怒,将她的身体小心翼翼地切开。每天晚上,他都会拿起一条腿或一边肩膀,把它装进一个纸袋里,带到城市的垃圾场。就这样他一点一点地摆脱了他老妈,一直到最后一个晚上,他才开始放松下来。他沿路朝垃圾场走去,纸袋里装着她的心脏,那是尸体的最后一部分。就在他要过马路时,他意外跌下路沿,正好摔倒在袋子上,把袋子压得粉碎。他几乎气炸了,爬起来咒骂着,突然间,他听到一个悲伤而惊恐的声音:'我伤到你了吗,儿子?'"

我还记得这个故事如何让我大吃一惊,它就像一枚发狂的炸弹,却被以庄严而空洞的声音讲述出来。这是我对霍夫曼最深刻的记忆。

看来你喜欢拉曼蒂亚[7],他是个非常有趣的家伙,我记得尼尔几年前在所罗门家见过他(可能还有约翰·霍夫曼)。代我向他问好,我很高兴你们认识。他当然很酷,但我有没有告诉过你,在那段漫长而沉闷的时光里,因为杰克不在,克劳德在牢里,我也还没遇到尼尔,所以我常去哥伦比亚大学的艺术图书馆,沉浸在后兰波的爱情中,阅读超现实主义杂志。嗯,有一天,我在VVV杂志[8](一本纽约式杂糅风格的杂志,跟《观点》差不多)上读到拉曼蒂亚十三岁时(也就是一九四五年四月)写的诗,大吃一惊,我甚至记得当时我多么羡慕他、佩服他,记得一首毫无意义的诗中的两行:

一九五二

在湖底

在湖底

这大概是个叠句吧。自那以后,我有意无意地关注着他的写作事业,两年前还在纽约偶遇他,当时我很开心,因为觉得又扩大了自己的社交圈。现在他在你身边。

给我寄点迷幻药。你还认识谁啊?亨利·米勒研究得怎样了?

卡尔对待尼尔的书稿很认真。尼尔,亲爱的小羔羊,加油干。他会给你钱,你很伟大。

我好想你们两个,希望能和你们在一起,这样我们就可以促膝长谈。我知道我很难相处,也太骄傲。我在杰克离开前羞辱了他,心里很不好受,这就是我在电报里的意思。我只希望你们不要嘲笑或讥讽远离你们温暖的我。给我写信,我一直念着你们,除了你们,没有人可以说说话。

所以我读了很多东西——巴尔扎克(《高老头》和《巴黎人在外省》)、赫尔曼·黑塞、伟大的《卡夫卡日记》、福克纳的《修女安魂曲》和《士兵的报酬》、卡明斯的《巨大的房间》、威·卡·威廉斯的自传、罗·洛威尔的诗、歌德的《少年维特之烦恼》、劳伦斯的《羽蛇》、哈代的《无名的裘德》、果戈理不知名小说若干、司汤达的《帕尔马修道院》、安森关于奥登的随笔、霍尔姆斯的书、热内的《玫瑰奇迹》等等。热内的文字最美。他也是伟大的诗人,我正在翻译一首诗,名叫《死囚室里的人》——据他的情人说,这个人是莫里斯·皮洛热。这是一首长诗,有《达喀尔的阴霾》六十五倍那么长,全是关于爱情的情色描写,和《醉舟》一样伟大。在牢房里,他说:

一、"今晚不要给我唱《月亮的兜帽》。"
二、"金色少年,去做塔里的公主。"
三、"带着我们可怜爱情的忧郁梦。"
四、"或是站在桅杆上的金发男仆。"
(就像麦尔维尔的梦。)

前面的诗节是这样的:

告诉我,是什么样疯狂的不快乐
用深深的绝望照亮了你的眼睛……

好吧,有很多伟大的金色的淫秽诗篇,而我却没时间写,比如:

荣誉之子如此美丽/丁香/之冠!
[……]

在我看来,约翰·霍尔姆斯的小说写得不好。当我得知他对我的看法时,我很震惊。但也许我偏见过深。他的编辑约翰·霍尔·惠洛克说,从构思来看,霍尔姆斯是真正的诗人,他的诗(模仿我的)是深刻的神秘主义诗歌。就像老布尔说的,破鞋!破鞋!破鞋!世界之轮转动得多么奇妙!但我要说惠洛克是个傻瓜,而霍尔姆斯,因为他在书里花言巧语,埋汰自己,跟你我一样埋汰,还不算是傻瓜。

事实上,玛丽安和约翰[·霍尔姆斯]已经分手。他现在住在别处。我顺路去找过他,他不在家,从那以后就没有他的消息了。我等着听新的进展。

一九五二

我一直在艾伦·安森家过周末（情人节时你和尼尔跟他打过招呼）——我是他的代理人。他还在写那本奇怪但非常悲伤的小说，讲的是坎纳斯特拉家聚会上的一个幽灵。也许我可以通过马尔多［艾琳·李］的出版商（戈勒姆·芒森，市中心一个老派的傻瓜）把奥登的文章收录进他的书里。安森向阿尔·欣克尔问好。我也向他问好，谢谢他们寄来漂亮的圣诞卡。

我喜欢上一群新的地下人——其中一个我指给杰克看过，他叫比尔·凯克，在纽约买卖迷幻药。问问拉曼蒂亚是否认识他（当然还有安东［·罗森堡］，诺里和斯坦利·古尔德）。我见到了彼得·冯·米特，上船前我可能会搬去和他一起住。

我一月七日在国家海员工会注册，拿到一张文书军士的出行调查记录卡，但因为我一直都只是在大楼出入，所以也没什么出行要记录。除了阅读、写作和社交，那就是我一直在做的事。我每天上午十点、十一点到下午三点在那儿上班。我的注册期限快到了，除了坚持下去，创造真正想要的机会之外，我真不知道接下来该做点什么。杰克，我不知道如果你到东部来，你会怎么做。当然，可以是诺福克，但谁知道诺福克有什么好干的？纽约做出行调查记录的文书军士少得可怜，但既然是工作，就不可能那么自在。

至于韦恩那边，杰克，事情更容易解决，如果你给艾·阿·韦恩［乔尔森］写封两段话的短信，就说你正在写小说，第一版在（＿＿＿）一定能完成。你自己填上日期，但不要太近，给自己至少一年的时间整合笔记和想法。

用尽可能少的话、尽可能温柔的方式告诉他，你已经改变计划或做事的方式，但你很满足于现状。

还要说明你当然清楚他在出版上有最终的发言权，这点你牢记于心，也相信你和他会就完整的书稿达成一致意见，只要他所提出的修改意见符合你所理解的结构的完整性，你当然愿意按他说的去做。

在此基础上（我知道你可能需要重新整理修订，也就是说，增加了额外的工作量），告诉他你认同卡尔拟定的合同——卡尔知道你想怎么分钱（他还没给他看你的另一封信，还会就各种法律细节咨询尤金·布鲁克斯，就是这样）。让我们看着你在上帝的欢宴上欢庆吧。如果你觉得可行，马上把信寄出去，这样你就可以马上签好合同，然后就可以想做什么就做什么，书的事大功告成。

就像卡尔信中描述的那样，割裂部分和整体，这听起来不错——就像福克纳的上一本书那样。我想知道的是，你曾不辞辛劳地修订《镇与城》，如今你是否试图逃避（就像我一直做的那样）在整合和架构上再次付出努力和耐心。这是我的心里话，也是卡尔担心的。除此之外，书还不错，就像你描述的那样。

请给劳夫林（新方向）也去封信，地址是纽约第六大道三三三号——给他写封短信，告诉他你多么喜欢比尔的书，推荐它作为小说和档案的巨大价值所在，并告诉他你出城了，而我暂时是丹尼森［巴勒斯］在这里的联系人。我给他（劳夫林）写了封六页纸的信，告诉他为什么这是本伟大的书。两周前比尔把修订版寄给了我——它现在更流畅，没有那么多奇怪的德国式的表述。伟大的书。如果劳夫林不想要，我们就把它卖给专营二十五美分廉价平装本的金奖章出版社或图章出版社，出本像《暴徒自供》那样的书。

我怎样才能听到你们的唱片，什么时候才能听到？我坐在这里，灵魂里缺了你，尼尔，还有你，杰克。我希望能像你们一样有机会去旧金山。我不想从你们的脑海中消失。

我把信读了一遍，听起来很无力，过于真实，只注重细节。看来你们会对它感到厌倦，与此同时，我看到，你们那西部洪水和太平洋之上的血色云团从我身边掠过，来到大西洋。从云的工厂发烟幕弹给我吧。

爱你们的,
艾伦

1. 杰里·纽曼是Esoteric唱片公司的老板，杰克·凯鲁亚克阅读自己的作品时是纽曼给录的音，纽曼也是《科迪的幻象》中丹尼·里奇曼这一角色的原型。
2. 詹姆斯·劳夫林是新方向的老板和出版人。
3. 比尔·加弗是一个小偷兼毒贩，也是巴勒斯的朋友。
4. 曼哈顿下城区的曼哈顿拘留所，俗称"墓地"。
5. 亨利·克鲁是凯鲁亚克在贺拉斯·曼中学的同学兼好友，也是《在路上》中雷米·班克尔一角的原型。
6. 约翰·霍夫曼是位诗人，1952年在墨西哥去世，年仅24岁。
7. 菲利普·拉曼蒂亚是位诗人，参加了1955年著名的"六画廊诗歌朗诵会"。
8. VVV是一本超现实主义杂志，1942年创刊，1944年停刊。

杰克·凯鲁亚克［加利福尼亚州旧金山市］致艾伦·金斯堡［无地址，新泽西州帕特森市］

一九五二年二月二十五日

亲爱的艾伦：

你新写的那首关于开着得克萨斯尸衣汽车的可怜的年轻牛仔——《一首疯狂的灵歌》，几乎是最好的诗了，也许是你写的最好的一首，尼尔今晚对此明确表示认同。不要做改动，除了把"假腿"换成"木腿"之外，这样节奏更好、更纯粹、更原创。这是一首再伟大不过的诗。

我觉得你应该把你的诗集命名为《别在我的美国驼背背后嘲笑》，然后用一张你学中央公园的吉恩·皮平[1]像尸衣陌客一样坐在阴沟里的照片作为封面，还记得吗？

还有，你有空的时候，告诉卡尔［·所罗门］《在路上》的封面照片是皮平的。

你也去那儿拍一张阴沟的尸衣的照片，我希望《在路上》用那张有香烟的照片。另一张在萨拉·约克利[2]那儿。（你当时看的时候还拿起一张尼尔在壁炉前用美元盖着鸡巴的照片，记得吗？）

比尔［·巴勒斯］刚给我寄了信，等着我去奥里萨巴山二一〇号［墨西哥城］跟他会合……他的案子仍在审理中。我很快就准备飞了。［刘易斯·］马克离开后，他恢复了老习惯，说是"为了健康"。

顺便说一句，不要告诉比尔我正在写一本关于他的书，他可能会因此变得无趣、不自在，我真的想在他不知情的情况下写写他，你懂的。

继《在路上》之后，我该怎么称呼这本新书呢？

《向下》怎么样？

是的，你最新写的诗是最好的、一流的，你最近做的事都没错，所以继续给我写信吧。我想知道一切消息。

我给卡尔寄了《在路上》的片段让他放心，我提议出一个袖珍的平装单行本（"性感聚会"那部分），还提议出版那本关于吕西安的小说（一九四五年我和比尔一起写的《而河马被煮死在水槽里》），出个平装本。但你得留心不要告诉吕西安，他会反对，把我们、把整个文学运动都扔进疯人院，并以合众社和美利坚合众国的政治名义将我们拒之门外。

谁也别去惹蜘蛛网。

蜘蛛网（《蜘蛛网万岁》）的问题在于你没有在上面浪费七年时间，你还做了很多其他事，嘻嘻。

（没关系，别担心。）

还有你的哈莱姆幻象（我不懂抽象描述和神秘描述之间的区别）……如果如你所说，你对我那首《里士满山》上的树产生了"完全一样的兴奋感"，既然你可以不分时间地点地兴奋、"神秘"

一九五二

或"抽象",正如你在那首诗里向我证明的那样,那你又怎么能就某个幻象小题大做呢?当然,你就是这样,你永远这么兴奋,所以你是怎么回事呀,你这个傻瓜兼印度神明,为什么要质疑自己?对我来说,你现在的诗就是最好的。

1. 吉恩·皮平是他们在哥伦比亚大学的同学。
2. 萨拉·约克利是凯鲁亚克的女友。

艾伦·金斯堡[无地址,纽约州纽约市]致杰克·凯鲁亚克和尼尔·卡萨迪[加利福尼亚州旧金山市]

一九五二年三月八日前后

我亲爱的杰克,我亲爱的尼尔:

一切都很顺利。自上次给你们写信以来,我一直在打字机前不停工作,把疯狂的诗拼凑在一起——已经有一百首了,我高兴得要跳起来。听着,我正尝试将《尸衣陌客》的片段和一首描述性的小诗拼凑起来——我忙着拼凑各种片段,以至于无法继续写下一首"史诗"。[《纪念碑的碎片》的草稿我也附上了。]

好啦,我想从你们那儿知道的是我已经和你的幻想、你的话语充满爱意地混在一起,杰克,我几乎不知道谁是谁,谁用了什么。比如雨的兜帽和月亮,其中有一半是你的。我随信附上几首似乎是你写的诗,比如《长诗》结尾处的"非常全面,非常温和",那是你的吗?我不是在争论,我只是想知道是否可以混入任何我想用的词?

我跟威廉·卡洛斯·威廉斯通了电话,明天去河街。他说他已经和兰登书屋谈过了(他还没看完全部一百首诗,只看了其中五首,我以为他会找新方向),书可能会在那儿出版。这不是疯了吗?我要被工作逼疯了,一直疯笑个不停。说起来,其中一首以"现在头脑清楚"开头的诗,听上去像是对《咯咯笑的玲》的概括。这样可以吗？我还附上了《果戈理之后》。你有没有用过这个概念？如果我用了，你会不高兴吗？妈的，我们俩都能用。霍兰德[1]认为我在创作上像里尔克一样井喷了，每次看到我时他都惊叹不已。我告诉你，虽然我会变得沮丧、无力且三周后又要被送去疯人院，但我以我的蛋蛋起誓，我真的解决了所有那些一直困扰我的韵律问题——韵律、如何突破韵律、如何真实地讲述这疯狂的都市等等。我之前错得离谱。

听听这些"诗"。（可以写本书，就叫《分户账里的钱》，然后将它献给杰克·凯鲁亚克、吕西安·卡尔和尼尔·卡萨迪——伟大的美国天才们，他们教会了我方法和事实。）

1. 约翰·霍兰德是诗人、评论家，也是金斯堡在哥伦比亚大学的同学。

杰克·凯鲁亚克［加利福尼亚州旧金山市］致艾伦·金斯堡［新泽西州帕特森市］

一九五二年三月十五日

亲爱的艾伦：

得意吧，宝贝，尽情得意吧！

我从来都不知道，没有我的帮助（告诉你，也就是说，不是"帮助"你成为天才），你会意识到自己是个伟大的诗人（一切都是你自己的成就）。全面且温和。

事实上，伟大的尼尔读了你的信，卡洛琳都不知道你来信了，她的女儿们把信丢进垃圾槽。信是她在槽下找到的，否则我可能永远都看不到它了。（尼尔爱你，只是他每天要干十六小时乃至二十小时的苦工，不为别的，就为减轻对世界的焦虑，还要为开旅行车回卡洛琳老家田纳西的长途旅行攒钱。他们五个——杰米、凯茜、杰克·艾伦、尼尔、卡洛琳——都回去，我可能和他们一起走。去诺加利斯弄点大麻，这样才有精力写下一部作品。尼尔没事，别管他写不写作，他没了拇指。[1])

我在《在路上》里使用了"奇怪的天使"——不要担心什么你偷了我的我偷了你的，是我一直在窃取你的想法和表达，没关系，任何混进来的东西都是唯一的真理……我们都在尸衣里面爬行。但是，请你在你的诗中做出以下两点改进：

一、应该是大量意象在一页变换着位置……（不是"在这一页变换着位置"，明白吗？）在一页变换着位置就跟"对坠机的偏执"一样。

二、此外，古巴表兄弟在一个昏暗的"首楼"（focasle）里相遇，而不是在一个昏暗的"艄楼"（foc'sle），因为艄楼的拼写太费力，正确写出来显得过于明显和愚蠢，毕竟我们都知道……故意拼错它是你在行使诗人当过水手的特权——我对语言了如指掌，就像庞德以前那样。

我必须马上把《在路上》在打字机上敲出来，但该死的尼尔和铁路一直打扰我工作，我一直在无谓的事情和关系中看着自己辛辛苦苦赚来的钱越变越少，这些事情和关系不会带来任何好处，我宁愿躺在阁楼上唉声叹气，我要破产了。

> 如果
> 我面对的是我的责任而不是我的奥秘
> 那么我还会在乎些什么？

上述是我认为的你的最佳声明。我在兰登书屋面前不是展现过这种热情吗？但当你"开口吟唱"时，你终结了一切……还开启了一切……你是美国最伟大的在世诗人，我估计也是世上最伟大的诗人，"即使是风信子的想象力也无法表达这个披着斗篷的人"。

一年之内，我们一起去巴黎和威尼斯吧。

"卡吕萨迪"，这就是那三个大天才的名字，但不要因为这样的易位构词游戏而毁了你的致辞。

可能的进一步发展就是你在三街一家廉价饭馆里想象的那样，"随着爵士乐跳入太平洋"……可能，只是一种可能。

我一定是在朝崩溃进发，因为我从来没有这么亢奋过——就像你一样，我用没完没了的单词没完没了地发着脾气，它们在我疯狂的梦境中对着我低语。不过我已经解决一切，至于这样是好是坏，我无所谓，就是这样，艾伦。尼尔呢，十五分钟后我要去他翻新轮胎的车库找他，他工作时我就从口袋里掏出酒喝，我们会聊聊你，然后一起回家吃晚饭，晚上再拿罐酒喝。我们形影不离，不可调和，不可理喻。这破地方做的"法国洋葱汤"尝起来像尸衣陌客吃的特制罐头食品。我丢了点山葵进去。

我觉得边注这个主意不错，就像你在信里用的那些——在"我想起这周受到的耻辱"旁边加上"开场白"，你知道我是什么意思……"我那被打倒的可怜兄弟的耻辱"旁边写上"举例"，还有"无法东山再起的歪屁股全体"旁加上"咒骂"，"不是一车人"旁边是"对咒骂的扩充"，这个办法很纯粹。顺便说一句，不要说"歪屁股的"，而是要让"歪屁股"极其自然地作为名词使用。

爱情待售，老爹，爱情待售

请告诉我住在河街的[威廉·卡洛斯·]威廉斯的故事，如果你和他一起的话。

我还没给比尔[·巴勒斯]写信，今晚写，因为我想去墨西哥呆两个月。

你觉得我们什么时候去巴黎好？我要去当海员，年底前会经过纽约，让我们写信计划一下。我和一个有色人种的朋友一起，你要么和我纽约见，要么和我一起去，他去是为了舔白人女孩的阴部，和她们做爱，或者和我……但如果你在，我们就可以同时进行广泛的热内式的地下探索，我们即将出版的两本书的魅力即将迸发，还有［鲍勃·］伯福德、［艾伦·］特姆科，所有人，还有葡萄酒，一切的一切。我已经完全为性爱而疯狂，偶尔性取向才变正常，而那意味着我失去了阳刚之气，没了男子气概……当你意识到"尸衣陌客"一词是我的原创，你就如你所说的那样和我的话语"充满爱意地混在一起"，对此我们无能为力。我想我也可以在我自己的小说里找到一些你的感受，让我想想。但无论如何，别担心，因为我已经满溢，我什么都不需要，什么都无需担心，只要有酒、毒品、女人就行，我想是这样。

我已经三个月没做爱了，除了——见鬼，你告诉达斯迪，没有什么除了，活见鬼，他妈的。刚刚有两个该死的男人走在街上，提着酒瓶，带着一个襁褓里的婴儿在滨水区大门口大喝特喝，婴儿还太小，什么也不懂——但我懂，他们只是不知道生活或者他们自己或者整个空虚感是多么可悲。该死的，我嗑嗨了，疯了——我喝醉了，居然写这封信给你，让我知道，请……

请让卡尔·所罗门立刻把《在路上》的前二十三页寄给我，这样我就可以看看我写了些什么——我自己一本也没有，好吗？请一定照做，这很重要。

尤金·布鲁克斯给我寄的法律文件极好、极有成效，可以帮我挽回局面。我非常感激他。尽管他不收取任何费用，但我见到他时，或者不久之后，我可以付钱给他，如果他需要的话，不管那是什么，否则就太尴尬了，这你懂的；不管怎样，他是个好人，我最近已经写信感谢过他了，也请你亲自代我感谢他。

我打算从这周开始把我的小说用打字机打出来。

我只是胡言乱语一通，不知道自己在说什么，这会儿我要去买面包了，尼尔什么事也不关心，有些日子了，今天也一样，对万事万物他就只是"好的，好的"，根本没听进去你讲的话，事实上他有点耳聋，根本不在乎，这就是为何我无法和他建立永久正式关系的原因……我不在乎他是否适意，我自己有兴致，感到兴奋，这就够了，我找到真理的源泉时是不会带上他的。他是这世上最不可靠的人。顺便说一句，下次要给卡洛琳写封信，她真是个好女孩，可能是琼的后继者（不像达斯迪，她不如卡洛琳聪明）。

再见了伙计，我得走了。再见了，大山一样的艾伦。

代我向大家问好——见到艾伦·安森时向他问好，我很遗憾没能赴约，去他埃姆赫斯特的公寓和他见面，而是来了这里。

"在那个长满仙人掌的岩石村庄的对面，是年轻的耶稣的土地，山羊正被人们赶回家，带着熏香的潘特里奥正迈开大步沿着一排排龙舌兰走来。一个月前他儿子离家出走，带着自制的曼波鼓赤脚走到墨西哥城，他妻子为粉饰他的王国收集鲜花和亚麻，村里那些好奇的年轻木匠从牧羊场的瓮里畅饮龙舌兰酒。伊斯兰世界费拉人的黄昏和日暮，真主保佑阿里巴巴。"选自《在路上》。

请不要使用任何属于我的新短语（例如，像我那样大规模地使用"费拉人"一词），除非我之后喜欢上你常用的"好奇爱问"。

杰克

---

1. 尼尔·卡萨迪在殴打露安娜·亨德森时弄伤了拇指，医生不得不切除其中一部分。

艾伦·金斯堡［无地址，纽约州纽约市］致尼尔·卡萨迪和杰克·凯鲁亚克［加利福尼亚州旧金山市］

一九五二年三月二十日

亲爱的伙计们：

尼尔，我读了你的小说，写得不错。即使是前面关于父母的那部分，虽然写得很克制，如今也很容易阅读（读到第三遍或第四遍时，我两年前读过几次），并且随着每一次阅读都会有所改善——所有让人绝望的努力都没有白费，应该继续努力。重读几遍之后，我发现书里越来越多的幽默之处——虚构的部分非常棒——倒塌的门廊和哈珀老人曾给我留下深刻印象。你说自己掌握了节奏和松弛度，可以在细节里不断跳跃，就像普鲁斯特一样，我也很认同。正如你在给卡尔·所罗门的信中所描述的——无论如何，你都对自己有信心，可以坚持下去——你是对的。你的自夸越疯狂、越自我就越好，书里的句子因而越动听。

我从卡尔那儿得知，他在给你写信，让你去上写作课。尽管他确实接受并喜欢你的小说，甚至比他在公共场合承认的更喜欢，但我觉得（事实上我很肯定）他沉迷于自己的出版形而上——一种事实上空有伟大结构的形而上，这些天一直被困在这种结构比例的迷宫中（去年整年都是），所以对其他事不管不顾。我是从我那东方摩天大楼塔尖的有利位置作出这一判断的，他所说的一切，要继续做的一切，就是遵从你和杰克的心意。卡尔担心的是形式，他确实混淆了各种"形式"和出版时临时的、实际上是每周一次的需求和观点的变动。

你们看（你们两个），目前在韦恩那儿，他手头上的压力和争执不断。他是那儿唯一懂行的人，但他的一切嬉普士行径都遭到了嘲笑和打压，他几乎要精神崩溃了。事实上，他这周休了一星期假，独自去了纽约州北部森林里一个为"身心疲惫的商人"准备的休息营地。他的问题包括：

一、担心杰克的小说会怎么样——他被杰克的描述吓坏了。

二、韦恩交给编辑一本德·安古洛[1]（已离世）的书。编辑对该书的修订引发了一场重大的文学争论，争论的一方是德·安古洛的遗孀和编辑部，另一方是埃兹拉·庞德本人。

三、韦恩已经投了很多钱在出新书上，包括杰克的书，所以不敢拿出更多的钱出版［艾伦·］安森（伟大的安森）的小说，虽然拿到安森的定稿时他们真的很想出版，但安森不会再写了，除非他们更绅士一点，象征性地预付他一百五十到二百五十美元的稿费（卡尔夹在中间两面为难）。

四、卡尔有几个好主意，迟早会得到他们认可，但由于编辑部重组，目前还没被注意到，等等。

五、编辑部拒绝了我那些疯狂的诗和霍尔姆斯的书，结果它们在别处出版后大获成功。

六、他想要艾伦·哈林顿的书，但没能拿到。

总而言之，卡尔——我一直在怂恿他，对他喋喋不休，试图影响他以缓解编辑部带来的负面影响——实际上已经开始正式推行一场新的文学运动，也就是杰克几年前说的只属于我们的新运动。总而言之，我真的开始相信，在我们三个人中间已经有了一个具有历史意义的全新内核——美国创造。没人知道我们现在有多成熟。

因此，我把所有一切，包括要当海员这件事，都搁一边，一心一意地写诗和对卡尔唠叨。他还把比尔的《瘾君子》拿回来给他们读，目前他们读得云里雾里，但我想三周后他们就会明白了。

也就是说，尼尔的书对美国的未来至关重要，他必须加紧写作——丹佛少了她的英雄，觉得寂寞难耐，她在梦里含泪等待，就像比莉·哈乐黛。他按照自己的意愿工作，而不是像卡尔说的那样——最重要的是，尼尔，还有你，仍保有兴趣，这是最好的情况。

重要的是我们自己——（不是我们幼稚的自我，而是）我们的心，我们自己真正的内心——才是我们最终的归宿，无论我们如何看待它。嘻嘻。

爱你们的，
金斯堡主教

1. 杰米·德·安古洛是研究人类学和美洲土著文化的写作者和专家。

艾伦·金斯堡［纽约州纽约市］致杰克·凯鲁亚克［加利福尼亚州旧金山市］

一九五二年三月末前后

亲爱的杰克：

你的信已收到，约翰第一个告诉我的。你是唯一真正懂诗歌的人——［威廉·卡洛斯·］威廉斯知道很多，但没有像你一样把整个赤裸裸的垃圾场置于他智慧的月光之下。我觉得他——到目前为止，他的一举一动都有点像威·克·菲尔兹——像个乡村医生；他一直在说要"发明"纯粹的语言，他也知道哪里有纯粹的语言，但他无法理解我们这代人的某些东西，还有我们之间的相互理解。然而，到目前为止，他一直很完美，不发牢骚，不自以为是，只是配合着你，令人惊叹。他说他会给我们写导言，还说只要我愿意，可以任由想法半途而废——"就像塞尚对画布上未完成的画那样"，如果他不知道如何处理画布一角的话。

我们一起出门，在帕特森市中心一家昂贵的餐馆里喝得有点小醉，谈论我在墨西哥遇到的他的朋友——热内（他喜欢他）、庞德、摩尔等人，我指给他看餐馆里的鹿角、兽头和愚蠢的招牌。接着我们去看那个可以游泳的深水老潭，那儿周围全是人。然后我们开车在街上兜风，在河边停下，捡起一手垃圾，在河边广告牌的灯光下即兴作诗，关于垃圾（一块陈年混凝土块、铁皮、织布机上的别针、二百年历史的狗屎）的诗。我想带他去酒吧，但他年纪大了，想回家。我们后来去了一家，在茫然地观赏人群和白色的管弦乐队和手风琴出了故障之后便打道回府。他坐在车上时说："这有什么意思呢？"我说："什么？"他说："我老了——再过两年就七十了。"我说："你怕死吗？"他和我看着郊区的柏油马路，他说："是的，我怕。"于是我们又聊了一会柏油马路（里面有什么？），就好像它是宇宙的墙壁。后来我去了他家，参观了他二楼的写作室，看了看我留给他的书，讨论了诗歌编排和出版的难度。他给我读了一封罗伯特·洛威尔在阿姆斯特丹写的信（"它就像某个灰色的中西部城市"）。他称洛威尔为卡里，是卡里古拉的简称，因为几年前他们这些老同学聊到罗马时发生过一次天启事件。几年前，洛威尔从芝加哥酒店的窗户探出头，在艾伦·泰特面前大叫"我是耶稣基督"，泰特是位著名的评论家，他把洛威尔拉回来，叫来医生。他俩就像坎纳斯特拉和罗伯特·吉恩·皮平的结合，但我想最终会毫无结果。我会把你的信给威廉斯看。

你对某些事情的具体理解拯救了我。比如，吕西安喜欢诗歌，但在他看来，"有趣的"才是最好的；在哥伦比亚附近兜兜转转的霍兰德喜欢我的诗，但又担心因为编排和希腊名称，它们看起来太像诗歌；金斯兰喜欢追忆玛琳·黛德丽的那几首；达斯迪最喜欢（哎呀！）形而上的几首。但"从黑暗的心灵中挖掘出来"的想法才是唯一的真实层面。感谢你的具体评论，它们完全符合我的想法——不管怎样，你的确"严肃地"谈论了作品，比任何人理解的都深刻。我想这就是对我的考验。总结到此为止。

《蜘蛛网万岁》是一首实验性的诗歌，它的形成有自发的诱因，但总体上还是一个对半韵、韵律、排布及意象结构（蜘蛛、网、苍蝇等）有意识地进行加工和重新加工的作品。我试图写一首

一九五二

会在《诗歌》杂志上发表的看起来很"现代"的诗。吕西安和达斯迪都很喜欢，霍兰德也是。但我觉得它太艺术、太正式了，也许是这样（在卢看来，它蕴含着恐怖的种子）。你认为这种类型值得写吗？和其他类型一样好、一样新鲜吗？我发现你注意到了，还问它是不是和别的一样，或者是"冷饭热炒"。（你好敏锐啊！）你觉得怎么样，是不是有点做作？我觉得有点，但也不确定。我想听听你的想法——半句话或两三个字的回答就行，因为我不确定该怎么做、方法是什么以及未来的路。《蟑螂》那首保留了下来，因为威廉斯觉得在整本书中有这么一首关于出租屋的诗挺好。

威廉斯偶尔说起，上岁数后他从未真正在帕特森呆过，他以前常在城里四处游荡。这整首诗本身，他人生的这首诗，不过是他头脑中的想象——他想等人生的整场戏演完后去看看河街，寻找现实的终曲（就像地狱里或世界之外的终曲）。

我想尼尔在之前的信里（如果他都有保存的话）一定能找到《日落颂歌》（正式版），也许可以找一下，再做比较。我想非正式版可能更好，我在疯人院里花了六个月时间一行一行写下的那些正式颂歌，实际上都是同一首。但这样的认识只停留在思想层面，我还是把大量的脑力、时间、耐心、技艺浪费在了别的诗上面。真希望我能把它们一起都出版了。

你可以写信给比尔［·巴勒斯］，地址是奥里萨巴山二一〇号，提醒他不要让凯尔的妻子知道你的地址。他还住在奥里萨巴山二一〇号。我收到劳夫林寄来的附信，他拒绝出版《瘾君子》。我还在说服韦恩出版社出平装本，应该会成功。

我知道你爱我，但我不会到处跑，我被医生的理念所束缚，这和你在旧金山还有尼尔没关系，别针对我。我第一次给你写信（写在黄色横格纸上）、想回归集体时，觉得自己像个局外人。别在我的美国驼背背后嘲笑我或侮辱我。你寄来的照片很棒，我希望自己也在上面。附上我和吕西安在他婚宴上的照片,折起来了。这张照片我洗了四张,所以打乱了寄出。尼尔看起来更老成了,一副犹太人的样子,很严肃,看起来很正直。我从上面得知他已通过了地狱的诅咒,完好无损,现在正升到炼狱,也许已经出了炼狱,灵魂不再危险,甚至在最近还被赋予了"庄重",对他来说最糟的时刻已经过去,他进入了新宇宙。我想这就是为什么他在过去两年里表面上如此沉默寡言的原因。

《面纱的颤抖》写在日志里,写于东哈莱姆时期两年或一年后。那时我正有意识地尝试重获看见奥秘的能力,这也是标题的来源。面纱没有完全撕破,只是在颤抖。在东哈莱姆的幻象中,树的外观接近于完全神秘的存在,淹没了宇宙视野。我试着摆脱用抽象的方式去描述一个具体的事物,描述它神秘的样子。那一天的日志(我在帕特森)基本上就是诗了;两句话之后是一些平行注释,接着我用一些关于永恒中想象的目的的文字解释了重获能力的方法。有怎样的诗,就有怎样的日志,也许两者可以结合。这就是我一直以来所说的幻象。就那么几秒钟时间,我能既清晰又全面地同时目睹宇宙中的一切——也许六十秒吧,在书店里,在德尔金家窗外。我一直在解释这一点,因为我想看看自己的想法是对是错,看看是否有人也这样做(不依靠大麻)——这些诗是否像我已经解释过的那样传达给你同样的信息,还是你已经理解了?我是不是在这点上太小题大做了?我的意思是那些诗给我的解释提供了新内容吗?在我看来,你的《里士满山》拥有同样的力量——当然,应该保留中间描述管弦乐中蚂蚁的那五行,其他诗行也一样,这会让事情变得更清晰,非常清晰。("啪啦一声被湮没,除非乡村安静下来之类。")为什么要说"呸"呢,跟我没意识到自己赤裸裸的思想的价值的原因一样吗?这非常具有欺骗性——我不确定自己什么时候在自我传达,什么时候没在,因此我感觉良好,以为我的想法是真实的，别人也能理解我的想法。他让人惊喜，但其实很少有人能真正理解，虽然那些能理解的确实就是理解了。关于诗行间的节奏也很重要。你能给我写首序言诗吗？（你和尼尔一起写还是各写一首？）不要写天使和尸衣，写写我们如何真实却神秘地交流共有的那些奇怪而真实的想法，或者任何你想写的东西？

原来我没想到，一直认为最不可或缺的是那些毛茸茸的绿色树瘤的意象，是你让我意识到了诗歌框架的奇异性。这就是为什么我之前会感到困惑——我从来没注意到（别的人也注意不到）诗歌中发生了什么。

我没意识到你写那些梦幻的句子和复合短语时多么认真。真不错。我刚开始读乔伊斯的《芬尼根的守灵夜》，带着万能钥匙。乔伊斯太难理解了——在口头概念和历史抽象化上浪费了太多时间，所以当他提到深奥的文学问题时，我们很难理解他。但美国式的乔伊斯模式就行得通（字里行间加点博普元素——"光着膀子，没戴帽子，月亮在他肩膀上方挑逗他"，我觉得你写得不错，成功传达了你对"尼尔比尔洪克我树"这个巨大综合体的无限认知的完整意义），而且也有人读。福克纳也有类似风格，所以人们也能理解他。（我想最好不要有太多尸衣和特别的月亮。）另外，关于像狗一样咧嘴笑的丛林狼那段，事实上我注意到的是：丛林狼这个丛林的象征并不适合"忏悔的葡萄酒"，因为后者听上去像一些中产阶级小说的标题（比如玛莎·盖尔霍恩[1]——书桌—鸡肉—每个—各各—他这种）。我喜欢"趴在方向盘上"、"月亮"、"尸布疾驰而去"等句，但觉得"深不见底的黑夜和尸衣"那句很奇怪，还喜欢"老福特车焊接处"等。我有话就得说。

"我爸爸放荡不羁"那一整句话都很不错，包括垃圾筒里的蔬菜。

现在说说我收到的第二封信,写在铁路公司表格背面。尼尔为了赚钱工作太辛苦,可惜他在工作上得不到一点安宁。他难道不知道自己已经被宽恕,不用再通过苦力折磨自己来弥补了,不是吗?再过一年我得考虑什么时候给他些经济援助。

你个混蛋,我绝不承认是你发明了"尸衣陌客"一词,你就等着明天布鲁克斯寄律师函给你吧。我理所当然会偷用你的词语。但那天在约克大道,我们不是一起想到这个词的吗?别想偷走我的荣耀,给我挖坑。

约翰〔·克莱伦·霍尔姆斯〕想把他的书命名为《走吧》。(他的编辑巴勒斯·米切尔是这么建议的。走吧,伙计,听上去怎么样?也许"走啦"更好,还是"走吧"好一些。)

你给我的两点建议我都接受,特别是"艏楼"。很遗憾我不能在书出版前见你一面,但我也许可以。《河街布鲁斯》是我另一首有意识创作的诗歌,尚未完成,这首长诗里会有真正的布鲁斯旋律和更多关于帕特森的细节。

我以为你很久以前就跟我说过奥秘和责任这些。

涉及歌谣的和我们的哈特·克兰所使用的技巧,我不知如何使用或用在哪里才能赋予它们任何意义。

巴黎吗?我很想去,但我怎么知道什么时候能去呢?威廉斯说书出版后他会给我一千美元作为艺术和科学基金。也许可以用那笔钱夫?

对"歪屁股"我还用了什么边注——诗歌吗?我忘了。你什么都提到了,包括对诅咒的扩充(除了第一个诅咒),把它们记下来,寄出去。我之后会把它们加进去。

如果你来纽约,可以住我的阁楼——我并非一直都在,一周租金只需四点五美元。

我也好几个月没做爱了。达斯迪不感兴趣,她甚至从没想过

一九五二

要追寻什么。太累,太失败了。但我得回到过去的生活,不然就与世界失去了联系。但如果我们被困在没有性欲又没有任何女性关系的地方,我们就真的无处可去了。问问卡洛琳有什么建议。事实上,我们都疯了,这不是开玩笑,这就是为什么我不那么想去欧洲、不愿在善意的崇拜者面前扮演惠特曼这一角色的原因,我会变得虚荣,把他们都当成傻瓜。我为什么要去欧洲呢?也许我会在那儿找到真爱,这是个好理由,但欧洲的爱情最后都是一场空,就像海明威那样。我不想去巴黎,因为我要写作。

>我这种人在巴黎一定很奇怪。
>我坐在埃菲尔铁塔的塔尖
>看着圣心教堂里的一尊天使,
>希望它活过来,
>并直视我的眼睛。
>老天,巴黎就是帕特森。

你明白我的意思吗?在欧洲做一个孤独的作家需要无比的自负,因而我并不是很想去那里。但那儿也许会有疯狂的冒险。顺便说一句,金斯兰在巴黎遇见了让·热内。金斯兰举办了一个盛大聚会(我不在场——他以为我走了),参加的人有霍恩斯宾、奥登和他的小男友们、[切斯特·]卡尔曼、著名的羽管键琴演奏家、伯爵们、赞助人们、玛丽安·摩尔等。金斯兰太神奇了。他人不错,和一个老异装癖住在五十七街,就在玛丽安·霍尔姆斯家拐角处。玛丽安总是醉酒,而约翰(我指约翰·霍尔姆斯)又常不在。不要给我写信,不要给我寄作品选段,我会从卡尔那里看到的,不要浪费时间,但要经常写短信,把发生的事简要告诉我——不要占用你的时间。我有时间写信,所以我现在写,将来也会写。

随附一封给尼尔的信,我读了他的作品,我相信他的作品,就像我相信我自己的作品、你的作品一样,但我不相信比尔的《瘾君子》和约翰的《走吧》。他[尼尔]总是让我想起丹佛电车上冷酷的"裘力斯·恺撒",在他的自传《前三分之一》中,纯洁的铁骨正在浮现。在当今美国,如果他能一如既往这么理所当然地活下去,那么结果一定会是前所未有的严肃灵魂的最严肃表达。他完全可以放松下来,活得更宽容些。卡萨迪真正的力量会像尼亚加拉大瀑布一样在书页上咆哮。

爱你的,
艾伦

1. 玛莎·盖尔霍恩是一位小说家和战地记者,也是欧内斯特·海明威的妻子。

杰克·凯鲁亚克[加利福尼亚州旧金山市]致艾伦·金斯堡[新泽西州帕特森市]

一九五二年三月末

亲爱的艾伦:

[……]

我很欣赏你对自己和威廉斯的看法——我见到他了,那一晚值得铭记,他已经八十八岁了,还剩下什么呢……好在他至少是名医生。一直以来,我因为读了你的诗羞愧难当,我不知道怎样才能活得如此无知无畏、放荡不羁,就像《在路上》里那样,而你那悲惨的"纯肉三明治"让我不寒而栗,希望我在末日审判那天能帮上你……不是在上帝面前,而是在你自己面前,如果你能意识到……你和吕西安的那些照片,他说你信里面写的诗很有趣……他看起来像个成功的势利小人,你看起来像个来自圣雷莫的嬉普士,但我爱你,这一点毫无疑问。

我现在就像吕西安一样。有关比尔那本书的消息真令人吃惊——但我早就知道,这样完整的忏悔书除了他谁也写不了。在养猪场里"绞死了你的老默顿",哈哈,比尔真了不起。我两周前写信给他,请他带我和刘易斯·马克一起去厄瓜多尔,正在等待他的回复。以下是他给我的来信节选:

"亲爱的杰克,我不知道我还会在这儿呆多久。我被指控为'有害的外国人',案件一解决,移民局就会要求我离开……"(这之后他谈了他的新小说,是关于酷儿的,我建议他就取名为《酷儿》,是《瘾君子》的续篇,他说不错,我打赌它过于……)"让我告诉你,年轻人,我没有'把性留在鸦片之路上',这么多年来这句话一直困扰着我。如果我出现在你现在的作品中,我一定会要求你准确地描述我。"(隔几行又作了补充。)"把我写得男人一点。天啊,你真会挑女人。你没必要提醒我不要把你的地址告诉凯尔的妻子,她不怎么跟我打招呼,我猜她不喜欢我。"(这听起来像是第八大道老鲁尼恩开的账单,不是吗?)又及:"还有一件事,你在书里称我为'老布尔',我对此不太满意,我不可能不想到'布尔'(Bull)一词的负面含义,而且我一点也不老……看来你在下本书里会把我写成("写成"一词说了两遍)'白发老人'。"(比尔这些话是不是很有意思?顺便说一下,我新书里管他叫比尔·哈伯德。他说丹尼森的母亲已经看出来《镇与城》里哪个是丹尼森,所以他在《瘾君子》里不得不叫他塞伯特·李,为了不让他老妈发现,但……)"我决定用塞伯特·李,塞伯特听上去像苏厄德,李是我母亲的名字。我觉得这名字不错。"(信到此结束,是不是很疯狂?)

如果他派人来找我,我马上开写第三部小说……那将是一个关于比尔深入南美洲的故事，我还没想好书名，但篇幅会像《在路上》那么长，这你告诉卡尔，还要跟他说，我最迟不晚于四月把《在路上》寄给他，是在打字机上整理好的完整版，一切都会考虑到，也会认真删减。这样我就可以开始写第三部小说了。我要一路高歌猛进，接下来某年我会迅速搞定三本杰作，就像莎士比亚有一年同时完成了《哈姆雷特》、《李尔王》和《裘力斯·恺撒》一样。我不是因为需要你而求你和我一起去巴黎，我只是向一位作家同行表达善意，就像老派人做的那样，去你的吧。

嘿，你能长期住在帕特森家里，多幸运啊，尽管我知道你在那里活得像个幽灵，感觉自己就是个局外人，随时要疯掉。更糟的是，你不讨人喜欢，举止怪异，好像外星人。但我呢，我那可怕的内疚感一直伴随着我，我还没有家，因为那个残忍的小婊子〔琼·哈弗蒂〕真的要杀了我，我再也回不到从前——但没关系，他们杀不了我，我动作快，身强体壮。但艾伦，你父亲还活着，你真的很幸运，你还有哥哥在身边，即使你可怜的母亲身体抱恙，你还是个幸运的好小孩。我希望我在帕特森也有一个家，我已经厌倦了四处流浪，现在（看在上帝的分上，别告诉别人，我母亲写信告诉我说家门口都是警察，牧师也来家里，想从她口中套出我的地址，告诉尤金〔·布鲁克斯〕那就是该死的布鲁克林负责保障受抚养者及被遗弃者权益的地方检察官的所作所为，那些混蛋想改变以"解决某种问题"。这个国家有一百万人不再想和他们的妻子过性生活，而这些自以为好心的卑鄙的社会主义者——政府官员和政府机构人员，他们正试图"解决"这一问题。蠢货。别告诉任何人，即使是旧金山我也呆不下去了，我得适时离开，见鬼伙计，我真希望自己能恢复清白）如果去厄瓜多尔……那意味着赤道、丛林、疾病、巴勒斯和他那糟糕的马提尼酒，太糟了……但对我这样的混蛋来说足够好了。

一九五二

好吧，艾伦，再见。

另：告诉约翰·霍尔姆斯《走吧，走吧，走吧》是我写的一个故事的名字，讲的是我和尼尔在一家爵士酒吧的经历，吉鲁取的名字；他给自己的小说取名《走吧》是个好主意，但我跟这书名一点关系都没有，他写信问我它是不是我以前拒绝使用的标题之一，天哪，天哪，这让我成了什么？以及，没错，"尸衣陌客"是你自己想到的。那年春天的某个早晨，你把它告诉了我，那之后又过了一个小时，吕西安醒过来，跟洪克说话。我一开始在聊沙漠中的追击者，你说就叫他尸衣陌客，还拉了把椅子坐下来，摸着我的膝盖，说："嗯，现在我们来聊聊尸衣陌客。"

你真的要在兰登书屋出书吗？

我也快写完了。真希望你在这儿。我过得很愉快。哈林顿怎么样？

我在哪儿见过何塞·加西亚·维拉吗？这人是谁？告诉塞萨·冯·哈尔茨·卡尔留着那本《镇与城》，照目前的事态发展来看，这本书到下个世纪还可以读读。

看到聚会的照片，真希望我也能回纽约，回到我的家乡。

告诉吕西安，我希望自己当时也在场，我会以同样的方式回报他为我的婚礼所做的一切：参加婚礼、资金援助、精神鼓励，其实只要到现场就足够了。他戴着康乃馨的样子看起来很棒，他很可爱，告诉他我期待随时把他灌醉，我已经今非昔比，酒量好到足以把他灌醉。

现在的我就是旧金山的一个酒鬼。

约翰·霍尔姆斯是后来者，或者说，是探究并对我们这场真正的文学运动提出质疑的人。这场运动里有你、我、尼尔、比尔、洪克（至今还没出过书），也许以后还会有吕西安……就像其他文学运动一样。看来约翰·霍尔姆斯是真的上了我们的船，但他却不知道它到底驶往何处（尽管你我都知道，伙计）。

还记得乔·梅在十四街的书店里大笑吗，喂？

我看不懂你的《蜘蛛网万岁》。也给我弄个艺术和科学基金，我正在荒野中挨饿呢，我只有水手的行囊，没有船，别的什么也没有。我母亲拿走了韦恩给我的所有钱（大部分）。

我最近跟人上床了，很多次。写什么都无所谓，让鸡巴重新活过来才重要。

我可以住你的阁楼吗？我一定会落网，我是个罪犯，很快我就会在巴黎的大街上大喊大叫，或者某天在布鲁塞尔开枪打死某人，或在马来半岛的斯特特纳姆港染上象皮病。我只想去意大利，好让一对伦巴第金发女郎骑到我头上来。怎么样？听着，六月底，一个大人物会来到你面前，就像《门罗总统》一书中提到的阿尔·萨布莱特，好好款待他。我晚点再跟你说内情。他是一个伟大而单纯的黑人英雄，不是知识分子或别的什么大人物，是圣路易斯爵士音乐家的朋友，我无法形容他有多伟大。尼尔很棒，他的书也很棒，卡尔［·所罗门］的消息令人失望，让他去研究研究米奇·斯皮兰，他以为我们的朋友是白痴吗？我会去写一本关于笨蛋的书吗？

蒂-让

×××

艾伦·金斯堡［无地址，纽约州纽约市］致杰克·凯鲁亚克［无地址，加利福尼亚州旧金山市］

一九五二年三月末四月初

亲爱的杰克：

我的书还在［威廉·卡洛斯·］威廉斯和兰登书屋手里，前途未卜。我还寄了一本给《评论》杂志，看看他们是否接受。

范·多伦也看了我的书,他很喜欢,一周内带我去了两次教员俱乐部共进午餐;我觉得似乎自己又被接纳了。我们第二次去时,午餐前我去洗手间,腋下夹着诗集。他突然说:"最好让我拿着。你可能会尿在上面。"就这样猝不及防地说了出来。我无法理解那个人。他还(经过这么多年终于)认为我肯定曾经受过"天启",所以现在才能把话说得这么清楚。我和他道别,不知何时才能再见到他,又独自一人回到外面的世界。

说真的,关于你对"纯肉三明治"的评论,当末日审判来临时我会领悟到什么呢?(顺便说一句,我不得不编辑下那首诗,本来的几行是:

> 我吃了个纯肉三明治,
> 一个巨大的人肉三明治;
> 我嚼的时候发现
> 里面还有个脏屁眼。

我不记得发给你的版本里有没有这几行。吕西安很震惊,说把这些删了,太恶心了,所以我就删了,也是为了出版商考虑,但这也是为什么只有在天堂才能听到这些诗句。

比尔的书正在经历那常规的狗屎一般的出版流程,我的书也在他们手里。他们想做点改动,书太短了,而且他们想把《酷儿》(这名字是我和卡尔还有你同时想到的;书里爱和思想融合得真棒)改成第一人称(比尔用的是第三人称),还希望读到更多有关比尔的神话和生活的外部细节。双方很难达成一致,我终于知道卡尔为什么会疯了,既要务实又要有同情心,实在太难了。而且这些人很蠢,这就导致事情更糟糕,跟他们打交道更难。

我读了你寄给卡尔的最后一章,很喜欢。我很怀念你在给约翰·霍尔姆斯的信中写的那几行，很漂亮，我以为那是书的结尾。不是吗？卡尔心烦意乱，看不懂他们提供的参考书目，以为那是什么超现实主义的自由联想。我手头没有书的章节，否则我就多说几句。我想知道这本书是如何组织起来的，有多少章，风格怎么样，又是按什么顺序排列的？霍普在韦恩那儿不会有麻烦，但可能也会有。我让卡尔答应我，在把书交给编辑部之前要先让我读读，跟他交代下书的优点，因为只要有一点困难的迹象，他就很容易崩溃，觉得灭顶之灾即将到来，毕竟他现在处于实际事务中类似神经中枢的位置。到目前为止，你寄给我的所有小说我都喜欢。我把你的信寄给了威廉斯，希望他能成为我们的盟友。我们可能需要这样的盟友。希望我在处理比尔的书时能有更多经验和自信。

对不起，关于巴黎我说了些蠢话，我直言不讳，把巴黎没有诗的可能性看作是实际的可能性，还在心里权衡。我参加了"新故事大赛"（地址："新故事青年作家大赛"，法国巴黎第九区泊松涅尔大道六号），提交了我刚写的一个短篇，大赛的一等奖是去巴黎旅行一个多月，免住宿费，其他费用由赛方承担。故事叫《达喀尔怪物》，讲海上的旅行，如何在达喀尔徒劳地寻找瘾君子和小男友，最后以由皮条客为我与本地的一个白痴安排的路灯下的约会收尾，因为他只找到了一个愿意跟我上床的。字数限制是七千字，评委中有萨洛扬。要是你能编个故事，或者找到字数差不多的故事，我建议你也参赛，提交截止日是五月一日，以邮戳为准。第二名也有奖金。我们俩总有人会拿个奖，也许奖品就是巴黎之行。

我很幸运有人照顾我，但这只是暂时的，除非我想变成帕特森村的白痴，靠家人养活，吃家里的饭，还要服从我父亲，受人摆布。我必须摆脱这种状态，变得像你一样独立；尽管找不到办法，

一九五二

但我必须摆脱，这比写作更重要，虽然写作或许也不失为我获得独立的一种方式。

卡尔担心你还在挨饿，还担心你母亲不给你钱。你的钱为什么你自己不用呢？你的处境比你母亲还糟。我和尤金［·布鲁克斯］谈过你太太的事，他说要么更改下地址以保证安全，要么根据协议（从邮编不同的另一个城镇）给琼［·哈弗蒂］寄钱。如果想要安心留在乡下，摆脱担惊受怕的日子，这是唯一的方法。你最好把韦恩的钱寄给她。去看比尔没问题，但这么做无济于事，因为目前你身陷困境，必须首先确保自己安然过关。你这是在自找苦吃，一定得找个更自由、更快乐的生活方式。给我写信，说说你的经济状况到底怎么样？你母亲的呢？还有关于琼的事。让我们在事情变得更糟之前设法解决它们，不要让写作变得偏执，生活变得糟糕，毕竟这只是赚够钱生活和付离婚抚养费的问题，别为这种事放弃你该有的生活。你前几封信很悲伤，我读了很难过。那些绝对都是外部因素，对你来说并非绝对的、不可改变的命运，除非你自己把它变成不可改变的命运。我不是在讲道理、盘逻辑。即使你行动敏捷，身强力壮，那也不足以与社会做永久的抗争，真的，这太悲哀了，太灰暗了。我只是觉得你最近太疯狂了，我向你伸出友谊之手。告诉我你看到的真实情况，我们可以解决问题；也许能从韦恩那儿拿到更多的钱。也许我们再也无法恢复清白，也许我们得建造自己的家（这最后一点很抒情、很抽象），但决不能让事态发展到无法容忍的地步，因为除了受苦，我们还有很多事要做。

顺便说一句，如果你能弄到一九五二年四月刊的《美国水星》，上面有赫伯·戈尔德写的关于我的下流故事（叫《扩张的缺陷》，就像叶芝的扩张的旋体），比霍尔姆斯的书更令人不快，让我声名狼藉。不过，它写的也是事实。半年前，我没有在《评论》

上给那个混蛋的书写书评,因为我不喜欢那本书,也不想费功夫说任何无情或消极的话,这是我的原则。道不同不相为谋。他给我写了封道歉信(我给他寄了张卡片,说故事很糟糕,他这么写无异于诅咒我),说他写这个故事是为了钱,真的与我这个"愚蠢的骗子"无关。这让我陷入了陀思妥耶夫斯基式的境地。如果我给他回信,我必须得证明真的有人写了一个这么侮辱我的故事。

[艾伦·]哈林顿的妻子(你认识吗?)得了肺结核,所以他去医院了,我没见到他。我从没见过何塞。吕西安让我告诉你,你不在他也很遗憾,即使你酒量大了,"肚子里可以装满酒",他也随时都能把你喝趴下。我们去了马戏团,两对男女一起约会,有我,还有塞萨之前的室友,当广播里在喊某人的名字时,他说:"天哪,'妈妈'又来了,她又赤身裸体地出现在大广场街了。"

[……]

我同意霍尔姆斯的观点。他很神秘,现在一个人住,他应该有女友的,但他什么都不说,没人知道他在做什么。他是世上最神秘的人,但他也是个穷作家。

[……]

卡尔很友好,但他为出版商工作;他是个好人,但他有责任去做一些暂时违背我们利益的事情。比如,对比尔的书做改动,考量出版收入,他们认为这很有必要,也可能是正确的做法。因此,尽管他很友好,但也要把他当作你不得不打交道的人来对待。他不是你,你也不是他。这是必须的。只有爱人之间才不分彼此。出版商不是爱人。他们不可能是爱人,他们是生意人,但他们的生意也并非万无一失。一切都得耐心地解决。可悲的是,你知道,通常他们的商业利益与艺术的真实或永恒的美水火不容,但这只是偶尔的情况,并非总是如此。比如,他们不能出版未经删节的热内的书,否则会进监狱；甚至不能出版我的书，因为暂时是零回报。但我觉得没关系，毕竟他们是真的出不了。就像你不能没有工作，不能下岗，他们也不想失去生意，我也不希望他们这样，除非是在我对他们深恶痛绝的时候。这是保守的艾伦·安森教给我的。艾伦和吕西安一样是反动分子，也就是现实主义者。

卡尔从出版商那儿得知，让·热内因谋杀罪在法国坐牢。天主教存在主义者（弗朗索瓦·莫里亚克）想砍掉他的头。这是一场文学大战。萨特想救他。那几天对他来说太疯狂了，因为他的死期将至。我觉得他想死，就像坎纳斯特拉一样。我就知道这么多。给［鲍勃·］伯福德写信了吗？收到西摩［·怀斯］的信了吗？我收到了，他很好，说他给你也写了信。我见到了艾德·怀特。没什么好说的。下次见到他时喝醉了再聊。

我很快就会去你母亲那里拿书稿，必须告诉吕西安，说服他。我发誓他是那种会提起诉讼的人。我会把书看一遍，先考虑下状况，而不是因为书而直接喜欢上他。

嗯，驼背的事，我会问问威廉斯。我觉得听起来很疯狂，太疯狂了，但谁知道呢。

关于《里士满山》：我可不能随时变得"神秘"或"抽象"，只有在极度警惕时，也许这就是我发疯的全部奥秘。就像刚才的那些瞬间，它们扑向我，把我打倒，扒开我的眼睛。现在我看到一些东西：只有一棵死树，或者一棵活树的概念，但不是活的存在，除非我让心灵做一些把戏；而最能激发幻觉的心灵把戏莫过于在不经意间扫过的真实的那些。

不要回信——写几行就行，回答一些具体的问题。你什么时候去墨西哥？

爱你的，
艾伦

杰克·凯鲁亚克［墨西哥墨西哥城］致艾伦·金斯堡［新泽西州帕特森市］

一九五二年五月十日

墨西哥墨西哥城

奥里萨巴山二一〇号五室

由威廉·巴勒斯转交

亲爱的艾伦：

比尔和我花了十天时间才找到这台漂亮的打字机和色带，直到最近我们才重新开始写各自的书。

我真搞不懂琼［·哈弗蒂］在奥尔巴尼的朋友，妖女希尔达（你认识的，深褐色头发那个）怎么会在一个月前给凯尔斯的妻子写信，告诉她我来墨西哥的事，看来纽约有人知道我的行踪，又告诉了她或者也可能是琼，这不重要，但我想弄明白。帮我想想哪里出了岔子，这不应该。[1]

尼尔把我留在亚利桑那的索诺拉，在墨西哥边境上。他车里的座椅都摊开了（旅行车），还有枕头啊婴儿啊，卡洛琳坐在后面，像个吉卜赛人一样，很开心。拂晓时分，我离开了那对幸福的夫妻，开始了新的冒险。我穿过铁丝网进入索诺拉（我以为是亚利桑那的诺加利斯，但实际上是索诺拉州的诺加莱斯，抱歉）。为了省钱，我买了去南方的二等座车票……这段旅程变成了一次了不起的奥德赛之旅，在土路上一路颠簸，穿过丛林，换乘大巴，乘临时的木筏过河，有时大巴直接涉水过河，水没过轮胎顶，太棒了。我们站在一些胭脂仙人掌跟前，问一个叫恩里克的墨西哥嬉普士，是否吃过佩奥特掌。他吃过；他告诉我，胭脂仙人掌的果实也能致幻，龙舌兰就是佩奥特掌。他开始教我西班牙语。他（二十五岁）带着一个手工自制的欧姆安培无线电修理装置，用来装样子。但后来它被我们用来藏匿麻烦物品，如果你想知道的话，那些东西是我们在一个叫库利亚坎的东方村镇弄到的，那是新世界的鸦片中心……我在丛林中的非洲小木屋里吃玉米饼和牛肉,猪在我腿上蹭来蹭去;我还喝了桶装的纯龙舌兰酒,直接从地里、酒作坊里弄来,未经发酵,纯牛奶般的龙舌兰酒能让人咯咯直笑,是世上最好的饮料。我还吃了各种新奇的水果,仙人掌、芒果之类。我坐在大巴后排,喝着龙舌兰酒,为那些好奇的墨西哥歌手唱博普曲子。我唱了《苹果玉米肉饼》和迈尔斯·戴维斯的《以色列》(我解释下,这首歌是我在圣雷莫酒吧遇到的约翰尼·卡里西写的,当时他穿着带毛皮领子的格纹外套)。他们给我唱了所有的歌曲,还发出墨西哥人特有的那种"啊吖吖吖吖哎哟哟"的喊叫声;在库利亚坎,我、恩里克和他十七岁的男仆——六英尺高的印第安人吉拉尔多,我们下了车,就像开启一场游猎一般,午夜我们沿着炎热的土砖头街出发,直奔城外印第安人的郊区小木屋。靠近大海,在北回归线上,夜晚尽管炎热,但柔和宜人,不再有旧金山,不再有雾。我们来到土砖小镇和几间小木屋之间的一大片空地上,在月光下穿行,前面一间小木屋里有盏昏暗的灯;恩里克敲敲门,一个戴着宽边帽的白衣印第安人开了门,那张印第安人的脸和眼里那抹轻蔑像极了精神低迷时的洪克。聊了几句之后我们就进去了。床上坐着一个大个子女人,是印第安人的妻子;还有他的朋友,一个留着山羊胡的印第安人(不是专门蓄的,而是没刮胡子),是个嬉普士瘾君子,实际上是个吃鸦片的人,赤着脚,衣衫褴褛,躺在床沿上做梦,和洪克一样;地上躺着一个喝醉酒呼呼大睡的士兵,酒后吃了些鸦片。我坐在床上,恩里克蹲在地上,大个头吉拉尔多像雕像一样立在角落。屋主人对我们不屑一顾,生气地说了几句。我听懂了其中一句:"这个美国人是从美国跟着我过来的吗?"他去过美国一次,去的是洛杉矶,在那儿呆了大概十二个小时,然后有人冲过来……他是"墨西哥费拉人的黄昏和墨西哥"这个已消失的英雄部落的英雄。(我在大巴上见到了"主星"。)他给我看一个吊坠,是他从自己脖子上或旁边人脖子上取下的——我觉得是从他自己脖子上取下的，然后又收起来，用手比划着告诉我在洛杉矶时曾有美国人（可能是警察）从他脖子上抢过这个吊坠，这就是他在美国的经历，他在洛杉矶受苦受难，后来回到他的夜间小木屋，所以他刚刚才那么生气……艾伦，你要明白，所有交流用的都是带有印第安方言的西班牙语，在这个达喀尔村庄的中心，我正用我法裔加拿大人的脑子，理解着一切，而所有一切几乎都被完美地理解了。

> 我以为我挣脱了达尔文的锁链，
> 成为太空中发光的耶稣基督，而不是
> 用我法裔加拿大人的脑子在费拉人之夜
> 赢得冠军。

接着是黝黑健壮帅气的"傲慢"先生，他递给我一粒药丸，对我的伙计恩里克（他蹲在地上，恳求他友好点冷静点，但不得不经历重重考验，就像两个部落相遇必有一战）作出指示。我看着药丸说这是鸦片吧。"傲慢"笑了，很高兴，他抽出烟叶，卷了几支雪茄烟，在里面撒上鸦片，传给大家。我第二次吸时就嗨了；我就坐在印第安鸦片圣人旁，一旦成功插上话，他就会说些极其空洞或神秘兮兮的话，一些他们在实际生活中即使毒瘾发作时也不会说出口的话。每个人，包括年轻的吉拉尔多，都尖叫连连。我兴奋起来，开始理解他们说的每件事，告诉他们我能听懂，还用西班牙语和他们聊天。"傲慢"拿出一个他做的石膏雕像……翻过来后发现是个巨大的鸡巴；他们都一本正经地把它贴在裤裆那儿给我看，而我只是稍微笑了笑。雕像另一边好像是个女人，总归是个人形。他们告诉我（我记了半小时笔记），西班牙语里的石膏叫 Yis，也就是白垩。我则向他们展示了诸如玛雅神话里的蝙蝠洞、蝙蝠

一九五二

神、生命女神、光之夫人、阿兹特克语、麻风病之王、梓醇、玛雅启明星等，他们（看着我的笔记本）不住地点头。接着，我们谈起了政治，在烛光下，屋主人一度说道"地球是我们的"……他的话如响铃一般，我听得清清楚楚。我注视着他，我们都能理解（我的意思是理解印第安人，毕竟我的曾曾祖母是个印第安人，一七〇〇年时生活在加斯佩半岛，后来嫁给了我的法国男爵曾曾祖父，我家里人是这么说的）。该休息了。我们三个旅客来到那个像洪克的瘾君子的家中，那是一间小木屋。他们问我睡床上还是睡地上，床是用稻草铺成的，下面是纵横交错的木条，有一块隔热的硬纸板，鸦片圣人把他的零碎物什和毒品都放在纸板下。他把床让给我们三个，但床太小了，所以我们躺到了地上，我用水手行囊当枕头。吉拉尔多要和我一起睡，他睡在外侧，我躺下来，印第安洪克出门找毒品去了，我们吹灭了蜡烛。起先恩里克答应早上告诉我那晚所有的秘密，后来他忘了。我想知道，是否有一个由革命思想家组成的印第安嬉普士地下组织（他们都鄙视像约翰·霍夫曼和拉曼蒂亚这样的美国嬉普士，后者来到印第安人中间不是为了毒品或追求刺激，而是为了炫耀学术和优越感，这是"傲慢"说的）。这些印第安人喜欢的绝不是时代广场角落里那种纯粹的艾伦·金斯堡式友谊，没有脏话，也没有活力，他们需要洪克那样的。上周我和尼尔去旧金山拜访了拉曼蒂亚。他住在海米·庞古拉（你知道是谁［杰米·德·安古洛］）的故居，一座小石头城堡里，城堡俯瞰加利福尼亚伯克利。他当时躺在豪华沙发上读着旁边放着的那本《埃及亡灵书》，他那只叫海米的患了癌症的十四岁安哥拉猫也躺在一旁，屋里有壁炉、豪华家具，他听到动静便转身面对我们这三个来自加利福尼亚的朋友。尤来了，他是心理学系的学生，显然是他的"巴勒斯"。他们一个是高大英俊的房子主人（有点像杰克·凯，懒洋洋地躺在地板上，即使有同性爱人陪着，最终还是睡着了），一个是年轻聪明、渴求上进的男孩,像你一样;这是他的圈子,当然了,他扮演了吕西安的角色,他们谈论心理学的方式是:"我说昨天粉色的佩奥特掌后来又变成了该死的黑色""哦,好吧,(巴勒斯)暂时不会有事的。"(两人窃笑。)接着是:"试试这种新毒品,它可能会要了你的命,这是所有毒品中最爽的,伙计。"(一边窃笑,一边转过身去,拉曼蒂亚真是个阴险狡猾的可恶家伙,非常不友好,非常古怪。交换大麻时我稍微碰了下他的手,他的手冷冰冰的,像蛇一样。)他给我看了几首他写的诗,关于圣路易斯波托西高原上的印第安部落的,我忘了部落名字,写的全是佩奥特掌幻象。有几行是这样的:

像
这样
安排,为了效果,但更复杂。

但那晚我对尼尔很失望,因为他至少应该兴奋一点,而不是整晚都在就毒品长篇大论。"嘎嚓嘎嚓,就像和你一般快活的工程师那样。"我后来告诉他,我们就像两个意大利山区的农民,受当地城堡里的贵族之邀跟他们聊一整晚,但因为吉德罗一直在谈论他的马车和马,谈话很失败。这让尼尔很生气,第二晚,我们平生第一次打了一架——他直接拒绝开车送我去拉曼蒂亚那儿。第二天他为了弥补我(在卡洛琳的催促下,因为她爱我们两个),请我吃了顿我最爱的中国菜。但我在诺加利斯和他分手时,我感到他内心涌动着一股悲伤的敌意,而且我觉得他的车速太快了,我们原本计划在亚利桑那或加利福尼亚帝王谷的路边野餐。事情就是这样,我弄不懂。但尼尔很好,很慷慨,很善良,我唯一的小小抱怨就是,他再也不和我说话了,只会说"是啊,是啊",而且几乎总是闷闷不

一九五二

乐。但他很忙,但他已死,但他是我们的兄弟,所以算了吧。我可以告诉你的是,他需要另一次迸发;现在的他完全受困于一种彻头彻尾的金钱物质主义和偷窃食品杂货的焦虑中,除此之外再无其他。之前卡洛琳曾赋闲在家几个月,而他每天都要工作,在铁路和其他岗位上连干七天,只是为了支付那些他们从未使用过的东西,比如汽车,家里常常没有一滴酒,没有毒品,家徒四壁,而尼尔又总不在家。这是我的观察。卡洛琳是个伟大的女人。我以为他们搬到圣何塞乡下后情况会好转,到那时卡洛琳至少可以拥有花园,在阳光里找到乐趣,他们现在住的地方没有阳光,什么也没有,我一生中最快乐的时光就是在阳光灿烂的阁楼看第十一版的《大英百科全书》……但我的抱怨几乎可以忽略不计,我以后再亲口跟你说。你知道的,我不想显得像个来做客却又忘恩负义的小妹夫,在他们背后嚼舌根,我不是那样的人,多年来我第一次感觉到幸福安稳就是因为听到尼尔跟我说的第一句话:"请随意,伙计。"回到库利亚坎。蜡烛熄灭后,过了一个小时我都没睡着,倾听着非洲村庄夜晚的声音;门口传来嘎吱嘎吱的脚步声,我们仨都僵住了,脚步继续前进,声音、节奏、野兽、鸣虫的大杂烩。印第安人洪克回来睡下,或者说是回来做梦。早上,我们一起揉着眼睛跳起来。我在一个有千年历史的印第安露天石头厕所里拉屎。恩里克出门给我买了两盎司毒品,花了三美元,在当地算贵的,但他们知道我有钱。然后我又嗨了,坐下来竖起耳朵听,又蹲下,听村庄正午的声音。温声细语,浅吟低唱,非洲的乃至全世界底层人的声音,有女人的,孩子的,男人的。"傲慢"在院子里,一边拿长枪大力精准地把细枝条劈落在地,一边和另一个劈树枝的人说笑,快活极了。印第安人洪克只是坐在床上睁着眼睛,一动不动,我跟你说,就像死去的疯狂神秘主义者弗朗西斯,然后趴下。恩里克卷了几根粗大的印第安大麻卷,顺便嘲笑我卷的细木棍一样的美国大麻卷。事实上,他们把大麻卷得跟好彩香烟一样大小,这样就可以在大街上抽大麻而不被人发现,卷得又圆又结实。然后我打起颤来(因为几天没吃东西,又颠簸了一路),他们很吃惊;我流了好多汗。"傲慢"出去给我找了点热食,我吃得很开心,他们让我吃辣椒来恢复体力,我就着汽水吃了辣椒,他们则不停冲出去盛汤喝。我听到他们嗑嗨了后在讨论做汤的人……"玛丽亚"……他们背后议论她。我听到、看到印第安正午各种错综复杂的流言蜚语、风流韵事。洪克的妻子走进来,看了我一眼,咯咯笑了几声;我朝她鞠躬。然后我就被警察和士兵包围了。你猜怎么着,他们只是想要一些大麻(尽管我的心一沉);我把很多都送人了。"我最终会在墨西哥被逮捕的。"这是我当时的想法,但什么也没发生。我们外出、游猎、放松、休整。外头烈日炎炎,恩里克让我们在古老的教堂里停留片刻,休息一下,做个祷告;然后我们继续前进,把吉拉尔多留在库利亚坎抽大麻,给了他二十比索,我们乘大巴去马萨特兰,一个年轻聪明的大巴雇员请我们(在人行道旁一间疯狂的咖啡馆里喝了两瓶橘子汁),他说他在读弗拉马利翁出版社的书……我告诉他我读存在主义者的书,他点点头,笑了笑。在去马萨特兰的路上,恩里克碰到一个女人,她问我们要十比索,这样我们当晚在马萨特兰就可以住她家,吃她煮的食物。恩里克答应了,因为他想和她上床,我可不想给西班牙情人放哨,但我也同意了。到了马萨特兰,我们把衣服送到她两个姑妈在达喀尔翁民窟的房子(你知道马萨特兰就像个非洲城市,炎热,平坦,在海浪之上,却没有游客,这个墨西哥的神奇地方竟无人知晓,这个尘土飞扬的疯狂的野生城市,就在美丽的阿卡普尔科港的海浪上)。然后恩里克和我去游泳,在沙滩上翻滚、兜圈以及〔?〕

"看看这些西班牙姑娘,她们是世界的中心"——三个着长袍传教的小姑娘(我不知道为什么我要写这个,我得在打字机上写小

一九五二

说啊),还是让我写完吧。晚上我没和其中一个姑娘上床,而是坚持和她一起赶往瓜达拉哈拉,快到时我发现了比尔这个常胜将军,于是焦虑起来。他吻了她的乳房,她很生气,对我大喊大叫,但我们走了,第二天一早,我们在瓜达拉哈拉的大市场里闲逛吃水果。在马萨特兰的海滩上,我们看到五英里外的姑娘们,远处有红色、棕色和黑色的马,有公牛和母牛,还有广袤的草地、公寓、太平洋三岛上壮观的日落,那是我生命中最伟大、最神秘、最激动人心的时刻之一——那时我眼中的恩里克很棒,印第安人、墨西哥人很棒,直爽、简单、完美。傍晚时分,我乘大巴从瓜达拉哈拉出发(竟然经过了海伦诞生的小石头村庄阿吉吉克,那里地势起伏),我睡着了。没有比哈利斯科更美丽的土地和州县,锡那罗亚州也很可爱。我们在黎明时分到达墨西哥城。我们没叫醒比尔,而是走去了贫民窟,花五比索在一个罪犯的茅屋里住了一晚,茅屋里到处是石头和尿,该死的,我们只能睡在破烂肮脏的垫子上……他说要当心持枪歹徒。我不想让他知道比尔的地址,原因很明显,我告诉他到了那晚我会在邮局门口见他,然后我去了比尔家,带着我的水手行囊,鞋上都是大墨西哥的灰尘。那是墨西哥城的一个周六,女人们正在做玉米饼,收音机里播放着佩雷斯·普拉多的音乐,我吃了一块五分钱的粉状糖果,两年前我和比尔的小威利第一次吃时就喜欢上了;热玉米饼的气味,孩子们的声音,印第安青年的凝视,西班牙学校里衣装整洁的城市孩童,清晨和未来的稀疏松林上大片的高原云。

我走进门,比尔正在写作,屋里乱七八糟,而他就像个疯狂的天才。他看上去很狂野,但他那双漂亮的蓝眼睛却显得很无辜。到最后,我们终于成了最好的朋友。一开始,我觉得自己像个精疲力竭的傻子,进到一间遥远的廉租房,房子到处爬满蜈蚣、蛆虫和老鼠。我以为自己跟巴勒斯呆在这儿肯定会发疯的,但实际上并没有。他劝我别跟恩里克黏在一块,而是要和他在一起,那晚还阻止我和那孩子见面,从那以后我再也没见过我的圣人恩里克。那个家伙能教会我在哪儿买到什么东西,教会我在哪儿可以一个月不花一文钱就生活下去。但我反而又把心思转向了那个美国贵族、伟大的圣路易斯,而且自那以后一直如此。这难道不是正确的决定吗?我的意思是,那个孩子,我很抱歉放了他的鸽子——但除了戴夫,比尔没法和其他人接触,你也知道,他的处境岌岌可危。他的《酷儿》比《瘾君子》写得好——我觉得把它们拼在一起是个好主意,《酷儿》肯定会让像维斯科特、吉鲁和维达尔这样的大佬而不仅仅是喜欢《瘾君子》的读者群爱不释手,对吧?题目呢?可以是《毒品或酷儿》,或者其他什么的……《毒品或酷儿或毒品》或者《酷儿毒品和酷儿》?标题一定要把两者都显示出来。比尔很伟大,比以往任何时候都伟大。他很想琼,是琼让他变得伟大,在他体内疯狂地活着,不断振动着。我们一起去了墨西哥芭蕾舞团,后来比尔冲出来赶大巴,我们周末去了山区的特内辛戈,拍了些照片(那是个意外,对,毫无疑问在任何地方都是)……峡谷很深。比尔在山上大步走着,一副悲惨的样子。我们在小河边分开,踏上不同的路。一定要沿右边的路走,比尔昨晚说过,通往特内辛戈的路有鹅卵石路,也有常规的柏油路。但现在他选了左边的路,沿着山脊爬到洞口,然后往回走,回到山路上,绕开小河。我想坐在少女们曾经褪去衣裳坐在上面的岩石边洗脚,沐浴在"圣经日"和"费拉人黄昏"难以形容的柔和中(先掸去岩石上的蜘蛛,只是小蜘蛛而已)。这是流着蜜的河,上帝之河,上帝与蜜在金色的柔波中,岩石是软的,草触到了唇。我洗完脚后,蹚过了我的杰纳西河,往山路走去(我的鞋破了洞,身处异乡的我只剩最后十块钱),其间经过一个大峡谷,深不见底,很是吓人。我在里面绕了许久,再见到比尔时,他正在特内辛戈一家冷饮柜台旁等着。那天晚上我们洗了个土耳其浴再回来。比尔的马克［刘易斯·马克］走了。到目前为止，我已经上了两个女人，一个是大奶子的美国人，还有一个很棒的墨西哥妓女，还遇到几个有意思的美国人……但他们昨天都因为大麻被捕了，以后再告诉你他们的名字（凯尔斯［·埃尔文斯］是其中一个，他好像是领头的或者说毒贩子），比尔和我没惹事，不错；我们有戴夫［·特塞雷罗］。我和比尔需要你给我们写一封长信，说明韦恩那边的情况（我的书稿马上完成，五百五十页），还有更多关于［让·］热内一级谋杀的消息吗？什么消息都要告诉我们。再说一遍，我想知道《在路上》的前二十三页在哪儿？真见鬼！（他们会帮我把这么多页插入书稿吗？）

给我写信，
杰

1. 在此期间，凯鲁亚克一直在躲避自己的第二任妻子琼·哈弗蒂。

艾伦·金斯堡［新泽西州帕特森市］致杰克·凯鲁亚克［无地址，墨西哥墨西哥城］

一九五二年五月十五日
中午十二点

新泽西州帕特森市
东三十四街四一六号
最亲爱的杰克：

刚收到你的来信，我马上回信。我猜你在墨西哥；这是一次具有纪念意义的旅行，我在地图上标出了你们的路线。吕西安和我去年夏天也去了马萨特兰，途经阿吉吉克和瓜达拉哈拉（阿吉吉克是地下人的集合地）。但几乎没有人途经索诺拉去古拉坎，人们对那里一无所知。

我一定是走漏消息的人。除非凯尔斯妻子在场时我不会露马脚，否则我一定会完全掩盖你的行踪，告诉全世界（伦敦的西摩［·怀斯］，巴黎的鲍勃［·伯福德］，纽约所有人）你已经坐船走了。

你对墨西哥的看法是我读过的最精彩的了。

"我以为我挣脱了达尔文的锁链"真是个奇怪的表述，除了这节还有其他诗节吗？

我知道尼尔心里那块石头，他命里注定无法让爱超越；但这没关系，因为那也促成了另一个未知的尼尔的诞生（并开始写作），谁知道兜帽里隐藏着怎样的自我，又藏着个体对世界怎样的厌恶和怎样冷酷的目光。

我不能去墨西哥，因为我害怕再次进入黑夜，也许是走向死亡，或者被遗忘，我要留在纽约日常生活那苍白的温柔里。我不想在黑暗中孤独地任你和比尔摆布——因为我自己没钱——我不想远离我所了解和热爱的世界，去更深更远的地方旅行。你的信对我来说意义非凡，却让人害怕，我也想像你说的那样立马愉快地加入你们。我害怕的不是受到毒瘾的控制，而是这种受到警察控制、身无分文、衣衫褴褛的日子带来的打击。我写得不多，一天只写几个小时——沮丧、颓废、不为人知；当时我也不能向父母求助，但恐怕我只能向他们求助，一切都显得如此幼稚、胆怯而苍白。在我的记忆中，在与吕西安的那次旅行中，我们不断遭受着来自死亡的威胁和折磨。我一想到无路可走，只能进入更深的黑夜，就会无法忍受自己心中的绝望。一旦我有足够的钱，能放松一下，我就会垮掉。我仍然受到创伤，约克大道上的世界末日、监狱、律师、［比尔·］坎纳斯特拉、琼［·巴勒斯］，我对这些感到无能为力。我不知道自己在想什么，但你的信让我为你感到忧心忡忡。虽然我知道那些景色是多么壮丽，但我也免不了替自己担心。虽然我知道，如果我跨进你们的房子,那将是我们有史以来最伟大的会晤。啊,让我再耽搁一会儿,等我的命运更加确定了,我才能下到另一边去。

当我们彼此拥抱、躺下,
我的心沉了下去,跳动着,
蜂蜜填满我的四肢;

我们的拥抱充满欢乐,
它压在赤裸的大腿上,
就像压在灵魂的赤裸上一样。
啊,达瓦洛斯[1],你看!

你叹息,一切都已太迟;
忧伤已远去,
消失在黑夜里。

倒数第三行不好,但暂时找不到替代的。有一晚我在圣雷莫遇到了迪克·达瓦洛斯,我们凝视着对方,轻声互相恭维。两天后的一个雨夜,我们在列克星敦大道相遇,一起回家,彻夜狂欢。我几乎又恋爱了,但比起初遇时那种自发的甜蜜这样的情绪无法持续,乌云落下,一旦得到满足,我们就不再感到快乐,就好像之后设计好的相遇、偶遇以及后来想象中的相遇。我明晚去见他,把你的信读给他听。他打听过你,几个月后一直去莱克斯酒吧找我们,但从没收到过感恩节聚会的邀请。跟比尔解释一下。

[……]

等我见到你,我会跟你分享我们的马萨特兰之行。是的,得记住太平洋三岛,那是我在这地球上所见过的最伟大的幻象(当然，除了哈莱姆）。西班牙广袤的平原在特皮克和瓜达拉哈拉之间起伏，离特皮克仅几英里远——我们在日暮中驶下巨大的斜坡，那是我见过的最大的草原，长长的云团从山上飘下，悬在大地和天空之间，越过云团你可以看到我们正在斜坡上，还能看到远方蜷缩着的那已迷失的小小城市特皮克。你还记得吗，在那个地方，在小小的群山之间，沿着山谷的上坡路，在山上的小丛林里，有一个小木屋王国？

你是那么孤独，竟然于永恒的午后在特内辛戈附近的小溪里洗脚，你一定在那儿达到了宇宙中孤身一人的成熟。

凯尔斯［·埃尔文斯］被捕，这听起来很可怕，写信告诉我他发生了什么事，说了什么。代我向他问好。

目前还没有关于热内的消息，但在全美的百货店里有他作品的袖珍本，这是卡尔的主意。

我两三周前给旧金山那边写了信（我记得是在你离开之后）。我找到《在路上》的前二十三页了，卡尔（不顾我的建议）把它寄到旧金山，但它在可靠的人手里，我会写信把它要回来。如果你想要，给我写信，我会寄给你。

韦恩那边一切就绪，就等你的书稿。尽快把它寄来。自我上次给比尔写信以来，没发生什么新鲜事。还有，杰克，建议你先把你的书稿寄给我，这样我可以赶在卡尔之前看一看，以防有什么麻烦。我知道你写得一定很好，所以才催促你尽快行事，因为卡尔可能会添麻烦。我说过，他有商业纠纷（你无法想象那有多复杂混乱）。所以如果你愿意，把它寄到帕特森给我，我再交给卡尔。我不收代理费，只是想尽力确保出版商那边一切顺利。卡尔很担心，他还提到了修改，说要按每月一百的合同费率计费。

但这里除了天热什么都没发生。我的书也被拒了。我见过路易斯·辛普森，他想要你的书，斯克里布纳出版社也是，别担心。

一九五二

我真希望我看过你的合同。

我与伯福德有联系，我给他写过信，请他让我负责编辑一期《新故事》杂志。我那一期一定会引起轰动，里面有卡尔、赛尔夫、你、比尔、洪克（也许还有哈林顿、霍尔姆斯和安森）。

我对你说的速写越来越感兴趣，越来越沉迷。请告诉我你作品的内容梗概。从理论上讲，我自己的诗大部分就像你的速写那样。

随信附上你寄给我的照片的复印件，我有很漂亮的放大图和额外的复印件及底片，所以永远不会弄丢。那些放大版照片上的人是静止的不朽的，照片此刻正放在我帕特森的书桌上。

你的计划听起来很棒；我保证，也许一年以后等时机成熟了，我会加入你们。我觉得我错过了很多。但我身无分文，只有微薄的失业救济金，除了出自己的书之外，我没有别的前途，我怎么能加入你们呢。你和比尔能照顾好我吗？得等等看你的财务状况如何。

告诉比尔，我说他不该嗑药，绝对不行，杰克，蒂-让，别到处嗑药。

是的，不能容忍书中的任何改动，除非是为了澄清一些参考资料或句子。例如，我觉得你的文字有些难解（可能主要是因为你用伊索寓言式的语言来谈论大麻和鸦片）。

你收到我上一封信了吗，寄到旧金山的那封？尼尔会转交给你吗？

好的，我会把你的信给卡尔看，及时向你报告进展。别跟比尔说什么新鲜事，等着《酷儿》出来。我还把他的短篇小说寄给了《美国水星》，如果他们不接受，我就把它发在《新故事》或《哈德逊评论》之类的杂志上。大家都坚持下去，看在上帝的分上别惹麻烦，那会伤透我的心的。

你瞧，我一直在和出版商谈生意，如果我不谈，就不会有任何进展。一旦我让每个人都获得地位和名誉,我们就会受到更好的激励。但如果不是我在这里收拾残局,纽约所有人都会完蛋。他们都活在另一个世界。

另:达瓦洛斯是纽约的秘密力量。回信中没有提到,只用了暗号——也许是达格罗斯(La Coq du class)。我很想去亚马孙,会设法去一趟。我见到了艾德·怀特,收到了西摩的来信——除了问"你好吗,老家伙"之外,他什么也没说。他要去巴黎见伯福德和杰里·纽曼,他们一个月前去了巴黎。

爱你的,
艾伦

1. 迪克·达瓦洛斯是名演员,也是金斯堡的朋友,他和金斯堡有过一段短暂的恋情。

杰克·凯鲁亚克[墨西哥墨西哥城]致艾伦·金斯堡[新泽西州帕特森市]
一九五二年五月十八日
亲爱的艾伦:

比尔说他会给你写封信,质疑你不来我们这儿的那些所谓"黑暗中的忧虑"的原因,同时他也希望在《瘾君子》或《酷儿》写完前你不要离开,这是当然。我们希望你成为纽约的大代理人和未来的编辑,如果我们赚钱了,你可以自己做老板,处理每个人的稿件……霍尔姆斯,哈林顿,安森,尼尔,你自己,卡尔,洪克。顺便问一下,洪克在哪儿?

要和比尔一起进黑漆漆的丛林,我放心不下……他用蛇的故事来吓我……(用一种无聊的打哈欠的声音)"那里有条蟒蛇缠在树上,一直缠到某个岁数,然后它就游到水里去了"。疟蚊咬人时会用屁股蘸一下,和普通蚊子不同;睡在地上很危险,有一种毒蛇，毒液太多了，一旦被咬就无法治愈，只有死路一条。还有像奥卡这样的杀人部落，像沿海小城曼塔这样毫无法纪的地区和城镇，猴子是丛林里的主食，等等。但如果我有钱，我还是会去。不要告诉别人，从厄瓜多尔到巴黎的途中，我可能还会去一次。我会经过纽约，呆上一周，也许是一个月，和大家重聚，偷偷找点乐子。

我知道你会喜欢《在路上》——请把它读完，到目前为止还没有人读过全文……尼尔没时间，比尔也一样。《在路上》的灵感来自它的整体性……当我回顾其中语言的洪流时，我就明白了。它就像《尤利西斯》，理应得到同等重视。如果韦恩或卡尔坚持要把它切碎，以使"故事"更易理解，我会拒绝，我会给他们另一本我马上要开始写的书，因为我现在已经看清了方向。我的《萨克斯博士》已经准备好了……或者该叫它《萨克斯博士的阴影》，简单地炫耀了我十三四岁时在洛厄尔的萨拉大道上见到的阴影幻象，以一九四八年秋我所梦见的神话为高潮……尸衣上面显现出我滚铁环的童年时代的天使。当然，现在《在路上》已完成，我要在墨西哥开始我的速写……为我另一本写南部边境费拉人的书打基础，我要写印第安人、费拉人的困境，写他们中最后的美国巨人比尔……事实上，这是一本关于比尔的书。这是两件事。如果我有空又恰好住在图书馆附近（比如说，如果我住在哥伦比亚校园或帕特森，或租住在四十二街和第五大道附近的廉价公寓），我就动笔写一部关于美国内战的小说，希望它可以媲美托尔斯泰一八五〇年代写的那本关于一八一二年难题的书，也就是说我要写部历史小说，包含一大群随风而逝的人物，比如吕西安式的骑兵英雄，麦尔维尔笔下的书记员巴特比式的反抗者，惠特曼式的护士，尤其是从黏土丘陵来的士兵，无言地凝视着奇卡莫加的灰雾下的虚空。我渐渐地了解了内战的实情。但我不确定（前两个）计划哪个会率先完成……应该是《萨克斯博士》。

来说说速写。首先，你还记得去年九月卡尔第一次提起想要我写一本尼尔的书吗？十月二十五日那晚，我和达斯迪［·莫兰］，还有［杰克·］菲茨杰拉德一起去了波基普西，就是那时我有了速写的冲动——那冲动是如此强烈，以至于无关乎卡尔的提议，我开始随手记下我所见的一切，所以《在路上》以公路旅行的传统叙事转向了尼尔旋风所唤起的有着庞大的多维意识和潜意识的个体叙事。我的速写（那回在哥伦比亚附近一二四街的中餐馆里，埃德·怀特随口说过："你为什么不像街头画家那样，不过是用文字来素描？"）……眼前的万物一个个被激活，只需净心任其倾吐文字（当你站在现实面前时，眼前自会飞来幻象天使们），以绝对的诚实记录下内心感受和外部现实，然后快速无耻地、不管情愿与否地打破一切，直到有时我受到如此无边的灵感的驱使，以至于我丧失了自己正在写作的意识。类似先例当属叶芝的自发性写作。这是唯一的写作方式。我已经很久没速写了，必须重新开始，因为通过练习效果更佳。尽管有时在大街上或在外面任何地方写东西会很尴尬，但这是绝对……是不败，是事物本身。

　　你能理解什么是速写吗？它就跟你写诗一样，不要用力过猛，通常连续十五分钟的速写就会让人筋疲力尽——而我十五分钟内竟写了一章，真有点疯狂。我读了一遍，它听上去像一个疯子的自白……但第二天读起来就像一篇伟大的小说了。就像你说的，我们写的最好的东西总是最可疑的……我觉得《在路上》里最伟大的句子（虽然你不认同）是——当然除了这段描述密西西比河的："莱斯特就像条大河，发源于蒙大拿州比尤特市附近的冻雪山（三叉山），蜿蜒在各州和整片疆域荒凉的棕褐色的土地上，雨雪中山楂树一片生机勃勃，北边俾斯麦市、奥马哈市和圣路易斯的小河不断汇入，在伊利诺伊的开罗市又汇入一条，还有阿肯色、田纳西，河水在新奥尔良时开始泛滥，带着这片土地泥泞的音信和地下人兴奋的吼叫,像整个土地在疯狂的午夜五脏六腑因被吸食而大幅震颤那样躁动不已、激动兴奋,这从北方来的散发恶臭的爪极式灵魂的超大老泥坑,满是铁丝、冰冷的木头和犄角。"

如果不是在无意识状态下,我又怎么能写出后面那些文字呢?

言归正传,我觉得(最好的)那句是:"不安的收费公路在柏油之下渴望权力的无声嚎叫……"这显然是我不由自主说出来的……"柏油之下"显然是关键所在,不要被它吓倒……伙计,它只是一条路。人们需要过五十年才能意识到那是一条路。事实上,我清楚地记得我对"柏油之下"这个表达犹豫不定(甚至想过用"柏油链轮"或者其他表达),但冥冥之中有个声音告诉我,"柏油之下"就是我所想的,就是"柏油之下"……布莱克、狄金森、莎士比亚等人,当他们发出代表众生命运的声响,比如"憔悴苍白,一天到晚像在做梦"……这些你能听懂吗?他们只是脑子里听到什么就记下什么。但我已烦透了诗歌,现在我要休息,找点刺激,比如看看电影。我还试着读了读戈尔·维达尔的《巴黎的审判》。这书写得不漂亮,还很直白,主角虽不是酷儿,但个性阴柔(大腿上有血淋淋的文身),废话连篇。如比尔所说,极具讽刺性的酷儿场景是本书唯一的可取之处,特别是有关阿尔斯勋爵还是什么人的那段描写……他们希望我们学维达尔,我的天哪。(退化到大二时模仿亨利·詹姆斯的样子。)如果卡尔在美国各地的百货店里出版热内的作品,那他就是在为他所在的这个世纪做贡献了。

听着,去年十二月我心血来潮,给埃里克·普罗特寄去一个关于杰[·让]的小故事,标题是《年轻的法国作家应该写什么》,讲的是尼尔的那个梦。还记得那次的对话吗?他说:"我不明白你那光怪陆离的运河,布鲁克林让我害怕,高架铁路太疯狂了,我想回旧金山的白山去。"(照搬下来)"你的那台水泵、那些土豆、那些与水手们一起的狂欢、那些抱着小狗跑过燃烧着的大桥的资产阶级情怀，饶了我吧。"（诸如此类）我又把它寄给了《新故事》，寄之前我把所有人名都改成法文名（尼尔成了让），美国城市改成了法国城市（新奥尔良成了波尔多），但那个小混蛋却把故事退了回来，说他想要更传统的。你知道那种类型的故事。所以你要小心。

你要我给你寄些速写之类的（伙计，你现在成了我亲爱的代理人），好吧，所有的都在《在路上》里了……要明确你自己喜欢的出版内容，然后精选出来，我则过于随意了，觉得什么都好，什么都可以出版……（显而易见的情况除外）。你可以将任意选出的部分改成短篇……把爵士乐的部分寄给《节拍器》，寄到自负的乌拉诺夫[1]手里，他认为太阳只在他的字典里升起落下。

至于佩奥特掌——它在沙漠里成长，生吞下我们的心。

如果吕西安今年夏天和塞萨再来墨西哥，你会来吗？如果那时我们还在，你也一起来吧。

达格罗斯［达瓦洛斯］不错……那晚他肯定把老达斯迪干掉了。艾德·怀特怎么说？霍尔姆斯在哪儿？《在路上》里某处正呼唤着摇滚和崛起……在第四百九十页左右。我不想评论你那封精彩的信……我们现在说好，你要经常来信（如果你有空的话），因为我和比尔都很孤独。我的合同是前一万字可以拿百分之十的稿酬，字数再多的话是百分之十五……如果有必要，我们可以把《在路上》给斯克里布纳或辛普森或法拉·斯特劳斯看看，把标题改成《尼尔的幻象》或其他什么，我为韦恩写了本新的《在路上》。

但我认为这些废话都没必要说。《酷儿》不是很棒吗？

杰克

---

1. 巴里·乌拉诺夫是一位爵士乐乐评家，也是比博普爵士乐的早期推广者。

一九五二

艾伦·金斯堡［纽约州纽约市］致杰克·凯鲁亚克［墨西哥墨西哥城］

一九五二年六月十二日

亲爱的杰克：

好了，《在路上》的书稿[1]几天前就到了。卡尔读过，我也读过一次，现在在［约翰·克莱伦·］霍尔姆斯那儿。

我不知道怎么出版它，它太私人，充斥着性和只有我们才明白的神话典故，我不知道对出版商来说它的意义何在——我说的"意义"是指，能够让读者了解什么人在哪儿做了什么。

你的语言很棒，炫耀的部分最棒，虚构的部分情感激荡。不仅如此，人物的台词有时更接近于熟稔的肺腑之言（比如"我为什么要写这个？""我是个罪犯"）。我相信，只要你一直写下去，好好写，在速写和叙事方面美国没人写得过你。我现在不该停下来给你写赞美信，但也许我应该这么做。可在我心里，整本书都让我很担心。它太疯狂了，那种疯狂不仅让人抓狂，而且是一种毫无关联的疯狂。

你了解自己的书。我肯定韦恩不会接受书稿，也不知道谁愿意接受。也许可以由欧洲的《新故事》出版，但你会修改吗？你要写什么，伙计？你知道你做了什么。

你的信并没有很长，而且不知何故，我也没收到比尔的信。下周，我会再读一遍你的书，然后给你写一封二十页的信，一段一段地谈我的感受。

这里先简单说说：

一、你还是没有谈到尼尔的过去。

二、你掩饰了自己的反应。

三、你把事件发生的时间顺序打乱了，所以很难知道发生了什么。

四、那些完全超现实主义的部分（拒绝制造意义的炫耀的声音),(后来没录制过的那部分)过于冗长、拖沓。

五、录过音的部分也有点拖沓,要精减,然后放在最后一次旧金山之旅之后。

六、看来你只是为了疯狂或绝望之故才将事情杂糅到一起,而不是真正地讲述它们。

我觉得故事很棒,但这种疯狂的呈现方式不太妙,出于对美学和出版等方面的考虑,必须把稿子全数撤回,重新整理。不管是新方向还是欧洲的出版社,他们都不会按原稿出版。不会的,他们不会那么做。

叶芝的"变色龙之路"是一系列不相关的意象,想象中的变色龙在虚空中游荡,它们对彼此来说毫无意义。

你应该把《萨克斯博士》置入神话的框架内,而不是在框架之外打断它,去谈论什么吕西安以前的金发或尼尔的大鸡巴或我的邪恶思想以及你迷失的骨头。这本书本身就是迷失的骨头。《在路上》只是拖着人(或者拖着像我这样对故事有所了解的人)去接近理解那条线;但这并非无可挽回。我是说它需要挽救。你呈现了整个该死的垃圾场,那乌七八糟的一堆,你说我无法理解是我没有思考,我说我正在尝试思考正尝试呢我是说我可以思考但你得讲得通你得讲得通啊,杰克,见鬼,谁都可以像你这么胡言乱语一通,扎格、尼尔、卢、鲍勃、琼、霍克可以,内拉·格雷博斯尼格也可以。如果你还在意是否说得通,考虑到该死的可读性,你可以把一连篇胡话归结为神经大崩溃(像〔威廉·卡洛斯·〕威廉斯在《帕特森》的一节里所做的那样,先把所有素材混在一起,然后再分门别类,条分缕析,真是厉害,然后说:"这是诗,一首真正的诗"),然后像什么都没发生过一样继续下去,因为确实什么都没发生,只是"没有"打断了"有"而已。但你的"没有"不停地闯进来,无处不在,你会一直说个不停,比如"他像罪犯一样走出房间"——

然后你会加上——像尸衣人一样（有谁听说过？）——然后你再加上——像黑翼鲁本斯（rubens）——然后会走诗意路线并说道——像粉翼驼背本斯（stoobens），文法学校的跳房子游戏高手，跳房子游戏，大天使的游戏，它是天国，是云彩，与此同时，他永远是那个正在走出房间的人，但你让我们看到的不仅仅是云彩、鲁本斯或"驼背本斯"，而是通过说"我是杰·凯"，我在不停地打断我自己。

但也许从三维角度，或者从审美或人性角度来说，这些都是令人满意的。我会把你的整本书一读再读，彻底读透（我知道乔伊思是做到了，但你只是经常不加思考地玩弄类似形式的把戏而已，这样不太好）。我会重读整本书，再详细谈谈。

顺便说一下，不要对我前面提到的内容过于吃惊，因为我，独一无二的艾伦·金斯堡，刚把我的书从八十九首诗删减到完美的四十二首，只是为了去掉那些滑稽的废话和连篇的拙劣之作，为了精益求精和人性。现在需要的是行动！金斯堡就是这么说的，尽管天知道他指的行动是什么。

1. 当时凯鲁亚克把这部书稿叫做《在路上》，但它后来作为《科迪的幻象》的一部分出版了。

编者按：收到金斯堡的信时凯鲁亚克正在墨西哥，他和威廉·巴勒斯住在一起。他正在写《萨克斯博士》，像以往一样身无分文。从巴勒斯那儿借了些钱后，他回到北卡罗来纳的姐姐家，在那儿短暂地停留了一段时间，然后前往圣何塞，与尼尔·卡萨迪住在一起。卡萨迪主动提出帮他找一份铁路上的工作。

杰克·凯鲁亚克［加利福尼亚州圣何塞市］致艾伦·金斯堡［新泽西州帕特森市］

一九五二年十月八日

艾伦·金斯堡：

我写这封信是告知你和其他人我对你的看法。你能不能告诉我，哪怕是举个例子……既然你扯了一大通袖珍本风格，还有什么描写毒品和性的写作新趋势，为什么我在一九五一年写的《在路上》一直没出版呢？为什么他们要出版霍尔姆斯那本糟糕透顶的书［《走吧》］却不出版我的，因为它不如我以前写的那些？还是说这就是一个不能自理的白痴的命运，或者整个纽约都臭不可闻……而你，我认为是我朋友的人，坐在那儿直视我的眼睛，告诉我我在尼尔家写的《在路上》是"不完美的"，就好像你做过的任何事或任何人都是完美的一样？不要为此动一根手指、说一个字……你以为我不知道你有多嫉妒吗？为了能写出像《在路上》那样的东西，你和霍尔姆斯还有所罗门不惜一切代价好让我别无选择，只能写像这样的愚蠢的信。如果你们是男人，我至少可以拿皮带抽你们一顿解气——太多副眼镜等着被抽打。你们这些该死的混蛋都一个样儿，我之前为什么要听你们说话、讨好你们、跟你们扯淡——我十五年的生命白白浪费在了你们这些纽约渣滓身上，贺拉斯·曼中学那些犹太百万富翁曾经为了橄榄球各种巴结我，现在他们甚至不愿意把妻子介绍给我认识，而像你这样的人……诗人无疑……冷漠、小心眼儿，都是一路货色……巴洛克式自以为是的做作的诗（小号字体印在正中间）……你说《在路上》里的事没有你不知道的（你说谎，因为我只看一眼就知道，你甚至不清楚开头那些最不起眼的细节，比如尼尔是做什么的之类），你这么说只是为了刺痛我——［卡尔·］所罗门则伪装成圣人，声称自己不懂合同，真是滑稽，十年之后恐怕我都不配在圣诞前夜看一眼他家的窗户……对那些皮包骨之人的恐惧让他变得如此肥胖，如此富有，最后成为一个满足于吸吮的大充气球……就像伊迪说的，你们都是寄生虫，特别是约翰·霍尔姆斯。如今大家都知道他活在对一切的彻底的幻想中，不怀好意地写一些自己不明白的东西，比如，什么斯托夫斯基毛茸茸的瘦腿，什么"令人难堪的帕斯捷尔纳克"——这个王八蛋嫉妒自己轻浮的妻子玛丽安。我想，任何一个正常用双腿走路的人，理所当然会认为那种忸怩作态、发出沙沙响声的走路方式让人难堪，而且他的作品散发着死亡的味道……每个人都知道他毫无天赋……所以这个无知的人，他有什么权利对我的书做任何评判，他甚至没有权利悄悄说书的坏话。如果说他的书糟透了，那你的书就只是很平庸。你们都清楚，我的书很伟大，所以永远不会出版。小心别在纽约的大街上遇见我。注意别泄露任何关于我下落的线索。我会去纽约追查这条线索。你们是一群无足轻重、自以为是的文人……你甚至不能离开纽约，你太蠢了……哪怕是柯索，那个驾着战车横冲直撞的柯索，也让他给我小心点……叫他走开……让他去死吧……每次看到《在路上》，我的心都在流血。我现在明白为什么它很伟大，为什么你讨厌它，还有这个世界的真面目……特别是你的真面目……你，艾伦·金斯堡，是……一个不信者，一个仇恨者，你的傻笑背后是低吼……继续你的任意妄为吧，我只求内心安宁……但我注定永远不会得到安宁，除非我彻底洗净双手，抹去这和肮脏的纽约相搏斗所留下的污点，抹去你和这个城市所代表的一切……每个人都知道……蔡斯很久以前就知道了……那是因为他从一开始就是个老人……现在我也老了……我意识到我对你们这些酷儿不再有吸引力……去给你的柯索吹箫吧……我希望他在你身上捅一刀……继续彼此憎恨、嘲笑、嫉妒……我在纽约记下的这部日志的主体就是一部滑稽的编年史，讲述一个愚蠢到家的小押尼珥如何上了爱嚼舌根的猪猡的当……我知道它有多荒唐……所以和你一样笑了……但从现在开始我不会笑了……我是偏执狂，其他人都不是……因为像你和吉鲁这样的人……甚至是吉鲁，是你他妈的让我赚不到钱，因为他恨你……那晚他和尼尔一道，尼尔想从办公室顺走一本书，试想如果我从你的"国家民意研究中心"偷盗并对偷到手的东西百般嘲弄，你会作何感想……还有吕西安，这个该死的自大狂试图让我为萨拉哭泣，然后在我人生最落魄的时候告诉我，我很快就会被人遗忘……一个人除非醉得神志不清，否则他一定清楚每个人都是这样——很容易消失并且被完全遗忘，在尘土里生出黑暗腐败的斑点……好了好了。我不想再了解你们所有人，甚至是萨拉，或是任何可能会读到这封疯狂的信的人……你们把我搞得一团糟……除了托尼·莫纳奇奥和其他几个天使之外……所以听好了，别再和我说话，别再写信，也不要和我扯上任何关系……此外，你可能再也见不到我了……这很好……是时候让你们这些轻浮的傻瓜认识到诗歌的主题是什么了……死亡……所以去死吧……像个男人一样死去……还有，闭嘴……最重要的是……别烦我……别再惹我生气。

杰克·凯鲁亚克

艾伦·金斯堡［纽约州纽约市］致杰克·凯鲁亚克［加利福尼亚州圣何塞市］

一九五二年十一月一日至七日前后，八日之前

亲爱的杰克：

我刚读完《萨克斯博士》，因为之前关于《在路上》和你信中的那些废话，我不知如何给你回信——你来信说的都是实情，我很难接受或否认——但先不提这个。

我认为《萨克斯博士》比《在路上》好（我指的是书的可读性和呈现形式——《在路上》肯定有更好的原创的呈现方式），我

也可以出版，相比之下《在路上》不行。《萨克斯博士》已经完成，在我看来它很成功。

但我觉得你可以写得更好，应该重新修订多余和俗套的部分。但总的说来，它的结构基本完美，尤其是最后几页对真相最终的揭露。对内容的处理方式基本趋于理性，这样我们就可以每时每刻都享受到文字创造的快乐。

《在路上》和《萨克斯博士》让你的文学前景变得愈加清晰，我相信你真的找到了原创性的写作手法的源泉——顺便说一句，这种手法是你自己的独创和风格，尽管跟詹姆斯·乔伊斯的很像，但仅仅是表面上相似而已。你的新词并不是语言上模糊的精确性，而是富有意义的听觉（可听的）创造。

你在小说里创造的声音节奏没有破坏句子结构的自然顺序，这点乔伊斯也很擅长。他必须把句子打乱、混淆融合在一起，模糊它们之间的界线，这样才能在它们中间注入旋律。我注意到你的旋律常常混杂着爱尔兰乔伊斯式句子的味道，但你的节奏又是尼尔日常口语的节奏。

你的意象像吕西安的一样简单，是那些不入流诗歌（不论新旧）里常见的意象（后面有说明）。

书中蕴含的哲理令人满意，也表现了崇高。我说的满意是指它是和谐和对称的，而不再只是个七巧板。

现实和神话的结构来回交替，这是天才的手法。将神话嵌在孩童幻想的框架内，从而以框架的形式赋予它现实。

至于书中写到的那些真实事件，我觉得没什么意思，无聊之极。因为除了通过一般性的联想之外，书里的一系列事件在一定程度上并无关联，也就是说，它没有太多引人注目的内在结构，不会让人想读下去并去探索之后或在现实生活中发生了什么，而现实生活正是由宏大的幻想生活所象征的。这也淡化了人们回忆现实生活的兴趣，割断了与任何个体的内在联系，有关性方面的暗示除外。在现实生活中，人经历的事情越多，就越能保有兴趣。如果你想改进，也许可以把真实存在的东西放进去——一些巨大的现实危机，比如你去年经历的那些；或者更早一些的，比如性方面的危机，我也不是很清楚。无论如何，在真实层面，想象的神话可能对应人们在现实生活中的成长、青春期以前的试炼和创伤之类。我不是在做临床诊断，我也没在写诗，这些只是我的观察。对我而言，书中现实的一面首先是由对其所描述的经历、轶事和事件等产生内在兴趣而关联在一起，其次是一如既往的繁复的语言让我对它产生兴趣，所以有时我甚至觉得，除了语言层面上的，什么也没发生，但这就足够了——不像《在路上》的某些章节，充斥着无意义的博普乐，让你即便试图跟上它的节奏，也无法集中注意力。

我已经描述过我想到的自然主义方面的错误，也就是说，我尊重这本书的整体结构，但我希望从我的角度就它的各种细节为你好好评判一番，尽管我也担心你会认为我吹毛求疵。

我得再读一遍，才能找出我所说的神话结构的问题，因为它们是交织在一起的。就目前来说，我觉得它还不错。一开始，我认为它过于粗略，直到我读到关于鸽派政治的大段解释、对布鲁克的刻画等，即第一百九十一页，我才有所改观。那些解释让人读得上气不接下气，在我因为内容混乱而怒火中烧时及时出现（我诅咒那个愚蠢的凯鲁亚克，他甚至懒得在所有超现实的流言中插入一个情节，只留下一大堆未经消化的意象、说明和谣言），一个完整的解释——我本以为不会有，但它却出现了，并且面貌清晰，如同奇迹般出现（就像侦探故事里靠线索解开谜团）。感谢上帝。

布鲁克本该更有趣些，因为他活在别人的谈话中，且并非重

一九五二

要人物。但你对老布鲁克的刻画不够成功,你没有让他在埋"洋葱"时遇到孩子,然后让他惊恐地尖叫着跑开。你应该这么写:"那时,蒂-让起身走到灌木丛后,可怜的布鲁克正在'洋葱'墓边轻声地自言自语。"剩下的缺陷就是那些类似"可怜的布鲁克"的陈词滥调了。那时也许萨克斯正在赶往城堡的路上。

这些构想都非常新颖,而且一定很难实现,想必构思过程和阅读过程一样都非常愉快。赶往城堡这个想法很棒,和萨克斯还有男孩一起观察小镇的那个片段很棒,鸽派和邪恶派的争议也很棒。事实上,我觉得花更多时间关注神话的细节将会很棒,因为那才是整本书真正的精华所在——对它的构想如此高明,相应的形而上和社会层面的评论又是如此贴切,如此嬉普士的同时又对公众有如此多的参考意义。我不明白为什么你不能多做些这样的事,把书写得更好。

我很乐意和你谈谈情节。

[……]

书里关于诗歌的现实部分令人困惑。你几年前在戴安娜公寓里写的那些旧诗呢?我可能留了几首。我不太喜欢这些诗,也不喜欢你用那种看似马马虎虎、含糊不清的方式把它们放进小说。那看起来像草草了事的侵入。它们应该是这样的诗,在特定的语境中,比如包含了终极的鸽派或邪恶派意义或萨克斯所提供的意义的语境中更具意义的诗。初读时这些诗就好像是不小心混进来的,源源不断地混进来,我禁不住大呼"真见鬼",我以为它们会很有趣,但也只是一堆有趣的诗而已(变色龙之路——变色龙意象),其中有几句散诗倒是有点启发性,总之,它们看起来不像是整体构思的一部分,似乎只是你脑子一热加上去的。

你小时候有没有去拜访过比你年长的人(比如黑人老人或老师),每天坐在他们的客厅里听他们家长里短,吃着饼干看着他们的人生在你天真的目光里飞驰而过,却不明白其中的意义?

所以,也许我们应该早点见面,早点谈谈《萨克斯博士》,更详细地计划如何把书呈现给读者,赋予公爵夫人、布鲁克、萨克斯更多行动,让他们更容易亲近。对大巫师孔杜(你知道的,所有那些伟大的人物几乎只占每部作品的一两页,他们是书里的大人物,忠于自己的角色,致力于他们的日常生活、幽默行为、八卦闲谈、闲闻轶事等等),我几乎没有了解。他们几乎就像是同一个角色,拥有相同身份。还有阿道弗斯·古伦斯(是否要让他以公文作者的身份出现,以实现这个名字的幽默效果?)和阿马德乌斯·巴洛克。所有这些人物都适合出现在莫扎特式的优秀喜剧里(如同小博阿兹[Boaz Jr.]一帆风顺的职业生涯在呈现冻僵了的孩童的意象时陷入困惑一样),你聚焦现实却脱离了时代,你忽视了他们,没有给予他们完整的生命,对待他们的方式只是提一下,让他们作为玩笑的一部分被一笑置之,但事实上他们需要进一步的完善,否则普通读者,也包括我,就无法理解他们的全部意义(你知道这些意义如今只是你自己的想法而已)。

他们出现时应带有更多细节而不是更加复杂化——故事情节已经够复杂了。简化一下,明确故事的走向。语言会起作用,我也不知道我到底是什么意思。但比如说,你见过三次公爵夫人,你不知道所有的邪恶派彼此之间有什么关系——你从来没见过真正的鸽派,只是道听途说(也许这没什么)。地精和所有更复杂的机器有点太像科幻小说,过于牵强。如果你想要的话,我会给你发一份详细的评述,说清楚神话细节中有多少是成功的,有多少又是不合时宜的——这一点非常重要。主要是如果整个神话成功了,它就成了宏大的象征,一个牢固的主体,一些细节(蝙蝠侠和女伯爵之间关于毒品的老生常谈)很精彩,总的来说,大多数时候写得都很精致、很老练,理智而温和。这些(有意为之)你在《镇与

一九五二

城》，尤其是在有关弗朗西斯智力退化的部分中都没做到，但在此处比较尴尬的是，这一切从来都不是你所想象的那种真正的高水准喜剧。

综上所述，在这封信中，我点明了你这本书的两个主翼部分，即关于现实的叙事和神话叙事及其结构，是我认为错误的（以及还不错的）地方。

[……]

在《在路上》中，大部分时候你未能展现尼尔的那种怪异的人类幻象。

这本书是一个真实的幻象，是美国文学史（谁知道它的开端在哪里呢？）上的第一个。

实际上，邪恶派应该与船一起沉没，与蛇一起毁灭。这是一个关于偶发事件的纯粹双关语，事情就是这么发生了，就像琼·亚[亚当斯]所遭遇的那样。

顺便说一下，在你那封长信中，你错把我当成邪恶派，我已经不再笃信邪恶派。我就像蒂-让一样，是个务实的男孩，有时候觉得萨克斯博士疯了，最好躲开他。这也是菲尔德式的态度。

我一直希望能收到你的来信。我父亲说帕特森家里有我一封信，是卡萨迪寄来的，可能是回复我的明信片，转交给我的，我却没收到。希望他的信不令人作呕，希望信是令人愉快的，或至少不让人反感。

我的《尸衣陌客》还没写完。你的书提出了相当大的挑战。等我完成那首诗时，大家就会明白我的平庸之处。在那之前，我只能承认天才包含百分之九十的汗水，等等。我比平庸还糟糕，我是个彻底的失败者。昨天我收到了卡尔的来信，建议我烧掉《空镜子》，因为诗很无趣，"这种自怨自艾的痛苦毫无价值"。

自上次见你之后我一点进展也没有。几天后，我跟赫伯特

[·洪克］见了一面，就五分钟。我还不想见他。我在下东区有个温馨的小公寓，有暖气和热水，非常干净整洁，即使是你母亲也不会因为住在那儿而感到羞耻，你懂我是什么意思。三个小房间，卧室，厨房，客厅加在一起月租金不过三十三点八美元，甚至还带家具。任何想来拜访或留宿的人都欢迎，完全不受外界干扰。

我的地址是纽约市东七街二〇六号十六号公寓（位于B大道和C大道中间）。达斯迪［·莫兰］的衣服等都在这儿，但她人不在，我们已经分手了，我不知道她住哪儿。由于我想以必谈事务来结束这封信，所以我对细节的描述很少。

如果你愿意，请如实告诉我你在经济上作何打算。我想我知道怎样才能出版《萨克斯博士》，无论是否需要修订（但是杰克，我还是要说，一定要听听我对你作品的看法）。我会和卡尔、霍尔姆斯商量一下（我不知道他们成了代理人后会如何表现）。

如果MCA[1]接受你的书，我建议你就让他们来处理，但估计他们不会接受。

我相信鲍勃·伯福德会照原稿出版。［新］方向可能会出修订稿。鲍勃-梅里尔·路易斯·辛普森可能会接受修订稿，也可能照原稿出版。

顺便说一句，书中没有任何让我觉得在性方面有语词上冒犯他人或该谴责的内容，可以保持原状。

关注下《镇与城》的销售进展。装帧换成平装本，应该让MCA去换。如果你想知道，我会告诉你上面所有事项的一些实际细节。上次我想帮你时，你还真让我难堪了一回。

总之，杰克，这本书对你来说意味着真正的胜利，一个你所能想到（或意想不到）的贝多芬-麦尔维尔式的胜利。

要我拿给范·多伦看吗？他会很高兴的。

我一直在探索下东区，这是我第一次真正探索它的深度和广

一九五二

度，以前我从未意识到——一些街道就像墨西哥的小偷市场。

一如既往爱你的，
艾伦

  1. MCA, Maria Carvamis Agency, 纽约一家文学代理结构, 促成了《镇与城》的出版, 当时凯鲁亚克的恋人乔伊思·约翰逊在MCA工作。——译注

杰克·凯鲁亚克［加利福尼亚州旧金山市］致艾伦·金斯堡［新泽西州帕特森市］

一九五二年十一月八日

亲爱的艾伦：

  你的信我读了多遍。很好，你能理解我写的东西，很好。我感到很荣幸。《萨克斯博士》是个谜。我打算让它保持原样，但不是因为和《在路上》一样的原因（被激怒了之类），而是因为我真的喜欢这本书现在的样子，包括你建议我修改的那一小部分，比如可怜的布鲁克和男孩之类。《萨克斯博士》是描写洛厄尔的绝佳之作……真相埋在我的心中、我的脑际，有时变得如此狂热。我跟你推心置腹，就好像我们是同一血脉的兄弟。文学，如你所见，就是把文字变成"话语"和"意象"之类，所有"工具"性质的评论不再是我关心的对象，因为让我写出"芦苇里的沙滩残骸"这样句子的是前文学，在我学会文学家那一套修辞之前，我脑子里就有了类似的想法。此刻我正用法语把那些想法一股脑地写下来，《萨克斯博士》是我边嗑药边写的，一气呵成，有时遇到比尔［·巴勒斯］走进我的房间，我就会把一章收尾。有一次他拉着他那张灰色长脸冲我大喊大叫，因为他在院子里闻到了烟味。你知道我很生你的气，但很快我就消气了，很多次我想写信跟你说："嗯，你知道的，有时我很生气。"尽管你是犹太人，但我一直把你当作我的小弟弟、

我的小天使，因为你就像个俄国小弟弟。吕西安一直跟我说不要生你的气——如果我真要生气，那就去生那些想伤害我的人的气，比如他自己。尼尔生我的气了，他不跟任何人说话，挂断我的电话。我在贫民窟找了个不错的小房间，一周只要四美元，我把自己安排妥当（正在写一部跟《镇与城》一样厉害的新小说），意识到自己已经很多年没这么开心过了，便对自己说："好吧，从尼尔在奥松公园跟我搅和在一块时起，他就一直是个疯子，让我以为他也一样开始学习写作了。"这是什么屁话？有一晚，我睡在铁路公司一张破旧的沙发上，因为连续工作了三天三夜，所以睡得很香。尼尔俯身对着笑道："老兄，你来啦！起来，起来，什么也别问，快起来。"于是我为了向他示好，和他一起搬回了他的房子，卡洛琳因此很生我的气。真是恶毒。我讨厌人类，我再也受不了人类了。刚刚有人打电话催我去工作，我很反感，我受够了，该死的铁路公司，这就是为什么我花了这么长时间才回复你的原因。

让约翰·霍尔姆斯去处理《萨克斯博士》吧。关于你的信还有一件事，你总是担心"不对劲"，像小阿瑟·施莱辛格、阿德莱·斯蒂文森、哈佛法学院、联合国、迪安·艾奇逊那些人一样随时做好对某事进行详细评估的准备。为了什么？为了什么？为了什么？为了什么？

你难道不明白吗？

仔细读一读《走吧》，这本书很不错，每一页都写得很真诚……杜鲁门·卡波特、珍·斯塔福的每一页则都充斥着废话……所以我要说霍尔姆斯比他们厉害。

啊，我很想见你，不过照我的旅行计划，也许我今年圣诞节就可以见到你。问大家伙儿早上好。

另：当你自言自语地说"哦，那个愚蠢的凯鲁亚克甚至懒得插入一个情节，只留下了一大堆未经消化的意象和说明，等等"，

一九五二

你恐怕已经忘了,是爱赋予了我们的诗歌生命,而不是令人焦虑的写作技巧。是的,你就像巴尔扎克一样擅长挖掘现实的珍宝(啊,我可不行),我的意思是,我以为没有人能理解这本书,但你却真的理解了,我们拥有相同的洞察力——我的乖宝贝。

你的朋友,
杰克

一九五三

编者按：凯鲁亚克冬天大部分时间都在加利福尼亚的铁路上工作，而金斯堡则在纽约为朋友们的书寻找出版商。卡尔·所罗门正通过他叔叔的公司王牌图书帮忙出版巴勒斯的第一本书《瘾君子》，为了帮助宣传这本书，艾伦要求杰克允许在宣传中使用他的名字。凯鲁亚克后来在这封信的顶端写下"争执的原因"。

艾伦·金斯堡［纽约州纽约市］致杰克·凯鲁亚克［加利福尼亚州旧金山市］

一九五三年二月十九日

周四晚上十点半

亲爱的杰克：

"约翰·凯鲁亚克和克莱伦·霍尔姆斯都是垮掉的一代的专家，虽然霍尔姆斯最近在《时代周刊》的专栏中引发争议，但他们都赞成笔名为威廉·李的作家是垮掉的一代的关键人物之一。

"李最初出现时潜伏在他们两本书的阴影下，那两本书分别是《镇与城》和《走吧》，李被刻画成了地下人。李以独立作家身份公开亮相是在王牌图书公司宣布出版《瘾君子：一个无可救药的吸毒者的自白》时，该书于四月十五日自地下问世。

"作者瘾君子李并没有在此地耽搁，以收获任何应有的喝彩，最新的消息是他正在亚马孙盆地探险，寻找一种罕见的致幻剂。"

亲爱的杰克：

反面是卡尔［·所罗门］、我以及韦恩公司的公关人员为《纽约时报》草拟的新闻八卦。我读给霍尔姆斯听了，他没意见。我们要把它交给《纽约时报》的八卦作家戴维·邓普西。

请允许我们使用你的名字，同时也请附上两句给比尔［·巴勒斯］的宣传语，以备现在或以后使用，越紧凑、越高级越好，二十五个字左右。霍尔姆斯也会写几句，强调书的文学价值——不管那是什么，强调书的个性，或者吹嘘一下整个《瘾君子》的写作计划多么愚蠢。

我预计这个周末去帕特森，就周六吧，不过周五晚上我可能会呆在这里。

上周约翰根本没能及时赶到鸟园[1]，他从皇后区还是别的什么地方回来，迟到了半小时，他心想兴许是他自己的错。

我今晚会打电话给卢［吕西安·卡尔］，几天后搬进他的公寓，也许是周一或周二。他要离开一个月，也许我们还能再见他一次。

再见。看在威尔［巴勒斯］的分上，请写两句话，本周寄给我。

你的，
艾伦

1. Birdland，又称鸟园爵士，纽约著名的爵士俱乐部。因绰号为"大鸟"的爵士音乐家查理·帕克常在此地演出而得名。——译注

编者按：凯鲁亚克立刻做出了回应，用的是他母亲在纽约的地址，也就是他的"官方"住址，因为他认为这是重要的商业事务。

杰克·凯鲁亚克［纽约市里士满山］致艾伦·金斯堡［纽约州纽约市］

一九五三年二月二十一日

亲爱的艾伦、先生们：

我不允许你、艾·阿·韦恩和卡尔·所罗门在戴维·邓普西的《纽约时报》书评专栏中使用我的名字。我不希望我的真名与成

瘾药物扯上关系，作者用了笔名来掩盖自己的真名，所以不会受到非议，但我不行，而且因为图书交易的原因，书会到处流转，牺牲的却是我的名誉。

在这份"草拟的宣传稿"中，我不希望通过暗示某种专业和艺术上的相似性而将《镇与城》和《走吧》相提并论。我也不允许我的名字与克莱伦·霍尔姆斯作为共同的垮掉派专家一起出现。

特别是，我不想你们误引我的话，说我"赞成笔名为威廉·李的作家是垮掉的一代的关键人物之一"。我对笔名为威廉·李的作者或垮掉的一代的评论，必须通过适当的渠道，通过我自己和我的代理人，才能为你们所用。

谨遵您公事公办的，
约翰·凯鲁亚克

编者按：金斯堡的回信充满讽刺意味。

艾伦·金斯堡［纽约州纽约市］致杰克·凯鲁亚克［加利福尼亚州旧金山市］

一九五三年二月二十四日

里士满山街一三四号94-21栋公寓

杰克·凯鲁业克先生收

先生您好：

谢谢您二十一日对我二十日来信的两次及时回复。[1]我最初的请求似乎违反了您在信中所解释的您处境下的某些礼节，对此我感到由衷的委屈，我得赶紧把这件事的所有方面都纠正过来。

在我继续之前，请允许我祝贺您授权引用的内容是那么迷人、精辟；该引文我将先报您方代理，在征得他（她）同意之后再

使用。

有两个敏感问题我想提一下：我会尊重您的想法，把您尊贵的文学声望与《走吧》作者的分开（顺便提一句，他允许我这么做，并没有与MCA商量），另外，我将尽我的力量帮您达成愿望，特别是在这种情况下，作为朋友我应该提醒您，我采纳您关于单独声明的建议，应您要求我不会再向任何人提及此事。换句话说，让我们尽可能悄无声息地做这件事，以免冒犯了霍尔姆斯先生。如果您想公开这件事，当然，那是您的特权，我会照做。

其次，您当然知道您和MCA的新关系需要高度保密，尤其是因为在韦恩的出版社那边还有一个棘手问题要处理。所罗门对您最近的活动一无所知。根据您的明确指示，我对他只字未提任何有关您目前出版情况的消息。所以，如果您见到他时谈及此事或者别的任何事，我求求您，为了您自己，千万不要提MCA的事。当然，如果您想见他，那么在他们同意之前应避免让MCA做中间人。

我很赞赏您在对李先生的作品赞美方式选择上的鉴别力。我相信，只要您把事实真相告诉他，他和身为他代理人的我本人，都会对您的这种尊重感到欣慰。如您所知，鉴于他现在正在南美旅行，无法就宣传事宜联系他进行磋商。我一直在为他的利益着想，尽量谨慎行事，尽管我肯定难免犯错，但错误必定会得到纠正。

还有一个问题也许需要由您的代理人来决定：您是否真的觉得，您为宣传工作所做的一切会导致您因毒品而遭受威胁迫害？正如您所知，笔名掩盖了作者以真名承认犯下的一些罪行。但这对于任何选择赞扬他作品的人来说构不成威胁，也许只是招来社会上的反对声音罢了。

再谈谈我自己的立场：虽然您的名字会因图书交易而传遍街头巷尾，但若不是出于对文学崇高严肃性的考虑，我做梦也不会向您提出这样的请求，除非是出于我对自己手头作品的质量信心有加，我也不会在公开场合使用您的名字作任何其他用途。在我看来，出版商艾·阿·韦恩的动机在很大程度上与我的利益不符；我觉得我没有必要去考虑他们的动机，除非出于策略上的原因偶尔为之。我引述自己作为后者的证据，这一段建议您保持沉默，不要透露与MCA的出版安排，除非MCA自己将其公之于众。

在结束这封信之前，我不得不再次感谢您的那一段话，它似乎结合了所有恰当的元素，并抓住了那种赞赏的精神，希望有朝一日该精神能被广泛赋予我们手头的作品。

另：再次为此事给您造成的困扰表示歉意。当然我会听从您的建议，首先和MCA澄清这些问题，包括当下的和其他即将发生的情况。

谨以最严格的商业精神的，
艾伦·金斯堡

1. 本书只收录了其中一封。

编者按：他们的分歧通常都很短暂，不久，凯鲁亚克就再次请金斯堡做他的代理人，代表他与纽约的出版商打交道。

杰克·凯鲁亚克［加利福尼亚州圣路易斯 奥比斯波市］致艾伦·金斯堡［纽约州纽约市］

一九五三年五月七日

亲爱的艾伦：

你愿意为《萨克斯博士》和《玛吉·卡西迪》赌一把吗？主要是《萨克斯博士》。它们就躺在我的卷盖式办公桌右上角的抽屉里，就在一三四号94-21栋公寓——如果你同意代理《萨克斯博士》(我们对《在路上》的意见不一,但《萨克斯博士》就不一样了,对吧?),我会写信通知我妈在你来的时候把稿子交给你。此外,如果菲利斯·杰克逊拒了《镇与城》,稿子也会移交给你。我只是不明白让《萨克斯博士》烂在抽屉里有什么意义,随便寄给哪里——但不要让什么阿猫阿狗都读到[《萨克斯博士》],不然类似的风格便会立马出现在《新[世界]写作》和其他地方。去他的玛莎·福利[1]的儿子,还有他的狗屁节选。请让《萨克斯博士》走高贵的出版路线,就像建筑创作和交响乐一样。如果你不想代理《萨克斯博士》(还有《玛吉·卡西迪》),请马上告诉我。我依然很痛苦,事实上比原来更糟。我的思想开始在旋转中变窄,就像漩涡的边缘和涡口——我感到眩晕——但我也很平静,照常工作和睡觉。你呢?

注意:

尼尔[·卡萨迪]受了重伤,从车厢上撞了下来,摔在一个铁头保险杠上,划破了胸部,摔断了脚踝。他现在在家,拄着拐棍。给他写写信。我去医院探望过他。我还没见到卡洛琳,但可能会搬去和他们一起住。我现在在住在山里。处于刹车状态。今年夏天,我计划去荒野,通过钓鱼、制作印第安橡子糊和狩猎等学习独立生存,为我将来无法在人类文化和文明中生存的日子做准备。

艾·阿·韦恩和《玛吉·卡西迪》的事进展如何?

不管怎样,我希望你一切都好。请把比尔的最新地址告诉我,让他——算了,我自己会问他要凯尔斯·埃尔文斯的地址,他就在旧金山的某个地方开着快艇——

我好无聊,你呢?

杰克

---

1. 玛莎·福利是《新世界写作》杂志的编辑。

艾伦·金斯堡［纽约州纽约市］致杰克·凯鲁亚克［无地址，加利福尼亚州圣路易斯-奥比斯波市］

一九五三年五月十三日

亲爱的杰克：

我昨天收到你的信。马上就给尼尔写信。我今天写信给比尔，把你的地址告诉了他。他现在的地址是：由美国驻秘鲁利马领事馆转交威·苏·巴勒斯。他可能还要在那呆两周。他正在写一本关于"死藤水"的书。

我有很多事要告诉你。我在一家文学代理公司找了份工作，后来被解雇了，我失业了（但我还替我哥干活，他给我工钱），我有很多想法，也写了很多。下一封信里我再跟你解释。整个夏天我都会用来写作，有一本书要整理（新书），它是建立在想象力和新哲学基础上的伟大作品。

《萨克斯博士》和《玛吉·卡西迪》可以出版，我会立即采取措施促成它们出版。

你必须把一切都交给我，相信我，诸如此类。做以下这些事情：告诉你母亲我会去探望她（不会带那个怪胎同去），把两本书稿都带回来；请给我寄一封信，随信附上一张给MCA的菲利斯·杰克逊的便条，上面写明：

"请采取一切必要的措施，在您方便时尽快出版《萨克斯博士》和《春大的玛吉》（或者《玛吉·卡西迪》什么的）。我不在纽约期间，艾伦·金斯堡将代表我，并代为处理与这两本书相关的事务。"

便条上就这么写。我今天一直在电话里安排事情。韦恩拒了《玛吉·卡西迪》。

任何更进一步的联系都应该通过我，杰克，拜托了。我确信我完全知道如何处理这种情况。

我将通过MCA的机构来运作，他们会愿意按照我给他们安排的方式与我们合作。如果他们无法给书定位——尽管他们很感兴趣，也会试着出版——只要他们同意，乐意让我去做，我会亲自去推销。

把上面的便条寄给我，我来转给他们，在我告诉你应该和谁（出版界的任何人）联系之前，不要轻举妄动。

（顺便说一句，考利[1]并不知道你对《在路上》另有打算，比如你在纽约跟我说的那些。从专业角度来看，他的态度仍然很友好。）

我明天再接着写。你回信时寄来上述便条。

给你我全部的爱，
艾伦

---

1. 马尔科姆·考利，美国作家、编辑和评论家。作为维京出版社的编辑顾问，他对《在路上》的支持对该书的出版起到了重要作用。

艾伦·金斯堡［纽约州纽约市］致杰克·凯鲁亚克［无地址，纽约州纽约市］

一九五三年七月二日
周四中午

亲爱的杰克：

"只是"写个便条跟你说下总体安排：

一、你能再寄几本《萨克斯博士》和《玛吉·卡西迪》的复本吗——用打字机打的？这样更好。我们还打算在《新［世界］写作》上发表部分章节，我还想到可以出几本厚选集（在《观点》上发表）。同时发行，这样节省时间。

二、你手头有没有想发表在（上面）这些杂志上的短篇。也可以寄来。

三、为了达到上述目的,你(你自己)可以准备一个有关《萨克斯博士》和《玛吉·卡西迪》节选部分的列表吗?(就像M.劳里那样)

四、《在路上》的第一版或第二版中,有哪些部分你觉得应该出现在最终版本中,或者有哪些部分你希望现在就印刷出来?把那些部分加进来。

五、你能给我几本第一版和第二版的《在路上》吗?供我自己做研究(我自己的诗)和写文章之用,就叫《杰克·凯鲁亚克的小说导读》。

文章我构思了半年,现在准备开始写。

因为放假,我整个周末从周五下午四点到周一早上都不用上班。沃尔特·亚当斯周五傍晚早些时候会来;艾伦·安森试探性地邀请我周六晚上去伍德米尔。这几天我真的很想去海边或山上度假(我通常没有两天假期,今天是七月四日),但我不知道去哪里。如果我能想到度假的地方,我一定会取消其他所有安排,赶紧走人。

事实上,我反正可能会根据一般原则取消其他安排的。

如比尔所说,一如既往爱你的,
艾伦

艾伦·金斯堡[纽约州纽约市]致杰克·凯鲁亚克[无地址,纽约州纽约市]

一九五三年七月十三日

亲爱的杰克:

商业要务:

我终于从韦恩那里把《玛吉·卡西迪》要回来了,还有一封拒绝信，我会把书稿寄给MCA。整个过程就像拔牙一样艰难，天知道为什么他们一直在推脱和逃避。

以下文件是我需要的：

一、一份你和韦恩的合同。合同你是留着还是已经寄回给他们了？如果还留着，那就寄给我。如果没有，那我就向他们要一份。

二、包含商业内容的所有韦恩寄给你的信件，特别是《在路上》《尼尔的幻象》那一版）和《萨克斯博士》的拒绝信（如果有的话）。他们给你寄过信吗，还是都是口头交易？如果没有，我也从韦恩那边要。还有要求修改的信件等。

这是我明确需要的三个文件，还有你身边所有的补充文件。这一点非常重要。寄给我或者这周带来。以上文件如果你一个也没有，请告诉我。

对于目前的出版计划，不能再让卡尔［·所罗门］知道更多内容。所以如果你看到他或任何可能和他谈论你的人，什么都别说。我今天只说到我想搞定《萨克斯博士》和《玛吉·卡西迪》，别的什么都没提。他知道前期的［马尔科姆·］考利等人，但不该知道更多，关于这一点的后续谈话应该尽量含糊不清。如果你有其他计划，请告诉我。这也非常重要。事情很棘手、很微妙。

MCA认为考利手里那个短篇可以在这儿（或国外）出版，他们会查明考利是怎么处理的。他离开了三周，七天后回来。

邮局通知我明天去取三封挂号信（巴勒斯寄来的）。《死藤水［之信］》的后续。

我周三休息（吕西安那个混蛋也是），周二晚和周三都有空。我读完了麦尔维尔的小说《骗子》，它写的是朋友之间的空虚感，以及人与人之间纯洁信仰的中断。正在研究扼杀了他另一部小说《皮埃尔》的骨感"现实"。

开始写关于你的文章。

爱你的,
艾伦

杰克·凯鲁亚克［纽约市里士满山］致艾伦·金斯堡和威廉姆·苏·巴勒斯［纽约州纽约市］

一九五三年十一月二十一日

亲爱的艾伦、比尔:

觉得有必要给你们俩写封信,正坐在打字机前,肚子里是大麻,酒杯是空的——我刚给［马尔科姆·］考利写了封关于《新世界写作》的商务信,内容如下:我看了最新一期的《新世界写作》,发现天秤座的戈尔·维达尔试图贬低你,好把自己抬升至新的评论家大佬的位置,真是滑稽,他不过是个自命不凡的小基佬。他们在一九五〇年告诉我同性恋在美国文学中很有势力,但这并没有从那时起一直困扰我,困扰我的是那么多乏味的人恰好是同性恋又出尽了风头,因为那些产生短暂影响力的如鲍尔斯一类的二流的轶事复述者、如卡森·麦卡勒斯一类的自命不凡的标题党女作家、如维达尔一类的滑头的剧作家——因过于天真而无法看清自身立场多么可耻的严肃的自我狂欢者——层出不穷。我觉得我很快便能扬名于世,到时得由我来发表一份声明,诸如美国每一位原创音乐天才"都进过监狱,我向你保证文学也是如此"之类的,你觉得怎么样?下一句便是:是时候了——(音乐天才如鲁道夫·鲍威尔,"大鸟",比莉·哈乐黛,莱斯特·扬,杰瑞·穆里根,塞隆尼斯·蒙克[1])——给他们点颜色看看!你们说呢?我会收拾维达尔,干翻他,把那混蛋干出地球?

这封信的目的并不是要这样没完没了地扯淡,但话又是非说不可的。我服用美沙酮后有了幻象,吃下这种美国化学合成麻醉剂四十八小时后，我现在有点晕药，迷迷糊糊地整个人镇静下来。在这种感觉中，我感受到了自己对你们两个或其中任何一个强烈的柔情和爱意，真希望我能带给你们无上的荣誉或任何你们珍视的东西。很快，我们将去往三个不同的地方，但最终，大约一年之后，我们可能齐聚墨西哥城——现在我想做一场演说，一场餐后演说，在一顿盛大、成功的雪茄牛排大餐后说上一通，但我真不知道该说些什么。我不是乔治·杰塞尔[2]，但我知道你们一定听得懂。我正在写要寄给你们的信。现在镇静剂上头了，伙计们你们好吗？你们以后一定上天堂，你们是好人，呃，呃，你们的一切都会好起来，好吗？去天堂，朋友们，爱你们。

一如既往的，
杰克

1. Thelonious Monk（1917—1982），美国爵士乐作曲家、钢琴家。——译注
2. George Jessel（1898—1981），美国演员、歌手，因经常在政治和娱乐聚会上担任主持人而出名。——译注

一九五四

编者按：到一九五三年底，金斯堡攒够了去圣何塞拜访尼尔·卡萨迪的钱。他决定来一次悠闲之旅，并在圣何塞呆上一段时间，也许还可以在旧金山找份工作，租套自己的公寓。他于去年十二月离开纽约，途经佛罗里达、古巴和墨西哥，途中写了长信。由于凯鲁亚克在墨西哥一个偏远地区旅行，没法给他写信，所以这一时期的通信是单方面的。

艾伦·金斯堡［墨西哥梅里达市］致杰克·凯鲁亚克、尼尔·卡萨迪和卡洛琳·卡萨迪［加利福尼亚州圣何塞市］

一九五四年一月十二日前

亲爱的杰克、尼尔、卡洛琳：

我现在正坐在梅里达"客人之家"的阳台上，俯瞰着暮光中的街区和广场。我刚在内陆住了八天，乘飞机从可怕的哈瓦那和更可怕的迈阿密海滩来到这里，花了五比索订了个大房间。一顿大餐和可待因下肚后便坐下来享受这个夜晚，看看这热带的满天繁星，这是我很久以来第一次休息放松。

我在杰克逊维尔见到了比尔［·巴勒斯］的马克［刘易斯·马克］——一个好心的家伙，拿出十二美元供我旅行，非常讨人喜欢。但是，我不得不说，比尔的男孩品位很糟糕。别的不说，至少他看起来饥肠辘辘，摇摇欲坠，可怜地噘着嘴，丑陋不堪，左耳下方有个令人作呕的胎记，肤质让人感觉他像个胡子没刮干净的血友病患者。第一眼看到他时我大吃一惊——可怜的比尔，竟然爱上一个嘟嘟嘴、病恹恹的近视眼稻草人！我和他聊了很久"伊戈努"的神秘个性，喝了朗姆酒，在他位于贫民窟的那间发了霉的大公寓房里住了下来。

一九五四

在棕榈滩，我联系了巴勒斯家，结果受到了热情款待——他们招待我吃圣诞大餐，安排我住豪华旅馆，开车带我去城里观光。他们问我比尔怎么样，我告诉他们比尔是个"非常好的作家，将来或许会成为非常伟大的作家"，我觉得他们喜欢听这样的话，也很高兴自己以最保守的鲍勃·梅里姆斯[1]的审慎态度说出来。老巴勒斯夫妇人很好，也有比尔那种天生的智慧。我花了一点五美元在迈阿密海滩过的夜，见到了所有疯狂的酒店，有几英里长，眼睛都看不过来，这是我所见过的最不真实的景象。我还在他们的鸟园俱乐部遇见了艾伦·伊格[2]。基韦斯特和普罗温斯敦很像，没什么故事，晚上我在基韦斯特搭了辆卡车。至于哈瓦那，我就不说了——像某种令人生厌的、正在腐烂的古董或正在腐烂的石头，到处都显得沉重，我不喜欢古巴人，尽管我身在古巴。在离城二十英里的一个小村庄里，我迷了路，身无分文，不得不和那个给我买酒喝的人一起回家。他是那么伤心，又那么热情，但我只想逃离，无法理解他所谓的命中注定。我第一次乘飞机从空中俯瞰地球，看到了加勒比海群岛，巨大的绿色尤卡坦海岸像地图一样，石灰岩地壳上的地陷，狭窄的道路和小径就像地上蚂蚁爬过的线路，小城市就像口袋里的蘑菇，午后山丘上的凹陷，还有风车。

在梅里达呆了三天，遇到两个金塔那罗奥州的印第安人，驾着马车绕城转悠时遇到了市长的弟弟，于是被邀请去市政厅参加盛大的新年庆典。在市政厅的阳台上俯瞰广场，享用免费的啤酒和三明治：夜晚，新年，礼服。在像纽约—巴黎—伦敦的俱乐部一样的"乡村俱乐部"里喝着免费香槟，身边是说着法语、英语、德语的实业家，还有年轻的尤卡坦半岛的西班牙女孩，刚从新奥尔良女子精修学校毕业。星空下餐桌旁的所有人都穿着燕尾服和晚礼服，但没有故事发生。我只好到处逛逛，找人聊天，然后跑去市中心，听舞厅里不地道的曼波舞曲，喝上几杯，到早上五点才睡。第二天我去了奇琴伊察，免费住在金字塔旁的房子里，在当地人的小屋里吃了几天，每天七个比索，其他时候则在那些伟大的遗址中间游荡。到了晚上，我躺在大金字塔神庙顶部的吊床上（整座死城只属于我一个人，我就像住在考古学家的营地里一样），看着星星、虚空和刻在石柱上死难者的头颅，写写东西，嗑嗑药。从我吃住的地方出发有免费的导游，每天晚餐之前到富人住的玛雅兰德酒店和有钱的美国人聊天，和三十五岁的金吉尔见面，所有人，无论是傻乎乎的、男扮女装的、喋喋不休还是伤心欲绝的，都沉浸在尤卡坦半岛的歌曲和聚会中。金字塔上方的星空，热带的夜晚，森林里唧唧叫的昆虫、鸟类，也许还有猫头鹰——我听到了猫头鹰鸣叫般的声音。巨大的石门，上面刻有未知图案的浅浮雕，已有五千年历史。早些时候，我还看到有千年历史的石雕鸡巴，上面长满青苔，堆满蝙蝠屎，立在滴水的拱形石屋里，插在墙上。夜晚的森林上空一片寂静，只要一拍手，各个石柱和竞技场那边就会传来巨大的回响。接着，我出发去尤卡坦半岛中部的巴利亚多利德——钱已差不多花光，在那儿过夜，一个会说英语的朋友带我参观了塔楼，我在他家——一个中产阶级家庭，他妻子对我毕恭毕敬——吃了饭，还看了部鬼片。第二天我坐火车去了提兹明镇，连坐十个小时，太可怕了，难受得要死，只为了参加在那儿举行的墨西哥最古老的宗教祭典。从坎佩切和塔巴斯科来的最可敬的印第安人，带着装满食物、婴儿和吊床的大袋子爬上火车；凌晨四点坐上火车，一直坐到下午，车上挤得没地儿站，然后脱轨、延搁，到达一个异常拥挤的无名小镇。那儿有愚蠢的斗牛场和四百年历史的天主教堂，老印第安人拿着蜡烛蜂拥而入，里面的三个木制国王（东方三博士）和他们来见证的那场征服一样古老。大教堂里烟雾弥漫，点满蜡烛，蜡油滴到地板上，积了几寸高，地板也滑滑的。我以为自己是城里唯一的美国人，但后来在回程的火车上我发现一个来自水牛城的验光师,他说著名的纪录片电影导演罗萨[3]正在那儿拍电影(我在现代艺术博物馆里看过一次罗萨的电影)。回程的旅途太糟糕了,车厢两边和中间是墨西哥本地粗糙的木头长凳,车厢里有一百一十个人,还有扒在车上好几个小时的人。哪怕是对我来说,这次旅程也太不舒服了,十个小时车程,简直把人逼疯——还没有可待因(顺便说一句,我只吃过两次,还没上瘾)。老太太和婴儿睡在我的肩膀和膝盖上,每个人都忍受着长达一小时的毫无意义的夜间停车换轨道或引擎。

我在提兹明大教堂遇到一位牧师,他带我走到教堂后面,抽着烟,诅咒当地的异教宴会仪式,所以我跟着他去了他的村子"科洛尼亚尤卡坦",一个像莱维敦或享受退伍军人住房项目的木材小镇。第二天他开吉普车送我去金塔那罗奥州的森林,又送我回来,接着是那段可怕的火车之旅。之后又在寂静的奇琴伊察度过一天。我记得我做了个梦,梦里有个未来的世界,那里大片高原被草地覆盖,起伏不平的高原延伸至地平线,高低不同的滴水石屋上是绿草屋顶,狂野的雕刻装饰着四周——我站起来,从高处眺望丛林向四周辐射到地平线,梦想成真了。然后有人出现,正是那个带着漂亮相机的验光师。

我今天回梅里达,遇到一群墨西哥城的画家。他们去郊游,到乡下采风,说着法语,今晚(周六晚)还会去参加盛大舞会(跳舞)。明天我去找斯特罗姆斯维奇教授了解一下玛雅潘遗址,还必须到领事馆取比尔从罗马寄来的信件和电报,或许还有家里寄来的钱——只有二十五美元,够去趟墨西哥城,但不够我再去看看墨西哥南部,所以我让尤金给我寄了点钱。我的西班牙语可以让我轻易找到我想要的东西,但我总是犯错,不得不一次又一次地花冤枉钱——但愿我知道怎么才能不犯错,比如前几天我买错了吊床,损失了九比索。

同样在梅里达，一位叫乔治·乌博的"顺势疗法药剂师"（具体是什么不太清楚，总之和普通药剂师不同，在美国和尤卡坦到处都有这样的名字）教我如何抵达他那张十英尺大地图上的任何地方。到目前为止，我每到一个地方，都会遇到用英语或法语或混合英语-西班牙语带我参观城市的人，但还没遇到什么了不起的家伙——除了上周一个晚上在梅里达一家豪华酒店的那次相遇。当时我走进酒店里的酒吧，花一比索点了杯富人喝的龙舌兰酒，接着碰到一个醉汉，一个才华横溢的西班牙老头。他用法语跟我自顾自地聊起这个了不起的世界以及巴黎、纽约、墨西哥城之类的，满嘴污言秽语，后来被他的保镖带到小便池那边吐了一通。之后我才发现他是尤卡坦半岛地区最富有的人，二十年前娶了个妓女，拥有一切，每晚都在酒店和像杰米·德·安古洛那样相貌可敬的白胡子西班牙国际主义者一起买醉。那晚，那些国际主义者向他眨眼示意，让他冷静下来。他有点像老恶魔克劳德［吕西安］，有许多的钱和痛苦，对生命又极为漠视。

这里的蚊子真可怕，所有的床都装有蚊帐，我也买了一个装在吊床上。

杰克，顺便说一句，在梅里达，没有健康证他们是不会让你通关的，而且所有印第安人都"自豪地"戴着疫苗接种标志——真是没啥必要。我得过痢疾，吃了药就好了，所以没有痛苦。这里所有人都吃药——药不是为游客准备的，虽然这是游客的惯例，药是为每个人准备的。

如果我有更多钱，我会想办法穿越金塔那罗奥州，乘大巴，坐骡子拉的窄轨火车，一下午在凹凸不平的骡子小径上步行十三公里，再穿过丛林。要不然就花四十比索乘船环绕半岛，但那样太贵，我负担不起，所以不可能。但总有一天对人们来说这会是场不错的旅行。世界各地的人都准备好要帮助

一九五四　265

旅行者——就像拓荒,工程师正在修建一条永远也修不完的通道。

我收到[比尔·]加弗的来信,他说他还在华盛顿,会在那儿跟我见面。

这里的考古学负责人——纽约自然博物馆介绍给我的——对我帮助很大,他给了我在考古学家营地驻留的免费通行证,所以无论我去哪儿,我都可以去当地的遗址转转。这是旅行和参观遗址的好方法。给我写信,寄到墨西哥城大使馆。

另:我有个伟大的梦想——一定要去欧洲拍一部关于比尔从意大利搭火车的电影。

爱你的,
艾伦

1. 鲍勃·梅里姆斯是一名工程师,也是吕西安·卡尔的朋友。
2. 艾伦·伊格是金斯堡和凯鲁亚克在纽约认识的爵士音乐家。
3. 保罗·罗萨是英国纪录片导演和评论家。

205 艾伦·金斯堡[墨西哥帕伦克市]致尼尔·卡萨迪、杰克·凯鲁亚克和卡洛琳·卡萨迪[加利福尼亚州圣何塞市]

一九五四年一月十八日至二十五日

墨西哥恰帕斯州帕伦克市

亲爱的尼尔、杰克、卡洛琳:

自上次那封信后,我从梅里达出发经由乌克斯马尔,再到坎佩切(途中半岛上一个港口),最后到了现在所在的帕伦克。

我开始讨厌墨西哥,差点就想离开这个国家,因我囊中羞涩又一直执迷于节省开支,结果花钱时总是犯错,也对任何妨碍我省钱的人充满愤怒——通常是墨西哥人。现在我大约还剩三十四美元到墨西哥城的路费,(我想)到那儿后可以收到更多汇款,所以呆在那儿更好——不过，有亲爱的老比尔·加弗在身边，我想我不会沦为受政府救济者的。一路上有太多想去的城市去不了，部分原因是我没钱（比如恰帕斯南部的圣克里斯托瓦尔—德拉斯卡萨斯），没时间，也没钱弄清楚该怎么去。我一路过来主要是搭火车，但肯定也有公路路线。从这搭火车到圣克里斯托瓦尔要花上好几天时间，但两地的飞行距离只有一百英里左右。

我上周去过的乌克斯马尔是尤卡坦半岛第二大遗址，那地方比奇琴伊察更好、更值得称道，虽然规模没那么大。尽管说起遗址我有太多可以分享，但我更关心我离开前一天发生在梅里达十英里以外的那件典型的带有偏执性质的事。那天我无所事事，便乘当地的公交车到二十英里外的一个小镇，据说那里要举办一个小型聚会（他们管它叫"露天集市"，听起来像个法语词）。路上有两个年轻小伙子和我套近乎，可我当时真不想再讲这种倒胃口的语言了，只为了满足吃喝、通行这样的刚需而一直试图让别人理解自己，实在太累了。（今晚心情尤其糟，因为我在泥泞地里长途跋涉了几个小时，耽误了很多时间，小心翼翼地穿过满是黏液和荆棘的树林，去寻找丛林，却不知自己身处的就是真正的丛林。我很渴——但水所剩不多，还有点痢疾症状，已经重感冒了十天。）所以我说那天不想再讲西班牙语，就到处随便看看，吃吃玉米饼，我被困住了。

这儿没有灯火（今天是一月二十五日），直到现在（一周后）我才能继续写信，我已经离开帕伦克，只依稀记得发生了什么。话虽如此，我还记得我上了公交车，和两个年轻人有一搭没一搭地聊天，半途下了车，和他们一起喝醉，又赶去集市，天黑时才折返，途经一个小镇，被一个大晚上在路上唱情歌的人拦下，直觉还有一切状况都告诉我他是个同性恋，我真的没法理解，因为他已经三十五岁了……这个墨西哥人像个柔弱的孩子，是某种人物的原型——我一定在哪儿见过他，后来我乘公交车回去。重点是我不懂西班牙语，完全理解不了那个醉鬼的偏执。这一切很像杰克笔下的墨西哥。

好吧，不管怎样，不说这个莫名其妙的糟糕的故事了。

我在帕伦克闲逛，碰到一个当地女人，就在南墨西哥最人迹罕至的丛林边缘。她在美国从事过各种职业，六年前回到墨西哥，现在是一名职业考古学家，帕伦克遗址曾属于她家，所以她对它了如指掌。我在她的可可种植园呆了一周，还不知什么时候离开。种植园位于丛林中央，离帕伦克骑马要一天时间。上周我们一起出发，把吉普车开到小路上，然后她、我还有另一个女孩（一个长相丑陋的女学生，从太平洋上的城市步行穿过森林来到帕伦克），加上刚来种植园的印第安老家仆和小男孩，四匹马和一头骡子历经七小时旅程，穿过美丽的黑暗丛林——兵蚁、蚁丘、藤本植物、兰花、覆盖着寄生仙人掌和蕨类植物的巨大树木、大叶车前草、尖叫的鹦鹉、吼猴低沉的吼叫让这儿听起来就像人猿泰山的丛林。我第一次骑马，路上都是粪便，起伏的小山上吹来山风，倒在路上的大树树体上满是大块的真菌，还有小溪流。每隔几英里就有一座小山，上面覆盖着石头，这是帕伦克市（四十平方英里）景观的一部分。女人从小就熟悉这里的一草一木，不仅如此，对神秘主义和通灵的关注使得她在该领域学识渊博。她也许是这世上在情感和学识方面与这些遗址和这一地区联系最紧密的人。经过数日的交流，我才知道她曾或徒步或乘飞机穿越一片又一片丛林，一直去到危地马拉以及所有失落的古城，有些古城甚至是她首先发现。她还写书（吉鲁是她的编辑），发表学术文章，为墨西哥政府工作，重建帕伦克和其他地方，甚至在属于她的大片土地上（数百平方英尺）拥有几座城市。最重要的是，她是世上唯一一个知道在危地马拉河边还有一个失落的玛雅部落的人，这个部落可能还会解读古抄本，肩负着保持玛雅之火种不灭的特别使命。她告诉我各种各样的秘密，从玛雅人的形而上概要、玛雅神秘传说到玛雅的历史和象征，比尔应该会喜欢听，因为他想不到这些还现存于世。很显然，是那个失落的部落将她抚养大，在那里，她父亲拥有价值三百万美元的大农场，选择她作为可以托付的人。好吧，虽然这些听起来挺有趣，但也不免俗套，不过奇怪的是，在它最显俗套的地方，却是最真实的部分。在丛林中享受她的热情好客是极大的乐趣，她渴望与"伊戈努"交谈，尽管她自己不是"伊戈努"。每天带着砍刀和步枪走在丛林小径上，步行三到四英里，打猎，在巨大蕨类植物环绕的水晶般清澈的小岩石池中游泳，在夜间丛林开始苏醒时摸黑返回，沿路谈论着玛雅的形而上。我们的房间是开放式的，房间一头有一个印第安人一直烧着火，给我们煮咖啡、准备食物，吊床挂在房间另一头，床前是一座无人探索过的大山，挨着屋后几百英尺的灌木丛的是六间当地人的小屋，里面住着几户人家。他们在种植园工作，依然按照某种封建社会的方式来生活，她是王后，我们则是皇家贵宾。我们一群人里有一名墨西哥四点计划[1]的年轻见习生，他监督指导可可（也就是巧克力）的种植。我迟早会骑马离开这儿，骑两个小时，然后乘小船（挖空大树制成）沿河而上，到达有铁路的小镇，然后花八十比索乘飞机去圣克里斯托瓦尔——我终于决定要去那儿。飞机是最便宜的方式，否则无法穿过地峡，除非乘五天环岛列车或骑五天马，两者一样贵，也许比飞机更贵，我负担不起，尽管租一匹马一天只需六比索。我在圣克里斯托瓦尔还遇到一位著名的考古学家，弗朗茨·布卢姆——哈尔·蔡斯在美国大学里名声不太好就是因为他，他如今是个热情洋溢的老酒鬼，大家都说他是墨西哥最聪明的人，几年前他和舍伍德·安德森还有福克纳一起住在新奥尔良，后来才到这儿，发现了帕伦克。

他现在是研究印第安人和玛雅人的顶级权威,也是我女主人的朋友。

我把这封信先用小船寄出,我自己要再呆几天。如果你们收到这封信,请给我回信,由美国驻墨西哥城大使馆转交。

艾伦

找不到可以舒舒服服写字的地方,所以信写得很潦草——无法集中精力,还望见谅。

旧金山情况如何?只要我还有钱,我就在这里混日子,在墨西哥消磨时间——也许还能再混上两三个星期,然后再开心地加入你们。我拍了很多照片,等到旧金山之后再冲洗出来,大约二百张,其中二十五张可能挺有趣。

我做了一个梦:我认识的每一个人——尤金、杰克、比尔等等——都被(刀子)捅死了,一系列可怕的谋杀案,像电影里演的那样。警察叫我去问话。

1. Point 4,二战后初期美国针对不发达国家推行的"援助"计划。——译注

艾伦·金斯堡 [墨西哥塔卡拉庞] 致尼尔·卡萨迪、卡洛琳·卡萨迪和杰克·凯鲁亚克 [加利福尼亚州圣何塞市]

一九五四年二月十八日至十九日
一九五四年二月十八日

墨西哥恰帕斯州帕伦克市塔卡拉庞

亲爱的尼尔、卡洛琳、杰克:

我现在还在恰帕斯州,不确定什么时候离开,可能是下周,也可能是下个月。我完全自给自足,已经从某种隐退或边缘的状态

中走出，一路向前找寻光亮、酒精和性的乐趣。在这里，我身处灌木丛林中，四周是高大的森林树木，我从打字机上抬起头，目光扫过倾斜的细棕榈树，眺望一座又高又长的绿色山峰，那是一座无人踏足过的热带高山，跟灰锁山一样，一定是玛雅人的大山，有迷人的金子、年迈的看守和白色岩崖附近的玛雅遗址，呈三角形，有些时候可以看清。山的轮廓每天都有变化，有时看起来很远，有时看起来很近、很清楚，尤其是在诡异的黄昏云光中；有时看起来是一连串的山脊，其间坐落着不为人知的巨大山谷，那就是它实际的样子，尽管它每天看起来都像一座名副其实的绵长的绿色山峰，山的名字是唐璜。

我每天（或每晚）都步行穿越丛林，见过一种巨大的锈红色斑点花，闻起来有停尸房的恶臭味，让人胆战心寒。花长在藤蔓上，不易识别，通过散发腐肉臭味来捕捉苍蝇。

一九五四年二月十九日

留了山羊胡，黑胡子，长发，鞋子重，骑马，晚上在溪流里钓鱼，当地人拿着手电筒咯咯笑，用尖头长棍捕捉龙虾大小的淡水螯虾。有时候，我会大中午光着身子在清澈的溪流里走上一英里多，河床上都是石头，天空湛蓝，河岸上、河中游的潮湿小岛上有藤蔓植物、象耳豆、叶子像车前草的无花果树和巨大的桃花心木，上面爬满猴子，河水有时深及脚踝，有时到我腰间，甚至到我颈部。还有几只蚊子。

每隔一小时左右我就会从吊床上起来，坐下来拨弄我的鼓，尤其是黎明、黄昏时分，或者天黑时在火炉旁，在吊床的蚊帐撑开前。我的鼓最小的直径三英尺半，最长的有十七英尺，击鼓时把它们立在藤条和木棍做的撑架上，也可以随意悬挂。我出门时在橡胶树上敲两下，拿到黑色坚硬的橡胶球果，装在重重的长木棍的一头，这样就可以在鼓上敲出漂亮的咚咚声。我每天演奏好几个小时,大部分时间鼓声轻柔,但是当看到一群印第安人沿着阿瓜阿苏尔(伊甸园一样的小镇,坐落在离这儿一小时车程的小山上)的小径骑马走近时,我就会敲出非洲鼓的回响,方圆数英里都能听到。人们叫我哈利斯科先生。

我读了《未知之云》,一本十四世纪关于抽象概念的匿名手册。在这个边缘地带,我感觉自己又能坐下来,清空头脑去构建熟悉的神秘感。这种感觉从未完整地出现过,可能是因为它太神圣了。我全部的时间主要用来思考这一念头。有一天,我突然异常兴奋,觉得自己应该出家,但意识到没必要这样做,因为自己在任何地方都可以成长,激动的情绪随之慢慢淡化。《未知之云》之所以吸引我,是因为它提出了一个美好而又无比真实的观点,即冥想是无为的。你可以随心所欲地思考,无论是坐着还是走着,无需担心工作、生活、金钱,无需烦恼,无为即有为,只有未知的抽象概念和对它的感受及热爱。我有个想法——尽管还很犹豫,我想在这儿独自呆到八月,等农场主人跑去美国赚钱,我就顺手接管农场,无需承担太多责任,只要防止有人放火或偷可可就行。月薪可能只有一百比索,但这是个很好的栖身之处,能学到很多东西。但我还是想回美国,我很孤独,希望有人能分享我的乐趣,希望有人能欣赏我那些美丽的鼓,它们大得惊人,甚至足以让纽曼射出来,要不是他到了严重秃顶的年纪,他一定会射出来的。

我的计划:每隔几晚,我都会做一个忧郁的梦,梦见我正驶往欧洲古老的矮护墙。过道、船长、船舷板、特等舱、卧铺、巨大的甲板上挤满二十年代穿裘皮大衣的人,还有躺椅、夜宵、聚会、与家人的约定、倒塌的公寓、纽约港口码头周遭的雾角、前街或电报街;有一晚,为了归并随身物品,我把一张在纽约拍的彩色照片装进椭圆形的相框里,照片里有霍恩斯比恩、金斯兰、达斯迪、凯克、安东［·罗森堡］、盖纳和其他人，比如德尔金、梅里姆斯，有坎纳斯特拉吗？椭圆形相框里浓缩的普鲁斯特式的瞬间，所有人都活跃在一个彩色的心灵派对上，全纽约浓缩在一张照片里，而对你来说，杰克（你在吗），这样的瞬间一定多次出现在你的每一条路上吧。

因此，在两周内四次从这样的梦中醒来后，我意识到（特别是梦到搭意大利二等火车去西班牙的巴勒斯）必须尽快去欧洲生活一段时间——想想湿漉漉的威尼斯那令人惊叹的景致和宫殿！我们会在圣马可广场宽敞的黄昏里，在欧洲的鸽子和意大利的乞丐中喜欢上它，而在缓慢无声的舞台上，披着斗篷的忧郁的拜伦式旅行者正跳着悲伤的芭蕾穿过，更不用提空旷古老的天主教城市罗马了。布拉格这个名字本身就让人联想到几百年的海市蜃楼、以色列傀儡、犹太人居住区、石头国王、有黑色狮子和灰色天使的喷泉，学生们喝着啤酒，彻夜决斗。也许还有可爱的莫斯科。还有巴黎。巴黎！光之城！拉辛的葬身之地！普鲁斯特在此啜饮着精致的茶，让·迦本[1]在此眺望屋顶，他的情妇在床上哭泣，闷闷不乐。回忆、古老的华尔兹、忧郁的月光，所有古老的温柔和人类文明天使般的优雅、埃菲尔铁塔、像科克托和兰波那样古怪的城市神秘主义者，以及最令人伤心的旧世界的现实。我甚至想去看看伦敦，伦敦的大钟和古老的银行大厦，西摩［·怀斯］还在那儿静静地生活，毫无疑问正盼望着我们的音讯。

正午时分，我坐在山下，白花花的日光照在高高的绿色棕榈叶上，草地上蝴蝶飞舞。我思索着去旧世界的航行，在新世界又看到一片废墟，脑子里充满抽象概念和记忆。在我身旁坐着四个高更画笔下的少女，光着脚，穿着从商店买来的鲜艳衣裳，胸前别着大号的安全别针作为装饰，用西班牙语交谈着（我听懂了一点，能跟上她们的谈话),向夫人抱怨自己的病痛,因为夫人有药:可待因、巴比妥酸盐、威·克·菲尔兹常喝的消除疲劳和焦虑的万哺乐饮剂、能迷惑和取悦巴勒斯的维他命。上周,一个杀人犯(四个少女中有一个是他的妹妹)为他死去的父亲报了仇,杀人犯是个双手和胳膊上都有弹孔的年轻人,天刚亮时前来求助,想躲避法律的制裁。我们给他做手术,切开他的上臂取出子弹(看着夫人用吉列双刃剃须刀切开肉,我感到头晕目眩),收留了他两天,直到有一晚听说一群武装人员(就像边境城市会有的那样)找上门来,我们就把他藏到了树林里。两周前,我们看到一颗流星,大得像伯利恒之星,闪着蓝光和红光,照亮了半个地平线。同一天我第一次感觉到有震动,后来发现是地震了,位于内陆的雅哈隆镇被摧毁了一半,教会也成了废墟,岩浆喷出地表,因为一座类似帕里库廷火山的新火山。一时间谣言四起。另一个过路人说山顶沉到了山底,而山底则升至山顶——是山体滑坡的意思吗?谁知道呢?他又补充说,有四百年历史的大教堂摇摇欲坠,一位牧师在里面厉声尖叫,人们以为他死了,其实他还活着,只是受了重伤,因为他被一块松动的砖头砸到了。离开帕伦克的那一晚,我看到了完美的月食。

  我住在有茅草屋顶的小屋里,每餐的玉米饼和菜豆泥都吃得津津有味,真没想到我竟然越吃越喜欢,就好像吃土豆必配鸡蛋、肉和蔬菜等那样。我经过香蕉园,每周在里面工作一个小时左右,切割、修剪、收集香蕉束,每天炸着吃或者生吃。我也在可可园里工作几小时或一整天,切割、清洗、发酵和烘干可可(制作巧克力)——尤其是清洗可可的工作,我干得非常愉快,和一群光着脚的印第安人一块,他们每个人都拿编织篮把黏糊糊的果仁甩得哗哗响以去除脏污,蹲在石溪旁火热的草木下,头顶烈日。有时也不全是印第安人,但大多数时候都是。有时到了晚上,我会坐在小屋的火堆旁观察小提琴和鼓。

上次可能忘说了,女主人是位作家,曾写过一本关于丛林的畅销书(《丛林三人》),由吉鲁编辑,哈考特出版。啊,她又写了本关于神秘玛雅人的书,书里有些事对比尔来说一定很有趣。但她是个奇怪的人,有些善良,有些疯狂,又有些令人厌烦;除了真实(可能是某种模糊不清的神秘焦虑情绪)之外,她最大的特点就是富有开拓精神,她像那些土生土长的印第安人一样,能独自拿着砍刀经营种植园,也是真正的考古学专家。

我昨天想到终有一天要离开这里回到旧金山,不禁高兴地笑了。虽然不知道何时离开,但我一定会回到旧金山,除非我的灵魂感受到不可预见的全面变化,或发生了不寻常的地震现象,或爆发了闻所未闻的美国内战(我已经两个月没读报纸了)。这就像一个欧洲梦。从华盛顿和其他地方寄来的信都会转寄到这里,所以如果你写信给我,我下周就能收到。我的地址是:墨西哥恰帕斯州萨尔托-德尔瓜,阿图罗·于伊酒店,由凯伦娜·希尔兹转交,艾伦·金斯堡收。如果我不在,之后信件会转交给我,我也一定会回信的。

店关门了——店主去隔壁村子时被一条巨蝮咬了一口,必须带上剃刀和解蛇毒的药快马加鞭赶去救他。先吃饭,然后赶紧送药过去。那些打着破鼓的印第安人又愚蠢又堕落,他们甚至不知道要割开蛇咬伤的伤口给他放血。以前的印第安人才是真正的印第安人,他们懂得更多知识。

哇
艾·哼哼

---

1. Jean Gabin(1904—1976),法国演员。——译注

一九五四

杰克·凯鲁亚克［加利福尼亚州圣何塞市］致艾伦·金斯堡［无地址，墨西哥墨西哥城］

一九五四年三月前后

亲爱的艾伦：

我附上了巴勒斯从丹吉尔寄来的长信，信很有趣，他说他需要"全新的方法"，还展示了我们所有人如何在过去四五个月里突然有了转变，并在我们觉得是太阳、月亮、万物和天顶的四周占据了新位置。例如，尼尔突然变得虔诚起来，支持轮回和因果报应[1]。卡洛琳在凯伦·霍尼[2]的问题上（《我们的内心冲突》或之后的那本）立场很坚定……认为只是用不同方法做同一件事而已。事实上，到处都是巴哈伊主义，甚至广播里牧师也在说"虚假的个人主义"让人们逃避"劳动"。所以每个人都知道了"真"与"假"、"本质"和"形式"等术语。收到你从恰帕斯寄来的信时我正和阿尔·萨布莱特、尼尔一起，我们一边听着格里·穆里根和切特·贝克的歌，一边嗑嗨了。我读到了印第安人是如何伴随你恰如其分的咚咚鼓声一路纵队来到商店，而你又是如何跳起来奋力击鼓以吸引他们的注意力，还有他们叫你哈利斯科，还有你如何行医用药。难道你还没在那儿找到你要的隐秘的情欲吗？那儿值得一去吗？

我应该怎么做，到那儿坐坐，回到纽约，住在加利福尼亚铁路旁的一棵大树下，还是搬到墨西哥山谷里一间废弃的小土屋里，每周六下午去见见［比尔·］加弗？我一个人去还是和阿尔·萨布莱特一起？要不要和阿尔·萨布莱特一起去恰帕斯？阿尔说他只想坐着，让这一切都过去，但他承认自己无法抗拒毒品、酒精、女人以及爵士乐时代和机械时代无数令人焦虑的麻醉品。他不是知识分子。总之现在的我喜欢独自行事，但我无法将自己从友谊的束缚和羁绊中解脱出来。我早就意识到，不仅我是被蒙蔽了的弥赛亚，你也是，尼尔、比尔、泽伦、洪克他们都是，我们所有人都是。据说他们从宇宙的四面八方赶来，把发光的手覆在你额头的光轮上。表面上看，这就像光的飞蛾，像我们在新学院上空看到的亚特兰蒂斯雷达器，当时你说它自永恒之初便已存在，而现在，尼尔声称，他们在亚特兰蒂斯拥有原子能。葛吉夫[3]、乌斯宾斯基[4]和比尔·凯克[5]以及所有如此惨淡的社会细节蜂拥而至，重复着我们知道已经发生和将会再次发生的事。还会有姑娘喜欢上我；我还会成为罪犯的帮凶；我会再次获得安宁，再次沉睡在心灵深处的金色光芒中。但一切势在必行，我们必须来一场讨论，不然什么也不会发生，东方必须和西方碰撞，不然什么也不会发生；所以我才想安排我们见一面——不然什么也不会发生，定下时间、地点，开诚布公地聊聊各自的人生计划和想法；我还有想要传给你的教义。达摩的教义对尼尔来说已经不复存在。就像我说的，他同时信奉了另一个教义（属于埃德加·凯西，一个最近去世的超自然主义者，通过自我催眠给别人治病），就像穿了西服的葛培理，用超快语速解释说终于有"科学证据"能证明轮回的真实性，奇怪的是，尼尔对这个话题的兴趣是麦尔维尔式的，"如果没有内在的善，世界将充满邪恶"，正义之轮把我们这些杀狗的凶手变得更坏，直到我们忏悔，变成狗，被其他杀狗者杀死，重生后成为修行者，完美结束。还是让他亲口告诉你吧。由他亲口告诉你，这是最重要的，这样你就可以自己判断（他那类似于物质主义的异端邪说的本质）。二者的不同之处只在于选择的媒介不同，但我想它们背后的推动者是同一个。尼尔相信世界没有开始和结束，业力的以太阿卡莎精华物质在所有十亿宇宙和我们的阿特曼实体周围不断振动……我相信虚空、寂静和来世，在这一世的烦恼结束后，我们自己的意志将一点点消失，我们的自我和实体也将消亡。所以今晚我们吃了安非他命，我会写完这封给你的长信，把我的笔记都给你，你来评判看看，稍后尼尔再口述给你。

1. 卡萨迪夫妇了解了美国神秘主义学者埃德加·凯西的学说。
2. 凯伦·霍尼是一位心理学家，著有《我们的内心冲突》一书。
3. George Gurdjieff（1866—1949），20世纪初颇具影响力的俄国神秘主义者。——译注
4. Peter Ouspensky（1878—1947），俄国哲学家，以预见哲学、心理学和宗教中的关键问题而被看作是20世纪思想的主要贡献者。——译注
5. Bill Keck（1880—1954），美国石油企业家和慈善家。——译注

艾伦·金斯堡［墨西哥亚哈隆市］致尼尔·卡萨迪、卡洛琳·卡萨迪和杰克·凯鲁亚克［加利福尼亚州圣何塞市］

亚哈隆市

一九五四年三月四日

［原文如此。应是四月四日］

尼尔，卡洛琳，杰克：

原谅我之前没有回复你们那封关于唯心论的信。我是在前往萨尔托-德尔瓜的途中收到信的，当时我正在瑞奥麦驰的一艘小船上，遇到了邮差，他包袱里的信离寄出时间有好几个月了。印第安人在有鳄鱼的绿波里划着船，我坐在树荫底下，靠着背包开始读信，还有一封克劳德［吕西安·卡尔］寄来的无厘头的信，以及巴勒斯的简短留言。尼尔有了宗教信仰，这是个大新闻。我一直在想，如果有什么非常可怕的想法能让他的灵魂变得谦卑以至圣洁，他会是什么样子。但是等等！上周我做了一些了不起的大事，现在却很沮丧，一切都糟透了。我先一吐为快。

两周前我带着你们的信去了萨尔托。长话短说，我搭了架飞机进入恰帕斯和亚哈隆深处，那里地震频发。我听说过阿卡瓦尔纳山——泽塔尔人的夜屋［？］这是什么意思呢，是夜间栖息之地，还是遭受黑夜痛苦的地方？真是个谜。阿卡瓦尔纳山（像读布莱克的诗那样把它读出来）是亚哈隆另一头山脉中的一座——我没时间告诉你们所有玛雅山脉和神秘森林遗址的细节，也没时间告诉你们

那些名字的含义，什么唐巴拉、巴查翁、兰坎东等等，但阿卡瓦尔纳就在那个方向。根据地质学家的说法，这座山是震源所在地——两个月后这里每天还有地震爆发。

在亚哈隆，我身上只有一百比索，没有牙刷，背着脏衣服，除了一支钢笔一无所有。我空着手走下飞机，到了墨西哥南部一个小镇。那里一座四百年历史的教堂有十个街区那么长，四个街区那么宽，两边被高山环绕，真是美妙的景色——想欣赏的话，可以搭十一天一次到这儿来的航班，或者四天一次从铁路小镇萨尔托拉货进内陆的骡车。

我去找镇长，说我是记者，正在度假，想去看看阿卡瓦尔纳——没有记者去过那儿，只有一位地质学家十天前爬过山，说山前有个大裂缝，可能没有火山。但两天后这位地质学家所在的地质研究所发表论文中说可能有火山，消息满天飞，亚哈隆人给吓坏了。镇长答应给我免费提供骡子和向导。第二天，骡子没出现，只有向导，我开始翻越拉本塔纳——亚哈隆和阿卡瓦尔纳之间的山墙，半路遇见一个墨西哥人，他看到我的胡子后就把他的骡子送给了我（他则继续徒步旅行——真是展现了当地行路的礼节）。下午我到了一个叫哈那克麦克的种植园，受到了贵宾级别的款待，就让骡子和向导回去了。哈那克麦克在阿卡瓦尔纳山脚下。下午晚些时候，他们借给我吊床和毯子以抵御山上的寒气，还给了我马匹，指导我在扎帕塔过夜——那是阿卡瓦尔纳附近一个失落的中部印第安村庄，男人穿白衣，女人穿黑衣，猪在河边狼吞虎咽地吃粪便，你还没拉完它们就会把你拱到一边。与此同时，两个亚哈隆人加入进来，一个名叫劳雷尔，另一个叫哈代，他们一路跟着我上山下山。到了晚上，鼓（我所见过的最棒的原始空心鼓，顺便说一下，他们这里制作的鼓真不错）、早期基督教会、竹管、吉他的声音都起来了，男人们站在墙附近的雪松原木上，女人们站在祭坛前中央的黑池里，在挂满彩旗和一八九〇年德国宗教画的玻璃框祭坛前点燃邪恶的异教徒用的长蜡烛，这些画中有耶稣基督和蓄着胡须的黑皮肤印第安圣人的玩偶，茅屋顶上还挂着另一面鼓——对我来说这是娱乐。突然，砰的一声，地下传来巨大的轰鸣，就像经年累月的混凝土路面下［西区酒吧］地铁的声音，整座山开始晃动，茅屋顶的黏土教堂摇摇欲坠，玉米饼大小的黏土块从我肩头滑落，女人们尖叫起来，冲出房门，冲进颤抖的黑夜，而我也为我愚蠢的自满而颤抖，我居然敢接近可怕的阿卡瓦尔纳山。大山之下那可怕的力量发出的巨响，激烈的晃动，越来越大的震动的声音，令人恐惧，然后戛然而止，一切都安静下来，只有狗吠、公鸡打鸣和女人尖叫的声音。这是自二月五日第一次地震以来他们经历的最严重的一次地震，而我就在那座该死的大山山顶上。无人伤亡，绝对没有。

　　长话短说，第二天黎明时分我们聚在一起，成立了一支五十四人的印第安人探险队，人数众多，都是漂亮的印第安男孩，还有数量更多的狗。我们从扎帕塔出发，到南边脏兮兮的小镇扎哈拉，跨过下一座山就到了西维尔提克——大家都很害怕，我们在悬石下开始了一段可怕的攀爬，穿过几片种植地，来到山顶的未知森林，看看那里是否有火山裂缝，或者传说中的遗址和秘密湖泊。在高高的雪松林里，我们抓了只猴子——他们吃猴子。很难告诉你我是否享受现在的处境，尽管很好奇自己的心理，但这是一个完美的团队。我是领袖，负责组织工作，给大家提供力量和智慧。大家都听从我的命令，男孩们鼓舞我的士气，帮我提食物——一些特别为我准备的印第安咖啡和鸡蛋，其余人午餐吃玉米糊。他们向我请教，几十个印第安人山上山下地跑，替我备马，给我送信，或者满足我那些神秘的无中生有的愿望。而且，尽管我不怎么会骑马，对山势和方位也一窍不通，但他们极其尊重我，以极大的爱心和侠义精神对待我的弱点。这就是我的感受。不管怎么说，我们到了山顶——

一路上小震了两三次（一天得震二十次），确切来说，大家都知道地震，因为上次那个地质学家带着几个印第安人到过那儿。他在的时候，他们都不敢去，但这一次，三个村子里所有没生病或有空的人都跟我一起去了——他们想让这一带的印第安人放心，因为大家都认为山顶有一座冒着烟的火山。所以我们到了山顶，看了看周围所有的山，却什么也没发现，然后放火烧了一棵大雪松，用假烟来吓唬恰帕斯人。之后我们下了山，我坐在一圈人中间，记下他们的名字，接着给印第安人和镇上的人发了一份声明，告诉他们山上到底发生了什么——因为这里到处流传着各种各样的谣言——并在声明上盖上三个村庄的公章。

我回到哈那克麦克，觉得自己这趟旅行很了不起。所到之处人迹罕至，比我曾去过的任何地方都更隐蔽，尽管我知道乌苏马辛塔河沿途有不少地方更隐蔽——我们必须找个时间带着骡子前往。我会讲西班牙语，还会一点点玛雅语，就一点点，我爱印第安人，跟他们在一起真好，真的，我想我几乎可以去任何地方。第二天早上我醒来时，发现有四十个印第安人坐在我那阿卡瓦尔纳山脚下种植园瓦房门前的台阶上。他们来自对面的拉本塔纳，天没亮就起床，走了五英里过来跟我聊天，想知道我们在山上看到了什么，还想让我跟他们一起到山的另一边去。那里有个传说中的洞穴，他们说他们没见过，但村里有两个人多年前去过那里，地质学家不相信他们，他们想看看地震是否堵住了洞门。他们说［我］应该在他们村里过夜，他们会给我马匹和向导，让我第二天回亚哈隆。所以我就跟他们走了，在途中另一个村子逗留了一会儿。他们让我骑上马，走在他们中间——四十名身穿白袍的印第安人排成一长列，浩浩荡荡地上山下山，一直走到骡道的尽头，然后我下马，前面二十个人继续开路，我们穿过灌木丛，沿着山的东侧一直爬上古老的大火山岩（像帕拉库廷的大荒原），翻过这些火山岩，眼前便是随时

一九五四

可能震动、爆炸或天知道会发生什么事的高山，有人在前面大喊"发现洞穴了"。我走到空旷之处时，看见山的一侧有一个像圣帕特里克大教堂那么大的洞，这就是传说中的大洞穴的入口。我是除印第安人以外第一个到过那儿的外地人，不仅如此，我还解开了山名之谜，"夜屋"就是黑暗的洞穴的意思。印第安人在取名上有着伟大的诗意想象力——一座古老的大山被命名为夜屋，除了一两个人外没有谁会记得为什么会取这么个名字，而这一两个人几个世纪后也成了人们怀疑的对象。山洞就在那儿，我爬过灌木丛，第一个进去——我得做点勇敢的事来证明我值得这份荣誉，进入洞口后我们便开始四处看看，走走，突然山上又传来一声巨响，我急忙坐下来等待着，可什么也没发生，十五分钟后，当我们深入洞穴时，又传来了一阵难以察觉的震动，我们可以听到钟乳石在洞穴内部崩塌的声音——经过前几次地震，洞口已经塌陷并扩大，看起来非常可怕。钟乳石的形状很美，洞里就像大教堂一样——这是个巨大的洞穴，世上最大的洞穴之一。我以前从没去过像水晶洞那样的洞穴，但我敢肯定这个洞穴和水晶洞一样大，甚至更大，大得惊人，现在想来都觉得像是一个可怕的梦境，就有那么大，你们知道吗——到处都是讲坛、中殿和拱门，就像皮拉内西的画，还有壁柱、方舟和黑乎乎的巨型宗教雕像。

后来我们起草了一份拉本塔纳宣言，回到亚哈隆后我向市长宣读了该宣言。我成了当地的英雄——这个洞穴本来只是传说，我是第一个正式证实它存在的人，还有四十个拉本塔纳的目击者和公章等为证。所以他们请我留下来，写下这段经历登在报纸上，还通知墨西哥地质研究所来看看震动是否和洞穴有关（我也不明白）。他们安排我住在市长家，告诉当地餐馆市政厅会报销我的餐费，城里每个人都想和我谈谈，请我喝咖啡，卖东西的低价卖给我盒装香烟，不收我买菠萝之类东西的钱。

第二章：纽约的阴谋

与此同时，我做的第一件事就是花三十比索给克劳德［吕西安·卡尔］打电报，给他的墨西哥合众社一个独家新闻——因为尽管墨西哥报纸上到处都是阿卡瓦尔纳的报道，但没有一个墨西哥记者见过这个地方，他们有的只是借地质学家之口传出的关于不存在的秘密湖泊（洞穴里有一条河）的典型的墨西哥式谣言。我把文件寄给他以证明其真实性，还写了三千字以描述我的旅行、印第安人、山上的地震之夜以及洞穴的发现，让他请墨西哥合众社通知地质学家，这样他就可以先拿到报道，我也可以拿到一些报酬，比如五十美元。

我在电报里说，我去了一座没有爆发的火山山顶，第二天就发现了传说中有着神秘名字的洞穴。

句子写到一半时打字机开始抖动，跟着是整个房间，墙灰脱落，当时我正在亚哈隆市长家，又地震了，但传来的震动声不像山里那次，那次的声音像地铁一样。地震没有造成什么损失，但听他们说，机场附近的街道尽头倒了一栋房子，写完电报我就去看看。

我在电报中还跟克劳德说，地质学家不知道之类的，并描述了洞穴。三天后我收到他回的电报：已知非火山爆发引起，为伟大发现送上满意的掌声。已前往巴西采写。

这意味着那个可笑的混蛋没理解我的电报，他以为我是在告诉他一些有关火山山顶的新情况（而我给他的是我的行程速记），那个洞穴对他来说没有任何意义——他要去的是巴西（他四月二日开始去德奥尼斯什么的地方休假），因而不会采纳我关于洞穴的解释和我对半夜地动山摇时印第安早期基督教会有趣而详细的描述。简言之，我被困在亚哈隆，没有钱给任何人发电报通报我的任何消息。我辛辛苦苦写了三天，没有保留副本，结果寄到纽约打了水漂，我所有的冒险经历都从我手中溜走了，落了个无人问

一九五四

津的下场。所以我要离开这个鬼地方,我还有十比索,很快我在这儿就不会那么受欢迎了。我给冯·哈尔茨写了封信,让他看看我给克劳德的信,有能用的就尽管用上——但要等一周后纽约人才会知道我的经历,与此同时,我得马上通知墨西哥研究所,把这则新闻交给墨西哥媒体,也许我的名字能上报,但没什么机会拿到报酬了。当然,我已经好几个月没看过报纸,也不知道这一切在美国人听来有多荒谬,人们需要有足够的想象力才能理解这个洞穴的重要性和新闻价值,无论它们是多么微不足道。话说回来,我身上还有点钱——在萨尔托时还有二十美元,我要回种植园休整一下,安抚下烦躁的神经,再去探索传说中的唐璜山,还要等愚蠢的驻墨西哥城大使馆把二十美元支票和我的其他一些信件寄给我。那二十美元是《纽约世界电讯报》欠我的报酬。如果我能拿到那笔钱,我想我就有足够的钱马上离开这里,返回旧金山。与此同时,如果你们突然收到我的电报,要你们给我寄二十五美元,请你们即使典当家中珠宝也务必把钱汇给我,因为那意味着我已经身无分文、孤注一掷了。顺便说一句,无论我从哪儿,萨尔托或任何其他地方给你们打电报,我都可以收到你们的汇款。一说到这个我就郁闷,上次我家人给我寄钱,美国的相关机构竟然说无线电地图上找不到这样的地方。如果你们自上次来信后还没开始写信给我,那就快写吧。

如果你们收到这封信时还没看到关于那个该死的洞穴的新闻,那就想想办法吧——给吉鲁或我母亲写信,他们在朝圣者州立医院。

另:杰克,安排下见面事宜——我不会在墨西哥呆太久,但现在还没计划,只能一边写信一边等待。等你们汇钱给我后我好离开。

爱你们的,
艾伦

杰克·凯鲁亚克［纽约州纽约市］致艾伦·金斯堡［无地址，加利福尼亚州圣何塞市］

一九五四年五月末前后

亲爱的艾伦：

放心吧天使，我经常想起你，一想起你内心便充满深情。当然，我相信你也常常想起我，想念我。我并非刻意保持神秘或沉默或别的什么，我只是已经到达事物的核心，那里只有虚无和绝对的无为，这就是我的中国境界。

我不会跟你讲道、强求于你，或者跟你详细说明我所做的，只是顺带提一下，因为埃德加·凯西·卡萨迪和卡洛琳会告诉你我对佛陀的发现和拥护，总而言之，我猜你已经感觉到我的无为态度，以前我总是怀疑生活是一场梦，如今有史以来最有智慧的人已经向我证明了事实确实如此，所以我不再想做任何事，不想写作，不想做爱，什么也不想，我已经放弃了，或者说我希望能放弃一切外溢的邪恶生命，以换取一切不外溢的心灵本质善的认同……再也不会有地下人来骚扰你，不会有艾琳[1]们让我纠结，除了一九四八年认识到的虚无和吕西安酒鬼式的谁他妈的在乎以外，再无其他……但偶尔我也出门，因为有人给我打电话、写信。我会小酌几杯，偶尔跟别人做做爱，不过最后我还是会回来，回到自己房间，什么也不做，享受无所事事的特权，这是只属于我的特权。如果我母亲赶我走，我就离开，先去得克萨斯州的埃尔帕索，靠洗盘子赚钱，在河对岸租一间月租四美元的黏土小茅屋，读我的佛经，吃我的炖豆子，在卑微的地球生活之梦中过一种游方僧式的生活。

至于你所有最新的玛雅发现和诗歌，如果你愿意分享，我一个字也不愿错过，或者也可以等我们见面时再告诉我，但别指望我会再为任何事而兴奋。

我爱你，你是个伟大的人，是我心目中伟大的孩子，你满口胡言乱语，却不明白自己为何满口胡言乱语，就像吕西安·卡尔笔下的主人公，总能给撒旦吕西安点什么，让他可以在黎明时分当着他深信不疑的婴儿床和声名狼藉的妻子的面破口大骂，好吧，艾伦伙计，让一切都变得玛雅、玛雅、玛雅吧，在梵语中玛雅的意思是"梦幻般的"，这个世界、宇宙中的所有生物都应该被视为玛雅，包括湖面上月亮的倒影。让卡洛琳把我五月二十日寄给她的那封长信给你，你读读，那里面有我阐释性的哲学思考；尼尔很棒，我和他一起度过了一段美好的时光，他会带你好好见识见识那个疯狂却不容错过的美国的加利福尼亚或者诸如此类的。我受够了伴随一个接一个光辉而时隐时现的偏见；如果我们还能见面，我会向你讲述吉卜赛裹尸布，拿出水晶球向你展示神秘圣人的秘密和如来佛祖那曾覆在你觉醒的额头光轮之上散发着光芒芬芳的双手，以前的我做不到这些，是因为我迷失了自我，以为我没有自我，没有自身，因而无法再作为"我"来行动，也就找不到或看不到你。到那时我希望看到你，帮助你，我的天使，然后，相信我，就在最近，我在终极光辉伟大的圣殿里，偶然地，只是偶然地发现了悲伤的、崇高的、完整的你。所以在加利福尼亚洗盘子，搭火车，做演说，后院挖仙人掌，和杰米、凯茜、约翰尼〔尼尔和卡洛琳的孩子〕一起玩，卡萨迪老妈的比萨，街对面商店的葡萄酒，和尼尔打网球、下象棋、踢足球之后，我写下对佛陀的完整解释，然后把它寄给你，如果那时我还活着或者还能认出来你是艾伦·金斯堡，我杰克·凯鲁亚克的老朋友的话，对此我想即使在永生之后我也不会忘记，但请你不要忘记我们那位在大楼后面挤眉弄眼的液体巨人，天空中永恒的雷达器以及"盲眼得见"，因为，伙计，我现在发现这一切都是纯粹而真实的本能，我必须说，我们并不愚蠢。而就像我说的，如果能再见到你，我会向你证明这一点。可也许并非如此，只是因为我已经厌倦了世界，希望从这个地球疲倦地走开,到其他星球上去,那个星球随着每一次轮回会变得愈加浑圆——哦,还是来杯酒,钻研那澄清的、凄凉的、难以领会的、酸腐的、痛苦的、忧伤的轮回之海吧,为了我,哦,圣人艾伦,阿罗汉……再见,我们在如来佛祖的世界再见。

让

1. Alene,指艾琳·李,她与凯鲁亚克的恋情是小说《地下人》的主题,同时她也是《梦之书》和《大瑟尔》中女主人公的原型。——译注

艾伦·金斯堡[加利福尼亚州圣何塞市]致杰克·凯鲁亚克[无地址,纽约州纽约市]

一九五四年六月十八日

亲爱的杰克:

我在圣何塞,收到你的信了,尼尔家的凯西也跟我说了你的事;我们这儿风平浪静。我在北墨西哥时给你寄了明信片,也给巴勒斯回了信,所有这些都不在话下,但我必须澄清我在墨西哥时并不神秘。我几乎每周都给所有人写信,有些信到不了,而且我住得很偏僻,通信比较困难。我并非刻意制造神秘,只是后来又对那些小题大做心生好感。在《镇与城》中,你提到斯托夫斯基能凭空消失,认为那是他的优点之一(在旅行途中消失或在其他任何时候消失,然后突然重现),当我得知有人想我时,我就是这么想的。

好吧,让我继续写完这封信。

如果你三月底离开,你就看不到我写给你和尼尔的信了;我不知道你是否见过吕西安,但他也知道发生了什么。如果你还不知道,那就由我来告诉你。[金斯堡重述了他在墨西哥经历地震的故事,他在四月四日的信中已经描述过……]

我昨晚在墨西哥过夜，我的房间在墨西卡利的垃圾悬崖上，俯瞰着外面贫穷的老城区、悬崖下的铁皮棚屋、白色屋顶、肮脏的小花园、高速公路以及其他从悬崖通往住宅区边界的嬉普士街道，所以不管怎样，我站在黑暗中的垃圾悬崖上，意识到我的墨西哥之旅即将结束。

我到这里的头一个晚上（在洛杉矶和亲戚呆了一周后），尼尔跟我打了个招呼，不停地和我说话，不停地试图将零散的凯西碎片拼凑成完整的叙事，那就像一个未完成的白日梦。厉害的是，尽管他的话明显很荒唐，但他已设想出了可能的结论，而且因为有了信仰，所以无论那是摇滚之声、佛陀气球还是凯西转世，它已经获得成为一种新的认识的实际的可能性和必要性。这些是通往天堂的道路，我没有忘记挤眉弄眼的液体巨人，也还记得第八大道上绝对的亚登森林、我们所了解的崇高的感觉、巨大的台阶和楼梯的暗示。

在北上韦拉克鲁斯的大巴上服用可待因。我看到了乔托绘画中的意象，一群神圣的女圣人，沿着布满星星的金色阶梯向上蜿蜒升入天空，优雅而有规律地走上微型的金色阶梯，成千上万的小圣女戴着蓝色兜帽向上攀爬，她们甜美浑圆的笑脸正对着我这个旁观者，正掌心向外向我招手示意。这就是救赎！这是真的，就像画中所描绘的那样显而易见。

以上只是我的胡思乱想。

面对所有这些神学冲突，我形成了自己的信条：

一、爱即世界之重量。

二、所有幻象即头脑之想象。

三、人与他的想象一样神圣。

四、我们会尽我们所能去创造一个充满神圣之爱的世界。（也就是说，我们必须根据我们所能想象的最极端绝对的神圣之爱的神性，继续解释并重新创造所给定的空白世界；缺乏想象力等同于肉体因饥饿而消亡。）

关于尼尔，我还没说太多，下封信我再来说。此刻，我最大的快乐就是看着他，好像在一个伟大的梦里一样，一切都不真实，我们又共处一室，来到同一个时空，仿佛从已死的过往中复活，焕然一新、充满活力，虽然古老的知识拖累了我们，但我们还没开始交谈。我不知道要跟他说什么。他也不知道要跟我说什么。

至于你，凯鲁亚克，很明显，你神圣的职责、你的佛陀气球，就是写作，你不该遭受不幸，不过，只有遭受过了你才会明白这一点。

我想说的是，你作品的结构和崇高立于我的想象中，没有被玷污。我的大麻叶仍旧价值连城，无论是否在未来十年，也可能是在这一生，你一定会扬名立万。

[……]

你的孤独和我的一样悲惨可怕，主要是因为少钱缺爱而走投无路，但生命还没结束，在我们所有人身上都有很多值得书写和尊敬的东西，不仅仅因为我们是人类，更是因为我们尝试并真正做到了一件事，就是文学这件事，此时此刻它也可能是某种心灵之眼。而拥有金钱和爱情的尼尔在天堂门口感到绝望，因为他对自己的存在心生不满。上帝知道在虚空的背后现在是、曾经是怎样的匮乏，现在的他正在他的灵魂里找寻。至于比尔，他认为他已经迷失。吕西安知道自己的路，但可能有一段时间不得不扩大他的精神视野，以适应可能性的深度和高度，这可能会发生在他的灵魂感受到了禁锢而不是存在之后。

另：我的诗还没写完，所以我就照现在的样子把它寄给你，还有那首好诗也会很快寄给你。

如果你把《尼尔的幻象》用投过保险的挂号包裹寄过来，那尼尔就会读到。我们之前说过他不读这些东西。

自我上次见到你之后你都在写什么？

你见到吕西安了吗？

见到霍尔姆斯、金斯兰、所罗门和其他人了吗，艾琳［·李］和达斯迪［·莫兰］呢？烦请告诉我他们的消息。

只要你愿意，随时可以写信给我，别担心。

请把关于阿卡瓦尔纳的那几页还给我。没有别的副本了。

我很快就会读《薄伽梵歌》和一些佛教书，你有何指导或建议？

一如既往的，
艾伦

杰克·凯鲁亚克［纽约州纽约市］致艾伦·金斯堡［无地址，加利福尼亚州圣何塞市］

一九五四年六月十八日后

亲爱的艾伦：

从上周五下午开始，我就喝得醉醺醺的，到今天早上才清醒过来，其间到城里闹了几次酒。我见到了金斯兰、安森、霍尔姆斯、克鲁和海伦·帕克，还写了这封傻乎乎的长信。我之所以没删掉那些傻乎乎的部分，是因为它们可能会逗你开心，你会被逗乐，不会闷闷不乐。信是我醉酒时写的，很八卦，但也可能很有趣，特别是前四页……

随信附上比尔从阿尔及尔寄来的信，里面的内容我不确定你是否读过，希望你看完后能寄还，就像我现在寄还你写的关于阿卡瓦尔纳的文章一样。现在我放心了！

收到你的信我很高兴，因为我以为出了什么问题，你不会再写长信给我了。读到你这封信时，我既骄傲又幸福，感觉很温暖，就因为你给我写了这封信。

我原本想告诉你许多温柔的、兄弟友爱的事。[……]

我最近和一个叫玛丽·阿克曼的瘾君子好上了,你可能认识她,她是艾丽斯·布罗迪的朋友。一九五二年,她见过我和凯尔斯[·埃尔文斯]在库埃纳瓦卡开着他的黄色吉普车。她谁都认识,相当性感,像卡米尔[卡洛琳·卡萨迪]一样有自杀倾向,又很疯狂,我没法时刻陪着她,就像最近这次,她[玛丽]因为嗑药过量进了医院。无论如何,对我来说一切都晚了,我无法再爱上别人,无法爱上爱情,也无法爱上女人,我的意思是我对做爱不再有兴趣,也没法进入一段情感、步入法律意义上的婚姻等等。我没跟你胡扯,我看到你写给金斯兰的长信了。

我现在经常见到切斯特·卡尔曼[1],还有他的皮特·布托拉克。我最近又在圣雷莫喝得酩酊大醉,像个地下人一样恶心。我想过平静的生活,但我戒不了酒瘾。我很不开心,还做噩梦,尤其是喝酒时。禁酒一周后,我比以往任何时候都快乐,但渐觉无聊,不知该如何是好;之所以写那两部长篇,只因我无事可做,而正如卡洛琳所说,把所有"天赋"上的经验都浪费掉,那就太不像话了。总的来说,我已经跨越了痛苦的海洋,最终找到了路径。让我吃惊的是,像你这样天真的人,初出茅庐,居然在梦中就进入了佛堂的第一内殿;你将获得救赎——如果天堂里有什么,或者有什么可以庆祝,那一定是庆祝和赞美卜帝的呼喊声,但庆祝无意义——天堂也不存在——[……]

我没见到沃尔特·亚当斯。

在街上见到了戴安娜·汉森·卡萨迪,她给我看了科特[戴安娜和尼尔的儿子]的照片,说她收到很多有关埃德加·凯西的长信,这是不是说明了点什么?但她没法找到他提的那几本书,反正她也不在乎,当时她正傻乎乎地站在人行道上,我迟到了,她也

一九五四 291

一样。

何塞·加西亚·维拉正站在格林威治村的人行道上,我和吕西安散步时他走过来,神情忧郁,看起来像个菲律宾人。我们聊了几句,他说:"你好吗,吕西安?"然后他给了我们他新杂志的地址……但我没给他寄诗。

> 愤怒的小日本
> 手握炸弹大步前进
> 猛击西方
> 来到福山
> 云雾笼罩的山顶
> 于是佛堂里的
> 莲花泡影绽放
> 从太平洋中心
> 由内向外,跨越
> 整个核心的世界
> 达摩之眼
> 可能张开。

这是我新诗集《旧金山布鲁斯》中的一首,是我三月份离开尼尔家去旧金山西区东南角第三街的卡米奥酒店时写的——坐在窗边的摇椅上写的,窗外是酒鬼、比博普酒鬼、妓女和警车。我引用这首诗是为了让你注意到这一事实,多年来我们一直都能洞悉彼此的思想,诗里用了"泡影"一词,而你在信里说到佛陀泡影(不过你把它改成"气球"了)——泡影暗示了佛堂、内殿,顺便说一句,我也做了个梦,收录在《梦之书》里(我就要在打字机上完成了)——[……]

以后我再跟你说我们洞悉彼此思想的诸多例子。

我说过我见到了吕西安,某个周日下午带了一品脱威士忌登门拜访,之所以带酒是因为我有天晚上欠了他三块钱。尽管塞萨看起来不高兴,但我坚持将加了冰的酒装瓶带去公园,塞萨想带孩子晒晒太阳,于是卢和我后来就在公园豪饮大瓶装的鸡尾酒,海伦·帕克、布鲁斯和汤米[帕克的两个儿子]也来了,和我们坐在一起,后来我要去华盛顿公园的厕所小解,汤米同我一道,路上碰到斯坦利·古尔德,他问:"这是谁呀,汤米·帕克?"格雷戈里·柯索也来了,他晒得跟斯堪的纳维亚人的船一样黑,理了个平头,看上去像个伟大的海滨流浪诗人,他拿起我的佛教书,不带感情地读了一句,然后说:"我知道这本书很棒,你不能借给我,对吧?""不行,我得一直随身带着。""我知道。"他说。然后我们谈到你,他说:"艾伦回来后我不会再理他了,去他的。"我说:"你为什么这么说艾伦,你和艾伦到底怎么了?""去他的。"他说,像是在为什么事苦恼……我警告玛丽·阿克曼不要恨格雷戈里,哪怕她想那样做,我跟她说:"他和你没什么不同,本质上一样。"后来过来一个爵士迷拉着我们聊天。

我在海伦·帕克家玩得正嗨时,艾伦·安森和威廉·加迪斯来了,我不喜欢加迪斯,在我看来,是他让安森不开心的……我摸一摸安森的头,后来他和加迪斯走了,然后又回到我和海伦身边,那晚我们都喝醉了,还跳了曼波舞……早卜可爱的海伦戴卜她的复活节帽,到街上工作去了——勇敢的好女孩,她终于摆脱了那个会唱歌的牛仔杰克·艾略特,显然他花了她不少钱,但可怜的杰克,他无法工作,他就像知更鸟一样只会唱歌……

我和杰克·艾略特走在大街上,一整晚都跟我们混在一起的是两个黑人姐妹,杰克唱了《孟菲斯专列》和别的歌曲,然后我们还撞见比尔·福克斯,一个来自新奥尔良的五弦班卓琴天才,你说

一九五四

巧不巧？当时他刚好开车经过，我就冲他的车大喊，拦住了他，他从车里出来，我说："比尔，给这些男孩一个到Esoteric试镜的机会。"然后我们就有了一场歌会，一百零二名学生聚在一起听，之后来了个旧金山老酒鬼，手里拎着酒瓶，鼻子软塌塌的，爱死了杰克·艾略特的歌，把手伸进衬衫里，说："老天，小伙子，我要把我最后一个三明治给你，我就是从俄克拉何马来的。"然后太阳下山了，我的鼻子上起了个痘。

艾琳·李给我打电话，现在看来她似乎成了一一五号哥伦比亚校内克尔斯餐厅和百老汇一名勤劳的服务员，所以我去了她家，带着《地下人》的书稿，我跟她说我还爱她，然后我们手牵手走在街上，你知道，伙计，我爱所有女人……但我没有耽于儿女情长，而是和埃德·怀特的情郎豪尔赫·达维拉以及他来自波多黎各的好友赫尔南多一起喝得大醉，他是我在这世上遇到的第一个刹那间能彻悟佛语的人……那家伙真的很棒，以后你会遇到他的，他是个建筑师，好了就说这些……你瞧艾伦，佛陀无所不在——生活就是一场梦——我以后跟你解释……生活不是像一场梦，它就是一场梦……明白吗？所以我才在西区酒吧里和男孩们无醉不欢。酒保约翰尼向我索要了一本《镇与城》，午夜时分，我朝克尔斯餐厅里瞥了一眼，看到艾琳一闪而过，纤细的双腿闪闪发光，双臂在大腿侧来回摆动，内心真正渴望保持"理智"，但要我说，她比以前更疯狂了……那些女同性恋心理学家对这些可怜无辜的先锋派女黑人的一切玷污和诋毁真让人无语，我可以把这些告诉那个小婊子，但我不愿意。

约翰·霍尔姆斯，我赶到他位于列克星敦大道一二三号的住处，按下门铃时他正提着一袋杜松子酒费力地上楼。我们一起进的屋，雪莉［·霍尔姆斯］也在，后来我们喝醉了，我冲出门去接玛丽，她很震惊，我们一起回去，放老比莉和老莱斯特听，一直放着,直到我们昏睡过去。第二天雪莉去上班,我和玛丽、约翰去第三大道上的一家酒吧继续喝酒、聊天,一整天都在那儿,我跟约翰说,我们永远都是兄弟,我说真的。雪莉晚上回到家,看到屋里三个醉醺醺的流浪汉时叹了口气,像玛丽安[·霍尔姆斯]一样靠在门上,一切又回到了玛丽安那个时候。约翰白天"写作",出于某种原因,他们并没有出版《走吧》的袖珍本,所以他"破产了"。他说:"一九五二年那时候我还是个有钱人,可现在……"他很伤心,我猜是为了钱,但我们聊了聊,他又恢复了。当然,他很关心你,还问你好,问的时候也很清醒。因为他疑心我登门拜访别有所图,所以我就不去打扰他了。

我没见到杰思罗·罗宾逊。

亨利·克鲁回来了,在西十三街租了间房,玛丽在那儿住了段时间。他经常在周六下午出门,在街上找别人扔掉的家具,然后到圣雷莫门前去下五十美元的赌注(总是输钱)。周六晚有大桶的啤酒喝,还有很多小姑娘。"凯鲁亚克,你居然敢带男人来我的聚会,你知道我不吃这一套,对吧?我要你把能找到的姑娘都带过来,但如果你像上次那样带些小伙子来,你就等着瞧吧。"(上次凌晨四点时我把皮特·布托拉克和切斯特·卡尔曼带过来了。)"凯鲁亚克,我要惩罚你,你听到了吗?我一定会的。"玛丽当着他的面裸浴,他也有模学样。他总是用一英尺高的大玻璃杯喝啤酒,还囤了儿箱,不停地吃,然后变胖。晚上跟那些幸运的小姑娘在一起时,他从不碰她们,当玛丽和我逮住机会在黑漆漆的房间里开两个十六岁墨西哥姐妹的玩笑时,他脸红了,开始讲笑话,可怜的不知所措的老亨利。

至于西摩[·怀斯]的消息,我确实从山姆·凯纳那儿听说了。我去马克·范·多伦家取落在那儿的《萨克斯博士》,和他儿子查尔斯一起。马克不在家,给我留了张便条,上面写着"《萨克斯博士》很枯燥，到最后可能毫无意义"，还写着"不错的作品，但我不知道如何对它定位"。一看就知道他根本没读懂，面对现实吧。不过查尔斯很友好，吉鲁的出版社很快要出版他的小说（老天！），他和他那个叫瓦尔达·卡尼的心上人在一起，我说到佛陀时她很感兴趣，她想知道如何禅定、等持、等至，之后来了群小孩，山姆·凯纳也来了。我说："山姆·凯纳，我好像听过这个名字？"哦，当然！这家伙一直住在西摩位于圣约翰伍德的房子，和他一起瞎胡闹，开办舞会。他留着山羊胡，很酷，像菲利普·拉曼蒂亚，也迷恋爵士乐——西摩说他有段时间是特德·希思的乐队经理，特德·希思的乐队和英格兰的伍迪·赫尔曼乐队一样规模庞大。

杰里·纽曼呢，我和他一起去的萨凡纳，种下大片庄稼和玉米。哦，绿色的库卡蒙格牧场。我和他一起去了古董店，为他那哥伦比亚广播公司风格的新的大工作室淘了几盏灯，当然成立工作室是他老爸掏的腰包，它一定是你见过的最漂亮、最宽敞的工作室，还有隔音墙，所以哪怕我们在里面肆无忌惮地惨叫，也不会有人知道。（就在霍尔姆斯家的拐角处。）他做了几张很棒的唱片，赚了大钱——他说要给布鲁·摩尔、艾伦·伊格和阿尔·黑格录音。

终于见到布鲁·摩尔了，而且是和我兄弟古尔德一起见的。布鲁说他来自密西西比的印第安纳诺拉，离格林维尔不远，就在密西西比河上，还说："我们喝点酒吧，你以为我喝威士忌，你该看看我喝葡萄酒，我们去鲍厄里街，在巷子里生个火，喝点葡萄酒，我会吹响我的号角。"我们十月份就这么干，带上古尔德。一定要和我们在一起，麦尔维尔。我永远爱你。

现在听着，艾伦，如果可能的话，别忘了找一下阿尔·萨布莱特，他住在旧金山哥伦布街三十九号的贝尔酒店，带不带尼尔都行。阿尔可以带你参观旧金山,到处转转,记住了,别忘了……他是个好人,请代我向他道歉,我妈和我都惹他生气了——他走时一肚子火。如果钻研一下,他也许会成为美国第一位黑人嬉普作家,但这并不是因为他很前卫,虽然他是很前卫,而是因为他能用超凡的文字天赋去理解一个单纯的爵士乐迷,他是个不自知的专业作家,一位伊丽莎白时代才有的真正的诗人,而且不出所料,他是个酒鬼,也嗑药。我可以就他对美国的幻象写出几部史诗,我是说阿尔。

菲利普·拉曼蒂亚,埃德·罗伯茨,伦纳德·霍尔,克里斯·麦克莱恩,雷克斯罗斯[2],你在旧金山时找找他们。这是你研究伯克利轴心的大好机会——圣人在吗?……杰米·德·安古洛的房子……像威格·沃尔特斯那样的佩奥特掌大英雄一定住在那里;如果可以的话去研究下威格,那可是比尔《瘾君子》的"摇钱树"。

[……]

另:为了把书卖出去,我已经把关于萨尔·帕拉迪塞的《在路上》重命名为《垮掉的一代》,《大西洋月刊》的西摩·劳伦斯刚刚拒了这本书——我之前寄给《觉醒》杂志的《乔治·马丁之死》也是被他拒的,那里面有首利特尔·布朗唱的有关"手艺"的小曲——你还记得吗?我的书现在在爱·佩·达顿出版社,《新世界写作》的阿拉贝尔正在审我的四个短篇,其他书稿还躺在我代理人的抽屉里,无人问津,布满灰尘——到底能派上什么用场呢?

杰克

1. 切斯特·卡尔曼曾是威·休·奥登的同性伴侣。
2. 肯尼思·雷克斯罗斯是旧金山一位颇具影响力的诗人,作家。

一九五四

228 艾伦·金斯堡［加利福尼亚州圣何塞市］致杰克·凯鲁亚克［无地址，纽约州纽约市］

一九五四年七月十日前后

亲爱的杰克：

谢谢你的来信。收到一大堆信会让我们激动不已，那时候我也总是很高兴。

我要把我提到过的诗都写完，然后把它们打出来，其中一部分我寄给了金斯兰，你也看到了。所以我现在不想花一整天时间给你写信，除了写一些一般的八卦之外，最终我也是这样做的。

我要和你一起学习佛教，但找不到相关的书籍，真见鬼。我还没去过圣何塞图书馆，但我会尽我所能在一两天内找到。可能会有沃伦的书[1]。艾略特在《荒原》的笔记中提到过。把你的书目寄给我，目前我就先从这本开始。

"我看见你无所想像，我就会给你天堂。"这个我完全理解。我没有开玩笑，但自一九四九年我有幻象——不管它们是什么，也许是你的"等持"——以来，摧毁我对天堂、上帝和系统的想象的那些固定原则一直是同一道屏障、同一堵墙。它们阻止我进入更深的无知。我重提一九四九年［原文如此：应为一九四八年］的一些记忆，希望不会冒犯到你。那些是我最深有感受的经历，你如果对它们有什么思考或评论，我将不胜感激，因为我们对此从未达成过共识。如果你觉得它们妨碍了你的认知或当下的意识，我就把它们放在一边，哪怕它们是对亚登森林和公告牌式怪物感受的完美结合，我也心甘情愿把它们放在一边。

尼尔不理解无知，认为它是一种消极的生活方式，很显然，在错误的想法中它也有可能如此。我的意思是，所谓消极云云，不过是空谈而已。

你关于那两页的幻象。它变清晰是最近的事吗？毕竟在《萨克斯博士》的结尾还残留着它的阴影（穿过后院时），但我觉得对它的清晰感知比以往更加强烈，对吗？

范·多伦错了。他还说了什么？我迟早会写信给他，试着跟他解释他的判断是错误的。

随附比尔的信。从他写下的关于死亡的毁灭力量的第一页便能看出，新方法似乎以所有这些信条给了他一击。我写信跟他说，如果他愿意，他可以过来这边。我的态度很友好，尽管他那些问题让我不寒而栗，但我还是说很乐意见到他，我是说真的，虽然我很累，而他也可能让人心累。但他似乎好多了。他昨天来信说他病了，一些骨骼问题，也许是关节炎。

稍后我再详细讲给你听，现在请原谅我要为你准备我的诗。

我和阿尔·萨布莱特在贝尔酒店睡了三天两夜，他待我很是体贴周到，我们喝了两加仑葡萄酒，聊天，睡觉，步行去科伊特塔。他亲切地问起你，没有恶意，也无需赞赏。是的，我喜欢萨布莱特，现在，那个圆圈完整了。稍后我再细写。

卡洛琳和我了解彼此，喜欢彼此。我尽我所能地扮演尼尔的梅诗金，尽管失去爱的痛苦和赤裸裸的身体欲望常常让我发疯，但我试图不计回报地付出灵魂、真心、真情，这是一个普遍问题。卡洛琳也照着我的方式行事，尼尔好像稍微有了些回应，也稍微敞开了点心扉。

我申请了司闸员的工作，但目前没有空缺，我等几周后再申请看看。我想如果我拥有一份工作，我一定能胜任。我一个进过夜屋的人还会害怕引擎吗？写信再跟我多讲点纽约的八卦。

向吕西安问好。

另：向霍尔姆斯、安森和海伦［·帕克］以及所有人问好。只要霍尔姆斯或安森感兴趣，我的任何信件都可以给他们看。请明确告诉安森，如果他有时间写信，我想让他告诉我比尔在欧洲

一九五四

的情况。之前的一封信里他加了张很有意思的便条。我还有一大堆从墨西哥寄来的乱七八糟的信,我不想读了,但比尔和你的除外。

不要给任何人看那些神经质的跟性有关的内容。

吕西安怎么说?

等我把我的书整合好了,我会考虑再去找出版商。我也建议你尽一切努力通过正规和非正规渠道来推销自己的作品,要抓住机会。根据平均定律,可能会有好事发生。如果尽力了也没用,那我们就自己想其他办法。但也许你运气好。你试过这个吗,也许这不失为一个好办法?想一下纽约哪位有权有势的人可能会喜欢它,会有谁呢?不会是在赫尔希。福克纳离我们太遥远了。也许可以联系一下福克纳。真正伟大的人会喜欢的。我们就别再跟考利这样的中间人浪费时间了。直接找权威靠谱的人。你能想到找谁吗?我一时半会儿想不出。顺便问一下,我们不再试试新方向吗?啊,我知道你已经厌倦了,但眼下让我们尝试做点什么吧。

我写不了《比尔的幻象》,我缺乏你那样的想象力、你对细节的关注,毕竟你自身才是更伟大的驱动力。我所能做的就是坐下来,将一些杂乱的思想碎片整理成诗。我写散文时过于深思熟虑,结果写来的东西空洞、差劲,真的一点都不像那篇写阿卡瓦尔纳的文章。那篇是为了吕西安而写的事实陈述。比尔和安森让我尝试散文创作,我根本不明白他们在说什么,这是不可能的,坚持坐在书桌前进入抽象的、离题的写作状态,不停地写啊写,这会要了我的命的。我打心眼儿里厌恶做这种努力。我就做自己能做的,不让自己受折磨。散文创作对你来说似乎不成问题,但对我来说真的很伤脑筋。我写的那些东西看起来糟糕透顶。我不是在自谦,我不像尼尔那样,他确实有能力写。我很欣赏你的散文,但又倍感绝望，因为其中大量细节的流畅自如和激情迸发都是我所无法企及的。

> 爱你的宝贝，
> 艾伦

1. 指亨利·克拉克·沃伦的《英译佛教》。

杰克·凯鲁亚克［纽约州纽约市］致艾伦·金斯堡［无地址，加利福尼亚州圣何塞市］

一九五四年七月三十日

亲爱的艾伦：

我一整天都很沮丧，正喝着朗姆酒加可乐，这是我的急救法宝。我们俩一直有心灵感应，我想知道，七月三十日周五这一天，你是否也一直很沮丧……我整个星期都很沮丧，还没把《达摩片语》寄给你，我周一去买个大信封再寄给你……希望你能喜欢，希望它能给你指引……至于我自己，我才刚刚达到对涅槃最低限度的理解，也许我就是因此而沮丧不已的……我告诉你，我那个空虚的幻象可以终结这一切……我稍后跟你详说。

一天晚上，吕西安来到我家，像我老爸以前的兄弟那样偷偷溜进门来，地板嘎吱作响，后面跟着吉姆·哈德森、吉姆·克雷恩，提着几夸脱爱尔兰威士忌。我们在我的小房间里喝酒，吕西安拿了你的一封长信和一封短点的信，还有他能找到的所有照片，把它们全塞进口袋……［信此处有四行被完全涂黑了，旁边标注着："他读了尼尔的信，不喜欢"。］几天后我又见了吕西安，之后，那天晚上，我们开着车疯狂地绕着长岛兜圈子，四处寻找新闻记者，车轮发出吱吱的声音，卢在高速公路碰到绿化带便疯狂地掉头，速度很快，跃过路缘，差点撞上公园的长椅，这让我想起你在墨西哥的干草车之行,但我并不害怕……几天后,凯尔斯·埃尔文斯给卢打电话说来接我,我们所有人在塞尔曼家见了面,然后吕西安好心地提出开车送凯尔斯去新泽西一个女孩家,但他又必须十点钟到塞萨家……十点的时候,我们偷偷地找到他家,悄悄叫上他,然后上了他的车。凯尔斯、他、我、三个女孩和哈德森一起去了新泽西,玩得很开心。总的来说,吕西安似乎还不错,和以前一样,也就是说,他确实是吕西安,有着不屈不挠的男子气概。

我经过橡树酒吧,朝里面偷看了一眼,达斯迪·莫兰看见我了,走了出来。她想让我把你的照片带给她,告诉她你在做什么,还要看你的信。我坦率地拒绝了。请你给她写封信,她急着要知道你的消息。她看起来不错。

艾琳[·李]真是个小婊子,她打电话给我,叫我带上《地下人》,我以为她要和我讨论一番,可我敲门时,谢尔曼·希考科斯在她床上,说什么"她去给你出版《地下人》了"这样的风凉话,所以我冲进去拿回了《地下人》。看来书在她手上时,不管哪个阿猫阿狗都读过,包括格雷戈里[·柯索],他对这本书不屑一顾,还有古尔德,他现在在我看来很迷人,我认为他已经是一个完全成熟的坎纳斯特拉式的圣徒。你回纽约后我会把古尔德引荐给你。但格雷戈里也还行,他在街上碰到我和凯尔斯时手里拿着一本"小说",看起来篇幅不大,有点萨洛扬的风格,他人很谦和,还问起你的情况。

凯尔斯是个好人,当我听到他说他要去看精神病医生时我简直气疯了……精神病医生说"你需要马上接受治疗",于是凯尔斯想当然地四处借了一大笔钱,跟巴勒斯作风很像,而我却在这里对他大发雷霆,让他一定去图书馆借本佛陀的书来看。真够蠢的,什么"马上",那些骗子……就像比尔说的,如此厚颜无耻。

应你的要求，我想了想，记起来一九四八年你的哈莱姆幻象，它们是所有幻象的鼻祖……很准确……预言了佛陀的出现。我想说你是圣贤，是一群国王中的大象，是人类中名副其实的阿难陀，你比"老布尔"拥有更多天性……奇怪的是，毫无疑问，我现在觉得你更像中国圣人，像老子或庄子，而不是佛教徒……我又开始认真研读道家的书了，尤其是庄子，他非常聪明；我发现印度佛教几乎不可能践行，道家是一种更灵活、更人性化的哲学，而佛教是一种附加在某种哲学上的苦行生活方式……对我这样耽于色欲，嗜酒如命的大骨架家伙来说，苦行和瑜伽太艰难了……像我这样的流浪汉……我想我会成为四处流浪的道家流浪汉……要加入吗？

艾伦，你的哈莱姆幻象、利维坦想象，你对现实的自我敞开，你对行人脸上古老的痛苦和羞怯的顿悟，你对事物背后的理念而不是显而易见的事物本身的诡异发现，所有这些都是洞察。

另：别忘了和尼尔一起欣赏纳什酒吧的旧金山黑人爵士乐——高亢的声音！

艾伦·金斯堡［加利福尼亚州圣何塞市］致杰克·凯鲁亚克［无地址，纽约州纽约市］

一九五四年八月初前后

亲爱的杰克：

我一直想给你写信，上次的信你收到了吗？我寄到里士满［山］的。公爵没给我回信。哦，是的是的，以后我要加上更长的便条。问题主要在于，我想把很多诗转寄到一个确切的目的地，但是诗根本没有完成。进展很慢。我把长诗放到一边，最后再写。我在基本的韵律中寻找黄泉（中国人的死亡），构思出"隐匿在皮肤里"的亵渎的和感官的意象和最空灵最抽象的赞美诗，歌颂蓝色的爱、绿色的爱或其他什么，在这个木屋里抓住从天空的囚笼中逃脱的秃鹫和鹰隼，这木屋是我生命的牢笼，你也在此受过监禁，但你过早地逃脱了，一次、两次还是三次？

要写的诗太多，也没有一首真正完成，都只是长长短短的片段。印度支那和艾克[1]承认美国的遏制政策将被一种更弱更有限的冷战政策所取代，有这种可能——我们输了吗？我们要面对美国的陨落了吗？我们曾经预言过美国的陨落。我给哥哥的信里说："情况会很可怕，我的意思是，打碎的机器，裂开的路面。"天哪，当亚洲开始干我们的时候，这里将变成人间炼狱，所以可能会诞生一首预言诗，利用政治和战争的想法，呼吁爱和现实的救赎之类。把凯西的想法放进去怎么样，不行，太复杂了。顺便问一下，你怎么看待重生，也是佛陀的什么阿弥陀佛理念吗？你听过《人生如梦》这首歌吗，是那个流行的黑人摇摆组合（还是他们的模仿者）唱的？我忘了。它有着叮铃铃或叮叮铃餐车的和声和博普爵士乐的响亮，是一首抒情歌曲："(九号牢房)发生了骚乱/疤面琼斯/走上前来说/为时已晚/因为导火索已点燃/发生了骚乱（合唱）。"

我还是无业游民，正等着铁路公司给我回复。邪恶又神秘的（反犹的？）南太平洋医院的老斯特兰奇医生没有治好我，我马上向南太平洋医院的药剂科主任沃什伯恩医生求助，他鼓励我，答应给我治疗。我已经等了一周多，看看我到底是胜利了还是成了官僚主义的牺牲品。我试着找司闸员的工作，但没成功，调车长批准我做调车员。还在等消息。即使我成功了，也赚不了快钱。即便如此，我还是会尽力找份工作。

[……]

我、萨布莱特和一个叫维克的朋友在旧金山呆了很长时间，下次我再跟你细说。维克是个大高个退役军人，当过演员，还做过水手，是个正直的人。我们在房间里喝了几天酒，再沿着台球厅走一会儿。有两次埃德·罗伯茨加入了我们，还有一个身份不明也叫尤金的家伙，有点像所罗门。尼尔也来过一次，还有一些黑人。我还拜访了诗人肯尼思·雷克斯罗斯，他读过《瘾君子》，很喜欢，和我一直聊到十一点，开车送我去市中心坐晚班火车，他是新方向的审读员——我们必须把你的作品带给他。新方向拒绝了你吗？最后到底发生了什么？也许我们能做点什么，也许不能。无论如何，给他什么他都会读，他是［詹姆斯·］劳夫林的老朋友，也为他干活。他为人随和，曾经是嬉普士，四十五岁左右，会说希腊语、拉丁语、中文、日文等，是个无政府主义者，呕心沥血的艺术殉道士，他说他最喜欢肯尼思·帕钦，也写诗，献给他所知道的所有已去世的伟大诗人，无论是大诗人还是小诗人，这些人要么早逝，要么悲惨地活着或死去。但很不错，他喜欢假装强悍，假装什么都不在乎，假装自己身处一场反对社会的革命之中，他确实以一种很好的方式丰富了他的小文学。我的意思是，他不是庞德，而是其中一个年长的门徒，尽管他是独立的，诸如此类的废话。有一个大书房，结了婚生了孩子，过着简朴的文人生活，认识或对所有年轻和年长的地下人感兴趣。他喜欢［比尔·］凯克，他的高尚让他肃然起敬。我跟他说了你和比尔［·巴勒斯］的事。

　　目前还没法给你寄诗，也许要等到你过来或者等我真正完成。能寄给你的只有几首旧风格的短诗，更长更有历史意义的尚未完成。

　　比尔依然写信给我，他说如果我邀请他他就过来。九月或九月以后吧。日期还没定，他会先去拜访我家人。你有什么计划？我真希望那时我还在写作，这样的话我就有希望过上真正快乐的生

一九五四

活，而不仅仅是在一座古老、疯狂的城市里过着守旧的打工人生活。我要参观博物馆、看电影、探索约塞米蒂，我要学习、写作、与人交谈。爱呢？我想爱要么来自天堂，要么无处可寻。

［……］

我还没跟你说家里的事，是这样的，尼尔下起了国际象棋。我不远万里来到这儿，他却和邻居坐着下棋，让我替他看孩子，我真是傻，因为卡洛琳今晚不在家。尼尔这会儿从邻居家回来了，他的邻居迪克·伍兹也正给他老婆看孩子。在此之前，他一门心思钻研象棋书，两耳不闻窗外事。每隔几天或一周，他会像突然醒过来一样要求身体的交合——几乎不带任何感情，也没有其他感受。但天也塌不下来，他和卡洛琳照常吵架，他如此不堪的举止带来了如此长久的折磨，或者谩骂，或者愤怒。这些都是无形的伤害。她是受到了伤害，但她也可以如泼妇一般。她真的爱他吗？我想是吧。我们熟络了一段时间，现在有些冷淡，但我们又重归于好，相互尊重，有时还会进行有趣的交谈。有时我会走神。我经常无法清晰地表达自己的想法，新的想法，客观的、诗意的、政治的、宗教的想法，我们差点因为争论你的"无为无明"大打出手。但尼尔是我们共同的损失！他的性格多么矛盾啊。性取向多么变化多端、难以控制啊。他还用手帕。写的那些沃森维尔的故事简直就是科幻小说，出于内疚而说出的故事却是为了打听妻子的秘密，还有那疯狂的国际象棋游戏。他不跟我说话，躲在象棋游戏中，把棋艺练到极致。他一会儿研究象棋，一会儿又钻研威·克·菲尔兹。"告诉杰克？当然……告诉他我下棋可以让他输得心服口服！"所以我就在屋里安安静静地读书写作。我写完诗强迫他们读。他就不痛不痒地敷衍我两句。他几乎从不谈论艺术，什么也不谈……只有凯西能让他心情好起来……他眼中的光芒……我表示怀疑，说那是异端邪说，他就"对我生气！可怜的傻瓜（疯子），他不是人！"（兰波语）但我很绝望，他不会服软的。有什么担心的事，他也会藏在心里，除了有时让人毫无提防地突然说些不可信的兴头话，他说的全都是真正私人的东西。即使我们知道了，也只会觉得冷酷辛酸。好吧……希望我尽快找到工作。其他事呢，也许我会在附近租个房子。我有事情要做，要让自己忙起来。但这只是假象。我感觉异常。今天我感冒了，被欣克尔的孩子传染了。

"……在事实的沉默中死去？"哦，杰克，他在浪费时间，浪费地球上的美好时光。他还在等待吗？他是否在等待——我的意思是，等待承诺给他的生活或任何东西？他没有写作，因为他想写性爱，这是凯西的罪过。卡洛琳也认同。但他现在不会再写别的什么了。他说他放弃了。他放弃了。什么？为什么！他还有什么未来？他要做什么，他能做什么？困在铁路上。他也不想离开这里，觉得目前这样最好。我为什么呆在这里？我也不知道。

但是你要来了。我们会做点什么。比尔会没事的，他会写作的。我会说服他。

>尼尔的基本恩典已加冕
>且是不腐的，但要求
>这样的生活
>和对美好的浪费。

恐怕我在这儿说得太多了——这些仅限于你知道，不要公开。
爱你的，
艾伦

1. Ike，艾森豪威尔的昵称。——译注

一九五四

杰克·凯鲁亚克［纽约里士满山］致艾伦·金斯堡［加利福尼亚州圣何塞市］

一九五四年八月二十三日

亲爱的艾伦：

我一开始就要把这支大麻献给你。我读了你的信，做了一列笔记，我要按你说的去做。《人生如梦》，是的，我喜欢那首歌，也喜欢那个乐队，是一个非洲小天使让我爱上它的。他叫鲍勃·扬，头发很短（可能没有头发），脸色黝黑，口齿不清，想跟我上床。但他只是在布里克酒馆请我喝了酒，就那首歌说了些很奇怪很神秘的话，跟你一样……我告诉他生活确实是一场梦，他说不对，如果你和我住在一起的话……如果你愿意，你以后可以见见他。

至于南太平洋医院那个反犹医生，是的，铁路上的俄克拉何马人都是反犹主义者，他们可不管这在加利福尼亚意味着什么。

你不该鼓励艾尔·欣克［欣克尔］继续他的共产主义信仰，你可不是像巴勒斯那样愚蠢的自由主义者，居然说他代表了古老的美国异见传统——"传统的美国异见"，你是这么说的。十八世纪的保守主义是站在国家机器这个敌人一边的，我们不把它看作"良性的异见"，保守主义是对政府和军队的不忠，还有什么来着？如果艾尔能去俄罗斯，就让他去吧。托马斯·潘恩不是保守党人。

［……］

考利终于替我说话了。《新世界写作》的阿拉贝尔·波特刚买下《爵士节选》（我和尼尔研究了福尔松街的"小哈莱姆"、"杰克逊一角"、芝加哥北克拉克街上安妮塔·奥黛驻唱的夜店；我还偷偷加了点《尼尔的幻象》中的内容，比如"莱斯特就像那条河，它始于蒙大拿州附近一个叫'三叉山'的地方，然后滚滚而下"，等等。你知道，这是《尼尔的幻象》中最重要的段落之一，终于可以在一年之内由新世界出版了）。考利帮了我，所以我写信感谢他，他回信说"也许有出版商会接受《在路上》"，他说"把墨西哥女孩在圣华金河谷棉帐篷里那章拿给阿拉贝尔·波特看看"，所以也许用不着把我推荐给雷克斯罗斯，我不想被邮件缠身，是因为我懒，还是因为我精明呢？可为什么我要精明，我又不是商人。我把书名《在路上》改成了《垮掉的一代之路》，希望能卖得更好，在"垮掉"一词里我也看到了前所未有的"至福"，也许以后它会变成国际通用语，无论法语、西班牙语还是那些最浪漫的语言，一提到"垮掉"，就会让人想起"至福"。而且在我看来，"垮掉"属于我（因而用作书名）。利特尔&布朗出版社的小混蛋西摩·劳伦斯霸占了一九五四年整整半年的书稿，不停地告诉我的代理人书很不错，尽管最后还是拒绝了。他们说出版社有个编辑反对，但其他地方（《大西洋月刊》董事会，因为合并的原因）的十二个人都同意。最重要的是，小混蛋西摩·劳伦斯给我寄来一张又一张便条，严格质疑我的写作"手法"（第一张便条就拒掉了《乔治·马丁之死》，是人都知道它是杰作，是很经典的一章）。那个小基佬发什么神经。我告诉你，我很生气！！！我优秀到善良的马尔科姆·考利大爷都必须支持我，难道不是吗？哦，那是当然。另外，这个故事卖了一百二十美元，你信吗？这是我自一九五○年以来第一次拿到钱，不对，是自一九五三年以来。当然，如果维京出版社或者韦恩的出版社想要，只要直接拿出二百五十美元，我就把书稿给他们。

[……]

也许我们不该再写信，在见面前我们应该对彼此有绝对的信任。知者不言。

顺便说一句，我已经不酗酒，几乎戒掉了。你等着瞧吧。我的口味又变了,就像我不抽烟一样。逼不得已……我太老了,我三十三岁了,不能整晚喝酒……

在西海岸有什么浪漫邂逅吗?在俄罗斯山找个不错的女孩,弄套游艇装备,佛陀男孩……如果搞定了,这对你来说再合适不过……我能想象出你的样子,戴着角框眼镜,穿着百慕大短裤,肩挎相机在约塞米蒂。正如你所知,圣雷莫酒吧的同志们一旦去了蒙哥马利,就会聚在哥伦布大街的黑猫酒吧。

[……]

我等着再见到你,因为反正我不会去加利福尼亚,很有可能我哪儿也不去……我有个小小的计划,但我的计划总是很糟……但我会试试看,晚点告诉你……不过我还是希望见到比尔,他肯定会在纽约逗留。也许你和比尔应该在墨西哥城买套房子,只需二百到三百美元,就可以买到六至七个房间,还可以抽大麻——不要邀请保罗·鲍尔斯,再在楼上腾出一个房间办出版社。你们俩在加利福尼亚工作攒钱。比尔也许可以在罐头厂工作,哈哈哈。

我刚收到他的信,太精彩了,他说:"他(保罗·鲍尔斯·霍布斯)邀请了丹吉尔最沉闷的基佬抽大麻,却从没邀请过我,这镇子这么小,看来他是故意要冒犯我"——

还有:

"我忍不住想,你过于洁身自好。此外,手淫并不代表贞洁,它只是回避问题,甚至无法触及解决问题的方法。记住,杰克,我是用我一贯的草率方式来学习和实践佛教的。我得出了结论,我不敢说自己已经觉悟,我只是一如既往地尝试着前行,装备不足,知识储备也不够充分——就像我在南美的一次探险,什么意外都碰上了,什么错误都犯了,丢了装备,迷了路,在光秃秃的山坡上吹着四面八方来的风,在救生索上瑟瑟发抖,那种冷已深入造血的骨髓,我感到孤独、绝望。我在这儿做什么?我这样一个潦倒的怪胎，一个鲍厄里街上的福音传教士，一个在公共图书馆阅读神智学书籍，（在我东边冰冷的公寓里，有一个装满笔记的旧铁皮箱），想象自己是秘密世界的控制者、与佛教大师进行心灵感应的人。某个冬夜，坐在亮着餐厅般白晃晃灯光的手术室，他能看到无情冰冷的事实吗？——'请勿吸烟'——（除了说这就是垃圾、就是纽约黑人唱的地方布鲁斯之外，你还能有什么别的评价）——（我）——比尔说：'请勿吸烟'——他看清了事实，也看清了自己，一个蹉跎岁月的老人，看清了事实，前面等着他的又是什么呢？丢在亨利街垃圾站的一铁皮箱笔记吗？……所以我的结论是，佛教只是供西方作为历史来研究的，它是我们需要理解的对象，而通过练习瑜伽可以有益地达到这一目的。但对西方来说，佛教不是答案，不是解决方案。我们必须从行动、经历和生活中学习，尤其是从爱和痛苦中学习。在我看来，如果一个人为了避免痛苦而使用佛教或其他工具将爱从他生命中移除，那么他就犯下了一种堪比阉割的亵渎行为。"（如来佛祖是无法阉割的。阉割无法阉割之物？无形的爱？你睁开双眼去看，它就是有形的，是吗？你瞧，我也有自己的疑惑，我开这些小玩笑。）"不管爱会给你带来什么痛苦，为了使用它，你被赋予了爱的力量。"（哇。）"佛教常常是一种精神麻醉剂……要我说，我从那些加利福尼亚吠檀多教徒那里除了看到一堆狗屎之外，别的什么都没看到，我谴责他们，我并没有吹毛求疵，他们就是一群骗子。""他们以为自己的路线绝对正确，所以除了其他缺点外，他们还自欺欺人。简而言之，他们已从可疑的人类旅程中退出，是一群可怜的通灵人士。如果有一件事我能确认，那就是：人生是有方向的。"

但亲爱的艾伦，要我说的话，虚无中并没有方向。

比尔还说，小说中的精品是这样的："奇奇慢慢剥落我的衣服。他很享受，我却满不在乎。"他说的是夏吕斯[1]！

好了,艾伦,再见。

另:考利说,他十月份出了新书,最后一章里提到我两次。

顺便说一句,我把笔名改成了让-路易。

《爵士节选》,让-路易著。你还记得"匿名者"[2]吗?

让-路易

1. 夏吕斯男爵是马塞尔·普鲁斯特的赞助人。
2. 凯鲁亚克的笔名之一是匿名者让-路易(Jean-Louis Incogniteau)。——译注

艾伦·金斯堡〔加利福尼亚州旧金山市〕致杰克·凯鲁亚克〔无地址,纽约州纽约市〕

一九五四年九月五日
周日晚上十点半

加利福尼亚州旧金山市百老汇五五四号

马可尼酒店三号房间

亲爱的布里奶酪让-路易:

谢谢你的来信,所有信都是如此亲切,收到这些信让我倍感甜蜜、喜悦,尽管写信很浪费时间。比起阅读其他东西,我读信时能获得的乐趣最大——当然,如果还没准备好就不要写信。比如拇指(握笔的手)上有烧伤的水疱,或者没有打字机,这样就很难写信。好啦。我这边有什么新鲜事儿呢?〔……〕卡洛琳把我和尼尔捉奸在床——大声尖叫——我觉得她就是恐怖本身——大喊大叫——一反她原来的虚伪态度——是吗?——或者我不该评判——但这不是喜剧,她感受到的侮辱和恐怖之强烈,甚至接近我认为的怨恨、愤慨——凌晨四点她闯入我房间,但我什么也没隐瞒——把实情告诉她——没事了——我没法跟你详说,我写得不够快——但无论如何,那一幕很可怕——她让我滚蛋——尼尔

脑子一片空白，跑出去工作去了——我和她面对面坐着——她开口了——我觉得她的脸变成了绿色，看起来很邪恶——"从丹佛以后，你就一直妨碍我，你的信对我来说一直是种侮辱，你想拆散我们"——说了很多，很可怕——如此塞利纳般的力量吓得我浑身发冷，觉得自己湮没在邪恶中。他们憎恨彼此，是彼此的坟墓。我无法向你描绘出我真正的想法，我不是莱文斯基，没有通神的能力。我很高兴能逃脱。所以我带着二十美元，去了上面旧金山的地址（我没跟她说什么——我头脑一片空白，知道她很生气，感到很无助——但我试图用一种悲伤的眼光去看待这一切——我不想毁了她），搬进［阿尔·］萨布莱特的酒店（离百老汇几个街区远的马可尼酒店，从窗口可以看到维苏威酒吧），疯狂地踯躅街头。找了份市场调研的工作，周薪五十五美元，从上午九点干到下午五点，下个月开始。头一晚在蒙哥马利金融街，我就找了个女孩。一个新认识的女孩，很喜欢我，我也喜欢她。她二十二岁，年轻，是个嬉普士（曾做过歌手，是戴夫·布鲁贝克的好友，认识所有黑人爵士乐迷），漂亮、优雅、时髦、坦率，替高档茶具商店写广告文案。她喜欢我，思想狂野，比我见过的任何女孩都聪明，真的。真是个宝贝。还有一张可爱的脸，一张美丽的脸，属于一个年轻的生命。还有像吕西安那样强烈的道德感——托马斯·哈代常写到。我已经跟她约会一周了，我们聊天、搂着脖子亲吻，我们是来真的，但她有个孩子（十八岁结婚，孩子四岁）。她曾在圣何塞的小酒馆里唱歌，抽大麻，等等。多迷人啊。感谢上帝，她不是疯子，一点也不傻，也不古板。她叫希拉·威廉斯。我认识她的第一晚，她就想给我在商店里找份疯狂的工作。我们一下子就喜欢上对方了，太疯狂了，太棒了。哦，好吧，看看接下来会发生什么，反正不会有什么坏事。感谢上帝，她太好了，她喜欢萨布莱特。我们两个人闲逛，去她的公寓喝咖啡，聊天。她喜欢我诗歌中真正好的诗句，不仅仅是一般的喜欢，而是欣赏其中具体的一些技巧——很好。

说点别的。我住在马可尼酒店，酒店由几个女同性恋共同经营。头一晚她们对我说："这是你的钥匙。你可以随意邀请人进你房间，想怎么玩就怎么玩，我们自己也是彻夜狂欢。"确实如此。中等大小的房间每晚六美元，地板上铺着软地毯，很私密，萨布莱特住在我楼上——真可怕！上周五晚上，希拉带我去电报山的一个聚会，到场的都是些没名气的工程师。我凌晨四点半才回来，遇到萨布莱特和科斯莫（一个自负的古怪的末流诗人，很爱自作聪明），我们一起去买咖啡，被警察盯上了，警察搜我们的身，在科斯莫身上发现了白色粉末。我们在监狱里呆了一整夜，我才来了一周，就被当成流浪汉（但我身上还有十八美元，下周一就会有工作，住在酒店，身上还穿着礼服）关进了监狱，我和萨布莱特吓坏了（我房间里还有个烟斗，但他们没有查看），但又觉得很刺激。第二天我们就被释放了，科斯莫在里面呆了四天。后来证实粉末是爽足粉，不是毒品——他一直这么说，但他们不信，分析了成分后才释放了他。所以比尔最好小心点。

[……]

我终于开始动笔写《在西瓦尔巴[1]的午睡》。一时半会儿写不完（我会一直尝试加点内容），但毕竟隔了四个月——五个月——之久，这已经是我的最佳状态了。其中手写的部分仍没有像我希望的那样呈现出欧洲的幻象，只是一笔带过。如果你觉得不错，就拿给吕西安或考利看看——也许现在因为改得太多而显得过于正式。

是的，雷克斯罗斯只是备用方案，考利更好。顺便说一下，这里有个诗人跟安森的风格很像，叫罗伯特·邓肯，是庞德的朋友，在旧金山大学组织了一个庞德诗歌社团，虽然不怎么样但还算有诚意。他到我房间来时见到一份你关于散文创作"要点"梳理的打印副本（还记得吗，你在东七街时写的），很喜欢（奇怪的是，他尤其喜欢未修改的那部分，还欣赏自发性写作的基本概念），他要借去复印一份，还想知道你的地址，想知道你是谁，等等。他很有意思，是个酷儿，他的超现实主义诗歌都很疯狂。他有个朋友叫拉曼蒂亚，诗写得也不行，太唯美，全是对他那无价值的东西——比如光之类的主题——所谓精准的感性抒发。但没关系，他人很好，充满好奇心，在他年轻的学生面前总是说个没完。

尼尔照旧和邻居迪克·伍兹下棋，依然目中无人。对我还算友好，只不过示好的方式比较奇怪。但他疯了——杰克，问题的关键是，他真的有点精神失常，因为恐怖的卡洛琳和疯狂的性爱，还因为他四处奔波却碌碌无为。真是可怕、可悲且疯狂。他自慰时被列车员逮个正着，在圣何塞干七十岁的老巫婆——那个古怪的凯西被他当成疯人院里恪守的某种教义，半认真半玩笑地沉迷其中。我眼前浮现出他在海湾高速公路上飙车的疯狂画面，但他对其他司机的仇恨纯属子虚乌有。他一定很讨厌卡洛琳，但他无处可去，没法从三个孩子和铁路的生活中抽身。他们俩在我走后去参加了（哦可怕的喜剧）罗夏墨迹测试（如果你相信有临床精神错乱这回事，这个测试也许或多或少能判定其错乱程度，你我肯定没有精神错乱，但我觉得尼尔有一点），他语无伦次地告诉我测试结果，包含四项：一）性虐待狂，二）精神病前期，三）"妄想思维系统"，四）强烈的焦虑倾向。第三个意味着他有某种疯狂的"凯西-性-欲-倾向"，这个独立运作的系统迫使他在激烈的竞争中奋力挣扎。他不再写作，他说："我写的是性，你知道这是罪恶的，我明白。"卡洛琳也同意他的说法："你管那叫艺术？那种东西能带来什么好处？都是垃圾。"这一家子真是——金子埋进了粪土堆里，什么国际象棋,太疯狂了。他不和我说话,除非以一种游离的方式,就算到我旧金山酒店的房间来,也只是在床上自娱自乐。你知道我如何以自己的方式享受性爱,但对手淫的完全执着和狂热是有问题的。他总说:"我没有感情——从来没有过。"我的意思是我们仍像以前一样做爱。请继续读下去。他胃不舒服,一吃饭就恶心,也许是得了溃疡。他的苦难——好吧,不是苦难,他的痛苦,或者说那种远离世人、远离美好事物的倾向越来越自主自发,越来越超负荷,越来越沉重。他自己明白,因为他偶尔也会说自己已走投无路,所以就逼迫自己。我尽我所能陪着他,我的意思是作为朋友,我真的不在乎他的鸡巴——不然就乱了。(我的意思是,这个判断并不完全来自无法实现的病态欲望。)我愿意发誓不再打扰他,只要他能再次变得温柔谨慎,对温和的刺激、意象、诗歌等敞开心扉,热爱万事万物。他如今连欣赏爵士乐的时间都没有,他太忙了,忙着下棋。如果我们真的去听爵士乐,我们也会吵得不可开交,因为车开得过快,一切都太激烈太可怕了。他和我彼此相爱,这毫无疑问,但就任何真正的接触和自然的欢愉而言,一切都是泡影。无论我是什么身份、艾伦、莱文斯基、诗人还是旧友,他对我没有任何兴趣。我的意思是,他有兴趣,我对他也有兴趣,但兴趣来得如此之快和不真实,且大多数时候被驱赶至严峻现实的背景中,就像什么也没有发生。至于卡洛琳,我明白也能想象她作为他的妻子所遭受的痛苦,这也许是替她现在的所作所为辩护,但她像个活死人,这一点我印象深刻。她不喜欢新事物(指给她看的新雕塑、新画作等等),我的意思是,她好奇心不强,没有审美情趣,也没有激情,对什么都漠不关心,她靠某种毁灭性的单一观念为生,即严格按照自己的想法来管理家庭,而这些想法是对"美丽家园"这一观点的疯狂模仿,它们毫无意义、极不真实,脱胎于对失去房子和对同情、洞察力、爱或道等真正力量的需求的恐惧。也许那是不可能的。她是歇斯底里型人格——也就是说，她变化无常，日常表现虚伪做作，尽管程度不一，之前我很讨厌她这一点，但我现在也跟她一样了。要么接受，要么放弃，这就是我对事物的普遍反应。我逃脱出来，虽然贫困潦倒却感到如释重负，虽然孤身一人在旧金山，工作上却无忧无虑，在他们家中所承受的焦虑及苦恼也荡然无存。如果说撇清和尼尔的关系让我如释重负，那这段关系一定出了什么问题。我知道我和尼尔的所作所为表面上听起来很可怕，就像卡洛琳义正辞严叫嚣的那样，但这不是他们痛苦的原因。顺便说一句，她不准我再见他。我很害怕这种对大局麻木不仁、坚持正义、自以为代表终极永恒的行径。好吧，不说这些了，整件事太令人恶心了，我无法描绘出我所看到的景象。我的意思是，我觉得我被邪恶包围了——她歇斯底里，让我感到很害怕，让我想起在新泽西医院的那些时刻，那时我母亲一阵狂怒，对我大喊大叫，坚持指控我是间谍。你还记得我告诉你的那个故事吗？十四岁的那场恐怖旅行。那次我带着我妈去莱克伍德，后来我任她独自在百货店被警察包围，任她在偏执的恐惧中崩溃，手里还提着鞋子。那次经历给我一种终结的感觉，那种绝对的疲倦、绝望和无望的徒劳感。卡洛琳大喊大叫时我又有了那种事实的无法避免、无力回天的疲惫感，我真的很害怕，后来——我精疲力竭，想去别的地方，摆脱这种时时需要沟通的生活，睡上一觉，把那些都抛诸脑后。我到了这儿后，东奔西跑的，那种感觉就消失了，但在圣何塞，这种感觉并没有消失，尼尔和她还生活在地狱里，他们的孩子们可能也一样。

[……]

比尔信里说他九月七号离开直布罗陀，他迟早会到这边。天知道会发生什么事。杰克小子，机灵点。不管怎样，我会试着和希拉做爱。为了比尔我会尽我所能，做一切我能做的事，给他找来一切他想要的东西,但他的要求终究无法实现,除非我让他把我带去亚洲,永不回头,或者找些东西来证明他对绝望和需求的理解。你必须试着让他改邪归正。我不下作,也不是不愿意竭力去帮忙。我真的很喜欢他,如果可以的话,我也很想和他一起住在这里,以后会的,但你知道,他会发疯,他占有欲很强。在纽约,他(身不由己地)妒火中烧,甚至对达斯迪·莫兰也很恼火。如果他见到希拉,那情况会变得一团糟。我不知该怎么处理。比尔会把自己的想法强加在别人头上,因为过于强势,我不得不推脱,觉得他的想法无可救药,很让人厌恶。当然,仲夏以来,他平静了很多,但他仍然把他的全部生命交到我手中,就连我也没那么过火。所以你一定要让他明白,别那么心急。这不是最后的沟通机会,没有危机出现。不管怎样,事情当然就是他所看到的那样,但他没有看到的是,连接我们的基本的纽带是最终和永恒的,可那在他看来却是不真实的,除非他的想法和我的一样,否则真正下作的人是他。所以你必须试着给他力量或道或顺应形势的嬉普士精神,这样他也不至于对此感到恐惧。我不可能永远是他唯一的联系人,我只能是他最亲近最好的朋友。你知道的,只要大家满足于身边现有的慰藉就行。天啊,这是什么情况。我身边都是疯狂的圣人,互相折磨,而我是其中最不可思议的那个?让吕西安去和比尔谈谈。他当然了解共生的含义,应该和比尔说几句有益而有建设性的话。至于我,我决心忍耐,尽我所能不作恶。

没时间讲清楚了——我太累了——北滩——各色人等——有个疯子叫彼得·杜佩鲁(他的手势和语调和彼得·冯·米特一样,他俩都是芝加哥人)。杜佩鲁(真是个疯狂的地下人的名字!)也很像[卡尔·]所罗门,曾患有失忆症,接受过休克疗法,信奉禅宗,不穿袜子,总是一副疲惫不堪的样子。他敏感、好奇,对什么都感兴趣，他是我见过的最聪明最神秘的人。他也很喜欢我，我们一起聊天，一起散步，他告诉我关于旧金山各地各种巴洛克式、摄政时期和市政厅这样的怪诞建筑。

还有我们的朋友鲍勃·扬，我的天哪，就是我一年前在东七街睡过的那个非洲小天使？问他。打扮得很华丽，很伤心却很可爱？是的，一定是他，连他的名字我似乎都有印象。我们是在白马酒吧喝醉时遇见的。那其实是个令人难过的场合，让我不寒而栗。

至于独立战争，那就是一场革命，不是吗？"传统的异见者"，也就是托利党，他们没有异见，他们是我们的祖先——潘恩家族。但是欣克尔（和我一样）不喜欢革命，也讨厌东方军队征服美国。也许他不讨厌，细想一下。我想说的是，美国现在掌握在你讨厌的出版商这样的人手中，他们利用世上其他国家的斯宾格勒式阴谋把我们搞得一团糟。我们现在应该养活亚洲，而不是和她战斗。如果我们真的（因为一些疯狂的原因）打起仗来，那就完蛋了。巴勒斯认为东方军队很邪恶——很有可能——我的废话够多了。好了，阿尔［·欣克尔］是善良的，海伦［·欣克尔］在处理卡萨迪家庭危机时也是如此，他们让我直面恐惧。我以为自己要疯了。他们是明白人。

不要再写长信了，有消息时偶尔写点短信。如果有出版方面的好消息，一定要通知我。没空谈莎士比亚了。我喜欢你的道学，它更人道。我也读了一些中国的山水诗，正如我在《绿汽车》里写的那样："如同中国魔术师，用迷雾中隐藏着的智慧迷惑列仙。"我的诗也提到了释迦牟尼（把佛教带到中国的人）出山的故事。我的大部分诗名都取自阿罗汉[2]的云山和圣贤图，我仔细研究过这些画——纽约公共图书馆的美术室收藏了大量中国绘画，我在里面不断钻研——画家笔下的群山渐渐消失在无边无际的梦境中，一望无际的雾将群山隔开，如果我们能借由画家对群山的实物描绘得到精神上的洞察，那些就是物质的道的幻象了。我最喜欢的是描绘无边无际的山岳世界的画，其次是或按摩着大肚子或精疲力竭或如威·克·菲尔兹般长相可怕且一身破衣烂衫的长耳朵的罗汉，他们一起傻笑着读着关于云的诗稿。

还有一本书，罗伯特·佩恩编著的《白马驹》，翻译了几千年来中国佛教和道教里的各类诗歌——很容易读，很有趣，诗数量也很多。这本书在比尔·凯克那儿，上面有我的标记，除非他把它送人了。如果你看到他，告诉他"我请求他，看在布尔的分上，把它要回来，如果不麻烦的话，把它给你"。

你什么时候给我寄关于佛陀的文章？我读得津津有味。

[……]

代我向格雷戈里问好。转达我的话："目前还无法准确测量一首自由诗的诗行（以便把自由的曲子变成自由的诗节和基础诗行，就像音乐里的变奏），但我觉得这个问题很美好，值得尝试解决。我很想知道结果如何。"代我向他致意——可以弄乱他的头发，戳戳他的乳头。也许他不会介意。

也请代我问候凯尔斯。我是个四处流浪的道家流浪者——正如这首墨西哥诗歌所指出的。或者，如果我能摆脱这种对成为"一"的形而上的永恒执着，我就可以成为道家流浪者，尽管我知道，要成为"一"，你只需忘记它，让有和无都成为它。这个悖论把我难住了，在我脑子里挥之不去，让我苦恼，令我崩溃。疯人院。

卡尔·所罗门在哪儿，在哪儿？

1. Xbalba，意为恐怖的场所，是玛雅神话中的死后世界，由死神及其从者统治。——译注
2. 达到涅槃的佛教僧人。

艾伦·金斯堡［加利福尼亚州旧金山市］致杰克·凯鲁亚克［无地址，纽约州纽约市］

一九五四年十月二十六日前

亲爱的杰克：

一片混乱！比尔［·巴勒斯］和我互写了几封令人触目惊心的信后，似乎已经摆脱了心烦意乱的紧张状态。现在他在佛罗里达。我的信也许写得有点过头，但我后来留心找补，感觉好一些，整体情况大大缓解。我跟你说，我真的希望他过来这边，一直希望他来，但希望他来的时候已经不受那些精神问题的困扰。我应该搞清楚。总之，他在佛罗里达。接下来会发生什么？他所继承的遗产已所剩不多——他写道，每月开销减少到一百英镑甚至更少。也许去不了丹吉尔，不知道该做什么。他说他不太想来加利福尼亚，但也说在某些情况下他可能会想来。我写信请他过来，如果他愿意的话，我愿意之后给他出车费回墨西哥边境，还会出钱给他租一间这边的小公寓或小房间。

［……］

我和希拉［·威廉斯］住在诺布山的一间超大房子里，她有次偶遇杰里·纽曼，随口提到她认识布鲁贝克，是从布鲁贝克一个前录音师朋友那儿听说他的。阿尔·萨布莱特总是过来喝酒、吃饭、聊天，希拉和他很喜欢彼此。她就是百货公司白领丽人版的达斯迪［莫兰］，但她更年轻，有个孩子，相比达斯迪更容易受少女心理的半戏剧式表现之害（我是个有些倦怠的老人家了，没法给她那种虚幻的爱）。现在既然我们的关系已经定下来了，毫无疑问，这段爱情已经开始瓦解。我希望过上安定的家庭生活，这样我才可以写作。但我承担着巴勒斯一家的压力，而她的压力则来自旧爱和百货公司鸡尾酒会上的朋友以及她身上那种充满不确定性的童真。天知道会发生什么事。

[……]

因为希拉，也因为要到处奔波、鬼混、晚上去北滩和百货商店那帮人聚会（真是累赘），离开圣何塞后我就再没写过任何东西。事情终于安定下来了，这周我重新开始写书，现在已完成了三分之一。也许再过一个月就能写完，到时寄你一份，书名暂定为《绿汽车》。我把你的信寄给了尼尔，他想看看你给他写了什么，但还没收到回信，他没回我——自从天气开始时断时续热起来以后我就没见过他，现在一切都好了，再没有威胁了。

[……]

说一说你那几首关于旧金山的诗吧。你的诗没有走向别处，而是离诗歌的核心又近了一步。因为在过去的两年时间里，我一直在努力寻找一种正式的风格（塞尚曾说，他想画出像博物馆里馆藏经典那样的画，他也确实做到了），而你的诗有几首很令人满意（比如，《联邦调查局的泰德》、《尼尔在法庭》的一部分以及对窗外景象的几首速写等等）。我不多嘴了，等到家再说。（现在是周五下午，我正在蒙哥马利街的办公室里写信）我会再读一遍——那时你的诗会更正式也更赤裸。

希拉讨厌我，因为我是个顽固、守旧、老说不的抽象主义者，而不是陀思妥耶夫斯基式的情人。顺便说一句，这是我这几天以来第一次正常做爱，能回归家庭真是让我松了一口气。听说伯福德（还有鲍德温？）讲我和比尔的坏话。怎么了？我不明白伯福德为什么这么做，除非就像埃德·怀特在达斯迪的公寓里说的那样，他只是个欧洲来的满口花言巧语的大骗子。

[……]

以后再写信给你。

比尔说你读了我写给他的信很生气，你不该这样，我正在为他做我力所能及的一切。如果我不那么写，他也许还会继续沉浸在悲剧性的自怜中。比尔自己心里也明白。

艾伦

编者按：金斯堡一直担心，如果巴勒斯去旧金山看他，他会想要完全接管他的生活。艾伦对巴勒斯有朋友之爱，但不想成为他的情人。因此，当杰克写信给巴勒斯，告诉他艾伦想邀请他过来时，艾伦非常生气。

杰克·凯鲁亚克［纽约里士满山］致艾伦·金斯堡［加利福尼亚州旧金山市］

一九五四年十月二十六日

亲爱的艾伦：

谢谢你的来信，你的意思是你已经原谅我，不再介意我对比尔说的那个善意的小谎言，你不那么生气了。他最近几乎就像个老妈子一样唠叨，我只是为了让他感觉好一点才说："私底下他真的很想和你在一起，就像以前一样，否则你看他就不会那么写、那么讨论、那么老调重弹了。"我真正的感受是，也许你不想再要比尔了，因为他变得那么奇怪、可怕，又那么遮遮掩掩。

一、他完全不理会我说的任何话，尤其是关于佛教的那些话——和吕西安一样，他"一点也不在乎"。

二、你不该把我卷进这些关于同性恋的贪欲和淫欲的判断中去，我不是这方面的专家。

三、巴勒斯不仰慕我的智慧，但事实上，他也不相信我骗人的本事。

四、我不会为任何人欺骗或隐瞒任何事情，现在我呼吁我们所有人回到一九四七年的垮掉的一代，像吕西安一样坦白、诚实、醉心于真理。

那个"善意的小谎言"是为了比尔说的，我很清楚你不想搞同性恋了，也告诉了比尔。我不知道（关于我的观点）他给你写了什么，"不圣洁的加拿大佬"让你搞基，不要和我见面，搞什么鬼，这里谁是酷儿啊，真是的——我怎么能跟比尔发生关系，所以让一个老情人再见到他就是重新爱上他吗？我是说，你为什么这么生气？你确定是尼尔而不是你自己疯了吗？我觉得你当时心烦意乱，而你给比尔的正式拒信也是在心烦意乱之下写的。我不想做恶人，不想吵架，也不想被误解成"卑劣小人"，但我认为我们需要严肃地聊一聊，相互坦白，承认我们对彼此的秘密怨恨，如果不将这些怨恨根除，它们就会滋长［……］

［鲍勃·］伯福德没有说你的坏话，相反，他很尊重你，想立刻收到你的来信——由美国领事馆转交，或由法国塞纳河畔苏瓦西的生命之水公寓转交伯福德。《尼尔的幻象》——我寄给艾·阿·韦恩的那部分——把他迷住了，所以他想把《垮掉的一代之路》带去克诺夫出版社试试，但我的代理人很是嫉妒，干涉进来。我希望我可以学聪明点，不要坚持代理人的判断——天哪，他动作也太慢了。考利一篇文章就可以搞定，你不觉得吗？我的书在爱·佩·达顿出版社。［詹姆斯·］鲍德温说了比尔而不是你的坏话，因为他在什么地方看到了比尔的书稿。告诉阿尔·萨布莱特，我认识了一个很棒的新手钢琴家，名叫塞西尔·泰勒，他演奏起来就像［奥斯卡·］彼得森演奏古典乐，速度很快，布鲁贝克-斯特拉文斯基-普罗科菲耶夫一样的和弦。他是茱莉亚学院的古典音乐家，鲍德温一样是黑人，可能还是同性恋——鲍德温是同性恋。我不怎么喜欢同性恋方面的事情。伯福德诋毁比尔说："如果有恶存在，他就是恶本身。"伯福德说，他认识的除了比尔以外的另一个恶人是特姆科。我把［埃里克·］普罗特放倒了，他喝醉

了。比尔有你的诗——我觉得它们很棒,就像惠特曼看待麦尔维尔一样。

［……］我觉得考利应该看看《裸体午餐》。我要把《萨克斯博士》给阿尔弗雷德·卡赞看看,他最近上了电视,谈起麦尔维尔来结结巴巴、气喘吁吁的,但很棒。你知道我的旧金山布鲁斯都是即兴创作的吗?这点很重要。尽管不是很好,我敢肯定不会有什么结果,除了一些……单薄的意象。谁在乎呢?我的诗就是散文句子。

我刚去了洛厄尔,整整三十五卷的"杜洛兹传奇"在我脑海中闪现——难道我要为这么多重复的细节而烦恼吗?盘踞在我出生地上方的城堡,三岁之后我就没再见过它了……这就是《萨克斯博士》的源头。事实上,我的洛厄尔之旅覆盖太多地方,我一口气根本讲不过来……以后再说。我累了。很高兴你给我来信,看来你没生气,我也没生气,让我们多点相互理解,喘息片刻。［……］顺便说一句,如果你对"澄明的真理"有任何疑问和怀疑,你可以问我。我现在比以前更有把握。至于道,它只是一种外在的风格,就像在墨西哥我是嗑着药、穿着牛仔裤的道家流浪者,而不是别的什么那样。换句话说,我已经毫无疑问地达到了诺斯替教派和大灾变的那种确定状态,我的思想将一直集中到最后。

(睡了十二个小时后写的)要事!我书桌里有三十美元现金,本打算用这些钱买件冬天穿的皮夹克,结果看起来很疯狂的比尔搭乘出租车来到里士满山,因为急需用钱(为了里奇),就把我的钱都拿走了。他没有还我钱,去了佛罗里达州,不给我写信。我也没有他的地址。冬天马上到了,我这个可怜虫,像爱伦·坡一样,连件外套都没有。快告诉我他的地址,该死的——我自己也没挣到钱,那是我妈的钱,我想要回来。

一九五四　　325

顺便问一句，你手上的授权书是怎么回事？我的代理斯特林·洛德计划在法国出版我作品的法语版，他会处理一切。除非他是吉鲁的眼线，因为是吉鲁把他推荐给我的。

还有什么呢？看来尼尔终于湮没在创造业力的计划中了，恐怕我们再也见不到他了。（所以一切都搞砸了，一切都完了。）

杰

248 艾伦·金斯堡［加利福尼亚州旧金山市］致杰克·凯鲁亚克［无地址，纽约州纽约市］

一九五四年十一月九日

亲爱的杰克：

愤怒让我困扰，但通常我都能理解，也很不以为然。当然这种困扰还不至于让我放弃写信。是的，比尔变得太奇怪了，我不能和他住得这么近——倒不是他让人害怕，是我知道这一切会以某种让人难过的愚行收场，尤其是在我和希拉［·威廉斯］一直在一起的情况下。不过，就算我身边没有女人，结果也一样，实在是太难了。但我最后还是邀请他过来，我不想让他失望。我们重新开始通信。他离得更远，因而他的信也就相对容易接受。多么艰难啊。我必须承认，就我而言，我还是一如既往地喜欢比尔，对任何事情都没有异议，只是这几个月以来我感觉自己像个自以为是的傻瓜，但我能做什么，又该做什么呢？我也不在乎变直跟女生谈恋爱之类的。我是第一个知道他要过来的人，我会全心全意照顾好他，反之亦然。警察一定会来次突击搜查，我上班一定会迟到，到时只能坐着听他老生常谈，然后面无表情地鼓鼓掌之类。我不是很有兴致，也许当我重新拥有神圣的孤独和对比尔的兄弟情谊时，我的兴趣会恢复。我缺少孤独的时间，而比尔是孤独的力量——我应该把所有注意力都放在他身上，我的注意力转向了其他（次要）

方面。

[……]

我肯定是疯了。我明天就去当地的精神分析诊所——一小时一美元。还是别费劲了。

我不是魔鬼,你也不是,别再说那种话。我觉得你是个跳着吉格舞的天使,以打击比尔为乐——但实际上他的神态现在已经或曾经混乱不清,所以你取笑他也无妨。从长远来看,你对他说出善意谎言的原因和我对他大吼大叫的原因一样——我们一样疯狂。在这半年里,我做了所有我做不到的事。

[……]

我的生活因为有女人而大放异彩,但也正因为此,我不读书也不写作了。可能到年底,再过一个月左右,我就搬走,在和诺布山差不多海拔的破败巷子里找一间还不错的小公寓,由我亲自挑选,得有私密性,在下一个山顶街区一个巨大的水泥地下室里,租金每月三十五美元,在那儿我得存钱、读书、写作、向孤独祈祷。

[……]

[肯尼思·]雷克斯罗斯拿比尔的书来读。他在新方向担任顾问。邀请我参加他和一所大学联合举办的系列诗歌朗诵会。[威·休·]奥登、[威·克·]威廉斯以及包括我在内的当地诗人都会参加。也许下个月某个时候吧。

该死的[乔丹·]贝尔森读了《死藤水》,奚落了比尔一番,并拒绝读《酷儿》。是什么样的疯狂激发了这些"半伊戈努"式的灵感?他给了我一些佩奥特掌,我和阿尔·萨布莱特还有希拉·威廉斯打了个招呼,我们研究了一下旧金山中城在天际线上叮当作响的缆车。从我客厅的大窗户往下看,可以看到高楼大厦,尤其是弗朗西斯·德雷克爵士酒店,酒店正面是由一个像来自各各他的永久全自动抽烟机点缀的面孔,两边各有一个大玻璃砖眼睛(星光房

一九五四

的男女厕所),从雾气腾腾的路面拔地而起,最终也成了我笔下的诗行。[1]

[……]

比尔住在棕榈滩桑福德二〇二号。他写道:"哦,上帝,我欠杰克三十美元,我没钱还他。他会像友好金融借贷公司那样缠着我。我感到很内疚,我不敢给他写信。"以友好金融借贷公司的名义给他写封信怎么样。顺便说一下,他的月薪不再是二百美元(固定的根基也随之而变),现在只有一百美元。他该怎么办?我欠他六十美元,一个月后还。

[……]

到目前为止,你有哪些作品出版了或被出版社接受了?

至于尼尔:自我在这儿定居以来,他每周都来借大麻,或带大麻过来。前几次和一个叫卢西安的高个子黑人一起闯进闯出的,那个人很奇怪,是给他搞大麻的掮客。他们把大麻在地板上摊开,仔细摆弄一番,大下午的就抽起来,而我则四处转悠,开灯关灯,把垃圾搬到楼下,收拾孩子的玩具。有件事我必须得说,看得出来,他既要维系家庭,又要经营这么一个疯狂的毒窝,这对他来说是多沉重的负担啊。当然希拉很喜欢他,但他还算有良心,一直没跟她上床。[……]

尼尔说我应该替他给你写信。他总是匆匆忙忙的。所以他一直跟我说:"你知道该跟他说什么,我们是好朋友,等等。"明年一月初他就辞了铁路公司的工作。他想去墨西哥城玩上一周或几天,然后去佛罗里达捞点钱,然后去纽约呆上一两天,接着回旧金山继续工作。卡洛琳威胁说如果他赚了大钱她就辞职,她想让他在洛思加图斯找份加油站的工作。他似乎还没决定好能否一走了之,但从我刚来时他就一直在谈论这件事。他想让你知道他的总体计划。我想我不会和他一起去墨西哥城。他开起车来太吓人,而且我还得工作，要存钱去欧洲或东方。总之，他想让我替他给你写信，体谅体谅他吧。他要接受三次调查，铁路公司所有人都在他背后窃窃私语议论他的爆料："所有人都知道我是个淫棍。"卡洛琳已经三个月没跟他上床了。我会告诉他我写过信。不过，他最近似乎比几个月前在马可尼酒店时要冷静一些。我甚至和他下了一盘国际象棋。他教过萨布莱特和半个北滩的人下棋。萨布莱特赢了他。他还迷恋着凯西的教义，每次来都会突然提起。如果我没有谈到凯西，他就会克制地笑着说："那是因为你没有真正了解凯西。"［……］

你的艺术怎么样了？给我寄本佛教书来读读。

［……］

爱你的，
艾伦

1. 此处的佩奥特掌幻象是金斯堡《嚎叫》的最初灵感来源。

艾伦·金斯堡［加利福尼亚州旧金山市］致杰克·凯鲁亚克［无地址，纽约州纽约市］

一九五四年十一月二十六日
周五

亲爱的杰克：

昨晚凌晨三点，［阿尔·］萨布莱特醉醺醺地从唐人街走到马可尼酒店，打点好行装，准备和他那扇俯瞰街角的百老汇、哥伦布大街和天际线的视野极佳的窗户道别。接着乘出租车到三十七号码头，搭乘圣卢西亚号去南美、阿卡普尔科和智利。他摇摇晃晃地拖着他的唱片和录音机，我提着两个手提箱，然后我们在船上闲逛。我想我的下一个大动作会是再次远航，也许在春天某个时候，还是当个文书军士，或者看看能不能弄个事务长当当，赚点钱。可以肯定的是,一年半后我会去欧洲。估计可怜的比尔已经坐船离开,应该是二十号走的,从十七号开始我就没他的消息了。真是一团糟。令人惊讶的是(我敢肯定),我们的关系突然有了转变,比尔变得奇怪而且遥远,遥不可及——也许不再是以前(我的意思是一两年前)那个热切的比尔,那时我们有着共同的"伊戈努"印记和标志。他觉得我可能是个偏执狂,就像〔哈尔·〕蔡斯一样,突然切断他的手指,不可饶恕,以后他跟我说话都会变得不自在。但是我想,如果我们在卡斯巴哈的某个黑暗角落再次相遇,我们会重新理解对方,不再记起这件伤心往事。但如"貌似可以"这般喋喋不休之后却发现自己为他还有为你、为吕西安或尼尔做的事很有限,反之亦然,那么我对他的看法又会有何不同呢?那简直就是弗·斯科特·菲茨杰拉德笔下的幻灭场景。如果我真的在旧金山找到朝圣者的灵魂,我要拿它怎么办?昨晚我跟希拉因为我为什么不爱她而争吵,当时我对她说,我想可能是因为我太爱男人了,但我还像以前那样爱男人吗?

尼尔有天晚上过来找我,给我带了毒品,我请他吃饭,希拉睡下了,我们聊天,他又去北滩闲逛。铁路公司的工作不多,所以可以耽搁更长时间。每次当聊天的内容变得有趣起来时,他脑袋里就会突然打开一个开关,凯西·琼斯那辆火车就会冲出来,遮蔽整个地平线——他开始重复同样的想法,对于任何思考超过三十七秒的问题,他的回答都更加简单、更无关联(围绕着之前的感知和疯狂的思想碎片打转)。一切都得到了疏导。除了象棋,就像他抱怨的那样,女人、象棋和凯西,除此之外,他一片空白,无法轻易听懂一段文字,也无法阅读,似乎完全没有注意到我为了取悦他而放在桌上的奇特的中国画,只是回了个"嗯哼",然后抬起头悲伤地说:"除了下棋,我再也不能集中注意力了。"我无法专心给你写信这件事让他觉得很难过,他不会给我写信,也不给别人写信,除非一年只写一行:"老伙计,你怎么样?"他说他和卡洛琳[·卡萨迪]的关系更加恶劣,现在甚至和她分房睡,他睡在沙发上。这样下去他俩恐怕会分手。她对我也有怀疑。他说他"把大麻给她看,这是一个错误",她大怒道:"金斯堡把这玩意儿给他吃"。欣克尔夫妇顺道来访时说,即使我不在时她也一直跟我过不去。我的意思是,甚至到了旧金山,我也不去他们家了,我很少见到他,唉。杰克,我真的觉得她不好,也许她生气了,和他玩完了,但她真的很龌龊。他曾经的红颜知己海伦·欣克尔如今也敌对他——他经常跑来和阿尔下棋,这让海伦很恼火。但我不知道为什么,也许是因为嫉妒吧。所以她威胁说,如果他还来继续下个不停,她就把他所有的秘密都告诉卡洛琳,只要他来就不允许带棋盘。不管怎样,我确实注意到,他在我家时看起来平和温柔,虽然可能心不在焉,但很温柔且像以前那样友善——唯一狂乱的一次是他冲进我家门,几乎一言不发,也不问有没有棋盘或大个子黑人掮客卢西安在不在,然后就在我铺着白色粗绒地毯的大客厅里,蹲在绿色的咖啡桌旁开始卷成堆成堆的大麻。但这一切结束后(他经常咒骂,索要卷纸,不是闷闷不乐而是被他的大麻弄得心烦意乱,遇到量不够时就大发脾气),他会像个老伯一样坐下来喝咖啡,也不怎么说话。

好吧,不管怎样,杰克,我十二月十四日周二晚上离开这里,周三中午到纽约。因为我哥哥(尤金·布鲁克斯)给我寄了机票钱去参加他的婚礼,所以我得和家人在一起。但那不会花我太多时间,我可能周四下午赶去帕特森一趟,周三下午去拜访我哥哥。周三晚上你在哪儿?我希望你能赶到机场,但我还没定航班,还不确定什么时候到、到哪里。如果我知道了,就告诉你。不管怎样,我要呆到周日晚上,然后赶回程飞机。婚礼在河滨大教堂举行?周六晚上在纽约。所以周二晚上也可能周三晚上,加上周四、周五、周六和周日全天，我都在。请腾出时间来看我，到时候我们怎么玩、在哪儿玩都行，蒙马特和格林威治村，吕西安、金斯兰、达斯迪，啊，还有爱。我多想再和达斯迪上床。我不知道我会住哪儿，可能是达斯迪或吕西安那儿，也可能是我哥哥家或金斯兰那儿，或者格林威治酒店。我肯定这四天的聚会一定令人伤感。在我离开这里之前给我写信，这样我就知道你在城里，不必担心见不到你。我会带很多诗歌，还有萨布莱特、尼尔给你的便条，还有希拉女友的地址，我们去找找。我看了考利写的那几章，内容过于客观、过于试探性，"这个和那个符合这样或那样的意图"，太恐怖了。

我的外观有了点变化。我穿了一套漂亮的粗花呢西装，头发剪得很短，面容憔悴之中也许透着冷酷。神奇的是，随着年龄增长，我变得更漂亮了，感谢上帝。还有一件怪事要跟你提一下，希拉认为我很漂亮——这真是奇迹，两周以来，我一直沉迷于这个短暂的念头中。虽然她的意见不值一提，但我还是愿意认同她。

爱你的，
艾伦

编者按：十二月十八日，金斯堡飞往纽约参加哥哥的婚礼，有机会见到了包括凯鲁亚克在内的许多朋友。不到一周，他就回了旧金山，在那儿，他迷上了画家罗伯特·拉维涅的英俊模特彼得·奥洛夫斯基。彼得最近因为精神问题被军队开除了。很快，金斯堡的生活发生了翻天覆地的变化，他搬出希拉·威廉斯的公寓，搬进奥洛夫斯基和拉维涅的公寓，他们的公寓和工作室都在高夫街。

杰克·凯鲁亚克［纽约里士满山］致艾伦·金斯堡［加利福尼亚州旧金山市］

一九五四年十二月二十二日

亲爱的小伙计：

我没疯。你没必要在人群中向那些大胡子的波希米亚爵士乐迷炫耀。我刚看了阿拉斯塔尔·西姆的电影《圣诞颂歌》——你看过阿拉斯塔尔·西姆演的电影吗？你知道西摩［·怀斯］特别欣赏阿拉斯塔尔·西姆吗？他真是伟大。就像某个伟大的英国诗人，只不过他成了演员。比迪伦·托马斯更伟大，像那种真正的赫伯特-沃恩-赫里克-怀亚特式的伟大，无论是动作表情，还是艺术处理，都体现了这一点。我感觉自己和我们亲爱的拉比一样多愁善感了。

夜晚很冷，冰冰冷。下雪了。结冰了。我的腿很冷。今天下午我进行了长时间的冥想，并试图安居于心灵的本质。但我无法安居，我只能瞥它一眼，盯着它看，对它进行思考，身怀萨埵、罗阇、答磨三德（即纯质的明性、暗质的惰性和激质的动性），无法一直安坐。狄更斯的伟大之处与［约翰·］霍尔姆斯的一样……他们都有那种"哦，该死的得放飞自我"般的巨大能量……就像霍尔姆斯以前聚会时会举起啤酒杯一样……和林登斯、德金斯，还有他妈的什么人一起……就像坎纳斯特拉一样。难道哪一天我会像斯克鲁奇[1]一样，成为一个改过自新的严肃佛教徒，突然在街上手舞足蹈起来吗？没关系，都一样。我们的巴尔扎克们、狄更斯们和神圣的陀思妥耶夫斯基们都知道这一点。

再见。

另：确定一定以及肯定。

但事实上，斯克鲁奇一开始是个吝啬自私鬼，后来他从这种状态中解脱出来，开始回到人群中。

至于安居于心灵的本质，那就像伊迪［·帕克］一度想钻进我的屁眼然后蜷缩起来一样，这是她自己说的。我无法钻进心灵的本质然后蜷缩起来，因为它是无形无源的。但我可以与它同在。佛教的秘诀是每天早、中、晚都要禅修。别无他法。最后当你凭直觉修行了够久，它就会不断地向无边无际的虚空和广阔等开放。一切都很清晰明朗。别把我的东西拿给［罗伯特·］邓肯和霍尔姆斯一家子看。我马上去找我的代理人谈谈邮寄《萨克斯博士》的事。总编［乔·］福克斯推荐了《垮掉的一代之路》……其他人还在读。新年快乐。

让

1. Scrooge，狄更斯小说《圣诞颂歌》里的主人公。——译注

254 艾伦·金斯堡［加利福尼亚州旧金山市］致杰克·凯鲁亚克［无地址，纽约州纽约市］

一九五四年十二月二十九日

亲爱的仁慈的心灵之王：

> 我病了，好心的凯鲁亚克，你神圣的艾伦
> 永恒地病了！饱受孤寂的煎熬，
> 一天天、一刻刻，越来越糟糕……
> 但我需要一点甜言蜜语，
> 就像伟大的塞巴斯蒂安王子的眼泪一样悲伤。
> （在卡图卢斯之后）

你怕是疯了吧，居然怪我不够友善，怪这封信不够友善。我从没见过阿拉斯塔尔·西姆，我病了，干了一天活儿回家，重感

冒,用了青霉素。我差点失聪,又害了相思病。我搬到了高夫街富有艺术气息的波希米亚社区,租了间房子,吃午饭时希拉[·威廉斯]意外来访,一身华丽的行头,看到我正一身臭汗地窝在简陋的地铺里,尼尔正在走廊那头的房间和红头发的[娜塔莉·杰克逊]玩闹。我爱上了一个二十二岁的圣洁男孩,他也爱我,跟我住在一起,但那一幕真是可怕。一个月前,我在波克街和苏特街交会处偶遇画家罗伯特·拉维涅,他有着"伊戈努"的深刻灵魂,二十六岁,留着大胡子。我们去看他的画,从波克-苏特街的弗斯脱自助餐厅沿着苏特街走。之前有天晚上我喝醉时去过那个餐厅,想研究一下地下人的场景,也为了找彼得·卡尔——卡尔·所罗门(我到旧金山的第一晚见到的,在萨布莱特的酒店房间里),所以我上前问那个孤独的大胡子所罗门在哪儿,他说他不知道,和我聊了会儿别的,然后邀请我去看画。我们去了他位于高夫街的房子。我走进房间——这是一个月前发生的事——看到一幅巨型裸体青年的现代画,那是真正的画,还有几幅差不多的,有穿衣服的,有裸体的。然后那个男孩,他的模特,走了进来,画家也给他作画。那个有着温柔灵魂的俄国大高个,他就像红发的卡夫卡,看上去毕恭毕敬、沉默寡言。就这样,整整一周我都满怀期待地来到画室,开启了一段新生活。我跟你说,那个地方真不错,我带尼尔来猎艳,他看中一个红发女孩,上周和她上了床,之后一直厮混在一起。房子的过道很长,房间很大很乱,厨房里有大麻,就像年轻人的住处一样。我们聚在一起聊天,尼尔早上九点冲进门,还有威·克·菲尔兹——奥利弗·哈迪,他不停地穿上又脱下他的裤子,和女孩子做爱,大笑着给女孩穿上衣服,她则给他穿上背心,接着他们一阵打闹。他和我都很怀念那扇门,在过去两周里,多么稚嫩的年轻人从那扇门走进这栋庞大的维多利亚式木屋。对拉维涅来说,那是一股浓郁的画作和画室的味道。他在前面的房间作画,彼得·奥洛夫斯

255 基在中间的房间里学习,斯坦利·古尔德的前女友娜塔莉在后面的房间,她在这儿已经呆了四个月了。对我来说,走进一一五号街这栋房子里的全是甜美而充满希望的年轻人,他们温柔和善,带来很多欢乐。尼尔也有同感。所以有一晚,在我去纽约之前——拉维涅神秘地告诉我他要走了,要离开城里去圣地亚哥附近画画(他的画展刚结束,展出的全是色彩狂野的裸体和弗斯脱自助餐厅的画作),与彼得共处的时光结束了。也许我的也结束了,因为我要离开休斯敦去达喀尔消沉一段时间。他说他要走了,让我在他走后多见见彼得,他需要朋友,需要贴心的伴侣。我感到一阵颤栗,因为我看到了爱,这就是我的命,我的心再一次融化——我多么讨厌女人,无法忍受没有恋爱,无法忍受不被真正的温柔所融化,我像孩子一样需要甜蜜,这就是我和希拉的问题所在,我对她的爱不是一种悲伤的爱,和她在一起我的心冰冰冷。所以我告诉拉维涅,天哪,别再说了,你究竟要我做什么?我不能像以前那样永远跪在地上舔鸡巴了,但他说彼得了解我,喜欢我。你知道吗,伙计,在加利福尼亚时我变了,那就像一场梦一样——有人在等着我。所以我带着这个想法去了纽约,那之前我和彼得过了一夜,我们俩聊天,他告诉我他梦见自己走到我面前,用胳膊搂着我的腰,梦里的我很是惊讶。然后在现实的走廊里,我们拥抱着,我心中涌出真正的甜蜜,甜蜜满溢到我几乎要哭出来。但人的生命是如此卑微,如此短暂,我到底想要什么?自然之子——有回报的爱。接下来是一整晚的拥抱,我们没有做爱。然后我去了纽约,然后再回来,搬出希拉的房子,搬来这里。希拉在我搬走的同时突然喜欢上了阿尔·欣克尔(事实上,她在我离开前的某个晚上就喜欢上他了,那晚我彻夜未归,阿尔来访,带了些酒,他们坐在地板上相谈甚欢),她趁我不在时和欣克尔上了床,这很好,我乐见其成。有一晚,她在家等他,而我在纽约,然后她外出了,他正好路过,不知道她去了哪儿，也不知道我去了纽约，他去波克-苏特街的弗斯脱自助餐厅找我，或者找她，她刚离开餐厅，他又去高夫街的房子找我，娜塔莉说我走了，他说他想在那儿睡一会儿，他睡着了，又醒过来，去撒尿，拐过走廊转角时撞见了赤身裸体的尼尔（他不知道尼尔也在——这一切发生时我都不在），两个人都笑了，陀思妥耶夫斯基的圈中人都聚在这栋房子里。我回来了，看到每一个人都沉浸其中，彼得跟尼尔还有红发娜塔莉一起磕了药，那是他的第一次，他突然就喜欢上了，以他那种怪异的彼得·洛的方式对此兴奋不已——他跟梅诗金也很像。唉，让人难过又恐惧的事情发生了，拉维涅也喜欢上了我，我和他上了床，我为生活所迫而并非出于真心实意，我搬过来后弄了张床，我们三个都在这同一张床上做爱，但我只喜欢彼得，彼得也只喜欢我，他因此开始感到内疚。但所有人都喜欢罗伯特·拉维涅，因为他可悲的"伊戈努"的才华，也因为他的大胡子。还有一件事，我不明白他为什么要退出，他是个懂得迷失并为此悲伤的大天才（就跟我和尼尔在得克萨斯时一样）。与此同时，我和彼得疯狂地讨论着"思想"，给娜塔莉和其他人大声朗读《尼尔的幻象》，尼尔开始时刻期待和彼得、鲍勃一起狂欢——然后鲍勃［拉维涅］疯了，眼见自己不断迷失，彼得不断变化，而我又春风得意、兽性大发，他很生气，不再说话，把自己和彼得锁在房间里，恳求他、威胁他。这样的事闻所未闻，我们试着沟通，鲍勃和我或多或少达成了一致，我也说不上来，我们对彼此又爱又恨，彼得很害怕，对罗伯特既感内疚又很忠诚，我现在很痛苦，在家里大发雷霆，大家为此紧张了好几天，怕谁要杀了谁？但我不想骗罗伯特，也不想冒犯他，所以我把床垫拖进了自己房间，紧张局势仍在加剧，鲍勃觉得我背叛了他，我在爱情里越陷越深，他则是在绝望里越陷越深——虽然他还爱着，但接下来他可能随时会离开，他还是不放弃对那个珍贵男孩的爱的希望，他觉得我

一九五四

很邪恶，嘲弄（哈尔·蔡斯的想法）般的紧紧抓住那个孩子，仅仅为了好玩，与此同时，彼得向我做出承诺，但承诺没有实现，最后我们三个聚在厨房，带着对彼此的恶意与憎恨。彼得爱我们两个，对他的爱是出于忠诚，对我的则是因为感官和心理上的刺激，鲍勃和我也许最喜欢彼此，但我们的喜欢穿透了恐惧的乌云、玛雅的迷雾，我们挖苦彼此，他指责我，认为我对彼得干了龌龊的事，这让我难以忍受，我爱他。与此同时，这一幕也让彼得越来越生气，就像打牌一样，我们都没法收手。罗伯特说："你们俩都等着我滚蛋，这样你们就可以搞在一块了。"我说："没有你的祝福，我们不可能幸福，也就是说，完美的幸福需要你来赋予，请不要夺走它。"罗伯特说："我不会再祝福你们了。"讽刺的是，彼得最后说："你们俩让人蛋疼。"啊，真是场喜剧啊——只有巴勒斯能欣赏这句评价。但最终我们都沉浸在悲伤里，我无法隐藏自己的欲望，罗伯特也无法隐藏他的欲望，彼得则是没有欲望——他会无辜地看着我们这两个老古董愁容满面，毕竟除了仁慈的心灵之王这样的导师之外，他也想跟女孩在一起，但这位贴心的王子爱上了我们，爱上了经历绝望多年的我。也就是说，这是某种自我欺骗，但彼得做出了实际承诺，这一承诺带有甜蜜友谊的性质，比我之前经历过的更加和谐，很久以前我已经放弃希望，所以几乎还没准备好悔过自新并接受这份悲伤的爱情。今晚我躺在病床上，刚有了些心理准备。我们在某种程度上达到了和解，彼得独自呆着，鲍勃独自呆着，我也独自一人。中午时希拉来了，这让我很兴奋，真是可悲，她爱我，我喜欢她，但我不能和她上床。在我们最后的谈话中，我们都不希望在自己和彼得之间背叛罗伯特，我们拭目以待吧——但我们已陷入以前那种悲伤的爱情，我知道事情从来都没那么容易，除非这是通往幸福的痛苦前奏，否则它永远不会再以如此天真的方式表现出来。我很伤心，躺在床上，因为感冒而浑身是汗。我年纪大了，再也记不起十八岁、二十岁那时候的自哀自怜，但一想到生活中不可能存在甜蜜——偶然的甜蜜除外，我就又没那么不快了，觉得也许事情就是这样，转瞬即逝。在他的日记里（我偷看了他的日记，即便他会为此杀了我），罗伯特写道，神用磨难塑造他，让他触及赤裸裸的和真正的美，他真是明白人，但我们无法交流。

现在的状况是：娜塔莉泡茶给我喝，该付租金了，罗伯特要走了，房子要拆了，我必须找个新房子或酒店。我会搬到彼得的附近，在波尔克峡谷区附近的酒店住两周，等拿到薪水后租个小房子，同时我会阅读《尼尔的幻象》和《旧金山布鲁斯》。

是的，我知道也许最终你会对乱糟糟的生活举白旗，以狄更斯的方式接受它，但我还是要说，杰克，虽然我没有变得圣洁——因为我太任性，为了成为圣人而过于执着于思考纯粹的幻象，也没有赤身裸体的严苛的印度教大师指导——我只有范·多伦，可他却让我产生怀疑，但如果我们有坚持下去的信念或洞察力，那么"无名"这一目标对我们来说是最有价值的。我等待这样的生活让我崩溃，让我丧失对万事万物的依恋，因为也许不存在如我所想象的那般崇高的感情。

> 就连人类的想象力
> 也无法满足
> 灵魂的
> 无尽虚空

（在我们所有的谈话和你上一封信之后，上面我所说的无疑显得愚蠢天真，也许甚至到了这样一种地步，我会像以前一样静静地坐着煮蔬菜，就像一九四九年我在哈莱姆感到绝望时所做的那样，

一九五四

直到房门无声地打开，天堂的光亮照射进来）无论以何种方式，都要坚持探索，越直接越好。但这是一场多么疯狂的赌博啊。我会试着先享受生活，当我确信生活中再无可探索的美好时，我就再次死去，但生活几乎没有穷尽，至少悲伤反复出现。所以你就修禅吧，然后带给我神圣的消息。我不会把你的小说拿给邓肯看，但会给雷克斯罗斯看。把《萨克斯博士》寄给我。至于《旧金山布鲁斯》，那是本很棒的书，我又开始慢慢重读它（我在回堪萨斯的飞机上曾读过一遍），读了一半，在我喜欢的地方做了笔记。我想说，到目前为止，我发现里面有一些伟大的独创性诗歌，也就是说，那些绝对是最经典的诗歌：

　　*三更半夜

　　苏醒的卷轴里

　　廉价旅馆的噩梦

　　*然后我会去放下我的王冠

　　*有拍打声

　　*修辞的第三街

　　*转动你的伞

　　*在山和房子之间

　　*心脏与天堂

　　你的角落打开

　　*我也有响亮的诗篇

　　很明显，除此之外还有很多伟大的原创诗篇。顺便说一下，《塑料床罩》和其他几首很像意象派的诗，也很像威·卡·威廉斯的作品。不过我还没重读完呢。《受审的尼尔》在哪儿呢？

　　我用打字机打了一份《科迪的幻象》，以防万一，不然你就拿这多余的一份。尼尔的《琼·安德森的信》要出版了。[1]我给比尔这个瘾君子写了信，一封长信，他也给我写了。他说了"该死，这里没有可以说话的人"或者"我希望有人能跟我说说话"这样的话。

尼尔说他一月八号或十六号直接去纽约，可能会带上红发娜塔莉、希拉或其他任何认识的人。如果他过去，我会写信告诉你时间地点。

（我还收到从帕特森转寄过来的莉齐·莱尔曼的南非的圣诞卡。她已经结婚了。）

卡尔·所罗门还没到，你能打听一下吗？

艾伦

---

1. 卡萨迪这篇长3000字的叙事诗《琼·安德森的信》写于1950年12月。尼尔在其中描述了他和一个女人短暂的风流韵事，他的叙述风格深刻地改变了凯鲁亚克和金斯堡的写作方法。信后来遗失，但其中一些片段为尼尔的自传也是他出版的唯一作品《前三分之一》打下了基础。

一九五五.

艾伦·金斯堡〔加利福尼亚州旧金山市〕致杰克·凯鲁亚克〔无地址，纽约州纽约市〕

一九五五年一月十二日

亲爱的杰克：

收到你新寄来的信，没法回信，因为我今夜思绪万千，所以必须等到明天或周五晚上（今天是周三）。但我确实写了封长信给你，还没寄出，打算再加点什么，但最后没加，就那样寄出去了。都是关于世界战争的，请原谅我用煽动性的内容作为对你神圣来信的回复。你可以先读其他的信。

从那以后（我几乎一回来就开始写那封信了），我搬进波克-苏特街拐角的一个房间，房间有十六扇窗户，位于俯瞰波克-苏特街弗斯脱自助餐厅的大楼一角，那里红色霓虹街灯闪烁，是一切发生的地方。我从上往下看，观察每一扇窗户，目睹了了不得的秘密情节。我还在恋爱中，男孩爱我，我们不上床只是谈心，几乎没有肌肤之亲（很少几次除外）。他对我来说是个很棒的恋人，很年轻，喜欢我的好奇心，而我喜欢他的圣洁。他也有幻象，早上上学的路上看到公园的树向他鞠躬，吓了一跳。罗伯特·拉维涅如今恨死我和他了，我们三个分别住在街两旁。我记录下这段感情，每隔一小时就记录一次，自年初以来已经记了五十页，这是为我自己做的记录，是我在旧金山跟女孩交往后经历的又一件大事，即有生以来第一次跟男孩交往。至少这次我能知道当受圣洁引领时自己在失去生活的过程中到底失去了什么，如果真受过的话。

我会写信跟你说，但自从除夕卧病在床后我就写得少了，四天没法工作，每晚在家还得带烧写日记，如果可以的话我宁愿烧掉自怜，这次前所未有的恋情要避免失败，诗也一样。

> 我很高兴，凯鲁亚克，神圣的艾伦
> 终于做到了。我给自己找了一个男子，
> 和一个我想象中的永恒男孩
> 帅气地走在旧金山大街上，
> 和我在自助餐厅碰面，
> 爱我。啊，不要觉得我恶心。
> 没有幻象时吃屎很难，
> 幻象成真时世界就像天堂。

我仔细地读了你新来的信。我将在一天内写下教义。我将发送一些关于停止思想机器的想法供你考量。我将是认真的。我将阅读。再坚持一天。

收到比尔从丹吉尔的来信。随附一些他写的东西，看完后请立刻寄还。我想你应该看看。一个是关于他的手指的短篇故事，还有一个是他在丹吉尔时开始构思的伟大新作的第一章。看完后也请寄还。我正在读《尼尔的幻象》。邓肯的诗是他几年前写下的，是他自己的想法，和你的不太一样。我会窃取你的想法，他不会。比尔说你提起过这件事。[1] 又一本与伟大的福特基金会赞助的广播电台有关的《一页》杂志出现在伯克利附近。KPFA电台的宣传经理格尔德·斯特恩打电话给我，问我要一些我们写的东西，我可以给他一些初稿或一部分《尼尔的幻象》吗？答应吧，我会谨慎行事的。

按照你的建议，我尝试给城市之光提供一点《尼尔的幻象》里的内容，如果我改变主意，我会告诉你的。我还附上了授权书的表格，我找到了，你看，我是个老实人，你收好表格，别弄坏了。天有不测风云。如果你去了沙漠而我留守，那就把它寄回来，如果你死了或遭遇不测，就把它遗赠与我，我会守护好你的遗产。我会写信给你。谢谢你要求我写信，我一直想被要求邀请，没什么比这更让我激动的了，就像尼尔要求你（乞求你）写信还写给你长长的信那样。

卡尔·所罗门还是自由身吗？他不在这儿，还没到。

别以为我没有意识到《尼尔的幻象》里每一处描写、每一个句子有多棒。虽然现在这么说有点晚了，但我知道你比我好太多了。优秀到没朋友。好吧，也许有一天我也会有所创新，但个中苦痛让我怀疑自己能否承受。

尼尔现在不是去纽约，而是急着去墨西哥，然后再回来。他还在做南太平洋铁路公司的工作。

爱你的，
艾伦

1. 在1954年9月5日的信中，金斯堡告诉凯鲁亚克他给罗伯特·邓肯看了一本《自发性写作的要领》。凯鲁亚克担心邓肯会窃取他的想法。

艾伦·金斯堡［加利福尼亚州旧金山市］致杰克·凯鲁亚克［无地址，纽约州纽约市］

一九五五年一月十四日
周五

亲爱的杰克：

我刚从图书馆回来，借了戈达德的书（《佛陀的黄金之路》）、斐洛图书馆一九五四年出的《佛教读本》，书很厚，收录了各种各样的选篇，还借了里斯·戴维的两卷（第二和第三卷）《佛陀对话录》。先借这些读一段时间。

重读了你的来信，请继续给我写信。因为对词汇生疏，所以很难跟上你实际的思路，不过，我很快就能熟悉这些标题和州名，这样你我交流起来就更容易。

我没有怀疑或者很少怀疑你已经（通过精神和肉体的感觉）设想并触及了基本的单一的真理。我将这种接触与一般的甚至清晰的想法、头脑中的符号或文学愿景（感性的、诗意的、热情的世界视域）区别开来，因为这种接触触及的是另一个完全未知的领域，让我们称之为"非人类"的感觉领域，今后我就这么称呼它（未知的或不可知的，诗歌或想象之外的概念，无法通过思想来表现）。所以我先从一个基本的"X"说起，它是"不可言说"、"不可知"和"不可想象的"。但我相信这个"X"是可体验的。我想象它也可以被传达、暗示、指向（用手指、图像、"X"符号、诗、语词、字母等）。关于这一主题的交流是有限的。

一直以来我都有这样一个疑问，那些在我看来已经经历了"本质的突破"，或已经突破永恒进入时间的人，他们描述"X"的方式各不相同。我会认为他们经历了相同的"X"，但当涉及匹配"X"体验下的象征和情境时，尽管所有迹象都指向一种超出理解（理解、想象甚至记忆，如但丁所说的"此处经验记忆辜负了我"）范围的体验，就像我说的，虽然所有迹象都指向某种本质的突破，一个"X"的突破，但对"X"的描述却令人困惑地不同，而且"X"自身显现或体验"X"的情境似乎也有所不同。彼得·奥洛夫斯基（在我看来似乎真的有所领悟）说，他的领悟是在痛苦和挣扎之后。我的情况是当我完全成为"无"时，其他人则无需任何理由。你的话，得有准备才行。现在你来比较下我们的"X"。我推测你的佛教体验和我的布莱克体验处于同一层次。我无从得知。

读完布莱克后的几分钟足以证实上述对不可言说的描述，以至于在当时甚至时至今日，我都发誓信仰那个我记忆中的代表无限绝对的"一"，我的意思是，不可能（我无法想象）存在其他任何

"一"。但是因为我无法想象其他"一",这并不意味着我确实看到了最终的"X"——也许"X"还有进一步的发展,只有在进一步体验了你所提供的佛教教义和方法之后才可以想象。为此我保持着开放心态,但是因为虽然当时我意图、希望、被迫追求本质上的完美而继续体验、学习不同的方法,一直(时间上)居于明室之内,"X"的显现却不是我所能控制的——也许它释放了某种信号,而我却无从得知。

因为我,即艾伦的思想,无法了解它的本质,只有非我即在体验它的我才能了解,经过一年的反复思考,我看到了我在这个问题上的想法(我试图完全集中思想,相对完全地,也许无法绝对完全地,因为我的部分思想还停留在约克大道)。我看到了,或者想到了,把所有事情归结为一个想法,这个想法仍是人类的,但它迟早会体现在非人类的经验中。这个想法(事物的形象,"X"的影子)会在突然变成"X"后消失,(如过了河的船,集中思考后并被丢弃的意象),我将被留在"X"的纯粹无思想状态。

我很快发现(一九五〇年至一九五一年),这个想法——对于"X"的想法——本身就是堵墙,墙上的门已上锁却根本没有钥匙。我已经用"X"的想法取代了"X"的体验,所以我必须开始有意识地从我脑海中消除"X"的想法,尽管听起来自相矛盾,但我认为实现目标的方法是牺牲对目标的持续专注。

我可能也错误地(通过阅读道家、孔子、叶芝和布莱克)遵循了万物关联的说法:既然万物皆为一,那么专注于"一"的思想就是专注于"一"所不是的事物。所以为了进入"一",我必须进入它的显现,也就是世界,我要留意具体的细节(亦即我开始写散文诗之时)。我如此全神贯注于这个世界,以至于我忽视了"一",因此我成为世界的一部分,也因此我与"一"同在——像大鹏那样鸣唱。《道德经》第一章也影响了我(我手头没有书,但里面说，由于内在的神秘，即"X"，和宇宙表面是一体的——人们给它们取了不同的名字，从形而上混淆了这一问题，谁命名或触及了表面，谁就触及了内在的神秘）。现在，我将牺牲"一"的想法这条路（以及自我对圣洁和光明的渴望，本身就是一个让自己像基督一样从天堂涅槃后落入俗世，然后被钉死在十字架上的过程——生活在其中，成为凡人）视为一种最崇高的悖论，其自身可能就是通往圣洁的道路。我的想法迂回曲折。因此，你可以看到，在某种程度上，我一直——尤其是在最近的这次情欲事件中——稳步地沿着这条路走下去。然而，尽管我对我所认为已经显现给我的那种方式抱有"信念"，结果却发现这条路是错误的——有点小聪明的范·多伦警告我不要误入歧途，我觉得他是指引我的天使，他说不要管这些形而上的思考，去读一本关于现代中国社会学的书。范·多伦以研究形而上的悖论而闻名，我则把这一悖论当作严肃的双关语、阿罗汉对苦行的指示——艾伦没有为了荣耀自己而自我沉迷于对圣洁的追求。我觉得我因为多次说"我想成为圣人"而受到惩罚。我是认真的。为了成为圣人，我打算放弃成为圣人。

然而，通过各种各样的体验——在这个由工作、琐事、空虚的爱情，或者更确切地说，不愉快的爱情等组成的单调世界里努力地生活——毕竟，我从一九五三年开始就看到（在《绿汽车》中——顺便说一句，正如我所说，我的诗逐段记录了循环中的所有重要时刻，《空镜子》代表尝试不去寻找永恒的阶段）或思考这个问题了，想象按心之所想（我有这个权利）去描绘世界的图景，所以为了享受生活，我开始再次开发自己的想象力，去了墨西哥，去见尼尔。

但是现在，就像我在飞机上写的诗所说的那样，"就连人类的想象力也无法满足灵魂的无尽空虚"。我沉浸在世界中。世界是真实的，因为当我第一次看到"X"的幻象时，它对我来说不是真实的。

现在也许是时候在绝对现实的绝对幻觉中进行训练了，也就是说，是时候采用另一种方法来接近不可想象的事物，只是这次不是通过思考"X"，而是通过清空头脑中的所有思想。当时我没有方法，虽然我早就知道应该如此。

出于该原因，即上述原因，我现在很犹豫是否要真正严肃地谈论哈莱姆幻象，并谨慎地对待它们，就像吕西安一样，我也很犹豫是否要把我的思想卷入任何形式的教义中。现在你带着教义和方法来了，而且以所有成功的方法和正确的教义为后盾——也就是说，你对"X"或它的等同物的体验（无论如何，现在已超出了我的想象）的描述几乎准确无误（我仅有一点怀疑）。

因此，在以后的信中对待我、对待散文要谨慎。你知道为什么吗？如果你对我胡说八道，你会混淆我现有的认知。如果对领悟过程中的状态描述错误，或将体验归于一个不能完全准确、可信（中文的"信"字即人立于言旁）地代表它的描述或名字，你将伤害到我，也将让我更难理解你。在你行文的热情中，在其对永恒的想象中，我发现你对不同层次的体验给予同等的重视，而不是使用相对次要的体验，因而我可能无法对更深和较浅、对更深和最深进行区分。

我并非在此质疑你，最深刻的已通过信件成功传达，对此我深信不疑。

我只是试图准确区分你在说什么，以及信中不同时刻表达和描述的意义的深度。你曾经指责我混淆了文学幻象和现实幻象。

其次，当然，我必须开始佛教修行。如果你有清晰的指示——可清晰观察到的阶段和方法、修行的顺序（眼、耳、心等），各种现象、修行动作、具体的身心的内部指示，请告诉我。

我还没有因人类的爱——比如你对我的爱——而筋疲力尽，所

一九五五

以我不会放弃它。这可能会引起混乱,但要我少些自私自利、自怨自艾,同时在精神上、情感上践行某种苦修,这样未免太刻薄了。

我在这儿真正讨论的并不是你的信。因为我想先更清楚地描述一下我过去的道路,鉴于你可能的严肃态度,你现在可能会对它做出解释,因为你的严肃是真正的严肃。我想让你知道我的经历。这封信或多或少清楚地概括了我在各种场合试图表达的内容,也许我已经在前信或当面啰唆过了。

我突然意识到,这封信发出了某种干巴巴的阿罗汉的声音,不是吗?或者说我只是在这一停顿中察觉到了我的自我。

我昨天说过,我现在正更密切地记录着在世的生活,我会把日记寄给你。

请原谅我没有在技术层面讨论佛教问题,因为我知道的还不够多。我讨厌只能给你寄一些我在其中发现的有趣的文学八卦,尽管一时无法用佛教术语和你讨论佛教,但待我从自己的感觉中获得一些体验后再说也不迟。请继续给我写信。我会很快回信,即便有所耽搁,亦会如常想念。

戈达德很有名,我去查查看他是否还活着。

我很喜欢铃木的书。

我发现为了这个项目我的文学研究(卡图卢斯、拉丁语、韵律等)中断了。

艾伦

杰克·凯鲁亚克[纽约里士满山]致艾伦·金斯堡[加利福尼亚州旧金山市]

一九五五年一月十八日至二十日

亲爱的艾伦:

这封信分为三个部分,第一部分是欢乐的,第二部分是遗憾的，第三部分是严肃的、哲学的。

快乐的第一部分。我不想用与我的自我、你的自我、任何自我的存在相关联的思想来污染你，还有什么许多自我分裂成许多生命，或许多自我联合成一个宇宙自我的想法；也不想用现象的或有关现象的想法污染你，我最终会借助佛和他们的经典来向你证明，这些不过是虚构，只是说说而已。但这以后再说。换句话说，首先是关于"我"和"我这样"的人类的欢乐新闻。不，我的书没卖出去。事实上，整个十二月我在打字机上耗尽心血，苦干到深夜，现在克诺夫出版社却把《垮掉的一代之路》退了回来，主编乔·福克斯态度傲慢，说它甚至算不上一部"好小说"，当然，事实并非如此。（西摩·劳伦斯读了《地下人》，写了一封迷人伤感的拒绝信，说我的作品有多迷人以及"凯鲁亚克为何不远离垮掉的一代的主题"。）

好吧，欢乐新闻和我还有尤金［·布鲁克斯］有关。今早我们一起上了法庭，当时我们坐在后面焦急地翻看他的公文包，寻找一份关于我病情[1]的书面证明。证明是佩罗内医生（你的佩罗内医生）昨晚写的，上面说："嘱咐此人卧床休息，直至病情好转。"但我没生尤金的气，他说别担心。他很善良，一大早就跑来帮助我这个无助的大块头，尽管这个大块头很快就会回到原先的空虚状态。琼·哈弗蒂也在场，但没人告诉她我要求做亲子鉴定，所以她没带上女儿。他们立马告诉了她这件事，以及我的病情（从退伍军人管理局的记录中获知）。她温柔地走过来，问是否可以与我同坐。我说当然。你猜怎么着？她已皈依天主教，伤感地谈论起圣母马利亚、耶稣以及她如何找到平静。她外表没大变，只是更瘦了。她还给我看了那个女儿的照片，我觉得她长得挺像我的，尤其是她双眉紧锁成直角的样子，所以她可能真是我女儿。但她太爱女儿了，不想让我再见到她，也不想我妈通过送礼物牵扯进来。她说："对不起,我不知道你病得这么厉害。"退伍军人管理局向警方报告的情况肯定比我想象的还要糟。但我一想到自己很快会死,或者英年早逝,我的生命就充满了欢乐,我摆脱了多大的束缚啊,我将拥有绝对的甜蜜。琼很贴心,她关心我,因为我信佛而取笑我。我准备了一个大马尼拉纸信封,里面有戈达德的《佛教圣经》、我自己从公共图书馆馆藏资料中打印出来的般若语录、我在漫漫长夜里写的新小说以及写有中文题字的笔记本,这些都是为我可能被收监而准备的,我让她看看,但她没看。她说如果我没钱,她就不要我的钱了;她已经改过自新(无助的女人),决定勇敢地面对困难,和女儿一起搬到纽约,找份工作,有朝一日要开家日托所。她喜欢孩子。女儿的名字叫珍妮特·米歇尔·凯鲁亚克,生于一九五二年二月。蓝眼睛。她说佛教只是我的"小游戏",很符合我的个性。"你玩你的小游戏,我玩我的"——真的很嬉普士。甜蜜的目光。事实上,尤金说她对我很好,好像也喜欢我。尤金来了兴致。尤金停下来去和律师谈话,准备好案子,给我的医生打电话,等等。他一度站在那儿,戴着他的大眼镜打量大厅里的黑人,疲惫不堪的犯了错的父亲、妻子、孩子等,好获得关于生活的第一手材料。中午时分,我们都进了审判庭,前面的案子审了很长时间,法官已经筋疲力尽,他只说了句:"如果此人身有残疾,那我们就把案子搁在一边。"所以现在什么事都没了,除非琼发了疯或者我发了财之类。为了息事宁人,我告诉她,如果她不干涉我,那我就不要求做亲子鉴定,取而代之会给她钱。所以案子暂停审理(尤金说大概一年吧)。琼和我那位女缓刑官真的是好朋友,好朋友在握手,那女人说"我告诉过你,自力更生更好",这是大女人的生活智慧。尤金喜欢女人,侧过身去听她们说话。所以我没进监狱,而是回到家中,熟记《观音菩萨大圆满无碍大悲心陀罗尼经》,跪着背诵它,然后喝了点酒,吃了点安非他命,读了你的信,还把双腿绑了起来。所以周五我要去见尤金，我们要给电影拍个镜头，可能还会给他带点钱，我妈说那是他应得的。我母亲还没回家，所以还没听到好消息。琼让我给她写信，我会写的。现在我已经准备好去沙漠了。我要到南方去，把我家人在乡下买来盖房的那块地清理干净，可以的话就把树砍了，烧掉树桩，割掉野草，再在花园里播种。我养成了抽烟的习惯，真该死，一定要再戒一次。

遗憾的第二部分。说说你那封关于悲伤恋歌的长信。如果你像我一样放弃爱和世界，你就会遭受放弃行为的痛苦，这种痛苦以倦怠和"该做什么，该有什么梦想"的形式出现，明白了吗？但是如果你紧紧抓着悲伤的爱不放，那么你就会受到这种爱的折磨。我研究了整封信，很喜欢陀思妥耶夫斯基和赤身裸体的尼尔在走廊遇到洪克那部分（就像我们三个在沃森维尔相聚，和司闸员一起打扑克牌时那样）——彼得·奥洛夫斯基听起来不错，我知道，不管发生什么事，你都知道如何安抚悲伤的心。一定要这样做，不然就太晚了，一切也会消失。你也要安慰下那个法裔加拿大画家。停手吧。或者不停手的话，你就退出，因为除了巴勒斯那种做法，我还能知道什么……至少永远不要指责别人，永远不要让别人伤心，永远要善良，要原谅别人，忍受痛苦。我忍受着孤独，禅坐之后的漫长午后，或者更确切地说是在禅坐之前，还有什么可做的？你的信写得很美，早晨我一行一行地读，细细品味，我多么喜欢读你的信，我可爱的艾伦。不要担心，我不会再牛你的气了——我最后一次发誓不会那样做，每次我生你的气，后来发现都不过是出于想象的微不足道的原因。呸呸呸。我再也不会对你皱眉，或说你坏话了，我觉得你已经是个圣人，一位真正的圣人。我理解你的忧虑，它以对"X"的长篇大论的方式出现，完全以你长期理性的哲学学者式、嬉普士嬉皮诗人式、理智思辨的思考方式为基础。你需要信心。我说的信心是什么意思呢？假如佛陀说，当你处于至高的三昧无碍之中时，无数隐而不见的菩萨从宇宙四方而来，把他们的手覆在你额前的光轮之上时，会怎么样？满怀信心的我会回答：为什么不呢？（因为他们隐而不见、难以捉摸、难以想象。）至于悲伤的爱，那就只是悲伤的爱而已，至于现实的道学那一面，我发现你在讲到"现实"时犯了几个错误。你的原话是："绝对现实的绝对幻觉"，这是你误解的症结所在，因为你缺乏学问，而你现在才刚起步。（顺便说一句，你出于研究诗歌的基本而放弃卡图卢斯和韵律，这当然不是为了逃避经院自佛修的要求，除了佛教诗，在因为任何以佛教为基本之外基础上写成的所有诗歌都有漏洞。后来我在这一点上批评了迪伦·托马斯，并向你展示了他那幼稚的思想。）现象是幻觉，现实是现实。现象是你所说的中文的表面。你还提到，"如果幻象是真实的，就像到了天堂一样"——换句话说，比如以身体为例，身体不是真实的，而幻象是，所以关于无的幻象至少和身体的幻象一样真实——无的幻象是存在的，对吧？那是幻象中的幻象，是心灵的本质。我跟你说，昨天在地铁上我读了《金刚经》，哦不，是《楞严经》，我意识到，地铁上的每一个人、他们所有的想法和利益、地铁本身、他们破破烂烂的鞋子和手套等，还有地板上的玻璃纸、角落里可怜的尘埃，所有这些都是同一种本性，同一个本质。我想："心灵的本质就像一个小孩子，它根本没有辨别力。"我还想到："心灵的本质热爱一切，因为它知道一切所是的原因。"我看到这些人，还有我自己，都被埋没在我们认为是真实的自我里……但唯一真实的是"一"，那构成一切的"唯一本质"，所以我们也把我们有限的、不安的、受污染的心灵（渴望着约会、烦恼、悲伤和爱）当作我们自己真实的心灵，但我看到了真实的心灵本身，它是普遍的也是唯一的，对于这些不同的表面上的自我分裂和本性，它没有武断的看法，它是无限的，不受痛苦干扰和污染，自我依附于形式，心灵就是它本身，那个它……我看着玻璃纸时，就像看到我的小弟，我真的很喜欢它……所以要注意，如果我和真实的心灵坐在一起，忘记了自我和它那有限的心灵，那我将开始想象，开始建立起痛苦（你知道死后那些痛苦才会消失，就像一百年前在黑暗的美国之中麦尔维尔那幻影重重的街道，人行道上覆满冰雪，如果它没有"实体"，它就会从无尽的空间跌落，甚至不存在人行道，所有都是虚空，都是幻觉的形式）；如果我和真实的心灵坐在一起，就像中国人与道而非与自我同席，伸展双臂以无我顺应业力，那我将通过视世界为一个可怜的梦而获得领悟。

这并非胡言乱语，我是真心相信，而且以后也会证明给你看。至于你逃去沙漠，完全没必要（当心蝎子钻进口袋），那是为我准备的，如果这一直是真正的报身苦修的方式，那么我会告诉你，也是时候跟你说应该这么做了。但我无法改变你那悲伤的爱的幻象，它终究和塞巴斯蒂安［·桑帕斯］的幻象一样。有一晚，我突然意识到，塞巴斯蒂安为什么会死在安齐奥，当时他可能是冒着枪林弹雨去救助受伤的同志（他是医生），后来他死在阿尔及尔的查尔斯·博耶医院，真是可怜，但他的死和如来的涅槃一样。谁知道呢？除了打坐，别无他法。诀窍就是禅坐，一天两次。这就是技巧。我会照你说的，把"具体的身心内部指示"告诉你。

严肃的、哲学的第三部分——作为前奏，我给尤金看了你那封关于"X"的信，因为他想看你的信，我没给他看有彼得·奥洛夫斯基的那封，作为补偿就给他看了关于"X"的那一封，他看完后评价道："别给我父亲看。"呃，我猜是因为信里面的"崩溃"等字眼。

此刻，我头脑发昏，情绪高涨，因为吃了安非他命，又喝了酒，没法坐下来修禅。但我有个窍门：

喝一小杯茶，先锁上门，然后把枕头靠墙放在床上，盘腿倚靠枕头，上身挺直，呼一大口气，再吸进新鲜空气，轻轻闭上眼

一九五五

睛，像小孩子一样轻轻地呼吸，不仅如此，还要倾听内在的寂静之声，你知道的，就像偶然听到的噪声之下唰唰的海浪声。（这是想象场景的声音，是无处不在的心灵之物的心灵之声。）这是如来佛祖在对我吟唱。也是在对你吟唱。这是唯一的教义，伙计们，快听听。它从未开始，也永不结束。如来佛祖就是"这般来去"。这就是成佛的本质。第一个指示是，五到十分钟后，你在轻轻呼气时突然感到一种极乐。你的肌肉已经放松很久，你的胃也停止消化，呼吸变得缓慢，这种呼气的极乐意味着你进入了三昧。但不要抓着它不放。这是身心上的极乐。现在你对所听和所见都不再感兴趣，你双目紧闭，耳虽能听，却不再去辨别。你可能会感觉瘙痒，但不要抓挠。瘙痒是想象出来的，就像世界一样；它们是"魔罗的杰作"（魔罗就在你心中），试图欺骗你，让你打破三昧。如果你呼气时已体会到极乐，那接下来就要倾听"永恒"的金刚石之音，凝视你眼皮里的银河（它既不明亮也不黑暗，又没有任意的视觉想象）。你会忘记自己的身体，感到静谧、安宁。我提到过茶，它是佛教徒在公元前三百年发明的，就是为了这一目的。当极乐来临，要通过直觉（这时我们脱离了"X"）认识到你对白天的活动和漫长的夜晚的各种理解，认识到它们的不真实、怪诞、梦幻，就像哈莱姆幻象一样。如果你愿意，可以利用密教教义来阻断思想；每一次呼气时告诉自己"思想到此为止"，或者"这都是想象"，或者"心灵的本质是博爱的"，或者"这只是一个梦"，或者"（朝拜）无接触的如来佛祖"（意思是没有接触思想）。一旦切断与思想的联系，它们的执念也就停止；它们来来往往，这是必然，就像睡梦，但你不再欣赏它们的形态，因为你欣赏的是本质。就这样坚持半小时，更多的极乐会渗透进来。但腿会疼。为了参透，要经常尽可能试着忍受腿部疼痛，尤其在似乎忍无可忍的时候，那一瞬间你尝试再忍受一分钟，然后就在那一分钟的几秒内，你突然忘了疼痛，这证明疼痛只是臆想出来的！你不能被身体困住，必须脱身。尝试把腿伸直，稍作休息，揉揉腿，然后再开始……每天都要进行一次长时间的禅修，花二十分钟使心灵的发动机安静下来。只有通过禅修，你才会找到你所寻找的东西，因为它自在存在，就像我在我的地铁幻象中，"以无我的'一'顺应如来佛祖自在的存在"。（虚空、沉静、永恒的安定。）至于道，你现在需要的是《金刚经》。如果你的斐洛系列（我很想看看）里没有这本，请尽快告诉我，我会帮你把它打出来寄去。这是首要的、最高的，也是最终的教义。我想你已经准备好看《金刚经》了。你在里面能找到关于"X"的所有答案。"X"就是形式下的本质……作为本质，它是虚空的精髓……它是涅槃，是最高的完美智慧，是澄明的真实。形式是梦，本质是实。创造是具有真实起源的幻觉。

（两天后）我知道这些信听起来有些扯淡，因为它们对那些时而猛烈爆发时而微弱迸发的想法始终保持着同样程度的热情，就像呼吸一样，而热情就像生命一样，呼吸使生命成为可能。

我一整天都在思考，我没必要通过这些信来教你。我得亲自告诉你；根据我的一些佛法笔记给你讲讲课，这些笔记无始无终，千篇一律。我不会小看你的"X"或你的哈莱姆幻象；只是你没有把它们描述得足够清晰，看起来它们和我的千万种三昧感觉没什么不同。我会附带寄给你的，这样你就能记住并做出相应的判断。

佛教绝非"不近人情"，它是一种"有感知的"宗教，意思是众生皆有感知，因此都要承担责任，并受到痛苦和死亡的惩罚。啊，这些我都说腻了，说个不停。

我想，接下来最好的办法，就是把我的佛法笔记寄给你，不加评论，因为我们俩通信过于频繁。笔记里应有尽有，为什么我还要在这儿给你重复一遍？

是的，得出版尼尔的《琼·安德森的信》，它是一部杰作，也

一九五五

是我对小说思考的基础,尽管尼尔自己并不关心,也无法理解别人的关心;其中有一整页,他在上面大费周章地画下洗手间窗户的示意图。这是我见过的最狂野的小说,比起乔伊斯、普鲁斯特、麦尔维尔、沃尔夫或其他任何人的创作,我更喜欢这样一页图画。

比尔的《区际城丹吉尔》很棒,让人难以忘怀,看来他会在上百条不可预测的铁路区间线上走得很远,他会成为一位真正的大作家,尤其是因为他在自娱自乐方面上毫不妥协。他那篇关于手指的故事写得如此精确,让它成为真正的小说。他如此锲而不舍地追求简洁。上周我读他的小说时真该记下自己的想法。我今天精神不济,因为这两天我就像数学家一样,一直在思考七大元素如何被吸收到行动中的问题……这个问题在《楞严经》中得到了解决,但由于梵文翻译不当或不完整,解决方法并没有得到明确的表述。但这些已让我厌倦,所以我匆匆写下这封不完整的信,乞求多一点时间恢复精神。下一封信我会闲谈几句,然后附上佛法笔记。笔记里记的全是因果报应、武断的观念之类。就是话话话,更多的话。别以为我失去信念,不,我只是厌倦了这种文字和写信的方式,尽管我前进的速度很慢,但我确信自己在往前走。卡尔·所罗门一定到丹佛见鲁道夫·哈雷去了。我怎么才能获悉他的近况呢?他现在肯定已经离开在麦迪逊大道的住所了。

贝弗·伯福德三月去了旧金山。《尼尔的幻象》中最棒的是关于周六晚红色霓虹灯那部分,那个场景让我想起百货店里的巧克力糖果盒,记得吗?很适合城市之光出版——请原谅我这封让人腻烦的信。我很高兴自己不用坐牢了。我要去旧金山,今年春天或夏天或秋天都行,吃很多炒面,和阿尔喝酒,住在奇滕登的河街,写更多关于茶的诗,然后直接从汤森德第三仓库站搭乘"大拉链"到尤马沙漠。我在这儿为佛法摇旗呐喊,却又似乎什么也没写。耐心点,等我的下一封信。与此同时,收好这封信,还有你和比尔写的故事。如果你有什么想说的，就再给我写信。你初学佛法时有什么感受？

杰克

1. 凯鲁亚克罹患静脉炎，该病常导致患者体虚。

杰克·凯鲁亚克〔纽约里士满山〕致艾伦·金斯堡〔加利福尼亚州旧金山市〕

一九五五年二月十日

艾伦：

我喝了一宿的酒，下午悠闲地读着你最近的来信（与埃德和玛丽安在汤姆·利沃内斯那儿过了个热闹的周末，饮酒作乐，弹琴歌唱），还读到那封关于"X"、关于你的形而上问题与疑虑的悲伤的信。我理解你过去道路的严肃性，并为之喝彩，你过去的道路和你所走的佛学道路没有区别……正如我在笔记里写的，一个悟道的人，他的生活就像一个自我觉悟的梦，做梦的人在醒来前就知道自己在做梦。

为什么有八正道（净化之道）、为什么欲望是草率的，这是因为一个被自己下半身所左右的人不会拥有自由的心灵，也就无法认识到生活这场梦只是一种武断的观念而已（因为错误的尘世判断而武断），所以这个人将继续延续重生的机会，自己也将寻求重生，在苦海中艰难前行，一次次经历劫数，从不停歇。就像高速公路上的通行，每个开车的人都在赶往另一个生，赶往一个接一个的死和生，然后表情严肃地呆在自己的停尸房里。就像黎明时分，屠夫系着血淋淋的围裙，自以为无辜地注视着空寂的蓝天……就是这样。

我见了吕西安。他说实际上他上辈子是个古代的佛陀，现在正充分享受、调查研究着生活及苦难，但在我看来，事实上他只是一个沉浸在自己梦境中的梦想家,就像我的《镇与城》里专心致志修理汽车的乔和查理·马丁,而彼得这个神秘主义者不明白他们全神贯注在做什么,也不明白弗朗西斯为什么那么愚蠢,总是否认一切。吕西安不可能是佛陀或觉者再世,但他开始明白我的意思了,他只是想说"我一点兴趣也没有",这我从他眼里可以看出来。顺便说一句,我发现我在南方的小外甥——小保罗,其实就是吕西安,他长大后也会和吕西安一样。真是奇怪,我现在不得不和一个七岁的吕西安一起玩耍,做他的舅舅,负责照看他,带他散步,给予他精神上的指导……一个金发碧眼、绝望、痛苦、内省的小吕西安过着不幸的生活。

无论如何,为了成功意识到人在做梦、意识到如果没有关注万物就不复存在,需要在孤独的森林中以一种孩童般无忧无虑又沉思冥想的方式生活。或在孤独的城市中,就像窗边的西摩［·怀斯］,或者坐在贫民窟摇椅上的旧金山布鲁斯诗人。我还不了解孤独的森林,按照传统,它是由佛陀、长者、阿罗汉和猫传承下来的,我打算试试。

首先,我要去南方帮家里人造新房、挖沟渠、搬木材、锯木板。七月,等拿到新的汽车牌照,我要开着哥哥的小型旧货车去纽约接我母亲回家,还要把所有东西都带回来。八月我乘大巴去新奥尔良,再乘南太平洋货运列车从新奥尔良去得克萨斯州的德尔里奥,再从德尔里奥跨越河流去阿库尼亚,从那儿南下,经过高原和亲切的阿克托潘,再经马萨特兰到达西海岸,寻找最好的季节和地域,过上属于未来的比丘生活。如果你十月左右还在旧金山,我就去找你,否则我没有理由去。我要乘"大拉链"的一等座,从尤马沙漠一路过来,快捷而且免费。

重生。也许你一直在思考。重生回到梦境时就像我自己曾回到格林威治村,受到斯坦利·古尔德的责备,因为我从一个愚蠢的夏令营脱身，而我又想再回营地，纠正它的愚蠢之处。梦境的残余物叫做"后悔的原因"——做着梦的幽灵追寻重生，因为在前生的梦里业力仍未成熟、未发展、未得到纠正。我很难意识到，这件事里其实并没有什么斯坦利·古尔德、没有责骂和愚蠢的营地、没有回去的决定、没有从哪儿来、没有"我"——没有个体，什么都没有，一切不过是虚构的泡影，并不比空寂的蓝天中想象的花朵以及遗失岁月里被遗忘的梦中被遗忘的意象拥有更强大的力量，但是，冲啊！娑婆诃！要得到救赎！拿起你的权杖！这就是神圣的生活！不过，事实依旧是没有斯坦利·古尔德，没有责骂，愚蠢的营地只是梦里一个手势，我回不去也纠正不了什么，因为灰色的空间和自在的雨无法纠正，那里没有杰克·凯鲁亚克，他只是愚者头脑中一个武断的观念而已，并不是真实的存在。

周日，我完全领悟了禅宗——一种幸福油然而生，超越了凡人的幸福，既不是幸福，也不能说不是幸福。它被揭示、暴露出来，并不完全是我为了认清事实而采取行动和努力的结果，而是因为它已经在那儿，无始无终。这样的认识是一种极乐，我明白我们的生活不过是一场梦、一个武断的观念。大梦想家从梦中觉醒——还有什么比这更像一场梦呢？生即是入梦，死即是从梦中醒来？一场梦，有开头、结尾，有故事；一场发生在宇宙之夜的黑暗睡眠中的梦，我的身体清楚地意识到它只是梦一场——

我修行冥想，意识到存在是一场梦，是一种运动的、身体上的成就——现在我知道自己为什么是运动员了，是为了学习放松身体，缓和强壮的肌肉的力量，从而为涅槃做好准备。在禅宗里，从额头到倾斜的肩膀、手臂，再到合十的精致双手，都蕴含着巨大的力量，沉静中的平稳呼吸同样隐藏着力量，而这些力量是运动的，我好像明白比尔和吕西安为什么喜欢我了。那个大梦想家一个接一个地做梦，然后醒来，想不停地回到新的生命体中重生，重

一九五五

建他的恶行（后悔的原因），因为他的善行不会留下业力，也无需重建、无需再修正。但是他的恶行，他的谎言、欲望、残忍和偷盗又确实困扰着他，他必须回头改过、向善。但如果他在梦中开悟，明白一切不过是武断的观念（色即是空，空即是色），意识到他自己，即在梦中假设的自我人格并不存在，意识到如果没有关注万物就不复存在（如来之智慧，如是之至，未生）……意识到这些都是与现实毫无关联的幻想……大梦想家无条件地意识到虚无，在梦中醒来，甚至在往生之前醒来。对做着梦的幽灵来说，再也不会有重生。但只要大梦想家未能看到，哪怕是业力、重生和死亡、梦和非梦、菩萨的整个佛法和如来，所有这些有条件的概念性的东西，包括他自己，也只是存在于武断的观念而不是现实中，那么他还会继续做梦，即便他身在天堂也不能免除痛苦，色即尘埃与痛苦。

如果做梦的人在梦里开悟了，那意味着他的业力为达目的有了如此意图，所以他就开悟了。当他离开自己的身体，离开"五蕴"，离开铃木所说的"自我的有害推论"，他就无需痛苦地重新开始，无需重新做梦，因为"回来"只是一场梦，只是个武断的观念，再也回不来了，永远不会回来了，这就是我对禅宗完全领悟的大致要点。为了获得更多心灵的指示，我顺便打了个坐，双脚舒适地交叉在腿下，右脚大脚趾窝在小腿和左腿胫骨间的空隙里，慢慢呼出所有的气，以放松因紧绷而引发危险的横膈膜——你也跟着做，进入了涅槃的殿堂，洞悉了一切。诸佛都在那儿，菩萨摸摸我的额头，我感觉额头有明显的触碰（虚幻的），清楚地听到有人唱了句中文，意识到圣贤、圣人都是真正的人，他们对心灵有惊人的发现，正平心静气地坐在人群中等待晚餐，面带微笑——像查理·帕克一样。我看到有个中国圣人长着一张查理·帕克的脸，正坐在猫和阿罗汉中间，他也有查理那种沉默的阳刚之气、领袖气质和淡淡的微笑。每个人都很快乐，因为他们意识到涅槃是永远没有终点的幸福！而且他们已经涅槃了！

快给我回信。

我提到那个"愚蠢的营地"，那时斯坦利给我看了［谢莉·］马丁内利画的庞德，我说："我对艺术一窍不通。"古尔德说："哦，别跟我胡扯。"顺便说一下，那天下午，我、斯坦利和戴夫·伯内特呆在格林威治村一个女孩（玛丽露·利特尔）家，我们大声播放音乐，我告诉戴夫，克里斯·麦克莱恩说他自己是旧金山最好的诗人，我听到戴夫说"他就是个疯子"——以一种难以置信的优雅的洛杉矶人特有慵懒语气说着"疯子"……我同意……我发现，一般来说，地下人都很会说俏皮话，他们觉得自己应该尊重俏皮话中固有的虚无主义，那是它们的实质所在……比尔、艾伦、吕西安和尼尔的虚无主义更明显，但没那么俏皮（还有琼［·巴勒斯］和洪克）。安东·罗森堡是他们中最会说俏皮话的，因为他能像（《芬尼根的守灵夜》中的）布雷博亚克·卡拉克·凯鲁亚克那样哭诉，但我发现戴夫本质上是最有趣的人，他更善良、更通人情。

我一直在翻译藏传佛教的无著大师（一世纪伟大的圣人学者）珍贵的法文著作《摄大乘论》，我要用一辈子时间来做翻译，翻译那些像兰波一样伟大的法国人在寺院里写下的作品，我给你抄一句我翻译的句子："众生自问：'不存在者如何被感知？'为了消除他们的犹豫，佛经将'依附性'比作魔法（摩耶，法术）。"这些对我来说很容易翻译，如果我无事可做，这就是伟大的事业。无著大师由阿贝·艾蒂安·拉莫特翻译。我也一直在寻找佛教中一些不那么重要的著作，如雷迪·西亚多的缅甸语作品和亡灵书等，都与幻觉、幻想等有关。我发现，一般来说，学者在情感方面的天赋比不上那些经书作者。例如，我相信《楞严经》的作者是有史以来世上最伟大的作家，这一点毫无疑问，但我们甚至不知道他的名字。而那些

一九五五

不那么重要的学术作品,比如我翻译的这本——"如果客体真的是客体,不含概念的知识就不会诞生;没有这种知识,就无法达到佛的境界"(《摄大乘论》)——就只是堆砌而已。

[……]

让-路易

艾伦·金斯堡[加利福尼亚州旧金山市]致杰克·凯鲁亚克[无地址,纽约州纽约市]

一九五五年二月十四日

亲爱的杰克:

刚收到你的第二封信。我顺便给比尔写了信,寄了二十美元给他。如果能负担得起,我还会时不时寄点钱给他。我还欠他六十美元呢。他给我寄了个故事,我马上转寄给你,故事讲的是一个男人通过屁眼说话。他还读了些关于《威廉·退尔》里和他犯同样错误的英国人的报道,做了些笔记寄给我。

希望你能就他处理小说的方式给他些鼓励,他寄给我的东西很有趣,就像卡夫卡的日记和断篇一样,显然他很担心物质的"易碎"和"无序"会让他沮丧。我给他回信说,让物质以其自身的形式显现。你也可以以你的知识给他同样的建议,让他确信根据《区际城丹吉尔》的风格来写《裸体午餐》是正确的。雷克斯罗斯不喜欢比尔的作品,贝尔森和格尔德·斯特恩也不喜欢。如此一来,很难向别人推销他的作品。

如果有地方接纳他的作品,给他一个版面,这对他也许会有好处。你可以联系一下《新世界写作》,看看它是否愿意推广。我觉得他在南美洲时写的那些信是他最拿得出手的作品,从那以后他还没有整理出一套完整的作品,那得花些时间。他还说他在丹吉尔时写过一封《纽约客》风格的信,应该很适合《新世界写作》,因为信里一定充斥着刺目的堕落场景。如果你觉得它确实能引起［阿拉贝尔·］波特的关注，我可以把书稿寄给你，或者直接寄给她。我在这儿帮不上他任何忙，也许只能在一本小杂志上登一个小版面。

版面是这边的说法，他们不说"打印出来的版面"（萨布莱特航行归来后说了句"该死的打印版面的醉汉"，比吕西安还吕西安）。

去他妈的版面。

雷克斯罗斯觉得你的作品就该那么写，但他不欣赏巴勒斯。尽管雷克斯罗斯有点爱信口开河，但他人还不错。他最欣赏的确实是凯鲁亚克，不管凯鲁亚克现在变成什么样了，他觉得你是未来的潮流，他会尽他所能促成你的作品出版。他建议把你的作品给劳夫林看看。他给劳夫林看了《尼尔的幻象》，和他还有奥登说了我们所有人的八卦，给考利写信讨论了你的作品，还顺口说，即使你的作品没有出版，你也已经是个传奇。他给了三条建议：一）《新世界写作》新一期出来后我们要采取更多行动。我们要伺机而行，那一周可以给他们看书稿。二）一定要联系埃德蒙·威尔逊。据雷克斯罗斯称，他是唯一真正有能力出版图书的人。范·多伦、考利和特里林等人在这方面没有真正的实力。威尔逊是文学界的幕后老大。他写信给考利，建议考利寄一份书稿给威尔逊。你可以问问考利情况，或者向他建议这样推广。如果你要走，那就交给我去办，或者让你的代理人去，确保他清楚怎么去办并有能力办成。雷克斯罗斯反复提及此法，说明他觉得威尔逊会接受书稿。三）新方向那边也有可能。等我收到《萨克斯博士》，我会把它交给雷克斯罗斯，让他和劳夫林一起推广。他已经建议劳夫林出版你的作品了。只需一部完整作品的出版，接着我们就可以采取更多行动，《萨克斯博士》、《玛吉·卡西迪》、《在路上》、《地下人》（也许）等的出版便指日可待。前三本似乎最有可能出版。我很高兴你提到把《萨克斯

一九五五　367

博士》寄给我，这本最符合我的口味，我也更愿意先拿它一试。一定要寄一本给我。也许会成功。

我重读完《尼尔的幻象》后把它寄还给你，还有那些诗。不要着急，好吗？

[格尔德·]斯特恩被尼尔的《琼·安德森的信》"气疯了"。

至于城市之光那边，就像你预言的那样不了了之，因为负责的编辑要离开这座城市，且没有出版的预算。我知道我的计划很少能实现，但这就是生活，我一直在努力，所以总有一天会实现的。《瘾君子》就实现了。

好了，不提这个了。

尼尔拿走了你最近那封长信，所以我没法给你回信。我试着读戈达德的《佛陀的黄金之路》，发现写得太啰嗦。我归还了其他书，在图书馆里翻了个遍，直到我找到新版（一九五二年版）的《佛教圣典》，和你那本一样，我没登记就把书带了出来，走到半路才想起来，所以我想这本书暂时是我的了。

我通读了一遍《金刚经》，找到一句完美的陈述。我已经标记了一些段落，马上抄下来寄给你，供你批注。我最喜欢书里用的"武断"一词。所有观念都是武断的，因为它们不是本性，只是观念。

虚无的本性正是我所缺乏的。

本性，比如说，为了促进本性，我要努力熟读戈达德的书，冥想修行。

顺便说一下，彼得·奥洛夫斯基留意到你的信，还有戈达德的书，很严肃地把书通读了一遍。我认为他已经步入了初级阶段（共情），但还没有熟练到可以参透。除了我自己，他是我在这儿接触到的唯一有意识要进步的人。他现在也会打坐冥想，从中获知自己的命运，似乎已走上正轨。

我就快耗尽我的观念，即使对性欲的观念也是如此。但观念似乎无法舍弃，只能耗尽，直到变得不真实为止。就连我自己的鸡巴也变得一年比一年更不真实。它越是得到满足，就离解脱更进一步，这就是我一直坚持的原因。

你的信非常有用，很有帮助，你别以为它是徒劳的，因为我确实注意到很多细节，任何清晰的指示我都要找出来。你写的禅定、打坐冥想、盘腿等内容越多，我觉得对我就越有用——我需要指导来培养本性，我想那就是方法。小说家对虚无的刻画也有用。

我接下来要读《入楞伽经》，然后是《楞严经》，从头开始读。

伯内特很可爱，安东［·罗森堡］不爱说话，但他又是最可爱的俏皮话大王。我不太了解谢莉，不知怎么称呼她，但还是谢谢你，也许有一天我会跟她打招呼的。我拿到了蔡斯的地址，我要和尼尔给他写封信。也许吧。

有些禅宗资料是用法文写的，你可以从旧金山亚洲研究院的艾伦·瓦茨那儿拿到相关的学术研究成果。纽约还有个禅寺，可以查查它的电话号码。我去过。铃木现在可能在哥伦比亚大学教书。他很伟大，但他的书不过是一些看似有智慧但事实上很莫名其妙的评论的集合，就我所知，戈达德的书也是这样。

顺便说一下，哈佛的欧文·白璧德在世纪之交时写了本关于佛陀的书，影响了艾略特，所以艾略特学过梵语。当然，波士顿的婆罗门、先验论者、梭罗等都是佛教徒。我想梭罗或爱默生也翻译过一些佛经。这是新英格兰的传统。

［……］

你还记得我写过一首跟《东哈莱姆》类似的诗吗？"许多人寻找，却永远找不到，任何人都可以告诉他们为什么。哦，他们哭泣，哦，他们呐喊，直到他们尝试过，在睡梦中尝试过，他们才会成功；直到他们死去，他们才会鼓起勇气。我问了许多人，他们也问了我。这是个巨大的谜团。"

一九五五

我会很快再给你写信。你信里说要离开纽约,如果你现在走,能把你的地址寄给我吗?

适合比丘独处的完美森林就在帕伦克附近,在未开发的危地马拉佩滕雨林内陆边缘。在我曾经呆过的希尔兹种植园,有清澈的山泉,独处时光,吊床和草棚,这些都可以免费享用,也许还有免费食物。如果你想去,到时候告诉我,我会写信给种植园女主人,也许她会在村郊的森林里给你搭一间草棚,一定会的。就我所知,恰帕斯是在墨西哥过比丘生活的首选地,除非你想成为沙漠中的比丘。也许在相对未开发的海岸地区也有森林,在查帕拉湖向南到阿卡普尔科之间没有高速公路,那里应该是荒凉的乡野,而不是沙漠。

爱你的,
艾伦

280 杰克·凯鲁亚克〔北卡罗来纳州落基山〕致艾伦·金斯堡〔加利福尼亚州旧金山市〕

一九五五年三月四日

亲爱的艾伦:

随信附上一封给比尔的信,请帮我寄给他,因为我实在付不起海外邮资,但无论如何我都得给他写信。下面是我的行程表。

一、目前在南方,替家里人看孩子、洗盘子,写一本关于佛陀的伟大新作,已完成一半,书名是《觉醒》。

二、五月去纽约,把一百磅重的书稿和母亲用哥哥的货车接回来。

三、七月,带着背包、睡袋和佛经,搭便车和货运列车去得克萨斯,不间断地修习三昧。

四、在沙漠里呆两个月。

五、九月搭南太平洋铁路公司的"大拉链"去旧金山——看在上帝的分上,在我到之前可别走。

六、十一月搭货运列车回南方。

七、圣诞节时去巴黎和丹吉尔工作(给姐夫干活,赚点船票钱和皮塔饼的钱)。

八、一九五六年去欧洲(非洲……印度大巴……)。

我给考利写了信。如果你所说的关于雷克斯罗斯等的一切属实,请写信给斯特林·洛德(我的代理),告诉他喜讯,我也会把你介绍给他。他把《萨克斯博士》寄给你了吗?我叫他寄的。(和考利就只有空谈,没有其他任何收获。)

等读完佛教读本,接下来我要写部大部头的《比尔的幻象》,就跟《尼尔的幻象》一样(不要告诉他,千万记住不要告诉他,不然会破坏对他的自发性研究)。

因为没有打字机,我那封关于达摩的长信暂时告一段落。《达摩片语》我已经读了二百多页,越来越觉得这本书非常有价值。我自己的书还没开始写呢。《比尔的幻象》会比《项狄传》更狂野、更伟大。我要成为世上最伟大的作家,然后以佛陀的名义,让成千上万的人皈依:"你们皆应成佛,欢庆吧!"

我意识到一些非常奇怪但又很普通的事情,我想我已经经历了深刻的彻底转变。现在我非常快乐,非常自由,我爱每一个人,而且会继续下去。我知道我是一朵虚构的花,我的文学生活也是虚构的,我的文学造诣不过是许多毫无用处的虚构的花而已。现实不是意象。但无论如何我都在行动,因为我从自我中解脱出来,不妄想,不愠怒,平等地爱每一个人,就像虚空和来生的佛一样。午夜时分,树林里漆黑一片,我在林子里一小块草地上修习了很久的野地三昧。你没必要在一种无知的忧虑和对流俗的贪婪中继续下去。

再会。

九月见!

杰克

艾伦·金斯堡［加利福尼亚州旧金山市］致杰克·凯鲁亚克［无地址，纽约州纽约市］

一九五五年三月十三日

亲爱的杰克：

随信附上我寄给［斯特林·］洛德的信件副本。尼尔和娜塔莉［·杰克逊］在蒙哥马利街一〇一〇号共度了周末。尼尔蓄起了胡子，过了两周流浪汉生活，一脸忧伤，正在休假。他们在洛杉矶呆了半晚，回程吃了四个超速罚单（且他的驾照已经被吊销），卡洛琳警告过他，如果他走了就不要回来，所以他们在我这儿留宿，在我的床上。彼得［·奥洛夫斯基］在自己房间里独自沉思，这个抑郁悲观的俄国人，而我则试着周末漫不经心地读点什么，于是读完了庞德最新的译作——孔子编的《诗经选》。

《楞严经》还是很难读，我读不懂，但我知道它的意义一定在某处可以找到，读读是有效果的，但我还无法专注于书里提到的道义。我会一直读下去，直到看懂为止。真的很难理解。结构庞大，可作为指引的线索的结构同样大得可怕。它是我读过的最深刻的作品。

明年初我要和你一起去西欧，我已经想很久了。但我欠了一屁股债，必须继续工作一段时间才能筹到旅行的钱。明年二月或一月或多或少我可以准备好。

我租的房子很棒，有壁炉，房间阴暗狭长，是波希米亚风格，地板上铺着土耳其产的地毯，还有一把柔软的扶手椅，可以坐在上面读书。我刚从当铺买来一台维克多三速电唱机，几张床、一张书桌和一些书，临街的窗户沐浴着阳光，尼尔和欣克尔整个下午都在那儿下象棋。

你有野心很正常。

我只在蒙哥马利山自由漫步了几分钟，觉得电报山和银行大厦既不是概念，也不能说不是概念。在过去的一个月里，《金刚经》帮我在几分钟内理清了思绪。我现在不修行禅定了。

偶尔捎句话给我。

尼尔留了口信吗？"小心所有可能出现的成熟的红岩番茄。"

我九月一定还在。

爱你的，
艾伦

杰克·凯鲁亚克〔北卡罗来纳州落基山〕致艾伦·金斯堡〔加利福尼亚州旧金山市〕

一九五五年四月二十日

亲爱的艾伦：

书稿评价如何？

这是我新的固定住址。你看过《新世界写作》吗？怎么样？但是《垮掉的一代之路》还是被达顿出版社拒了。

旧金山那边有什么消息？那铁路还运行吗？阿尔·萨布莱特怎么样了，他的航行怎么样？

我正在把全新的完整版《佛说》用打字机打出来，它基本上可以看成是某种抄本，对宏大神秘的《楞严经》所做的美国式解读。我在纽约公共图书馆找到了铃木的书，我向你保证，他所做的一切我都能做，而且会做得更好。纽约一切太平，我三周前在那儿。

我写了几首新诗，《鲍厄里街布鲁斯》，跟《旧金山布鲁斯》

风格一样,但不够刺激(不好)。

另:有几个月没收到丹吉尔那边的回复了。

杰克

艾伦·金斯堡［加利福尼亚州旧金山市］致杰克·凯鲁亚克［北卡罗来纳州落基山］

一九五五年四月二十二日

亲爱的杰克:

一、雷克斯罗斯读了《萨克斯博士》,他说:"我不会出版,我会把它留给中产阶级出版商出版。如果我手头有九万美元,我一定会出版像《尼尔的幻象》这样无人问津的书。我更喜欢这本,它是原创作品,但如果你想让我以我的立场对劳夫林施压,那你拿出手的必须是一些其他人无论如何都不会出版的东西,但迟早会有人出版《萨克斯博士》。它看起来像是边嗑药边写的——就着苯丙胺编织出了歪歪斜斜的蛛网,句子漫无边际,仿佛它的作者在漫游,而不是一直朝着书的要点前进。不,我知道写得很好,我只是觉得他不知怎地走错了方向。以巴勒斯为例,他永远不会取得像凯鲁亚克那样的成就,但他知道怎么写——尽管他无法写,他会直接告诉你,而你会迫不及待地读下去,他会向一个方向前进,告诉你发生了什么,一下子就能吸引你的注意力。"

虽然并非一字不差,但这就是他的回答。显然他很喜欢这本书,我给他的所有稿子他都看了(甚至还要看比尔写丹吉尔的那些),但他没有采取任何行动。他一直提到埃德蒙·威尔逊和格罗夫出版社。我会把书稿寄回去——地址呢?把《尼尔的幻象》寄给你,把《萨克斯博士》寄给［斯特林·］洛德?我重读了这两本书,它们都很棒,抱歉,雷克斯罗斯太闪烁其词了,他是个自负的蹩脚诗人,但他还是很欣赏它们的。我也拿给这里所有我喜欢的人读了,彼得、希拉等人,反响很热烈。顺便说一下,"琼·罗申克斯"现在成了北滩的传奇。雷克斯罗斯背着我向包括邓肯(他现在住在马略卡岛)在内的几个人大声朗读了《尼尔的幻象》中的一长段,他一直提到邓肯的回应——"正如凯瑟琳·曼斯菲尔德在阅读《尤利西斯》时所说的,这显然是未来的趋势,我很高兴自己即将死于肺结核。"

我还是不确定雷克斯罗斯是否已完全拒绝出版你的书。如果你有多余的《在路上》或《地下人》书稿,收好了,或者寄给我,我再拿给他试试。也许是白费力气,也许不是。在此期间,我一收到你的信就会把《尼尔的幻象》和《萨克斯博士》寄到你指定的地方。我有很多邮票,我会寄保价信的。

埃德蒙·威尔逊那边可能也有戏。

[……]

如果你有《在路上》的第二版或没有发行的早期版本,也寄过来,好吗?还不如马上把所有可能的版本都用一遍。

我把佛经和《旧金山布鲁斯》也寄还给你,已经读了一段时间了。我把其中一些段落打了出来,寄给了一本叫《声音》的杂志,他们以前跟我约过诗稿([路易斯·]辛普森曾是那里的编辑),结果他们把那些段落和我的诗都退了回来。呸。我把打出来的那几部分夹在信里,只是随便挑的。我把它们打出来给你看看。他们确实要了我的一首短诗,里面模仿了我姐姐约会时的谈话。

赫尔曼·黑塞有本小说叫《悉达多》,讲的是一个佛门弟子的故事。我昨晚读了,没什么特别的。我还在努力读《楞严经》。我读不完,因为一直转而读其他的书,比如威廉·卡洛斯·威廉斯新出的随笔集、[埃兹拉·]庞德翻译的中文诗、劳拉·赖丁的诗集、《超现实主义绘画史》、[戴·赫·]劳伦斯的诗、[奥尔德斯·]赫胥黎关于佩奥特掌的书。书中只有一处写得很有意思,我还记得，是对他嗑药时见到的某幅塞尚的描述："那个奇怪的农民有张妖精的脸，从墙面背后斜睨着，斜睨过来的样子像极了一幅自画像。"

我有一支很棒的三速短笛，花了四十美元买的，二手货，还有一张巴赫B小调弥撒曲的专辑，我每晚睡前都会听。我几乎什么也不写，但奇怪的是，我又确实写了点什么。

"这里没有人
可以谈天。"
旧金山的房子
一九五五年四月十二日。
黄昏时在我的阴影之外
尼尔的车门砰一声关上。伟大的

艺术已经习得
心里一阵孤独凄凉。
一个空的烟灰缸。
构思另一行
……

好吧，这只是愚蠢的涂鸦。我还清债务了，现在开始为欧洲游存钱。我被解雇了。从五月一日起，IBM制造的机械大脑将取代我的工作，整个办公室都将关闭。他们可能会要我再呆一两个月，或请我去纽约办公室工作，月薪同样是三百五十美元，但也可能不会。所以接下来半年我都是失业状态，每周领三十美元救济金。我不知道该怎么办。这里除了我喜欢的彼得和尼尔谁也没有，旧金山空了，我准备离开，也许去洛杉矶领我的三十美元救济金，然后喜欢上洛杉矶。但我可能得为欧洲游攒钱，或者得去上学？学校吗？（我说的上学是去犹太会堂）——好吧，请给我一些建议，我该怎么做。我要到五月一日才能明确这边的工作情况。假设我休息四到五个月，我就努力写完未完成的诗集，如果没有更多的爱，没有更多的闲暇时间，我肯定写不完——我的意思是，等我有空了，我就把这些散乱的诗行化零为整，可眼下我很困惑，不知道自己要做什么，没法下定决心。

比尔写信说，他问你要地址而你却没有回信。我先前告诉他还寄纽约的地址，但接下来要把罗利市一一三一号这个新地址寄给他。

我哥哥给我写信说他收到了《新世界写作》——我在旧金山却没收到。他还说复活节时他去过落基山，还写信问你是否要搭车或者你母亲是否需要搭车以及他到了那儿，但除了收到你寄去的《新世界写作》之外没有收到另外的回复。谢谢你对他这么好。他似乎很体贴，就像尤金该有的样子。

他还写道，卡尔·所罗门住进了我母亲那家医院，在纽约长岛的朝圣者州立医院二十二号楼三号病房。卡尔母亲打电话给尤金说卡尔让我给他写信，我昨天写了一封。到时候卡尔会怎么样？

不管怎样，给我寄一份新的《鲍厄里街布鲁斯》。

萨布莱特在渔人码头的撒贝拉餐厅当服务员，在缪手下干活，偶尔嗑嗑药。我见过他，他每两天过来一趟，但现在我不跟任何人说话，除了尼尔和彼得，尼尔总是很受欢迎，我想一个人呆着，读书写作。尼尔还和他的女朋友娜塔莉在一起，他有我房间的钥匙，会把红发娜塔莉带过来做爱，她无精打采地一直在我身边晃悠，找我聊天，我真受不了（即便是她这个红发嬉普士不停地讲着她那疯狂而失落的日子），但我太虚弱了，听不进她失魂落魄的故事，我太累了。

一九五五

威廉斯《随笔集》里的散文跟你的很像。等我写完手头的书，如果我能写完，而且如果那时他还活着，他会大吃一惊的。我从纽约回来后就没和他联络过。

　　写信告诉我你要做什么，也许我们可以一起做点什么。

　　寄到我的新地址，而不是旧金山蒙哥马利街一○一○号的办公室。

杰克·凯鲁亚克［北卡罗来纳州落基山］致艾伦·金斯堡［加利福尼亚州旧金山市］

一九五五年五月三日

亲爱的艾伦：

　　请在方便时尽快将所有书稿寄到这个地址，再转交给我。

　　告诉尼尔我很欣赏他，一切都好。

　　为什么比尔不回我二月份让你转交他的手写信？你能再核实一下吗？

　　吉鲁想看看我那几本不入流的作品，所以现在我想要回所有书稿。

　　《新世界写作》里所引狂野的经典句子出自《尼尔的幻象》，而不是《在路上》。

谨致问候，
让

艾伦·金斯堡［加利福尼亚州旧金山市］致杰克·凯鲁亚克［无地址，北卡罗来纳州落基山］

一九五五年五月十日前后

亲爱的杰克：

　　我将书稿分成两份打包好，打算寄两个挂号保价包裹到罗利，明天就送去邮局。对不起，我什么忙都没帮上。雷克斯罗斯在FM电台点评了《新世界写作》，他每周六的电台图书栏目大部分时间都在讲你是当今最伟大的作家之一。我没听过节目，只是听说他说你写得和塞利纳、热内一样好。不管怎样，他点评了那期杂志，虽然大部分时间说的都是那老一套。我把你寄给我的书稿给了萨布莱特，它们不在我这儿。尼尔有了自己的房间，房间又脏又破，我闲逛到楼上，看到他和娜塔莉在一起，他光着身子在嗑药，烟灰缸旁放着一本书，书的封面向后弯折，布满指印，他之前一直在大声朗读它。

几天前的一个早上，他带着打字机和衣服，乘坐纳什牌旅行车来到我这儿——他和卡洛琳分开了。现在他在北滩有一间带电话的房间，方便他和铁路公司联系，他和娜塔莉（我之前寄给你的信中提到的那个红发女孩）住在一起。他已经搬出去好几天了，说他除了做爱和下棋什么都不干，把打字机留给彼得让他继续打字，告诉我现在给你打个电报，说既然我们俩都在城里，你赶紧过来。今年不是狂欢年，尽管尼尔依然很爱表现，精力充沛。我放巴赫组曲时他在一旁卷大麻卷，同时徒劳地模仿无伴奏的小提琴家，当小提琴发出刺耳的声音时，我几乎无法吸进去一口烟，他举起手臂疯狂地把弓在弦上拉来拉去，他试图舔卷纸，小提琴开始悠扬的恰空舞曲[1]时，他就在地板上剧烈地扭动（像比尔那样），随着放出来的音乐越来越长，他拉弓的动作幅度也越来越大，同时仍在平衡头顶放的大麻卷，又试图用双脚卷起纸卷，结果失败了。海菲兹的曲子到了高潮部分，他弄洒了安非他命（但用另一只手接住），筋疲力尽地从地板上站起来，和着最后几个高音把弓往墙上一划拉。今早八点他过来告诉我他的地址时我正要去失业救济办事处，那是我第一次去（我坐在附近该死的公园等开门，到处是狗，老太太和老先生们匆忙挥舞着手臂，顺着草坪跑过去搭乘通

一九五五

往市中心的公交车,我在黄色的清晨看到了双峰,现在我很悠闲,孤独地徘徊在旧金山的清晨,等待着),尼尔抬起下巴,我的手放在他的脖子上,揉搓着——"我脖子上都是疮吗?"没有,只是刮胡子留下的红印,可他为什么要问?就是这样,无法解释的亲密关系。

为了见休·林恩·凯西(埃德加·凯西的儿子),尼尔参加了一个当地会议,和他聊了四个小时。出来后他说一切都很好,一切都解决了,你该像我告诉你的凯西一样认真地对待你的业力,他也像其他人一样在努力摆脱他的业力。凯西很安静,我觉得他也是个酷儿,我们花了四个小时聊他的业力,我告诉他嗑药和手淫的事,还谈到卡洛琳和你(还有我),你得亲自去见见他(我有天晚上去了,但太晚了)。卡洛琳也去了,但没有见到凯西本人,一个女雇员接待了她,她在那儿呆了十分钟,那个女人跟她说:"拜托,是的,就是这样,不要说话,我的意思是,就是——闭嘴——安——静,承受你的业力,我的意思是什么也别说。"就像一个男子娶了个哑巴新娘那样。

和凯西谈话似乎为他俩分开奠定了基础,一周后双方都同意先分开试一试,尼尔说。

你有什么计划?我现在有一张超大的桌子,在读科尔比埃、佛陀和庞德的书,慢慢恢复了写作的心思。[威廉·卡洛斯·]威廉斯下周会过来。顺便提一下,科尔比埃是一个吕西安式的布列塔尼人,他写的是布列塔尼海岸。

[……]

我现在有了辆小型货车,后座(空间狭小)可以睡人,可以开在加利福尼亚的悬崖上,也可以开去树林。金斯兰要飞来这儿度一周假——后天到——住在我这儿——他写信这么要求的——我还要带他去兜风。最近我喜欢看海,看大自然——除此以外,没有人说得上话。

> 爱你的,
> 艾伦

1. Chaconne, 一种古西班牙3/4拍子的慢舞, 16—18世纪流行于法国宫廷舞会。——译注

杰克·凯鲁亚克［北卡罗来纳州落基山］致艾伦·金斯堡［加利福尼亚州旧金山市］

一九五五年五月十一日

亲爱的艾伦：

我写这封信只是为了附上一段剪报，让你知道我在院子里时的想法。我认为你不该因为出版商、诗人、公众和其他犹太人对你的忽视而气馁。历来如此。犹太人终于在美国扎下根，就像一株成熟的植物，而二十世纪他们在美国这件事是他们通史上浓墨重彩的一笔；通过美国，他们的美丽国，他们赢得重要的国家地位和国际声望。而在他们中间应该隐藏着一位伟大的犹太吟游诗人，不为人知、被人忽视、一贫如洗、郁郁寡欢，一个典型的犹太人（金斯堡），典型的博学、温和、有教养，还有写诗人典型的纯洁，这尤为适宜。最重要的是，你要意识到这在所难免，犹太人必然会忽视他们自己最好的金斯堡耶稣；先知不受尊敬；这是典型的犹太人会干的事，因为事实证明，犹太主义是一个物质至上的大城市里冷酷无情又顽固的一种主义，而有修养的诗人就像他们最好的银器，藏在餐巾下面，藏在一切东西下面，藏在红木五斗橱里，不可篡改、不可调和、不可混杂。同样典型的是，配上你的名字，你那间谍罗森堡殉道士般的脸，干净的衣领，干净的中产阶级外表，眼镜衬托出来的文质彬彬，当你蓄起黑胡子，你看起来就像典型的忧伤

的有教养的卓别林……（自带《信风》里弗雷德里克·马奇的浪漫和约瑟夫·康拉德的神秘光环）。我可以预见，从现在或从更早时候开始的一百年里，犹太民族的英雄会是你，金斯堡将成为英雄的名字，就像爱因斯坦之于科学界，当犹太人领受诗歌的荣耀时，他们会提起金斯堡而不是像夏皮罗或施瓦茨这样只会信笔涂鸦的荒唐人物。如你所说，你在后来的作品中所做的一切，在我看来都是有价值的，因为它们是独创的。你的早期作品是对传统的模仿，没什么价值。我知道这一点，我研究过自己写的东西，也读过你的信件，以及一九四三年、一九四四年写的诗等等，其中一些还不错，值得保存下来。但从后期的《随笔》还是《狂野之城》或《哈莱姆幻象》，我不记得是从哪里、何时（也许是一九四九年、一九五一年或一九五二年）开始，你开始使用脑海中出现的第一个词，有时是"美丽国"之类的词（哦，那是从威廉斯那儿学来的？）——我的意思是，我记得拉曼蒂亚谈到过一句有趣却没什么诗意的评论……你用自由体写的新诗现已成为十二月份那些漂亮的"飞机组诗"中的一种经典文体。一个真正的作家只要有了原创性就不可能再犯错，就像比尔。还有，你的经典之处还在于你优秀的学识、高度的灵敏性以及真正的"伊戈努"气质，你是天选之子，你眼光精准，不仅发现了巴勒斯和我，还发现了尼尔和其他伟人，那些琼斯、洪克、柯索等等，又摒弃了那些辛普森、霍夫曼、霍尔姆斯、哈林顿、特姆科，即使与尼尔或我最低级的胡言乱语相比，他们都算不了什么……我知道也意识到，在这个国家还有其他作家，他们很看重自己，并通过这样那样的书信往来来预测他们未来的辉煌——但我可没给自己胆量，也还没看到任何东西，虽然并非没有注意到一九五〇年吉鲁对我的评价，或者奥登对比尔的评价，但当诗人和作家提到你的名字而底下一片沉默时，我也不会被这种沉默所愚弄。再说，我们为什么应该在乎，如果我们在逆境中故作镇定,如果我们不是"伟大的"作家,那么这只会意味着品位和标准将会变成我们无论如何想要传达的末世性质。比尔带有恶意的幽默,你摇滚般的奇异表达,尼尔喋喋不休的石头故事。你的传统学识、你在发现"伊戈努"方面的丰富经验、你的无所不知、你的臭名昭著、你卑微(如山谷中的河流)隐匿的地位以及你那位可能认为你不会写诗的父亲。把这句话贴在你的帽子上:金斯堡是二十世纪伟大的美国犹太诗人,他在美国的地位自然与犹太人自身地位的重要性相称。去年在霍尔姆斯家,当我从你以前的录音中听到那悲伤的理想主义的声音时,我哭了,我意识到了这一点,但当时还没完全弄明白。我以为你已经死了,而我们失去了无价的华服,它在那里时我们却把它当成一坨屎,这种情况常会发生。就像吕西安说的,"我想不出还有谁比凯鲁亚克更声名狼藉"。我们是乞丐。别以为我会来加利福尼亚,我没钱也没理由来,无论如何都要给我写信,我们会制订好计划。好莱坞的达瓦洛斯也许能给你带来好处。好莱坞的金斯堡。

记得写信——把书稿寄给我。[1]

杰克

---

1. 5月3日,凯鲁亚克寄来一张明信片,上面写着:"请在方便时尽快将所有书稿寄到这个地址,再转交给我……吉鲁想看看我那几本不入流的作品,所以现在我想要回所有的书稿。"

杰克·凯鲁亚克[北卡罗来纳州落基山]致艾伦·金斯堡[加利福尼亚州旧金山市]

一九五五年五月二十日

亲爱的艾伦:

今天我完成了一个短篇,共一万字,叫《城城城》,寄给了考利,让他找个地方寄掉,如果他喜欢,也请他多多推荐。我在附言里突然坦承一九五三年早些时候自己蠢得很，竟然拒绝让他出版《在路上》……艾伦你知不知道，如果那时候我的作品出版了，我早就是有钱人了，也可以去欧洲、丹吉尔、印度甚至中国、日本等地旅行，也许我还能出版《萨克斯博士》，旅行给我带来的灵感也许会促成我写出伟大的新作品。但现在我却想着考利也许会嘲笑我……我猜他一定觉得我是个大英雄，地下殉道士一般的英雄人物，就像格里格和柴可夫斯基那样一生都不发表作品，只在黑暗中哭泣。过去这两天，我突然观察起花园里的蚂蚁，观察它们干涸的村庄、它们在干沙土中那熟悉的辛劳，对我来说，我已经超越了开悟的境界，现在可以放弃佛教了，因为佛教也是个武断的观念。我的意思是，在现实中，无知和开悟没有区别，它们是同一事物的不同形式，就是我所说的那种不可知的、不可预测的本性……女孩的屁股跟虚无一样，生跟死一样，遵纪守法跟暴动一样，折腾形式有什么用呢？《入楞伽经》里说到，心灵的系统无法停止，心灵的习惯、心灵的种子能量不会终止，因此只要你"活着"，就没有办法停止心灵系统，因此也就没办法摆脱自我或消灭"外部"世界，开悟、道、如来或任何一种观念也就没有存在的理由了。你的"X"本质也是如此，如来获得了"X"，但它是一种心灵上的成就，如来死于痢疾，拉着想象中的屎……心灵之屎，一切都是心灵之屎……我知道做和不做是一回事，我知道我可以就在这孤寂的棉花田里度过余生，什么也不做，或者来回奔波，做无数的事，这两者是一回事……就我现在所知，真理一文不值。所以我想我还是会做，听从黑天[1]的建议……既然我知道了真相且真相一文不值，我做或不做又有什么区别？好吧。

　　当然，我现在很想去海边，吃炒面，喝葡萄酒，和尼尔狂欢作乐，但我没钱。我想我要做的就是到旧金山去找份打字员的工作，或者在铁路上的行李室找份工作（除了司闸，我讨厌司闸，因为我不知道怎么做)。

如果我这么打算,我能一直住在你那儿,直到我拿薪水后找到地方安顿下来为止吗?

还有,我有个主意,把《地下人》拿给雷克斯罗斯看看也许有好处。这是第一部嬉普士小说,他可能会尽力试试,但也可能会像[艾琳·]李和安东[·罗森堡]那样嘲笑它。

那个自称是我代理的斯特林·洛德还没给我写信,已经过了三周或更长时间,我给他写了无数封惊慌失措的信,想请他给我个回音,一开始他说吉鲁想见我,想看看我的佛陀书稿,所以我给吉鲁写了封长信,显然信里的一些内容激怒了他们。我要求三十天内读完书稿,这听起来有什么好生气的?当你的代理人像死了一样根本不回复你时是什么意思?你能试着猜猜吗?他不喜欢你,也不喜欢《萨克斯博士》,但现在又是怎么回事?所以我写信告诉他,如果他对我的书不感兴趣,那就算了,把它们寄还给我,但即便如此他还是没回复我。正如比尔所说,这是对我的刻意侮辱。我跟比尔和卡尔一样心烦意乱,我必须在一周内赶到纽约,看看出了什么问题。拜托了,拜托了,拜托了。一天晚上,我梦见自己在"犹太会堂图书馆"里的两个男人面前突然抽搐起来,我开始尖叫,像发狂的癫痫患者一样倒在地上,那两个男人既不惊讶也不害怕,只是饶有兴致地看着我这个真正的疯子,而当我尖叫时,我内心深处的平静让我开始同情他们,我还记得,我一直在尖叫,最后我的五官都扭曲麻痹了,但我仍记得我平静的眼神,里面饱含对他们的恐惧的忧伤……这个梦意味着什么?是否意味着我是个疯子?如果我不尽快出版作品,我想我就会像这样发疯,变成疯子——这就是见鬼的我的感受,我真的感觉很糟,纽约那些家伙最后一定会要了我的命……请帮帮忙吧……为我祈祷……我想自杀……我家人甚至不想让我再喝醉了……就像我说的,我真是个可怜的穷鬼。我要给卡

一九五五

尔写信。去年二月你到底有没有把我的信转寄给比尔，请一次性说清楚。我给他寄了《城城城》，没有回音。

我收到了书稿的邮包。

1. Krishna，印度教三大神之一毗湿奴的主要化身。——译注

杰克·凯鲁亚克［北卡罗来纳州落基山］致艾伦·金斯堡［加利福尼亚州旧金山市］

一九五五年五月二十七日

亲爱的艾伦：

这是你要给威廉·卡洛斯·威廉斯看的小说样本。如果他喜欢，我可就得意死了。

听着，我写了一本完整的佛教手册，叫《佛说》。纽约那些卑鄙小人，我把最后两美元花在跟洛德的长途通话上，他就说了一句"这有用吗"。吉鲁之前说要看我的佛教作品（不是其他作品，他很小心地跟洛德强调过），现在却通过洛德告诉我他改主意了。与此同时，我花了整整一个月把书稿整齐地打出来，准备好了一切最后却惨遭搁置。我姐姐接管了我的业务，负责管理书稿，她反感对方的做派，说我们应该把书稿从洛德那儿夺回来，他什么都没做却还敢说我们高估了考利，因为到目前为止只有考利做了点事。听着，艾伦，如果你有什么好点子，请告诉我，我会说给我姐姐听。你怎么看洛德？另外，我们有必要把《地下人》给雷克斯罗斯看吗？事实上，我想把《地下人》打出来，装订好，给你还有威廉斯看看。

我的佛书就像光之湖，真的很棒，猜猜是什么？经过润色的《楞严经》摘要，就像医生给你开的良药，对吧？真正简单明了地解释了虚空的内在秘密及其成因等等，青天白日一般，看看今早的大地，看看地上的蚂蚁和从地上长出来的植物，就像幻想一样，心

里想着:"化为乌有,毁灭,灭绝……"

尽快给我写信。向约翰问好。我错过了很多重要时刻,不是吗?我破产了,病倒了(静脉炎)——如果你想凑一笔杰克-加利福尼亚基金,我可以搭个便车——我想去圣巴巴拉修道院——在你去洛杉矶或回来途中一定要帮我探访一下圣巴巴拉修道院——一定要回复关于比尔的情况,他在哪儿?我花六十六美分的邮票钱给他寄短篇小说,他都干了什么?尼尔,卡洛琳和凯西都疯了。我想你很容易就知道为什么——就像其他一切一样,业力只是一个梦,看似正在发生,其实并不存在……这一切都是如来藏学派奇妙的流溢(不管那是什么),现在我思考的主题是——我的意思是,原子是由原子核、质子、中子和外部电子组成,它们本身是空的、空的,业力凯西是个自以为是的傻瓜。

一定要告诉威廉·卡洛斯·威廉斯我也是贺拉斯·曼中学毕业的。

杰

艾伦·金斯堡[加利福尼亚州旧金山市]致杰克·凯鲁亚克[无地址,北卡罗来纳州落基山]

一九五五年五月二十七日

亲爱的杰克:

[……]

马上把《地下人》寄给雷克斯罗斯,是的,这是个好主意,无论如何不会有坏处,也许会有好结果。我会帮你的。没问题。

至于你的代理洛德,我想最好还是把书稿留给他管理,让他自己慢慢来。我发现,很明显,这些人如果遇到反常行为,或者对他们来说是反常的行为,他们就会无休止地恼火下去——考利(我从雷克斯罗斯那儿听说的)因你对《新世界写作》的匿名批评而恼火不已。但我真的觉得越少谈论这些，跟他们就越好相处，就让他们自己去决定命运吧。但谁又在乎呢？你愿意的话就给吉鲁写长信好了，如果他看不懂，也许再过十二年零三个月就有人能看懂了。暂时把书稿留给洛德，这是我的建议，尽力找找其他渠道，比如说找雷克斯罗斯，抓住一切机会。把《地下人》寄给我吧。或者你想寄给雷克斯罗斯也行，他的地址是旧金山八街一八七号。但最好还是寄给我，我想这样可以满足我的虚荣心。

我觉得最好还是把书稿留在洛德那儿，其他的就别管了，等他给你写信，但无论你去哪儿，都要把新地址告诉他。

《城城城》是什么啊？

我见到了威廉斯，他老了，身体抱恙，问我这么长时间都去哪儿了，还让我把新书稿寄给他。我谈到你，还有考利（考利是他的朋友）和雷克斯罗斯对你的评价，他说他也想看随笔。我觉得他的兴趣和你的确实很像。比如，你可以看看《短篇小说札记》，还有去年和它一起发表在他的《散文选集》里的日记摘录，尽管他缺少你那样的力量，但他有真正的原创精神，并且理解这种精神。所以挑几页（两三页或者五页）纯随笔寄给我，我把它们连同我自己的书稿一起寄掉，或者寄到他在新泽西州的地址：拉瑟福德里奇路九号。我不是爱慕虚荣，但我建议先寄给我，因为他太太不让他接触任何奇怪的信件，他眼睛不好，我想她得给他读信。如果他喜欢你的随笔，他也许会给你牵线搭桥，替你引介他在兰登书屋的编辑，叫麦克唐纳还是什么的。无论如何，我希望他离世前能喜欢上你，这样他就会明白我在帕特森写的那封信里提到的你和麦尔维尔之间的过往真实无疑，他以为我说的疯狂的地下人只是杜撰的而已。

你到了纽约就去找金斯兰，他有我的消息——你是说你要去纽约的吧？

我猜你在某种程度上是会发疯,因为对幻象或"X"或其他任何东西的意识过程的终止会让你在面对这个绝对的世界(不是释迦牟尼带着苦楚出山后投身的那个世界)时疲惫不堪,什么都没完成,但最终都领悟了。我是指内在动力的缺失,在外界的万事万物中该做些什么,但正如卡尔[·所罗门]所说:"所有要发生的事都已发生过。"所以,别发疯,不要伤害你的身体,照顾好自己,疲劳了就休息,想想下一步要做什么。这就是我的馊主意。爱满人间。既然心灵系统无法停下,又由于身体和意识仍然存在,我们受限于周围绝对现实的平面世界,也受限于我们(人类)心中爱和想象的事实,后者不能被摧毁,因为人心过于脆弱。你能过来这边看看我吗?真希望你来。我有一个完全多余的沙发,有一个大房间,楼下厨房里有便宜的食物,我有完全的自由,从今天开始,接下来半年每周我还有三十美元的收入。我今天拿到了第一张支票。除了支票,我没剩下多少钱,但也够支付我们两个的房租、食物和消遣。你到我这儿需要多少钱?尽快写信告诉我,我去见尼尔,从他那儿要些钱准备你的来访,他也会过来,可能会很高兴,他和他老婆分手了,他在城里,比我以前见到他时更无拘无束。是的,来吧,一定要来。我的话,我渴望见到你,没有你这座城市空荡荡的。我们还是可以安静地生活,等我写完我的书,我们也许就可以走了,永不回头(这仍旧是我的梦想),我们去征服好莱坞。是的,这是一个计划,相信它可以完成。如果你在纽约见不到达瓦洛斯,他一个月后就会回来。我们俩喝伏特加时构想了一幅完整的画面,他的画面中有一个导演,也许我们能联系上。来吧,神奇的梦想。好莱坞有那么多钱,却没有像我们这样美丽的人去挥霍。无论如何,和你一起再过一段穷困潦倒的日子也会是件愉快的事。如果你见到吕西安,跟他哈哈两声。金斯兰说他很快又要做父亲了。或者你过来这边,在租到自己的房子前可以睡在我那张多余的沙发上。

一九五五

不管怎样，我这儿的东西都是你的。你来了以后还可以教我佛法和写诗。不幸的是，外界的忽视会毁了一个人的自尊，但既然这是文学创作的条件，就必须渡过难关——比尔正在非洲，他真可怜，甚至连支撑自己的文学幻想都没有。他还没回信吗？

你赶紧给我写信，告诉我需要多少钱买到这儿的大巴票，或者随便什么交通工具的费用，我去找尼尔搞定。

我们可以在这儿一起制作广播节目——格尔德·斯特恩一直在敦促我，但我还没开始。

我真的和你一样绝望，但即使不能永生，我也希望再活五十年。

爱你的，
艾伦

杰克·凯鲁亚克［北卡罗来纳州落基山］致艾伦·金斯堡［加利福尼亚州旧金山市］

一九五五年六月一日

（喝着月类的惊尾酒）

亲爱的艾伦：

好吧，读了你的信我觉得自己确实应该出来走动走动，这是我收到的最好的信，现实层面的平面世界，这个解释很棒，我们不得不面对这样的世界，而不是试图洞悉神秘的"X"，但我有另一个角度的解释，亲口告诉你会更好，无论如何，暂时让我把"这个世界"和"X"等同起来——这是一个很久以前就已完成的梦（如卡尔所说），而救赎就像我们所能想到的其他一切，只是一个武断的观念。作为如来的化身，你屈服于众生，只是为了众生的最终解脱——众生和无数事物不过是如来藏的流溢（基督徒会说，是上帝的恩典的流溢）的表现形式，仅仅是心灵的梦境而已，因此他（圣蜜真如大师）的慈悲可以被理解为普照万物之光，在这儿就是在哪儿……我不太会表达……虽然你表面上渴望欲望，但你内心已经心如止水，激情不再，虽然你可以接受也可以摒弃，但你不再区分二者（其实在你心里，无论怎样你都不在乎，就像纽约滨水区的凝灰岩一样），（当然）渐渐地，你接受了你不再有自我的事实。"你此后所过的生活是如来的包罗万有的生活，在它的转变中得到体现。"

［……］

独处于这对现实的爱的生活中——你真的无事可做，只需休息、行善、心灵感应普贤菩萨永不止息的慈悲。普贤菩萨永不止息的慈悲是超然的寂静之声，嘘嘘嘘。同样的慈悲在超验的视野中可以实现，也就是这里提到的天蛾之光。超验思想是三昧的高深思想，是八定的变换和光线……其他三种超验的感官，嗅觉、味觉、触觉，都处于更动物的层面，在这个层面上，我还不知道永不止息的慈悲如何显现。

所以看在上帝的分上，给我寄二十五美元，我会搭便车到盐湖城，从那儿搭乘南太平洋货运列车直达奥克兰的沙漠……在丹佛享用几顿免费饭菜——在路上——我们所有人纵情享乐——酒、女人还有歌谣——我会带上司闸员的提灯，以防以后铁路上有需要我做的工作——然后从那儿南下墨西哥——我最大的愿望是我们能一起去丹吉尔，去探望雍容华贵的巴勒斯，也许我们可以——我母亲昨晚梦见我以十万美元的价格把《垮掉的一代之路》卖给了好莱坞。

我会的，我得去纽约见洛德、考利和其他人，所以我会去找找［迪克·］达瓦洛斯，跟他说："你瞧伙计，我想让你把《垮掉的一代之路》带给佩尔贝格和西顿看看，告诉他们可以把它改编成超棒的电影脚本，迪克·达瓦洛斯扮演迪安·莫里亚蒂（尼尔），蒙哥马利·克利夫特扮演萨尔·帕拉迪塞（杰克），马龙·白兰度

一九五五

扮演卢安，艾伦·金斯堡扮演卡洛·马克斯，我们的第二部电影制作会是《地球上的巴勒斯》。"

顺便提一句，关于好莱坞我还有具体的想法，涉及一种全新的写作形式，将小说与电影相结合，说白了就是电影小说——我想这就是你（和我）要的答案，既能赚钱，又不乏莎士比亚的艺术气息——如果有人想做——等我给你把方法概括出来——与此同时，如果可以的话，给我寄二十五美元或更多的钱，如果我有钱买车票，我现在就走。至于我的纽约之行，多亏我母亲给我的区区十美元，我得搭顺风车来回，还得睡在斯坦利·古尔德家的地板上。请马上回信，把约翰［·金斯兰］的电话和地址给我，我上次给金斯兰打过电话，号码换了。我会去找金斯兰、达瓦洛斯和所有人。如果你觉得我寄给你的要拿给威廉斯看的随笔样章不够好，请告诉我，我会寄一些更好的。我今天本想给你写封更长的信，但我眼睛疼，下周我要给你写封精彩的长信，再收拾行李去睡你的沙发。哦，伙计，我迫不及待地想和你、尼尔这两位好兄弟一起共度美好时光。

我有静脉炎……但我想它会及时消失，让我搭便车去丹佛……我在丹佛时要住贝弗［·伯福德］的地下室，真奢侈……我要见［贾斯汀·］布赖尔利……然后一路搭便车去盐湖城，那是尼尔的老家……告诉尼尔，他在丹佛想做的任何事，比如找他爸爸，可以给我留口信，我会去做，或者其他任何事……你真的能给我那笔钱吗？这意味着我可以出来，跟你一起去海边、一起吃炒面，这是我很久以前就有的愿望，我特别想和你一起研究旧金山的地下嬉普士，尼尔和我一直在旧金山狂野的佛森街一带混日子，一刻也不消停……我现在真的相信，这个世界只是一个从天堂的蜜糖子宫里放射出来的心灵之梦，连丑陋的蠢家伙都知道……我之所以那么说，是因为我又决定酗酒嗑药了，但我不会再混日子，我做此决定时是清醒的,我要记住核心的慈悲,我告诉过你圣蜜涅槃,勿对人动怒,勿严苛待人(顽固的死胖子),因为嗑药时我总为自己不嗑药的仁慈天性感到羞愧……自然的、"被迫的"却又是官方的、宗教的、欢快的善意,就像和杰米、凯西[卡洛琳和尼尔·卡萨迪的孩子]在一起时那样,留好我的酒杯和磁带,你可知上帝就是小熊维尼?抑或那山是一摊小便?

            杰克

艾伦·金斯堡[加利福尼亚州旧金山市]致杰克·凯鲁亚克[无地址,纽约州纽约市]

          一九五五年六月五日至六日

            一九五五年六月五日

亲爱的杰克:

  六月二日是我二十九岁生日,已经过了。生日那晚,我喝了酒,凌晨两点醒来,周围一片空寂,"我用悲伤填满过路的风"。这是布莱克那首神秘的《水晶钟盒》里的最后一句。直到那一刻,我才明白这首诗的意思,他想说他已经在自己心灵的水晶盒子里住了多年,但是,"在那儿我见到另一个伦敦"——我连一条完整清晰的思路都没有,那时

> 我以炽热的激情和火焰般的双手,
> 努力抓住最深处的形式,
> 但水晶钟盒猛然打开,
> 变得像个哭泣的婴儿——
> 一个在荒野上哭泣的婴儿
> ……
> 在外面的空中,我再一次

用悲伤填满过路的风。

　　这是另一封信，我能感受到这些诗句中最有意义的部分，因为我正处于真正的绝望边缘，要是我能表达清楚就好了……能准确描述我的精神状态就更好了，我一直有种空虚的感觉。这两周多以来，至少在我从好莱坞回来以后，我的头痛就像思想一样在我脑海中飘浮，每天醒来，我都被自己不可避免反复出现的梦境所提醒，我的一生就是一场可怕的噩梦。但我该如何表达这种荒凉的状态，很难定义它，它是无意义的想法的重复，是生活在梦中的感觉，现在必须结束或被对某个重大的意识错误的残酷认识所打破。我在那个错误里做了几十年的白日梦，现在，我像所有人一样青春不再，进入一个同质化的世界，面临必须解决的经济问题，唠叨着度过剩下的六七十年光阴。而艺术呢，我能勉强维系的部分微不足道，因为我被这空虚的生活负累，所以暂时找不到别的主题。这种生活是致命的，没有人感兴趣，除了抱怨，我无话可说，我哭天天不应，尽管我还曾幻想以现代诗的方式写一首现代版的《水晶钟盒》，其中有一个巨大的梦的结构，我从梦中醒来，最后表达出顿悟。

　　　　我有一个天使朋友
　　　　夜晚的我让他疲倦
　　　　午夜的爱走到尽头
　　　　在严酷和凄凉的晨光中
　　　　醒来，他是个恶魔。
　　　　但那太过简单，傻瓜。

一九五五年六月六日

　　主要是我和彼得的问题，失恋带来的痛苦再常见不过，他不愿和我上床，最后昨晚我和楼下那女孩做了爱，她很爱我，今天我感觉好多了，因为我努力跟彼得重修旧好——你到我这儿时一定要顾及他。

我今天终于收到比尔的信，希望这是真的："刚从十四天的临床治疗中回来——轻了三十磅——常见的毛病加上巨量的恐惧。我还病着，敏感到了产生幻觉的程度。每样东西看起来都很锋利，很不一样，就像刚清洗过。我的感官就像曳光弹一样。我感觉越来越紧张，同时也越来越虚弱，好像只能原地不动，变回一团松软的死肉——自我有了吸毒的习惯之后就一直远离的死肉状态。我感觉自己像在集中营里住了多年，现在回来了。我不想做爱，也不感觉饥饿。我只是还没活过来，这种感觉从未有过。毒品意味着死亡，我不想看到它，不想碰它，也不想做毒品交易。我现在觉得我宁愿卖彩票也不愿碰这门生意。"

他还提到，"杰克给我写了封长信"，这会儿他肯定已经给你回信了。从上面写的内容来看，很明显，我们所做的事确实很重要，比尔和我们一样陷入了困境，至少在目前，他似乎受到了显而易见的东西的启发，必须做一些事来摆脱困境。上帝知道对你我来说什么是显而易见的，但对他来说，停止吸毒和死亡似乎就是显而易见的，我只希望他能坚持下来。

我把你的梦都寄给了［威·卡·］威廉斯，还随书稿寄了二十页的《尼尔的幻象》，是我刚打出来的"雾中的琼·罗申克斯"这一部分。这次应该涵盖了不少内容，但愿他能耐心读下去，可能他太太得读给他听，如果是这样的话，能理解的内容不会太多，因为她可能不像他那样善于接受，所以如果发生这样的意外，成功的机会就渺茫了。我希望他能喜欢，但他那么虚弱，即使他喜欢，我也不知道他能做些什么，先前他的喜爱也没能帮到我什么，不过能受到赞赏总是好的。

一九五五

尼尔似乎不擅长赚钱，不擅长做任何事——他就在那儿，但对你、对我没一点回应，没有外在的反应，但他又让我确信他就在那儿，确信我也在那儿，比如在广场酒吧那次，我整晚都坐在他身边，可他一门心思下棋，似乎对别的事都不感兴趣，我也想不出什么别的办法来对付他。

　　如果你能过来，对我一定大有帮助，但我不知道你怎么才能过来，希望你能搞定。我做事太没条理了。我打算写信给我哥，请他给你寄点钱，虽然不知道他是否指望得上，但我并不羞于或害怕请他帮忙。我们静观其变。我讨厌自己的生活听起来疲惫不堪、度日如年，但这周以来我一直黑着眼圈，担心自己走到死胡同（爱情、写作和生活的死胡同，似乎与正常人对于生活是一条走向死亡的死胡同的感受不一样），我不知道要做什么，只是拖着自己向前。

　　我以前写过一小段随笔：

　　"从铁路调车场后面可以隐约看到远处白色山脚下的圣何塞，前景中一间V形屋顶、鳞次栉比的工厂，柏油路的干草上有一朵花——也许是可怕的干草花，带着尖刺的黑色花茎很坚韧，像一条藤蔓，一圈棕色的尖刺就像耶稣的王冠，有几十个，每个长一英寸，花冠是脏兮兮的黄色尖刺，中间棉花似的花簇又脏又干，像一把又干又脏的修面刷，在车库放了一年——黄色、黄色花、工业之花，坚韧的尖刺丑花——但它脑袋里有巨大的黄玫瑰形状，它依然是一朵花——它是如此脆弱，当我坐在小屋附近的长凳上，在阳光下写作时，风总是把它从长凳上吹走——我得起身再把它拿回来——这是世界之花，丑陋破败、干枯易碎——砾石生命萌芽的奇迹——蓟花。"

　　还有一种可能性，尼尔可以帮你弄一张到这儿来的铁路通行证，我得和他确认一下。

　　也许还要见见到迈耶·夏皮罗？

还可以去朝圣者州立医院探望下卡尔。也许我哥哥会愿意开车去探望内奥米。但为什么要这么探望来探望去的，叫人痛心疾首？

我不能常嗑药，我会变得过于沮丧焦虑。每次嗑完药，我就会对生活有新的更深层的可怕认识。每件事都太真实了，就好像比尔言之凿凿要戒毒那样。

我发誓这里没有真正的刺激，尽管它们唾手可得，但我无法让昨日重现，除非你能让我振作起来，因为尼尔还是如此自我封闭。

我喜欢你说的"圣人的悲伤"。

问题是，现实中的金钱问题一点也不可怕，它们像石头一样坚硬，但我总和它们硬碰硬。我们到底要怎样动身去欧洲，等一切都过去了，我们该怎么办？没有建设好未来，我们要怎么生活？这就是困扰我的事。尤其是因为我以后写的诗不足以解决任何问题。小说可能有些不一样，在我看来，事情如果顺利，你的处境可以得到补救。

好吧，我认可上面那段糟糕的随笔里写的。我重读了你上一封信中关于如来的概要，但当我望向窗外的阳光时，我意识到我必须满怀渴望、充满活力，我得为五个月后的生活做好充足的准备。我很困惑。我没有开玩笑。

你的，
土包子艾伦

杰克·凯鲁亚克［北卡罗来纳州落基山］致艾伦·金斯堡［加利福尼亚州旧金山市］

一九五五年六月十日左右

亲爱的艾伦：

我只给你寄了张卡片，几天后再给你写信。是的，最好的办法就是拿到尼尔的铁路通行证，告诉他赶紧的，把通行证都收集起来，告诉我该怎么下达指令，因为既然我已经知道铁路上常用的行话术语，我绝对可以冒充司闸员卡萨迪。（他知道的。）告诉他老萨尔·帕拉迪塞想出来走走，重温迪安的爵士乐场景。

至于你那封悲伤的信，是的，毫无希望、身无分文，养活自己是"现实"的一种，但本质上无需费心，因为在西方国家行乞是犯法的，所以只有在疯人院才能真正心不在焉地专注于本质。即使在隐士的时代，这样的时代将于我在墨西哥时到来，我也将每六个月出来一趟，解决腹泻和工作的问题，哪怕我一个月只有八美元工钱。不要绝望。你、我和比尔都处在同样的困境中，我们可以在写作上有所突破时帮助彼此。现在我要带着我的雷·史密斯的"在路上"去纽约见考利，这是部新作品——还要把《佛说》带给吉鲁看。

你的，
杰克

杰克·凯鲁亚克［纽约州纽约市］致艾伦·金斯堡［加利福尼亚州旧金山市］

一九五五年六月二十七日至二十八日
吉姆·哈德森家
亲爱的艾伦：

我独自一人呆在华盛顿广场上面这间迷人的公寓里，昨天我在窗户旁写了首长诗，《三章麦克道格尔街布鲁斯》。发生了很多事，但总体上没多大意义。首先，我丢了你的信的第三页，吕西安说里面提到二十五美元和火车票的事，所以你回信时记得重复下这些信息。我后天回落基山，准备开始考虑西行之旅。

我想我的消息令人沮丧。达瓦洛斯在普罗温斯敦。一位优雅的同性恋出版商几乎拿到手《垮掉的一代之路》，但考利现在想把它拿了回来。我又把笔名改成了杰克·凯鲁亚克，给《新世界写作》寄了两个新故事（《科迪的幻象》和《地下人》最后一章）我以五十美元的价格把《城城城》卖给了戴夫·伯内特的《新美国读者》，他明天付钱给我。我和格雷戈里还有其他人一起喝得酩酊大醉——到处都有性爱的机会，但我已经总体上、原则上和本质上拒绝了性。我仍旧明白轮回和涅槃是一回事，涅槃和轮回也是一回事，但我来到这是为了得到我应得的，还有应得的用来买墨西哥面包的钱……虽然我很聪明，但我不得不像其他傻瓜那样等待着、忍受着——我想在旧金山见到你，很快我就到了，等我。

这一周我都会想念彼得［·奥洛夫斯基］。没钱到处混日子了。今天我会把消息传达给达斯迪［·莫兰］——吉鲁当着柯索的面说《萨克斯博士》很伟大，但又说出版社无能为力——《佛说》正寄往哈佛大学出版社——《地下人》在一家叫"标准"的小出版社——《萨克斯博士》现在在正午出版社，阿瑟·科恩是出版人，如果能打动他那对我们所有人都有好处。我坚持写诗，常常热泪盈眶，别以为可以用理论打动吕西安——吕西安爱你，不要生可爱的吕西安的气，他只是生来就认为保罗·鲍尔斯是比我们更好的作家。（他读《萨克斯博士》第一页时就皱起眉头。）格雷戈里也把自己的小说给考利看了。考利和我在村子里喝得醉醺醺，他说他考虑给我赏钱，他又觉得我给他看的小说节选太沃尔夫了，可诺曼·梅勒也很沃尔夫。我提议每个月赏我二十五美元，我就可以把小说写完。（考利年纪大了，有时对年轻的垮掉派诗人的痛苦无动于衷，读信时睡着了。）但他喜欢我，我跟他说你很伟大。所以，就是这样，我还是一文不名，今晚跟多德·米德出版社的艾伦·克洛茨蹭了顿晚饭，他来自霍恩斯坦，很优雅，是个犀利的小个子。我走前一定要跟金斯兰见一面，还会找斯坦利·古尔德玩

一九五五

个痛快。格林威治村里的音乐场面很疯狂。日出时我在海滨指挥了场摇滚爵士即兴演奏会,告诉尼尔我们的男高音有跟他一样的灵魂(但长得不好看),他就是尼尔(乔治·琼斯)。亨利·克鲁在这儿,他是我们酒吧——一个叫"里维埃拉"的大酒吧(新开的)——的门卫(就像圣雷莫的门卫)。我之前见了艾琳〔·李〕,后来她跟我约好了却没有现身,我觉得她是不是以为这样就能真正伤害到我(但愿如此,我是为她着想)。我本来不愿意跟她说话的,但安东〔·罗森堡〕劝我去。格雷戈里泡了个十八岁的妞,跟他哈佛的朋友一起,他是个骗子。请让尼尔告诉卡洛琳我今年夏天就会回来,我没时间写信了,我要出门去,周一下午在村里的大街上喝个烂醉。我才发现庞德的《诗章》,直到现在才意识到诗歌是自由的。

〔……〕

向尼尔、彼得、希拉、雷克斯罗斯、缪、萨布莱特问好。

302 杰克·凯鲁亚克〔纽约州纽约市〕致艾伦·金斯堡〔加利福尼亚州旧金山市〕

一九五五年六月二十九日
精简的六月

亲爱的艾伦老弟:

〔……〕我看到你那个关于琼的梦了[1],我和吕西安讨论了这个梦,然后聊到你的墨西哥之旅。卢还在说想去墨西哥生活。你瞧,我来纽约竟是为了对付这台烂打字机,它太烂了,我什么也做不了。我来纽约是为了和考利做交易,我跟他说:"我正在写小说,这是其中的二十七页(雷·史密斯的史诗之"路"),维京出版社每月给我二十五美元,我要去墨西哥,住在一个小木屋里,写完小说。"考利笑了,詹尼森[2]和他在一起,他们说:"孩子,你当然没有耽误我们。"所以也许我可以搞定。对了,我一直在跟他聊你,还说他必须马上读读《裸体午餐》,他同意并且说他记得《垮掉的一代之路》里对巴勒斯的描述。然后他说:"你认识一个叫格雷戈里·柯索的诗人吗?"格雷戈里好像已经出版了一本诗集,大获成功,叫什么《布拉托街的夫人》(《布拉托的贞女》)或类似的名字。吕西安说格雷戈里轻而易举就能成功,但你是更伟大的诗人。但吕西安也说我和你是十足的混蛋,写不出什么,只是像白痴一样活在文学幻想中,还说保罗·鲍尔斯是个伟大作家。我说看在上帝的分上,要是保罗·鲍尔斯能写出像《尼尔的幻象》、《萨克斯博士》、《达摩片语》之类的书的话,我们再作判断。当时我变得很文人,还是那种酸文人,我们聊了一整晚,真希望你也在。此外,马尔科姆同意我把《城城城》投给科幻类杂志。我今天给吉鲁打电话问了《佛说》的情况。《垮掉的一代之路》是在多德·米德还是别的什么地方出版。我来这儿是想赚点钱,办点事。总有一天我会帮得上你的。你知不知道是你帮忙出版了《镇与城》,是你把它交给了斯特林厄姆,斯特林厄姆又把它给了戴蒙德等等,然后才是卡赞。看在上帝的分上,尼尔他会把铁路通行证寄来吗?

[……]

给我写信。我们一定得把我弄出去。

另:我给卡洛斯·威廉斯写了封信,请他把我推荐给兰登书屋。

杰克

1. 见金斯堡的诗《梦境记录:1955年6月8日》。
2. 基思·詹尼森是维京出版社的编辑,在马尔科姆·考利的支持下,说服出版社买下了《在路上》。

艾伦·金斯堡［加利福尼亚州旧金山市］致杰克·凯鲁亚克［无地址，纽约州纽约市］

一九五五年七月五日

亲爱的杰克：

你六月二十七日至二十九日写的信已收到。我刚从约塞米蒂、里诺、卢修斯·毕比的弗吉尼亚城、太浩湖等地旅行回来，去纽约的第一段旅程陪彼得搭了便车[1]。

尼尔说他拿不到铁路通行证。他没有尽力尝试，但也许他无能为力。他给女友娜塔莉［·杰克逊］搞过一张，但她没用过，证也过期了，所以他没法短时间内故技重施。欣克尔给希拉［·威廉斯］也搞过一张，她也没用过，且证也过期了。顺便说一句，欣克尔和家人搬回了旧金山，尼尔仍旧和红发娜塔莉留在他们的爱巢。他看到了你给卡洛琳的信和留言，还有你所有的信。

考利要《垮掉的一代之路》做什么，再试试能不能出版？请告诉我该给巴勒斯寄哪本书——三本都寄？我已经好几周没收到比尔的来信了，我很担心。

用凯鲁亚克做笔名再好不过。

《城城城》是什么？从来没听你描述过。

那个墨西哥女种植园主要来我这儿了，下个月一号就过来，再呆上几周。你到这儿时她可能也在，这样的话，她可能会邀请你去恰帕斯丛林混上一段日子，可能性很大，但你可能得自负伙食费，她穷得很。但她会提供免费住宿和墨西哥最便宜的食物，还有马、仆人等等。

我要去见马克·肖勒[2]，看看今年秋天失业救济金用光后能否在伯克利分校谋到一份助教的工作，然后学习希腊语或韵律学。如果不行，我可能会和你一起去墨西哥。

我不明白为什么柯索那么有名。我在《剑桥评论》上看到他写的一首关于［查理·］帕克的诗，叫《长鼻鹈鹕中美丽的黑鸟》。但我仍旧不明白他在做什么或是怎么做的，以至于连考利都知道了。

吕西安对我那首关于琼［·巴勒斯］的梦的诗说了什么？我没有生他的气，我那一段说的是你岳父的胡子，尽管我确实希望理论会给他留下深刻印象。他太害怕科学了，而我一遍又一遍地用这个词，就像梅里姆斯一样。别看最后一句。反正我不怕他皱眉头，我离他那么远。

我应该给考利寄诗，等这一阵子我写完了，迟早会寄的。还没收到［威·卡·］威廉斯的消息。你呢？

我哥哥没给我写信，也不知道他有没有给你寄钱。我再给他写封信问问。如果你收到钱了，请告诉我。

尼尔给了我附上了铁路司闸员兄弟会的会费收据，让我寄给你。他说你可以搭顺风车去新奥尔良，那里每天有两趟火车开往洛杉矶，特快专列，你再和人家聊上几句就可以一路无阻了。他说你知道这种玩法。先问问列车长，他会在其他列车长换车或换线路还是什么时候跟他们说，我也搞不懂。如果你要他进一步解释，就写信给他，我也会追问他细节的。我试着追问过一次，就问出来了上面那句话。至于是否有用，他说有用。

艾琳［·李］的住址是？我想联系彼得。

我很穷，但我付了房租，还能买不少便宜的食物，比如牛排等，所以每周三十美元够我用了。

没错，格雷戈里一定在唬人，为了什么，为了谁？他是如何评价哈佛的［约翰·］霍兰德的？我那枯燥无味的笔迹，不知它们是帮助还是阻碍了格雷戈里的发展？

我把你说象棋的那段念给尼尔听，他只顾咯咯笑。

亲爱的骷髅，请原谅我今晚无法再继续。我以后再写信给你。

一九五五

我写这封信是为了寄票给你。

AG

1. 彼得·奥洛夫斯基搭便车到纽约去接他十几岁的弟弟拉夫卡迪奥。他们的母亲差点把那个患有精神障碍的男孩送进精神病院。
2. 马克·肖勒是加利福尼亚大学伯克利分校的教授，他后来在《嚎叫》一案审判中作证，支持城市之光书店。

杰克·凯鲁亚克［北卡罗来纳州落基山］致艾伦·金斯堡［加利福尼亚州旧金山市］

一九五五年七月十四日

亲爱的艾伦：

刚收到尤金［·布鲁克斯］寄来的二十五美元支票。他信里说："我已经多次收到艾伦的来信。他告诉我你最近在纽约，还让我把随附信件寄给你。你进城后来找我。谨致问候。"我在纽约时没去找他，他不会生气吧？好吧，我今天就给他写信，跟他解释说我最近去纽约是为了骗吃骗喝，所以没去找他。我会说得好听点，别担心。

他是陀思妥耶夫斯基式的大哥。

所以现在我有钱去新奥尔良了，到了那儿我就带着睡袋跳上"大拉链"货车，每晚前进五百英里，不过有时（下雨时）我可能得用尼尔那张兄弟会会费收据耍个滑头搭守车。告诉尼尔我不能在客运列车上耍滑头搭守车，如果他还记得，我不是客运车的司闸员、不懂他们的行话和规矩，你这么跟他说他一定会勃然大怒，但我们确实不知道他知道的那些。不管怎样，我一定要去新奥尔良。

一周后我才走，因为我姐夫店里的伙计生病了，我得帮他搬电视机，他每小时给我七十五美分，这样我就有更多的钱上路了。所以我**确定无疑**会到旧金山（为了方便和你约见，我用了粗体），最迟不晚于八月十日，总之在八月一日到十日之间。那是加利福尼亚的黄金季节（八月一日）。我们会一起在旧金山住几个月，然后我建议我们一起往南到加利福尼亚和墨西哥边境，租个土砖房，你可以从每周三十美元的加利福尼亚失业救济金里省下二十美元，这样你也有钱回纽约，或者如果我们尽早动身，甚至可以省下去丹吉尔的路费。实际上，在墨西卡利、加兹登、提华纳或任何加利福尼亚—墨西哥边境城市的土砖房里，我们一周只需花费五美元（在墨西哥一侧），你可以省下二十五美元的失业救济金——一个月的话就是一百美元。我认为这是个很实用的想法，因为在旧金山，你只是把钱白白浪费在大城市的房租上。然后，当你准备再向东走时，我要再一次通过西海岸（马萨特兰等地）向南去墨西哥城，租一间小木屋。离开你后，我去墨西哥旅游会带着最低金额的旅行支票，就像我现在来见你也是带了最少的现金，然后像往常一样从"血库"里拿二十五美元买喜欢的酒和炒面。还有，我可能会在旧金山附近做兼职，我很想再回铁路上的行李室干活（每晚十五美元）。

我现在来回答你最近提的问题。

一、考利说他要《垮掉的一代之路》是因为他和基思·詹尼森想"再试一次"——我告诉他们，我为一九五三年的愚蠢行为道歉，基思拍拍我的背。斯特林·洛德觉得他们可能会出我的书，但我还是和以前一样悲观，尤其是因为我来纽约时特别要求他们每月给我二十五美元租墨西哥小木屋写新小说。考利误解了，他忽视了我真正的需求和糟糕的处境，含糊其词地表示，有朝一日他会为我从美国艺术与文学学院赢得二百五十美元的奖金，还把我的几篇小说寄给了《巴黎评论》。

二、《城城城》是我对未来城市的大型科幻预演，非常狂野，我给比尔寄了份稿子，等见到你时再跟你细说。它很嬉普士，特别像嗑了药后迷迷糊糊时写的，尽管很邪恶，但和巴勒斯的风格相去

一九五五　　405

甚远。不过我嗑了药后可以一直写出这样的东西，我是在看麦卡锡听证会时写的，所以它有非常狂野的嬉普士的政治意味。戴夫·伯内特一拿到这个故事就表示他很喜欢，只做了些语法上的改动，但还没付给我五十美元。一部卡夫卡式的恐怖小说。

三、我见了达斯迪，告诉她彼得要来，跟格雷戈里则说"艾伦的新天使"要来了。我欠达斯迪一美元——周一寄给她，顺便说一句，她现在住在莫顿街三十八号，卡默勒以前是不是住在那儿？

四、我把整本《裸体午餐》寄给了考利，标题就用的"裸体午餐"，我告诉他我们是怎么想出来这个标题的。我是把它作为全本小说而不是分成三部分寄过去的，因为它是一本小说，一个大的幻象……《瘾君子》那部分将读者引向更复杂的《酷儿》和《死藤水》。

五、柯索的名气来自我寄给你的诗集，替我收好。题词写得很漂亮。此外，他还写了个剧本，本来想叫它《垮掉的一代》，后来看到我在《新世界写作》上的文章，就又把它改成了《这个受挫的年代》。那是一部独幕剧，在哈佛制作，大获成功，有大量相关报道，比如一位《世界电讯报》的专栏作家就写了篇头条，标题是"格雷戈里给我们带来我们不喜欢的诗"云云，内容全是关于这位专栏作家如何发现格雷戈里在格林威治村的地下室里写作之类的。格雷戈里在波士顿上流社会很受欢迎。哈佛的人，无论男女，都很喜欢他。我们把他的诗收集起来寄给了伯内特，其中一首是杰克·凯鲁亚克写的，我告诉过你吗？

六、不要在伯克利学习希腊语和韵律学，远离庞德，庞德是个无知的诗人。要我告诉你多少次，未来属于东方，属于佛教。希腊语和诗歌文体都是小孩子的游戏，即使是尼尔（没受过大学教育）也知道这一点。在伯克利要学习梵语，翻译以前从未翻译过的重要佛经，并以佛教为基本写诗。希腊人是一群无知的混蛋，任何傻瓜都清楚地知道这一点。比希腊语更好，甚至比佛教更伟大、更深邃的是原始非洲，那里的老人在临死前会坐下来，一直自省，直到死为止，他们把圆寂称作面壁——

如果你需要我来召唤，
我会在最后一面墙边上等待。

远离庞德……我研究过他，他故作希腊人，还老爱用他那古怪的希腊式表达。他和霍普金斯都因为试图展示自己有多异想天开而受苦，叶芝也是如此……至于诗人，我喜欢狄金森和布莱克……即便如此，他们也是无知的，因为他们根本不知道，在不受干扰的光的万千无限的方向中，一切都是空的。求你了，艾伦，醒醒吧……如果有那么一刻你因为执着于佛教而怀疑它，那我真不知该说什么，我只是不明白，我真的觉得你很聪明，比尔也是——尼尔留心的则是他的凯西，毕竟他们离得很近，凯西是"神我"[1]的信奉者，但除此之外，他几乎就是纯粹的佛教徒。以后我再向你解释凯西的情况。并不是说我很聪明，只是当我停止思考时，光明才被赐予我。我承认，看到人们接受而不是理解教义时，我非常不耐烦……无知的习惯-能量会随年龄增长越来越根深蒂固，就像树一样。

七、没有［威·卡·］威廉斯的消息——至少写信问问他是否读到了些什么，因为如果是他太太把那些污言秽语大声读出来，一定行不通。（老泼妇们。）她们竟然嫁给了天才小说家和诗人，我永远都弄不懂那是怎么回事。

八、艾琳［·李］的地址没变，我想还是天堂镇东十一街五〇一号。

九、吕西安没看你那首写琼［·巴勒斯］的梦的诗，我把它

一九五五

落在这儿了,但是后来在你的信里读到的,那时候你叫他"醉鬼和金色少年",而不单是"金色少年",反正他读的时候我不在场,所以无可奉告——总体来说,我觉得吕西安是爱你的,他把你当成慈善的圣人……不要太在意他的想法,老牧师莫纳奇奥比你更了解他,他的判断是:"你没有意识到吕西安是个相对简单的人,他努力享受生活——比你或金斯堡简单得多。"于是我开始认真观察吕西安,发现托尼说得太对了。比如,吕西安花了一整晚时间向我描述他如何在战斗中打败别人,即便我告诉他我对谁输谁赢不感兴趣——他只是个普通人……托尼说他只是个普通的孩子。

十、希望我能见到那位女种植园主,我想尝试在恰帕斯过冬,夏天我可受不了。

原来我喜欢的所有作家(狄金森,布莱克,梭罗)最终都在隐居的小屋里结束了生命……艾米莉在她的小茅屋里,布莱克则和妻子在自己的小茅屋,梭罗在他的小木屋里。我想我最终也要在这样的地方了结一生……虽然我还不知道在哪儿。这取决于我有多少钱。即使我拥有世上所有财富,我还是宁愿要一间简陋的小屋。我希望是墨西哥的小屋。阿尔·萨布莱特曾说过,我想要的是洛厄尔的一间茅草屋,这话经他的嘴说出真是荒唐。不管怎么说,我本来是要直接去墨西哥的,但既然尤金给我寄了二十五美元,我就有钱去旧金山了,就这么办。我期待和你聊聊。还有炒面和酒。还有散步。尼尔。也许还有大麻。我想在奇滕登山口的河床上过一周。还想在圣巴巴拉海峡的海岸上呆一周。我还想参观圣巴巴拉的佛寺,在拉斯恩西纳路六十号。我也可以在文波斯特附近萨利纳斯河的早期河床上试试比丘,那是个异常荒凉的地方。我只想找个地方,那儿能让我整天坐着发呆,一动不动,不受任何人和事的打扰。我知道秘密就藏在印度古老而神秘的瑜伽里,更不用说禅了,任何像你这样不修禅的人都在黑暗中游荡。心灵有其内在的光辉，但只有当你停止思考，让身体消失时，它才会显露出来。你在光中保持这种停止的姿势越久，"一切"（即"无"）得到的就越多，金刚之音般的"嘘"声就变得越响，几乎令人恐惧——那种能把世界当作玻璃一样洞穿的超验感觉就更清晰。你所有的感觉都被净化了，你的心灵回到它原始的、未出生的、太初的完美状态。你不记得出生前的事了吗？

像我现在这样，每天读《金刚经》，周日读布施慈善章，周一读持戒善，周二读忍辱波罗蜜，周三读毗离耶波罗蜜，周四读禅定，周五读般若智慧，周六读结论。

与这些最伟大的佛文经书一道生活，你将沉浸在真理中，即一切都是"一"，是无差别的清净，都是造物和现象，你从自我、其他自我、许多自我、唯一的自我，即"自我只被世间人视为个人财产"等荒谬的概念中解脱出来——那颗星星和这块石头并无区别。

考利、吉鲁、斯特林［·洛德］等人读了《佛说》，反应冷淡，但它是一本伟大的书。书出版后，读了的人一定不少会皈依佛教。哪怕商人无法理解，真心诚意的读者也一定会喜欢上它的。我的意思是，我已经读了超过三遍，它绝对有神奇的启示力量，它是真正的光之湖。真希望我有多余的副本能给你。（据说）现在在纽约的哲学图书馆可以借到，他们可是出版铃木作品的人。我很想知道它的命运如何。我真的觉得很有意思，考利、吉鲁和世界各地的人都是那么幼稚无知，我以前觉得这只是一场梦，他们会比我晚一点醒来，而我猜这也许算不上更糟，但现在我却不寒而栗。我姐姐很生我的气，说我以为自己是上帝，我说："怎么你嫉妒了？"哦，这是个多么可怕的家庭，我的家庭……又要离开了……每个人都对一大早的禅和冥想怀恨在心，他们努力工作，向我展示他们有多忙，他们四处走动、焦躁不安、自鸣得意、气势汹汹，叫我干这干那。哦，如果不是"无"（即法语里的"虚无"）的智慧让我冷静下来，我会更生气，甚至有更多的理由比一九五二年时更生气，那时我生所有人的气，甚至连你也不例外……但我明白了，这是个梦，一个不愉快的梦。

至于女人，什么样的男人会为了一道口子出卖自己的灵魂？一道名副其实的大口子——两腿之间一道看起来简直是要人命的狭长口子。

真的，亲爱的，现在我一看到女人，一想起那道口子我就觉得恶心。至于男人的性器，可以把它们埋在棉花地里，让它们长出光屁股来，我才不管呢。尽管如此，只要喝上一口酒，我就什么都愿意。但我真的厌倦了西方世界，我想知道如果我在锡兰、缅甸或日本（是的，东京，就是那个地方）的话会怎样。你读过《慈悲的佛》吗？那是一本口袋书，埃·亚·伯特编的，里面第一百九十四页的一篇经文很棒，它的作者是个叫希云的中国人。"因为世人的领悟力被他们自己的视觉、听觉、触觉和知识所掩盖，他们无法感知原始物质的精神光辉。"我想你知道这是什么意思，对吧？

意思是说，有一个本质存在，例如每一滴雨都包含着无限的宇宙存在，其本质是无垠的光。木头的本质与空气的本质相同……一个氢原子以一种方式排列，另一个以另一种方式排列……两者本质上都是空的。

> 在万千方向中进进出出的物质转瞬即逝
> 在万千方向中进进出出的空间转瞬即逝
> 思想转瞬即逝……
> 蚂蚁注意不到我们，蚂蚁的蚂蚁注意不到蚂蚁，蚂

蚁的蚂蚁的蚂蚁注意不到蚂蚁的蚂蚁

你是不是太"老"、太"有教养"了而无法专注于此？

你不再记得童年的忧虑了吗？

什么，某个维也纳淫棍跟你说过什么"成熟"吗？

跟我说说这个维也纳淫棍吧，在他身体的无数原子里难道没有无限宇宙的无限方向吗？

难道整个三千世界不存在一个无限宇宙的无限方向向外延伸到宇宙空间的无数原子吗？

这个成熟的维也纳人是不是太有教养了，考虑不了这些事？没有时间面对现实？现实是意象？外表？顿悟？枝丫？神奇的排泄物？爱虚无的疯布莱克？

现实是人格？

现实是骷髅？

本质中别无他有
唯有本质——
本质不受扰乱。

贪吃山羊因为
大白天嗑药
疼得嗡嗡作响。

另外：我还想研究下华盛顿街新杏香饭店南边的佛庙。有天晚上，我和阿尔·萨布莱特喝得烂醉。我们进去坐下来祈祷。有一篇祷文我能完整地背诵、吟唱。

我在街上遇到了何塞·加西亚·维拉，他和他的大宝贝情人在一起,我想在白马酒吧时我让他们俩都皈依了,我的意思是他们喜欢彼此,都性情忧郁。何塞说他最喜欢霍普金斯,不喜欢格雷戈里。没有人喜欢格雷戈里。比如,海伦·帕克就曾放下他的书说道:"好吧,这种水平没什么好担心的。"

我和海伦一起在公寓住了几天。她过得很好。

然后我遇到了老宾格尔·弗兰克尔。他说,[艾伦·]安森无论在哪儿都让人担心,非洲、北方、意大利或其他地方都找不到他,圣诞节后就没他的消息了,弗兰克尔认为他已经死了,还说你也会英年早逝。他很沮丧,低着头坐在酒吧里。他终于不再关注我了。

我对着他号啕大哭了一整夜。我本来想用磁带录下来我是怎么跟他解释佛教的高深、神秘和诗意的,他很喜欢听这些,在酒吧听的过程中不断大声喝彩,但到了第二天,他就不再关注我了。里维埃拉酒吧里的情形就是这样。我真的很期待去旧金山,我想每晚都听着帕特·亨利入眠,你别生气,艾伦。我希望有大麻、有酒,欣赏最新的音乐,毕竟我是美国初露头角的爵士乐评论专家,不是吗?我也很期待见到那几个常见的旧金山大人物,比如佛教徒伦纳德·霍尔、克里斯·麦克莱恩、疯狂的扭曲的诗人们、埃德·罗伯茨、查尔斯·缪以及所有爵士乐爱好者,和他们一起在街头唱爵士……是的,我也想和希拉[·威廉斯]上床,和其他所有人上床,为什么不呢?我需要的只是一杯酒……我要喝到永远。永远喝下去,你就永远不会死;一直追着狗跑,它就永远不会咬你;永远在想喝之前去喝,你就永远不想喝。阿耳戈斯有一百只眼睛,酒保也应该有一百只手(像布里阿柔斯[2]一样),可以不知疲倦地为我们斟酒。我在饮酒行业的学徒期已经结束,可以自由地喝酒了。来吧,我的好伙计,给我倒点酒,再给酒加冕,祈祷吧,像个红衣主教一样。你觉得苍蝇也能陶醉于此吗?我血脉中流淌的欲火比那叫石棉的石更难以浇灭。

长饮归空需无门。

江河无所获，万川归于我。

杰基仔（书）

1. Purusha，佛教用语，意为弥漫在宇宙中的自我。——译注
2. Briareus，希腊神话中的百手三巨人之一。——译注

艾伦·金斯堡〔无地址，加利福尼亚州旧金山市〕致杰克·凯鲁亚克〔无地址，北卡罗来纳州落基山〕

一九五五年七月十四日后

一九五五年七月疾驰而至

吵闹的杰克：

我可以学任何我想学的古老语言，不管是希腊语还是希拉语，如果有人知道怎么发音的话，我可能也会考虑学梵文，因为我喜欢梵文的声音，梵文的发音是不错，但谁知道这种语言还有人用吗？是的，我想没几个人知道。但我有时间学希腊语、中文、印第安-盖尔-拉丁语、巴利语、南非荷兰语，一门学十年，我还有五十年时间。我也可以在永世里学习梵文，也许我会学的，也许我真的会去学梵文（梵文穿透我的心灵），但我还没下定决心，我只是希望萦绕自己脑际的是另一个非拉丁语的声音：此外，现在我已学会了骑马、骑骡子、并绿汽车（每五小时比我的黑色小汽车慢一百二十英里，我值得表扬），也许我还能用这老朽的脑袋学学音乐，了解和声、八分音符、十六分音符，写我自己的歌剧，尤其是拜火教的弥撒曲，尤其是研究时间的物理声音——也许可以通过对巴赫的结构的理解。你该听听我那几张了不起的巴赫唱片，感受那绝对是最纯粹、最高尚而非理性的时刻，我甚至想过学习算术、数学，但要看清巴赫有意识的结构是愚蠢的，因为我认为它是砖头砌

成的茅厕。我之所以说了这么一大通,都是因为最近写诗时遇到了一些曾经听过但不清楚个中差别的诗歌格律,出于兴趣研究了一下,但并非为了市场调研。我借了几篇学者的论文,还仔细回顾了从乔叟开始直到凯鲁亚克的整个他妈的英语韵律发展史,无论如何坚持了下来。与此同时,我还在写一本一九五二年到一九五五年的诗集,新近完成了其中的一半五十页,还有五十页要写,我会和现在一样一直写下去。以每天伏案十小时告终。等你来了,你可以指导我,为修正的内容责罚我。我读了柯索的原创诗集,发现他的语言想象力很好,诗写得很美,我真是忽视了自己所意识到的。这是两天前的一个想法。我试图从石之音中捕捉预言之石,于是我把我手头的诗降至绝对字面那一层,以威廉斯的《空镜子》开始,这样的话就能听到字面上的声音,声音诉说着字面上的内容,关于真实世界的内容,就像这样:我面前这棵树摇晃着,鸟儿同时啼哭着,并非树上的小鸟受了惊吓,因而我——我的自我无话可说,我只是想从变成一只眼睛开始,沉浸在声音里,然后那只眼睛会开始说话。无论如何,要将诗歌简化为没有图像或音乐的独白(这是我三年前一首长诗的标题),然后,当诗只剩下最赤裸裸的字面事实时,再加上音乐,我现在就是这么做的(或者我打算通过研究别的语言的发音来做到这一点,然后再加上音乐和韵律),然后加上更多迷幻的合成的力不从心,如丹佛、达喀尔、神圣的阴霾等等。柯索的诗里不仅有让文字吟唱的天赋、令人惊叹的细腻情感,还有一种未成形的神秘的紧张感,要是他不这么自我陶醉就好了。但我觉得他还是比霍兰德写得好,霍兰德现在已经是哈佛的教授了。霍兰德的缺点(福克纳《寓言》里所指代的地质学意义上的缺点)不在于他是哈佛教授,而在于首先他不够圣洁——这让我想到出现在我梦里的一个巴勒斯式的句子,"我们把货物供给市场,但那群见利忘义、名副其实的基佬拒绝接受"。但即便如此,我还是去了伯克利，见了布莱克的研究者、伯克利的"特里林"——马克·肖勒教授，我只是把书稿往他桌上一放，说我想攻读韵律学的硕士学位，也许还想学点音乐和希腊语。他说这里没人这样做过，他不确定（事实上确实没有）这样做在英语系行不通，在英语系只能修英语，每学期不能超过三学分，除非选修不相关领域的课程（音乐、希腊语和佛教），也许可以试试比较文学系，但他们可能也不会允许。也许他读了一半我的书稿后会改变主意，但我对此深表怀疑，所以我就随便修点课程得了，不再管什么硕士学位，但是如有必要，我还是希望那些课程能对我将来在温斯堡或剑桥谋份教职有所助益，教职可比市场调研的行当好多了。从另一个角度来看，如果我真成了大学讲师，只要坚持五个月到一年，我想我最终可能会获得研究员的职位，或者承担一些简单的教学任务，可以靠比如说每年一千五百美元的薪水生活多年，也可以申请富布莱特项目去趟欧洲，或者去近东学梵文。无论怎样，我也许都会学习中文，但这些都是一时的幻想，事实上，到十月或十一月我那微薄的失业救济金就要见底了，到那时我就只能抢劫了。我唯一不想再做的，就是像今年这样在办公室里工作，完全是浪费时间，不过如果我不坐办公室——我确定我以前从没坐过——我就会像尼尔或吕西安那样去过另一种人生。既然你在这里，我就不寄诗歌样本了，除了这一段节奏：

> 长秆上的绿叶头
> 上下翻转
> 在危险的黄风中，
>
> 新生的知更鸟鸣叫
> 在旋转树顶的巢中。

一九五五

[……]

除此之外，如今我已看不到幻象。我等待你的到来，到那时我就放弃反抗。

我见到了菲利普·拉曼蒂亚，一晚上花了六个小时和他在科尔尼夜市的一家餐厅里聊天，那是在我结束雷克斯罗斯家的聚会之后。菲利普告诉我，他如何在墨西哥和虔诚的印第安人相处，遇见神父，看见幻象，受到启发，现在成了天主教徒，戒了佩奥特掌，戒了酒，在"保存自己的精子"（他娶了一个叫戈高的女孩），把《圣经》推到"俗人"门前。他认为他现在又回到了基督和马利亚的怀抱，只是地位卑微，已经从疯狂和罪恶中被拯救出来，期望与源头有更多的直接接触。基督"穿越"了时间。他讲了一整夜（看上去像詹姆斯·梅森严肃的时候，手指因紧张而颤抖，但声音平静，微笑时像洪克那般笑容迷人），让我一直纠结于我幻象的事。无论如何他真的皈依了，他会读教会神父的作品。他很博学，一谈起神学就兴奋，像以前的皮平一样，德金以前也是这样，但他（拉曼蒂亚）看见过幻象（从十四岁以后，他吃了佩奥特掌就能见到怪物的真正幻象），现在这最后一个幻象抹杀了之前的一切幻象：当时他正读着穆罕默德，竟飘浮到自己的身体之上，极乐之界里一个天使出现了，告诉他必须回去，他哭着说"不，这里有天赐的恩福"，但天使示意他下来，说他终于见到了真正的光明，然后他哭着醒来，"冲到大街上仰望天空，看到地球也沐浴在（'X'的）光照下"，这种光照持续了大约十五分钟。他是这里唯一拥有真正疯狂心灵的人，我也觉得他有点疯狂，又是保存自己的精子，又是谈论圣母马利亚的神学，还把自己的幻象理智化。他懂一点佛学。你也应该和他谈谈，除非他也是个心胸狭窄的天主教徒，但作为一个老天主教徒，你可能会有兴趣见识一下我个人遇到的最有趣的神秘天主教徒，他把天主教变得像佩奥特掌一样有趣,我的意思是,他是个嬉普士天主教徒,门徒们"看到基督复活时都失控了",这可不是夜店级别的嬉普士聊天内容。

彼得[·奥洛夫斯基]现在在纽约闲逛,从上一封信开始家里就见不到任何人了。他八月末或九月初会过来。

[……]

爱爱爱爱不完的,
艾伦

杰克·凯鲁亚克[墨西哥墨西哥城]致艾伦·金斯堡[加利福尼亚州旧金山市]

一九五五年八月七日
周日

墨西哥墨西哥城
奥里萨巴街二一二号
亲爱的艾伦:

我和比尔·加弗一起来的——我一路搭便车向西,穿越了可怕的得克萨斯,然后南下来找点乐子。但我还在去旧金山的路上,九月份到。我主要是想给腿进行全面的青霉素治疗,那里有全美最便宜的医生。随着我年龄渐长,我的腿变得更加顽固。比尔·加弗和我找到了比尔[·巴勒斯]的老朋友们,比尔·加弗是个异性恋。除了偶尔喝喝酒之外,我对任何事情都提不起兴趣,第一天就因为腹泻倒下了。我感觉没有目标,人生苦短,莫名地悲伤,不知自己要去哪儿或者为何而去。真希望我现在在旧金山,但路途太遥远了。大概一个月后,我要搭墨西哥南太平洋铁路的列车到诺加利斯去,票价十美元——比尔[·巴勒斯]陪我到库利亚坎为止,不错吧。我现在睡在比尔家的地板上。明天我去租个土砖屋塔房。从现在起，我想要的人生规划，就是慈悲、自足的独处生活——比丘在西方很难做到。我只能实现某种美国式的比丘生活，因为到目前为止，我所做的就是吸引人们的注意。也许圣诞节我们可以一起去纽约。我妈妈可能也会在那儿。我得了痢疾，给我写封信。比尔向你致以最热烈的问候。

比尔［·巴勒斯］的留言："一个月前我给你写了封信，我以为你要回信的。"另："看在上帝的分上，不要跟奥洛夫斯基和希拉在加利福尼亚混日子了，那是美国最糟的一个州。向他问好。"

  他躺在床上读《时代周刊》——
  老戴夫一年前去世——
  比尔书中的老艾克。他有
  最美的妻子——哇——
  一个多美的印第安人，一个
  多崇高的女祭司长，比莉·哈乐黛
  大街小巷都称她为萨拉戈萨——
  像热内笔下主人公的名字——
  我爱了她
  一下午——

  我见过大麻小姐
  跟她断绝了关系，我同意
  你的看法，她是个累赘——

  别生我的气，
  我一个月后就到——
  写下你的计划——

向有连续性的老尼尔问好——

有意识的持续的慈悲胸怀和无论以什么方式达到的平常的自足，我的意思是，简简单单的快感（安静的），除此之外我们还需要什么呢？我冥想、戒欲、祷告、吃饭、睡觉、手淫、踱步，直到消磨完此刻的时光。

杰

艾伦·金斯堡［加利福尼亚州旧金山市］致杰克·凯鲁亚克［墨西哥墨西哥城］

一九五五年八月十五日前

亲爱的杰克：

我几天前收到了你的信，然后彼得·奥洛夫斯基带着他十五岁的小弟弟突然来了旧金山，那孩子没事总往厕所跑，这样反倒大家都自在。

画家罗伯特·拉维涅在马萨特兰附近，我一知道他的地址就告诉你，你到他那儿时可以睡在他家地板上，也可以在他那儿吃饭。

如果你痢疾还没好，有种叫消虫痢的棕色药丸很有效，如果一直不好，你就多吃抗生素，会有好处——我记得叫土霉素。

随信附卜我在写一首诗初稿时胡乱记的笔记，这是我写的最贴近你风格的东西。我的书已经写了五十页，我想还需要再写五十页。夏天结束前是完不成了。我要去伯克利，除非你说服我有能给我提供更多机会的地方。我找了个便宜的房子（每月三十五美元），只有一间房，是间莎士比亚笔下亚登森林里的小茅屋，棕色的木瓦屋顶，开满鲜花，有一个漂亮的大花园，很隐蔽，还有颗杏树，很安静，房间带厨房和浴室，能透过阳光的窗户，靠近沙特克大道（有"关键系统"[1]的电车站），离学校六个街区远，是个完美的退隐之地，我就想要安静，因为我比以前更专注于写作。我可能要去慈善医院工作，我得养活自己，硕士的学习也开始了，古英语是必修课，没有要求必修的就不修了。所以我会独自在那儿生活，欢迎你过来住上一两年、一个月，随便多长时间都行，我会给你准备吃的，我吃得不错，虽然钱不多，但足够在旧金山生活，我们能搞定。我在蒙哥马利街一〇一〇号再呆三周或者三周多，然后九月五号左右搬到海湾对岸。如果你想在城里转悠，尼尔会在城里给你安排住处。我最初邀请你过来就是住在这边，现在还是一样，只不过这间带花园的小屋看起来更像莎士比亚式的比丘隐居处，这样更好。

这里的一个画廊请我安排今年秋天的诗歌朗诵活动［也就是著名的"六画廊诗歌朗诵会"］，也许有一晚你、我和尼尔要去参加活动；我们还可以在伯克利的KPFA广播电台录制和播放我们想要的任何内容。

我一直在和伯克利的大教授们见面，但我是无名小卒，一无所有，没法给任何人留下深刻印象，所以我必须学习一年，等我能从学校拿到钱，然后一直读到博士，再通过富布莱特项目去亚洲、哈佛或者任何我想去的地方。我想我现在必须走这条路，不然就花光身上的钱，再随便找个地方工作，也不管将来"钱途"如何。你觉得呢？

比尔来信了，他想让我去南美的双性恋部落，但我怎么能去呢？我没钱啊。

你快来陪我，这儿连个说话的人都没有。我还在读《楞严经》，读超现实主义诗歌和洛尔迦，还在翻译拉丁文的卡图卢斯。

我要去见［凯伦娜·］希尔兹那个墨西哥女人，告诉她你会把地址留在美国大使馆，她可能一两周后会经过墨西哥城。

我在想，你能不能通过墨西哥的药房订购德尔塔制药公司的麦司卡林，再把药带给我？我会给你寄支票的，知道了吗？德尔塔制药公司在纽约西六十街二十三号，一小瓶七美元。

我会尽快再给你写信。你也写信，一定要来啊。

另：什么？比尔·加弗的消息？过去这两个月我没有收到他一封信。我经常和巴勒斯有信件来往。我在这儿试过一些"爱吃"[2]，但太贵了，真讨厌。来的时候带上可待因好吗？向加弗问好。

琼·伯勒斯死亡的目击者埃德·伍兹现在在城里的广场酒吧（北滩的主打酒吧）当服务员。凯尔斯［·埃尔文斯］的朋友桑迪·雅各布森也在前面提到的KPFA电台工作。［克里斯·］麦克莱恩是前面提到的酒吧的厨师兼服务员。

我还想学钢琴，学基本的乐理知识，写布鲁斯诗歌。

自从彼得离开后，我一直在写，写了很多，今年的独处对我有好处，尽管我也因此而抑郁疯狂。我受不了这种生活。

别生我的气，你想什么时候来就什么时候来，不要只是为了尤金的二十五美元而来，无论如何都要来，越快越好，在这间莎士比亚式的房子里过上平静日子。

我正努力引导十五岁的［拉夫卡迪奥·］奥洛夫斯基如何度过一生，比如结婚、生一个发育过快的问题孩子等等，真是太疯狂刺激了，这就是现实生活的悲哀。他们会在城里租一套公寓，而我会搬去伯克利，远离这一切。

翻译洛特雷阿蒙的盖伊·沃纳姆住在街对面带家具的房间里，他来我这边，给我翻译热内——热内的诗，在我这儿喝喝茶，他会像比尔那样颤抖，尽管失落又不失威严，长得也有点像比尔，但没有比尔那种天才魅力。

我还不错，事实上有点开心。

一九五五

我们还有一辆车，可以懒洋洋地躺在里面。

爱你的，
金斯堡

1. Key System，1903年至1960年服务于美国西海岸线的私营公共交通系统。——译注
2. aich，意指H，海洛因的俚语。——译注

杰克·凯鲁亚克［墨西哥墨西哥城］致艾伦·金斯堡［加利福尼亚州旧金山市］

一九五五年八月（不是四月）十九日

墨西哥城

奥里萨巴街二一二号

由威·加弗转交

亲爱的艾伦：

你看到艾伦·哈林顿八月二十二日在《时代周刊》上发表的评论了吗？克诺夫出版社推出了他的长篇小说，记得吗？他似乎妥协了，把标题从《美国喜剧》改为《莫德斯托博士的启示》……《时代周刊》和《新闻周刊》取笑它，就像取笑所有当代文学作品一样，就好像如果是当代作品，便可以肆意取笑而无伤大雅一样。

与此同时，合众社的天才们不遗余力地把它变得更纯洁。吕西安写信说："我本来打算把你（留在他家里）的海员证卖给一个非洲偷渡者，但他说这些证没用。"哈德森写信说："你要走遍墨西哥那片古老而安静的土地吗？"

我自己则刚刚完成《墨西哥城布鲁斯》中一百五十首堪称杰作的诗歌，每一首的长度和风格都一样。在这世上活着太容易了，要死很难——

加弗向你问好。

我不想见那位墨西哥女种植园主——我不会离开比尔的住处。墨西哥人让我欲罢不能。罗伯特·拉维涅抽不抽大麻，还有其他各色毒品？（一定要告诉我。）

我九月十五日或十月一日到旧金山——你就在伯克利呆着，我去找你。彼得听起来像我在《镇与城》的续集里构思的人物彼得·马丁，他和他的所有兄弟都疯了。我敢肯定他是个圣人，从不会开玩笑——决不会拿他自己和他十五岁的弟弟开玩笑。

你那首献给卡尔·所罗门的《嚎叫》非常有力量，我不希望你再倒回去重新考量，对它进行二手的多次修正，从而武断地否定它。我只希望看到你的语言的自发性，别无他求，这不仅仅是对你，也是对格雷戈里·柯索的希望，我不会读那些梳理过的残缺的诗歌手稿。

把罗伯特·拉维涅的地址寄给我（我想在马萨特兰游几天泳），再寄一些自发的纯粹的诗，把《嚎叫》的原稿寄给我，我九月一日或十五日出发。

他妈的卡尔·所罗门。他就是个疯人院的偷窥狂。他人还行。代我向阿尔·萨布莱特和尼尔问好。告诉尼尔我还深爱着他，永远都爱他，他是我的好兄弟。

加弗是个很棒的人，巴勒斯误解他了，而且因为他在维也纳学过医学，所以听不进去他的话。加弗认识一个犹太推销商，在支付了初始费用后，骗走了他的精神分析师两万五千美元。所以别跟我说什么初始费用免除之类的屁话。

我会把你的诗再读一遍——我的建议是，写出来的第一句就是唯一的一句，其余都是时间疲惫的产物——诸如此类。

另：[……] 而且，我喜欢《嚎叫》里"眼前产生无限大的阴户幻觉"这句，还有"挥舞着生殖器和手稿"（这就像你那篇写彼得腋下夹着《启示》搭便车去得克萨斯的小说），我尤其喜欢"再次死在丹佛"(离开我垂死的丹佛)和"自我传达的真相的最后一次脑叶切除"。

是的,我同意你的观点,去加利福尼亚大学读个硕士或随便读点什么,这是个好主意,那种氛围很适合你,艾伦·金斯堡,不要害怕成为文学、佛教和东方艺术方面的学者型教授和像考利那样的诗人和批评家。六月时,我和考利走在村子里,迈耶·夏皮罗从我身边经过,他没认出我来,也许不记得我了,但他叫了句"马尔科姆·考利",而我在街上叫"迈耶·夏皮罗"——很奇怪的一幕。

[……]

我也爱你,
杰克

艾伦·金斯堡[加利福尼亚州旧金山市]致杰克·凯鲁亚克[墨西哥墨西哥城]

一九五五年八月二十五日

蒙哥马利街一〇一〇号

亲爱的杰克:

[……]

我寄给你的那几页《嚎叫》(这个标题名不错)[1]就是我第一时间写下来的。我把它们原封不动地抄下来寄给了你。没有什么预先打下的腹稿,我是一边构思一边把它打出来的,所以它才这么乱。我这边的所有副本都是整理过的加长版,而你手头那版就是你想要的。

我知道你说得完全正确,那是我第一次坐下来自发写作,它以你的方式倾泻而出,听上去像你写的,几乎就是对你的模仿。你在这方面已取得很大进展。我不知道如何写诗。我需要与世隔绝许多年，每天不断写作，才能写得与你一样多，并获得你那种对于形式的自由把握和理解。

[……]

我们吃了佩奥特掌后在市中心到处闲逛，彼得和我遇见了贝蒂·凯克、在市中心闪着红光的圣弗朗西斯酒店里见到冒烟的摩洛克大楼，楼上机器人的眼睛和骷髅脸又一次被烟熏。我在我和他内心看到了知识之下彼此的空虚。

夏皮罗认出你了吗？

问加弗是否可以订购麦司卡林，把德尔塔公司的地址给他，给我消息，我好订购。上个月加利福尼亚第一次有人因持有佩奥特掌而被捕。一个来自圣马特奥的小伙子，不知姓名，是个嬉普士，住在带家具的出租屋里。

记得从西海岸泛美高速公路乘坐非法入境劳工的廉价大巴（在瓜伊马斯、库利亚坎或埃莫西约打听看看）穿越沙漠到墨西卡利，这样就可以省去所有在美国的旅程。还可以乘从杜兰戈到马萨特兰的大巴，一路穿过马德雷斯山脉，那儿风景优美，大巴每隔十六小时发一趟车。我记得墨西卡利的大巴可以开上圣安娜的高速路。

我没钱，但如果你手头拮据，立即给我写信，我可以找尼尔或其他人，告诉他们把钱寄到哪儿。

伯恩·波特或者城市之光书店会给我出版一本诗集，可能也会给你出版，有待调查。我在南加利福尼亚的一份小杂志上发表了首小诗，被《纽约先驱论坛报》转载了，我父亲寄了份报纸给我，他们每周日转载。真奇怪。那首诗是对《尸衣陌客》的注解，很令人费解，真没想到。

一百五十首诗？！我辛苦了个把月也就拼凑了二十首废话连篇的小诗！到目前为止，加上《嚎叫》共有五十页。

一九五五

尼尔有了正规工作，不再是合同工，所以可以安排哪天或哪晚见面。

我说过你手头的《嚎叫》是原稿。

你写的布鲁斯诗歌很可爱。我给比尔写了信。他没死。你知道（窃笑）我在新版本中删除了"真相的脑叶切除"那句。以后再聊。

爱你的，
艾伦

1. 正是凯鲁亚克建议将诗的标题改为《嚎叫》更好，艾伦之前称它为《诗节》。

艾伦·金斯堡［加利福尼亚州旧金山市］致杰克·凯鲁亚克［墨西哥墨西哥城］

一九五五年八月三十日

蒙哥马利街一〇一〇号

亲爱的杏仁好家伙杰克[1]：

［……］

城市之光书店给当地诗人出版了诗歌小册子——小开本，共五十页，还分别再版了威·卡·威廉斯和卡明斯诗集各一册，明年还会出《嚎叫》（就用这个标题了），外加一本关于诗的广告宣传册——整整一本，就这些。

两天后我就搬去伯克利那间鲜花盛开的宁静小屋。如果你要长呆，就多寄一些《墨西哥城布鲁斯》给我。向加弗问好。旧金山的九月酷暑难耐，牛奶都酸了。

何种水泥与铝合金的斯芬克斯撬开了他们的脑壳将

脑浆和想象吃个精光？

摩洛克，摩洛克，孤独！丑陋！垃圾箱和得不到的美元！楼梯下尖叫的儿童！公园里哭泣的老人！

摩洛克！摩洛克！骷髅金库！幽灵银行！无眼的国会大厦！机器人公寓！花岗岩阳具和巨型炸弹！

幻象！预兆！幻觉！顺美国之河而下！

梦想！奇迹！狂喜！一整船敏感的胡言乱语！

爱你的，
艾伦

1. Almond Cracker Jack，美国一款爆米花零食品牌。——译注

杰克·凯鲁亚克［墨西哥墨西哥城］致艾伦·金斯堡［加利福尼亚州旧金山市］

一九五五年九月一日至六日

亲爱的艾伦：

（非常感谢你的救急钱——我真是要疯了。）

你拥有最温柔的心、最高的智慧。如果我能爬到你在伯克利的布莱克恐怖小屋（哈哈！），把面包屑从你骨头上扒拉下来，瓦拉！拉！是孩拉克！撕拉克！特拉克！沙克！臼克！痘痕——穿上罩衫——呃，要打的字还真多。

［……］

我有个好消息。考利先生帮我搞到了艺术与文学学院的战利品，足足两张支票，分两个月给我，每次一张五十美元的支票，我又把它换成旅行支票。我还把《墨西哥女孩》卖给了《巴黎评论》，卖了五十美元。马尔科姆［·考利］给我写了封热情洋溢的信，现

在他要给维京出版社出的《垮掉的一代之路》写序了。我嗑药嗑得快疯了。不知道自己在做什么，也不知道自己在哪儿。

我需要台打字机，需要你的友情。

[……]

九月二日，周五。我把大麻冲进马桶，准备好去拜访你。没有麦司卡林，上周有人因为携带麦司卡林在边境被捕——我也想去边境。我的腿又不行了，边嗑药边用青霉素不起效果。霍尔姆斯给我写了信。此外，铃木在纽约的出版商（斐洛图书馆）想出版我那本"写得很好的"佛教书，但他们要我先保证能卖出六百册。我可不认识六百个有三美元零五美分的人。我要把佛教书更名为《觉醒》。

周六。又抽上了大麻，真难戒掉。一周后出发，乘火车到圣安娜，再乘大巴到墨西卡利，再流浪到洛杉矶，再乘"大拉链"到旧金山。等我们在伯克利聊够了，我也做了点事，逛完旧金山，我就回阿卡普尔科的茅草屋过冬。没有打字机，也没有想象力，我为自己拙劣扭曲的字体道歉。

下午——现在我像吕西安一样喝威士忌，失去了自制力。我百无聊赖。加弗不跟我说话。真希望比尔·巴勒斯能来墨西哥享受往日的魅力。八月三十日我和加弗一起写了信给他，他还没回复。就他那副到处窥探、永远鬼鬼祟祟残害猫咪[1]的样子，如果他在瓦迪幸姆被柏柏尔人开膛破肚，那也是活该。我只能眼睁睁看着他被不置可否的冷漠游牧民打倒在地，看着他们若无其事地把他切开，就此度过整个单调乏味的下午……比尔说："什么？等等？在哪儿？"突然间他就进入了他的冒险传奇，面前是一把阿拉伯短柄斧。如果是这样，那就意味着我也要与我的冒险传奇、天堂里的羔羊见面了。九月十六日至二十三日见，不过现在你已经不再相信我了。

周五走——等不及要见你了。

[……]

乔柯里奥

1. 有一段时间,巴勒斯以折磨猫为乐,但晚年的他成了忠实的爱猫人士。

一九五六

编者按：一九五五年九月，凯鲁亚克来到金斯堡在伯克利的小屋门口。他等着艾伦回家，那时，艾伦正和加里·斯奈德见第一面，并为六画廊诗歌朗诵会做准备。杰克参加了十月七日的活动，但因为太害羞而没有朗诵。艾伦、加里·斯奈德、菲利普·拉曼蒂亚、菲利普·惠伦、迈克尔·麦克卢尔·里德和肯尼思·雷克斯罗斯轮番上阵。十月，加里和杰克去了周末露营旅行，这为《达摩流浪者》的写作打下基础。紧接着十一月，娜塔莉·杰克逊自杀身亡，而杰克本应替尼尔照看她的。两人都因为她的死而万分震惊，尼尔回到洛思加图斯与卡洛琳一起生活。十一月底，在与卡萨迪夫妇短暂会面后，凯鲁亚克急匆匆回到他母亲身边。他母亲和他姐姐、姐夫住在落基山城。在接下来的几个月里，杰克留在北卡罗来纳州写了几本书，其中包括《吉拉德的幻象》。

艾伦·金斯堡［加利福尼亚州旧金山市］致杰克·凯鲁亚克［北卡罗来纳州落基山］

一九五五年三月十日

［原文如此。应是一九五六年］

加利福尼亚州伯克利

米尔维亚街一六二四号

亲爱的杰克：

随信附上约翰·霍尔姆斯的来信。我也会给他写信。我之前提到的乔纳森·威廉斯[1]的信也附上了。我曾经给你看过一些笔记，是我在纽约写的，我要寄给他。我还想概述一下比尔的《裸体午餐》，并寄给他一些比尔日常写作的样稿。乔纳森·威廉斯的信就是这样。《黑山评论》的主编是查尔斯·奥尔森（是个诗人，我在伯克利的书店里给你看过他写的关于长有毛的桌子的诗)。罗伯特·邓肯现在也在北卡罗来纳州,在黑山[学院]教书,据说那里有一群狂热的嬉普士。我给威廉斯写信,告诉他你也在北卡罗来纳州,我还建议邓肯去找你,因为他读过《尼尔的幻象》。

威·卡·威廉斯好像要么没收到、要么没读过我寄给他的那篇随笔,也没读过我后来寄给他的那封附了《嚎叫》的信。他给城市之光书店写信说如果我把诗稿寄给他,他会写篇引言,但他没有直接写信给我。我又给他寄了一份《嚎叫》,稍后再问问他你的随笔怎么样。

考利当时在城里,我跟他简短说了几句,他已经不记得我了,然后我们就巴勒斯的事吵了起来。"离他远点,"他说,"据我所知,他杀了他妻子。"他提到了《在路上》,说出版还需要时间,他对诽谤的事很在意。显然,在这个问题上他们都过于膨胀了。考利这次很讨人厌。

吕西安写信说:"杰克在这儿呆了几天,似乎很愉快。我觉得他写的杰拉德的故事很精彩。很高兴看到你俩不再那么无知,那么迷惑。我也喜欢他在《巴黎评论》上的故事。"……"我最近被任命为夜班经理,我想就因为我是个白人穷鬼。"

奥洛夫斯基搬进了宽敞的现代化住宅,开心得很,他给拉夫卡迪奥吃了佩奥特掌,和他上了床。拉维涅在普拉斯酒吧和城市之光书店举办了大型自发性绘画展。我昨晚做了个很长的梦,梦见尼尔搬到帕特森,成了我的邻居。我在旧金山的灰狗巴士车站做行李搬运工,每天十三美元,还向军事海运勤务局和军事海运指挥部申请到船上工作,希望两个月内能谋得其中一职。

斯奈德和[洛克·]麦科克尔住在米尔谷,[菲利普·]惠伦每周过来吃几次晚饭,工作日期间我每周在城里彼得家呆上几晚。修订后的"摩洛克"部分现在有三页长——"摩洛克的乳房是架吃人的机器"，等等。

到时候见。

爱你的，
艾伦

1. 乔纳森·威廉斯是行话出版社的老板。

编者按：四月，凯鲁亚克回到旧金山湾区，和加里·斯奈德住在一起。斯奈德当时住在米尔谷的一间小木屋，正准备前往日本的一个佛寺。那年夏天，在斯奈德和惠伦的帮助下，杰克申请了一份在华盛顿州一座偏远山峰担任森林火灾观测员的工作，而艾伦则在商船队找到了一份在北极圈内为雷达基地补给的工作。

艾伦·金斯堡［加利福尼亚州旧金山市美国海军约瑟夫·弗·梅雷尔号］
致杰克·凯鲁亚克［加利福尼亚州米尔谷］

一九五六年五月末前后

加利福尼亚州旧金山港
美国海军约瑟夫·弗·梅雷尔号
TAKV-4舰队
文书军士艾伦·金斯堡

杰克：

随信附上二十块钱，其中十块是我欠你的，另外十块是因为我现在有钱了。如果你的北上之旅还需要更多，告诉我一声。

我收到了《嚎叫及其他诗歌》的校样，费林盖蒂要我再给他几首收录进去，所以我又给他寄了首《神圣!》，还有一首你没看过的四页诗，叫《灰狗》[1]。我六月四日离开十六街和第三造船厂六十四码头三A区，前往奥克兰军需补给基地，八号出发去夏威夷，然后到西雅图，然后去北极。我可能会在西雅图呆到六月底，周末休息，所以我会租一架直升机去荒凉峰找你。

有几封比尔·巴勒斯的来信留在伯克利，我还没读。我哥哥尤金生了个男孩叫艾伦·尤金·布鲁克斯。我不知道他原来这么爱我。

我想在离开前再见你一面，也许这周末我会去米尔谷。我把巴勒斯的"死藤水城"给了克里利。

《针头》杂志的人不打算印《地球铁路的十月》——那些穿佐特套装[2]的年轻意大利无政府主义支持者觉得这首诗无关政治无政府主义，他们付钱给他，让他印有无政府主义倾向的诗。他说他很抱歉。我在克里利的朗诵会上见过他。

我寄了几本《嚎叫》给托·斯·艾略特、［埃兹拉·］庞德、［威廉·］福克纳、［马克·］范·多伦、迈耶·夏皮罗、［理查·］艾伯哈特、［莱昂内尔·］特里林，打算把它们全寄出去。我想知道托·斯·艾略特会有什么回应。我给他们写信时也提到了你，每一封信都写得很有趣。我居然给托·斯·艾略特写了信。

我头疼，周五下午，我穿着皮夹克、卡其衬衫和裤子，带着钱、公文包和诗歌在旧金山附近闲逛，无所事事。我在唐人街公园旁的中国邮局停了下来。

你和尼尔怎么了——你只呆了两三天？

爱你的，
艾伦

---

1. 指金斯堡于1956年5月9日创作的诗歌《灰狗巴士的行李房》（*In the Baggage Room at Greyhound*）。——译注
2. Zoot suit，流行于20世纪40年代的男装，裤管宽大，上衣长而宽松，肩宽。——译注

艾伦·金斯堡［阿拉斯加州巴罗角美国海军中士杰克·詹·彭德尔顿号］
致杰克·凯鲁亚克［无地址，华盛顿州荒凉峰］

一九五六年八月十二日至十八日

亲爱的杰克：

［……］

所以我在阿拉斯加北岸已经来回兜转了一个月，现在在最北端的巴罗角。这里太阳从不落山，上周是仲夏时节，整晚透过云层都是白茫茫一片，很可怕，到了这周，神奇的是，每晚有几个小时，那个燃烧着的残酷太阳竟落在了地平线边缘，天气晴朗。水浪一直在移动，云一直在移动，小鸟跟云一样，而我则像一层不断变幻的透明薄雾，无论在哪里都变化多端。我晚上会在船头呆很长时间，经常跪着祈祷，但不知是向谁或什么祈祷。我想到你，想给你写信，却不知说什么，不知道你愿意听什么，我还是感到不自在。我想过给你写一封长长的忏悔信，写我的嫉妒、忧虑和爱，但阳光已照进我的眼睛，我又何必打扰你。我从惠伦那听说了，格雷戈里·柯索在旧金山，他给我写了封简短而疯狂的信，很犀利——

"……美国的呼喊令人尴尬……但诺瓦利斯[1]和瓦肯罗德[2]也是。克莱斯特[3]让亚马孙[4]在舞台上生吃了她的情人。德国诗人已死。读一读《嚎叫》，想想为什么兰波十九岁时就打败了我们所有人。你老了。我也老了。我们的呼喊声听起来更像是嘶哑的喘息声，而不是惊天动地的声音。还有爱。我们太老了，说不清爱是什么。我们很容易就称之为'笃信禅宗、爱争辩的小情郎'。如果你在三十岁前还没写过一首伟大的诗，那就放弃吧。我把这话告诉了［阿奇博尔德·］麦克利什，是他送我离开剑桥的。再见，格雷戈里·柯索。"

他还附了一个剧本，一流的艺术创作，名叫《出路》的疯狂剧本,和他那首写鸟的诗风格完全相同,人物的对话方式既诗意又嬉皮,同时极具美感。

[……]

还有巴勒斯和安森从威尼斯寄来的信,他们在"男孩们的天堂"寻欢作乐,奥登可能会在秋天加入他们。比尔离开了伦敦,不停地诅咒着伦敦和西摩·怀斯,他抱怨说西摩一直放他鸽子。

我终于遇到一片浮冰的海洋,在那里航行了两天。一块浮冰撞到船身,撞裂了扇形船尾,海水灌进一个房间,但一切问题都已处理妥当。之前有一天,我一整天都在看潜水员潜水。他们穿着太空服在水下游泳,我还乘着一艘小型登陆艇在巨大的船身下环绕巴罗角水域递送文件。工作很轻松,有很多时间休息。自从离开西雅图后我就没手淫过,所以上周我终于做了一大堆淫荡的白日梦和夜梦,它们像台风一样袭来,我开始为它们写一首长诗,最后梦结束了,我或多或少平静了下来,没有沉迷。梦都在心里。但消失了。

这里的工作已经完成(今天是八月十八日),我可能今天或明天离开这儿去旧金山。我周末休息,如果可以的话,我要把《圣经》读完。

城市之光书店给了我一本《嚎叫》,看起来还不错,但也有点马虎,还有几个排印错误,漏掉了我想加进去的那首写琼的梦的诗,加了一些我不感兴趣的。下次我会慢慢来,不急于出书。

我给格雷戈里写了信,让他留在旧金山,也许城市之光可以给他出本书。

这一趟工作之旅,再加上我母亲的钱[5](自八月底开始),到目前为止,我在纽约银行的账户上已经攒了八百五十美元。我要回旧金山。希望收到你的来信——你什么时候回来?如果可能的话,早点回来——做好早回的准备,你可以背包穿越新墨西哥大峡谷,再搭便车到芝加哥,你要买个睡袋,也许在墨西哥逗留一阵?不管怎样,如果航行计划不变,我两周后就能到旧金山。这边的邮寄服务是不定期的,我不知道这封信能否在我离开前成功寄到你那儿,还是等我到旧金山了仍滞留在船上。

如果没收到信,你独自一人在荒凉峰上一定会感到孤独不适。

我写了些日记、笔记、几首赞美诗,还有那首性爱长诗,到目前为止都是关于哈尔[·蔡斯]和尼尔的。

我也给哈尔写了信,给他寄了剪报,送上了你对他的同情。那是封短信,我说我可能会经过丹佛,如果他在,我就去找他。

离开旧金山前我还和[鲍勃·]梅里姆斯见了半小时面,他要去日本,于是我把加里[·斯奈德]的地址给了他。听惠伦说,玛莎·雷克斯罗斯[6]回到了旧金山。就像你所说的那样,惠伦是我们的支柱。

还有沃尔特·惠特曼的照片——我上个月刚看完一本他的长篇传记。注意到他眼神中的警惕了吗?它一点也不像他的诗。当我为了这趟旅程而放弃手淫时,我终于明白了——他在隐藏他的古怪、温柔、恐惧和羞愧。他看轻他自己,所以脸上才会出现那种空洞、警惕、目光低垂的表情。可怜的惠特曼,他在日记中写道:"无论他的爱情、友谊等是否得到回报,他的感情是完整的。"这就是为什么惠特曼从来没给自己拍过伟大、可爱而圣洁的照片的原因,他不乞求男孩的世界。传记不同凡响之处在于它完全开诚布公。

[……]

但在读了《圣经》、有了一番思考之后,我还是像往常一样,对未来要过怎样的圣洁生活愈发摸不着头脑。我想迟早都得从一贫如洗、放弃一切开始。等到我不用再照顾比尔了,如果真把他放

一九五六

下，从欧洲回来，要找个工作生活下去都很艰难，那时的我估计老得连和男孩乱搞的精力都没有了，所以我会被扔到大街上，举目无亲，完全不知道自己接下来要怎么办。走一步算一步吧。告诉我你现在在哪儿，九月又会去哪儿？

一如既往爱你的，
艾伦

1. Novalis（1772—1801），德国浪漫主义诗人、作家、哲学家。——译注
2. Wackenroder（1773—1798），德国法学家、作家，德国浪漫主义的发起人之一。——译注
3. Kleist（1777—1811），德国诗人、戏剧家、小说家。——译注
4. Amazon，希腊神话中相传曾居住在黑海边的女战士。——译注
5. 金斯堡的母亲内奥米意外地在遗嘱中给他留了一千美元。
6. 此处金斯堡用肯尼思·雷克斯罗斯的诗《孤独的玛莎》中的玛莎来指代雷克斯罗斯本人。

编者按：火灾观测员的工作结束后，凯鲁亚克只在旧金山呆了几天就去了墨西哥。那年晚些时候，金斯堡、柯索和奥洛夫斯基兄弟在墨西哥见到了他。

330 杰克·凯鲁亚克［墨西哥墨西哥城］致艾伦·金斯堡［加利福尼亚州旧金山市］

一九五六年九月二十六日

（向彼得问好）

亲爱的艾伦：

嗯，我到了——正（就着烛光）在（我的屋塔房里）写《世上的天使》那悲伤而严肃的第一章，我要写最近我们在旧金山的事，在我出版其他作品时，我还会坚持写个三四年，因为这本书会

很狂野、很个人化——写的全是你、我、彼得、格雷戈里、拉夫卡迪奥、尼尔等人的事，你们都是天使，长着没有用处的隐形翅膀——（我看到银色十字架的幻象。）

送我走时，尼尔手里拿着他那脏兮兮的大麻，因为我要搭货运车而焦虑不安，差点把我吓死（当有货运列车转弯，把大灯打在我身上时，他在客运车厢里低声说："别叫人看见！"）——否则我会唱着歌跳上货运列车的。事实上，你看，我就是那么干的，那又有什么关系呢？

艾伦，我想让你知道，我很抱歉之前不信任你，现在我完全信任你、爱你，甚至喜欢你，所以别担心——你是那种表面邪恶内心却纯粹善良的殉道者，活着就是为了殉道。我会到处跟这些流浪者说你是好心人——我知道你是好色之徒，但难道我们不是吗——即看似邪恶、别有用心的性爱追求者？我对女孩子也是这样。你告诉彼得，我刚刚花四十八美分睡了个十五岁的漂亮姑娘，她叫罗莎，我回头把彼得介绍给她——如果你来的话。你要来吗？我们去欧洲具体有什么计划？

我不喜欢墨西哥了，所以我想我会去欧洲，不过因为《生活》杂志[1]，应该还会在旧金山稍作停留，墨西哥的这些印第安人太没心没肺，埃斯佩兰萨因嗑药而变得暴怒，试图揍我和比尔。比尔自己也怒不可遏，尿在了我的床上，这个可怜虫（我很生气）——这头几天过得太糟了。

我们该怎么办？我迷失在这世界的夜晚。是的，我想去欧洲，但我们得小心丹吉尔人，阿拉伯人很快就会想杀死白人。我可能不会和你一起去什么见鬼的老鼠洞。我喜欢在巴黎的阁楼里吃面包奶酪，参观博物馆和大教堂，在路边的咖啡馆里喝咖啡。

我一直都没收到我妈的消息，我很担心。就好像我这一周、今天、今晚才来到这个充满仇恨的新世界。我什么都不懂。我跟尼尔说要爱格雷戈里,但他做不到。我给克里利写信道歉,我不该让邓肯把玫瑰插进屁眼。

告诉我具体的计划。尼尔想开车送你过去,这样子最好,我觉得尼尔需要休个假(别迷恋奥拉尔·罗伯茨了)。我要查一下从韦拉克鲁斯到法国的船票。对不起,我不是上帝——真希望我是上帝。如果我是上帝,我要让每个人都长出翅膀,让天堂出现——为什么要等待?这是什么鬼日子?

你的兄弟,
杰克

1. 《生活》杂志计划写一篇关于旧金山文艺复兴的文章。

艾伦·金斯堡〔加利福尼亚州旧金山市〕致杰克·凯鲁亚克〔墨西哥墨西哥城〕

一九五六年十月一日
加利福尼亚州旧金山市
特纳台地五号
亲爱的杰克:

寄诗或散文给格雷戈里,为新的一期《剑桥评论》做准备——他们要发表惠伦、斯奈德、我还有你的作品。

我这边的工作十一月一号结束,大概到二十三号之前我都会留在旧金山(应该不会再派我出海了),和格雷戈里一起读诗。接着我就去墨西哥。前提是我不乘火车把毒品运出去。

开始收到不切实际的帕金森[1]赞美《嚎叫》的长信和《纽约时报》的相关文字。你看过《纽约时报》九月二日登的那篇文章了吗——我记不清了?是的,我猜你一定看过。大概两周前你就走了。唉!我心里想的是,我厌倦了这一切,什么著名作家，不过是美梦一场，如同幻影一般。威·卡·威廉斯说他很喜欢这本书，还把它读给纽约的"年轻艺术家们"听，他们很兴奋，"很感兴趣"，于是他多买了五本送给年轻人看。真是太美好了。我想我真的感觉不错。那个让我感觉不错的"东西"在我生活中占据的比重越来越大。我会乐于重新建立跟巴勒斯的"有机联系"。

随信附上一封可爱的克里利王子的信。他写信给我，寄给我一些难以理解的短诗片段——反正我通常也看不懂。

我也许会和吉[2]、格雷戈里还有彼得一起开车过去，可能还有拉曼蒂亚？向加弗问好。告诉他我寄了一本签名本给他。

我和彼得没法溜进剧院看朱莉·哈里斯主演的戏剧《云雀》（她演圣女贞德），我们真是疯了，竟然给她留了张纸条，说我们无法越过门口的天使，可以安排我和彼得溜进去吗？于是她通过剧院经理给我们回了封信，送了我们戏票和一张价值一美元的节目单，并邀请我们在戏剧结束后去见她——彼得以后再跟你详述。

这周末吉（她个性敏感，身上有一大块萎缩畸形的红色区域，乳房干瘪怪异，看上去很可怕，所以她才那么自重、遁世、痛苦，与世人格格不入）会开车带我们去大瑟尔，也许我们会住在她家，周日早上去公共浴室拜访亨利·米勒，然后一起从自然景致中挖掘永恒。

也许要一个月后再见。格雷戈里写了首疯狂的监狱嚎叫的长诗。

艾伦

---

1. 托马斯·帕金森是加州大学伯克利分校的教授，也是《垮掉的一代专题汇编》的编辑，这是有关垮掉的一代的早期选集之一。

一九五六

2. 吉是杰米·德·安古洛的女儿。

艾伦·金斯堡［加利福尼亚州伯克利市］致杰克·凯鲁亚克［无地址，墨西哥墨西哥城］

一九五六年十月十日

米尔维亚街一六二四号

亲爱的杰基：

抱歉没有早点回信——我一直在四处奔波，在旧金山街头闲逛，等尼尔决定去做什么以及什么时候做。我刚回伯克利，要住几周再去墨西哥。

我、彼得、格雷戈里，可能还有大胡子休伯特和吉·德·安古洛，我们十一月一号都要去墨西哥城。彼得和我会带上格雷戈里。我会花一百块（为我哥哥）买他的唱片，所以无论如何他都有钱去。

发生了这么多事。首先是尼尔。他去做了视力测试，测试结果显示他是色盲，斯特兰奇医生——就是之前一直惹恼我的那位——拒绝让他通过。尽管他还在工作，但也许南太平洋铁路公司本周就会解雇他，不让他再做司闸员。不过依旧悬而未决，因为他还得去南太平洋的医院复查——他们不相信他是色盲。他不知道之后会发生什么。这周末我再跟你细谈。一个时期接近尾声，除非他被调去行李房或其他部门，否则他在南太平洋铁路公司的日子可能就结束了。他还说，也许他想就凯西离开之后自己的所思所想写点什么。他新交往了一个女孩子，很爱他，芝加哥人，叫贝特，不管敲诈勒索还是拉帮结派都是一把好手。她住在密逊街，圆圆的眼睛，刷着睫毛膏，穿着休闲裤，身材小巧玲珑，一副镇定自若的样子。她还是个瘾君子，帮派老大，和黑妞们鬼混，在街巷给牛仔吹箫，结过三次婚，今年二十八岁，车、孩子和老公在芝加哥，喜欢尼尔的身子，不希望尼尔让她替他卖身赚赌马用的钱。"宝贝儿，我不爱赌马，但如果你喜欢，那我想我也必须喜欢。"吉送给她一对耳环。彼得、格雷戈里、我和吉如今关系更铁了，所以我们没日没夜地呆在她家，格雷戈里还经常对她大呼小叫。她去医院做过手术，切除了子宫卵巢，不能再生孩子了——格雷戈里某天偶然发现她的乳房也切除了。真是个奇怪的女孩。出院时，她一心想死，没法一个人呆在家里，我们一直跑到北滩才找到她。当时她虚弱不堪，绕着路灯柱走得筋疲力尽，我们把她带回了家。她本来要开车送我们所有人去墨西哥城，但她术后身体太差，开不了那么远的路，加上她的车也可能会半路抛锚，所以她要么之后坐火车赶上我们，要么圣诞节时去纽约看我们。

尼尔说他不会去，既因为工作上的原因，还因为他对卡洛琳承诺过。但仍有一线希望。也许你可以写信再问问他。他必须找到一份新工作——但是什么也没发生，也许什么都不会发生——他指望南太平洋铁路有所行动，但也许他们根本不会采取任何行动。

格雷戈里写了一首伟大的诗，一首无比伟大的终极诗作《力量》。非常有趣——到目前为止诗长八页，每一句都意有所指，全诗仍未完成。两天前的一个晚上，他在吉的家中第一次（跟着磁带）大声朗读这首诗，休伯特、我、彼得、拉曼蒂亚、吉都在，我们都大受震撼——像《嚎叫》一样好，一样伟大。那周我在城里见了兰德尔·贾雷尔，他是美国国会图书馆的驻馆诗人，在威特-迪亚曼特家[1]时我得罪过他，主要是得罪了他太太，我当时喝醉酒，说了点蠢话。接下来好几晚都在帕金森伯克利的家为贾雷尔举办宴会，宴会很晚才结束，惠伦、格雷戈里、休伯特、彼得和我都在，还有特姆科，我们逼贾雷尔和我们一起坐在地板上，周围是一群沉默的教授。格雷戈里开始闲扯："你真的如雷克斯罗斯告诉

一九五六

我的那样是法西斯吗?"……真是无语……小格雷戈里……贾雷尔跟我们打成一片,差点忘了宴会——过了一会儿,他起身向教授们道晚安,格雷戈里正坐在沙发上,握着贾雷尔太太的手,迷人的女人,她去楼上上洗手间时,我给她背了首格雷戈里的诗……晚安……两天后威特-迪亚曼特打电话给格雷戈里,说贾雷尔夫妇想见他,带他出去吃饭……他去了,腋下夹着《力量》,他说自己是个素食主义者,所以只能吃鸡蛋和生菜,而他们则在一旁大口喝酒,大口吃螃蟹和龙虾,不一会儿他就牵着他们的手,从渔人码头蹦蹦跳跳地沿街而下……他们想收养他……贾雷尔在迪亚曼特家读过他的书,觉得很棒……如果他需要钱,可以写信问他们要。贾雷尔会给他写书评,不,比这更棒,他会给他的下一本书作序……他必须去华盛顿拜访他们、和他们住在一起……他是位伟大的诗人……如果他想去欧洲,贾雷尔会帮他从古根海姆获得一笔津贴……他可以去华盛顿,为国会图书馆录磁带。完整的作品。太疯狂了。所以现在格雷戈里完成了这首叫《力量》的伟大的诗,在费林盖蒂那儿出版,还得到贾雷尔的支持,金钱和名誉接踵而来。想象一下,只要几天工夫事情就成了。他还向贾雷尔推荐你的作品,他会看的。他不太喜欢《嚎叫》,唉,我想我真的惹他生气了,但没关系,我有威·卡［·威廉斯］,尽管无论如何我都想回到默默无闻的时候,但我也得替小格雷戈里打算。有人那么爱他,真是意外收获。他多么幸运,太幸运了。就连［迈克尔·］麦克卢尔也在邓肯朗诵(神秘的文学作品,我听不懂)时悄悄溜过来,问我在哪里可以联系到格雷戈里。啊,金钱啊,亲爱的,我还没有迷失方向。

  这个月剩下的时间我都和惠伦在一起,与世隔绝。我十月二十一号去旧金山,和格雷戈里参加同一个朗诵活动,我们俩一起,是在旧金山的最后一次朗诵会,那晚格雷戈里将以伟大的《力量》

揭开序幕，观众会发疯的。我也许会读首古怪的长诗，然后可能二十三号去洛杉矶看亲戚，也许和格雷戈里一起。彼得的工作到十一月一号结束，他会在洛杉矶与我们会合。然后我们一起去墨西哥城找你。暂时先这么计划着。所以你可以期待十月七号之前见到我们——奥里萨巴山二一〇号，不见不散。你四处看看，有没有地方可以让我们一起住上几周——哇，终于一起去墨西哥了！从韦拉克鲁斯来的船票多少钱？等一下，离开墨西哥后我也有计划——反正我要回东部一个月，去看望我父母和哥哥，见见吕西安、格林威治村的其他人等。我想去，也必须去。我会乘船从纽约出发，因为我知道花上个一百六十块甚至更少的钱就可以在那弄到一艘船。但我也很可能在外国船上找份合法工作，这样我和彼得就能省下车费，如果你愿意的话，你也可以这么做，不过车费只是无关紧要的小细节罢了。如果你不想四处逛逛，而是想直接从墨西哥出发，那就去问问韦拉克鲁斯或者其他地方过来的船票钱，钱我去搞定，你可以先我们一步去见比尔，或者带他去巴黎，或者做你想做的事。等我们到了那儿之后，再一起解决去墨西哥城的问题。

《扯我的雏菊》已经印好了，他们可能会寄给你十份，一系列晦涩的诗句，令人眼花缭乱……就如你口中的莎士比亚。

有你母亲的消息了吗？

是的，我们会小心丹吉尔人。我收到了比尔的来信，他还在戒毒，还在等待，他说希望至少明年一月能见到我们，他可以等，希望我们都来，他听起来心情不错。

无需再等待，今年圣诞节或者更早，我们都将乘船去往天堂。

所以……很高兴、开心你要去欧洲……我会提前分配好钱，这样就没有金钱上的麻烦和依赖，每个人都可以随心所欲、自由自在地玩乐……就目前来看，我敢肯定如果我钱分得少，那么大家必定玩得不尽兴。所以欧洲之旅没什么可担心的。格雷戈里还会给我们所有人争取到奖金啊津贴啊什么的。

彼得想和你的罗莎上床。最后我们还一起上了鲁思·韦斯,我上了她,而她则跪着给彼得吹箫,然后我们再换过来。一开始她很害羞,但过了一会儿,我们都放开了,醒来时大家都很满意。

所以你知道我的详细计划了……快回信,你在吗,我是说你还在那儿吗?很抱歉没早点直接写信给你,但我一直在旧金山闲逛,没什么日常计划,突然想回到小屋给你写信,然后就付诸行动了。

[……]

爱你的,
艾伦

1. 鲁思·威特-迪亚曼特是艺术赞助人,也是旧金山诗歌中心的创始人。

杰克·凯鲁亚克[墨西哥墨西哥城]致艾伦·金斯堡[加利福尼亚州旧金山市]

一九五六年十月十日

亲爱的艾伦:

一则文学新闻,格罗夫出版社将在今年冬天于首刊或《常青评论》(季刊)刊登《地下人》,每字一分钱,约有五万字,总计五百块——有钱去巴黎了。但斯特林·洛德很失望,因为唐·艾伦一开始不准备做精装本。我也很失望,因为唐·艾伦想把《萨克斯博士》和《吉拉德的幻象》合在一起,"做成一本好书",言下之意是《萨克斯博士》本身不是佳作。此外,《特丽丝苔莎》的第二部分和最后一部分也即将完成,加上去年写的少许,这将是一部悲伤的长篇小说。我不再写个不停，吃了安非他命后写得更好。我现在写作散漫、简洁、有趣得恰到好处，并且充满痛苦——没有藻饰——所以《特丽丝苔莎》藻饰的第一部分解决了花的问题。

那些墨西哥小偷偷走了我一整本新写的诗集，那些诗比《墨西哥城布鲁斯》写得还好。也许你、彼得、格雷戈里和克里利能帮我找回来？我们可以在兜里揣上棒球棒、刀子和石头。真令人失望，我不想再写诗了——唉。

《小姐》杂志的那些照片拍得怎么样？[1]

是沃尔特·莱尔曼还是谁给我拍了张照片，然后拿给《生活》杂志的摄影师看，这样我也能上《生活》杂志了。

我应该留在彼得家，而不是到这儿来，加弗太差劲了，我在这儿感觉很糟糕。唯一的好处是，我开始画画了。我将油漆和胶水混合，利用刷子和指尖一起作画，只要我愿意，几年后我就会成为一流的画家。也许那时候我可以卖画，再买架钢琴，还可以作曲，因为生活真是无趣啊。

杰克

---

1. 《小姐》杂志刊文介绍了垮掉的一代，文中配了几张照片，其中一张凯鲁亚克的照片因其脖子上挂的十字架而引发了一些争议。

编者按：按照计划，金斯堡和柯索在洛杉矶办完朗诵会之后，他们一群人会在墨西哥城重聚。墨西哥城的短暂停留之后，艾伦、杰克、彼得和拉夫卡迪奥开车返回美国，而柯索则等待飞往华盛顿特区的飞机，他计划在那里与兰德尔·贾雷尔同住一段时间。

杰克·凯鲁亚克［佛罗里达州奥兰多市］致艾伦·金斯堡［纽约州纽约市］

一九五六年十二月二十六日

佛罗里达州奥兰多市
耶茨大道一二一九号
亲爱的阿尔：

我非但没把欠你的六美元还你，还又向［斯特林·］洛德借了四十美元，这样我才有钱买回程票把书稿带回去，因为要过圣诞，我在这儿给大家买了火鸡、威士忌和礼物，祝大家圣诞快乐。另外，我也不知道那些护照照片跑哪儿去了，所以我得在一月八号左右申请护照，再过三周就是一月二十九号，那时离开船日期没几天了，我想我们应该可以搞定。

格雷戈里在华盛顿，他说要和我们乘同一条船……但他以为巴黎是个港口，所以当我告诉他我们要坐船去勒阿弗尔或马赛或直布罗陀时，他很生气，说他要自己坐船去巴黎，因为他不想坐累人的火车经由陆路到苏拉……

我们在华盛顿开了个舞会，我在兰德尔的客厅里写了首《华盛顿布鲁斯》，而他和格雷戈里则在外面跟某个心理医生扯个没完……贾雷尔就像大号的梅里姆斯，心地善良，并且确实非常体贴……我到的头一天晚上就和格雷戈里一起开始画油画，后来格雷戈里生气地说："住手，让我自己画，我知道怎么画。"他开始用各种颜色的大油彩管子砰砰地击打画布。第二天，一个超现实主义城市出现在我们眼前……第二天晚上，我拿起大油彩管子，画了一张硕大可怕的杰基尔医生的脸，以及一只超现实主义的猫……这是我送给贾雷尔的礼物，是他想要的……然后我给他美丽的女儿（继女）阿莱恩·加顿画了幅肖像……她有点喜欢我和格雷戈里。我们开着奔驰车四处兜风，买了十美元的圣诞树，参观了动物园、古董店等等。格雷戈里对我很恼火,因为他那该死的古董店让我感到厌烦……但我走后他感觉好多了。我喝光了家里所有的威士忌,离开时醉醺醺的,和华盛顿那些大个头的嬉普士冲进小巷,差点错过巴士,还差点弄丢背包,包里装着所有书稿、画稿和工具……但上帝保佑,又帮我找了回来。为了我去巴黎,兰德尔给了我一件巨大的毛领皮大衣、一件亮红色的毛衣和一顶亮眼的爵士帽,换下我那件巨大的长外套……但对这个世界来说,就连这件新外套也太沉重了……我不知道该怎么办。

在我的《伯克利布鲁斯》中,我发现了这句俳句,"鲜花/弯曲地瞄准/直接的死亡",我觉得这比"暴雨冲入大海"要好……你对此只字未提,是为了你那首"扭曲的花"[1]而将它偷偷贮藏并选择遗忘曾经在哪儿见过它。但你知道我是怎么想的,是我给了你《美国》,是《尼尔的幻象》所呈现的美国最终给了你灵感,你则实际上给了我《尼尔的幻象》一类的散文,这本小说不仅源自尼尔的信,而且源自你狂野、加速、疯狂、跳跃、"随你便"风格的来信,让信中一切如素描般一一呈现,让我摆脱了沃尔夫式的美国形式主义。所以我们相互学习,一起哭泣,但是我的上帝啊,太多人甚至是优秀作家写了太多,无用的文学之山正于现代世界拔地而起,无数时间的子宫里尚未出生的作家将到来并将这座山,这座纯粹用屎堆出来的山抬得更高,一直抬高到尼尔那假面剧般的星空,直到塞利纳便溺、拉伯雷发笑……在纽约,每个人都如此不可能地置身事内,像霍华德一样多样化、多倍速地阅读,不真正在意,不看也不听,一切不过是一个漫无边际的过度兴奋的溃疡。这就是为什么我不明白。我认为我的《达摩片语》超越了我的其他作品,因为它注意到了愚蠢的多样性和盲目肆虐的冗词赘语。

不管怎样,我给约翰·霍尔姆斯写了信,跟他说我们一月份去看他,所以你应该会收到他的来信。格雷戈里想和我们一起去

一九五六

［威廉·卡洛斯·］威廉斯家，所以也在等我，时间定在一月八号之后吧，这样我就可以和威廉姆斯见面了。我现在可以以贾雷尔的名义去申请奖金，你看看具体怎么操作。古根海姆的津贴太难申请了，如果你在紧张疯狂之余还有时间，就再看看别家怎么申请吧。

我离开后打算让我母亲也搬走，一切已安排妥当，去欧洲的钱也准备好了，除了路费……也就是说，你还打算资助我路费吗？否则我就去不了了，因为那些钱要用来给我妈搬家。等钱筹到，秋天我就还给你，现在你先借给我，从去年春天到现在我已经欠了你四十块，加上现在借你的路费，明年圣诞节我一共还你二百块。那时我母亲应该已经在长岛安置下来，每个月我能拿到她的社保支票。你看行吗？如果不行就跟我说。而且那些合同我还没签呢，可能会出问题。你放心，借我的钱一定会悉数奉还，贾雷尔说我会很有钱。我很快会再给你写信，写一封更长的，但同时你也要写给我啊。

杰克

1. 指金斯堡于1956年6月创作的《圣歌之三》。——译注

一九五七

编者按：二月中旬，凯鲁亚克乘船前往摩洛哥拜访巴勒斯，并帮助他整理《裸体午餐》的书稿。三月底，金斯堡和奥洛夫斯基紧随其后，在丹吉尔与杰克会面。柯索决定直接前往巴黎，他希望在那里与前女友霍普·萨维奇（他叫她苏拉）再续前缘，但她却想去印第安，格雷戈里到达这座城市后不久她就离开了。凯鲁亚克厌倦了摩洛哥的生活，从那里出发前往巴黎，却发现他不受格雷戈里或其他老朋友的欢迎。在伦敦短暂停留后，他回到母亲家。他一回到美国，就决定和母亲加布里埃尔搬到伯克利。

杰克·凯鲁亚克［纽约州纽约市］致艾伦·金斯堡和威廉·苏·巴勒斯
［无地址，摩洛哥丹吉尔］

一九五七年四月末五月初前后

由惠伦转交

亲爱的艾伦、比尔：

是的，书稿在巴黎的弗雷希特曼手里，很安全。我离开时他还没开始读。我正在纽约乔伊思［·格拉斯曼］的公寓里给你们写信，准备和我母亲一起搬出去（到加利福尼亚），现在就看尼尔同不同意，如果他不同意，我们就坐大巴去。我没坐过四等舱的班轮，只坐过三等舱的，那时我就像个偷渡者一样不得不到处觅食，要是没有野营锅的话，我就会饿死，睡觉也只能夹在士兵和阿拉伯人中间，睡在粗麻布床垫上，甚至连毯子都没有，还得拿着野营锅到厨房找厨子盛吃的，那个厨子脾气暴躁得很。我试图从普罗旺斯的艾克斯搭便车到北部，但没有成功，在欧洲搭便车不方便。不过我很喜欢塞尚画笔下的乡村，还有阿尔勒，以后再告诉你。巴黎让我很恼火，因为没地方住，不像我在美国的这些好朋友，愿意让我睡在他们房间的地板上。梅森·霍芬伯格应该愿意的,但他不想那么做,格雷戈里因为女房东也拒绝了我,导致我之后五天带着满肚子火,徒步去探索周边的一切,接着我去了伦敦,事先打起精神,买好船票,参观了整座城市,包括在圣保罗大教堂欣赏了《马太受难曲》,还见到了西摩[·怀斯],他住在金斯米尔大街三十三号……我上次听到格雷戈里的消息是在巴黎索邦街的埃科尔旅馆。他把我灌醉,让我头一个晚上就花光了大部分的钱,这就是为什么我不得不赶快离开巴黎的原因。巴黎比我想象的还要好,太棒了,难以置信,艾伦,你会爱上它的……但不要住蒙帕纳斯圣日耳曼酒店,要去老蒙马特,那里更便宜,街上有旋转木马、艺术家、垮掉派艺术家、工人阶级居住区等……(现在不时髦了,那些白痴美国人都坐在蒙帕纳斯的咖啡馆里,就好像他们在圣雷莫酒吧和广场酒吧还没喝够似的)。所以你到蒙马特后就住下来。不要错过卢浮宫,我在那儿大开眼界……在日记里对我看到的画作做了大量注释。在巴黎,甚至连弗雷希特曼都不让我睡(公寓)地板……结果,我只能在酒店住一晚,早上就被赶了出去,大部分时间我都是背包游巴黎,有时还遇到雨雪冰雹天。但我真的很喜欢这次旅行。现在我回到了纽约,觉得花了这么多钱、经历了这么多麻烦都是值得的。现在我和惠伦保持着联系,准备出发去他那儿。最新消息:本周的《出版人周刊》(一九五七年四月二十九日)上有一大段关于《嚎叫》被禁的描述,呼吁编辑和作家为反对禁令做出贡献,不日将开庭审判。[1]不会有任何问题,无论如何,美国版会供不应求。我听说维京出版社对《在路上》兴奋不已,期待它成为畅销书。(很耳熟,对吧?)

坏消息是,琼[·哈弗蒂]又和警察一起来纠缠我,他们以为我还在欧洲(希望他们没查过船运表),还准备扣押我从斯特林·洛德那儿获得的收入,当时我正忙着跟我妈搬到西海岸。我只需几个月后验一次血，就可以一劳永逸地解决问题。因为戒了酒，所以我一直感觉不错，同时心情愉悦地专注于"杜洛兹的传奇"。可该死的，那个贱人就像一条对着我的脚后跟猛咬的蛇。她找了些医生来证明她患有肺结核，不能工作和抚养孩子。她鬼鬼祟祟地给斯特林打了电话，斯特林在没有我知会他的情况下就把什么都告诉了她，并对此缄口不提。所以艾伦，当我收到他们那些旁敲侧击的信件时，我会给他们回信，然后把信寄给你，再请你从卡萨布兰卡寄出去，这样他们就会以为我在卡萨布兰卡。

卡萨布兰卡的情况怎么样，找到工作了吗？比尔和你在一起吗？彼得呢？彼得病好了吗？我见到了伊利斯［·考恩］，她很想念你，几乎哭了出来，我把知道的一切都告诉了她。甚至连西摩也不肯收留我，就因为他伦敦的家里有个讨厌我的婊子。我的处境和巴勒斯差不多。西摩依然纤瘦，孩子气十足，但异常冷静。一天晚上，当我们在摄政公园散步时，我告诉他不该时时被（错误的念头）愚弄，他表示认同。尽管他还算好，但英格兰不适合他，这里除了凄凉之外什么都没有。无论如何，你在伦敦时可以找他，他是个很好的联络人。选择入住伦敦的梅普尔顿酒店，找一间可能是最便宜的"小隔间"一样的房间，梅普尔顿和考文垂街上都有。去巴黎的话就去蒙马特。一定要去欣赏一下塞尚的乡村，那里看起来（一定要春天去）和画里一模一样，还有阿尔勒，那里午后的柏树和窗口花坛里的黄色郁金香令人惊叹不已。

惠伦、雷克斯罗斯、费林盖蒂和斯派塞为《常青评论》制作录音带，里面会加上针对你和加里［·斯奈德］的配音。我收到纽黑文诗人［约翰·维纳斯］的来信，让我把《布鲁斯之书》寄给他。（不幸的是）《城城城》最后白白给了旧金山的迈克·格里格（《新版本》杂志）。

我听说《绅士》杂志要写一篇关于你的文章，他们还想要

《在路上》的一章。

乔伊思给兰登书屋的小说卖了二百美元,她要去旧金山住一段时间,伊利斯可能跟她同去。我走之前会去见吕西安。唐·艾伦真是蠢,竟然还想"改进"《地下人》,(斯特林说)这书不能给他们,要把书稿交给麦格雷戈[2],这是一个秘密(他说要保守秘密)……但他们确实把《地球铁路的十月》(一字未动!)和你的诗一起放进了《常青评论》第二期,很不错,一定会引起轰动的。

我情绪低落、忧心忡忡,格雷戈里在巴黎时还变本加厉地指责我的情绪问题,不过我们也确实度过了快乐的一天,在卢森堡花园和一大帮法国女孩以及骑行的爱尔兰酷儿喝白兰地……那天晚上,我们见到了巴黎所有的美国爵士乐迷和画家,比如贝尔德以及其他人。我见到了吉米·鲍德温,他也不让我睡他的地板。我被逼无奈,只好离开巴黎,到英格兰去,移民局不让我入境,他们觉得我是个流浪汉(身上仅剩七先令),还因为我身上携带的丹吉尔人给我的大面值邮票而怀疑我是间谍……太糟了……直到我翻出《国家》杂志上雷克斯罗斯的文章给他们看,稽查员笑了,因为亨利·米勒曾到过他的家乡(英格兰纽黑文),还写过游记。所以现在我回来了,乘坐"新阿姆斯特丹"号归来——以后可别乘什么"豪华游轮",简直慢得要命,加上我穿着牛仔裤坐在一堆纨绔子弟中间而招来餐厅服务员的侧目,那感觉还不如乘旧货轮,至少食物不那么哗众取宠,再说谁想在海上吃大餐啊……花了我一百九十美元。

我本打算给你写封又长又快乐的信,事无巨细地跟你讲讲旅行中发生的事,但琼这件事又让我再次陷入彻底的忧郁,我收到一张传票,所有的……又变得跟之前一样。我怎样才能做到像比丘那样?就算我能证明那不是我的孩子,我也得花钱,也得跟她争论,也要再见到她那张可怕又傲慢的脸,法官也许还是会判我抚养孩子,因为没有其他人会这么做,那我该怎么办?放弃写作和比丘修行,找一份稳定的工作?我宁愿从金门大桥上跳下去。如果我离家出走,我妈一个月只有七十八美元,连生活费都不够,他们还会偷偷找她要钱。这样的话,我一定得杀人了,猜猜我会杀谁。我也有一把砍刀。我会采纳先知的建议。"凭着他们的果子,就可以认出他们来。"[3]哦,上帝,我所有的罪行都是轻微的不作为,最糟时也不过像比尔所说是在"偷偷搞破坏"。如果我突然抽出一把智慧之剑,大家会怎么说?什么也不会说……因为什么都没发生。听我说,比尔·巴勒斯,每当你说我说的话"毫无意义"时,那就是意义所在!

艾伦,你离开非洲时一定要带很多香烟,法国和英国的香烟每包要六十美分,还无处可寻。我一到纽约,就像个疯子一样兴冲冲地买了烟。在巴黎要挑个带炉子的住处,因为街边小摊上的食物相当便宜又超级美味……馅饼、奶酪、猪头肉冻等,令人难以置信。我看到了多么美丽的教堂啊,还有蒙马特高地的圣心教堂、巴黎圣母院等等,唯一没看到的是埃菲尔铁塔。去游览吧,我要把它留给五年后的我们。蒙马特会再次召唤我,那里的凡·高、塞尚、卢梭、罗特列克、修拉和高更正用独轮车推着自己的画作沿街而上。

听我说,比尔·巴勒斯,每当我说"我什么都知道"时,那是因为我一无所知,这两者没有区别。

你就从这儿开始吧。

写信给我,艾伦,由惠伦转交,十天左右我就到他那儿了……跟彼得问好……我终于可以在班轮上跟你们挥手道别了,可惜你和彼得看不了那么远,你们只是站在大风吹过的防波堤上盲目地望着大海。跟善良的老比尔问好,跟他说他为人善良,但他说的

一九五七

全是屁话。

在天堂与你们所有人相遇。

杰克

> 1. 金斯堡所著《嚎叫及其他诗歌》从英国印刷厂寄到旧金山时遭海关的检查员扣押。是年5月下旬,在出版商劳伦斯·费林盖蒂决定在美国重印该书以规避海关的管辖之后,针对他的诉讼被撤销。这一策略很奏效,不过到了6月,旧金山警察局以出版和销售淫秽材料的罪名逮捕了费林盖蒂。
> 2. 罗伯特·麦格雷戈是新方向的总编辑。
> 3. 见《圣经·新约·马太福音》第7章第16节。

杰克·凯鲁亚克〔加利福尼亚州伯克利市〕致艾伦·金斯堡〔摩洛哥丹吉尔〕

一九五七年五月十七日

加利福尼亚州伯克利市

伯克利路一九四三号

亲爱的艾伦:

请帮我把附信寄给纽约的琼·哈弗蒂,她会寄东西给我,让我在丹吉尔给她在波多黎各的离婚协议上签字(她是这么说的)。我收到了传票,但大家都以为我还在丹吉尔。你收到离婚文件后就邮寄到伯克利给我(信里是我们的新地址,我和我妈在这儿租了一间带家具的公寓,租金每月五十美元),然后我再寄还给你让你寄出去,这样就行了。她说她想和一个愿意收养孩子的男人再婚,她说她不要钱只要离婚。

我很快就会拿到我的打字机,到时给你写封长信。尼尔的妻子觉得我对他有不良影响,所以很生我的气,她说至少你有"动机"这么做——这世界真疯狂。惠伦很好。你的名字出现在本地八卦专栏的文章里(赫伯特·凯恩写的),菲尔给你寄了剪报。比尔的书看起来越来越棒了。安森,很遗憾没能见到你,但我时间安排上出了点问题——我们会再见的。

你有弗雷希特曼的消息吗?

唐·艾伦对《萨瑟大门》和录音带都很满意。威·卡·威廉斯对格雷戈里从巴黎写来的那封诈骗信怒不可遏,信里说要向他借钱,我看了信,你说得没错。我能像彼得一样收到疯狂支票吗?[1] 我在海滩上看到了罗尼·罗文森,他让我想起拉曼蒂亚。阿尔·萨布莱特因入店行窃被捕,[鲍勃·] 唐林成了蒙特雷的酒保。[热内·] 皮平要找你。哈尔·蔡斯离开了伯克利。尼尔还是老样子,跟我借钱,说起凯西来没完没了。

请赶快把琼的信寄出去。

爱你的,
杰克

---

1. 奥洛夫斯基每月都会收到退伍军人伤残津贴支票。

艾伦·金斯堡 [摩洛哥丹吉尔] 致杰克·凯鲁亚克 [加利福尼亚州伯克利市]

一九五七年五月三十一日

由美国驻丹吉尔大使馆转交

亲爱的杰克:

真不错,收到了你的两封信,一封来自纽约,一封来自伯克利,得知你已回去,和母亲一起安居在绿树掩映的公寓里,这让我也开始想念我的乡间小屋、想念旧金山和米尔谷了。稍后——首先——附上琼·哈弗蒂给你的回信,里面有让你签字的文件。据我们(比尔、我、彼得)所知,她确实想离婚。所以你最好还是避免在美国西海岸被发现的尴尬,在文件上签字——这些文件必须在那儿进行公证，所以没必要再假装你在我们这儿，然后把它交给她的律师。如果你担心不管怎样她都会找到你，那就不要写回信地址。她的回信地址是纽约市西六十八号街4-C栋公寓。我们没办法在这里公证，因为公证需要护照等材料，只能在大使馆办理。这个环节搞定后你就解脱了。

安森在这儿，他也想给你写信，但他已于今天上午启程前往西班牙南部、格林纳达和科尔多瓦进行为期五天的旅行。他在这儿时，我们下了很大功夫处理比尔的书稿。我们把所有单词都打了出来（包括你已经打出来的部分，在上面做了些改动，加上标点并划分段落），然后回过头处理其他与《区际城》相关的材料，基于信件整合了所有描写日常活动的章节——到目前为止大约二百页的材料已经整合完成或接近完成。我们甚至还雇了艾瑞克来打字。眼下《区际城》汇集了所有日常的拼贴，有小索科广场上的场景、梦境、科学理论和过去三年比尔有关思想控制的臆想，最后以《词语群》的启示（也许由一个疯狂的先知通过广播传达给众人）收尾。六月八号，等我们前往西班牙之际，所有工作都将完成并且备份。目前还剩一项工作没完成，那就是梳理完诸如信件等自传性素材后，在《死藤水》和《区际城》中间插入一百页的自述——工作已经着手进行。我不知道我们要在哪儿做这件事。（安森很了不起，他一来就马上开始打字，通读所有笔记，细心地整理出一份庞大的索引，将涉及信件、通告、日常活动等的所有材料都按时间顺序整合在一起。他就像一位伟大而博学的专业学者，在一个乱糟糟的图书馆里精耕细作，图书馆里到处都是尊者比尔庄严的旧手稿。）

我们每天都工作，然后我和彼得去购物——开销由安森和比尔分摊，晚上做顿大餐，保罗·伦德也在。比尔和彼得处得不好；比尔经常惹我生气，直到有天晚上，他又嘲笑我，我当时嗑药嗑得正嗨,听到他的嘲笑便立马跳起来,手持猎刀割破了他的卡其衬衫,事后我感觉糟透了。

没过几天,安森回来了,恢复了手头的工作。后来,他去了威尼斯,我们则去了马德里。那以后我就不知道了。我把钱花光了,给尼尔、威廉斯和家里写了多封信表达恐慌。威廉斯(我猜你是通过惠伦的信看到的)从国家艺术和科学学院那里给我筹了二百美元。但格雷戈里做了什么啊?他真的差点毁了我。总之,我现在的资产就这么多。一旦你有多余的钱,请寄给我,尽快。比尔说你不愿意,因为你觉得我只会乱花钱。即便如此,再过一阵子我就濒临破产了,所以不要因为这个原因而不给我寄钱——我马上会身无分文,也没有钱可以浪费了。我可以从西班牙去威尼斯,和安森住一起,但比尔不想去。安森在威尼斯有自己的住处,能游览意大利也很不错。比尔·厄尔曼也邀请我们到他佛罗伦萨附近的意大利别墅过夏天,别墅是租来的,一共十八个房间,月租十八美元。说来也怪,他突然来信说可以提供住处。不然的话,我们离开西班牙后也可以去巴黎。我更愿意去巴黎,比尔也会去。梅里姆斯也在那儿。所以就目前来看,我们(我和彼得)背包行的下一站是马德里,然后在巴黎和比尔碰面——他想直接过去,快点到巴黎,我们则是乘三等巴士,也许会在马德里呆一段时间,然后七月再去巴黎。与此同时,我们离开后,这里收到的信件会转发过去。

比尔正坐在床上读《时代周刊》。三周前,保罗·鲍尔斯来访,和他同行的是[艾哈迈德·]雅库比。雅库比是个年轻、英俊、幽默的阿拉伯人,二十五岁左右,经常身穿从印度买来的运动衫,懒散地坐在巴黎的咖啡馆里,对着女孩吹口哨。鲍尔斯给了我们一些坦噶尼喀产的大麻,还说肯尼亚对当地人来说不过是个武装的饥饿集中营。彼得和我参观了他的住处,所有人都很友好。他

一九五七

带我们出去吃蜗牛，和我们聊格特鲁德·斯泰因，后来一起回到他家，凌晨三点安森在沙发上睡着了，他用磁带给我们播放印度音乐，卷很粗的大麻卷，和比尔讨论药物。简·鲍〔鲍尔斯〕也在场，她认为彼得是个圣人。还有一位了不起的英国画家叫弗朗西斯·培根，看起来像个发育过度的十七岁英国学生。他出生在都柏林，三十好几才开始画画，现年四十七岁，穿运动鞋、紧身工装裤和黑色丝质衬衫，看起来总像要去打网球或者挨鞭子，经常画灰色旅馆里身穿晚礼服、手撑黑色雨伞的疯狂猩猩——他说要给我和彼得画大幅的色情画。他有点像巴勒斯——画画只是副业，常在蒙特卡洛赌赢或赌输用来画画的钱，他说如果画画搞砸了，他还可以当厨子或从商——他是我在这里遇到的最有意思的人。鲍尔斯身穿尼龙套装，为人精明，说起话来像比尔·凯克，但他个头更小，一头金发，有神经性胃炎，听比尔教他如何吸食鸦片。雅库比也画幼稚的骆驼，他是像克利那样的嬉普士，喜欢大麻，尼尔会喜欢他的。有时他会突然转身，对着身穿明晃晃的白袍的女孩子吹口哨——他说自己是穆罕默德神圣家族的后裔，手上还有苏丹的大羊皮纸可以证明这一点……但除此之外，丹吉尔仍是个乏味的地方。我迫不及待地想要离开，但我不后悔我们花在整理手稿上的时间。

彼得在楼上读《巴特比》，他上周开始画海湾。我在读伊斯雷尔·波特，还读了不少《古兰经》、《泰比》以及麦尔维尔。除了记下梦境和几篇日记之外，我什么都没写。安森去卡塔拉纳玩，还带人回家，"每天午饭后都和一个小伙子上床"。他向你问好，说没见到你很遗憾。你过得怎么样，现在在做什么？比尔最近话更少了，又犯了肝病，所以既不嗑药也不酗酒，变得更容易相处了。我们不确定接下来要去哪儿。彼得不喜欢呆在这儿，他想找女孩子、想去欧洲——快了，快了。但他读了很多书。写信告诉我你的消息。你的书怎么样了？我自己的书呢，法庭审判得怎么样了？给我写信。

一如既往爱你的，
艾伦

编者按：在同一天，金斯堡在彼得·奥洛夫斯基给凯鲁亚克的信上加了下面这段话。

等一下，还是我——不，弗雷希特曼还没有消息。格雷戈里给威廉斯的信怎么写的？你去拜访他了吗？天哪，萨布莱特现在在哪个监狱？蔡斯走之前你见了他一面，还是其他人见过他？我们把你寄给我们的信寄给了琼［琼·哈弗蒂］，我在那封正式写给你的信里附上了她的答复。一定要拿到拉维涅给彼得画的那幅画，那幅画太棒了，给我们留着或者把它留给惠伦。纽黑文哪位诗人？是波士顿的约翰·维纳斯吗？告诉惠伦一定要把诗稿寄给维纳斯——他有地址，好让他心里有数。我也要给维纳斯寄一些巴勒斯写的东西。这会成为长期交易，跟我们给《黑山评论》供稿一样，打交道的几乎是同一批人，还有奥尔森、威廉斯的加持。威廉斯今天写信给我，问我要诗，还想知道拉曼蒂亚在哪儿以及惠伦和斯奈德的近况，他说斯特林·洛德寄给他的你写的东西他很喜欢，他要帮忙出版。（他收到了某本书的其中十页，那本书我猜是《布鲁斯之书》。）记得转告惠伦，我寄去的《绿汽车》，如果他没能或尚未寄给《伯克利评论》，那就把它交给《新版本》杂志的格里格。伊利斯写信说她们很快就要去旧金山了。你见到吕西安时他怎么样？（我的书里现在已经没有他的名字。）去他的鲍德温，去他的柯索、弗雷希特曼、怀斯，他们太没人情味了，希望他们对我好一点。好了，就此搁笔。

> 爱你的,
> 艾伦

杰克·凯鲁亚克［加利福尼亚州伯克利市］致艾伦·金斯堡、彼得·奥洛夫斯基、威廉姆·苏·巴勒斯和安森［西班牙马德里市］

一九五七年六月七日

亲爱的艾伦、彼得、比尔及安森先生：

首先，艾伦，我已收到你寄来的离婚文件，已公证、签字、寄出挂号信并附上各种收入证明，所以我希望现在我可以一个人静一静，可以给自己建那间用来独处的小木屋……

我跟琼说我之前在西海岸，但如今在去佛罗里达或墨西哥或其他地方的路上（以防她设计来陷害我）……哇哈哈哈……我从没想过因为你乱花钱就不付你那二百二十五美元，告诉比尔别再把他的假设当成我的想法，我只是现在手头没钱，等到十月份纽约迎来大事件——《在路上》出版，紧接着可能是口袋本、电影剧本以及节选本等等，所以圣诞节前你一定能拿到钱，别担心。至于尼尔：是的，彼得，他很好，但他说为了不让他的孩子们饿肚子得向我借十美元，导致我的旧金山之行只得延后一个月，后来我在火车上逮住他，但他只给了我两美元，其间一直念叨个不停。他还是一如既往的疯狂，到处拈花惹草，他老婆给我写了封长信，说他在改过自新的过程中进步神速，是我给他带去了不良影响（她把达摩定义为"正道"，殊不知它的真义在于"意义"）。可正是尼尔说服我在北滩过夜，还找来了几个姑娘——我和其中一个睡了一晚，但恐怕她是个同性恋。我遇到了那个了不起的休伯特·莱斯利，他和杜佩鲁很像（我也见了杜佩鲁，他还是老样子），他居然说要来我伯克利家里做客。（想象一下休伯特和我妈共处一室！）休伯特是个了不起的画家,最近在用黄油作画,他真的没那么笨,他知道绘画的可塑性,知道即便用屎做出棕色,也不例外。伦纳德·霍尔和多丽丝也一样很了不起,多丽丝就像休伯特的"母亲",他们有一些超级疯狂的朋友,来访时带着海洛因和大针头……不过,首先,让我汇报下《嚎叫》的情况。华盛顿那些像海关稽查、律师之类的大人物对整件事(案子)嗤之以鼻、冷嘲热讽,所以是当地愚昧的爱尔兰警察主动出击,他们到书店里买下《嚎叫》,逮捕了那个好脾气的犹太人,但公民自由联盟立马将他保释,等我到店里时,《嚎叫》已经下架。费林盖蒂不在城里,但他很快也会走一套逮捕和保释的流程。真是令人作呕——更糟糕的是,甚至一些知识分子也说这本书太脏了。我有预感,美国的知识分子是如此懦弱,他们也许会屈服于那些肥胖愚昧的爱尔兰警察,然后美国将会像德国那样成为一个警察国家。我真的很担心,比尔总是对的。然而雷克斯罗斯一腔热血,也并非没有勇士,所以艾伦你不用担心。写首名为《哀号》的长诗,开头是"为在小索科贴地爬行的摩洛哥瘾君们哀号,为以手抱头睡在海边桌子上无家可归的阿拉伯男孩们哀号,为……"。这不仅仅是愚蠢的美国嬉普士而是全世界底层人民的超级"嚎叫"。为把肮脏的照片扔到风中的愤怒的美国酷儿哀号!艾伦,我刚写了首疯狂的诗并把它寄给了约翰·维纳斯,是的,惠伦和我给他寄了封疯狂的长信,里面有柯索的诗,还有他和我写的诗,加上加里[·斯奈德]的,一切都已妥当,所有人的诗都获得了认可,都会发表在接下来的三期杂志上。我的诗是这么写的:"扯下女孩子的裤头!/让整棵褪色柳含苞待放!/因为我是一棵无法呼吸的树!"那天晚上我在广场酒吧读给罗尼·罗文森听过。迈克·格里格要在这一期的《新版本》上发表我的《尼尔和三个配角》。我现在可以把你的《绿汽车》寄给他吗?书稿就在拐角处菲尔[·惠伦]家,之前遭到《伯克利评论》那些乳臭未

一九五七

干的娘娘腔的拒绝。告诉安森，不管怎样，一年之内我就会见到他，如果我今年秋天发了横财，我就到巴黎和你们大家见面，然后去威尼斯。我忘不了巴黎，它比你预想的还要伟大！所以一两年内我会在那儿跟你见面……艾伦·金斯堡，太疯狂了，真是太疯狂了，看看你写的这句：" 他像一位伟大而博学的专业学者在一个乱糟糟的图书馆里精耕细作，图书馆里到处都是尊者比尔庄严的旧手稿。"去年三月还是四月格雷戈里给威廉斯写了封长信，问他要钱，说你和我手里钱多，但他穷得很，听起来像是我们俩组织的一个骗局。是的，你应该接受厄尔曼的提议，至于安森说的什么佛罗伦萨，那就是在吹牛。我最近写了些诗歌和随笔，我想写一部叫《观音菩萨》的长篇小说，但在我最近一次服用安非他命后打坐时，小说却陷入了形而上讨论的困境……但我画了《牧羊人的幻象》，画中红色的牧羊人仰望天空中奶白色的十字架，周围环绕着旋转的蓝色云朵，还（在谁家的小屋吃了佩奥特掌之后）画了更多从（黑色）花盆中迸发出的疯狂花朵，一幅院子的画——被我像疯狂的现代波希米亚人一样拖过草地，一幅花园（无处可寻）里的斯乜尔加科夫[1]，一朵花以及床上的一个女孩，最后是一幅马利亚和约瑟夫的粉笔画，但我还没开始画。哦，对了，我还画了一幅惠伦盘腿坐着抽烟斗的完美的画，取名"红耳佛"，我跟你讲过吗？

　　艾伦，城里风传有人在街上和广场酒吧看到过你好几次，就好像你是希特勒而没人愿意相信你真的"死了"。不仅如此，甚至有人在纽约"见过"你，无论我去哪儿，人们介绍我时都会说："《嚎叫》就是献给他的！"（你这个混蛋！）不管怎样，移民海关法庭还是什么的已经还了《嚎叫》一个清白（让惠伦详细说给你听），但现在当地警察又介入了。看在上帝的分上，给弗雷希特曼写信吧，如果他不喜欢，就拿给别人看，比如科克托或热内。阿尔［·萨布莱特］因入店行窃被关进监狱，三十天后获释。我拜访格雷戈里这件事本身就值得大书特书。好的，我去把拉维涅给彼得画的那幅画拿过来，我也想研究一下。"纽黑文诗人"就是约翰·维纳斯（他已经用他"行文拙劣"的信件骚扰过斯特林·洛德了）。加里送给菲尔·惠伦一件大佛袍——加里的妹妹也在米尔谷，我要去认识认识。把你和比尔的稿子寄给维纳斯，还有彼得的，他还想要几份前言，他什么都要。我觉得由他来出版《绿汽车》更合适，《新版本》杂志很不错。我见到吕西安时，他已经戒了酒，人变得沉默寡言，他是必须戒酒，我却又喝上了，还喝醉了。他表现得非常友好，这很好，我告诉了他所有人的事，听完后他笑了笑。在巴黎，在离圣日耳曼德佩区教堂不远的双叟咖啡馆附近的波拿巴咖啡馆找美国妞搭讪可比找像［詹姆斯·］鲍des温那样的男人好多了，她们既有钱，又想要被爱，格雷戈里就是这么得手的。你得试着在蒙马特生活看看，步行只需半小时。伦敦哪儿都不行，千万别去，除非你想借着浓雾把警察勒死。还要试试艾克斯和阿尔勒，不要错过卢浮宫，不要错过任何东西……（你不会的）……真希望能和你在一起。既然我母亲已经安顿下来，而且很幸福，我也想要幸福。那三个女孩（乔伊思、伊利斯、卡罗尔）马上就要来了，尼尔很兴奋，重要的时刻即将到来。新的诗人出现了，一个戴着眼镜的小巴勒斯或初级巴勒斯，他叫戴夫·惠特克……（十七岁）。把《绿汽车》的前言寄给我，我把它交给格里格或者维纳斯。我听说，你、格雷戈里和拉夫的照片登在七月新一期的《绅士》杂志上，雷克斯罗斯写的那篇蠢文章登在第十一期的《新世界写作》上，他说"在某种程度上"我和塞利纳还有贝克特很像。在一顿丰盛的犹太午餐之后，《绅士》的人拒绝了我们的书稿，吃饭时他们总想盯着我看，那些混蛋。我该把我的老二塞进他们嘴里，那才是他们真正想要的。我现在要给彼得单独写一封长信，当然了，信大家都可以看。

蒂·让

1. 帕维尔·斯乜尔加科夫是费奥多尔·陀思妥耶夫斯基小说《卡拉马佐夫兄弟》中的人物之一。

编者按：凯鲁亚克的母亲不喜欢住在加利福尼亚，所以他们搬到了奥兰多，以便离杰克的姐姐尼恩·布莱克近一些。

杰克·凯鲁亚克［佛罗里达州奥兰多市］致艾伦·金斯堡、彼得·奥洛夫斯基和艾伦·安森［意大利威尼斯市］

一九五七年七月二十一日

亲爱的艾伦、彼得、艾伦（安森）：

我终于把我母亲在奥兰多一套不错的公寓里安顿好了，也有了自己的房间——花了我几百美元，让我一贫如洗，但一切都安排妥当，她说她要永远住在这儿，区区四十五美元的租金，她用自己每月的社保支票就能搞定，所以明天我就离开这可怕的热浪，前往墨西哥城的凉爽高原，到那时我身上只剩三十三美元，我必须给马尔科姆·考利和我的代理人写信，表达我的绝望处境，向他们要钱。如果加弗死了，我的屋塔房被人占了，我就去索林酒店找一间每晚七比索的房间（特丽丝苔莎也住在那里），买好蜡烛、大麻、酒精炉和土豆，着手写《荒凉天使》的后半部分。艾伦，狡猾的考利要我在《萨克斯博士》里加入更多的童年场景并在十月一号前将补充的内容寄给他们，我怀疑他会未经我允许就删掉其中幻想的部分，就像他之前未经我允许删改《在路上》（试读本已经印出来了，《在路上》不像《萨克斯博士》，经不起大幅删减）那样，甚至连长条校样都没给我过目！真是无耻！美国商业太无耻了！所以要确保文本的准确性，《萨克斯博士》可能会白送给迈克·格里格出版，或者让它砸在维京出版社手里？你现在是名人了，艾伦，顺便说一句，今年秋天我肯定会收到钱，希望能在圣诞节前寄给你那张二百二十五美元的支票。《在路上》的再版应该提上日程，换成精装版也只有三百零五页而已。顺便说一句，这是本狂野的书（美国第一部陀思妥耶夫斯基式的纯小说）。《常青评论》第二期也很棒，不仅收录了《嚎叫》、《地球铁路的十月》以及加里、麦克卢尔的好作品，封面设计也好看，赢得了大家的一致好评。伊利斯［·考恩］不知怎地到了旧金山，乔伊思［·格拉斯曼］在纽约，她想知道我在哪儿，她身上带着五百美元的旅资。但我宁可贫苦，也不愿受打扰。你的西班牙明信片已经收到。如果一切顺利，我五月会在巴黎与你们碰面。我必须在八月十五号前给《哈泼斯》或《星期六评论》交一篇解释垮掉的一代的文章，有得好写了。卢安［·亨德森］、尼尔和阿尔·欣克尔漂到了我伯克利的家，当时我正打算拆封从维京出版社弄来的一箱《在路上》，他们拿到书后都读得很嗨，第二天晚上卢安想上我，哎，所以我只好逃走了（买了公共汽车票）。我在一个疯狂的夜晚见到了斯坦利·古尔德和阿尔·萨布莱特，那晚伊利斯被折腾坏了，也吓坏了。告诉格雷戈里我给他写了信，但他的地址是什么？拉夫卡迪奥在纽约思考着人生。孤独的天使们散落四处。比尔还好吗？你会在巴黎见到他吗？他知道我爱他吗？（我的意思是，我在信里提及他时从来都不够深情。）需要我让维京出版社寄本《在路上》给你吗？考利在第六页左右加了点内容，关于你、比尔还有琼［·巴勒斯］的"唯智主义"，以突显尼尔那种饥渴的纯粹性。考利认为我是个笨蛋，好吧，我是笨蛋。谁会真正为我们这群废物辩护？

彼得，我没拿到拉维涅那幅画，因为没有时间。彼得，写一个疯狂的故事吧,迈克·格里格想在他的《新版本》上发表我的《隐藏的天才》——里面有你、杰克·菲茨杰拉德、洪克、拉夫等等。由艾伦·安森先生写一篇关于葡萄牙巴洛克的好文章怎么样?唐·艾伦和乔纳森·威廉斯一起来了旧金山,惠伦不怎么喜欢他们(他对很多东西都嗤之以鼻,包括我的写作方式,他说"《在路上》应该是本好书,因为维京的编辑可花了三年时间修改")。雷克斯罗斯则在聚会上说出"我们能支配出版商"之类的话,他们沉迷的是诗歌赋予的权力,而不是诗歌本身。雷克斯罗斯还给我写信说《在路上》很棒。甚至马克·肖勒也试图联系我。总之,我要在变成富翁前花光所有的钱,所以我可以在墨西哥城租个好公寓,然后冬天时回家,一切终于尘埃落定。这会儿我要去巴拿马街。[1]写信给我,等我寄给你们墨西哥的地址之后,你们再让那里转交。我很快会给大家写一封长信。你们现在要申请古根海姆的津贴吗,截止日期是十月一号?我会申请的。几个月后加里会来加利福尼亚,好像是乘货轮来。好了,这张纸写完了。

碎钻般的废话。

杰克

1. 巴拿马街是墨西哥城有名的红灯区。

杰克·凯鲁亚克[得克萨斯州布朗斯维尔市]致艾伦·金斯堡[意大利威尼斯市]

一九五七年八月九日

亲爱的艾伦:

这封信可以当成是给比尔的,告诉他比尔·加弗已死,大概上个月死的,和琼[·巴勒斯]一起埋在墨西哥城的某个地方。这是第一个灾难。然后我去了特丽丝苔莎的酒店,她不见了。那晚发生了地震，我颤抖着躲到酒店房间的床底下，房间的天花板足足有二十英尺高（我睡得很熟，被地震惊醒时心里默念着世界末日到了，然后说了句"震感好强"，接着等了一会儿，床上下翻腾，天花板、来回摇晃的松动的橱柜门嘎吱作响，在我的永恒之屋里，低沉的隆隆声之后是一片寂静）。像往常一样，被厄运笼罩的墨西哥祸不单行。几天后，也就是现在，我走在路上，看到曾经写着"巴勒斯"的那栋楼一分为二，所有窗户玻璃都碎了，前面只剩下"巴勒"两个字。不管怎样，我写了他们想要的文章，对垮掉的一代做出了解释，提到了我们——你、我、比尔、菲利普·拉曼蒂亚还有格雷戈里等等——的幻象，"魔鬼和天堂使者"的幻象，琼、洪克、加里、菲尔甚至艾琳的幻象以及第二次降临的时代广场之子。我希望文章能发表，我在文中点明"垮掉"就是斯宾格勒预言的西方文明的"第二宗教性"。我还提到了尼尔的宗教性，以及吕西安试图获得教堂的庇护，这是最疯狂的哥特事件。此外，我正在补写《萨克斯博士》里的新场景，但我决定与考利摊牌，在合同中加入一条反对删除（哥特式）幻想的条款，实际上是反对编辑乱改一通。然而，我身上只剩十七美元，正等着别人来救我。我九月十五号回来，十月去纽约。乔伊思［·格拉斯曼］想过来找我。

我一直会想起比尔·加弗……想起十一月我们在一起的时候。没有打字机，想去找老画家阿方索或者《墨西哥城新闻报》的唐纳德·德马雷斯特讨一台，后者上周日在一篇有关画家自传的书评中提到了你和丹尼斯·勒沃托夫（里面提到画家莱斯特·爱泼斯坦是你和亨利·米勒的"迷弟"）。我让维京出版社给你寄了一本《在路上》。我的房间看起来真寂寞啊，有二十英尺高的天花板，妓院里用的那种镜子，没有窗户，就在市中心。除了从事写作之外，我没有任何理由到这儿来，尤其是我的巴拿马街之访成为第三次灾难之后。很显然，那些妓女因为传播美国主义病毒而被完全赶出街头。

一九五七

我也没了我神圣的大麻！给我写信，我在佛罗里达，准备再次出发。

最最新的消息——我得了亚洲流感，准备回家。

杰克

艾伦·金斯堡［意大利威尼斯市］致杰克·凯鲁亚克［无地址，佛罗里达州奥兰多市］

一九五七年八月十三日至九月五日

美国运通

意大利威尼斯市

亲爱的杰克：

今天收到你关于加弗死讯的来信，之前收到其他几封信，现在正在给你写封长长的回信，之前一直拖着，是因为回信要写的东西太多太多了。我要跟你说欧洲发生的所有事。很抱歉耽搁了这么久，但我每天都在思考，无法坐在打字机跟前，生怕自己写的东西不漂亮。比尔去了伦敦、西班牙后，现在到了哥本哈根，他也不知道自己要做什么，我们（我和彼得）和艾伦·安森在威尼斯，格雷戈里（他给我们寄信寄得更频繁了）仍在巴黎（住在别人借给他的大公寓里，饥寒交迫，我们给他寄了五美元，但他和热内一起吃了饭，还见到了白兰度），现在我们都准备好飞往希腊，机票只要二十美元，然后去伊斯坦布尔，然后才是巴黎。但所有的计划又并未完全敲定，所以你到纽约之后，等到了十月份你做好了准备但又没地方去的时候，就来伊斯坦布尔或巴黎加入我们吧，或者免费住在威尼斯安森家（只需支付自己的膳食，免房租，还有大量免费酒水供应）——我们已经在这呆了一个半月了。

我和彼得把安森和比尔留在了丹吉尔，一起背包去了西班牙。［……］[1]

九月五日。我还没说完。我打算后天动身去巴黎，正在收拾桌子。我会从那儿开始，告诉你我们所做的一切，这样你就不会错过欧洲发生的任何事了。上次给你写完信的几天后我拿到了去威尼斯的机票钱。给我们写信，由美国运通转交。你在纽约吗？

费林盖蒂给我寄了张一百美元的支票，是《嚎叫》的版税钱（出乎意料），书被一抢而空，到目前为止已经四印了，几个月后可能会有更多钱入账——帮助解决了目前已大为改观的金钱问题。我很快就跟古根海姆申请津贴——如果有机会，拜托你问问考利是否可以帮我写封推荐信。他会吗？如果维京出版社还没寄出《在路上》，那就让他们寄到巴黎吧。

爱你的，
艾伦

1. 金斯堡这封信长达数页，向凯鲁亚克详述了他的西班牙和法国之旅。信中涉及大量欧洲和印第安之旅的细节，但由于杰克从未对信中这些细节做出回应，编辑便没有把这些内容收录进来。这封信完整收录于《艾伦·金斯堡的信》（达卡波出版社，2008），第158—168页。

艾伦·金斯堡［荷兰阿姆斯特丹市］致杰克·凯鲁亚克［纽约州纽约市］

一九五七年九月二十八日

亲爱的杰克：

我们途经维也纳、慕尼黑，在巴黎呆了一周，然后到了阿姆斯特丹，我睡在格雷戈里房间的地板上。荷兰各处都很疯狂，这是个伟大的城市，每个人都会说英语，这儿有嬉普士诗人的专属酒吧、博普酒吧，有发表格雷戈里的诗歌的超现实主义杂志，《嚎叫》、《在路上》的书评以及巴勒斯的文章也会在上面发表。这儿有运河、柳树垂落的安静街道、心理诊所，人人都有住房，物价便宜，花十二美分就能买到罕见的超大烤牛肉三明治、啤酒和奶酪。这儿有宏伟的博物馆，里面收藏了伦勃朗和维米尔的作品，一座收藏了五十五幅凡·高画作的博物馆——二十英里外的另一座博物馆收藏了九十五幅凡·高画作。这儿还有站街女，在一大片安静整洁的红灯区，女孩们像橱窗里的人体模特，也像玩偶屋里的荷兰娃娃，窗户明亮干净，她们坐在椅子上，跷着二郎腿，静静地织着毛衣，在安静的街道上等待顾客。一街区又一街区的女孩站在明亮的一楼窗户前，那儿就像天堂一样，她们不会对你大喊大叫，也不会抓住你的胳膊，只是一个劲儿地织着毛衣。尼尔会发疯的。小路上还有漂亮的运河。彼得把嘴唇和下巴上的胡子都剃了。我整晚不睡，围着中央市场的屠宰区漫步，一直到早上七点，写了一首关于手推车的诗，手推车里全是动物内脏，还有仍留在剥了皮的山羊头上的羊角。这是巴黎的事。我们登上了埃菲尔铁塔，它就像空中一架美丽的梦幻机器——比我想象的还要大，之后我们搭便车去了比利时，游览了鹿特丹，参观了当地博物馆。这里的烟草也很便宜，有朋友相伴，女孩也很可爱。一个可爱的城市。我们差点去了瑞典。

比尔在写《区际城》，他很好，等彼得去了纽约之后，他可能会到巴黎找我。

我们看了《纽约时报》九月五日的评论，[1]我差点哭出来，写得太好了，又很真实——好吧，现在你不必担心只出现在我的致辞中了，而我则不得不在你的巨大阴影中哭泣。纽约有什么新鲜事吗？有人跟踪你吗？是否有一股疯狂的名誉浪潮在我们耳边横冲直撞？吕西安怎么看那篇《在路上》的书评？我想他岳父一定给那篇文章安排了额外的版面，还加了图片。

我正在给格雷戈里的书《汽油》写篇简短的前言，你为什么不也写一页呢？写好了寄给费林盖蒂，跟我的一起印出来——我们团结起来，助他一臂之力。除非让别人对他有深入了解，否则一般来说他肯定会遭人轻视。据费林盖蒂说，旧金山每个人都瞧不上他,当他是个"喜欢出风头的人",因此费林盖蒂甚至不愿意出版他的《权力》。拜托也跟唐·艾伦说说《权力》这首诗。

我十月十五号回巴黎,回到那间有煤气炉的房间,并在那儿定居下来。快给我写信,告诉我各路消息。向吕西安问好——你见到他了吗?

艾伦

> 1. 吉尔伯特·米尔斯坦就《在路上》在《纽约时报》上发表了一篇热情洋溢的书评,促成了《在路上》大卖,这也开启了凯鲁亚克的职业作家生涯。

杰克·凯鲁亚克[纽约州纽约市]致艾伦·金斯堡[荷兰阿姆斯特丹市]

一九五七年十月一日

亲爱的艾伦:

今年秋天我肯定能给你寄去二百二十五美元。你在阿姆斯特丹见到格雷戈里了吗?我单独给他写了封信。首先,你必须告诉彼得,我给他写了封漂亮的长信,是关于俄国灵魂的,但我忘了写让威尼斯的安森转交,却写成了由奥洛夫斯基转交,所以信可能还在邮局,他一定要派人取回来……信也是写给你的……很重要,你一定要读。这里能发生的事都发生了,包括上周我和吕西安、塞萨、孩子们以及乔伊思[·格拉斯曼]在他新英格兰北部乡村那栋闹鬼的房子里度过的那个开悟的周末。鸟儿透过神圣的窗户朝里面窥视,屋内一个盛大模糊的陀思妥耶夫斯基式聚会正如火如荼地进行,而我就是一群上流社会人士中间的那个"白痴",一切都是如此疯狂,以至于我可以就那个周末写一部小说。吕西安和我在月光下那间闹鬼的房子里发疯,模仿丛林狼嚎叫,胡言乱语,穿着短裤在女孩们试图睡觉的破客厅里严肃而疯狂地打坐。等所有人睡下,我用吸气簧风琴演奏了四个小时的吞噬一切的奏鸣曲,还发表了轰轰烈烈的演说，你应该听听的。一个叫莱奥·葛伦的家伙（二十岁，爵士乐迷，你最好认识一下）说如果我写一部关于尼尔的剧（里面有尼尔、马匹、主教之夜、你和彼得等等），他会负责制作。他邀请我（如果我有空）来塔夫脱酒店一间可以俯瞰百老汇的房间度周末，享用免费的三明治和打字机，我可能会答应他。另一个叫乔·路斯蒂格的家伙也想要一部关于尼尔的剧。而且好莱坞好像对《在路上》有点意思，我听说马龙·白兰度的经纪人（他爸爸）就很感兴趣。意大利出版商买下了《在路上》。格罗夫出版社以高价买下《地下人》的精装版版权。《绅士》杂志以四百美元（钱已经花光）的价格买下了那个轻松的棒球故事。《盛会》杂志花了三百美元买下我那篇写垮掉的一代的文章。我给罗伯特·弗兰克的一本摄影集写了序，摄影集还将被译成法语（由德尔皮尔出版社）出版。费林盖蒂收到了我的《布鲁斯之书》。罗伯特·奥尔森来信说我是诗人，他说那是因为他读了我笔下的安大略和《尼尔和三个配角》。（顺便说一句，我寄了本新版的《尼尔和三个配角》到威尼斯，你收到了吗？）鲍勃·唐林人在纽约（与邪恶的希特尔曼一起），《花花公子》拍到他和我在街上接吻的照片，后来我们只能躲进锡达酒吧——就是克里利给艺术家们开的那家疯狂的酒吧。唐林和我在鲍厄里的人行道上摔了一跤，我还和斯坦利·古尔德在鲍厄里摔倒过。令人难以置信的事情一件接一件，难以悉数铭记，包括之前维京出版社租的那间豪华套房，里面容纳了数以千计不住尖叫的采访者，《在路上》的原始打印稿铺在地毯上延伸至数百英里外，一瓶瓶的老爹威士忌，《星期六评论》上的长篇大论，全世界的电视媒体。每一个该死的地方里的每一个人都疯了。布鲁克林学院想让我给热切的学生们讲课，回答一些奇葩问题。当然，我上了电视，接受了约翰·温盖特的采访，那一晚真是疯狂，从天使到恶魔的所有问题我有问必答，听众来信蜂拥而至，大家都说爱我，最后我还接了小杰克·梅洛迪打来的电话。其间我两度精神崩溃，现在还得了痔疮，所以躺着读《白痴》，静静心。我遭遇了恶灵的终极恶行，做了有史以来最疯狂的梦。梦里我（头绑白色束发带）领一大群孩子沿洛尼尔的维多利亚街游行，他们尖叫着、大笑着，最后我们到了亚洲（游行的目的是为了掩护我不被警察发现，他们看到孩子们唱着歌围在我身边掩护我，最后也高兴地加入游行，梦最终以一大片模糊的亚洲长袍的画面收尾）。我一直在宣扬彼得主义（包括电视上），宣扬爱，宣扬尼尔主义，所有的一切，我刚刚在美国做了最后一次大型布道，如果你知道其中的细节，你肯定会激动不已……最终都成了咆哮的大型聚会，我看到我的宿敌面目模糊地在我周围大喊大叫，其中有比尔·福克斯等人……诺曼·梅勒居然对我很满意，真是新鲜，纳尔逊·阿尔格伦发来电报称赞我，等等。总之，我们再也不需要出版代理了（我告诉斯特林把诗歌的细节和巴勒斯留给我们自己处理，他正忙着签合同、算账，而你那些单纯的要求让他困惑，身为诗人的你没有意识到纽约有多疯狂）。等你回来你就知道了。现在听着，维京想出版《嚎叫》以及你的其他作品，格罗夫出版社也有意向，他们都想第一个联系上你，你自己选吧，但我觉得《嚎叫》需要更多宣发，很多人甚至还没读到它。

但我不懂政治，如果这会毁了费林盖蒂，那就别这么做。我只是告诉你这个消息……他们觉得你可以靠《嚎叫》赚钱。惠伦说在格罗夫的录音带里找不到《嚎叫》，因为在剪[詹姆斯·]布劳顿那些废话时不小心剪掉了，惠伦很生气。还发生了很多事情，我只希望你、彼得和格雷戈里都在我身边，更别提巴勒斯和安森了。事情千头万绪，尤其是上电视这事儿，我真受不了，硕大的镜头不断推到你面前："你抽过大麻吗？""你怎么看待自杀？"最后是那个要命的问题："你在追寻什么？""我在等待上帝出现。"（我是

一九五七　479

说，一周前我悲伤地躺在南方的病床上时是想这么回答的。）我情绪失控，不得不取消在"特克斯和金吉斯秀"、"巴里·格雷脱口秀"等节目上的进一步宣传，但最后还是完成了两个电台节目。那个电台色鬼死缠烂打，最终制作了我、他和莱奥·葛伦醉醺醺地大谈特谈花街上年轻姑娘的录音带。那个色鬼因为要做个改邪归正的醉鬼，便冲到吕西安那儿，拉他一起去戒酒协会，我不想再说什么电台的事了。事实上，那全是些疯疯癫癫的嘶吼呐喊，滑稽至极，堪媲美陀思妥耶夫斯基笔下的任何故事。总之，乔伊思［·格拉斯曼］和我一整天都挂不了电话，直到凌晨四点，因为它每五分钟就响一次。埃德·斯特林厄姆总是跑过来找我，还每次都带着"像尼尔那样的嬉普士"过来，后者坚持以每小时一百一十英里的车速沿着第五大道兜风。还有一个叫霍华德·舒尔曼的诗人带我去找拉夫卡迪奥，我们敲了敲门，屋里有人叫我们滚蛋，听声音是两个男的，不是拉夫……不知道拉夫在哪儿，有人说他在五号街的书店发表演说（我想到了我们）。舒尔曼喜欢罗尼·切尔尼，他得小心点了，但可能也不错。顺便说一句，节目结束后，我和电视台的主持人约翰·温盖特喝得酩酊大醉，人们不得不把我们拽开……所以嘛……我是说，他没那么邪恶，邪恶的是电视媒体。女主持人问我性爱是不是"肮脏的"，我说"谁说的？它是通往天堂的大门"。"哦，我不这么认为。""那我们就关上门试试吧！"我轻声说道，她脸红了。"你感觉到了吗？"我大叫起来……这就是禅宗的大智慧。我见到了安东［·罗森堡］。他把书的封面用白纸包起来，一面用墨水写着"禅宗"，另一面写着"呼"。他想把我从唐·艾伦身边夺走，让我跟他还有伯内特一起玩个痛快。安东非常友好，管我叫"我们这一代"的花花公子，他还试图卖给我一辆价值两万美元的车，好像我有那么多钱一样……"你居然还没赚到这点钱。"他在店里喊道。我甚至还见了华莱士·瑟斯顿，他在酒吧里向我扑来，天哪，我感觉自己成了巴勒斯……当然，我没去哥伦比亚大学，那里的西区酒吧里挤满了读《在路上》的小屁孩……成堆的粉丝来信，其中有些是十六岁女孩写的，她们在电视上看到我，很喜欢我……这可是个成为"大众情人"的好机会啊，可惜我成不了。我只是个沉默寡言的疯子山姆，事实上是个沉默寡言、做着白日梦的小乘懦夫……或者观世音菩萨的小乘。旧金山的拉尔夫·格里森的书评写得比雷克斯罗斯还要好！但最好的评论出自密歇根州立监狱。当然，所有犯人都喜欢尼尔。密西西比州最好的一句评论是："噢，真希望我能再年轻一回。"每个人都在谈论你……你现在必须到巴黎去，把事情办好……钱会滚滚而来。明天我本该让《生活》杂志拍我的专题，但我被外界搅扰得不胜其烦，我也许会翻脸，让《生活》"滚粗"。我已经拍了一百五十张彩色照片，有蹲在谢里登广场的，有在布利克街与醉酒流浪汉交谈、对他们大吼大叫的，等等……我还有给《时尚芭莎》拍的照片，接受了一位聪明的中产阶级女士的采访，她后来差点醉倒在我怀里。我收到很多中产阶级女粉丝的来信，比如，塞萨的妈妈就对我的书很着迷。我最大的顿悟发生在北部乡村的那次聚会，当时我正在犯傻，塞萨冲我吼了一句"闭上你的大嘴巴"，因为医生要给她的孩子注射流感疫苗，而我则大叫着"别折磨你的孩子"，医生和所有人都大吃一惊，最后所有人都醉倒在地板上。吕西安和我都疯了，我自己在树林子里横冲直撞，撞上垃圾堆……我从来没有像当时那样爱过吕西安……他一直在唱《开始了解你》。我（经历了这一切）一直在想巴勒斯。我把书稿交给〔唐纳德·〕艾伦，把《词语群》和其他稿子分开，让他先开始看那篇。我和冯·哈茨先生[1]成了很好的朋友。等你安定下来之后，就跟我说说巴黎的情况吧，当然，如果电影版权卖出去的话，我今年冬天就能过去看你，不用等到明年春天五月了，你可以满怀信心地在那儿等着我，暂时倚靠我。给我写信。还发生了一些事，下次再跟你说。

让-路易

1. 欧内斯特·冯·哈茨是吕西安·卡尔的岳父。

艾伦·金斯堡［荷兰阿姆斯特丹市］致杰克·凯鲁亚克［无地址，佛罗里达州奥兰多市］

一九五七年十月九日

美国运通

阿姆斯特丹市

亲爱的杰克：

你十月一号的信已收到，看来你已经淹没在美国的美丽浪潮里——阅读让格雷戈里筋疲力尽，世界让彼得觉得更美好。我想我们已经实现了生活中注定要实现的疯狂梦想。节省用钱！当俄国人登上月球、全世界都厌烦美国时，天知道我们会落入怎样被人遗忘的境地，就像不受欢迎的麦尔维尔那样！（昨晚在一个安静的同性恋俱乐部里，人们跳着舞，我在思考，事实上是格雷戈里在思考，耳边是比尔·哈利的摇滚乐曲，"摇一摇，摇一摇，摇一摇，摇一摇，尽情享受吧"。）是的，我们睡在阿姆斯特丹一间漂亮的房间里，睡在格雷戈里的床上。我们煎牛排，快活地吃着荷兰面包、瑞典面包，格雷戈里写着疯狂的诗："啊，人啊，我的人民啊／某种奇怪的建筑／像个吵闹的食人魔／昨晚来到哈莱姆／吃掉一条运河。"以及"四个风车，一天早上／发现我的老熟人／在吃郁金香"。我们在雾蒙蒙的阿姆斯特丹漫步，经过满是维米尔作品的大型博物馆，对荷兰人提出各种疯狂要求，烦得他们要和我们一起去"吃掉"运河。昨晚，在巴黎中央市场的肉摊和屠宰场专用车旁（车上全是动物的内脏）我一夜未眠，写了一首关于屠宰场专用车的长诗，诗的最后一行是"我的同谋者啊，吃吧"。我们在那儿喝得酩酊大醉，轮流写下长篇的诗歌宣言，表达我们对即将出现的月亮的需求——非常漂亮的诗句，在小小的笔记本上洋洋洒洒几十页，彼得的宣言是："我等不及直到我到达月球直到我看到那里的环形平原赤裸的人类羚羊哭泣着长长的头发高高的干瘦的颧骨以每小时五十英里的速度奔跑着像一辆吉普车在这乌有之乡追逐着鳟鱼。"格雷戈里的是："我也等不及看到街道上的悲伤天使在属于他个人的小巷里，以手掩面，用翅膀遮蔽一切，因他天堂之上的悲哀而哭泣，因听不到埃贝茨棒球场的尖叫而哭泣。"

我今晚给比尔寄了一张《每日电讯报》上关于新几内亚病的剪报，这种病也叫"库鲁病"或"笑病"，是一种罕见的热带疾病，比尔可能还没听说过。据报纸上说，这种病与谵妄症还有神经错乱关系密切，"奥卡纳医院里二十名当地人几乎要笑死了……"，有些村庄到处都是"大笑的男男女女"，"伴随这种无法控制的笑声而来的是疲惫、麻痹和死亡"。格雷戈里刚刚写了这首诗。我把它寄给比尔，他现在应该会喜欢格雷戈里了。格雷戈里引用比尔的诗句作为《汽油》卷首页的引语："赌桌上的赌注高得惊人。"我把我写的序寄给了唐·艾伦，让他给你们看看。就像我在信甲说的，如果需要的话，可以给格雷戈里写几句话或一页纸，然后寄给费林盖蒂，用在书封上或作为序言。他这本书写得疯狂而且完美。如果书能引起轰动，如果费林盖蒂又答应给你出诗集，天知道诗歌会发生怎样翻天覆地的变化。把这首《齐齐的哀歌》给［唐纳德·］艾伦吧。

回到正题：从比尔的手稿中我清楚地认识到我写给［斯特林·］洛德的信听起来有多愚蠢，但正是基于这些细枝末节洛德建立起了他的天堂。他给我寄了两封写满指示的信。好了，你负责那边，这里的事务我来处理。《党派评论》的菲利普·拉夫有一个专栏（我记得叫"市集"）。请给他打个电话，看看他要做什么。在威尼斯时我们给他读了一篇，他说很喜欢，所以艾伦·安森就寄给他了。

维纳斯也拿走了一页打算发表。如果他读了更多，他可能也会发表更多。

迈克·格里格应该能出版一个章节。

还有格罗夫出版社的唐·艾伦，等等，你都知道的。

《燃烧》杂志可能也会给我们一页版面，但我没联系他们。你有时间的话就给他们寄点什么吧。

还有《指针》杂志，如果它还没停刊的话。

这就是个跑来跑去跟人洽谈的问题。如果你能给阿拉贝尔·波特打个电话，也许就能搞定《新世界写作》。发挥你的想象力吧。你一定忙得不可开交。好吧，跟我说说你的想法。我之所以提到这些小杂志，是因为至少它们能让特定的读者接触到我们的品位和部分创作，是为了比尔在地下的名气和反响。

费林盖蒂曾经想过出版一本袖珍散文集，取名《南美书信集》，把《死藤水》作为其中一部分。他写信说他审阅书稿时会尽量保持开明，看看能否整理出六十页，做成"市集"那样的专栏发表。我会尽力给他施压，敦促他么么做。纽约的人如果过来了，送本书给他们。新方向今年的年鉴做得不怎么样，一辑全是外文翻译作品。

巴黎这边我会去找贝克特，看他愿不愿意帮忙。弗雷希特曼手头有书，但他只会惹麻烦。（他提议帮你找个翻译——也许是个好主意，因为他会关心文学风格的问题，而这在一般的商务谈判中可能会被忽略。无论如何，寄本书给他也无妨，或者寄给我转交，他的地址是：法国巴黎米绍迪耶尔街二十七号。他翻译过热内和《吉尼翁一帮》，所以在艺术方面可能会有所助益——这不是宣传的问题,而是获得权威的译文。)

我没收到《尼尔和三个配角》,也没收到《在路上》——再给我寄一本《在路上》,可以放一本在美国爵士乐迷杰里·纽曼的西北风书店的橱窗里做陈列。如果你有的话。可以的话,给我寄一些有趣的杂志或新闻剪报——我什么可读的东西都没有,好像我已经被遗忘到九霄云外。

还没审判的消息,不过我想应该已经结束了。吕西安到底有没有报道这件事?希望他有报道,他的名字已经出来了。[亨利·]米勒参加了审判,接下来的结果可能是米勒的书获得解禁,比尔的书也许会,不是没有这个可能,也许费尔[费林盖蒂]参考了旧金山的其他判例。这么跟吕西安说。你好,吕西安。帮杰克省点钱。

关于你的那些新闻报道都很疯狂,太好了。再写些细节,夸张一点!你在电视台采访时的回答很不错——你对抽大麻有什么看法?

关于《嚎叫》,费林盖蒂给我寄了一百美元,已经印了四次,卖出去五千册,还会卖出更多——传阅甚广。维京或格罗夫真的能做得更好吗?我很怀疑。但我也不清楚。城市之光书店很久之前就拿到书稿,并在审判中据理力争,费林盖蒂为此还亏损了一次,所以我已经告诉他我不会随意把书卖给纽约的其他出版商了。告诉洛德,如果他能找个地方再版《嚎叫》(或任何其他诗),给我带来收益——比如说找《生活》杂志(也许罗莎琳德·康斯特布尔会乐意帮忙,你知道的)或者《展望》杂志(谁知道呢?)或者《新世界写作》(更有可能)。如果可以,那就试试看;如果他愿意并且高兴这么做,那他可以当我的代理。这么做不会毁了格罗夫出版社,因为他们这一期已经出完了,只会帮助提高城市之光书店的销售额。无论如何,你就这么告诉洛德,请他四处打听打听,想一想自己是否愿意。

一九五七

我从威尼斯给你寄了封关于欧洲的长信,你收到了吗?

我已经向古根海姆提交了申请表——写了很多推荐人:范·多伦,威廉斯,博根,雷克斯罗斯,艾伯哈特,约瑟芬·迈尔斯,维特-戴曼,还有你。

我本来还想写上考利,但不知他会怎么想。

天啊,要是真能卖给好莱坞的话——那敢情好,但也许我们要坚持真正伟大、奇妙的原创,尼尔、我和你都可以扮演角色。任何像这样的电影一定是纯粹的,即便它在商业上一败涂地。除了予取予求,禅宗要求的贫苦还有什么别的用途,还有什么别的力量?大胆地去创造疯狂的历史吧,哦,世界的颠覆者!

你的最后一次布道讲了什么,在哪儿进行的?你提到过的。

我不知道格罗夫的什么录音。城市之光书店和幻想唱片公司想让我在巴黎给整本书录音,到时候会出张很棒的唱片,很快就会着手进行。

沉默寡言、做着白日梦的小乘懦夫,这句写得真美。尼尔那边有什么消息?等我到了巴黎再给我写信,倾诉所有,这真是太棒了。我会尽快回信。我写信告诉比尔你的消息了。晚安。

爱你的,
艾伦

363　艾伦·金斯堡[法国巴黎市]致杰克·凯鲁亚克[无地址,佛罗里达州奥兰多市]

一九五七年十月十六日

美国运通

巴黎

亲爱的杰克:

昨晚我回到巴黎,住在一间舒适温暖的大房间里,有两个煤气炉，房间在六楼，具体位置是心之居所街九号，距离圣米歇尔广场一个街区，窗外可以看到塞纳河。

彼得的信说得更详细。看来拉夫卡迪奥藏身在奥洛夫斯基的小窝，正在发疯。奥洛夫斯基太太也在发疯。至于谁疯得更厉害我们无从得知，因为拉夫没有写信。无论如何，情况听起来非常糟糕——比如，我们看了信后担心她会报警，把拉夫卡迪奥送进疯人院。（他可能是疯了，因为她一直折磨他，而不是照顾他，她想让他去见他父亲奥列格，威胁他父亲要钱，她还希望他离开。另一方面，她也厌倦了他，他疯了，她则身无分文，债台高筑，因而可能惊恐万分。）反正是一团乱麻。

我们觉得应该做些什么，因为情况听起来已经失控，他可能最终会被她送进疯人院，因为他的其他兄弟也有过类似的经历。

彼得考虑立即回美国——如果没有别的法子，而情况又像上面描述的那样糟糕的话。

所以如果可以的话，你愿意替我们探明情况，看看能做些什么吗？你要做的就是去看看她是否已经把他送进了疯人院，把他带到城里来（如果他愿意的话），给他找个房间，给他留够吃饭的钱，可以用你欠我的那些钱。

我不知道你的钱够不够用——以上都是假设，我们正在想办法，好让彼得不必马上回去。

彼得计划两个月后回来，无论如何也要赶在圣诞节前。如果你能暂时解决问题，缓解目前的危机，也许一切都会过去，彼得可以按原计划留在这里。如果不能，并且情况仍然很糟糕，他会立即前往美国——之后再让大使馆以借家里有急事为由将他送回来。

这信由航空特快专递发出。我知道担负这样的责任可能会让你心烦，因为我也一样，这整件事让我心烦意乱。

我不知道你这一周经历了什么，要应付那些疯狂事件带来的压力，是否有条件为此做点什么。

如果你能试试，那就赶紧找个热心的开快车好手带你过去，再写信告诉我们情况。

如果你无能为力，也请立即回信告知我们，以便我们安排彼得回来。我的意思是，我们要在几天内收到你的消息——不能再等了。

通常情况下，我认为这样的事情会顺应佛教的自在神力，不解而破，做任何事都是徒劳（就像太阳没有我的帮助自升自落一样）——但拉夫遭遇的可能是真正的恶行，亲爱的拉夫，我们很担心他。

所以我是说，杰克伙计，马上给我们写信，告诉我们你能不能过去，这样我们就可以歇斯底里地大动作一番。

彼得很是担心难过。

其他一切都很顺利，我们从阿姆斯特丹救回柯索，在那儿痛痛快快地玩了三周。今天见到［巴尼·］罗塞特，等你收到这封信时他已经在纽约了。还见到了弗雷希特曼，巴勒斯的书稿他还没开始看。所以我拿回书稿，打算明天带给贝克特，地址搞到手了。比尔说奇奇[1]是在西班牙被嫉妒他的乐队领班刺死的。简·鲍尔斯疯了，现在在英格兰的医院。比尔写得更多了。前几天我给你写了封信。格雷戈里的书一定很好。我家人看到你上了电视，说你也谈到了《嚎叫》，太好了。我听说案子赢了，上了《旧金山纪事报》的头条。既然我们已经离开地球，我正在为宇宙的其他生灵写长诗——这是自人类发明火之后地球上最大的新闻事件（告诉卢）。你知道吗，我们很快（十年内）就会登上月球，还会在有生之年与火星兄弟们一起嗑药？那里还会有其他人，我相信我们会相遇，我们的诗也会被他们读到。我要为整个宇宙重写惠特曼，已着手写了一首长诗。那一晚在阿姆斯特丹，我以全新的眼光看待月亮。

所以，亲爱的杰克，请给我们回信，暂时对拉夫卡迪奥施与援手（即使情况一塌糊涂），做不到的话，也不要担心，我们不会怪你，但要写信告诉我们情况，说明你爱莫能助的原因，以便我们寻找其他切实可行的办法。远水难解近渴啊。

可以给尤金打电话，借他的车一用，请他帮帮忙。也许他会怀抱同情，热情相助，但他也可能会觉得受到牵累，不胜其烦。谁也说不准，他也许会把它当成一次冒险，乐于在你的身旁发光发热。

格雷戈里很好，跟我们住在一起，还在写作。巴黎很好。但愿没有卑鄙小人来破坏我的幸福。我自由了，不再受苦，事实上我从没吃过苦，但其他人似乎都遇到了麻烦。问候吕西安和梅里姆斯（他写信跟我说有一天在他家举行了一场大聚会）。今天我见到了德克斯特·艾伦、贝尔德和梅森，啊，我宁愿宅在家里煮煮饭，也不愿往外跑，除非是去看画展，或者见见那些十八岁到二十四岁未受社会荼毒的天使——老天使堕落了，女天使触不可及，不过我才刚到，我敢打赌，好戏马上就会上演。

写信跟我说说新鲜事。

霍尔姆斯说了什么？

爱你的，
艾伦

1. 奇奇是威廉·巴勒斯在丹吉尔交往的年轻男友。

杰克·凯鲁亚克［佛罗里达州奥兰多市］致艾伦·金斯堡［法国巴黎市］

一九五七年十月十八日

亲爱的艾伦、伙计们：

我刚刚就格雷戈里的诗向费林盖蒂发表了自己的浅见："我认

为格雷戈里·柯索和艾伦·金斯堡是美国最好的两位诗人,他们没有可比性。格雷戈里是个来自下东区的年轻人,很坚强,他像天使一样飞上屋顶,唱起意大利歌曲,歌声如卡鲁索和辛纳屈的一样甜美,但他的歌只有词没有曲。'甜美的米兰式丘陵'在他文艺复兴的灵魂深处蜿蜒,夜晚降临山头。神奇而美丽的格雷戈里·柯索,独一无二的先驱格雷戈里。慢慢读,细细品。"

(说的好吗?)如你所知(你知道吗?),费林盖蒂问斯特林要我的《布鲁斯之书》,我们寄给他了。我告诉费林盖蒂,他可以顺应前面的叫它《布鲁斯》……《嚎叫》《汽油》《布鲁斯》,这样排下来很不错!与此同时,我把《齐齐的哀歌》打出来,寄给了唐·艾伦,他的信与我的擦肩而过,他在信中用你给《汽油》写的序言反驳了我,但这没关系,实际上还相当好……特别是那种"嬉普式抱怨"。所以一切都很顺利……但(我认为,我希望)真正的好消息是:我给百老汇或其他剧院写了一出三幕剧,就一出,莱奥·葛伦肯定会在他位于第二大道的犹太剧院排演,剧院这边我们还认识丽莲·海尔曼和一些制作人大佬,明年春天,负责宣发的大佬乔·路斯蒂格也会组织大规模的诗歌朗诵会,所以你明年早春回来参加朗诵会是值得的……他想用爵士乐伴奏,我要告诉他一定得音乐先行,诗人朗读在后,然后再是音乐,再是诗人朗读几首,千万不要像旧金山广场那次一样把爵士乐和诗歌混在一起。乔会接受我们所有的建议,他是善良的犹太圣徒。事实上,艾伦你一定要和他结盟,建议他邀请像查尔斯·奥尔森和加里〔·斯奈德〕这样的人,而不是理查德·霍华德和之类的白痴来朗诵(虽然听起来那样可能更有意思)。这出戏叫"垮掉的一代",而这仅仅是个开头……同时莱奥·葛伦也渴望看到格雷戈里写的剧……你要找这个疯狂的小家伙(导演)的话,可以联系乔伊思·格拉斯曼,地址是西六十八街六十五号。戏剧!演出!从作者包厢跳到舞台上说一通花言巧语！小礼帽！歌剧！红色衬衫和黑色斗篷！数百万！钱！女人！像杰克·邓普西一样在鲍厄里街醉酒！和斯坦利·古尔德在丽兹酒店一起发疯！清晨的威士忌在海洛因里变酸！向凯特琳·托马斯扔垃圾筒！亲吻修女的双足！你们这些家伙知道吗？纽约三十四街的亚西西的圣方济各教堂的神父们，他们为了我的精神和世俗福祉而做的弥撒，实际上是应康涅狄格修道院两位陀思妥耶夫斯基那样的秘密修女的要求，就因为我在电视上说的那番话？我在二十四小时内就写好了剧本，不写完就睡不着觉。所有人都赞成自发性写作。接下来是我想说的重大消息：艾伦！你将在剧中扮演艾伦·金斯堡！冲向纽约，成为著名演员，在舞台上吼出兰波的诗，在尼尔假想的客厅里躺在主教母亲和姑母中间！这些都发生在主教之夜，前一天则是赛马，第一幕有一个场景是大个头阿尔·欣克尔和小不点查理·缪在阿尔·萨布莱特的厨房里！是出喜剧！人物对话像瀑布一样倾泻在页面上！彼得扮演彼得，戏份很重，他唱着"花儿们记不起过去的时光"。彼得，请把那首让人泪目的摇滚歌曲名儿和歌词告诉我，我要放进剧本，这样那些嘴里叼着雪茄的制作人大佬就能看懂了，彼得的戏份真的很重，最后彼得、艾伦和杰克在主教面前开始尖叫"神圣、神圣、神圣"……我有预感，我的这出戏已经重新定义了美国剧场……它甚至还没在打字机上打出来！我刚写完！莱奥·葛伦娶卝车来佛罗里达先睹为快！飞机从头顶飞过！等我过年回到纽约，我就着手处理巴勒斯的书稿，唐·艾伦已经有一份了，我也让乔伊思·格拉斯曼给菲利普·拉夫打了电话，马上就会有回音……彼得说的"月球上的羚羊"那句真美……都很美，格雷戈里说的、艾伦说的，所有的都很美……我最近写了一首诗："精神的债／肉体来偿。"（我管那些短诗叫"艾米莉"。）更近的一首是："我用年轻柔软的胶水粘住她。"意思是，美国，我曾经年轻过。我

一九五七

写过这样一句诗,"羞于向耶稣展示我的屁眼",然后第二天痔疮就发作了。

另:你在旧金山的官司赢了。我的钱还没收到——快了!

又:德国的出版商刚刚买下了《在路上》,是罗沃尔特出版社。

艾伦,到目前为止,我就收到了一个短篇的钱,但接下来会有更多,一月份还会收到八千美元的版税支票!你的钱什么时候、在哪儿、通过什么方式给你呢?(纽约有传言说我不想还你钱!)

让-路易

艾伦·金斯堡〔法国巴黎市〕致杰克·凯鲁亚克〔无地址,佛罗里达州奥兰多市〕

一九五七年十一月十三日至十五日

亲爱的杰克:

格雷戈里带来了他的信,我在信里再加一页,好省点邮票钱。你放心,我们都还在这儿,还没飞越大西洋。现在之所以这么安静,是因为积了一堆信要回,两周前我又感染了亚洲流感,卧床至今。这期间我一直在读有关阿波利奈尔的论著,学了更多法语,不知不觉间法语阅读能力有所提升——不够读书,但够读书里引用的诗句。我沉迷于法语诗,我去了一家大的书店,看到马雅可夫斯基戏剧全集的法语译本,叶赛宁雅致有趣的诗歌小册子,高高的书架上陈列着二十世纪法国波希米亚诗人的作品,有马克斯·雅各布、罗伯特·德诺斯(一个法国女孩说我的侧脸看起来像德诺斯)、勒韦迪以及亨利·皮切特——都是大部头书,还有法尔格、桑德拉尔等等,我不曾读过这些大书,但读过他们一些非常私人和生动的文字,包括普雷维尔以及所有有趣的超现实主义者。我想提高法语,想钻研他们,但这些书都没有英译本,从这一页页出版了五十年的细长松散的诗行中可以看出他们是多么好的人啊。对于格罗夫或城市之光来说这将是一个令人伤感的宝库，如果他们有时间和足够的智慧对这些诗进行整理、编辑、翻译，让大家在美国可以读到，那该多棒啊——因为其中大多数诗真的几乎不为人知。不管怎样，我很高兴，我的法语越来越好了，总有一天我会像［理查德·］霍华德那样，帕特森的家里放着法语书读，并且也许还能从阅读中得到享受。

如你所见，格雷戈里在旧金山时进步很大，从那以后他就一直有所进步。他现在更加成熟，就像阿波利奈尔，正处于多产的黄金时期。尽管穷困潦倒，但依然活得精彩。他是怎么做到勉强糊口、每天乞讨、招摇撞骗、四处留情且每天都能写出精彩的诗作——就像随信所附的这首？自上个月完成给城市之光书店的书稿以来，他新写的诗已经够出一本巨著了。格雷戈里正处于他灵感爆发的黄金时期，就像在墨西哥时那样，但他是个更加冷静、严肃的天才，每天早晨一醒来便开始打字，最近这几晚打了两三页近乎陌生的诗稿，现在他甚至更进一步，即将步入一个他所熟知的古典阶段，他可能会创作有结构的诗，探索宏大的诗歌形式，他的天才充满了让我感觉陌生的东西。

我们也弄到手很多毒品，比之前比尔和加弗跟我一起吃的都要好，很纯的海洛因，我们用鼻子吸，就这么简单，不用那种难看的注射器，但非常过瘾，不亚于从大动脉注射进去，而且效果更持久、后劲儿更大。这里的毒品还很便宜，去卢浮宫时可以随身携带。

对巴黎的探索才刚刚开始，得去拉雪兹神父公墓庄严地拜访一下阿波利奈尔的纪念碑以及蒙帕纳斯公墓里的波德莱尔墓。

常春藤环绕着花岗岩。

我坐在纪德、毕加索和穿着考究的雅各布曾经常光顾的咖啡馆里哭泣，我要为我母亲写一首伟大而庄重的挽歌，上周我写了开头——

> 别了
> 黑长靴
> 别了
> 冒着烟的紧身胸衣和钢肋
> 别了
> 破套袜
> 哦，母亲
> 别了
> 与六个阴道和满是牙齿的眼睛和阴道附近一根长长的黑胡子
> 哦，母亲
> 别了
> 三角钢琴无能地回响着你熟悉的三首歌
> 与克莱门特·伍德、马克斯韦尔·博登海姆和我父亲这些老情人们
> 别了
> 与你胸前皮脂瘤上的六根黑毛
> 与你松弛的肚子
> 与你对祖母在地平线之上爬行的恐惧
> 与你充满借口的双眼
> 与你腐朽的曼陀林手指
> 与你跟帕特森门廊一般的胖胳膊
> 与你不可避免的政治大腿
> 与你塞满了罢工和烟囱的肚子

与你托洛茨基的下巴
与你献给穷途末路的工人们的歌声
与你的歪鼻子和你鼻子里的纽瓦克腌黄瓜味儿

与你的双眼
与你双眼里的俄国和美国热泪
与你双眼里的坦克火焰喷射器原子弹和战机
与你双眼里被机器人侵略的捷克斯洛伐克
与你双眼里美利坚的衰落
哦,母亲,哦,母亲
与你双眼里救护车载着奄奄一息的玛·雷尼
与你双眼里的埃莉诺姨妈
与你双眼里的马克斯叔叔
与你双眼里看电影的母亲
与你双眼里在钢琴上的一败涂地
与你的双眼被警察带到布朗克斯的救护车上
与你双眼里去上夜校绘画课的疯狂
与你双眼里在公园撒尿
与你双眼里在浴室尖叫
与你双眼里被绑在手术台上
与你双眼里被切除了胰腺
与你双眼里的堕胎
与你双眼里的阑尾手术
与你双眼里的卵巢切除
与你双眼里的妇科手术
与你双眼里的休克
与你双眼里的脑叶切除术

一九五七

> 与你双眼里的中风
>
> 与你双眼里的离婚
>
> 只与你的双眼
>
> 与你的双眼
>
> 与你的双眼
>
> 与你被鲜花覆盖的死亡
>
> 与你洒满阳光的金色窗户的死亡……

我哭泣时写得最好。总之，我哭着写下多行，然后想出这样一种可以无限扩充的诗歌，稍后我会完成这首大型挽歌，也许在某些部分可以少一些重复，但我要找到哭喊的节奏。

关于拉夫卡迪奥的好消息，失踪很久的父亲奥洛夫斯基突然出现，答应每周给全家十美元生活费，和拉夫进行了一场严肃而得体的谈话，家中危机继续但已不再紧急，不会再有什么疯狂举动，所以彼得不用急着赶回去。我们写信给你时没意识到你已经离开纽约。与此同时，乔伊思·格拉斯曼写信给我们，说她和唐纳德·库克要一起去看看是怎么回事，所以情况已尽在掌握。拉夫的来信通情达理，他说他蓄了胡子，以后要成为伟大的时空艺术家。他一直在画画，给我们寄了一张蜡笔画，画上是一张火红的脸，画的是神秘主义者太空人拉夫，戴着红色护目镜。

剧本准备好了就告诉我。我觉得我们自己要淡化关于垮掉的一代的言论，让其他人去唱高调，我是这么想的，不论口号会带来什么好处，都不要让它们操纵你，让你过于沉迷其中，让霍尔姆斯吹捧去吧，比如"旧金山文艺复兴"可以提，但没必要拿我们做文章。我的意思是，我通常会避免使用旧金山这样的字眼，就好像有个一体的旧金山流派一样。如果你放任他们，或者被怂恿去大张旗鼓地宣扬垮掉的一代，那你只会沉迷于纽约的政治宣传。如果你被拴住，那你要牺牲的东西可太多了，即使别人问你天气怎么样，你也得谈到垮掉的一代，这只会让你难堪（可能已经很难堪了）。让霍尔姆斯去处理那些事吧。下次如果有人问起，你就说这只是你某天随口说出的一个词，它有一定的含义，但不代表一切。告诉他们你有六个阴道。

［……］

梅森·霍芬伯格读了比尔的书稿［《裸体午餐》］，说这是他读过的最最伟大的书，他把书稿带到奥林匹亚［出版社］，向我保证出版社一定会接受（梅森给他们写过一本色情书，认识他们，也是出版社的顾问）。《华盛顿布鲁斯》让他大吃一惊，看到他的反应，我大松一口气，我想这本书一切都会顺利的，会完整地出版。比尔又给我寄了三十页稿子，说他还有一百页要写，说最终会有一个像大审判官这样的新角色，将整本书归置于统一的主题、叙事流和叙事空间之中，并填补所有空白，将一切统一到完美的结构和乐趣中，就是这样。

我估计春天就能出版。这周我正在等回音，等有消息了再通知比尔。我觉得没问题，他们会买下书稿的，即使合同条款会很苛刻，印一次的稿酬是六百美元（也就是说，如果重印，他可以再拿六百美元）。但我会给比尔争取一份正式合同，把所有杂志刊载权都留给《常青评论》。我必须和［斯特林·］洛德联系上，问清他在巴黎办事处的地址，让他们安排好各种法律细节，因为我个人不想再为另一个像韦恩那样的混蛋出版商负责了。奥林匹亚出版社同样反复无常、名声很臭，所以出版条款必定不利于我们，但除了一鼓作气把书出出来这件最重要的事之外，我们也没什么别的可做的。我可能过于紧张、匆忙，一心想着出版，而忽略了比尔应得的和可能要求的那种商业尊严幻觉——你怎么看？我不知道，但能看到他们接受书稿我就很欣慰了。但我会尽力让洛德的巴黎办事处保护好比尔。

[……]

我收到很多信,很多不知名的年轻生意人含泪祝贺我重获自由,说他们已经失去了灵魂。我必须一一回复,还有几十封信要写,所以最近我很少靠近打字机,也没有给你写信。我还欠拉维涅六封回信,还有惠伦,麦克卢尔又开始给我写信了(他读了你的《布鲁斯之书》之后受到启发,看来费林盖蒂正带着书四处展示),他说你的诗是自弥尔顿以来最伟大的诗,还说读《在路上》时他热泪盈眶,尤其是读到你和尼尔在洗手间里争吵那一幕。比尔的信我总是来不及回。我说过要给你再写一封五十页的长信,继续讲讲我们的欧洲之旅,这一计划尚未完成。我还没来得及跟你聊意大利、维也纳、慕尼黑和阿姆斯特丹,不过快了。我很少在打字机上把诗打出来,要完成那些华丽的任务,时间永远不够。你一定忙得不可开交,比我还忙,跟我详细说说吧。(哦,我找到洛德的地址了,当我前面没说。)

还是没有热内的消息。你在写什么小说?《齐齐的哀歌》碰巧写的是我们给比尔寄的剪报里提到的那种新疾病,叫库鲁病,与亚洲神经错乱症还有谵妄症密切相关,也叫笑病,"整个村子都笑得筋疲力竭而亡"。

我录的那张唱片糟透了(放给这边的画家嬉普士们听时觉得无地自容),但费林盖蒂说我应该再录一张未删节的密纹唱片,由他和幻想唱片公司交涉(已经签约,万事妥当),所以等流感好后嗓子一恢复,我就要录下整本书和一些新写的诗。格罗夫给我录的唱片被审查了,我很生气,一想到自己的嗓音我又觉得尴尬,因为读第二和第三部分时我真的没那么声泪俱下,也没那么严肃(读得越来越好,也没有愚蠢的密集的眼泪)。我让格罗夫把录音的那部分打印出来,他们没理我,现在看来,那张唱片完全是个低级错误。那些秃鹫，他们错过了最肥美的那块肉。但没关系，我早晚会录张不错的唱片，也许不会，但我会试试。这张唱片真让人反感，我以八百法郎的价格把它给卖了，钱用来吃饭（这对即将前往英国的人来说，其实还不到两美元）。费林盖蒂在巴黎书店的朋友[1]放了五十本我的书在大橱窗里做陈列，几周就卖出去几本，所以我的收入很少。

你的畅销书现在能卖出去多少？这一切如梦似幻。感谢上帝。尼尔想要五千美元，他没给你写信吗？我们谈到你的钱、我们的幻想和需求，但无论我们想要什么，都比不过尼尔的终极大需求，那就是用来买毒品的五千或一万美元。你打算怎么办？我要给他写封信。我想知道他到底怎么想的。《嚎叫》的官司结束后，《旧金山纪事报》用整个头版头条报道了审判结果——真不知道他是怎么想的，他在电视上看到你了吗？

[……]

我从来没收到过《在路上》，如果你有时间采取必要行动的话，告诉维京出版社巴黎的书店里一本《在路上》都没有，他们本可以在这儿也大赚一笔。英文版的总共就几百本，估计印得不够。

容我再说一句，几个月前，我第十次建议费林盖蒂重读你为城市之光书店写的布鲁斯。我还让他读比尔的书，建议他挑一个巴勒斯的短篇——比如说《词语群》。但是不管我的建议能否奏效，他联系你聊你的书时（我猜他会有所行动），你也提醒他读读比尔，等格罗夫那边读完了再拿给他读，我想他可能会读的。这样巴勒斯就能在美国有作品发表了。我正在读你最近的来信，看看还有哪些事没做完。（彼得到威尼斯之后就没给我写过信。）

我父亲和我哥哥写信都说电视上的你看起来一脸茫然，你是不是嗑嗨了？我想他们错过了之前疯狂的场面，那就像梦一样。

我收到博登敦少管所一个男孩的疯狂来信，信写得颇有兰波的味道。[2] 我也给［罗莎琳德·］康斯特布尔写了封疯疯癫癫的兰波味道的信，我说卢斯应该派我（还有你、彼得和格雷戈里）去俄国秘密旅行。她说她把信转给卢斯了，谁知道呢？祝福我们大家，我很悲伤，我们都很伟大。我给加里写了信。惠伦不知跑哪儿去了。

十一月十五日：奥林匹亚出版社拒绝了比尔的书稿，我还在努力劝他们回心转意，也许能成功。《党派评论》发表了一首我的诗，给我寄来十二美元，我又给他们寄了三首柯索的诗。我们可以通过免费宣传，自己筹钱给比尔出书，或者再不济也可以通过募捐。

爱，泪水与亲吻，
艾伦

1. 西北风书店的老板乔治·惠特曼是劳伦斯·费林盖蒂的老朋友。
2. 指的是诗人雷·布雷姆泽，他当时在新泽西的监狱里。

杰克·凯鲁亚克［佛罗里达州奥兰多市］致艾伦·金斯堡［法国巴黎市］

一九五七年十一月三十日

亲爱的艾伦：

你的诗很美，尤其是那句"与你双眼里救护车载着奄奄一息的玛·雷尼"。（为什么你不把救护车'ambulance'写成潜护车'aumbulance'呢，这样它就有了潜空导弹车的意思）……嗯，格雷戈里那句"太阳拱门里的小甜心"确实令人惊叹……我写这封信时已经酩酊大醉，请原谅，我也有一千首新诗要写，但我太累，实在是太累了，没法寄几首给你看看……以后再说。三周后我去纽约，在格林威治的先锋俱乐部朗读我的小说，从《在路上》开始，之后再读那些幻象和诗歌，一个晚上读两次……要是每周都能赚这么多钱，我会一直做下去，而如果这都不能让我变成酒鬼，那就没什么可以了……事实上，我对这次冒险持怀疑态度，但我得赚钱。好莱坞也许根本不会买我的书，白兰度是个混蛋，我这个美国最伟大的作家写信给他，他居然不回，他只不过是舞台上某个小国王的小丑，我很生气，所以你的二百二十五美元我会尽快还给你，可能是十二月或一月，等我拿到版税，别担心，总之我会拿这笔钱给你买回程票的。就像之前你替我付来东海岸的钱一样，你的回程路费由我来付。如果电影没卖出去，我真的就只有《镇与城》的钱了，真遗憾，让你们空欢喜一场，看来我到死都是个穷比丘。但我希望以夜店表演者的身份见到制作人等，变成像迈尔斯·戴维斯那样酷酷的音乐家，但愿自己不要喝太多。三周后我会住到亨利·克鲁的公寓去，在西一一三街三〇七号。《芝加哥评论》的保罗·卡罗尔让我给他寄点东西，我寄了《吕西安午夜》组诗（我新写的，你没读到，实际上是昨晚写的）和其他一些诗。杰伊·劳夫林打算做《尼尔的幻象》精选版，大概一百来页，那将是最好的小说，售价七点五美元，薄薄一卷，别致的私藏系列。他说这是个开头，他在信里表现得很客气，还给我寄来他最好的诗歌小册子。他是个很好的诗人。我害怕即将开始的纽约之行，但呆在这里让我感到厌倦，人也越来越胖。这趟旅程的终点可能就是鲍厄里街，但正如特丽丝苔莎过去常说的，我不在乎。不，格雷戈里，我不会在吕西安的地板上哭泣，他让我开怀大笑。吕西安是我的兄弟。这次我要找到拉夫，等他进城后，我会好好照顾他。等我从先锋俱乐部赚到钱了，我就去买油画颜料，画更多圣母马利亚的圣像，她是我的母亲，也是你的母亲，所有人的母亲。我是一片无边无际、光着脑袋，甚至对疯人院的患者来说都不可理

一九五七

喻的巨型云，对于一个简单的橄榄球运动员来说，这是怎样的命运啊！一个叫贝·赞布尔的人给我寄来一封疯疯癫癫的信，我给他回了首即兴创作的诗——如此疯癫以至于格雷戈里看了也要发狂，诗里说："像《美好的日子里跟比迪父亲出城》里的阿加·阿诺德那样阴险狡诈的文人已经霸占了科学声明几百万年——明白了吗？我是傻瓜！我爱反向倒转！我在我的角牛身上找到哞-笛！爸爸，是我做的，因为这么做有钱。——我是统治者，是总统！"诸如此类。结尾是："我的良心全被雪覆盖。事实上，我的良心已经麻木。"

换句话说，我发现了格雷戈里的秘密，因为我聪明过人，又疯疯癫癫，但我不在乎。现在我已经是个不错的小说家了，我正在写《达摩流浪者》，是关于[加里·]斯奈德一九五五、五六年在伯克利和米尔谷的经历，比《在路上》要好得多。我知道，因为那个邪恶的吉尔伯特·米尔斯坦，我将在纽约出尽洋相，但我希望自己能保持清醒，把小说写完。如果我这趟回去能把《在路上》卖给电影公司，白兰度可能会来俱乐部找我，我要建一个信托基金，然后消失在禅宗的疯狂之路上，你们都可以加入我。这就是我做这件糊涂事的目的。"读几页莎士比亚就可以了解中世纪时的整个欧洲"，我昨晚读到"可怜无援的兵士！这一顶薄薄的戎盔"时写道。哇。我还在读《堂吉诃德》，这可能是有史以来最伟大的作品，感谢上帝给了我们西班牙！当然，所有人都是堂吉诃德，因为活着就是幻觉。嘀嘀嘀嘀嘀嘀嘀嘀嘀嘀嘀哈哈哈哈！所以我很快就给你寄钱，艾伦，别担心，阿尔，很快很快，一个月前我给你寄了封信，让你转寄给巴勒斯，你收到了吗？好吧，以后再说。我很烦恼、悲伤、愤怒，正在写一部伟大的小说，叫《达摩流浪者》，哇，等着看这本小说吧！里面的加里太伟大了，还有惠伦……等着瞧吧。我还想说：我们都要死了。尼尔不写作。伟大的尼尔。尼尔跟我下棋时说:"哈!现在我可以向胜利屈服了。"他这是为了讽刺我,因为我曾跟他说过,我是菩萨,所以会让他赢棋……我还写了一出关于尼尔的剧,《先驱论坛报》提过一笔,现在有四个制作人在读剧本,可惜写得太短了。不过没关系,亲爱的老色鬼们,请为我祈祷,但愿我四月能和你们在巴黎相聚,因为我想拥抱你们,可怜无援的家伙们。好吧,这是约翰王说的,不要践踏那个可爱女孩。

无援的约翰

艾伦·金斯堡 [法国巴黎市] 致杰克·凯鲁亚克 [纽约州纽约市]

一九五七年十二月五日

亲爱的杰克:

昨晚我嗑药磕嗨并想到了你们,告诉自己,我们——现已成名——不能因为名声地位不同而疏远彼此,而要在默默无闻的孤独中互相亲近,我只是在给彼得的信里加了这么一句,所以不要多想,我会给你写封长信,我又想起了你的作品。是的,白兰度一定是个混蛋,他太长时间没和我们联系,还拍了那么多烂电影,这就是可悲的报应。费林盖蒂昨天给我寄了一百美元,我们去吃了好吃的,我给了格雷戈里二十美元房租,他现在暂时搬到我们这里,我们还买了热内和阿波利奈尔的色情书,还有一纸包海洛因、一火柴盒劣质大麻粉和一大瓶昂贵的美极鲜酱油,有一夸脱那么多,真是永恒的酱料。啊,格林威治先锋俱乐部发生的那件事听上去有点不对头,他们不会喜欢听你朗诵的,真希望我们也在场,由我们来带动观众的情绪,鼓舞他们,就像你之前在旧金山为我们所做的一样,但也许你自己就能搞定。朗诵时你要把自己当作圣人,甚至可以羞辱他们,但也许这只不过是场舞会。祝你好运,不要喝太多酒,不要对纽约不满。纽约像个美人,你提起它时显得落寞,真希望我们可以分享纽约的疯狂。那二百二十四美元不用着急,格罗夫出版社将出版我那首《在西瓦尔巴的午睡》的十七页长诗,大概这个月就会给我钱,另外,编过垮掉的一代选集的城堡出版社的费尔德曼给了我三十五美元(我猜你都知道,这是《嚎叫》重印的钱),城市之光书店也会给我钱——你知道吗,他们已经给了我二百美元(还有二百本书)?真是个奇迹。如果他们出版《布鲁斯之书》,你也能赚一笔。所以,等你有钱了再还我吧,我一点也不往心里去(你总是提还钱,我觉得你以为我不耐烦了),而且我也不指望年前就收到这笔钱。《尼尔的幻象》很棒,它是一部伟大的小说,一个奇迹,他们会选哪些部分,为什么只选了一百页?也许以后巴勒斯要出版作品也可以参考这么做。奥林匹亚出版社拒绝了他的书稿。城市之光书店则想快点见到他。唐·艾伦花费的时间太久了。比尔写信说,他写着写着,不经意间进入了一个更加宏大和规范的结构之中,现有的书稿必须跟着调整,以嵌入这个新的利维坦式设想的空隙中。他说他已经完成数百页,将在新年后抵达巴黎。《党派评论》收到我们那封疯狂的去信后选了格雷戈里的两首诗,应该在新方向有所动作前让他们提前出版《尼尔的幻象》里的选段。他们还接受了勒沃托夫的两首诗——瘟疫一样暴发了(我们信里就是这么说的)。霍尔姆斯来信说圣诞节过来。昨天还是没在城里见到帕金森。彼得和格雷戈里画了很多画,彼得在红树上画了奇怪的红色天使,格雷戈里在墙上贴了帆布纸,把我们这周发生的事画成生气勃勃的抽象画。我胆小,不敢碰画笔——因为胆小,写得也不多,但我觉得自己正在克服这个毛病。但愿吧,我写得这么糟糕,又这么少,感到既羞愧又烦闷。吉·米尔斯坦除了是个地道的纽约人之外,还有什么邪恶之处吗?他的评论让人热泪盈眶。你还记得范·多伦总是把《堂吉诃德》挂在嘴边吗?我喜欢的是最后那几页,也就是堂吉诃德"醒悟"过来的时候。我把你的信寄给巴勒斯了,他没给你回信吗?我想我暂时还不会回家,我要在巴黎呆六个月,到了春天就和你还有比尔一起向东旅行——如果可能的话,我想在环绕地球一圈后,先去莫斯科,希望在回美国前我能有一个大幻象。有机会就快来巴黎吧,亲爱的。昨晚我想起你的作品,觉得你写得真好(不仅仅是小说)。你笔下那些你在想象中爱着的人——比尔、吕西安、尼尔、洪克、你父亲,我是说那些对你来说像父亲的人,揍你鼻子的人,而不是我们这些亲吻你双脚的人(现在是我和彼得)——就像你对菲尔和加里那样,他们身上那些悲伤而深刻的细微之处得到了立体的呈现,而不是像在《荒凉天使》中那样几笔带过。也许你是因为害怕冒犯我和彼得(依你所见),所以才没有详细描述,但我宁愿你写下我那些悲惨的细节,而不是被当作一个轻浮的孩子,叫人宠爱,尽管这是个苦差事。这里的赫切特街是条年轻漂亮的小巷,巷子里的酒吧是喜爱存在主义的十七岁高中逃课学生和他们的十五岁女朋友常光顾的地方,他们根本没钱买四十法郎一杯的红酒。我们带安森去过那儿,去看看那些留着齐肩长发和达达尼昂式大胡子的男生。彼得大概一个月后回纽约,我们希望能在先锋俱乐部见到你,一定能,也许还会带上拉夫。亲爱的,留在我们身边,我回信时会反复这么说,我觉得你的信里也这么说了。

艾伦

杰克·凯鲁亚克[佛罗里达州奥兰多市]致艾伦·金斯堡、彼得·奥洛夫斯基和格雷戈里·柯索[法国巴黎市]

一九五七年十二月十日

亲爱的艾伦、彼得、格雷戈里:

今天刚收到你们精彩的来信,我甚至等不及再读一遍,细细品味,我想马上跳起来回复你们一堆废话……我想告诉你们,我刚刚写完我那本精彩的新小说《达摩流浪者》，全是关于加里的故事，加里真实的森林幻象，不是超现实主义的浪漫幻象，而是加里对我那心灵纯洁的蒂-让本体所在的洛厄尔森林的幻象。事实上，你们应该不会特别喜欢，整本书里有很多关于禅宗的疯狂内容，而最好的是：《达摩流浪者》的所有精彩细节、诗歌和呐喊，最后汇聚在一卷一百英尺长的打印纸上，以一种奔放的叙事形式呈现出来。所以我给考利写信说，如果他不出版，别人也会出版的，就像《在路上》一样，这是真正有力量的小说。等明年二月《地下人》出版时，我又将有一首甜美的诗发表，那时我会倍感自豪，下一个要努力的是《萨克斯博士》。我花了好几天时间来删除唐·艾伦在《地下人》里残留的逗号和一些愚蠢的修改……所以它现在又和原来一样，别出心裁、出类拔萃、富有韵律，它代表着未来的文学作品，只有伟大的孩子才能创作出来。请允许我宣布，彼得那些写白雪中红色脚印的诗是真正伟大的诗，我现在宣布彼得·奥洛夫斯基为伟大的美国超现实主义一流诗人。彼得，我希望你能在一个月内回到纽约，就像我说的，我会住在亨利·克鲁那儿，但你千万不要去那儿！亨利给我定下严格的规矩，我可以呆在那儿，条件是不许朋友上门拜访，所以你只能给我打电话，我们可以在任何我们想去的地方见面，福格兹家、海伦·埃利奥特家、乔伊思家，任何地方都可以。要我说，彼得，你为什么不和乔伊思·格拉斯曼交个朋友呢？她搬了新家，地址是东十三街三三八号，租了整套大公寓，还有个大厨房，你完全可以住在她那儿，因为我想和海伦［·韦弗］上床。我刚给拉夫写了封长信，告诉他我会去见他。是的，艾伦，我知道朗诵会带来挫败感，但我想我会让他们振作起来，只有这样我才能再撑两周，还钱给你，也能为自己三月的巴黎凯旋之旅留些钱（只能约在街上见的话就太惨了），等到了巴黎，我会赶紧找到巴勒斯、金斯堡、柯索、奥洛夫斯基、安森和科克托，跟大家睡到一张石板床上，哦不，我是说玫瑰花床上，我是说我们像一锅炖菜，我是说我们所有人同时在一起。此外，伽利玛出版社刚买下《在路上》，预付了我法郎，法文版将于一九五八年在巴黎出版，所以现在我和热内在同一家出版社出过书了。坦白说，过去两个月，我只对"平安"感兴趣。你们知道基督进入一户人家时会说什么吗？他说"我将我的平安带给你们"，走时说"我将平安给你们留下"。这是最激动人心的话。我整天坐着，什么也不干，赏赏花、逗逗猫、逗逗鸟。我写起诗来速度很快，是个快手，但格雷戈里你说得对，美款款而来，但你瞧，如果你不像现在这样未加思索就脱口而出，你可能永远都开不了口，这就是莎士比亚的法则，你觉得他怎么才能写得那么快，那么多却又那么崇高？痴傻的李尔王遭受荒野暴风雨的吹打、跳舞的傻子以及荒野里的埃德加，这些都是一念之间的奇思异想。啊，我这样一个纵横四海的水手，撒的尿积起来比黄华柳还黄，如果我写得缓慢而谨慎，那你叫我黄华柳算了。这是莱昂内尔·特里林的格言，他像亨利·詹姆斯一样斟酌着自己想象中的句子结构。诗得像《西风颂》那样？醒醒吧，莎士比亚的才是诗，只有莎士比亚，不要拿庞德、托尔斯泰来压我，不接受反驳！莎士比亚是一片广阔的大陆，雪莱只是个村庄。格雷戈里，为什么你坚持与众不同，坚持选择毫无希望的雪莱作为你的英雄，为什么你和其他人一样，害怕承认吟游诗人威廉·莎士比亚的至高无上？你去问问巴勒斯莎士比亚怎么样，他是如何把这位不朽的吟游诗人捧在手心共度岁月的……事实上，巴勒斯自称莎士比亚。听听巴勒斯怎么说。不要被伟大的巴勒斯愚弄了。格雷戈里，你将接触到当今世上最伟大的作家，威廉·苏厄德·巴勒斯，他也说莎士比亚是世界的终结。在莎士比亚的大陆上，阿波利奈尔是草原上一坨不折不扣的牛粪。法国最伟大的诗人是拉伯雷。俄国最伟大的诗人是陀思妥耶夫斯基。意大利最伟大的诗人是柯索。据我所知，德国最伟大的诗人可能是斯宾格勒。西班牙最伟大的诗人当然是塞万提斯。美国最伟大的诗人是凯鲁亚克。最伟大的的犹太诗人是金斯堡。最伟大的因纽特诗人是"荒凉冰冰屋勋爵"。最伟大的巴勒斯风格诗人是世界。好吧，伙计们，三月巴黎见，不要打飞机，留几个姑娘给我，再留几个胡闹的年轻人，不要打乱计划，别担心，我一点也不在乎我会看到什么，只要我看到你们一切都好，那就够了。告诉艾伦·安森要去那个同性恋酒吧，和拿破仑咖啡馆在同一条街上，离他们坐着听古典唱机、喝咖啡和苦艾酒的地方有五个街区那么远，我和一个从都柏林来的爱尔兰摩托车手一起去过。还是说安森向往的是来自自然之子洞穴的长发少年？可怜的安森，祝福他的双眼，替我去亲吻他的双眼！你好，安森！你好，巴勒斯！你们好，母亲们！你们好吗？你好，艾伦！你那双眼里救护车载着的奄奄一息的玛·雷尼！还有太阳拱门里的小甜心！紫色的小妖婆正骑在太阳上！黑色的牛仔！没有培根的小屋！你好，彼得兄弟，小子你怎么样，亲吻你走过的土地！各位圣方济各教友，你们好！你们好！再来杯白兰地！你们好，你们这些可悲的人……华丽的启示到此为止，废话连篇到此为止，我们三月在巴黎天堂见，那时我们将点燃圣人的火炬。

艾伦，你知道为什么我说我是最伟大的美国诗人，而你是最伟大的犹太诗人吗？因为你是在看了《尼尔的幻象》后才了解美国文化的，在那之前你像巴勒斯一样觉得美国文化一文不值。还记得哈尔·蔡斯、沃尔夫的拥趸和黑暗祭司吗？你突然看到尼尔身上的美国文化，然后就看到了一切，你了解了它，并从中大赚一笔，但你的心在大山之中，哦，山中的部落，犹太山脉！我说得不对吗？你知道我没说错。巴勒斯不费吹灰之力就有了自己的美国风格，对他来说美国意味着布拉德出现在红色皮革座椅上，所以他生来就是美国的，和我一样（我用青少年诗歌来表达美国文化），但你只是在之后的行动中才了解美国。这就是金斯堡诗歌史的纯粹幻象。因为你不是美国人,你是拜火教的祭司,你属于二十一世纪充满渴望的新文化,那将是一种带有拜火教祭司、东正教、洞穴感特征的文化……所以意大利那些年迈乏力的方济各会修士无法让你信服,因为事实上你是个阿拉伯人,最重要的是,你是阿拉米人,是以俄国为祖国的人。犹太人和阿拉伯人都是闪米特人,而犹太人、阿拉伯人和俄国人在最深层的意义上都是东正教徒。如果你想了解更多信息,可以花二十五美分买本小册子看。

[……]

嗯,这是封奇怪的信,但都是真实的……等我三月到了巴黎,喝醉酒不省人事后,你们大可把我踩死在圣德尼教堂的臭水沟里,我会站起来,"呵呵呵呵呵哈哈哈",变成夸西莫多,沿着圣心大教堂前血腥却华丽的街道跑开,撕去小姑娘们的手足。所以,亲爱的,你们一定要把我和吕西安一起锁在大雾山的山顶,我们会把一桶桶炙热的威尔逊黑麦威士忌倒在你们蒙恩的头上,给你们戴上花环……明白吗?

杰克·凯鲁亚克［纽约州纽约市］致艾伦·金斯堡［法国巴黎市］

一九五七年十二月二十八日

亲爱的艾伦……亲爱的艾伦亲亲:

我在乔伊思厨房的桌子旁沉思,突然难过起来(当时她在做晚餐的汉堡)。"真希望艾伦也在,"她说,"没错,我们的肉够再做一个汉堡了。"

她那间疯狂的公寓在波多黎各区十三号街,位于A大道附近……是我的藏身之处,今天下午我终于告诉所有人我这辈子都不想再跑宣传了。我明白为什么雷克斯罗斯说我是"不起眼的托马斯·沃尔夫"(他能给"萨克斯博士"同样的评价吗?),每个人都在拼命攻击我们，包括赫伯·戈尔德，他们攻击我也攻击你。我母亲说每一次打击都意味着一次刺激。有天晚上，我见到了你可爱的堂弟乔尔［·盖登］，他给了我一瓶维生素片。你父亲给我写信说，想让我到帕特森去"聊聊"。我上周已经和一千五百人聊过了。我朗诵得不错。吕西安说，是的，我朗诵得不错。吕西安很难过，很羡慕我能坚持到底，亲爱的吕西安睡在我浴室的地板上寻欢作乐了两天。真希望你也在。我和乔伊思分手了，因为我想试试性感的高个黑发女郎，紧接着我突然见识了这个世界的邪恶，意识到乔伊思是我的天使姐姐，然后又回到了她身边。平安夜我给夜店的醉汉们朗诵了祷文，每个人都在听。拉曼蒂亚在我这儿，我跟他一起疯了好几天，沿着百老汇走了五英里，大喊着上帝，心醉神迷。他冲进忏悔室，又冲出去，飞到旧金山，很快又飞回来，和我一起参加了几场大型宣传采访活动，真是个值得尊敬的辩才。我还新认识了一个伟大的诗人：霍华德·哈特，他简直就跟彼得一模一样，是个天主教徒，拉曼蒂亚的朋友。上周的事我可以写部长篇小说，这样你就可以目睹整个画面了。还要警告你一件事，不久你就会知道……请原谅我的上一封信，我想我是个堕落的偏执狂，是个饿着肚子的可笑傻瓜。我渴望那种不可改变的、没有纠纷的终极友谊，就像刚认识尼尔那会儿，而不是像跟格雷戈里一起时那种冷嘲热讽的短期友谊。你从来没对我冷嘲热讽过，但我却嘲笑过你。那又是为什么呢？我告诉你，这是伟大事业的开端，让我们开始吧，放下手头的事，放下宣传，去地下寻找那也许是最后的伟大的金矿洞，带上加里和彼得，还有拉夫和比尔，格雷戈里想去的话也行。我说，我说，去他的怪物。不要再扯什么为诗歌而诗歌，那不过是投掷文字的游戏，真正有意义的是你我之间的聆听与讲述，就像尼尔的《琼·安德森的信》（说到这个，我从罗伯特·斯托克的文章中看到，人们现在已经把格尔德·斯特恩当成旧金山诗人了。所以我想,是的,他确实剽窃了《琼·安德森的信》的内容,我们现在肯定要讨回公道)。好吧,实际上,我什么也不会做,可能也不会再见到你了,我不知道自己要做什么,我只想要"平安"。到我的洞穴来找我吧。真希望能给你打个越洋电话。你是对的,你是对的,你永远永远永远是对的,你是对的。再见。愿上帝与你同在。复仇的阴影笼罩着我,做你想做的,别听我的。

杰克

一九五八

艾伦·金斯堡［法国巴黎市］致杰克·凯鲁亚克［佛罗里达州奥兰多市］

一九五七年一月四日

［原文如此。应是一九五八年］

巴黎第六区心之居所街九号

亲爱的杰克：

别充满恶意又醉醺醺地冲我大吼大叫，就像发自佛罗里达的第一封电报里那样，那其实很让人沮丧，我不知该如何回应——教导别人时要温柔点。我写的东西一塌糊涂，确实是这样，我写得太少了，我一直在打字机上磨磨蹭蹭，而不是情绪高涨地下笔千言。最近我写得很顺利的一次其实是因为嗑了药（一个让人颤栗的梦）——不过我的思想很伟大。我最近写了十页政治诗（就像布莱克的《法国大革命》，内克尔[1]穿上睡袍，里面满是金发女郎的尖叫，他高喊"断头台"，声音震动了洞穴般的卢浮宫潮湿的墙壁，很有布莱克的味道）。布莱克与惠特曼非常契合，当代史诗《美国的陨落》也是一样。［……］

我们见了斯特林·洛德，他带我们仨同他的朋友共进晚餐，大部分时间都和蔼地坐着和我们聊天，我们给他读了格雷戈里新写的那首关于旧金山的疯狂的诗——应《绅士》杂志的要求写的。"我看着恶魔岛用丹尼莫拉监狱里耀眼的宝贝紧紧抓住我的潘神的脚，哦，结实的恶魔岛，正在海王星的桌子上哭泣，看着死神端坐其上，像一个巨大的黑色火炉。"现在是周日晚，他穿上外套，揣着借来的一千万法郎，从雾蒙蒙的楼上下来，像个嬉普士一样乘火车到德国做推销员——前几个月睡在我们房间的地板上，睡在睡袋里。他想把食尸鬼的画或者大英百科全书卖给法兰克福的士兵，决定今天就走，试试运气，再看看德国。他叫我寄信时随附一个女孩的联系方式，这个名叫乔伊的女孩正在等你，之前他一直在和她约会，但他厌烦了，她住在巴黎，来自印度尼西亚，是个单纯的艺术模特，大体上是居家类型的女孩，他说你可以拥有她，以填补艾琳［·李］和巴黎女孩的空缺。

不管怎么说，《绅士》杂志给我们发了电报，答应只要我们把关于旧金山的诗寄过去，就给我们三十五美元。格雷戈里写了一首，我寄了《绿汽车》——修改过但还是很下流，还寄了《穿过堪萨斯》。尽管他们不会发表，但还是寄了三十五美元给我——也许会发表其中一首，谁知道呢。

［……］

是的，别再扯什么为诗歌而诗歌了。不过，我不像你和格雷戈里，尚未经历过疯一般一气呵成的写作阶段，我仍需更加自由灵活。上面这些诗虽意象丰富，却依然过于粗糙、生涩和直白，你一读便知。然而我想写一首关于美国陨落的恢弘的金色之诗，它可以是政治的，也可以是历史的，甚至可以是关于约翰·福斯特·杜勒斯[2]的——如果诗歌可以从垃圾筒中制成，为什么不能用报纸头条和政治观点炮制而成呢？像布莱克谈论法兰西国王一样谈论杜勒斯，颤栗刺骨的寒意从他们的手臂流淌到大汗淋漓的权杖。但我写得既痛苦又只有寥寥几首，还得修改，无法专注于自由表达，手执自己写出来的东西就如同噩梦一般。这并不是说我不赞同你的写作方法，我没有你那种橄榄球运动员才有的在纸上没完没了乱涂乱画的精力。我既紧张又烦躁，必须强迫自己坐下来——至少最近是这样，其他季节时时情况人会更松弛。我相信跑宣传让你懊恼。就像我说的，我预言自己理所当然会变得无人问津，是否宣传这个问题不用我操心。去他的，我尽说废话。比尔正在奋笔疾书《区际城》，还要写几百页，其中一部分我寄给了《芝加哥评论》。赶快联系唐·艾伦，搞清楚是怎么回事——已经好几个月没有他的动静了。

向吕西安问好,祝你们和你们的家人们新年快乐。今天巴黎下雨了,我很担心,走廊那头有个空房间。也许这个月我会去伦敦,我做了个喜忧参半的梦,梦见自己被挡在英国的围墙外无法入内,身上没有英镑,也没有可以交换的东西——和我两年前梦见去欧洲时的情形一样。我猜明年我要做几个开头开心地骑着大象去印度但结局却很悲伤的梦。一定要写信告诉我新的消息,还要说说你对纽约那光怪陆离的风景的看法——特别是吕西安的看法。我之前给他写了信。在我看来,居然要靠我们来拯救美国,这真是不可思议。可除了我们之外还会有谁呢,又或者,接下来我们还能做些什么呢?堂吉诃德在最后五页"幡然醒悟"。

回信时说下钱的问题,我好知道情况。

爱你的,
艾伦

1. Jacques Necker(1732—1804),路易十六统治时期的财政总监。——译注
2. 约翰·福斯特·杜勒斯是德怀特·艾森豪威尔总统时期的美国国务卿。

杰克·凯鲁亚克[佛罗里达州奥兰多市]致艾伦·金斯堡[法国巴黎市]

一九五八年一月八日

亲爱的艾伦:

我二月会收到版税支票,到时把钱一次性寄给你。斯特林告诉我,你和格雷戈里想知道我有多少钱……难道他没告诉你,《在路上》折腾了那么久,最后我只拿到四千五百美元吗?当然,电影版权没卖出去,只是四处赚了些小钱。这笔钱将作为我和我母亲共同的小窝的首付,我将在这个"艾米莉"小屋里安度晚年,创作俳句。小屋在长岛,比拉夫卡迪奥所在的北港还要远。我刚把巴勒斯

385 的书稿（他寄了两部给我，一部讲的是一个辱骂自助餐馆服务生的怪胎，另一部讲的是约瑟·利奥特）寄给费林盖蒂，是他问我要的。我还告诉了他唐·艾伦家的地址，以便他拿到《裸体午餐》的全稿。我说《墨西哥城布鲁斯》是诗，可费林盖蒂不认同……《芝加哥评论》要把我的诗作为首发（想想就害怕），还要把我对旧金山诗歌的解释放在最前面，对此我真是无话可说。我因为这件事臭骂了费林盖蒂一顿。费林盖蒂和格雷戈里也都认为我写的是随笔。就像我自己说的那样，不是说分行了就是诗……诗就是诗，诗句越长越好，卡萨迪最终写了足足两页长句子，真是好极了。《国家》杂志对我大肆攻击，说我是白痴诗人，理查德·威尔伯则是英雄诗人。像理查德·威尔伯和赫伯·戈尔德这样的家伙，他们难道会夜以继日地期盼我们对他们发起致命攻击吗？天啊。因为我在村子里的先锋俱乐部朗诵时掏心掏肺，每个人都对我不满，说我无视外表、"风度"等等，我朗诵时像个疯狂的禅宗圣人，我是照你说的方法朗诵的，本来我也打算那么朗诵，不过你提前给了我信心。史蒂夫·艾伦会和我一起制作专辑，他刚给我写了信。你堂弟乔尔也在，他很可爱。你父亲从帕特森写了信给我。我度过了最疯狂的时光。新认识了爵士迷泽夫·普特曼，他很出色，是个以色列人，也是戏剧导演。又见了莱奥·葛伦（跟你哥哥很像）……尽情享受巴黎的灯红酒绿吧，但记得跟艾伦·伊格坦诚相处。有一晚三个女孩睡在我床上。我和菲利普［·拉曼蒂亚］一起狂欢。菲利普这些天真的干劲十足，和我一起上了《纽约邮报》，录了迈克·华莱士的访谈节目，在节目中发表了与圣母马利亚相关的长篇演说，尽管讲的时候有点紧张。我思考着你想要的所有细节。我应该把它们都写进小说。我在俱乐部读了《嚎叫》的最后一部分，报纸上有提到。我还读了《阿诺德》中我记住的那几行，下面的人听了哄堂大笑，当然，我说这是柯索写的，重复了两遍……我甚至读了史蒂夫·艾伦的一首感性小诗……我甚至还读了戴夫·特塞雷罗的忏悔……（特丽丝苔莎年迈的丈夫）……黑人洗碗工说："我最喜欢在两夸脱威士忌下肚后爬上床，听你朗诵。"李·科尼茨说我的朗诵像歌唱，他懂音乐。在布拉塔画廊，应菲利普［·拉曼蒂亚］和霍华德·哈特的请求，我读了你最近为你母亲写的那首挽歌［《卡迪什》］、格雷戈里的《迪迪尔广场》以及那首《利用利用利用》，对着一群面色苍白、头脑清醒的蠢货一而再再而三地朗诵。后来，在我离开之后，我听说从鲍厄里街跌跌撞撞地跑进来一个酒鬼，灌醉了所有人之后大声朗诵起来，朗诵大获成功（当时我正在一家俱乐部参加开幕典礼，对着一大群观众朗诵，人们给我拍照，对着我冷嘲热讽，还有人拼命鼓掌，我到后边痛饮一番，和几个爵士乐迷聊了很长时间）。一个从丹佛来的年轻乐迷说大家都开始模仿尼尔。事实上，你也应该在场，所有英俊少年都过来和我说话（有成百上千个）。等到了睡觉的时间，我房间的地板上全是来借宿的，音乐家、小杂志的编辑、姑娘们、瘾君子，场面无比壮观。罗伯特·弗兰克要成为我们一伙了。他是伟大的实地摄影师，在科德角拍摄了一部实验性电影，参演者疯疯癫癫，不要报酬只要酒。今年五月，他会和我一起在纽约拍部电影，我会从中获取经验，等下半年你回来后我们一起拍属于我们的第一部伟大的电影。他说制作一部电影只需二百美元，但我们拍的是有声电影；迈耶·夏皮罗基金会会给他提供资金。我已经构思好那部伟人的电影了，拉大卡迪奥和彼得扮演兄弟，弗兰克的太太扮演他们的姐姐，你扮演父亲，或者你这位父亲和你邪恶的兄弟威廉·巴勒斯叔叔有染（乱伦）。这位弗兰克可不是瞎胡闹，他可是未来的罗西里尼，但他不想给自己的电影写脚本，他想让我写。我告诉他我们以前的梦想和计划。只要比尔回到纽约，一九五八年，我们就真的可以在地球上对付巴勒斯了。格雷戈里认识阿尔弗雷德·莱斯利，对吧，还有迈尔斯·福斯特，他们都是影视圈的。莱斯利是个技术达人。头发蓬乱的地下人从神圣的电影院里跑出来，面前是鲍厄里街斑驳的墙壁，这就是他们电影里的一幕。然后所有人都冲到楼下的"五美元"酒吧……他们又穷又疯狂，但将来会成为像 D. W. 格里菲斯那样的好莱坞大亨。我找到一个爵士乐迷可以扮演《在路上》里的尼尔，他叫凯利·雷诺兹，爱尔兰人。他可以是紧张兮兮的蓝眼睛尼尔，也可以是侧脸看起来霸道专横的尼尔，也可以是一九四八年时焦虑的尼尔……（他是个演员，也是 MCA 中的一员）……加里·斯奈德给我写了封长信，信乘船绕地球一大圈，从印度到意大利，然后又回到印度。［埃尔伯特·］伦罗也给我写了封长信，他告诉我哈佛大学的［阿奇博尔德·］麦克利什对我的书大加赞赏。但是，雷克斯罗斯对我很不满，KPFA 广播节目也称我为"不起眼的托马斯·沃尔夫"。为什么，为什么要这么说呢？我会写信跟他解释，我已经脱离了他的势力范围，因为我不想和政治扯上任何关系，尤其是西海岸的左翼势力，未来那里的街头一定会充满恶意的暴力冲突（加利福尼亚将会迎来一场革命，人们深怀仇恨，而嗜血诗人"让·麦克莱恩"和雷克斯罗斯将成为这场革命的领导者，就国际纵队等话题不停地发表长篇大论）。对此我讨厌至极，我一心信仰佛陀的慈悲，信仰天堂，信仰天使，我避开所有的马克思主义、狗屁结盟以及精神分析，那就是它的一个分支……小心加利福尼亚。

［……］

不过，我现在明白了，声名会累及写作。一个人既然要跑宣传，那他还有什么理由停下脚步描述铁路站场呢？所以从现在起我会退出一切宣传活动，包括《生活》和所有那些狗屁杂志。如果他们想要我的照片，就得沿街追着我跑。我们要举办一个大型的除夕夜聚会。杰伊·兰德斯曼（也是为了艾伦）会在圣路易斯的水晶宫花一大笔钱举办诗歌朗诵会。你和艾伦现在只需周游全国朗诵几句就可以过上好日子。这对你们俩都有好处,但我再也不搞什么朗诵了。我醉得厉害。我甚至闯入了新学院,受邀给一群参加学术研讨会的呆瓜朗诵。我见到了艾琳·李,她现在变得很刻薄,住在琼斯街五号。[斯坦利·]古尔德很棒。我和安东[·罗森堡]常见面。在俱乐部朗诵时,我脖子上挂着十字架,衬衫上也插着十字架。提防名声,否则你的诗会变得不合逻辑。我现在很担心自己,觉得相比写诗,写信联系出版商更重要,这很不妙。艾伦,彼得什么时候回来?我根本不可能去见拉夫。比尔现在在巴黎吗,和你在一起吗?告诉我比尔和安森的消息。霍尔姆斯来看过你吗?要记挂的人可真多啊……想想这一切正发生在宇宙的各个方向,这众多的天使曾经是一个天使。

　　写信寄到佛罗里达。是的,爱你。

　　另:我在新一期《小姐》杂志上发表了关于禅宗的长篇文章,引用了《嚎叫》里的诗句。

爱你的,
杰克

艾伦·金斯堡[法国巴黎市]致杰克·凯鲁亚克[无地址,佛罗里达州奥兰多市]

一九五七年一月十一日
[原文如此。应是一九五八年]

巴黎第六区心之居所街九号

亲爱的杰克:

　　大约五天前我给你写了信,寄到了纽约,今天收到你的电报。我猜你还没收到我的信,那封信很长,都是讲的子虚乌有的金钱问题和令人沮丧的书稿出版情况。二月我赚了不少钱,打算接下来几个月都靠这笔钱度日,这是我目前能赚到的最后一笔(除非《绅士》杂志发表我的《绿汽车》,但能否"谢天谢地"还说不准)。不过我现在身无分文,今天杂货店老板问我要四天的牛奶、鸡蛋钱后,我连撑到月底的钱也不够了。要撑到月底我至少还要二十到二十五美元——如果可能的话,请尽快把这点钱用航空快件寄给我,否则我真要挨饿了。手头零散的现金已经用光,我开始在各个书店兜售自己的书和《常青评论》杂志。过圣诞时家里寄了十五美元给我,现在我只剩下这封信和给比尔最后一封信的邮票钱,我跟比尔诉苦,问他何时过来,还让他给我寄点丹吉尔法郎,如果他有的话。所以,现在就寄钱给我吧,帮我撑过二月——不用太多,只要伙食费就行。几个月前,你给我回信说等一月拿到版税就给我寄钱,我还信以为真,看来你有了新安排,这让我措手不及。你看了这封讨债信可别生气。

比尔没给我写信,我不知道他会怎么做。这个月他应该会过来。我在一家很棒的旅馆里为他订了一间很抢手的便宜房间——每月只需二十五美元。我上周写信给他,说一切都明朗起来,但他没有回信。也许他正因为乱伦而恼火。彼得还在等政府把他送回家。他可能二月过来。

可是昨晚政府的人给彼得打电话,说下周就把他送回家,可能十七号走,月底前到纽约。你在格林威治时居然没朗诵他的两首诗,太可惜了,他的诗会是最后的天真,所有穿黑西服的曼哈顿人都会为之着迷。他很快就会把诗寄给你。拉夫给我们写信了,小屋里的一切都很疯狂,但所有人都还等着他展开天使般的翅膀,漂洋过海拯救他们。他失散多年的父亲竟然现身了,还和他进行了很有男子气概的谈话,拉夫很喜欢他。

哦,费林盖蒂!我不知道该如何是好,我再给他写封信。他拒绝别人的建议,从来不相信我对加里[·斯奈德]和菲尔[·惠伦]的评价,对巴勒斯大概也不信任。好吧,我们继续努力。他从没写信跟我谈起过你的书，麦克卢尔倒是有。他认为你的作品是自《失乐园》以来最伟大的长诗——他从头到尾读了一遍。这是迟早的事。

如上一封信所述，唐·艾伦对《区际城》有何反应？让他把《酷儿》和《死藤水》寄给我，我拿去给奥林匹亚出版社看看能否出版。他们拒绝了《区际城》，但想看看《酷儿》和《死藤水》，总算是开了个头。唉，他应该把整本《区际城》寄给费林盖蒂。

我看了戈尔德写的那篇，还有其他人写的，但威尔伯后来写的那篇没看。他们都是某天磕了药才激动地写下一个个废话连篇的宏大宣言，那只是写作过后短暂的虚幻的后遗症，而不是写作本身，所以我决定绝口不提。也许将来有一天偶然受到天启，我能写下一点适用的东西，但这些人的胡言乱语真是糟透了，一点也不嬉普士。他们的艺术一无是处，令人难以置信。他们都跑题了。不必在意别人说三道四，重要的是（宣传），我们有机会在市场上播种自己的梦想。毫无疑问许多人会读到、看到我们的作品，有疑虑的人自然会产生疑虑，你又能如何？用一年时间打消他们和整个文明社会的疑虑？要发射多少颗人造文学卫星才够？我们坚持每年发射一颗……你八卦起拉曼蒂亚（他也在写作？）、加里［·斯奈德］和各种不知名的人士，比如［劳埃德·］雷诺兹和［霍华德·］哈茨等人时可爱极了，我都读了，等我回去就可以和他们欢聚一堂了。

我打算二月去英国，和［托马斯·］帕金森住在一起，不用花钱。我要在那结识一些英国嬉普士，看看浓雾，让BBC付钱请我去朗诵（帕金森这么说的，但我不会再删改自己的作品，所以估计我去不了）——上周我梦到了伦敦。格雷戈里还在法兰克福，他说军队里官僚习气很重，他那个卖百科全书的计划已经泡汤，便只好参观一下博物馆，再骗骗那些喜爱诗歌的德国人，也许很快就会返回。我认识阿尔弗雷德·莱斯利和迈尔斯·福斯特。［克里斯·］

麦克莱恩和他自封旧金山最佳诗人的那些鬼话会自然消失,雷克斯罗斯那些陈词滥调也一样,所以就像你对待戈尔德那样,没必要回应他们。让作品说话,作品会证明一切。很长一段时间我都在纽约追着编辑跑,很枯燥无味,但这样作品才能慢慢发表出来。我还是没收到霍尔姆斯的消息。寄钱给我。

最便捷的寄钱方法是个人支票。如果你身边没人有支票,那就寄现金。我父亲给我寄过现金,能收到。

爱大家,
艾伦

杰克·凯鲁亚克［佛罗里达州奥兰多市］致艾伦·金斯堡［法国巴黎市］
一九五八年一月十六日

亲爱的艾伦:

唉,你本来三天前就可以收到这笔钱,但我踝关节疼,没法走去银行,还得了风湿,关节也肿了,又没人开车送我。希望接下来的三个月你能过得开心。请不要把钱浪费在傻瓜和寄生虫身上,从现在起,要试着享受巴黎的美好。和比尔一起去散散步。先锋俱乐部刚付给我一笔报酬。德国那边的预付款也到了,我寄给你的就是这笔钱。今年夏天我会去巴黎,除非好莱坞打电话让我去写剧本,前提是他们喜欢这本书,现在看来可能性很大。二十世纪福斯电影公司的制片人杰里·沃尔德刚刚给我来了一封长信,想在格式上做些情节剧式的大改动,想法还不错。我也想赚大钱。看来以后我可以和罗伯特·弗兰克一起拍电影了。比尔的《死藤水》已在《黑山评论》上发表,看起来很不错。还有你的诗《美国》,你又给美国增添了什么东西?……无论如何,我跟好莱坞那边说只有一个原则:我的电影里不能出现暴行。我是真的这么跟他们说的。"垮掉的一代的秘诀是,禁止杀戮,即使有人命令你(指挥官或国家首脑)。"我肯定不会杀人。杰里·沃尔德似乎将《在路上》看作像《荒野求生》那样的野蛮故事。但情况没我说得那么糟糕。我要研究一下好莱坞(在片场作为编剧坐在导演旁边),如此一来我就可以创作一部有史以来最伟大的好莱坞终极小说。要不然,如果电影的事进展缓慢,我今年夏天就去巴黎。比尔和你呆在一起吗?彼得真的要来纽约?格雷戈里是因为那些空头支票才跑去法兰克福的吗?我要找费林盖蒂买本《汽油》读一读。今年是麦迪逊大道的禅宗之年,艾伦·瓦茨是我们的大英雄(他的新书《惶惶不安的智慧》在证券高管中大受欢迎)……所以现在我们也加入了……但我新写的小说《达摩流浪者》确实把"禅宗"和原始的大乘佛教区分开来了。总之,千言万语,日理万机。得空时给我写信,收到钱请知会我一声,好吗?我会给你回封长信,回答你所有的问题(尽管提问,什么问题我都可以回答)。

让-路易

杰克·凯鲁亚克 [佛罗里达州奥兰多市] 致艾伦·金斯堡 [法国巴黎市]
一九五八年一月二十一日
亲爱的艾伦:

你在写作上从来没有搞砸过。我的意思是你很有技巧,从技巧上来说,可能你是全世界最好的作家……只是你在构思上让人觉得压抑。我琢磨了几周的佛经,祷告了几周,感觉纯洁快乐,可一打开你的信(有时候)就感到一股莫名的压抑,那种感觉就像在干净的碗里发现了污点。好吧,你知道的,你就是个忧伤的污点……哦,不,别忘了我爱你。但因为你的沮丧,我现在很怕你,也为你担心。这其实与我无关。比如说你为什么那么在意战争、政治以及那些轮回的不义与蠢行,它们无穷无尽……为什么圣人不能有走过白宫的那一天?天使,你为什么这么压抑?可那又怎样,只要底特律能生产镶着假钻石的汽车，就有假钻石的买家和金发碧眼的间谍。卓别林因为"美国"而烦恼，就像美国因他而烦恼一样，这是双重的仇恨……当宇宙消失时，没有一部电影能卡住上帝的喉咙，因为上帝什么都不是（感谢上帝，继续吧，感谢上帝）！钱就是钱，为什么对钱尖叫（再说现在我快成有钱人了）。艾伦，冷静点。消消气，乖乖的，在永恒中对别人置之不理，无论他们是好是坏，就那么高兴地挤在一起，不是更好吗？啊哈，这个问题我们一九四六年时就争论过。

我刚收到费林盖蒂的信："感谢你寄来巴勒斯的样章。我想多读一些，也会写信推荐给唐·艾伦。但估计格罗夫和正午出版社出版后，留给我的所剩无几。艾伦在哪儿？没有他的消息。"

马龙·白兰度也想参与竞价，他不想让我或斯特林瞒着他把《在路上》卖掉，这是电影方面的消息。

两周后我去纽约付房子首付，接下来六周都住在城郊，在长岛上一个遥远的地方，约有五十多英里。吕西安跟我一起在那开车兜了一圈……如果电影版权卖出去，我也有了自己的信托基金，那今年夏天我就可以去巴黎看望你和比尔了。我们可以用这笔钱一起去旅行，无偿使用（免利息）。比尔过去对我很好，我想对他表示几分感谢。包括上次在丹吉尔，那晚我本该点意大利面的，却非要点牛排吃。信托基金将以我母亲的名义设立，她会寄钱给我。这件事办得比你想象的还要高明（顾及唐林和尼尔这些人）。

如果彼得还在，请代我向他致以最热烈的爱意，我是认真的。你对格雷戈里德国之旅的描述太棒了！我知道了，艾伦，现在你一定要写一部散文杰作，赚个一百万：写一部长篇的《格雷戈里的幻象》，另取标题。乔伊思·格拉斯曼打算专门为我写一部长篇《伊利斯的幻象》（然后照原样出版，尽管她自己都无法相信）。代我向乔伊［·昂格雷尔］问好，告诉她无论在哪儿见到她我都想吻她,告诉她我自由了。不知怎地,纽约有人偷了我那首格雷戈里的《利用利用利用》的诗稿,不过以后我可能会找回来。(会是拉曼蒂亚干的吗?为了偷偷摸摸的刺激?还是我放错地方了?跟格戈里说一声。)……如果你要写小说,那么可以靠它谋生,就像我一样。别说你不行,你信里的随笔是我见过的最好的,所以快动笔吧。我们或者我一定得买个录音机,把你给我讲的每件事都录下来。我会想办法帮你弄到钱。但你不要沉浸在痛苦的思绪中,永远也不要跟我生气。我听说卡尔·所罗门三周前和别人在纽约的酒吧里约会……我就知道这些。那个在先锋俱乐部暗处偷偷欣赏我的人,是的,是吕西安,还有其他人,比如有个小孩就我的朗诵写了多首长诗。这种事不胜枚举。所以《周六文学评论》说我朗诵时"失去了朋友",真是莫名其妙……最近到处都充满了怨恨和恶意,我真搞不懂为什么。我自己则像惠伦一样,感到"快乐无比"(他的原话)……我今天有什么计划?一整天我都要在打字机上打《达摩流浪者》,每日如此,其他人则在酒吧里跳舞(现在正值周六晚上)。我在打字机上不辞辛劳地打字,已心生厌倦,所以又回过来写信。我现在写东西极其潦草。我要给《假日》杂志写一个荒凉峰的故事,给罗伯特·弗兰克写一部电影脚本,还要给好莱坞的制片人写封五千字的长信出谋划策,等等,局面接近失控……还得把《达摩流浪者》在打字机上打出来。与此同时,他们开始拆除周边的房子,我在和时间赛跑。唉,等我到了巴黎(希望尽快过去),要好好放松一下,什么事也不做。你不该无缘无故就订下二十五美元的房间,如果比尔三月才来呢?这就是我说的别把我寄给你的钱傻乎乎地花出去的意思,那不切实际。但如果比尔很快就到了,那就没问题。霍尔姆斯现在在英国,还没到巴黎,他在《绅士》杂志上就垮掉的一代发表了一篇长文,写的主要是我。杂志社一位叫小拉斯特·希尔斯的优秀年轻编辑跟他约的稿,也想跟你约

一九五八

一篇。这编辑是个好小伙……别绝望，大家都需要你。不要开始对美国这样的机器尖叫，夜里的美国偷偷藏着许多像拉夫卡迪奥那样的家伙，数以万计的拉夫卡迪奥，拥有出生证明的全体美国人，美国不会陨落……而你的法国和它的"理想"体制，我呸，法国很无趣。美国的缺点与其超群的优点并存，难道你不明白吗？法国是没有缺点，但因此也没了优点。听说你在读《赛查·皮罗多盛衰记》，我很开心，那是部伟大的小说。你知道，巴尔扎克最伟大的小说是《贝蒂表妹》。奥洛夫斯基家的人睡眠时间都很长，我也一样，空手道重量级世界冠军乔·路易斯也是这样……这是冠军的习惯。睡眠时间长才能储存情感的共鸣，然后在闪亮的生命中打开它们。卢谈起纽约那光怪陆离的风景，是这么说的："金，我佩服你的忍耐力。"或者类似的话。他的意思是，我每晚现身时都招来冷嘲热讽。但我和新结识的朋友们一起读书谈天，玩得很开心。我不明白《村声》到底在诋毁什么，他们最新刊发的攻击文章我还没读，据说是幸灾乐祸地看着我俩终于垮台！两周后《地下人》就要出版，到那时我可能就会读到了。我和一家大公司（二十世纪福斯电影公司）快要敲定《在路上》的电影版权，还完成了一部新小说，和《在路上》一样好（畅销、易读），还有许多其他的事，且不说你这边新写的诗了。是的，斯宾格勒说俄国是下一个没落的国家，但他说为时尚早。美国的浮士德时刻也尚未成熟，但不久就要到来，到时美国会毁灭，但事实上也许根本不会衰落，因为（科学的）自然法则现在已经绕过了历史。我想说的是，接下来非洲会并吞紧随美国之后的俄国。但与此同时，亚洲将与西方联手，最终形成世界范围的大"菊花链"……如你所愿……因为你过去所有的愿望迟早都会实现。艾伦，你难道不知道这意味着什么吗？

让-路易

艾伦·金斯堡［法国巴黎市］致杰克·凯鲁亚克［无地址，佛罗里达州奥兰多市］

一九五八年二月二十六日前后

法国巴黎第六区心之居所街九号

亲爱的杰克：

彼得和你的来信都已收到。不久前我写过一封信给你，寄到佛罗里达，所以自那以后我就一直在等你的回信。前几天我给彼得写了封五页纸长的信，其中两页是一首关于狮子的诗［《真正的狮子》］。我一直在写信，写给菲尔和拉维涅，今天又给加里写了一封，还要写给《高潮》杂志、《幽玄》杂志以及吕西安。唉，我一直在巴黎我的房间里坐着。今天比尔和格雷戈里谈起纽约的吞剑者和青少年犯罪团伙。我心情一直很沮丧消沉，写作断断续续，我的碗也不够干净。盯了六小时天花板，又读了一沓惠伦的书稿之后我才开心起来。你有自己的房子了吗？怎么样？在哪儿啊？也许就在我哥哥家附近，在普莱恩维尤-亨茨维尔那边吗？惠特曼诞生的小茅屋就在附近。彼得家也在附近。《达摩流浪者》卖出去了吗？我们还是没收到《在路上》，所以我还没读过，但《地下人》收到了——你就不能让考利或洛德（航空邮寄）给我们一本吗？我在这边的书店里没见过本书。赫伯·戈尔德来了，正如我信里跟彼得说的，我对他满腹疑团。比尔尤其怀疑他，但最后疑虑打消了。他经常过来，还很喜欢比尔，我给他朗读"具书记员"，尽我所能跟他解释你的写作方法，也许他才更能产生共鸣。头一晚我对他大吼大叫，但后来冷静下来。他只是和我们属于不同类别。真令人沮丧。你觉得纽约怎么样？我不敢回去，害怕面对所有那些已被唤醒的邪恶力量，唯恐自己会靠近它们，试图弄懂它们，然后就会切实感受到恐惧。至于朗诵，我要给幻想唱片公司录张唱片。我去过这边的录音室两次，也试过录音，可一旦来真的，或者想到钱以及那张五年内不得翻录的合同,我就录不了了,不知所措,朗诵得毫无感情,不知道自己想要什么样的朗诵声音,而且变得局促不安。在英国时我去了BBC的演播室。当时我和帕金森喝了点酒,有几分醉意,饱含热泪地进入布莱克隐秘的灵魂,那次录制非常成功——他们播放了大约七分钟,《听众》杂志上的评论写得了无生气,却对之赞不绝口,强烈要求播出剩下的部分。我一本正经起来就录不好音,也朗诵不好,当然这只是偶发情况。就像我发现如果有人要求我写作,我是无法写出超越《嚎叫》的作品的。这件事一直困扰着我,但在某种程度上又给我带来好运,因为这样一来我就不会变成专业人士,而且我吐露真言、大放厥词时也能保持狂野、自由的心态。我无法按部就班地朗诵,我容易摇摆不定,太过害羞或者雄心勃勃,这样就朗诵不好,我是这么想的。所以回来后我偶尔朗诵一下,朗诵时就放飞自我,但靠朗诵我肯定赚不到钱。我不知道。不管怎样,我不会因为朗诵而回纽约。我想在纽约吃顿大餐、喝个酩酊大醉,然后消失。在这儿我还要呆四个月,就一个人,多多少少得等我把事情理清为止。如果有人邀请,我还想去柏林、华沙转转,也许还会去莫斯科呆一小段时间,总之这是我唯一能走的路线。我的钱够用,比尔有一些,城市之光书店这个月还欠我大约二百美元版税,所以没问题。格雷戈里从威尼斯回来了。他在当地写了几首很不错的长诗寄给唐·艾伦,特别是《军队军队军队》这首,是关于尼布甲尼撒的怪异的战争呐喊。加里寄了张明信片给我,今天我给回了信。纽约有什么新鲜事吗?拉夫卡迪奥真像彼得说的那样,变得更古怪了吗?彼得看起来怎么样?比尔向你们问好。关于《地下人》的评论还很少,但彼得说已经售出一万二千册了。《在路上》情况怎么样?不过你说得对,应该在他们把你归为垮掉的一代之前想办法把《萨克斯博士》出版了——我看到《跳跃》上刊发了,看来你会永载史册。哇!过两天我会给吕西安写封信,比尔也会。

爱你的,
艾伦

杰克·凯鲁亚克〔纽约州纽约市〕致艾伦·金斯堡〔法国巴黎市〕
一九五八年四月八日

亲爱的艾伦:

我母亲没有把你的信从佛罗里达转寄给我,因为她觉得你对我造成了不良影响。但请别生气,我们有自己的圈子,我们俩还是好朋友,就像以前一样。有一晚我醉得不省人事,一路上跌跌撞撞,结果被一个基佬和他的两个小男友揍了一顿。那个基佬以前是个拳击手,他们把我拎出圣雷莫酒吧,打晕我两次,还用拳环划伤了我。斯坦利·古尔德一走了之,那个新晋诗人史蒂夫·特罗普可能也跑了,多萝西·基尔加伦则在专栏文章里说我"被砍了"。经历了以上种种,我现在已经完全冷静下来……好心的拉曼蒂亚、乔伊思〔·格拉斯曼〕和勒鲁瓦·琼斯的朋友勒罗伊·麦克卢卡斯送我去的医院,最终由一位好医生治好了。他给我吃药,我戒了酒,感觉不错,就是有点无聊,但那是因为两天后我要和摄影师罗伯特·弗兰克开着他的旅行车去南方接我母亲,还要把猫和打字机等物件带回长岛北港的新房子。我要在那儿过上真正安静隐蔽的禁欲生活,还要向北港的文学爱好者们宣告,我是来写作的,除了到纽约探望乔伊思、吕西安、斯特林、彼得和你等人,我不会再参加任何社交活动。我那栋房子是老式的维多利亚风格,从卧室可以顺着栏杆滑到一楼大厅,还有地窖、阁楼等,庭院很大,有葡萄藤架和假山花园,夜里可以在松树底下沉思冥想。被揍的经历如噩梦一般,我想在那以后一切都会好起来……我也不清楚怎么就打起来了,好像斯坦利·古尔德大声喊了句"基佬"什么的,他们以为是我喊的。你新认识的那个爵士迷G.J.听起来不过是在重复以前的屁话，我们做些改变吧。再说谁还能像巅峰期的尼尔那样下笔如有神。告诉这个G.J.，他还没意识到尼尔有多厉害。赫伯·戈尔德是个一无是处的作家，为什么他总要缠着我们。我们在诗歌的地狱里受过苦，毁灭过、搞砸过、迷失过、饥饿过，你问问他，他为他那些小打小闹的玩意儿吃过多少苦。我现在完全无视像戈尔德那样的人，他们最渴望的就是反驳他人。就像之前有一晚，在一场青年社会主义者联盟组织的名为"凯鲁亚克的狂热"的大讨论上，我的一个眼线告诉我，联盟的主席想诋毁我，但一个风趣的六十五岁大个头俄国人跳了出来。他的英语有俄国口音，说我描写的墨西哥妓院场景（在《在路上》里）活灵活现，然后不停地高喊革命，所有人都欢呼起来，喊着小说的革命之类。特里林的朋友们也写了几篇关于我的评论文章，《地下人》（由于其中明显的关于知识分子的内容）终于将《党派评论》和《肯尼恩评论》的那些知识分子驱逐出场。《达摩流浪者》卖出去了，出版社给了我预付款，十月出版，应该会成为维京出版社的秋季畅销书。我在书里管你叫艾瓦·古德堡，他们让我把书里的《嚎叫》（古德堡著）改成了《哀号》。是的，纽约的场景会激起邪恶的力量，但是不用担心，你轻而易举就可以用嚎叫让它们安静下来。如果你现在想赚大钱，可以学圣路易斯的［杰伊·］兰德斯曼[1]等人那样举办诗歌朗诵，还可以全国巡演，比方去新奥尔良等地。拉曼蒂亚今天跑到墨西哥去，也被打劫了，被抢走一块钱。他说纽约的大清洗为期不远……你要做的就是保持清醒。现在我再也不会醉酒了，只需再服五周药，我就能拥有跟吕西安一样的力量。吕西安戒了酒，给人感觉不错，可爱得难以言表……你就不能把你的BBC朗诵磁带当专辑卖给幻想唱片公司吗？我和史蒂夫·艾伦录制了一张专辑，陶醉其中，又和诺曼·格兰兹一起录制了三张，也很陶醉，专辑都很棒。说实话,这几张专辑过于离经叛道,我估计他们不会发行。你回来得越早越好。雷克斯罗斯的发布会下周在五点俱乐部[2]举行,花了不少钱。我不会去见他,因为他在《地下人》的书评里侮辱我,说我不懂爵士和黑人,真是荒唐,从不让黑人进屋的可是他。拉夫卡迪奥还是老样子,跟我说"杰克,你老了",跟彼得则说"不要做诗人"。到目前为止我只见过彼得两次,在我看来,他是个伟大的天使护士,一切都处理得很妥当……我觉得他怕我。《在路上》还在售卖,一周能卖出二百本,有时是四百本。《跳跃》杂志里说什么了,我没看到呀?《纽约客》发表了一篇唐纳德·马尔科姆写的《地下人》的头条书评,写得很傲慢无礼。我的天哪,他居然怀疑我的男子气概。我要搬进新房子了(一路上都在写《生活》杂志约的文章),接下来就是布置房子,买录音机、家具等等,然后安顿下来过太平日子,写一部关于洛厄尔童年生活的催泪长篇,它会像光环一样笼罩在《萨克斯博士》周围。今年秋天我唯一真正考虑的出行是找加里[·斯奈德]一起去徒步,我们要去西耶拉山脉,再北上俄勒冈州,甚至会走得更远,走入内心……总有一天我会走到法国。我还参加了一个电视节目,为了质疑什么是主干线列车,我唱了一首"航空班机"的旋律配上"主干线列车"的歌词的歌,很有禅意,就连吉鲁都很喜欢。但这一切都很操蛋,这样的名声,这些打击,我是羔羊,人们却叫我邪恶的狮子[……]

今年夏天比尔跟你一起回来吗?

我没法给你寄《在路上》,太麻烦了,反正你已经读过一遍,但我希望比尔和格雷戈里也能看一看。大家把我留着的那几本都顺走了。我厌倦了诗歌,又回到之前写小说的状态,"没时间写诗"。你、格雷戈里和拉曼蒂亚都好吗[?]

杰克亲亲

一九五八

1. 杰伊·兰德斯曼在圣路易斯开了一家俱乐部，除了提供传统娱乐活动之外，还有诗歌朗诵节目。
2. 五点俱乐部是鲍厄里街上的一家爵士乐俱乐部。

艾伦·金斯堡［法国巴黎市］致杰克·凯鲁亚克［无地址，纽约北港］

一九五八年六月二十六日

法国巴黎第六区心之居所街九号

亲爱的杰克：

我上个月给你的信你没回，你生我气了吗？亲爱的，给我写信吧，我攒了很多海洛因，在这边也结识了很多古怪有趣的有钱人。有个叫罗斯柴尔德的年轻人就是个小巴勒斯，以后他要和比尔一起去印度，我也是。还有个金发碧眼的年轻百万富翁只带了些旧西服过来。比尔现在正穿着埃夫里尔·哈里曼身上那种高贵的精纺法兰绒黑西服，抽着大麻，两鬓稀疏灰白。我很多年没穿西服了，他也给我捎了一件，由上等的英国灰羊毛制成，能穿几千年之久。这个以后再说。唉，杰克，我今天终于收到拉维涅的来信，信很长，里面说尼尔进了监狱，拉维涅没见到他，他就给卡洛琳去电话打听我的地址，才给我写的信。尼尔在圣布鲁诺县监狱，正在候审，但"有两点已经明确：一）他在跟毒枭交易时被捕，已经卷入一系列其他案件，警方（错误地）认定他是毒品供应者（因为他乘火车从南边过来），有一长串对他的指控（尽管卡洛琳没列举出来），二）警方已经发现他就是《在路上》里迪安·莫里亚蒂的原型"。拉维涅说这就是卡洛琳的原话，但我觉得第二点没有任何意义，可能只是她的妄想。不过我听说旧金山的情况不妙，有个从那边过来的女孩给我看了一篇含沙射影的专栏文章，是赫伯特·凯恩那个恶人写的，说什么这些天北滩上大麻的味道比蒜味还重，任何人都可以捡到烟蒂。因为媒体的宣传，警察随处可见，市里的官员拼命打压，普拉斯酒吧遭到突击搜查，包厢封禁停用。拉维涅在那儿办展时，只允许进三十五人，还必须远离包厢。上周日有个叫保罗·汉森的家伙从楼上摔下来，摔坏了头骨。上"周二早上一个黑人水手"把康妮·萨布莱特[1]勒死了，他"认了罪，但说是下午干的"。两个月前我在这儿遇到的一个人说认识她，还说她有服用可待因的习惯，有点疯疯癫癫，会喊警察抓人，我不明所以。关于她有不少传奇故事，醉酒一周，又与几个邪恶的大麻毒枭结下梁子，具体我也不知道。我没有收到任何关于阿尔·萨布莱特的消息，估计他过得不错，听说因为入室盗窃进了监狱……我从那些信里得知的一切都很邪恶，除了加里［·斯奈德］的信。他正在医院做睾丸手术，［约翰·］维纳斯和拉维涅一起入住温特莱［酒店］，现在两人成了朋友，我估计甚至已经滚床单了……但尼尔怎么办呢？我给卡洛琳写了信，但她不在班克罗夫特了，信被退了回来。拉维涅忘了告诉我。你有她的住址吗？我会尝试给监狱里的尼尔写信。卡洛琳补充说，她认为他可能会被判刑两到五年，天知道他在想什么。我预感他要自杀，真让人不寒而栗。昨天我嗑药嗑嗨了，突然想到他可能在狱中服刑，然后今天就收到这封信。在劫难逃的小康妮真让人难过。

几周后我就回纽约。我希望离开这里，得想办法筹到车费，但车到山前必有路，我家人也说了，如果我实在没办法，他们就寄钱给我。格雷戈里和我接受了阿特·布赫瓦尔德的采访，愚蠢的访谈，他试图表示理解我们，但我们喝醉了，举止古怪。第二天晚上，我给他写了封虔诚严肃的长信，预言也许他会发表这封信，格雷戈里还会给他写一封可爱的路西法式的信。在访谈文章结尾，他说我们正在想办法筹车费，我在筹返程的车费，也许有人会寄钱给我们。

尼尔那边我们能帮上什么忙吗？替他的人格作证？他孤身一人，只有憔悴的卡洛琳拿他出气。加里在医院没被发现什么，他很

一九五八

聪明，知道该怎么做，但他不知道该给谁写信求助。他觉得也许可以写信给鲁思·威特-迪亚曼特或者雷克斯罗斯，说他只是个作家，吃尽了禁止大麻的邪恶法律的苦头，还中了警察的圈套，其实根本不关他的事云云，而且很可能被警察误当成偏执狂了。不过我想也许他现在可以清静一下了，有足够的时间冥想，远离海洛因、大麻、铁路公司、卡洛琳，远离自己的房子和生活，被迫休假，这些也许是因祸得福。他可以在监狱里过冷冷清清的日子，或者给农神写祷文，也许他会重新开始写作，也许他会死。我就在纽约或帕特森或长岛或尤金家呆着，无论在哪儿，都呆上一年。彼得也可以在布朗克斯买套退伍军人公寓。我有无穷无尽的笔记、诗歌要完成并且打出来，还要写完《美国的陨落》，也许还要读完《圣经》的《耶利米书》。到二〇〇〇年，中国会有十亿人口，我们等着瞧。我从书里看到，经过这十四年，中国已经拥有与英国相当的工业化水平。我们必须呼吁神圣的美国，以垮掉的一代天使的灵魂重塑它，把沃尔特［·惠特曼］式的手足情谊发展至佛陀使节关系，否则新兴亚洲的妄想机器也许将倒落在我们身上。总之我们可能会成为空想的岛屿美国。我对惠特曼的《民主展望》仍有兴趣，他说如果我们不能创造出诗人和精神上的美国，如果贪婪的物质主义占据了我们，我们就会成为"各国诅咒的神话"。一年半以后欧洲就会发生这种情况，从欧洲开始。是的，家庭礼拜堂和永恒的电视节目，这场景就像《镇与城》一样团结有力，我从中看到诸多美德。但即使这些也不过是历史的浮沫，白人人口太少，穿着光滑金属面太空服的中国人可能会先登上火星。巴勒斯被所有关于共产主义的无聊故事吓坏了，巴黎的游客告诉我们说共产党枪毙了所有的瘾君子，诸如此类。现在丹吉尔已经禁了大麻（法律上禁止，执行上没那么严格，阿拉伯人得把烟斗藏在咖啡馆的桌子下面）。所以美国不得不作为维系各国和平的智者存活下来。也许我们要发誓变成穷人，把帝国大厦的财产送给印度。我不知道,只是一点想法。[……](刚刚有人敲门,我把门锁上,这样就可以在凌晨三点喝着可乐,独自给你写信了。)你以前收到过沾有可乐的信吗?亲爱的杰克,你还爱着我,我也爱你,我上次说了那么多话,还有关于你母亲的事,别生气——所以你才不回信吗?[……]

对了,昨天参加阿特·布赫瓦尔德的访谈节目时我们都喝醉了,所以有些糊里糊涂,不过他人挺随和。昨晚我给他写了一封严肃的散文诗信,发表在他的专栏上。我明白你所经历的一切,真希望能陪在你身边,我感觉太累了,痛不欲生。等我回家后再重整旗鼓,寻回原始的激情活力和使命感,就像我和加里在西北时那样,或者像以前在旧金山时那样,那种日子似乎已经一去不复返。没什么新鲜事,不过就是复现诗歌的新奇之处。不知道回纽约后我要做点什么,是不是做些狂野的事。我不想再朗诵《嚎叫》了,在法国《时尚》杂志的录音棚里录制时我一点都兴奋不起来,尽管他们预付给我五十美元。现在我没法录音,可能到了纽约的纽曼录音棚,等我喝醉了就可以了,最后热泪盈眶地录制一次。你也来帮忙。你最近在忙什么——听说你的录音唱片(好几张?)做好了,史蒂夫·艾伦制作的?不过我一张也没听过。随附特里·萨瑟恩的来信,他是梅森[·霍芬伯格]的朋友,你的德国出版社给他在英国出了本写西北部嬉普士的书,不得要领。也许你可以给他写封回信。我给他回信时会提到维京出版社篡改了《在路上》里那些关于同性恋的部分、一些谩骂他人的角色以及全书的句法。他们把大麻的那部分删了吗?我好像记得他们经常把一段话分解成较短的句子,打乱嗑药后的那种流畅写作。他(萨瑟恩)似乎很用心,对小说也感兴趣,不辞辛劳地写作、调查,所以我回信时想多给他提供点信息。你看过英国的《泰晤士报》和《观察家报》对《在路上》的评论了吗?有人(约翰·韦恩)详尽地引用了我们俩的作品,批

一九五八

判了一通。

布赫瓦尔德说要把我们（尤其是比尔）介绍给约翰·休斯顿，他正在这儿拍电影。比尔想拍一部电影来展现丹吉尔的全貌（故事通过像比尔这样在斋月里生着病到处找药店的瘾君子讲述，比如街头少年想从基佬那儿捞点好处，带着母亲的娘娘腔游客，等等），呈现不同的巴勒斯眼中的城镇，并将其串联起来。或者我和格雷戈里［·柯索］可以写点小文章赚车费，要么我们就看看休斯敦和巴勒斯的谈话节目。

炉子上炖着扁豆汤，伴着来自贝永的黑人模仿表演，过去这一周，天空湛蓝明朗有时，多雨阴云有时，可乐喝得少了，我整晚都在磨牙，猫在床上清理自己的胸脯，是比尔不再虐待的那只安静的灰猫。你为什么不给我寄情书了？你是不是为我感到害臊？我写得数量不够，也不够充分，已经进入虚空，只待死亡？啊，杰克，你累了吗？你一直在写像光环一样笼罩在《萨克斯博士》周围的那部孤独的长篇吗？一个月内我就会回来，回纽约看你，让我们像天使那样相遇，保持纯真。你在长岛时都思考些什么？握紧我的手，我想再见到吕西安、鲁宾斯坦和伦敦塔楼的阴影，还想回到一九四三年。当时我们沿着一一九街漫步到神学院，我告诉你我是怎么跟吕西安一家告别的。就在我七楼公寓的门口，我们殷切地说着再见，直到楼梯那边。塞巴斯蒂安［·桑帕斯］不是自始至终都很忠诚吗？一个月前，我在伦敦看到西摩·怀斯正站在自己切尔西区唱片店的柜台前咧着嘴，样子冷漠、严肃，他的脸和从前一模一样，没有变化，现在甚至也不胖了。给我写信，我要回家去了。给尼尔也写一封，问问他的近况。那些乡巴佬怎么样？雪都化了吗？好吧，我要睡了。

晚安，
艾伦

1. 康妮·萨布莱特是阿尔·萨布莱特的妻子。

编者按：凯鲁亚克很难应付名声给他带来的压力。他开始更加疏远垮掉的一代的世界，而金斯堡在未来几年则继续热情地拥抱那个世界。下面这封信表明这两位作家渐行渐远。

杰克·凯鲁亚克［纽约北港］致艾伦·金斯堡［法国巴黎市］

一九五八年七月二日

亲爱的艾伦：

现在你一定已经收到我母亲给你的信了吧？她在告诉我之前就写好寄掉了，所以只贴了一张六美分的邮票。你收到了吗？总之，不管你收到没有，信没什么新内容，不过就是一九四五年在奥松公园时的那些烦心事。只是现在我更加认同她，并非因为她的话有理，而是因为我已经离群索居（你应该发现在丹吉尔时我就有打退堂鼓的意思，但彼得不同意，你回想一下），我想（无论你怎么想）过简单的蒂-让式的生活，比如整天穿着罩衫，足不出户。在我的午夜罗汉松下，没有哭泣的亚洲暴民，没有"戴着银色头盔的人群"（对伟大的历史学家和像雪莱一样的浪漫主义诗人柯索来说，这没什么问题）——我只是一个信佛的天主教徒，不想再听废话，不想再要玫瑰。这意味着什么？哦，顺便说一句，我并没有因为你之前的信恼火，我只是在考虑该对你说什么。这与你以及你做过的任何事情都无关，因为你从未改变，是我变了。除了在纽约和你一起安静地拜访好友（最好去帕特森你父亲家看看），我再也不想夜夜笙歌，不想和爵士乐迷、同性恋以及格林威治的其他人打交道。至于前往邪恶的旧金山的疯狂之旅，一概谢绝。我只想呆在家里写东西，用自己纯真的脑袋琢磨事情。当然这也意味着我再也不会妄想能插手朱利叶斯［奥洛夫斯基］胡扯的事或尼尔堕落的事。我（其实是你）苦口婆心地跟他说那样做在加利福尼亚行不通，在美国其他地方也行不通，可到了最后，为了省一块钱买额外的早餐他还是一意孤行。可怜的尼尔，他总是因小失大。顺便说一句，我想他现在可能在写《前三分之一》，不然还能写什么呢？只要不像陀思妥耶夫斯基那样在西伯利亚的暴雪中干苦役就行。卡洛琳说警察发现迪安那件事可能弄错了，但无论如何，小说和现实有何关联呢？就像护封上写的，迪安从不一意孤行。我读了旧金山所有关于自杀和谋杀的恐怖报道。吕西安过来让我糊弄一下合众国际社的采访，就是为了让我和这些破事撇清关系。我和我母亲观点一致，你不能在有关你的任何活动中使用我的名字（除了纯粹的诗歌和小说），比如政治性的或者有关性的活动，等等。我现在已经遁世，之后会尽我所能前往我的山中小屋，最终消失在树林里。所以我不再竭尽全力要见可怜的彼得，甚至是乔伊思［·格拉斯曼］。今年春天，拉曼蒂亚利用我宣传他自己的诗歌朗诵，和尖叫着的霍华德·哈特（有一阵子他挺有趣的）一起冲到乔伊思家，烦得要命，然后就不见了踪影，好像什么也没发生过一样，他就是个骗子。你那句"比尔伟大的新普鲁斯特式百万富翁美学天才正卧病在床"写得真漂亮，希望他们能去哪儿一起做点事，比如印度，不然比尔现在能上哪儿去呢？上次他说要去讲葡萄牙语的东非地区。格雷戈里知道丹顿·沃克在专栏文章（刊登在《纽约每日新闻》上）里提到他了吗？沃克说："当垮掉的一代的作家们在俱乐部朗诵时，几年前提出这一想法的格雷戈里·柯索却在巴黎悄悄地挨饿。"除此之外，伟大的摄影师罗伯特·弗兰克也认为他是最伟大的诗人。我认识的一个女孩（二十岁，很有钱）已经爱上了他。是的，我已经超越了堕落、东方、大众等想法，这世界大到足够纠正自己。《萨克斯博士》里说世界可以摆脱自身的邪恶，历史也是如此。你低估了山姆大叔的同情心，看看历史记载。我知道这一切会像雨点般落在我们偏执狂的头脑中，但可能不会在自然界中出现。至于作为和平智者的美国，我想你现在已经得到了。我只是相信它存在，却没有事实来证明这一点，就像爱因斯坦无法用事实来证明佛陀所知晓的一切（电磁引力般的心醉神迷）。巴勒斯嘛，好吧，他是至圣先师，宇宙正好有二十亿年的历史——至于其他二千九百九十九个三千大千世界，你猜猜看会怎样。别生气，艾伦。我没有对你吼叫。现在的我就像吕西安一样，是个安静的居家男人，又开始过起创作《镇与城》时的安稳生活，一点也不想赚钱的事。电影还没赚钱，版税都花到房子上了。但从现在开始，我想自己解决问题，我厌倦了外界的影响。我在孤独的光环里有了点头绪。此外，我只对天堂感兴趣，显然那是对我们所有的呐喊和苦难的奖赏。等你回来后，我们详细讨论下所有的出版项目，你的、比尔的，还有格雷戈里的。这次回纽约你要提防点，你知道我醉酒后被亨利·克鲁的仇敌痛打一顿，差点被杀，人们在格林威治的厕所墙上写下"凯鲁亚克去死"。这些事真倒胃口，我对过去这几年发生的烂事完全提不起兴趣，伙计。我感兴趣的是寂静的午夜、清新的早晨、午后的云朵以及我自己在洛厄尔度过的那种童年生活。至于弗洛伊德、马克思、赖希、斯宾格勒等人的影响，我相信贝多芬。

　　为什么我不闭嘴，总是在炫耀？你的信写得棒极了。我们将拥有 种范·多伦式的平静的新关系，我感到遗憾，却也很高兴。顺便说一句，吕西安完全站在你那边，他说我是个疯子，还说所有女人都惧怕那些全力以赴又有男子气概的基佬，而不怕娘娘腔。我自己的理由是：和平和白鸽。白鸽在我天花板的裂缝里。乔治·马丁在厨房里奄奄一息。棒球比赛。还有我的新书《回忆宝贝》。长诗《地球铁路的十月》讲的就是洛厄尔的回忆。我们九月见，六月时我曾发过誓，在那之前我不会因为工作的原因而出门。

一九五八

唉，艾伦晚安。

杰克·凯鲁亚克［纽约北港］致艾伦·金斯堡［新泽西州帕特森市］

一九五八年八月十一日

纽约北港吉尔伯特街三十四号

亲爱的艾伦：

你是知道的，不久前我曾寄给你一张五美元的支票，但彼得给我的地址我一定是记不清了。不管怎样，钱我是给你了。我发现你没给我写信，所以你一定也是"唉，晚安"的心理，但没关系，因为从现在到接来下几个月，我要进城写《回忆宝贝》，到时在洛厄尔度过一个盛大的圣诞周末，以伯利恒之星和圣子的巨大幻象出现为高潮。芝加哥诞生了一位伟大的诗人新秀斯坦·佩斯基。他把自己的长诗《黑夜如何降临》寄给我，我回信称赞（判断无误）他是自格雷戈里后最伟大的新爵士乐迷（这次你一定没有意见。总之，我对［杰克·］米舍林-西尔弗毫无兴趣）。他又给我回信说："亲爱的凯鲁亚克先生，读了您的信，我在疯狂的大厅里哭泣不止。斯内克敦的生命树上的果实已经成熟。我在晚祷时也为您祷告。我刚加入海军，收到您来信那天，我和一群光着身子的人一起站了一整天。我们尴尬地看着彼此的鸡巴。感谢您，万分感谢，我流下年轻的热泪。我有犹太人的名字，在卡巴拉[1]的智慧之夜，我成为千千万万世世代代棕色牧羊人的后裔。"然后他像格雷戈里一样迸发了，在描述他是如何给他的流浪汉父亲读了你的诗《长途跋涉的杰基》之后，他说："在悲伤的历史中，我何时才能有幸坐在您脚边，带着毫不掩饰的崇拜之情望着您？"信的结尾是："很快就会在霓虹灯的海市蜃楼，黑夜和荒凉的河流中与您相遇。"听起来怎么样？我让他把诗寄给唐·艾伦。你应该给这孩子写信，因为他是新一代的伟大人物，斯坦·佩斯基。他的地址是伊利诺伊州芝加哥四十四区，北梅纳德二十七街十七号。

虽然我记不清你的地址了，但我还是给了他，所以给他写信吧，毕竟他是你喜欢的类型，或许是这样，是你中意的诗人类型。比尔·巴勒斯写信给我母亲说："我不会再把你那些疯狂的信转给艾伦了。请不要再来烦我。"到了秋天，我将从写作的迷雾中走出，起风时我会见到城里所有人。与此同时，我和好莱坞那边闹了矛盾，不知何故，他们拒绝为我的任何作品买单。他们似乎想白拿。我的钱足够布置房子，但布置完后就没了，所以我最好还是让好莱坞出点钱。霍尔姆斯写信说加里[·斯奈德]去了山区，他想在老塞布鲁克跟你见面。别害怕给我写信，想写就写，就像我们计划的那样。你见到吕西安了吗？秋天我想和你一起去他的乡间别墅，因为到那时他又可以喝酒了，我们可以在阿迪朗达克山的星光下嚎叫，开着他的车穿越树林，和哈里曼州长一起参加大型鸡尾酒会。在那之前我只管写作。我马上去买油画颜料开始在阁楼作画（第一次画油画）。这就是为什么我不担心拉夫，也许有一天我会成为更伟大的画家。拉夫在火车上不和我说话。格雷戈里从斯德哥尔摩给我寄信说要去拉普兰。

好吧，好吧，我觉得要把钱分一点给彼得。叽里呱啦，再见啦。

1. Kabala，犹太教神秘哲学，由中世纪一些犹太教士发展而成的对《圣经》作神秘解释的学说。——译注

艾伦·金斯堡[纽约州纽约市]致杰克·凯鲁亚克[纽约北港]

一九五八年八月二十日

周二

纽约第九区东二街一百七十号第十六号公寓

亲爱的杰克：

这是封短信。我还没弄到可以舒服打字的桌子。我的住址是

纽约东二街一百七十号第十六号公寓，位于A大道和B大道中间，在下东区。街区很大，我得绕果园街走很长一段路，等走进希伯来殡仪馆，就能看到一个巨大的墓碑上刻着金斯堡。我们（彼得和我）有四个房间，前面一间整晚都俯瞰着黑麦面包房与嘈杂的卡车，但那样也不错，有灯光，还有玻璃晃动的声音。屋里还没配家具，但有间房里加了个床垫，还有些印度地毯。屋里有暖气，一个不错的新暖炉，很大，还有冰箱、淋浴、热水等等，是那种适合安稳的家庭生活的大型公寓。每月六十美元租金，我们俩平摊，但到目前为止，都是彼得付的钱。户型方正，像盒子一样，很舒适，房间也是方方正正的，不太大，但房门很大，门板也厚，所以每个房间的私密性都很好。这一周我花了很多时间清洗墙壁，打扫卫生。如果你需要在纽约找个避难所，可以住在这里。我们的新政策是不邀请别人上门，这是个安静的城堡，可以睡觉、办舞会、做饭和写作。我每天十一点目送彼得去上班，然后去酒吧逛一圈，到五点俱乐部转转，除了那个让我免费入场、偶尔给我杯啤酒、和我闲聊的服务生，没有人认识我。我听了好几个小时的塞隆尼斯·蒙克，音乐毫无特色。接着我可能跟吕西安在午夜后见面，和他一起看深夜秀。我们不喝酒，所以还没深入地交谈过。他今天要去北部度假三周。昨天我在那儿见到了莫诺乔和梅里姆斯，上周则是鲁思和赫德森。到目前为止，我和卢只谈了政治。接着我去圣雷莫或雪松酒吧，见过［迈克尔·］鲁梅克一次，但经常遇到伟大的宗教诗人爱德华·马歇尔，他是年轻诗人中写得最好的一个。你看过他那首发表在《黑山评论》上的疯狂长诗吗？我原以为他是个脾气古怪、长着痘痘的精神分裂症患者，没想到却是个又矮又胖的金发酷儿，很有男子气概，还读圣公会的《圣经》和神学书，在哥伦比亚大学图书馆有份全职工作。他的诗都是原始的自白诗，篇幅很长。有一晚我见到了［弗兰克·］奥哈拉，和他聊了几句，还有一晚见到了女孩子们（乔伊思［·格拉斯曼］、伊利斯［·考恩］和海伦·埃利奥特），还有达斯迪［·莫兰］、沃尔特·亚当斯。这些人我都拜访过，他们像鬼魂一样偷偷现身，整晚都在谈论他们身上发生的事，然后我们各回各家。我从帕特森带来了自己的书，读一读《伊利亚特》之类的，躺下思考，再做饭。我还见到了唐·艾伦。这一周我们都在东汉普顿，彼得有五天假期，我们会沐浴着阳光在岩石上做爱，住在理查德·霍华德那儿，见见所有有钱的画家。所以下周四你也来吧。

我在帕特森时收到你的信，迟来的信，感谢你的支票。你给我写信我很开心，但我不确定你是否要我回信，所以等你招呼我。格雷戈里也来信了，他去了拉普兰，现在已回到巴黎。还是没有比尔的消息，葛伦说（信中说）他秋天或冬天过来。我的前女友希拉·鲍彻［威廉斯］也现身了，从她丈夫身边逃过来的。我带着她走完鲍厄里街，跨过曼哈顿大桥，去追寻曼哈顿的永恒瞬间。她在美国米德兰的明尼哈蹲了四天监狱，我不记得为了什么，可能是因为流浪罪。她遇到你那可爱的画家爵士乐迷，正和他一起旅行呢。她说加里［·斯奈德］来到她家门口，从她愤怒的丈夫身边走过，然后说："希拉，你准备好了吗？"他帮她收拾行李，开车送她去旧金山。她说加里想和她结婚，和她在日本生孩子。她说所以秋天晚些时候加里也会过来。九月拉维涅也会来。这个冬天的纽约一定很棒。也许我们可以一起办一场疯狂的诗歌朗诵会，对大众免费，不扯淡的那种。我遇到了霍华德·哈特，我不喜欢他的诗，他给我背诵了几首。哈特话语间全是面包、金钱的事，他想和我一起办一场收费昂贵的朗诵会，我觉得他在骗我。我认为你说得对，拉曼蒂亚和他都是靠诗歌朗诵行骗，这样只会败坏朗诵的名声。最主要的是，他在旧金山和拉曼蒂亚干了一架。去他的。

［……］

一九五八

吕西安说你认为自己得了伯杰氏病。你找到绝对靠谱的医生了吗？如果没有，你应该到这边来找佩罗内［医生］瞧瞧，把病治好。听起来好像倒立治疗的方法已经失效。请照顾好自己，现在你不该坐以待毙。我一直都需要你。

如果你在那儿一直呆到九月，过个一周左右你可以偷偷溜过来见我们。我不喜欢酗酒和狂野的场面，也不希望看到你喝醉，也不会再参与纵饮，那是自杀。我宁愿散散步，坐下来聊聊天，或者去大都会艺术博物馆看勃鲁盖尔的画。

［……］

好吧，回头再说。我会再写信的，给我寄张明信片，地址是东二街一百七十号。这样我就知道你安全地收到了这封信，没有让它落入不幸的命运之手。

是的，我在卢瑟福学院见到了［威廉·卡洛斯·］威廉斯，和他们夫妇二人一起吃了晚饭。他说他们觉得你很迷人，很可爱，让我代他们向你问好。［埃兹拉·］庞德出院后在他们家住过一晚，他们觉得他疯疯癫癫的。他带了五个人，包括他太太和一个小女友。威廉·卡洛斯·威廉斯给我看了一张他们的照片——悲伤的威廉斯坐着，庞德在他身后，胸部袒露，又瘦又结实，两人都看着相机。稍后再告诉你详情。我和他谈到了韵律和哀号的关系。

好啦好啦好啦好啦好啦好啦。

科科莫

杰克·凯鲁亚克［纽约北港］致艾伦·金斯堡［纽约州纽约市］

一九五八年八月二十八日

亲爱的欧文：

我已离开地球去了一个我所知道的更好的地方，我听到他们用天使般的声音呼唤着"老黑奴"[1]……我来了,我来了……因为我低着头。

这首歌很好听,收音机的周日纯享音乐节目里正在播放。"为何叹息,朋友不能重相见……"这就是我十一岁在舞台上面对众多观众时用吉他弹奏的那首歌。我现在明白了,这是我最喜欢的歌。

是的,爱德华·马歇尔是位优秀诗人。但你没发现斯坦·佩斯基也很优秀吗?下次我会将他的作品带来。

去年在伯克利卡洛琳令我很失望,所以我就保持沉默。我知道尼尔的钱够用。他从不写信给我,如果他写信给我,情况就不一样了。因为我永远忘不了在医院里那次,我给他带去糖果和杂志,他却说我"不请自来"。尼尔沉着脸,很生我的气。有一天我在长岛湾岸下车时突然看到他,他内疚地开车走了。

你说的也许没错,《在路上》应该享有更高的版权价值,但我想看看现在这个烂摊子该怎么收拾。他们想让乔伊思·贾米森扮演卢安,这样电影就会大卖,我就能得到百分之五的提成。莫特·萨尔表示他希望电影完全按照小说的内容来拍摄,这一点比米高梅要好。与此同时,米高梅正在拍一部叫《垮掉的一代》的电影,里头有杰瑞·李·刘易斯。一九五五年那会儿,他们甚至没有咨询过我关于标题版权的问题(你还记得吗,一九五五年《新世界写作》第七期里提到让-路易正在写一部《垮掉的一代》的小说,版权归让-路易所有云云)。所以斯特林会起诉他们索要版权赔偿。霍尔姆斯写文章时也用了我的遣词造句,还有其他东西。好莱坞的人真的在骗我,他们根本不把《地下人》当回事。你想想,斯隆·威尔逊的《避暑山庄》卖了五十万美元。我没想要那么多,但十五万美元对好莱坞来说算是九牛一毛吧,或者给我二十五万,算是《在路上》的违约金。你是个穷人,这些在你听来应该挺荒唐的,但如果我开始有收入(信托基金),我会时常给你钱花,不用你还。我不会给

一九五八

所有人钱，像格雷戈里和尼尔之类的贪心鬼就不会给，我的钱是为在东区安静的宫殿里炖着肚肺汤的善良圣洁的诗人准备的。不，我没得伯杰氏病，我有个叫罗森堡的医生，医术高明，我只是长了疖子。我猜是毒葛直接进入了我的身体，因为我要不断地从毒葛田里拿回篮球。我的静脉炎已经好了，病除了。我真正的问题是酗酒。我一个人喝酒，即使没人陪，有时我也会喝过量。为了写作，我得服用地塞米松（处方药），这不健康。你还记得那神奇的苯丙胺吗？它能让我们拉屎拉尿、流汗减肥，真过瘾，但这种抗抑郁药让人便秘、搞砸一切，呃，这恶心的抑郁药比安非他命还糟糕。那些下作的医生不给我开安非他命。他们在地塞米松里加了该死的可待因，肯定会引起便秘。所以我还是很胖。

很高兴你能和吕西安安静地聊那么久。我不知道他怎么才能忍受包括我在内的所有吵闹的来访者？可怜的家伙，他没有自己的生活。他确实是个风度翩翩的贵族。他说我的《吕西安午夜》是在贬低他，其实我是在抬高他，甚至翻遍字典都找不到更好的用词！我刚刚给乔伊思［·格拉斯曼］写了封长信，讲了讲我现在写的作品，如果你想要灵感，可以让她读给你听。我被这本书烦透了，也被《达摩流浪者》烦透了。对我来说写作的趣味已经不再。胡扯。我买了台韦科牌三速留声机，可以播放自己的专辑唱片。诺曼·格兰兹给我制作的三张专辑是自迪伦·托马斯以来最伟大的诗歌唱片，我想格兰兹不会发行它们。因为唱片听起来很淫荡，我朗诵起来像个婊子，嗓音漂亮而低沉。据说汉诺威唱片公司要推出史蒂夫·艾伦的专辑了，那会是件珍宝。如果你有盒子，我就把它们都装进去。我自己的盒子已经有好几吨重了。是的，哈特和拉曼蒂亚打过架，不是吗？如果你和加里［·斯奈德］等人要办免费诗歌朗诵会，请不要催促我也加入，我就听你们朗诵，像在旧金山时那样。全国各地都有人请我去有偿朗诵，但我都拒绝了。我怕羞，真该死，我不喜欢站上舞台。如果加里过来，菲尔［·惠伦］也过来，那就奇怪了，不是吗？如果你想找鲍勃·拉克斯，可以给他打电话，号码是9-1323，他的地址是杰克逊高地沃伦街三七三七号。他刚给我寄了一封信，一个空信封。上午时我还觉得是美好的一天，这会儿就想去死，感觉糟透了（服了右旋安非他命）。回头见。咔嚓，咔嚓，咔嚓。

他们想让我给诺曼·梅勒的《嬉普士和上帝》脱口秀节目写点评论，他说上帝正在死去之类的话。虽然他是个善良严肃的家伙，但有点胡说八道。我不想跟他们那帮人扯上关系。他们还想让我为了一百美元酬金和马克斯·勒纳在布兰代斯大学的讲台上对谈，我想我不会喜欢那些脸色灰白的自由主义者的讥笑的……再见了，可怜的一百美元。等你、我以及比尔把我们的作品都发表了，他们就不会再谈论纳博科夫和西洛内之流。这要花很长时间，当那一刻到来时，一切都不再重要，然后我们就进入了永恒，无论如何我们都不在乎了。所以此刻已是永恒，我们在这里进入内在的坟墓，得到安眠的赐福。

与此同时，乔纳森·威廉斯给我寄了份可怕的名单，列出了一些持不同意见的知识分子，他们都是些渣滓，身心受到严重损害。要我说的话，我觉得整个黑山派都在胡扯，他们写的那些小册子荒唐无比，全是些虚无缥缈、抽象狂傲的空话。

> 打雷时，
> 我的猫一只一只
> 停下脚步。

至于艾伦·瓦茨，我在《达摩流浪者》里管他叫阿瑟·怀恩——古英语里"马蝇"的意思，因为他在《芝加哥评论》上对我们又叮又咬。啊，上帝会尊重我们的。事实上，我最好尊重一下可怜的瓦茨先生。这种污名化不构成打击，只会让我牢骚满腹，不是吗？

再见。

《芝加哥评论》的罗森塔尔要你给他寄小说。很快他就会给你写信，由帕特森那边转交。你给他写封信，摘抄几段自己写的东西。

另：我决定接受勒纳的邀请，买下全套的油彩和画布。我刚收到版税支票，只有预期的一半多。

杰克

1. Old Black Joe，美国民歌。"我来了，我来了……因为我低着头"是其中的两句歌词。——译注

艾伦·金斯堡［新泽西州帕特森市］致杰克·凯鲁亚克［无地址，纽约北港］

一九五八年八月三十一日前后

亲爱的幽灵：

你才是聪明的那个。为什么你不告诉我人生不过是梦一场？为了实验需要，我今天在牙医的椅子上连吸了两次笑气。就像你说的那样，经历了所有劫数，里里外外，"四面八方"，我之前从未有过这样的感觉。有很多可谈的，我写了些恰当的诗行。该死的，这就是个大骗局，伟大的宇宙玩笑就像林中可笑的啄木鸟，笑着消失在宇宙卡通渐渐远去的眼窝里，宇宙万物一下子消失殆尽。对不起，我过于无动于衷，我信仰哈莱姆的上帝。我仍然不明白两种绝对印象如何毫无矛盾地存在于同一宇宙中。但我对任何事情都是左耳进右耳出。

现在我想重读一遍你的诗和佛陀的书。把手稿带给我，拜托，拜托。我没说笑，很严肃。你来的时候带上。

所有事情都有条不紊，我们的时间很充裕，所以别担心，我没有生气。我只是不明白你之前在说什么，加里和菲尔就此又说了什么。我在帕特森，到纽约后再给你写信。你的信收到了。

真搞笑。

另：格雷戈里的信很棒——就像尼尔之前那封。凌晨三点我在五点俱乐部醉醺醺地给三个人朗诵了《炸弹》。

欧文

杰克·凯鲁亚克［纽约北港］致艾伦·金斯堡［纽约州纽约市］

一九五八年九月八日

亲爱的艾伦：

你那封关于牙医的气体和禅宗，也可能是跟至高觉悟有关的信已经收到。是的，如果你想进一步了解这个主题，应该知道找什么书来看。《楞严经》、《入楞伽经》、《金刚经》、大乘佛教著作等（不是小乘佛教那种早期粗糙的道德算计，大乘佛教更合乎道德）。所以到图书馆去找德怀特·戈达德的《佛教圣经》吧，除非他们还没补上我偷拿的那本。以后我们再来讨论。我的《达摩片语》等书尚未出版，我不想外流出去，如果你想看的话，唐·艾伦那有一本《墨西哥城布鲁斯佛法》。不管怎样，别担心。我刚给格雷戈里写了封长信，感谢他让我终于落泪，我上次落泪还是多年前读尼尔那封长信时。一个舞文弄墨的人能在小说或诗歌中挥洒自如，多好啊，对吧？多么有力的小说啊！从他格雷戈里的口中发出了多么美妙的声音啊！他和尼尔一样好，都比我好。但比不上我的《萨克斯博士》，我写这本小说时如有神助，对技巧驾轻就熟……但有了小说技巧并不等于能写出那种让人感慨万分、热泪盈眶的小说。伟大的格雷戈里真是可怜，天哪，他承受了多大的痛苦啊！这个以后我们也会讨论。这儿有个叫吉尔·利普曼的女孩，富有、性感，就是瘦得可怕。上周六晚她和我一起去看望了拉夫卡迪奥，我们见到他在月光下散步，然后一起进屋，和玛丽［·奥洛夫斯基］在昏暗的厨房里聊了几句，还看了看他的那些"简笔画"。我知道他正在经历一段奇怪的小洛可可时期。我们把吉尔的电话号码给了玛丽，等你和彼得来了可以打电话给她，她会开着宽敞的小车来，带我们去月光下游泳，但现在为时已晚，她马上要去耶鲁上学了。好吧。你看了新一期的《地平线》杂志吗？我们又被另一个像哥伦比亚的特里林那样的卑鄙小人痛骂了一顿，但每一次打击都是一次激励，我们一定会遭受打击、痛骂、激励等所有的一切。他们再度指控我们煽动青少年犯下谋杀等暴行。我的朋友，回想一下霍尔姆斯先生在《绅士》杂志里所说的，一个愚蠢的黑人小鬼一边把刀从迈克尔·法默的胸口拔出，一边说"谢谢你伙计，我想看看那是什么样子"，这一举动"意义非凡"。我永远都搞不懂，一个与世隔绝的人怎么能发表这样不负责任的言论。但无论如何，这些特里林之流似乎以为是我们说了这些蠢话，所以现在才有两个评论家把谋杀的罪名归咎于我们，而你、我甚至连打猎和钓鱼都不会。他们放上我们的照片、诗歌和《地下人》的第一页——明知这本小说要在两三页之后才开始言之有物。菲尔和加里真的要来吗？快告诉我。斯特林特别想抓住加里让他继续写小说，还有菲尔。（哦，对了，特里林交代了哥伦比亚谋杀案的线索，我现在才意识到他们很快就会找到吕西安。如果他们那样做了，他们手头可能会多一起谋杀案。）金斯兰从费城给我写信，说会开车到北港来，顺路拜访我。如果我告诉他那是我母亲的房子，估计他会抓狂。想象一下高大的娘娘腔金斯兰走进我母亲那纯真的玫瑰色厨房。但是在过去十年间，她每天早上六点起床，还允许我（对我完全信任）呆在家里写《萨克斯博士》和其他色情作品，所以别忘了这一点。别担心，如果我到你家去，我是不会在你那安静庄严的屋子里胡作非为、酗酒滋事的……呃呃呃……几周后我就过去。去你的心灵深处。

让

艾伦·金斯堡［纽约州纽约市］致杰克·凯鲁亚克［纽约北港］

一九五八年九月十七日
［原文如此。应是十六日］

纽约东二街一七〇号

亲爱的杰克：

　　小路上那栋安静庄严的屋子现在成了地狱，唉，唉。姑娘们都来了，还有几只公猫。联邦调查局的特工在格林威治四处巡逻，问我是不是从旧金山来的（我从彼得的偏执狂女友那里听说，有个黑人特工为了满足性交业力的需求暂时搬到了我们这边）。吉姆·阿特金斯来找我，正如预言的那样，他总是对格林威治的旧金山爵士乐迷说："我不知道你是旧金山人。"但我不想与他纠缠，所以我说，对，我确实不是旧金山人，"其实我是新泽西人"，这样说也没错，于是他怏怏不乐地走开了。我的前女友希拉［·威廉斯］住在我这儿。（已经呆了两周。她说只要湾区有人迷上她，给她寄张机票，她就回旧金山，也许这周就能回去。）她和她漂亮的画家男友一起住在侧房。他们会睡上整整一天，晚上郁郁寡欢地走到街上，回到家就为他的男子气概争论不休。

　　她说加里［·斯奈德］和她有段婚外情。加里开着小车到她丈夫家救她，把她送到旧金山，说和她纽约再见。但现在她回心转意了，她要回去。

　　还有一个旧金山的女孩叫希拉［·普兰特］，之前和彼得、拉夫都上过床,后来辗转于几家医院,今天也在这儿安顿下来了。她也准备回旧金山。("难以置信——我居然到了纽约,这里是纽约吗?")彼得过得很开心,我也是。我可以尽情地躺在床上盯着天花板,或看看书。我要做的就是搬进公寓里一间隔开的私密侧室,就像我有了自己单独的带家具的房间一样。所以事实上没有任何问题,也许现在这波寄人篱下的房客很快也会离开。

所以你过来吧,想喝多少酒就喝多少酒。我就在这儿等着,我想和你聊天。

最好晚点过来。吕西安邀请我们俩这周末去北边,但我有事要忙,他也没弄到车。他让我们秋天晚些时候再去。

我去新方向书局取[威廉·卡洛斯·]威廉斯新出的《帕特森诗集》,里面收录了我的一封信。我在那遇到詹姆斯·劳夫林,和他聊了几句,向他解释说加里和菲尔的书都未能出版,他说他想读一读,也许还有出版的可能。我还向他解释,由于缺少高水准的作品,费林盖蒂又有眼无珠,诗歌的形象被搞得一团糟。为了取你的《布鲁斯之书》(现在我随身带着),我和唐·艾伦打了个照面。劳夫林说也想看看,我建议他出一套全集。他说对《尼尔的幻象》仍有兴趣,还在努力地编辑,他认为作品很优秀,但印刷工人担惊受怕,所以麻烦不小。不过他迟早会找家印刷厂把书印了。他还问起格雷戈里的地址,说要给他写信。

是的,几周前我看了《地平线》,打破了我不予回应的原则。我写信给他们,反对他们从第十一行删掉没完没了的蛋蛋和鸡巴,还反对他们略去两行,又接上后面的诗句,我说这"打破了我的节奏",他们必须发表声明说我不赞成这么做,他们没有征求我的意见,我觉得这是对结构的侮辱,等等(从某种程度上说,这确实是侮辱,因为他们略去的两行是紧跟前十一行的节奏而来的)。我很好奇他们会怎么处理。他们首先回信说他们没有恶意,并咨询了格罗夫出版社，所以我详细地写了一页回信来解释诗歌的节奏，并提出如果他们自己听不出来，我可以通过电话念给他们听，我要求他们尽快回复。但是他们没有回信。此外，我还说版权是我的，不是格罗夫出版社的。我什么都蒙在鼓里，只是发了一通可笑的脾气，就像和公交车司机吵架一样。

不过，考虑到所有那些关于"缺乏形式"的废话，如果他们不得不发表声明说毁了我的形式，那可就太有趣了。

此外，上周我脑子坏了，给约翰·霍兰德敲了一封单倍行距的十二页长信，满纸都是牢骚。他现在在康涅狄格州一所女子学校教书。

我正在读戈达德的书，三年前从圣何塞图书馆偷来的，一直带在身边。菲尔写信说加里现在和他在一起，他们会在俄勒冈住到选举结束为止（他必须帮他的法官朋友再次当选），然后可能在圣诞节前后过来这边（他之前说过）。他写信时加里还没到（第二天到的）。我想加里过几天也会来信，但应该不会过来了。

我重读了《布鲁斯之书》里所有的诗，之后会把书还给唐·艾伦。接着我想读《达摩片语》。我从没弄丢过你的书稿，而且我身边还有很多。《布鲁斯之书》写得很棒，我现在对那些诗理解得更透彻了，它们就像莎士比亚不朽的十四行组诗，必须把全部的诗都予以出版——幸亏费林盖蒂做的不是选集。也许劳夫林能办到。那些诗是对佛法的绝佳阐释和回应，和近期任何一本小说相比都毫不逊色，事实上还更好，所有的诗都是。

彼得把《达摩流浪者》带回来那晚，我花了大概四五个小时一口气把书读完了。这是一部伟大的宗教圣书，所以它的出版显得尤为奇特，但现在看到它出版我很高兴，之前我还担心他们会打乱里面的时间线。书里对佛陀素材的呈现切实可信，就像一部关于圣方济各的疯狂的电影那样鼓舞人心。最后几页的俳句是很

一九五八

漂亮的散文。而且句子似乎变短了，不像之前那么有活力，也没有那么疯狂。你是决心写得简单点，还是像你说的只是厌倦了？书里的［约翰·］蒙哥马利塑造得很棒，加里也很好，这一点我自愧不如。这是一本难得一见的让人寒毛直竖的大部头教科书。真是令人毛骨悚然。我很好奇二十世纪的纽约报媒会做何反应？一定很有意思。你会因为开明进步而受到攻击。书里那些在我看来有趣的页面和句子我都做了标记，等你来了可以拿给你看。结尾处"阁楼里的老鼠"那几句令人叹为观止，末尾的俳句和彩虹也是一样。我在树林里冥想时会大声朗读这部伟大、有趣、永恒、严肃的终极圣书，希拉［·威廉斯］也会。令人惊讶的是，这么多年后，对世界末日的某种预言性的浪漫感知终于有了具象的化身。

我有没有跟你说过格雷戈里曾写下"干草般的宇宙，黄澄澄地堆在火墙上，向着薄纱般消灭假墨汁的方向狂奔"这样的诗句。我最后断定这是对宇宙幻觉消失的预言。身在帕特森的我永远不会真正理解这一点。你能理解吗？

［……］

我的诗越来越像你的布鲁斯了。天知道我将如何摆脱这个趋势，以及这又会带来什么样的文学争论——现在已经造成影响了吗？我也想像惠伦那样写作。

［……］

我把我的书给了塞隆尼斯·蒙克。一周过去了，他没有任何回应。然后我在五点俱乐部门口看到他，问他看了没有。"看了，快看完了。""写得好吗？""言之有理。"多么有趣的回答。

我还欠格雷戈里一封信。比尔现在应该已经回巴黎了，之前他在丹吉尔。基佬们热血沸腾。他写信说："印度正铺开红毯。"

你和勒纳的谈话节目何时、在哪儿举行？我想过去听听，从头听到尾。我从来没见过你参加公共活动的样子。

一如既往的,
艾伦

杰克·凯鲁亚克［纽约北港］致艾伦·金斯堡［纽约州纽约市］

一九五八年十月五日

艾伦：

　　我满怀兴奋地回到家，却变得精神不振。我觉得我干不了亨特学院的差使。像美国一样，我精神崩溃了。我要流亡。我给惠伦写了封长信描述白天的感受。所有那些穿着考究的人都眯着眼睛看我，我为什么不干脆从宇宙退出呢？妈的，我要回到李白那里。我讨厌自己那颗跳动的心。这个世界有点不对劲。明天早上我就好了。这栋老房子古老陈旧的夜晚的黑色棺材让我害怕。

　　你明白吗？

杰基

杰克·凯鲁亚克［纽约北港］致艾伦·金斯堡［纽约州纽约市］

一九五八年十月二十八日

亲爱的艾伦：

　　这是我吩咐斯特林去做的，也是我想要的：让新来的出版商预付七千五百美元买下《萨克斯博士》的版权，但不能做任何更改；如果《萨克斯博士》能完整地出版，由谁来出版又有什么关系？只要它能出版，还有人读，而且五年内可以重印，是精装还是平装又有什么关系？我现在需要七千五百美元交房子的余款，所以我得把书卖掉。如果我现在不付清余款，我就会因为严重违约而损失已经投入的七千美元。这是个艰难而邪恶的世界。但是《萨克斯博士》会顺利出版。如果他们要做更改，那可不行，我就将它退还给唐·艾伦。与此同时，我在敦促维京出版社接受并出版《杰拉德的幻象》。这本书写得极好，不能做任何更改，但我自己会删掉所有佛教的意象，替换成天主教的意象，因为故事的主人公是个矮个头的天主教圣人。但这么做不是因为神学意义上的区别……圣灵即法身（真理的肉身）。你明白吗？诸如此类。法身的字面意思就是圣灵或者神圣的真理，所以有什么可纠结的？我告诉他们我会去巴黎，但我不会写关于巴黎的书，等一年后我有时间消化这些事再说。而且事实上，现在我想通了，等我今年圣诞节回到宁静的佛罗里达时，无论如何我都要动笔写《垮掉的旅行者》。就写我去丹吉尔找巴勒斯一家，接着去法国、伦敦，然后返程的这一路，以及所有与之相关的疯狂的海上旅程。当时我困在暴风雨中，我们不得不向南逃难，差点沉船。我看见雅各布的天梯整个沉入大海，也看见了斯黛拉·玛瑞，心想一定是上帝降临了，这是我唯一能想到的事，因为我以为我们全会淹死……唉，可怜的水手们。

是的，就该这么办。此外，我把《吕西安午夜》寄给了欧文·罗森塔尔[1]。如果他拒绝，那他一定是疯了。但他很可能会拒绝，因为我告诉他能付多少或者想给多少就给多少。

今天我的手抖得厉害。我和我的小妞正颠鸾倒凤之时，亨利·克鲁突然过来了。然后房子里挤满了当地的酒鬼，要不是有那个女孩子打扫，这里现在看起来就像地狱一样。周四她过来做家务，而我则试着回复成千上万封信件。今天我就是这么干的，独自坐在家里给你写一首关于金色永恒的宏伟的长诗。但我坚持不下去，因为这个世界最近一直纠缠着我（没有纠缠得太深，事实上我与人相聚甚欢，但日日夜夜永无安宁，没有独处，没有沉思，也不能再盯着天花板或云朵了），我甚至无法提笔。所以现在我明白了，如果接受吕西安的建议写更多东西，那么我必须离开纽约，我会的。吕西安给我发了一封疯狂的长电报，说一个英国大佬要赶过来采访我，于是昨天我就在家里接受了《先驱论坛报》的采访，我跟他们说垮掉的一代就是"数百万个帅气冷酷的马龙·白兰度"。《展望》杂志也想来采访我。与此同时，我还得照顾那几只受了惊吓的可怜猫咪，院子里停满了汽车。我一有空就把《尼尔的幻象》里霓虹灯那部分打出来。艾伦，你就不能去新方向的办公室将自己想要的内容打出来吗（只要劳夫林允许）？如果你需要介绍信和许可书，那我就寄给你。如果不行，好吧，请告诉我一声，我自己把霓虹灯那部分打出来。至于诗，我只是不知道哪些是永恒的。真该死，我给唐·艾伦的那卷打印纸上全是永恒的诗，但毕竟我手头有的不多。不如我直接寄几首给你评判一下，我自己看不出好坏。另外，你和城市之光书店的合约何时到期？告诉我最后期限，那样可以激励我写快点。布鲁诺第二天就没回来，他离开时可能会说："啊，他只是个基佬。"你不知道那些人是什么样子，你说他们是"一丘之貉"，说得太对了。我不在乎，一切都会好起来的。不管怎样，我每次说"见鬼"时都不是有意的，只是开了个"禅意的"玩笑。事实上，我从不会刻意诅咒谁，你回忆一下看看。

我实在理解不了塔特尔等人和格罗夫出版社[2]的情况，但是如果时机成熟请告诉我。当然，看在老天的分上，我根本不在乎，不过催促菲尔和加里着手写几首诗倒是个好主意。

多迪[·穆勒]是个画家，长得像大一号的艾琳和特丽丝苔莎的结合体（笑起来时和艾琳一模一样），可既不像艾琳那样冷漠，也不像特丽丝苔莎那样嗜毒，身材也更好，是个很不错的女人。她有科曼奇印第安和法国血统，是一位优秀的画家（像阿尔弗雷德·莱斯利那样创作粉色和蓝色女人在沐浴的巨幅油画，也画小幅的——依旧算不上小）。平时都光着脚，就像海伦·帕克在普罗温斯敦和墨西哥城时那样。她见多识广，擅长烹饪打扫，碗洗得很干净，还会用鲜花和蔬菜布置厨房。她的脸在烛光下看起来很圣

一九五八

洁，有我喜欢的黑眼睛和高颧骨。大家都喜欢这个年轻的寡妇。她爱我，我也爱她。不知道接下来会发生什么事。以前她经常在笔记本上画色情画，她母亲哭着把本子扔进大海。换句话说，她就是尼尔最喜欢的那一类大个头好姑娘，太他妈性感了，真不敢相信我这么走运。她认识所有人，这太糟糕了。但也不错，因为我也认识所有人。现在的局面真够复杂的，哎呀，多事之秋。亨利［·克鲁］被赶出公寓，像个流浪汉一样地走了，还丢了猫，回来后也无家可归，家具已被法警没收，他正在下东区到处找便宜的房子，你有房源就告诉我。亨利是个伟人。他说他现在喜欢你了，必须读读你的书或者别的什么。我给罗伯特·劳里[3]寄去一段《梦之书》，还附上刚收到的格雷戈里来信的一部分，与他的诗歌理论有关。以后你也会看到。要做点什么呢？再来瓶啤酒。

我的书即将出版，会有新一轮的宣传，又要紧张起来了。我姐姐要去治疗并发症，所以喊我母亲过去替她照顾一个月的孩子。我现在忙得连上厕所都没时间，房子一天比一天脏。如果你真的来了，可以浏览一下我的手稿，把想要收入选集的部分打出来。别光想着房子脏，也别光惦记着彼得，我真的很烦。希望你这周末能过来，诺曼·梅勒真该死，他也试图掺和进来。为什么他算不上嬉普士呢？其他人谈论弗洛伊德时为什么他不谈论上帝呢？十一月六日周五晚上我要去帕克大街附近六十八街上的亨特剧场，之后和多迪一起开车回家。我还是不知道该说什么。我会讲几句凯鲁亚克和垮掉的一代，让他们觉得值回票价，然后朗诵《炸弹》。你有什么别的新想法吗？《炸弹》里说世界末日是好事，我不敢苟同。我相信人们说的，根本没有世界末日，因为我们现在已经进化成聪明的人类。但愿如此。天堂里有扩音器。）我还是朗诵《婚姻》吧，你能给我带过来吗？我要向观众席里的你提问吗？在那个疯狂的夜晚，我要和敌人统一战线吗？我要带着极大的善意出场吗？我是成就他人的大善人吗？我一定要表现得很聪明吗？我还需要思考吗？我能在舞台上喝啤酒吗？还是应该安静地闭上嘴，摆出严肃清醒的模样？我要直接对考夫曼院长讲话吗？哦，对了，别错过《先驱论坛报》社论版上刊登的雷·普莱斯对我的采访，我说老嬉普士能看到，我还是第一次在报媒上说这种话。"如果艾克、杜勒斯、麦克米伦、戴高乐、赫鲁晓夫和尼赫鲁都围坐在桌旁抽大麻，那不是很妙吗？那会带来何等乐趣和开明，又会产生何等温和的见解。"他说这可以作为访谈的导语。那个混蛋警员在我家肯定找不到任何大麻或药片，所以你和彼得不要带任何毒品过来。我只有本地医生开的地塞米松。据乔伊思·格拉斯曼说，迈克·戈德堡告诉我你和彼得在汉普顿时有多糟糕。我甚至都不记得他说了什么，无论他说什么我都迫不及待地应和着（烂醉如泥），乔伊思说是我出卖了你和彼得，我是个笨蛋，我总担心邻居会怎么想之类。她还说我当众让她难堪。说真的，我们去参加赫克特的访谈节目时试图从后门偷偷溜走，你还记得吗？她是不是精神错乱了？希望在我见到《萨克斯博士》以及明年秋天《杰拉德的幻象》出版前，她不会开枪打我。至于新来的姑娘（老相好都走了），亨利说因为她有印度和法国血统，如果我跟其他姑娘调情，她一定会拿刀捅我。哦，伙计，利昂·罗宾逊[4]走到了夜的尽头。在地球上你和我母亲将我撕裂，在天堂里则是佛陀和基督，除了在我痛苦的尸体之上，你们没法团聚，我也不明白这是为什么。天啊，我的末日将至。我一直以为我太过强大，无法成为像史蒂芬·克兰或路易斯·辛普森那样的人，但这样的事就快发生了，没人负责吗？你看，没有人为此负责。连我和我母亲也没法负责。首先我要原谅自己，然后原谅你们所有人，原谅我们一开始无知地想要出生在世上，但我们做得很好，尤其是你，亲爱的。

杰克

1. 欧文·罗森塔尔是《芝加哥评论》的编辑。
2. 指金斯伯格向凯鲁亚克提议的几个选集出版计划。
3. 罗伯特·劳里是编辑、小说家和《星期六评论》的评论员。
4. 利昂·罗宾逊是路-费·塞利纳的第一部小说《茫茫黑夜漫游》中的人物。

艾伦·金斯堡［纽约州纽约市］致杰克·凯鲁亚克［无地址，纽约北港］

一九五八年十月二十九日

纽约东二街一七〇号

亲爱的杰克：

我给唐·艾伦打了个电话。他说格罗夫出版社真的会出版加里和菲尔的书，而他想出版《墨西哥城布鲁斯》，还说格罗夫不想把所有诗都给塔特尔，他们也打算出版。后来我给加里和菲尔写信说，叫格罗夫要么有屁快放、要么滚远点（哎呀，抱歉我爆粗口了），还要查明格罗夫的出版计划，然后做点自己爱做的事，选择自己青睐的出版商。或者今后让菲尔来对付塔特尔，要么安排好，要么拒绝他们，这样他们就不会收到任何人寄来的令人费解的信了。我还写信给塔特尔说菲尔会联系他们，还说加里和菲尔可能有其他事情要做，但具体是什么我不太清楚。我称他们的来信很贴心，即使他们没拿到我们的禅宗诗的版权，你的几本手稿还是有的——诗稿、《达摩片语》、佛陀传记等。如果他们想进一步调查的话，就让他们去找洛德。所以现在我打算收手，事情就交给菲尔，洛德也可以联系他们。如果你想试试《达摩片语》，那就告诉他，让他们来出版也许会很不错。

唐·艾伦也很苦恼，因为他没有收到《萨克斯博士》，他想知道是否出了什么问题。我告诉他我不知道，但书你已经写完或者接近完成了。我的看法是，别让出版商们通过打压那些狂放的作品并出版约稿的游记（无论写得多好）来削弱你的影响力，逼你迎合评论家的心态。接下来理应出版《萨克斯博士》，你大可以做自己想做的事。从美学上来说，应该是《萨克斯博士》、《尼尔的幻象》、《诗集》这样的顺序。读完《萨克斯博士》他们就会发现《尼尔的幻象》的小说之美，也会发现其主角真正的美。他们一直在贬低那个可怜的男孩，把他与善良的贾菲［以加里·斯奈德为原型的角色］做比较。这种评论家心态也许给洛德留下了深刻印象。

我把巴勒斯的《区际城》手稿都寄给了［欧文·］罗森塔尔，让他在下一期尽可能多刊出一些。

请把《尼尔的幻象》的选段和你最好的诗寄给我，以备城市之光出选集用。有一首诗句短小的长诗写了永别了/再见/晚安之类的，是写给洛厄尔一位逝者的，G. J. 的父亲？在伯克利时你给我看过。两年前在海伦·韦弗那儿你还给我看过一首"诗句很长"的诗，描写了月光下沿着小巷流淌的葡萄酒。把这些诗都寄过来，再挑几首布鲁斯，行不行？我要去唐·艾伦那儿拿诗稿吗？

聚会上认识的那位纳瓦雷塔写信说："在他酩酊大醉时，或者更确切地说，在他狂喜入迷时，杰克仍证明自己可以理解这一切，并且进行回应。这就证明他是诗人，是艺术家，遑论他那些华丽的辞藻。这是持久力的问题，杰克持续下来了。请告诉他，他像兄弟一样写作，而我像兄弟一样爱他。感谢他来参加我们的聚会，我们也感谢你，艾伦·金斯堡。"他想让我写一篇关于诗歌的极端抽象的文章，每个字给我三美分。我对这样的文章毫无概念。你呢？格雷戈里的诗有点抽象，我就知道这个。也许可以把《吕西安午夜》看作抽象类型的小说。我就跟他说我不明就里。

你的公共关系？蠢蛋！你在公共场合挑战过我（和彼得，还有谁来着？）多少次了（有时是遗忘，有时是醉酒）？"得了吧，去你的。"去他的公共关系。我们要善良、诚实。还有谁敢这样？

爱你的，

艾伦

艾伦·金斯堡［纽约州纽约市］致杰克·凯鲁亚克［无地址，纽约北港］

一九五八年十一月十七日

周一

纽约东二街一七〇号

亲爱的杰克：

我刚从帕特森那边搬来一些家具，在公寓里布置了一间舒适的工作室和一张写字桌。随附我在《村声》上发表的文章以及牛津大学校刊《伊希斯》的编辑罗伯特·卡明斯的一封信。我在欧洲时给了他几首你的诗，他会将那些诗和我的、格雷戈里的一起出版。

《芝加哥评论》的罗森塔尔发来电报要我周六晚给他打电话，我照做了。他说芝加哥大学不允许他在冬季刊上发表巴勒斯的作品，他本打算在那一期上刊发三十五页巴勒斯作品精选、完整的《塞巴斯蒂安午夜》以及三十页［爱德华·］达尔伯格的诗的。他还说以后他们会禁止他出版比尔、你甚至达尔伯格（他写过一本关于普里阿普斯的书）的任何作品。芝加哥大学可能也会禁止《芝加哥评论》赞助我十二月五日举办诗歌朗诵会。罗森塔尔不知如何是好。我让新方向的唐·艾伦和麦格雷戈去问劳夫林，但他们没有给出任何建议。我让罗森塔尔给费林盖蒂写信，叫费林盖蒂出一期《芝加哥评论禁刊》，城市之光书店也许会照做。不过罗森塔尔和他的同事们还没下定决心是否继续和学校闹下去，甚至取缔刊物，但他们可能办不到，因为《芝加哥评论》是在芝加哥大学出版社出版的。他可能会写信给你。而两周后（十二月五日）我应该会去芝加哥某地举办朗诵会，但这次拿不到任何报酬了,本来有一百五十美元的。想来芝加哥和我一起成为惹麻烦的烈士吗?(那儿的赫斯特出版社似乎想惹恼学校,去年把校长前妻莫德·哈钦斯的书给禁了。一些赫伯特·凯恩式的八卦专栏作家也来搬弄是非,散布消息说学校赞助了几本淫秽杂志。于是学校做出了让步。)

[……]

我去了趟帕特森,取回一些旧信件、文件等等,包括洪克的作品。那些作品已经在阁楼里尘封了五年,还得再通读一遍。

上周五我和罗莎琳德·康斯特布尔共进午餐,她问我要你所有书的大纲,我按时间顺序给她列了一份。

我的房子现在看起来棒极了,有专门用来写作的私人书房,墙上挂着勃鲁盖尔画的儿童嬉戏的巨幅硬纸板画,用旧绳子框了起来。

我想把过去几年间草草写就的诗都打出来。我是"伊戈努"。

格雷戈里写信说在巴黎感觉很好,但他想回家。他打算在柏林的广播电视节目上朗诵《炸弹》,他们邀请的他。没有比尔的消息。[约翰·]蒙哥马利开始用信件对我狂轰滥炸。

唐·艾伦说[巴尼·]罗塞特拒绝给加里和菲尔单独出书,但会给他们、你和我出一本选集。罗塞特还在读《墨西哥城布鲁斯》,艾伦认为他会把那些诗全放进选集。

唐·艾伦还说他想出版《萨克斯博士》,另外想再读一遍《尼尔的幻象》,研究一下是否可以合法地出版足本。《吉拉德的幻象》里说,"更感性一点"会对之后的圣诞书有好处。

斯特林·洛德似乎还没意识到《萨克斯博士》的文学和商业价值有多高,也没意识到它对提升你的声誉有多大的好处。

他(洛德)在声誉方面一直反复斟酌,认为《达摩流浪者》对你的学术和商业声誉都有好处,还认为一本关于巴黎的书会成为

《发言人》之类的杂志讨论的新素材。这些不过是维京出版社或其他出版商的思维水准。

那晚德国人在场时我试图跟他解释说确实应该考虑声誉,我很赞成,《萨克斯博士》就是一本能帮助提升声誉的书。他问我真这么想吗?我说是的,他似乎很惊讶。所以我猜他拿着《萨克斯博士》货比三家,却把维京那本有关巴黎的书当作下一个制胜法宝的原因是,他根本没有发现《萨克斯博士》的可取之处。

我们就此谈论过。他说杰克的下一本书应该:

一、写些不同的素材。

二、结构形式要更有规则。

我解释说《萨克斯博士》的素材的确很新,是小镇上发生的哥特神话,而且与其他任何一本书相比,它的确有更多可以被视为典范的古典结构。他似乎不明白这两点都与他的声誉计划有关,而《萨克斯博士》两者兼备。

所以我要说的是,也许维京出版社和洛德都忽略了你的优秀作品。他们对你的写作生涯该如何发展自有主张,只想让你据此写些"蹩脚文章"。

所以要我说,既然格罗夫想在明年春天把《萨克斯博士》作为你的下一本书出版,你就应该让他们去做。如果维京反对,想先出版一本(尽管上一本也是他们出的),那你就看看他们会不会选择《萨克斯博士》、《吉拉德的幻象》、《尼尔的幻象》或你想出版的书。

另外,唐·艾伦说《地下人》赚了不少,因为他们在宣发上花了很多钱(他说花了六千美元),不管怎样他们替你赚了一笔。他还说他们的报价和其他人可能有的一拼。你让洛德去试试。唐·艾伦还说,他们早就想要这本书了,而且已经签了合同(签署后交还给洛德,他还没签),所以他们想知道他在搞什么鬼。我告诉唐·艾伦找斯特林共进午餐，商谈正事。所以我也不知道情况。

我要说的是，只要有人愿意出版《萨克斯博士》就行，谁来出版并不重要。我不知道。无论如何，洛德给我的印象是，之所以有这些与维京出版社、《萨克斯博士》、巴黎等相关的纷扰，根本原因是他们都没意识到《萨克斯博士》有多好，否则他们立马就把书出了，然后按部就班地推进其他书的出版。

我告诉艾伦你已经厌烦了出版那些糟心事，你要安宁，所以才让洛德来安排一切，然后随遇而安。

有什么新鲜事吗？

一如既往的，
艾伦

杰克·凯鲁亚克［纽约北港］致艾伦·金斯堡［纽约州纽约市］

一九五八年十一月十九日

亲爱的艾伦：

我告诉斯特林，唐·艾伦说为买下《萨克斯博士》可以和任何人打价格战。我周五晚要见斯特林，周四晚在多迪·穆勒家，第二大道八十一号面包店楼上。如果你不先来看我，我就去见你。我告诉斯特林希望明年春天《萨克斯博士》能出版（预付七千五百美元，为什么不呢？），秋天则由维京出版《吉拉德的幻象》，等到一九六〇年再来出我写的巴黎好了。事实上，书名我都取好了，叫《欧洲布鲁斯》，写西班牙、意大利、汉堡等等（比如我和多迪喜欢上渔夫的老婆），或者叫《上帝保佑欧洲》什么的。总之，我会取个令人兴奋的标题。我刚为《恶作剧》杂志写了第一篇专栏，写到比尔、格雷戈里、你、我以及美国文学糟糕的现状。因为编辑的问题，作家又丢弃了自己最好的手稿，美国文学佳作尚未问世。当然，你在《村声》上的书评是我收到的最好的评价。不过，《在路上》不是边吃安非他命边喝咖啡写成的,不是一九五一年(五月)写的,也不是在洋葱皮一样的电传打字机卷上写的,而是在比尔·坎纳斯特拉的画纸上完成的,等等。看来我们俩应该先商量商量。在我看来,第二十五页到第三十四页的技巧真的很愚蠢(是那些自作聪明的编辑写的,他们根本不信任你)。[1]你已经训斥过他们了。下次文章一开头就得写明:"是时候结束这一切烦扰了。"我对牛津卡明斯那边的事没意见。既然费林盖蒂有可能出版被《芝加哥评论》拒绝的文章,我们的选集应该也快出来了。不管怎样,我已经算好了,你的诗占三十页篇幅,而我要把《尼尔和三个配角》(已经在迈克·格里格的《新版本》发表,没有除了标点符号之外的其他任何改动)和《老布尔气球》加进去,这样就相当完整了。我们可以设置一个死线,总之我很擅长按时完工。这个周末就告诉我。不,别去芝加哥,去了有什么用,最好哪儿都别去,和勒鲁瓦·琼斯或者其他人聊聊天,或者在格林威治的先锋俱乐部安排一周的朗诵活动,这样不好吗,还能赚点小钱(一周四百美元)?或者在半音符俱乐部朗诵,或者别朗诵了,只要把你的诗打出来就好。听听我这位写作大师的建议吧:如果没有车,那到美国中部旅行又有什么意思呢?我不明白。把你的诗打出来吧,为唐或费林盖蒂编一本你自己的新书。如果你真要去芝加哥,那在加里离开前你就得一路跑到西海岸。我现在独自在家,只有母亲在我身边。我仍睡不好觉,非常紧张,焦躁不安。接下来,我要问维京要来预付款,拿回护照,然后去欧洲。希望出发前格雷戈里能回来。我会带上多迪,这样我就有了爱的伴侣。我要了解欧洲的先生们和女士们,多走动走动,做一个了不起的斯科特·菲茨杰拉德式的调查员,而不是一个人像做贼一样。在巴黎时没人信任我,他们都以为我是从英国来的窃贼。有了多迪陪伴,我就可以去巴黎参加大型鸡尾酒会,会见时髦人士,为他们倾倒。我不再邋里邋遢，而是人见人爱。如果不是这样，那我根本就不会去。我是说，也许我不会去。欧洲与我何干？彼得怎么样？有他的新便条吗？告诉他拉夫卡迪奥来过，带来颜料和一张空白画布，在厨房给我画了幅肖像，把我画得像那个孩子气的小个头杰克·斯宾塞，然后带回去给他妈妈看。他想让我把画买下来，但我现在要存钱，上周花了一百五十美元给大家买食物和酒水，太大手笔了。我可不是威廉·福克纳那种可以卖电影版权的作家。但他画得不错，他说他不会给你或彼得看，所以别跟他提画的事。多迪说他是个好孩子，只是有点害羞，一点也不疯狂。别逼他太紧。他说你和彼得总逼他"出门"，他很烦恼。他不想出门。每个人都想让他出门——即使是像亨利·克鲁这样的陌生人。就让他做他的梦吧。我母亲和我打算在北港长住，所以一切都好，我可以经常见到你。芝加哥的赫斯特政治纷争不值得你浪费时间。呵呵，赫斯特能永存吗？你见到吕西安时告诉他我这周末会去见他。其实我也不知道发生了什么事，我真的不在乎。也许我会把一切都交给洛德，自己继续旅行。我现在想写一写欧洲，等到了曼哈顿，我要独自坐在自助餐厅里写一写那座城市。回头见。（周五、周四或周六见。）

让·杰克

1. 金斯堡给《达摩流浪者》写的书评分为两部分，上半部分发表在《村声》1958年11月12日刊，比第二部分出现得早得多，这让他很恼火。

杰克·凯鲁亚克［纽约北港］致艾伦·金斯堡［纽约州纽约市］

一九五八年十二月十六日

亲爱的艾伦：

欧文·罗森塔尔刚刚给我寄来《吕西安午夜》，他不喜欢这个标题,所以我决定把它改成《午夜老天使》。我彻夜未眠,从《圣经》和字典里寻找灵感,真是头痛。后来我列出以下名字:聆听午夜、听着午夜、流明午夜、甘美午夜、阴唇午夜、瘾君子让午夜、约书亚午夜、希旬午夜、幻象午夜、希腊午夜、歌珊地午夜、宁示午夜、洗非芸午夜、尼尼微午夜、尼利亚午夜、米沙姆午夜、米姆沙午夜、利善、示拉、示路蔑、示罗米、示珊、以利书亚、以挪士、以非安、以利亚大、示缅、马吉安、哈吉安、伊利尚恩、情人午夜、幻觉午夜、观念午夜。到最后我彻底睡不着了,看了会儿查理·范·多伦的早间电视节目。他突然开始讲马克·吐温的"玲","咯咯笑的玲",故事讲的是天堂里的一个"老天使",就像接受他父亲的魔术表演一样,我接受了这个故事。所以我今晚就把改好的稿子寄给你,我在某处用了路西法·沃德纳的名字,因为他们说他是带来光明的老天使。罗西说可以掏六百美元的出版费,所以一切准备就绪。

随附我们在吕西安的农场时写的你的故事,里面不时会出现几首献给你的诗以及你自己的诗。我再给你引述一段刚收到的亨利·米勒来信:

"大瑟尔,一九五八年十二月八日。亲爱的杰克·凯鲁亚克:我不知道金斯堡的收信地址,所以你能给他写张明信片感谢他的来信吗?请告诉他,我觉得他在《村声》发表的那篇《达摩流浪者》的书评妙极了……我读《达摩流浪者》时以为你一定写过几百万字的小说了。通过艾伦·金斯堡,我了解到确实如此。向你致敬!另外,你懂法语吗?我知道,或者说听说,你是法裔加拿大人,但是——总之如果你懂法语,我想把让·吉奥诺的《向麦尔维尔致敬》寄给你。"

我几乎把一切都放下了。我已经决定,除了纽约的你、多迪和彼得少数几个人,我真的不在乎能否再见到那六百万狂妄之徒。

我已经受够了。我正在构思一部伟大而疯狂的新小说,打算圣诞节后动笔。故事从亚利桑那沙漠的《荒凉天使》开始,接下来是同比尔南下墨西哥的旅行,你、格雷戈里、拉夫和彼得都在那里,还有金字塔、空中花园等等,然后我挤上那辆疯狂的小车北上纽约,见了海伦一家和威·卡·威廉姆斯,搭尤格货轮到丹吉尔、巴黎,见了格雷戈里,再到伦敦,然后乘船返回佛罗里达,与我母亲坐疯狂的巴士到达伯克利,见了惠伦,再回到(经历了北滩的小轶事后)佛罗里达,独自一人坐上前往墨西哥的大巴,及时赶上地震,回佛罗里达,病倒,接着是"你所谓十月美丽的波浪在我头上翻滚"的《在路上》出版大事件,再到俱乐部、朗诵会、专辑、访谈,一整个疯狂的场景(包括在吕西安那儿度过的周末,以及会见帕特[里夏]·麦克马纳斯[1],等等)。事情的开端则是,我是一个在沙漠中跋涉的背包流浪汉,全然不知在美国运气根本百无一用。帮我想一个像样的标题。"闻名美国""地球上的审判""历尽艰辛""爱在地球上"?(爱确实是世界的意义所在。哦,对了,还要加上我写的修女的疯狂场景,等等。)这部伟大的史诗巨著会让那些书评人意识到他们有多扯淡。好吧,反正我很快就会写本书,但也可能会半途疯掉,只能在非虚构的现实生活背景下,写点《回忆宝贝》里的童年和《镇与城》里的往事。

另一方面,看起来《吉拉德的幻象》可以在维京出版,[唐·]艾伦想要《萨克斯博士》,杰里·沃尔德说对《在路上》重拾兴趣。我过着安静、健康、快乐的日子,在寒冷月光下的寒冷院子里散步,一双眼睛清澈有神。在家时我不饮酒,还锻炼身体,感觉非常棒。我在厨房里吃大餐,嘲笑电视节目,对电视上的人说:"哦,我们不是很聪明嘛!"这就是我的本我。我的意思是,所有宗教都要我们立誓善待每一个普通人,以牺牲自我的精力与健康为代价。善待体育记者和牧师,善待备忘录推销员和工程师。哦,对了,我有盘磁带,刚刚只录了爵士乐,稍后再录我的作品。

周末见,十九、二十或二十一号。

让-路易

1. 帕特里夏·麦克马纳斯是维京出版社的宣发负责人。

一九五九

编者按：一九五九年一月，凯鲁亚克和金斯堡参演了罗伯特·弗兰克和阿尔弗雷德·莱斯利的电影《扯我的雏菊》。杰克在城里时常常酗酒，更频繁地躲到母亲家独自呆着。金斯堡则更专注于朗诵会、采访，在全国各地公开露面。三月二十六日，艾伦计划去哈佛朗诵，他希望杰克能一同前往，但凯鲁亚克表示遗憾。为了保持理智，杰克尽量远离聚光灯。

杰克·凯鲁亚克［纽约北港］致艾伦·金斯堡、格雷戈里·柯索和彼得·奥洛夫斯基［纽约州纽约市］

一九五九年三月二十四日

亲爱的艾伦、格雷戈里、彼得：

不管怎样，看来我没法去哈佛了，因为《假日》杂志要我在三月三十日前写完这两篇文章，我得花好几天时间把它们打出来，还得把素材改成更长的句子。换句话说，我得留在家里，为之后的印度和克里特岛之行存钱。另外，我也累了。听了你们在芝加哥录的唱片（磁带），我又一次对诗歌朗诵感到沮丧。对于新观众来说，重复的内容太多了。你们太渴望被人接受了。哦，好吧，你们知道我的感受，我在旧金山时就是那么想的。

这是我欠你的十五美元支票。如果我突然发疯，决定无论如何都要和你们一起去哈佛，我会在周四三点或四点到你们那儿。

但前提是我要在那之前把两篇文章寄给《假日》。所以几乎不太可能。

我的新打字机打出的字怎么样？

《美国大学词典》给我寄来他们对垮掉的一代一段高大上的定义，问我是否需要修改、校正或重新写一条。他们给的定义太糟糕了,"二战后成长起来的一代,其中某些成员出于对现实的幻灭而表现出对道德、社会形式和责任的超然态度。约翰·凯鲁亚克创造了这一术语"。

所以我给他们回信说:"垮掉的一代,二战和朝鲜战争后成长起来的一代,出于对冷战的幻灭,他们致力于缓解社会紧张与性紧张,拥护反管制、神秘的社会疏离和物质极简的价值观。约翰·凯鲁亚克创造了这一术语。"

如果我不去哈佛,请把这个词条读给他们听,告诉他们我"因为要工作而不能去哈佛朗诵,哈佛是马萨诸塞州每个男孩的梦想"。

我母亲(不想让我在纽约喝得酩酊大醉,我也是一样的想法,我病了,脏兮兮的,还不工作)欢迎你们三个随时来访,所以等你们结束哈佛的朗诵,我们一起来录我们的磁带。当然你们也可以来看看我的画。艾伦,我还有一个《胡诌歌》[1]副本要转交给你,是大个子苏格兰人寄给我的,今年秋天他们想出版我们的作品,他们还有一些别的出版条件。

不管怎样,我不是骗子。至于我最近的酗酒行为,我今天才注意到,这一切都始于去年四月那个流浪汉用套在粗大手指上的拳环砸向我的脑袋之后……也许我的大脑已受损,也许我曾是个善良的醉汉,但现在善良的阀门因受伤而堵塞,我成了大脑堵塞的醉汉。

很快再给你们写信。再见了。

杰克

---

1. Jabberwocky,收录于刘易斯·卡罗尔代表作《爱丽丝漫游奇境》的续篇《镜中世界》。——译注

编者按：四月，金斯堡首次乘飞机前往旧金山，除了参加各种公开活动外，他还拜访了因毒品指控在圣昆廷监狱服刑的尼尔·卡萨迪。此时，凯鲁亚克和金斯堡的关系已经变得紧张，部分原因是杰克醉醺醺地打电话给艾伦，辱骂他，部分原因是艾伦一直在宣传垮掉的一代。

艾伦·金斯堡［加利福尼亚州旧金山市］致杰克·凯鲁亚克［无地址，纽约北港］

一九五二年五月十二日

［原文如此。应是一九五九年］

加利福尼亚州旧金山市

哥伦布大街二六一号

城市之光书店

亲爱的杰克：

好吧，在我把打字机寄给尼尔后的第二天，我收到了你的支票。寄打字机花了五十美元整，那是一台重装的二手便携式打字机，因为他人在监狱，所以我弄了台静音的。不，我可不执著于家长里短式的喋喋不休，但如果我闭上嘴（像以前一样）、不回嘴，我就会变得偏执。我只是觉得是时候跟你吵一架了，而你也愿意倾听。我昨天给《纽约时报》写了两页长信，解读了一番《萨克斯博士》，说这是一首"伟大而辉煌的诗"，也许他们会把信发表出来。我看了《纽约邮报》、SRL和《纽约时报》。还有什么报纸吗？我在信中提到了麦尔维尔。戴安娜·特里林在《党派评论》上写了篇文章，说我是个偷偷摸摸的基佬。她觉得《狮子》是写给莱昂内尔的基佬诗。啊，真讨厌。唐·艾伦正在准备新一期的旧金山特刊（《常青评论》），他说为了这一期，他希望能从你的《地球铁路的十月》里得到更多关于司闸员的信息，而你正巧把诗寄给他了，真是个愉快的巧合,像是受了神启。

啧啧,斯特林·洛德上周寄给我们一张四百五十美元的大额支票。哦,多么令人高兴,非常感谢,靠你的打字和友善我们所有人都可以轻松赚到钱,这是多么崇高啊。我还从城市之光书店得到一笔钱,所以我一共有六百美元。可以问问谁有需要,我可以替他把车慢慢开回家,一路向东,看看死亡谷和大峡谷,最晚六月中旬到家。比尔说他六月底或七月来纽约,唐·艾伦说他会安排格罗夫出版社给比尔预支稿费,用来买往返的船票。巴勒斯现在在巴黎,他从丹吉尔逃了出来——那边追捕他的警察起了疑心,但找不到事实证据,所以他没事。

我会尝试把菲尔·惠伦一起带来东部,反正他现在已经破产,在这儿除了找一份不想干的工作外也无事可做。

我给格雷戈里寄去四十美元后,他给我寄了张古怪的明信片,说尼科尔森[1]给了他六百七十五美元,是真的吗?

你何时出发去佛罗里达?比尔可能会去那儿看望威利[巴勒斯的儿子],所以你也能见到他。

为了给《标准》杂志筹钱,我和这里的所有诗人,维纳斯、麦克卢尔、惠伦、邓肯等一起读诗,免费读,之后我就再也不碰朗诵了。

你想将我的《卡迪什》收进为亚文出版社编的书[2]吗?《大桌子》和《幽玄》杂志要去了一部分,斯蒂芬·斯彭德问我要全诗,说要发表在《相遇》杂志上,但估计不行,因为我已经给了前两本杂志了。如果你想收进你的书里,你就跟我说。你最近怎么样?一定猛灌了不少啤酒。无论你想从我这里得到什么,你都可以告诉我。也许你要那首政治诗?

唐·艾伦也从旧金山收集了很多素材。邓肯留起了胡子,看着像惠特曼,身材粗壮,满脸胡须。他独居海边,每周到镇上去看一次牙医,比以前更有活力,不像之前打扮得那么女性化,嗓门变得更大,胡子灰白,样子更好看了,不过人还是一样蠢。我还见到了安东尼乌斯,他总是一副要哭的样子,穿着黑色西服,说话时搁在裆部的双手绞在一起,低头对着地板哼哼唧唧的。奇怪的人。这儿的天气和丹吉尔一样。天空明朗,海滩明亮。我在圣昆廷监狱见过尼尔三次,因为三支大麻卷他要坐五年牢,甚至终身监禁,这就是他如殉道般的厄运。没人组织支持大麻的社团。

圣昆廷监狱里周六早给尼尔上宗教课的老师加文·亚瑟正在帮我算命。我在那里朗诵了《哇哇》,牢房里所有犯人都在说"那个人真的在哀号——哇哇,哇哇"。下周我去斯坦福大学参加有关麦角酸的实验。[3]

> 爱你的,
> 艾伦

1. 约翰·尼科尔森是一位富有的餐馆老板,也是凯鲁亚克的朋友。
2. 凯鲁亚克曾应亚文出版社之邀编写当代诗集。然而尽管他完成了编写,并在接下来的几封信中提到该书,但书从未出版。
3. 金斯堡自愿参加了研究LSD对人类大脑影响的实验。这是他第一次接触这种药物。

杰克·凯鲁亚克[纽约北港]致艾伦·金斯堡[纽约州纽约市]

一九五九年五月十九日

亲爱的艾伦:

请将这封信转寄给尼尔,我不知道他的门牌号,还有,回信时请将尼尔的完整地址写给我。信读完后封好。只是一封短信。我房间里到处都是信,连坐的地方都没有了。你能问问费林盖蒂,《午夜老天使》再写五千字够不够?我已经写好了,等着寄出去,封面也好了(墨水和彩色蜡笔的组合,诡异)。但那个该死的[欧文·] 罗森塔尔还没拿到我们对"老天使"的让渡书,也从未像承诺的那样付给我五十美元的代金券!欧文的地址是什么?

我对打字机的事感到高兴。现在尼尔可以写东西了。他会写的。我从没说过[原文如此,应为"看过"]《纽约邮报》对《萨克斯博士》的评论,一定很糟糕,但《时代周刊》说很好。《时代周刊》喜欢被轻视,丹尼斯·墨菲对他们弃若敝屣,他们却把他捧上天。那封疯狂的信寄给利普斯科姆了吗?我没读过戴安娜·特里林的评论,但到处都能听到倒胃口的反馈,甚至是在韦斯利恩学院。我是突发奇想陪格雷戈里去的,我们在那儿度过了一段难以形容的美妙时光。我和十多岁穿短裤的女孩们跳舞,自己也变得跟小孩一样(她们竟然穿短裤)……韦斯利恩学院由两个奇怪的俄裔犹太人管理——我是说领导,由他们领导那些假小子,这两个人都用了假名(查理·史密斯和给朗诵会写开场白的家伙)。我告诉他们,我们会让莫斯科皈依之类的。我有点犯傻。梅森·霍[霍芬伯格]开车带我们赶回波斯纽黑文。我签了二十本《萨克斯博士》、《在路上》和《地下人》,里面有各种奇怪的诗,还有格雷戈里的画。我乱弹了一通钢琴,在草地上和摔跤手摔跤。格雷戈里趁我睡觉时和三百个女孩出去野餐。我们不得不逃走。至于朗诵会,格雷戈里朗诵的《炸弹》让我(默默)流泪,我学比尔的样子读"本威医生"[1]的部分,引得哄堂大笑,还读了《达摩流浪者》的最后两页。加里·斯奈德寄来一封很棒的信。一切顺利。我要去佛罗里达了。我还不清楚呆多久,大概六周左右吧,我想我会去纽约见比尔一面。考虑到惠伦也在城里,我们最好还是保持冷静,格雷戈里在七艺咖啡馆差点引起种族骚乱,当时有个黑鬼扇了他一巴掌,惹怒了我们这位意大利朋友,吕西安和塞萨也在场。我们的电影([罗伯特·]弗兰克拍的那部)是我看过的最好的电影。德国人打算买下电影的版权,我猜 Trans-Lux 也有此打算。但这些让我难以承受，现在我充满恐惧，我们得离开纽约。周日，华盛顿广场的拱门聚集了数以千计的垮掉的一代。格雷戈里、我、波斯人和斯坦利·古尔德一路跌跌撞撞，好不容易才挤出来。你为什么不给亚文出版社的选集新写一首关于乘喷气式飞机冒险的诗呢？请告诉麦克卢尔和麦克莱恩，我推荐了一些稿件，但亚文出版社相关负责人反馈太慢。给我写首新诗吧，或者写任何你想写的。安东尼乌斯听起来很棒。在圣昆廷朗诵，伙计，这是你那能预知未来的灵魂的胜利。你对《萨克斯博士》的预言也很到位，只是对《萨克斯博士》而不是对麦迪逊大道上的维京出版社。哇哇，哇哇。你是最嬉普的类型。如果欧文·莱顿，或者不管他叫什么，我的意思是，如果劳伦斯·利普顿知道像你一样的嬉普士是多么的嬉普……啊，该死，《神圣的野蛮人》糟透了，写的全是他那些光着脚、留着胡子、不务正业的艺术家朋友，他们不写作，只会夸夸其谈、炫耀卖弄，而说起关于我们这些发起人的事则语带贬损、轻蔑。《神圣的野蛮人》是美国共产党企图渗透"垮掉的一代"的第一次全面尝试，如果你愿意，请告诉所有人我就是这么说的。我不想和任何共产主义者扯上任何关系，告诉他们把我的名字去掉。他们甚至可以置可怜无辜的纯爵士音乐家于困境之中：他们可怕的仇恨的困境。你、我、巴勒斯、格雷戈里和彼得都相信上帝，**告诉他们这一点，喊出来！**（巴勒斯在《词语群》中是这么说的。我手头有《词语群》的原稿，他为什么在原稿中把这一句删了？）上帝就是一切。所有一切都是上帝心灵的幻象，也即无心灵的幻象。人们之所以如狗屎一般，那是因为他们不知道这一点。仁慈的上帝赐予我酒瘾而不是麻风病。收到了拉曼蒂亚从墨西哥写来的疯狂长信。还收到了丹麦哥本哈根的报纸，上面有我、［詹姆斯·］迪恩和［诺曼·］梅勒的大幅照片，文章里都是关于你的内容，用丹麦语写的。我见了约翰·霍尔姆斯，他很好，我们一起去看了杰伊·兰德斯曼的音乐剧《紧张场景》的开幕演出。音乐很棒但故事很糟糕，不过是一出流氓无产阶级垮掉派的中产阶级戏剧，摆出一副高高在上的姿态，将垮掉派塑造得像傻瓜一样。杰伊很伤心。但他会拿回他的钱的，因为剧大概要演六周。为什么没人来演我写的天使剧？如果好莱坞想拍关于垮掉的一代的电影，为什么不买我那天使般的《在路上》呢？艾伦，这是怎么回事？我不再担心钱的问题，我担心的是很久以前在布鲁克林大桥下就开始的对我们教诲的歪曲？格雷戈里和我还偶遇了杰伊·劳夫林和理查德·威尔伯，我还从劳夫林先生那里收到了塞缪尔·格林伯格的诗，打算收入选集。我连写新专栏的时间都没有。我不去纽约了，除非比尔也在。我交了好运。昨天一整天我都戴着一顶根本不在头上的帽子（你去跟克里利说）。

再见。

别偷那顶帽子。我想要它。胡诌。扯淡。废话连篇。都不重要。来吧。何况很快我们将会分开，之后变老、死去，你甚至不会参加我的葬礼……我们将以泪水铭记。对不起，我伤害了你。我们的生命不再属于我们自己。我们要回家。远方。黄金地带。不要把精力浪费在平庸的狂热上。天才都是冷静的。惠伦是天才。毛毛虫天才。彼得是圣人，所以睡吧。为我写赞美诗。

杰克

1. Doc Benway，《裸体午餐》中的角色。——译注

杰克·凯鲁亚克［纽约北港］致艾伦·金斯堡［加利福尼亚州旧金山市］

一九五九年六月十八日

亲爱的艾伦：

你的诗和大家的诗都收到了，包括惠伦等人的（有巴勒斯随

信附上的你最近写的一批),所以一切准备就绪,就等亚文出版社的编辑了。他是个疯子,总是带我出去狂欢,结果通常以他疯狂殴打他女友而那女人趴在我肩上哭哭啼啼而收场。我一直有一种感觉,就是这部选集永远不会出版而他会自杀或者什么的(疯狂的汤姆·佩恩)……一遍遍地催他快点编,因为我要走了,但他无动于衷,看来等我到了佛罗里达甚至墨西哥,我还得为(现在的)两本选集(居然有那么多内容!)连续写好几篇书评,鉴于我一个月之内就会离开北港……事实上,书评也可能在最后一分钟全部搞定。我要把手头这些稿件全都寄存在斯特林家。如果这家伙发起疯来(威·伦·赫斯特又刚刚买下亚文出版社!),一切都得泡汤,所有诗人都会指责我偷了他们的稿子!我还得自费把它们全部寄回去。与这些家伙打交道的麻烦在于(如你所说,正是佩恩那家伙写了那封关于出版《萨克斯博士》会带来多大灾难的信),他们没有我们这些垮掉的一代诗人所拥有的那种心平气和完成工作的使命感,他们只会发疯,把一切都搞砸!他要是能把稿子寄给我,我两天之内就能完成这两部选集,我会将他的那批和我的这批进行核对,加上评注,然后寄给印厂!总之,等着瞧吧。

艾伦,替我制作了史蒂夫·艾伦唱片的汉诺威唱片公司想预付你五百美元,邀请你和他们一起在纽约录张专辑,他们还想邀请格雷戈里。你不正需要那笔钱吗?**这**可以成为你的最后一次朗诵。

斯特林会成为你这笔交易的代理人,所以请写信给他,咨询所有细节。他**理应**成为你的代理人,否则你以后在附属权利的事上一定会搞砸,所以你就认准他,他对我很公正、很诚实,也愿意替格雷戈里安排。找你的人是鲍勃·蒂勒。

一切都让人难以承受,我试图逃离,重新找回自己安静的灵魂,但现在有太多事要操心,所以我推掉了另一张专辑的邀请(打算明天推掉),甚至推掉了《花花公子》的约稿等,我精神上疲惫不堪、沮丧不已，因为我必须替别人办差，干这些操蛋的事，而不是像以前那样过着写诗、写小说的私人生活。

我在火车上遇到你哥哥尤金，想请他当我的律师，替我卖房子，可等我回到北港才发现，我的房屋经纪人原来已经安排了当地律师，我本想告诉尤金，但搞丢了他的名片，没有他的地址，所以你跟他说一声？他确实给我寄过一张一便士的明信片，但上面的寄信人地址实在难以辨认。

甚至连昨晚吕西安来找我去林子里欢度周末我都拒绝了，我得集中精力收拾行李，逃离这一切。吕西安说我变得很是沉着冷静，真是奇怪。我从自己最近的一张快照亲眼见到所有那些吹捧我的屁话把我变成了什么样子：它们很快就会要了我的命。我要么逃，要么死，你难道不明白吗？我现在不能叫任何事绊住，任何事。所以我能做的最后一件事，就是让劳夫林给尼尔写信，给他一份工作。我甚至没有足够的精力以给《科迪的幻象》写一篇劳夫林想要的序言。

至于雅克·斯特恩，如果他能写出像《地下人》那样的小说，能凭想象力构思出《萨克斯博士》，有创作《在路上》的精力和创作《吉拉德的幻象》的热忱，我就会认可比尔对他的评价。听起来比尔似乎被他施了催眠术，再加上那些毒品的作用。将来会有一个超越我们的伟大作家出现，但我相信那会是在十年或二十年之后，他会是个年轻的美国小伙子，就像麦尔维尔和惠特曼之后出现了吐温。别因为比尔的话而气馁，听起来他现在有点嫉妒我们。我受够了所有评论家、所有人的侮辱，现在连比尔也受够了，我在韦斯利恩学院时还夸他来着，把他说得那么好！去他妈的。而且没有哪个斯特恩·杰克能写出像格雷戈里的《炸弹》那样的东西，我可以向你保证。你看到威·卡·威廉斯博士关于彼得·奥洛夫斯基的奇怪论述了吗？说我们有很多东西要向彼得学习？就在威拉德·马斯儿子出版的新杂志上。有人偷了我那本。瓦格纳学院的杂志。

另外，我希望能见到你，等你回来了就和彼得一起去看看他母亲，顺便过来看看我，我母亲不会介意的，我们就此别过吧。如果你来晚了，我就只能在印度或天堂见你了……

我们曾风光一时，而现在却遭年轻诗人的嘲笑，说我们写的东西不过是圆熟的经典而已，他们甚至没读过《萨克斯博士》和《卡迪什》，这是不是很糟糕？事实上他们一直在尖声喊叫，这样又怎么能阅读呢？呵呵！我知道哪片天是蓝的。我要去……呵呵，我很幸福，因为我将重获自由……呵呵。

该死的，耍耍他。

让·×××

艾伦·金斯堡致杰克·凯鲁亚克

一九五九年七月一日

由城市之光书店转交

亲爱的杰克：

我在北滩潮湿的旅馆里住了几天，准备离开。我还在处理尼尔的问题——没完没了的复杂问题，有政治背景、会讲俏皮话的记者，律师，等等，一旦我产生任何投身体制内的冲动，我就会离开——只要再等上几天。劳夫林很快就写好了一封漂亮信。

不好意思，七月四号前我都见不了你——幻想唱片公司的制作缓慢，眼下还有卡萨迪这个难题。我可能会和巴勒斯一起在佛罗里达跟你见面。谢谢你安排汉诺威那边的交易，但我已经和幻想唱片公司签了合同，报酬不低，磁带正在制作中。他们还给格雷戈里寄了一百五十美元到威尼斯，他说他进了监狱。你去佛罗里达放松一下是对的。这里所有的诗人，包括邓肯（他是个好诗人）和那些差劲的诗人，他们野心勃勃却毫无趣味，让我精神崩溃。顺便说一下，约翰·维纳斯——我听他朗诵过他自己写的《温特利旅馆》——的诗听得我热泪盈眶，它就像哈特·克兰的《在我父亲罐头工厂的背后》——你有那本书吗？他是个真正的诗人，忧伤温柔又受到诅咒。我的意思是，他是这里除了机缘之外最好的存在。

唉，比尔现在毒瘾肯定又犯了，一定是这样，斯特恩用好话、毒品和游艇迷住了他。斯特恩还很聪明——他们之间一定擦出了奇异的火花，虽然很奇怪。比尔可能很快就会从地中海写来幻想破灭的信件。是的，他忘了我们献身艺术的约定，忘了十年前大桥底下我们的成熟品位。但他从未研究过化学物的神秘巫术与奇特的精神胜利。所以他在适合自己兴趣的领域里干得不错。我看了瓦格纳学院杂志上的文章，文章很有趣也备受关注，但同时我也很沮丧，因为没人懂它有趣在哪里。威廉斯对彼得的评价很友善。我不知道为什么英国那位无政府主义者老［赫伯特·］里德爵士会觉得我们是虚无主义者，但他比大多数权贵更具同情心。

我无知了一年，现在终于明白了——彼得用打字机打出的诗里满是拼写错误。在我看来，这些错误是他美丽灵魂的一部分。我总是想把它们清理干净。你看看随信附上的内容，看看到目前为止我们修改了多少。还有一些错误是我因他打字太慢而帮忙打时产生的疏忽。

不管怎样，我们很快就会带着幻想唱片公司给的几百块钱离开这儿，坐着车去西部，手牵手在沙漠边的小镇上漫步，暂时忘记这个世界。我还想去看看大峡谷。我们会开车穿过约塞米蒂山脉，沿着山脉的东侧，也许还会穿过死亡谷。

《麦角酸》那首诗，去掉"众神在自己肉体上起舞……这就是人类的尽头"那一小段，把它单独写成一首小诗。这一段不该出现在《麦角酸》的原稿中，它是我后来加上的。

如果你觉得彼得的拼写没问题，那就保持原状——你认为有必要修改的就把它改掉。

我被文学上的政治权术拖垮了,让自己卷入其中都是我咎由自取。好吧,我很快就能在蓝天下获得自由了。

给你献花,
艾伦

杰克·凯鲁亚克〔纽约北港〕致艾伦·金斯堡〔纽约州纽约市〕

一九五九年十月六日

艾伦:

不管杜鲁门·卡波特怎么说[1],我仍在赶工,处理之前手写的稿子,现在我就只是(像你一样)把一九五七年写的《奥兰多布鲁斯》打出来,但也够忙的了。编辑选集并不像你想的那么难,我可以自己给〔马克·〕施莱弗[2]回信,事实上我现在就在这么做,好吧,如果你想的话,我可以单独干完整件事。我觉得你可能需要用钱,而且比我更擅长慧眼识珠……也就是说,格林威治村里的人有了更多机会。告诉我你私底下真正的想法,你愿不愿意和我一起编写亚文出版社这本选集。第二卷已经完成了,包括埃德·多恩新写的伟大诗歌,他的"印第安人"故事,〔鲍勃·〕唐林写的伟大故事,你提到的〔赫伯特·〕洪克新写的佳作(洪克所要做的就是继续写那些上佳的短文,然后我们就可以编成一本书拿给斯特林了)。你们这些懒鬼(彼得还有你),快把你们的故事说出来,人们花钱买的是故事而不是躺在沙发上就能随口编出来的打油诗。没错,我们可以让亚文出版社把我们不想要的东西寄回来,让普雷斯顿或佩恩写些带有外交辞令的长信,这很容易办到。事实上,施莱弗已经追回了稿子,却还想把它再拿回来!你不用去找佩恩、麻烦他,靠写信就行。就像我说的,我可以单独干完整件事。我也要开始为这些材料编写更长、更漂亮的评述。头一次我写的评述很简短,还是醉酒后写的,是时候严格一些了,就像《时代周刊》那样,所以你要下决定是否和我合作编辑。

你要在哪个电台朗诵《墨西哥城布鲁斯》,什么时候、哪一天啊?十一月十二号我要坐火车去好莱坞参加史蒂夫·艾伦的电视节目,我想朗诵些铁路小说之类的东西,或者《尼尔的幻象》里关于西部的部分——黄金西部,所以在那之前我不会离开纽约,那之后我要去墨西哥。克里利给我写了封信,还有一首诗,我会向他要第二部选集的材料。

把自己从这些疯狂的非文学活动中解脱出来的唯一方法就是离开,去希腊找格雷戈里,一起在克里特岛的无花果树下写金色的诗歌。如果你像你父亲那样呆在帕特森瞎嚷嚷,你大可以在办公桌旁就把时光都浪费掉——旅行!你上周花掉的一百美元都够付去希腊的半张机票了。等《在路上》的交易敲定后,无论你想去哪里,我一定会给你出旅费,或者借给你也行。今年十月我们和吕西安一起去山里旅行好吗?

《大桌子》那一期卖出去七千本,赚够了钱,但要支付给我的"老天使"的却只有区区五十美元,他们钱还没给却胆敢对斯特林(他只是做了自己的本职工作)出言不逊,最重要的是还妨碍了我和费林盖蒂的买卖,这些贪婪的卑鄙小人,去他们的,除此之外,他们还用了我的书名。你自己办份杂志好了,为什么要跟保罗·卡罗尔[3]掺和在一起?他不仅想羞辱我,还想羞辱可怜的麦克卢尔、惠伦和拉曼蒂亚,他就是个泼妇。话说回来,谁又在乎他呢?他到底做了什么吸引了你的注意?这本杂志到底好在哪儿?勒鲁瓦·琼斯正在创办《文化》杂志,你有《幽玄》和《八福》,随着时间推移,这些小杂志都会发展成像《日晷》那样的大家伙。

龙舌兰酒可以,我马上来,但还要等你和彼得先过来这边,拿点衣服并参观一下地下室，像你们之前说的那样……不过，等一下，我可以自己把衣服打包好，这就出发啊。所有事都搞混了，事实上，今天下午电影公司的人要来，我又刚收到一封愚蠢的电报，我甚至没时间写信了，到处都是公告。

[……]感冒已经好了，但咳嗽还比较厉害，我记得一九五七年一月在海伦家时我也这么咳过，当时我们刚从墨西哥旅行回来，在车上大家都咳嗽起来。是的，我记得斯宾塞……但我没有那个荷兰人的地址——我为什么不在你厨房里拿张白纸记下来呢？你写了我不少好话，你人真好。在下一部选集中，我要和你写得一样好。

有一晚，我在院子里写箴言，我猜它读起来挺傻的。我有点厌烦了。随信附上一个研讨会记录，他们把垮掉的一代和少年犯混为一谈，把美国仅剩下的艺术的部分贬损为残渣败类。我觉得你可能会用炮弹轰了他们。这就是阿尔弗雷德·祖格史密斯之流打造出来的"杰作"，比如昨晚的电视节目《第一流的杰克》里面有人跳起来模仿我（头发糊在眉毛上），开始尖叫："我看到我们这一代最优秀的头脑毁于赤裸裸的歇斯底里……为杀戮而杀戮！"（那人是演员路易斯·奈）。我呸。

杰克

1. 卡波特对凯鲁亚克的工作不屑一顾，说："这不是写作，而是打字。"
2. 马克·施莱弗是《文化》杂志的编辑。
3. 保罗·卡罗尔是芝加哥《大桌子》杂志的创始人之一。

艾伦·金斯堡［纽约州纽约市］致杰克·凯鲁亚克［无地址，纽约北港］

一九五九年十月十六日

亲爱的杰克：

收到你的信了，昨天给你写了回信，回答了你一些问题，是的，我在工作，我去过亚文出版社，看了你说的那些选集材料，但我没去打扰佩恩——他让我无论如何别去碰那些材料，还让我给他推荐别的书（麦尔维尔、狄金森、林赛等人的诗集）。

我前信已经说过了，那篇文章我还给了施莱弗。他是《文化》杂志未来的编辑，致力于办一份讽刺杂志，主要刊发一些像《村声》上面发表的社会学文章，他一贯以来走的就是这种小儿科路线，可除非上面有诗，否则《文化》是不会成为一本真正的文学杂志的，所以我会寄诗给他。

是的，给亚文出版社打工我很开心，可以看到自己中意的项目大功告成。我们要做的就是花一天时间把所有东西拼凑在一起。

我不想讲故事，简单的诗就够了，我不喜欢工作，人生苦短。我在比克福德[1]干了太多活，我不想写小说，除非它是自发的创作，就像写诗一样。

编辑亚文出版社的选集时确实需要更严格些，是的，我们要严肃点。

祝你西行的火车之旅一路顺风——路上要停下来看看大峡谷。我会看你的电视节目。下周一早上我要和卡斯珀·西特伦在WBAI电台录节目，但不知道节目什么时候播出。

吕西安会联系你，跟你说说去山里旅行的事。

我听说《大桌子》第一期和第二期的印刷账单刚刚才付清，但他们已经没钱支付下一期的印刷费用了，财务上出现了问题。他们没有足够的钱资助旧金山诗人去旅行，没法支付诗人定金。事实上，他们的业务经理波德尔请《花花公子》代为支付了这次电视拍摄之旅的钱，因此《大桌子》必须主办一次朗诵会，和《花花公子》分成，并为下一期杂志筹集资金。保罗·卡罗尔因为卷入《大桌子》的丑闻而丢了在洛约拉大学的工作，他自己也破产了，还得自己掏钱办杂志，现在他还处于失业状态。他们没有妨碍你和费林盖蒂的买卖，我是说他没有妨碍，费林盖蒂自己也正在等出版局给《午夜老天使》颁发许可证吧。如何营销《大桌子》第一期确实是他们考虑的问题，但不是主要问题。《大桌子》不会挡在费林盖蒂面前，我觉得不会。如果你希望费林盖蒂现在就出版，那就写信给他，告诉他你的想法。尽管出版局还没给他出版许可，但问题不大，如果你真想它立马出版，我相信他会答应你的。

我的意思是，我不想发火，也不想因此而对卡罗尔动怒，就目前情况而言，他就是一个蠢货，一个还算温和的泼妇，在自己能力范围内尽了最大努力，没有输得倾家荡产。无论如何，我现在不会因为任何事情而生气，因为一生气就会变丑。我希望《大桌子》可以继续办下去，因为我已经在这本杂志上投入了时间精力，而且是它头一个发表了巴勒斯的东西——卡罗尔为此仍在法院打官司，也是它头一个发表了《午夜老天使》——哈佛的人可不会这么干。另起炉灶麻烦得很，而且我们在亚文已经有了一本新杂志，但没有哪本小杂志会发表评论文章，或者给《汽油》、《墨西哥城布鲁斯》和《卡迪什》写书评，《文化》只会拿诗歌作卖点，《幽玄》也一样，《八福》目前则是由旧金山的一群酒肉之徒把持，但其一半的目的是为了发表北滩当地青少年创作的诗歌，这么做也顺理成章。并不是说一定要办《大桌子》。但《常青评论》已经加入了法国人的阵营，所以只要《大桌子》一息尚存，我就不想它沦落到比卡罗尔主理时还要糟糕的境地，也许我可以帮他理清状况。下一期他还打算发表彼得的诗《笑气》、塞尔比的一个短篇、克里利写的一篇关于奥尔森的诗体的文章等等，所以也许《大桌子》并未完全消亡。

事实上，我把评论你小说的文章寄给了卡罗尔，比之前写阿尔弗雷德·莱斯利时还快。没必要因为卡罗尔大动肝火，但我必须说他确实以我想象不到的速度招惹了很多人，如今就连欧文［·罗森塔尔］也不跟他通信了，因为他觉得自己受了侮辱。真是——我是说这就像一场巴斯特·基顿的喜剧，但还不如《燕麦粥》那么严肃。都是些烂事，没什么好激动的。卡罗尔暂时（也许是永久）失去了理智，因为他以前不愁钱花，工作也体面，可现在他负债累累，生活一团糟，变得歇斯底里。可能会恢复吧。

我上周末去了趟帕特森，帮助照顾亚伯叔叔。

我会给研讨会写封信。

你什么时候在家？回信不要写太长，除非你有很多很多困扰。很快我们就会在城里相见。我这里一切都好，格雷戈里寄了张明信片来，上面印着驾希腊战车的车夫。明年我要去印度，到那时就有足够的独处时间了。

通过电影、《时代周刊》、电视节目、《纽约每日新闻报》和《纽约邮报》等塑造出的"垮掉派"公众形象，在爵士乐迷看来是虚假的，在大众看来是邪恶的，在自由知识分子看来则是混乱的。但奇怪的是，我倒觉得这还不错。因为对于那些庸人来说，我们仍是如此晦涩难懂，所以才不可避免地会被误解。因为全国人民怎么可能在一年之内就能感知到生活的幻象？既然我们成了同志情谊和顿悟的维系者，又怎能指望在战争世界中得到大众的理解呢？随之而来的嘲讽蔑视也是不可避免的。看看可怜的基督身上发生了什么吧，他被钉在了十字架上。

［……］

爱你的，
艾伦

1. 比克福德是时代广场上的一家自助餐厅，金斯堡在那儿刷过盘子，他的许多朋友也会去那儿玩。

杰克·凯鲁亚克［纽约北港］致艾伦·金斯堡［纽约州纽约市］

一九五九年十一月二日

艾伦：

这是给赫伯特［·洪克］的支票。他在电话里问我要二十五美元，但这是一大笔钱，我可不是弗兰克·辛纳屈那样的大款。如果他等《花花公子》买了他的故事后再把钱还给我，我会感激不尽的。把《雌雄同体》寄过去，他们不会接受《海上航行》的，因为里面有些场景很奇怪。洪克能写出《海上航行》，这说明他是个完美的作家。（把《古巴》也寄给《花花公子》。）

洛伊丝［·索雷尔斯］因为吃了安非他命而精神失常，我也是如此，那就是我回家后筋疲力尽、几近疯狂的原因。所以我很庆幸我身边没有安非他命。任何人都不要碰它。

我回家后发现有三十封信和电报，每一封都在疯狂地索取一些东西。我现在清楚地看到，我必须永远退出这整个圈子。我不想见任何人，也不想和任何人说话，我只想回到自己的内心。这纯粹是谋杀。

其中一封电报是威廉·莫里斯发来的，要求我在大型诗歌集会上朗诵。朗诵名单会要了你的命。还有要我赠送小说和诗歌的，要我立马回电话的，请我参加招待会和万圣节聚会的，要我给米高梅的《地下人》电影写宣传的，要我回应英国文学里那些晦涩的观点的，要我现身公开场合的，还有要我写专栏的，我从来没答应过，要我给世界各地寄书的，要我、我、我，我的身体开始颤抖……所以我在断舍离。等好莱坞的［史蒂夫·］艾伦秀结束了我就去墨西哥，直到三月十二号我过生日时才回来。向洪克、彼得和吕西安问好。太可怕了。我要走。我不针对任何人。我觉得现在我得像加里那样活着。过一段时间、很长一段时间那样的生活。事情很严重。我疯了。毫无希望。尤金·伯迪克说得对，他说："垮掉的一代的幻象在茫然看客的围观中窒息而亡。"我知道你早上回信时很开心，但我的小说创作需要我投入更多的精力。我已经写好《特丽丝苔莎》的最后一部分，准备写吕西安的故事，如果他改变主意，我就把它好好藏起来。我做了一个梦，灰蒙蒙乌云满布的一天，寒冷的山脉打开沉默的窗户。城市和诗人反反复复。世界是时候做出改变了。没有人相信开悟，比如平静之善，沉默之善。我知道你和彼得的生活不能没有电话，但还是去看看墨西哥那边的牧场吧。不管怎样，一如既往地爱你，再见。

我不是弥赛亚，我是艺术家。

杰克

艾伦・金斯堡〔纽约州纽约市〕致杰克・凯鲁亚克〔无地址，纽约北港〕

一九五九年十一月五日

是的，很高兴你戒了安非他命。我现在也吃得很少，只有写作时才一天吃一回，接下来我半年都不碰它。不能连续吃。

下决心断舍离是个好主意。你"寡不敌众"，太多事要做，把现实从头脑中赶走，把你认为该完成的事留给我或斯特林来做，让他来处理所有的要求（所有关于文学方面的要求），从今以后我不再要求你做任何事，但我估摸着你得命令他不要太担心钱的问题。如果你觉得选集的事很麻烦想退出，可以把它交给我，我会和佩恩商量怎么编第二部，然后在第一部里加一些巴勒斯和洪克的作品。你就不用再担这个责任了。第二部会保留你的编者署名，如果从各方面来看都可取的话。或者别再写那些边角料了，就让洛德从已有的大量稿件中挑一挑，省得你浪费时间做秘书和代理人主要承担的工作。他那边有打字员。不管怎样，祝你玩得开心，我会想你的。

昨晚我去了吕西安家，他给你打过电话后跟我聊了很久。他很生我的气，因为我在他身边转来转去，拍着手，很开心他告诉你必要时可以写写他的故事。他并不是真的想让你这么做，他是认真的，我一直怂恿你，都是我的错。他吓到我了。我在他身上发现了一种以前从未感受过或意识到的东西，显然，自从那晚喝醉后，他就一直在生病，胃口不好，还常做噩梦——被这种情况弄得心烦意乱。他把那种令人毛骨悚然的恐惧感部分也传给了我。我无力承受，很抱歉自己介入其中，吕西安觉得我要伤害他，还让我也觉得事实就是如此。他说他和你通过电话，你答应不写他的故事了，这很好。因为这真的让他很痛苦，对他来说是生死攸关的事。他体重骤减，看起来像变了副模样，毫不掩饰自己的情绪，或者是我疯了，或者两者都有，我很害怕。他爱我们，你再安抚安抚他吧，我做得还不够。（而且我认同他的期望和感受。）

我估计要到三月才能见到你。在那之前我就一直呆在这儿，如果我去智利，我会去墨西哥城找你，你告诉我你在哪里就好。如果可以的话就给我写明信片，如果不行也别担心，我很好。等我到印度之后，我会迎来久违的寂静。麦克卢尔和惠伦这周末过来，我会照顾好他们，事实上，我没有受到打扰。我的压力没你那么大，《卡迪什》快写完了，很快就可以准备就绪。我只是昨晚被吕西安扰乱了心神，情绪低落。

告诉我该怎么处理亚文出版社的事，或者干脆一了百了，你想怎么办都行，那可是你的小天使。

彼得正在打字机上写诗，洪克得了痔疮，正躺在床上。向"寂静"问好。

一如既往爱你的，
艾伦

一九五九

杰克·凯鲁亚克［纽约北港］致艾伦·金斯堡［纽约州纽约市］

一九五九年十二月二十四日

亲爱的艾伦：

刚刚结束了一场关于《特丽丝苔莎》的友好争论，我打算按吕西安和塞萨说的那样，就照原稿的样子来出版（不附加任何内容）。

毕竟，加点诱惑性的内容并不能让一本书变得性感，也不会把它变成酒神颂。

书很短，短到连我自己都惊讶于她（特丽丝苔莎）只有那么几句台词（你没读过全本，因为第二年我又加了点内容，所以你不会明白我在说什么）。

我一边给你写信一边听着《马太受难曲》，我惊叹于你的音乐品位。一九五五年十月，我从墨西哥城来到西方夜色中你的小屋，家中无人，我吃了安非他命，兴奋异常，一边等你，一边播放你的《马太受难曲》唱片，还记得吗？

格罗夫出版社那个女孩给我写了封长信，问我打算去智利做什么，我根本没收到任何去智利的邀请，是你截了邀请函转给彼得了吗？如果真是这样，那你的想法与我的不谋而合，因为我不想离开……我在阁楼上饮酒作乐，快活得很。我能想到的唯一解释是，你咬了咬嘴唇，拧了拧胡子，把我的邀请函拿给了彼得，这我没意见。北方佬哪个想去南边呢？但你到了那儿给我写封信，也问问我为什么没收到邀请。是我太粗鲁了？太过粗鲁而没法成为圣人？我这样的大佬？

没有诗歌就没有戏剧（看看百老汇），没有戏剧也就没有诗歌……所以我才写你们口中的小说，小说，明白吗？莎士比亚才是我的榜样。鉴于此，我真心建议你下一本书要准备一首弥尔顿式的戏剧诗。我的意思是，就像布格鲁[1]一样。想象一下，你利用长句、短句、韵律、省略法等技法，沉迷于莎士比亚式的自发性现代城市悲剧小说。我是在读了自己那些写得还不错的诗歌和"小说"时做出这一决定的。卡尔·帕特尔[2]让斯特林［·洛德］吃尽了苦头。他算个什么东西，一个德国骗子，一个阴险的巴勒斯式讨债人，一个鬼鬼祟祟的人？斯特林只是说每出一本新选集，我都应该得到"额外的"报酬，因为没有我的名字，他们就无法出版……如此而已。我赞成斯特林说的，因为我和阿尔伯特·赛约有过一次长谈，他提醒我"金钱是诗意的"（巴尔扎克、莎士比亚曾这么说过），金钱本身不该被那个德国人轻视。事实上，我打算赚个一百万，等我六十岁时就把它捐了，然后背着背包，满头白发，在美国的大路上徒步，每个人都会大吃一惊。想象一下，如果海明威明天就这么做，没有警察会逮捕他，每个人都会聆听。所以佛陀一出生就是国王，就是天子。唯一的问题是，我没收到口信。

好吧，亲爱的，不管怎样，大年夜吕西安家里见，或者在他家附近也行，每年大年夜我都和吕西安一起度过。

希望彼得不要再消沉下去。晚上我在路上看到了拉夫，尾随了他一会儿，他看起来很高兴。每一个受眷顾能离群索居的人内心都是欢喜的。

我来纽约时会给你弄张我的新专辑，我们可以一起去五十七街的汉诺威唱片公司，拿个四五张分给大家。不用付钱。《特丽丝苔莎》卖了七千五百美元，钱直接打进了银行。我要等存够五万美元再开始花钱——我是说花钱干点疯狂的事情。我还是那个头脑聪明的法裔加拿大人。我不从银行取钱，除非往里存了更多。这样我就可以放心地开支票了。美国人的脑子是想不到这一点的。我收到了尼尔寄来的圣诞贺卡。

写这封信只是为了祝你节日快乐，欢迎你过来。不管怎样，

一九五九

写吧，给我写信。

你的让，
让-路易

1. 20世纪60及70年代尤流行于美国的一种音乐，结合了拉丁美洲舞曲和节奏布鲁斯。
2. 卡尔·帕特尔是德语版《垮掉派选集》的编辑。

艾伦·金斯堡［纽约州纽约市］致杰克·凯鲁亚克［无地址，纽约北港］

一九五九年十二月二十九日

新年

亲爱的杰克：

  拉夫卡迪奥昨晚披着月光到了我们这儿，同来的还有彼得，很奇怪。他和彼得这会儿正在博物馆看卓别林和哈罗德·劳埃德。我生病了，四天圣诞节都在帕特森的沙发上度过，裹着毯子，深夜等全家人都睡下了，我在黑暗中听着《弥赛亚》，灵魂出窍，飘入音乐之中，这是一种新式的犹太瑜伽。我在读中世纪希伯来神秘主义者和"盲人以撒"的书，后者说无名即"不可思量之物"，就好像他在托莱多读过《金刚经》一样。还有一句一三〇〇年的古老的卡巴拉式的俗语，它解释说"上帝本身作为一个绝对的存在，因此就其本性而言，不能成为启示他人的主体，在《启示录》这样的文献中、在针对《圣经》的规范著作中、在拉比的传统中，没有也不可能有这样的含义。他不是这些文字的主体，因此也没有记录在案的名字，因为这些宗教经典里每一个字指向的都是他在造物方面的某些表现，而不是他作为无的完美状态"。事实上，所有拉比总是在谈论他们的冥思，试图"把有变成无"，并从"无"中获取重要的教义，向"无"祷告。

  无论如何，我已经读到了关于卡巴拉、《光辉之书》[1]和诺斯替教派的内容，我之前一直对这些内容很好奇，但直到最近才找到一本相关的书。归根结底和禅宗都一样。

没有，我甚至连彼得的票都没拿到。事实上，我还没收到自己的票，只是张邀请函。我还以为邀请的是你，费林盖蒂是这么跟我说的。可能他们没邀请你。他们邀请我是因为伯克利的一位智利教授偷了一本《嚎叫》，翻译后拿到智利的黑市去卖，他没知会我，也没付钱给我，所以现在想邀请我过去以作补偿。

是的，没有戏剧就没有诗歌，你还是转头写长剧本去吧，我也一样。《卡迪什》实际上是一个四十页的故事，是篇记叙文。只是我从来不知道自己在写什么，我也没有小说家那种在一条叙事线上一口气写三十多个小时的能力——我搞不定。或许我也没尝试过。如果吃了安非他命兴许能成。在一条叙事线上不间断地持续写几个章节，这需要极大的体力。我只是从没学过这种技巧，就像我从来没上过研究生院一样。

我从来不觉得帕特尔有那么差劲，事实上他是一个文献专家，是唯一有耐心做学术参考文献的人。我对他的生意往来一无所知，也不在乎。让代理人操心去吧。是啊，对你来说，金钱是有诗意的。为什么不呢？想想萧伯纳，那个疯狂的唯心社会主义资本家。

等我起床从公寓里出来（我正在服用抗生素），我会给吕西安打电话，商定大年夜的事。平安夜时我从帕特森打电话祝他圣诞快乐，还让他打电话给你并祝你圣诞快乐。拉夫卡迪奥能来彼得很开心。这是他一直期待的。

五万块不算多，等存够十万再花吧——把钱投资在稳定的东西上，然后靠收入生活。

费林盖蒂给我寄了张五百美元的支票，我还清了多年来欠下的所有债务——[鲍勃·]梅里姆斯六十美元、阿尔弗雷德·莱斯利五十美元、哥伦比亚大学二百零三点一一美元、牙医十七美元、医生五美元，还花了一百美元从国务院拿回彼得的护照。最后什么也没剩下，但我也不欠任何人任何东西了。这感觉很奇怪。该死的哥伦比亚大学，为了要回那笔钱，居然开始起诉我哥哥。还有人匿名替我还了一百美元。巴尔赞写信告诉我，即便我为学校主办大型朗诵会，他也无法说服财务委员会取消我的债务。他们真的很邪恶。我给他们写了封疯狂的控诉信，足足三页，禁止他们在哥伦比亚教授我写的诗。但后来我把信撕了，付了剩下的二百美元，跟他们永别，现在我已经将他们完全抛诸脑后，也不必为此心烦意乱了。

［雷·］布雷姆泽还在监狱里，看起来他还要再呆上一年。好像是博登敦的牧师听到他在广播里大肆抨击监狱和大麻法，举报了他，现在他成了官僚机构的腹中之物。他的罪行之一是"与不良人士交往"。我就是那个不良人士。机构和学院真的很无情。肯定有人想起来闹革命，但我不想置身其中，我一点也不在乎。

尼尔给我的圣诞贺卡上写着"跪下！"，然后除了签名再无其他。

我把《笑气》的注释用打字机打了出来——现在整首诗长达十一页，滑稽好笑，大功告成。

［……］

今晚见。

艾伦

1. Zohar，又称《光明篇》，是卡巴拉对于《圣经·旧约》的注解。——译注

一九六〇

杰克·凯鲁亚克［纽约北港］致艾伦·金斯堡［纽约州纽约市］

一九六〇年一月四日

亲爱的艾伦：

我已经收到你的长信，把它存放在新设置的"有趣信件"文件夹里。我有一个叫"粉丝信件"的文件夹。另两个叫"精华档案"和"垮掉的一代选集"，这样归档文件挺好的。

我的意思不是说你的信算不上"精华档案"，而是因为你新写的诗很棒，马上就会发表。

随信附上四十美元，用来支付这次和其他时候的出租车费、酒钱和中国餐馆的部分账单。卢·威尔奇给我写了封长信，约翰·蒙哥马利给我寄了张有趣的明信片，他其实是个讨厌鬼，因为他想让我给他寄专辑和书，他还诋毁《墨西哥城布鲁斯》（称其为"低俗读物"）。

我已安全到家，准备在家呆上一千年。

我想写作。但我不想写信（有个人跟布赖尔利很像，给我寄了封超长的信，说尼尔不如杰里伟大，因为杰里从私人住宅偷东西，高中时还当过班长，信里质问我为什么不写杰里，而要写尼尔。是不是很糟糕？尼尔读的是《圣人的生活》，也从来不会从穷人家里偷什么私人物品）。

所以我要在家里呆上千年，快快写《垮掉的旅行者》（只要唐·艾伦提供我日常所需，需求不多），还有一本书得慢慢写，大概与哈勃·马克斯的幻象有关……我、哈勃、威·克·菲尔兹和贝拉·卢戈西要一起搭便车去中国。

信，记得去智利前给我写信。

要么不写……要么到了智利再写……

[……]

杰克

编者按：一九六〇年一月，金斯堡和费林盖蒂前往智利参加一个作家会议。艾伦决定接下来半年都留在南美洲，在偏远地区寻找死藤水，一种巴勒斯十年前描述过的藤蔓，能引起幻觉。

杰克·凯鲁亚克［纽约北港］致艾伦·金斯堡［新泽西州帕特森市］

一九六〇年六月二十日

亲爱的艾伦：

彼得把你那些乙醚笔记寄给我了，我给他们编上页码，以免弄乱，甚至还别了个回形针。如果你想让我帮你把这些笔记都打出来，我会的，之所以会是因为我读的时候就想一口气读完。你新写的长诗真棒。我还没仔细研究，先给你写回信。但你说喝完乙醚后听到钟声（"钟声离开鸣钟"，松尾芭蕉的俳句如是说）时想到我，这让我颇感惊讶，因为去年秋天我嗑麦司卡林嗑嗨时也想到你了。当时我吃了麦司卡林，兴奋异常，我看到我们那些关于一群新世界公民即将诞生的想法、瞬时真理即终极真理的想法一一实现。我觉得这些想法完全正确且有预言性质，因为我从来没有在醉酒或清醒时看到它们实现。就像天使回顾人的一生，见到每一刻都恰到好处，每一刻都有华丽的意义。你那句"宇宙是一朵崭新的花"，就是类似的完美表述，就像嗑药真正嗑嗨后才有的想法。但我（跟你一样）不会再试图嗑嗨并书写幻象，就目前来看，我必须耐心等待，事实上，过去几年来我全力以赴过着的那种"午夜天使"的生活已让我疲惫不堪。而我真正想做的是自一九五七年写完《在路上》后第一次独立出走，所以今年夏天我要去秘密旅行，独自住一间房、散步、点蜡烛，可能会去墨西哥，那儿没人认识我，也没人会看见我。我必须休假，以重新发现自己的内心，比如——我那多得数不清的朋友关系让我难以承受。你知道上周发生什么事了吗？我举几个例子。杰克·米什莱恩泪流满面地从芝加哥寄来一封又长又疯狂的信，最终就是为了向我要十美元；格雷戈里写信说"马上来威尼斯！钱是我的朋友！"（之前我告诉他假期我可能会被委派到威尼斯）；查理·米尔斯和格雷厄姆·康诺耶尔从格林威治村打来电话要钱，后来我换了电话号码；我姐想问我借一千美元买房子，之前她根本没想过买房子；卢·威尔奇跟我暗示他需要一百美元买越野车。你邀请我飞秘鲁，邀请加里［·斯奈德］去日本、［艾伦·］安森去希腊、［约翰·］蒙哥马利去米尔谷（和他住在一起时你要小心），邀请贺拉斯·曼中学的老同学们参加聚会，邀请画廊的人去他们的艺术展上买画，等等。但我没有把你列入其中，尽管你也问我要钱。你瞧，如果我满足了最近所有问我要钱的人，还有其他一些有求于我的人，我就身无分文了！我总是好奇为什么"有钱人"很"抠门"，比如劳夫林，或者一九四五年的老比尔，现在我明白了，不是他们"抠门"而是问他们要钱的人太多了（他们因此也很难过）。不管怎样，如果我对这些人有求必应，怎么可能接触到"无名"呢？我必须离开，像上帝一样安静地独处一阵子。等回来了再写点东西。我不是说自己写得不够多，也不是说我厌倦了诗歌和文学。也许其他人是这样，所以他们才会挑起战争。我还没给你看我去年秋天写的麦司卡林笔记，等你回来后再给你看，它们跟那些乙醚笔记很像。一九五五年，我们和乔丹·贝尔森一起喝了乙醚，我们不再只是躺下思考、听钟声、乱写乱画，相反，我们聊起了天，还去看了卓别林的电影。你走后我只见过彼得一两次，还有拉夫和洪克也是，我们像往常一样在中国餐馆聚餐。拉夫告诉洛伊丝［·索雷尔斯］，自己是个从火山里炸出来的持枪

一九六〇

好男孩（拉夫的原话），我告诉她把他说的话都记下来。他们手挽着手去唐人街，走在我、彼得和洪克后面，一路上他和她说了很多话。我呢，大部分时候坐在星空下，意识到那同一个古老而混乱的轮回仍旧是空的。事实上，我现在就想去天堂。但我真的可以写本超级疯狂的书，让所有人目瞪口呆——包括我自己。唐·艾伦的选集很不错。我们的选集呢，估计汤姆·佩恩就是为此丢了工作，他要去矮脚鸡图书公司工作了，在那儿继续编选集以及我未来的小说——《特丽丝苔莎》这周出版，只字未改。你还记得吗，一九五七那年，有天晚上我们和两个以色列女孩还有斯特林一起读了一篇不错的评论——西区大道的丹·塔尔博特写的。他说，那些声称垮掉的一代"极其真诚"的人都是文学骗子，大错特错。反正我再一次对这一切感到厌倦，当下整个世界的历史散布在地平线上，但我看到的是星空中永恒的自由。我好奇为何这一场生活和历史梦境看起来如此真实，而我只能记住那些旧梦（睡梦）——梦里我以为树是真实的，攻击者是真实的。事实上，哦，是的，费林盖蒂出版了《梦之书》，书最后是所有我新做的伟大的梦，包括我看到飞马和最后一个关于大便的伟大的梦。今年要出的书有：勒鲁瓦·琼斯的《金色永恒经文》，亚文出版社的《特丽丝苔莎》，麦格劳-希尔的《孤独旅者》。《孤独旅者》是我从杂志上收集来的文章，总共二百五十页，内容包括我们这群垮掉派在纽约的夜生活、格雷戈里的失业流浪经历、斗牛、基督雕像、所有关于亨利·克鲁的新文章、墨西哥、铁路（包括《地球铁路的十月》全诗和一些新章节）以及有关丹吉尔的文章，等等，整体还行，会作为非虚构作品出版。我的银行账户上现有一万八千块的定期存款，四千块的活期用作日常开销，去年花了一万六交税（今年的已付清），这跟赫伯特·莱曼参议员上周向动物园捐赠的五十万相比不算多。

我母亲守护着我的钱、我的健康，洛伊丝过来只为做爱，汤姆·佩恩（新婚）和他新娶的富婆太太过来只为喝个烂醉。我在佛蒙特州有间小屋，可能很快就会住进去。我想我会悄悄溜到墨西哥（不要告诉任何人，尤其是拉曼蒂亚），把我的幻象也带过去。

如果你碰巧七月下旬或八月在墨西哥，告诉我一声，我会租间漂亮的公寓，窗口摆上鲜花，你可以呆上一两周。我是说如果我去墨西哥的话。你看，这就是我现在的生活，什么地方也去不了，什么事也做不了。上个月我的纽约之行糟透了，我还没回过神来——噩梦连连，梦里我还见到了鬼魂——比尔·海因吓了我一跳，查理·米尔斯也吓了我一跳，有个疯狂的大个头特拉普派牧师一直让我吻一个镶嵌红宝石的圣人遗物（但他的确给我放两个小时的巴赫）。每个人，甚至是奥尼特·科尔曼都对我微笑，我穿着吕西安穿过的那条蓝色破牛仔裤，进屋后在塞萨面前扯下自己的内裤，第二天我甚至不记得发生过什么。村子里现在也有很多关于巫毒教的议论，这让我很害怕。人们都在扎巫毒娃娃。警察刚刚关闭了煤气灯［咖啡馆］和其他几个地方，"有火灾隐患"的理由并不充分。亨利·克鲁克现在正从热那亚赶回来见我，告诉我关于费尔南达·皮瓦诺的一切，我为他安排了与她的约会，那会花费上千个小时的精力，可以一直看到独处的幻象，明白吗？还有请记住，我是内省而懒散的人，和你完全不同，你爱社交，活力十足。哦，对了，约翰·霍尔姆斯他们在一九五二年的《纽约时报》上说我是他和阿纳托尔·布鲁瓦亚尔、钱德勒·布罗萨德的信徒（他们已经忘了一九五〇年出版的《镇与城》里有关嬉普士的章节），于是霍尔姆斯喝得酩酊大醉，写了很多感怀的长信，说我笑起来很孩子气，还叫你"小艾伦"——他疯了吗？我觉得霍尔姆斯快疯了——米什莱恩已经疯了。随附这封他转给你的信，信里提及他的一个疯狂的木刻幻象（还记得一九四五年我们和吉尔摩一起见过的那些刻着"纽约年轻诗人"的木印章吗？），在黑暗的塔楼间一个身穿白衬衫

一九六〇

的"年轻人"。这就是米什莱恩以及他的幻象。亲爱的，我的意思是，从严格意义上来说，这幻象是马克·布兰德尔的。

巴勒斯没给我写信，但他提到《裸体午餐》的书名是我起的，我很高兴（你可还记得，是你读稿子时误读成"裸体欲望"而我只是注意到了而已，不过这会是文学史上的小趣闻）。詹姆斯·韦克斯勒写的《一位愤怒的中年编辑的回忆》出版了，他在书中指责我（或许还有你）在政治上不负责任，用诗歌将美国复杂化了。我估计［阿尔·］阿罗诺维茨很快也会出书，我很生气，他犯了无数错误，我纠正了其中大多数（大部分是关于我的，但也有一些关于其他人的）。

我活着的意义是什么？我现在唯一能做的就是像这样满腹牢骚？我多希望能有一个月的独处时间，在墨西哥午夜一间鲜花盛开的悲伤书房里，微笑着用法语自言自语，可能还有一堵爬着蜥蜴的花园高墙……上帝作证，我一定要做到！不要告诉任何人！当然，到了秋天，我们所有人又将拥有新的能量。我真的很怕去印度，因为那里将发生一场大规模入侵，我们可能被俘，最后在战俘营里受尽折磨，因为我们不承认雪地里有虫子。现在不能去，我要买一座五百英亩的山，在南坡上盖一间小屋。汤姆·佩恩想秋天去巴黎来一场快乐之旅，和斯科特·菲茨杰拉德笔下的女人们一块儿，大概吧。我最近录了不少爵士乐调频广播的磁带，有几小时之长，妙极了。我刚给《恶作剧》杂志写了篇关于西摩·怀斯的爵士乐专栏文章。上一篇关于禅宗的专栏文章提到了你和彼得。但最重要的是，我现在想写怀旧小说。但你知道吗，我好像又变回了一九四四年的凯鲁亚克？当时吕西安和你聊天谈心，而我只是坐着沉思，记得吗，因为我觉得既无聊又迷茫？像个愚蠢的禅疯子一样在布兰代斯大学的舞台上喋喋不休也许会对我以后的生活更有帮助，但无论如何我真的做不来。是的——但是我爱你，艾伦，等你回到纽约，别用你那满腔热情的计划来烦我,让我去这儿去那儿的(就比如带我去人生剧场那次,简直太失败了,当时我只想听爵士乐,却惹上了和[弗兰克·]奥哈拉的麻烦)——开个玩笑,但请原谅我,不要恨我,如果我看起来不愿意参与你的个别热情的计划或可怜可爱的格雷戈里的计划,那只是我不想像之前一样活着,我现在要变成一个无念无言、毛发稀疏的老头子了。我尝试戒酒——我的灵魂比以往任何时候都更深邃,也许因为我清空了一切——你在《乙醚》里写的一切都是真实的,永远真实。我想你是在为大家祈祷吧。还有,老尼尔出狱了——但我不想见到他,因为过去他嘲笑我是个醉鬼话痨,现在我居然靠这个赚钱,他一定又会嘲笑我(不过我知道他的内里是严肃的耶稣会士,而他也知道我只是个滑稽而卑微的牧师)。但为我们的生日干杯!我很爱你。

很快我就回来。

蒂-让

编者按:金斯堡离开时,凯鲁亚克继续与酗酒作斗争。七月,他去了费林盖蒂在大瑟尔的小木屋,想一劳永逸地戒掉酒瘾,但没有成功,其间在加利福尼亚时,他见了尼尔和卡洛琳·卡萨迪最后一面。《大瑟尔》就是基于该时期的经历而写成的。

艾伦·金斯堡[纽约州纽约市]致杰克·凯鲁亚克[无地址,纽约北港]
一九六〇年九月十九日
纽约东二街一七〇号
亲爱的杰克:

你还在家里,在家里,在家里?再一次离家吧!飞去刚果!呆在古巴!跳到阿尔及利亚之下!在怀特岛急刹车!欢唱!

好吧，这里一切如常，除了洪克搬到二十五街的贝尔莫莱克斯酒店，我现在可卡因的吸食量已降到每日一瓶，还卖了一个故事（《古巴》）给《斯旺克》的西摩·克里姆。我那不朽的老甜心卡尔·所罗门周末过来了，一直呆在我这儿嗑药，跟我聊了一整晚，主要抱怨他的身份问题。我告诉他，事实上他就是制造这些身份的人，但他好像没听进去几句。总之，他没以前那么暴力了。

感谢上帝的厚爱，因为我收到了旧金山发来的电报，第二天又收到鲍勃·考夫曼送来的绿色药片，他住在楼上，但没有打扰我，他说这是人们被关进恶魔岛毒气室前一晚会得到的药片。上周三下午三点我在桌旁坐下，直到周四晚九点才起身小便，那时我已经打完《卡迪什》完整的手稿，包括后来补充进去的在抽泣、疲惫、恍惚的状态下写成的雪莱式的赞美诗，然后周六凌晨四点把稿子带去三十三街的邮局特快专递给费林盖蒂，大功告成。

格雷戈里在柏林，他问我是否应该回来。比尔写信说他正在筛选自己的小说，剪辑、拼接，就如大浪淘金，然后把它们用毒胶水粘贴在一起。我估计他太久没跟人上过床，都快疯了……然而他最近的来信都非常甜蜜友好，他甚至把我的一些诗剪下来、用打字机打出来，以此向我展示他是怎么工作的。所以彼得和我把我们的魔法诗篇剪了几段重新编排后寄给了他。只是找点乐子。

> 我走进去——大厅的怪味再次传来——电梯向上——来到女病区的玻璃门前——来到内奥米跟前——两个丰满的白人女护士——她们架着她出来——内奥米瞪着我——我倒吸了一口气——
>
> 她太瘦了，皮包骨头——内奥米老了——白发苍苍——松松垮垮的衣服挂在肩上——脸颊凹陷，苍老啊！——干瘪的丑老太婆的脸颊——

四十年的光阴与更年期的沉重被上次的心梗削弱——一只手已经麻木——脑门一道疤痕，额叶切除术毁了她——垂下的手浸在死亡之中——

哦，一张俄国人的面孔，坐在草地上的女人，你长长的黑发上戴着雏菊花环，曼陀林放在你膝间。

美人儿，坐在夏日花丛中已婚的你被许诺幸福近在咫尺。

圣洁的母亲，现在赞美自己的爱情吧，你的世界已脱胎换骨，蒲公英星星点点的田野里有一丝不挂的孩子跑过——

跑到牧场尽头的李子园里摘果子吃，一个小屋内有白毛黑鬼正传授他接雨脸盆的神秘技艺——

流亡的姐妹，新时代属于你，革命是你的幸福，唯一一场无人失败的战争是你的希望。

受祝福的女儿来美国，我渴望再次听到你的声音，还有你母亲弹奏的那首拥抱自然的歌。

啊，荣耀属于将我带出子宫的缪斯，教我说话和唱歌——你痛苦的头颅给了我幻象——啊，受诅咒之人的疯狂幻觉。

驱使我灵魂出窍去追寻不朽直到我为你送来了平静——啊，诗歌！——人类苦苦追寻的本源——啊，我业力里的美丽嘉宝，你那老电影明星的脸庞——头发里插着白花——

此时你身着永恒的赤裸，没有任何革命能使这种贞洁破灭——纽瓦克所有的老师——伊拉诺那时还健在，马克斯也没有被幽灵缠身，路易斯也未从高中退休。

回来呀，你！内奥米！恢复意识！憔悴的不朽和革命已经到来——双颊爬满皱纹,双唇坚定——医院里足不出户的灰白双眸,病房的灰墙延伸到皮肤上——渺小脆弱的女性——

这命运如今已降临于你?在未来的九十年代,当我像你的头发一样疯狂,当我在犹太会堂的屋顶上尖叫,满脸胡须朝向天堂时,我会是什么样子?

我把这些都寄给了城市之光书店。我还得把其他所有诗整理并打出来——这么一弄已经有四十页了,也许我可以一次出两本书。我把《笑气》寄给他,打算发在《八福》上,还寄了奥洛夫斯基、柯索和我在阿姆斯特丹写的那首关于月亮的疯狂的链式诗。彼得要带拉夫去纽约失业办公室,问问有没有特殊的兼职工作适合他做,拉夫卡迪奥则穿着一身漂亮的黑衣,很讨人喜欢,他们马上就要出门了。

我在为雷·布雷姆泽的书写序言。

我喝了很多死藤水才意识到我即空,我在自己心灵的屏幕上投射出迦梨[1]那样的怪物,甚至还投射出心灵的屏幕本身。所以我不再害怕。但我还是不能阻止那该死的心灵屏幕出现,我的意思是我不能让我的机体完全安静下来。我终于不得不去学瑜伽什么的了。

如果卡斯特罗出钱,我愿意十月下旬去古巴呆两周,研究一下那场革命。我那用笑气麻醉病人的牙医叔叔是个自由党,却不激进,过去二十年他的假期都在古巴度过,他刚回来,说古巴人都很欢快热情、容易一惊一乍,那儿正在进行大规模的金融革命,社会进步、学校教育、工作等等,而美国报纸上的报道都是些狗屁。勒鲁瓦·琼斯也这么说。他们都承认那里仍存在一定的精神控制,但与美国歇斯底里的精神控制相比没那么野蛮。我的书要写完了,所以我会去古巴呆一小阵子,那会是很奇怪的一段旅程,回来后写一首抨击美国的革命诗,然后去印度,然后闭嘴。

这就是我,泡沫一般。斯坦利·古尔德在我家厨房里因为嗑药嗑得太凶而精神崩溃,所以我给他读了一大段《科迪的幻象》,他说这是他听到过的最好的东西,他甚至不再对尼尔刻薄了。尼尔怎么样了?发生了什么事?惠伦说你见过他。我到现在还没给他写信,不过三年前我写给他的那首关于他的长诗,本周我终于把它打出来了。尼尔还是同以前一样,还是变清醒些了?

这一周以来彼得一直不太开心。哦,还有,他正和一个叫雅尼娜[·波米]的十九岁姑娘打得火热,有时候我会和他俩一起上床。

明晚我会带拉夫卡迪奥去看马歇·马叟在市中心的哑剧表演。和罗伯特还有玛丽·弗兰克一起去。他差不多完成了巴别尔故事的拍摄,下一部想拍长篇。我说你怎么不拍《在路上》呢?他说真是个好主意,但杰克想把它卖给好莱坞。我说谁知道呢。我看了《地下人》,写得不咋地。你为什么不把它白送给弗兰克(按利润分成),条件是他据此拍出一部赤裸裸的史诗?否则他可能想去拍《茫茫黑夜漫游》。你也可以为他新写一部电影剧本。

[……]

嗯,让我们来看看。我不缺钱。你还好吗,要我借你点钱吗?告诉你母亲你是月亮里的人。天啊,我和老爸因为《卡迪什》闹矛盾了,他想让我删掉关于他私生活的一部分,但那部分很有意思,说的是二十年前他和杂货店老板娘的风流韵事。他甚至不想出现在书里了。好吧,我答应删除。他今年一月退休,计划九月去巴黎旅行。还想试试麦司卡林。他给自己的医生写信咨询意见,让医生给他开麦司卡林。

[……]

一九六〇

吕西安搬走了，电话号码没变，彼得、拉夫和我花了好多天把他房间的墙刷成白色。然后我回到家，把我的公寓也刷成耀眼的白色。我住的地方崭新干净，墙上挂着中国画。我把电视机扔了，还扔了许多其他没用的垃圾。

约翰·维纳斯跟欧文［·罗森塔尔］一起过日子时状态更好，他写了一本叫《珠宝》的书。有一次我们去八街的书店参加聚会，他打扮得整整齐齐，后来喝得酩酊大醉，孤零零的看起来就像个优雅的酒鬼，不像去年那样面目可憎，后来他开始勾引我，我把他拖到卫生间给他吹箫，他就坐在盥洗池下面，甚至都硬不起来。我说："好吧，你这具骷髅，他们性高潮的尸体还没有让你幻灭吗？"他说："老早就幻灭了。"然后拔出假牙，让我看他的骷髅头。我们坐在卫生间的地板上，看着自己日益腐朽的躯体大笑，我还指着自己变秃的脑袋。这都聊的哪儿跟哪儿啊！我们身处的永恒是多么捉摸不定！

彼得呜咽叹息、约翰心怀不满、梅还是老样子、欧文求而不得、比尔卖弄炫耀、格雷戈里在柏林纠结、拉夫穿上了衣服、雅尼娜做了爱、洪克藏了起来，你今天冷酷吗？更多奇怪的年轻人出现了，如幽灵一般，在第二大道和八街附近转悠，他们聚在爵士画廊附近，等蒙克走上街买报纸，然后有些目瞪口呆地看着他。彼得遇到过他们，那时我人在南美。他们中一个叫特克，还有一个叫米奇。他们读《爱丽丝漫游奇境》，吃治哮喘的致幻粉剂。粉剂可以在药店买到，人食用后会两眼发黑，产生看见香烟和门的幻觉，躺在床上时以为走在大街上，整整二十四个小时不断看到异象，然后恢复正常。

我有一个别人从非洲带来的长一点五英尺的膝鼓，练习了两个月，每天抽空练，现在可以打得很好了。鼓声很好听，几乎是我手头最好的鼓。

好吧，我闭嘴了。

爱你的，
艾伦

1. Kali，印度教中与永恒的能量相关的女神。——译注

杰克·凯鲁亚克［纽约北港］致艾伦·金斯堡［纽约州纽约市］

一九六〇年九月二十二日

亲爱的艾伦：

是的，我刚回来，环球航空公司的大使航班很宽敞，还可以减免税费，有红酒、香槟、菲力牛排，大使夫人就坐在我的前排。在经历了狂热、随心所欲、奉行无政府主义的旧金山后，纽约显得胆小怕事、令人厌恶。我见到了所有人。尼尔比以往任何时候都好，比以前可爱得多，看起来很不错、很健康。他走路去洛思加图斯上班，干着修补轮胎的工作，愿意在电影《在路上》中扮演迪安一角，这可比翻新轮胎好多了。南太平洋铁路公司不会让他回去的，他们想要我回去（阿尔·欣克尔说的，因为所有人读了《地球铁路的十月》后都忘了我曾是个多么糟糕的司闸员）。关于尼尔和所有人，我有很多事要告诉你。我给了尼尔点儿钱，救他于危机之中，他现在很高兴，危机解决了，他还买了台新越野车，酒红色的，发动机很给力——我给了他一百块（用来付房租，他被解雇了）。他谋了份新差使，步行就能到工作地。还有过一段风流韵事（我也有过），差点和他的情妇杰基·吉布森结婚，不过我喝醉了。在那之前，我独自一人在森林里呆了三周，有安静的薄雾和动物们相伴左右，学到了很多。事实上，我有了改变——变得更安静，不喝那么多酒了，至少不那么频繁了，并且养成了在家安静读书的新习惯。比方说，我买了第十一版的《不列颠百科全书》

(全价三十五块),共二十九卷,三万页,足足六千五百万字,全是类似牛津、剑桥里读的学术文章,以至于我昨晚不断惊叹于那篇散文之海,一直熬夜到凌晨五点。我从中查阅"耶稣语录"[1],据说耶稣曾在里面说过(记载在古埃及纸莎草上,可追溯到公元二世纪),人不该停止对天国的追寻并会从天国中"惊醒"!(就像我得到的至福——金色永恒带来的惊奇令人眩晕。)伪经,可耻的伪经!我也应该查查"蝙蝠"一词,因为在大瑟尔时有一只蝙蝠每晚都在我的睡袋周围盘旋,直到黎明。书里说蝙蝠是翼手目动物(Chiroptera),Chirop即希腊语的"手",tera即希腊语中的"翼",这些内容相当于一本配有图片和图表的完整的技术说明小册子了。这是最好的嘉奖!自从十六岁在洛厄尔中学图书馆第一次看到这本书,我就一直在等二十九卷本版本。比方说,有了它,你可以完整地研究涉及所有宗教的神学,或者世界上所有的部落、所有的动物学,直到一九〇九年的所有历史,所有运动的详情,所有传记,所有的神秘主义,所有的卡巴拉和香巴拉[2],所有论述旧约新约的珍贵的学术论文,所有有关佛陀、印度教徒、罕见且具有异域风情的马来亚宗教、幻象的内容,所有鸟类学、视光学、计步学、未来测量学,也就是说,全部的全部。我简直无法相信这部百科全书里的内容甚至比太平洋的海水还要多。这就是我新的阅读习惯。我还从费林盖蒂那里买了价值五十块的书,所以还要读那些书(庞德的,等等)。现在正在认真研读,还要写新书(已经动笔)。我还坚持运动(倒立、蛇形俯卧撑、俯仰、屈膝和呼吸锻炼),感觉很好,减了十到十五磅,回家后两周内我只醉了一次酒。我想在打电话给你之前开始构思或写一部新小说,但一开始我就犯错了。我不得不把亨利·克鲁赶走,他在北港找了份电工的工作,但还是想像往常一样用他想象中的所有可笑的琐事来淹没我的生活——所以他疯了。但我不可能为每个人烦恼,虽然他们在五十年代早期把我一个人留在卷盖书桌前，让我孤独而快乐地写着《尼尔的幻象》。

而我呢，在大瑟尔，每天坐在海边，有时阴沉的雾霭笼罩，身旁是悬崖峭壁和惊涛骇浪，我写下"海"，《大瑟尔》的第一部分，"海：加利福尼亚大瑟尔的太平洋"。我写下所有海浪的声音，就像詹姆斯·乔伊斯会做的那样。大部分时候我闭着眼睛写，就像失明的荷马。然后在油灯下读给大家听。麦克卢尔、尼尔等人，所有人都听着，但它就像"午夜老天使"，只是有更多海浪啪啦啪、扑通通的声音，大海的语言不以句子为单位，而是断断续续的，就像这样：

    人类的语言没有表明
    悲哀的标志比
    古老还古老，这波浪
    冲撞着刺痛了沙子
    用砰砰作响的
    疾速旋转的沙质
    的思想——啊，改变
    世界？啊，备
    好费用？绳索是不是
    所有大海中的天使？
    啊，黏糊糊的水獭
    难以摆脱——

（难以摆 脱），让"脱"字独立出来更好。无论如何，在我看来，这一切以及"耶稣语录"里耶稣所说的天国之"惊醒"，似乎比最近一般政治意义上的那种歇斯底里的骚乱和虚假的尖叫更能把握世界和平与欢乐的正确方向。古巴"香巴（拉）"——我要去纽

一九六〇

约，用你给我的钥匙打开你家的锁，如果你不在，那我就等着，我正在买背包，我要见吕西安，等等，所以我很快就会见到你和彼得。就这样吧。

我大概二十八号到——请再写封信，附上麦司卡林笔记和格雷戈里的信，我好归入"精华档案"。

让

1. Logia，基督教圣经学考证家推想中曾经存在过的耶稣言论汇编。——译注
2. Shambbala，又作"香格里拉"，藏传佛教中所说的理想净土。

艾伦·金斯堡［纽约州纽约市］致杰克·凯鲁亚克［无地址，纽约北港］

一九六〇年十月十三日前后

亲爱的杰克：

我刚吃完一个汉堡三明治。彼得和拉夫正在十四街帮勒鲁瓦·琼斯粉刷他新租的大公寓。我不是故意把你一个人留在飞速驶离的出租车上惹你伤心的。这里有一首诗。你还好吗？你的书《孤独旅者》很好，昨天我坐着一口气读完了，很多次都因为里面的一些句子笑出了声。我不明白吕西安嚷嚷什么，可能他觉得你不该对麦格劳-希尔这么好，还帮他们填表格。不过我昨晚见了塞萨，她正在看尼克松和肯尼迪的辩论。我后来发现了她和吕西安心烦意乱的原因。她说你喝醉后跟她弟弟讲了吕西安在一九四三年的传奇经历，还和吕西安谈起要写本关于他的书。我只是顺便听到了那部分内容，殊不知对他来说那是当晚最重要的部分。你应该找个清醒的时间过去，和他共度一个安静愉快的夜晚，让他开心。如果你突然说要给他写传记，尤其是喝醉时这么说，那就是在公开惹毛他。

今天下午我还读了"铅肚皮"[1]的诗（歌）。他是伟大的诗人。

还重读了《死亡生日快乐》,格雷戈里比我想象的还要好。我有一个月没读过他的任何东西了,也没想到过他,然后读了这本书,它很有道德意义,尤其是《小丑》那首诗。

不管怎样,两天前我完成了自己的书[《卡迪什及其他诗歌》],用航空特件寄给了费林盖蒂。我本来还想加一首疯狂的政治长诗,但没能完成。

我看了竞选辩论。尼克松说,我们应该与中国开战。肯尼迪说,不,这是战术上的错误。但尼克松利用了这一点,假惺惺地说什么美国不会对共产党"让步"。他那么说真是邪恶。我登记了,会投肯尼迪一票。他俩都是伪君子,都是彻头彻尾的战争贩子,在这点上共产主义者是对的。双方都想对古巴发动物理战——已经这么说过了。但至少肯尼迪在这件事上的虚伪做派似乎是为美国意欲从整个侵略战争中撤出打掩护,而尼克松似乎真想发动战争,就像《纽约每日新闻报》一样。《纽约每日新闻报》真的是在挑起战争,我读过。或者,二人中至少尼克松这台超级爱国者的宣传机器更响亮一些。我不明白你为什么又改变你的判断转而支持他了。很明显,肯尼迪更自由开明,更支持对外国的粮食援助,较少与虚假的军事爱国主义密切相连,在意图上更不似联邦调查局。但这并不是说有多大差别,无论选择哪条路,美国都已败落,因为它纯粹是个自私自利的国家。我们越令人厌恶,我们的对手就越变本加厉,任何想置身事外的人就会被夹在中间左右为难。

比如我今天突然想到,我们已经有了计划经济,但我们政府的大部分巨额预算都用在了军事领域。既然我们已经是社会主义者了,那还有什么好嚷嚷的,为什么我们不成为垮掉的一代的计划社会主义者,制造食物和能源而不是毒气弹,来保卫我们自己以对抗社会主义呢?你以为这世上没有挨饿的人。美国人都这么想。这个国家很邪恶,惠特曼和我唾弃它,告诉它要么善良,要么灭亡,因为这就是即将发生的事。我恨美国！咳，尼克松和肯尼迪是最令人讨厌的。但尼克松确实占了上风。

我想所有这些仇恨永远都不会是爱国的表现，但去他的，我总有一天会死的。

报纸提供的那些潜意识暗示太可怕了。我还是不明白你为什么现在会喜欢尼克松。啊啊啊啊啊啊啊啊！我要去市郊我父亲那儿吃饭，他今晚去看戏，我吃晚饭。原谅我大叫大嚷。

爱你的，
艾伦

1. Leadbelly，即胡迪·威廉·勒贝特（Huddie William Ledbetter, 1888-1949），美国民谣与布鲁斯歌手。——译注

杰克·凯鲁亚克［纽约北港］致艾伦·金斯堡［纽约州纽约市］

一九六〇年十月十八日

不是的，关于一九四三年传记还有尼克松的那些话，我是开玩笑的——只是为了制造像以前那样在沙发上玩闹的场景，明白了吗？跟他们说一下。我不会投票的，但我会支持肯尼迪。每个人需要做的就是立下善意的誓言，然后就此罢休，还要试着保持清醒，要成立一个新政党，"善意誓言党"。是的，全世界都在挨饿，因为新生儿太多，到处都一样，所以没必要立变穷的誓言。要立善意的誓言。毕竟大家都恨永不爱国的人——最近人们忘了这一点，甚至连你我都忘了，所以世界才充满腥风血雨。我现在不去纽约了，再也不去了。如果格雷戈里来了，你也来了，那他、彼得、你，我们就在奥洛夫斯基太太的大公寓里聊天。我再也不喝酒了，我疯了，我看到了厄运的巫毒。你的奇穆[1]龟也受了巫毒吗？我不能回答你关于政治的问题，因为根本无法分辨暴乱和出于恐惧的喊叫之间的

区别，不要因他们害怕炸弹而责怪他们，我为世界祈祷，祈祷它能正常运转，我今天感觉很糟糕，没法写信了，以后再说。

杰

1. Chimu，南美印第安人，奉行多神崇拜。——译注

一九六一

杰克·凯鲁亚克［纽约北港］致艾伦·金斯堡［法国巴黎］

一九六一年四月十四日

亲爱的艾伦：

我刚读了《卡迪什》的叙述部分，它受到陀思妥耶夫斯基小说的影响。整首诗，加上后来那些关于幻象的诗作，构成了一本极具爆炸性的书。现在还没人写书评，就好像他们希望你从他们的生活中消失一样，威尔伯和霍兰德那样的大佬正把头埋在枕头里痛哭流涕——当然也没有《梦之书》的书评。看来我们该退出文学界了，别再跟他们说话。这里一切都好，吉恩干得不错，我们很快就会搬走，我很快就自由了。我还祈祷能戒掉酒瘾，目前看来祈祷应验了。有时间的话，跟我大概描述一下格雷戈里的思想灵魂。你之前预见的警察、俱乐部和垮掉的一代的麻烦即将变成现实，既然看起来约翰·米切尔即将上任市长，那么一场大规模的公开化政治斗争在所难免。我正在研读康德、叔本华、斯宾诺莎等等，所有伟人都同意佛陀的观点。吕西安和哈里·史密斯嗑药嗑嗨了，给我打了电话。比尔为什么要"逃走"？无限光芒蜂拥而至。比尔信奉的哈桑·萨巴赫说空间中既无时间也无物质——是不是？一九五七年时他对此还不认同。哼，虚荣心真叫人厌烦。崭新的世界即将来临——你好。

让-路易

一九六三

编者按：从这时起，信件越来越少。金斯堡的信里都是对自己冒险旅程的大段描述，但凯鲁亚克没有以同样的形式回应。金斯堡在印度流亡两年后，他们于一九六三年通了两封信。最后表达了对彼此的敬重。

杰克·凯鲁亚克［纽约北港］致艾伦·金斯堡［日本京都］

一九六三年六月二十九日

亲爱的艾伦：

我很犹豫要不要写信给你，因为信会由该死的印度人转交，这样就可能会丢失，但希望你无论如何都能收到这封信。刚才我突然意识到我们的友谊已一去不复返，连同那些我们写给彼此的疯狂信件（我把你的信整齐地归档在我新制的金属办公文件夹里，你可以随时浏览使用），我们一起在布鲁克林大桥、哥伦比亚、旧金山、墨西哥等地，之后其他地方的所有疯狂冒险，以及我们最先开始创作的所有那些爆炸性文学作品（思想的大爆炸），还有所有那些或平淡或混乱的琐事，就像我刚才还做着白日梦，梦见第二天巴勒斯和洪克终于在你七街的厨房再次碰面，而你我正高兴地握手，互相使眼色，洪克说着"好啦，好啦"，巴勒斯应和着，等等。这是我表达多么尊重和重视你的另一种方式，尤名诗人。如果你刮净胡子，剪短头发，再来我北港的新房子，那就再好不过啦。不过话说回来，谁在乎那些狗屁打扮？让我看看你可爱的新发型。我刚见到尤金［·布鲁克斯］，他来我家了，我真的很想和他聊聊天（自从你离开后，我和尤金聊了很多，发现他非常聪明，在某方面和你很像）。但与他一同前来的那个疯狂的拉比，他希望我像诺曼·梅勒那样东奔西跑，租下卡内基音乐厅，跑去鹳鸟俱乐部，上温切尔的节目，等等，因为"伟大的艺术作品"需要广而告之。拉比叫理查德还是什么的，其实人还不错，但我不想为了一堆狗屁宣传活动，为了在公共场合炫耀自己而放弃安静读书的独处生活。另外，终于有电影公司答应买下《在路上》的版权，电影开拍后我就可以拿到预算金的百分之五，等发布时再拿百分之五，外加公司净利润的百分之五，公司主管也是电影的编剧和导演，名叫鲍勃·吉内特……所以我没必要为了钱大动干戈，反正钱只要够用就行，因为你也知道，我跟女人说再见时都不忘找零，而且我讨厌那些婊子，她们如今全是一群妓女和骗子，跟琼［·哈弗蒂］一个样，还变本加厉地扯谎——扯关于我的谎话，让我成为世人眼中的骗子！[1] 但管他呢，我有其他事要考虑，刚刚开始下雨了。我的新家离道格伍德路不远，别把地址告诉别人，就记在笔记本上，记在奥松公园的巫师的"W"下面。等你到了北港，房子就在此处，朱迪安街七十七号，离道格伍德路不远，还有指示牌，等等。这是我住过的最好的房子，有个大后院，周围有三十二棵树，六英尺高的阿拉斯加雪松木做的方平组织式栅栏。我在阳光下读书或在番茄地里嗑药，或者我母亲喂鸟，小鸟在水盆里扑腾，这些都没人瞧见。我房里有一台新的德律风根调频收音机（西德制造），可妙了，随时可以播放巴赫、莫扎特或爵士乐。地下室也装修一新，有读书的地方，还有调频音乐和唱片，也许之后可以弄个台球桌——不是异想天开而是正合适。唯一的问题是有太多无聊的当地人来访——吕西安没来，艾伦没来，只有那些讨人厌的访客，如往常一样。我认识的一个新朋友很不错，叫阿道夫·罗斯曼，是名教师，也是个挖蛤人，很博学，话也不多，有张列宁那样的犹太人的脸。但今晚，哎，来了两个年轻人，我避之不及。他们想让我去舞厅见女孩，我不愿意去，就给他们放了会儿音乐。你见到加里［·斯奈德］时请告诉他，或者写信告诉他，请原谅我写给他的那封怒气冲天的信，信是在我喝了一夸脱"加拿大俱乐部"威士忌后写下的。信里我一直痛斥女性,当然我是认真的,但我不是故意对加里耍脾气,不过他似乎并不介意,回信时还说给我寄了份礼物。(某个愚蠢的日本婊子对《地下人》的"精神分析"就好像瓦萨学院给了我一记暴击。)一个"活生生的女人",所以她们想让我怎么做,跟尸体上床吗?都怪我心不在焉,信里的一切都乱了套,刚刚在打字机上时我还有很多话要打来着。总之我写这封信是为了告诉你我永远支持你,想让你知道我再也不想写信了,我变得越来越像尼尔但不清楚为什么会这样,当然我很想跟你见面。我让吉鲁看了看惠伦的新诗集(很好),又不加评论地把麦克卢尔的小说还了回去(我讨厌这本书,里面的垮掉的一代都是吝啬鬼,公文包里放着枪,对女孩子拳打脚踢,整日无所事事,因为吸食大麻而变得迟钝),我正在录大量的古典乐和爵士乐磁带,还存了很多信,把它们分类归档。我给米兰的意大利法官写了封信,为《地下人》辩护。米兰的主教们禁售小说,书正在受审。米兰的教宗名叫蒙蒂尼,我画的蒙蒂尼可能被《时代周刊》或《星期六晚邮报》拍成了彩照。我刚把新写的小说其中一章卖给了《假日》杂志,叫《与母亲在路上》(一九五七年我和我母亲在墨西哥华雷斯城,后改道旧金山)。通常我都很冷静,很好沟通,但我不得不逃离当地酒吧,因为有个金发基佬想开枪打我,我猜是我叫他基佬的缘故,记不清了,警察监视着我,当地的挖蛤人搞砸了。我的表弟穆恩克劳德之所以来这里看我是为了告诉我他的故事只是一堆狗屎(我还是不清楚)。我和吕西安去了纽约,见识了各种女孩,各种场面,每次我离开家时一切都乱作一团,所以我呆在家里,我觉得今年夏天去魁北克不错,再写篇游记给《假日》杂志,然后等秋天《吉拉德的幻象》出版了,再启程去德国科隆、伦敦、巴黎、康沃尔和布列塔尼,但我不知道,也不在乎,一切都只是想法,都在我心里,朋友。

无论如何以后我们都要一起再来次长途旅行，或者一起再做点什么，伙计。

我最近的幻象很可怕，都是关于这超载的世界的。这世界真的耗费了我们太多注意力，我们心灵的本质受到音乐、人、书籍、报纸、电影、游戏、性、谈话、商业、税收、汽车、屁股、汽油、喋喋不休的废话等的摧残，我几乎因此而窒息。就比如，现在我和格雷戈里差点闹翻。我们大概四月份时重聚了一次，庆祝他给《花花公子》写一篇关于垮掉的一代的长文，这样他就有钱和莎莉在十一月办婚礼了。我估计莎莉很讨厌我。我们关系恶化的起因是格雷戈里背着我重写了整件事，骂我和吕西安以及其他所有人是怪胎，而他自己则是个"纯粹的抒情诗人"，这还是吕西安前一天告诉他的，他铭记于心。我觉得格雷戈里大概是疯了，因为他一会儿让我欢喜一会儿让我忧愁，总是这样，他可能突然意识到自己疯了，不想和任何人交朋友，也许他想为此受罚？我们共同创作的、被念给我的女朋友们听的那篇文章荒唐至极，甚至算不上一篇文章，而是威士忌醉酒后说的一首连体诗，没有任何意义。我想格雷戈里的脑子恐怕进海洛因了。我觉得他的那位莎莉个性阴沉，但他们也许会生个宝宝，会互诉柔肠，这对贫困潦倒、饱受折磨的格雷戈里·柯索来说大有好处。但这几次纽约之行比以往任何时候都要糟，我带着可怕的幻象回到家，就像数百万年前洞穴里的尼安德特人的死藤水幻象一样可怕，这可怕的生活！但我的未来是光明的，《在路上》会拍成电影，新小说秋季就会发表，还有两部尚未发表的新小说（《荒凉天使》及其续篇，写的是你、我、彼得、拉夫和格雷戈里穿越墨西哥的事）。前方所见唯有安逸欢乐，但我的心灵是如此暗淡，如此孤独，有时候我觉得自己随时得靠着你或比尔或尼尔的肩膀哭泣。可怜的尼尔怎么办？卡洛琳已嫁作他人妇，我就不能成为百万富翁，让尼尔给我当司机吗？我需要一个抽大麻的疯狂司机，行李箱里藏着女人吗？至于比尔，为什么我再也见不到他了？如果我搭乘法航或汉莎的飞机去巴黎，突然出现在他面前，他会对我好或者嘲笑我胖，还是会怎样？彼得呢，你为什么离开他？你和彼得为什么要让拉夫落得如此下场？再说你们怎么能带着拉夫一起环游世界呢？真令人绝望。加里怎么样？我想他还好吧。惠伦非常伤心，但从那双灰蒙蒙的蓝眼睛里看不出任何感情的流露，有时让我感到害怕。卢·威尔奇在加利福尼亚湾一间与世隔绝的棚屋里，赤身裸体，他说自己快疯了，就像寒山一样。你看了我寄给你的小说《大瑟尔》了吗？你怎么看那可笑的结局？再真实不过了。啊唷。与此同时，那些无聊的小角色又开始攻击我，那些阿奎那一样的僧侣给我写来乔伊斯式的又长又蠢的信，否认我的神学。洛思加图斯周围的无聊人士则向我保证，当美国需要我时我还是挺重要的，真是谢谢他们了。不过，我亲爱的朋友艾伦，我感到一阵狂喜，就在此刻，很奇怪，但事实上总是这样，一直是这样。霍尔姆斯要写一部涉及方方面面的纪实作品，他不停地向我抛出大量问题。我花了三个晚上详细作答，在打字机上打出答案，他现在应该满意了。书里会有你、我、梅勒、鲍德温等，那是一幅全景图……下雨了，大滴的雨点直直落下，白茫茫一片，穿过幽谷，落入黑暗的林间空地……非常美的一天。事实上，这是适合喝威士忌醉酒的一天，但该死的是，我昨天已经醉过。不复存在的一天。不知道琼·亚当斯在想什么……洪兑在哪儿？拉夫怎么样？保罗·鲍尔斯在想什么，他在哪儿？安森呢？沃尔特·亚当斯呢？垃圾筒看起来好伤心啊！总之，等你回来了，我会把你走后大家写的所有东西拿给你看，堆积成山的稿纸，里面什么都有，信件呀，格雷戈里的诗呀，等等。希望麦尔维尔、惠特曼和梭罗他们那颗平静而伟大的心能在未来紧张忙碌的岁月里继续支撑着我们，那时美国与通信卫星及其他星系的交流将充斥着我们的生活……我们取得了什么成就？写出新的好诗，应该就够了。到处都是"迷人的邋遢王子"，就因为你……不知何故，突然涌现出一批聪明的青少年足球运动员。不知何故个屁。顺便说一句，我喜欢你那个"鸣响着的艾略特"的梦，事实上，我刚刚正在研究你以前的一个梦。你从恰帕斯给我寄的信里提到过，不是圣何塞，是关于恰帕斯的——你梦见有人在恰帕斯的罗马电车里给巴勒斯拍照。还有我自己的梦，我梦见数百万计的游客跟着我在无边无际的布鲁克林游荡……刚刚我喝了酒还做了个梦，梦见我一直在拉屎，不管我是否在厕所，屎拉得满地都是，我的手上、鞋上、脸上，真的，到处都是屎，就像气球……吕西安，啊……他和洛伊丝〔·索雷尔斯·贝克威思〕有过一段风流韵事，但塞萨摆平了这件事……其实他俩也不是逢场作戏，他整天和她躺在雅克〔·贝克威思〕家的地板上，雅克气得要命。我没法应付雅克，也没法应付那一切，我想回到与吕西安、艾伦和比尔在一起的单纯岁月。无论如何，我现在的工作是写《杜洛兹的虚荣》，一部横跨一九三九年到一九四六年的小说，写起来不会容易，橄榄球、战争、伊迪，还有布朗克斯监狱、你、哥伦比亚大学等等，唉。快回来。

杰克

1. 琼·哈弗蒂将凯鲁亚克描述为无良父亲的文章刚刚发表在《机密》杂志上。

艾伦·金斯堡〔加利福尼亚州旧金山市〕致杰克·凯鲁亚克〔纽约北港〕

一九六三年十月六日

美国加利福尼亚州旧金山市

哥伦布大街二六一号

城市之光书店

亲爱的杰克：

　　我一直在想，我应该快速给你回一封超长的信，信纸上有非常可爱的风铃草，我在日本时收到你的信，我有太多太多东西要告诉你，太多太多了，哎呀，从哪儿说起呢？日本？还是其他地方？比如印度。我一直在恒河里沐浴，为超验主义者布莱克祈祷，还拜访圣人。他们只是说"把布莱克当作你的导师"，或者"你自己的心就是你的导师"，或者"你和彼得伤得很重啊，伤得很重啊，伤得很重啊"，直到时间所剩无几，最后我只好离开。然后我飞到越南，到处都是杀戮，这正是美国那冷酷的妄想症所致。我在柬埔寨呆了几周，游览吴哥窟遗址，抽大麻，游曼谷，见中国男孩，最后到了和平的京都，与加里［·斯奈德］坐在寺院里练习腹式呼吸，就此平静了我的心灵，然后所有那些大师的美妙之处沉入我的内心。乔安妮［·凯格］和加里都对我很好，他们把我带上床，加里甚至和我做起爱来。我突然喜欢上乔安妮，因为我可以随心所欲去感受。我需要一个女人，一个妻子，一位夫人，心之所欲，我要生存不要死亡。最终我坐上从京都到东京的火车，在车上大哭一场，写下最后的诗。在我的火车座位我宣布放弃一切权力，所以尽管我还活着但终将死去，所以接受基督，也要看见他，不再有精神宇宙的争论：我即我，那我到底是什么？为什么我即我，我即我的感受？我的天哪，当我的眼睛说"是"时，那些感受就恰好在我的肚子里颤抖，它们也一直在我的胸膛里，那是我的自我，不是我的头脑，不是基督也不是佛陀的想法——基督和佛陀只在我的身体里，不在别处。其他都是武断的观念。所以从现在开始，除了爱我什么也不要，我也只会付出爱，真心感受，除了——好吧，我哭着回到温哥华、奥尔森、邓肯、克里利和勒沃托夫，所有人都等着对我说教，而我说，我无法把他们或其他任何人从我的世界里抹除，甚至连诺曼·波德霍雷茨也不行，他们都过于自我，像我一样。唉，我们一直在争吵，把彼此看作垮掉的一代和诗人及所有一切，但我们没看到哭泣的那个自我，所以我哭了，不去说教，只是四处走动，感受每一个人，直到我们相聚一起，享受快乐的地球野餐，没有任何关于抬高诗歌或贬低诗人的想法，不再有战争，所有人都将永生，笑着躺下，不再有什么优秀的诗人、拙劣的诗人，也不再需要死藤水或佩奥特掌，因为我们已经漂浮起来，从腹部到胸部充满无限，感官已经打开，感觉真好，不再恐惧。一九四八年我在布莱克那里看到的一切终于成真，美好的耶路撒冷至福持续了好几周，我甚至（最终）意识到我母亲去世时也见到了这一切，她在临死前一天告诉我问题的关键就在阳光里，但我一开始并不清楚她的意思和感受，直到我感觉自己重新回到地球上自己的身体里，知道她到过那里并且知晓一切。所以也没什么大不了的，总有一天我会结婚，会丧失一点男子气概——但我不是不阳刚，我是我，我是无名，但那肯定感觉不坏。就说不阳刚吧，你让我神魂颠倒了这么多年，巴勒斯的剪裁法[1]差点要了我的命——他的剪裁要是只针对思想的话就还好，但他还想剪裁他的身体的感受，那感觉一点也不好——你的不阳刚让我低下骄傲的头颅，但如果你叫我软心肠、喊我甜心，你可以更快地拯救我。一切都很好的话，我们会成为什么样的人？成为我们自己！那是不是很棒？我太沉湎于精神，执着于解释清楚一切，但不管怎样，杰克，我告诉你，就像你告诉我的那样，是的，一切都好。事实上，我无法再解释而只是感受到，这比解释要好，所以下次见面时，我会给你带来好的感受。我会亲吻你，爱抚你，给你读小诗，和你玩猜谜。我也会亲吻你妈妈，请求她原谅，请她爱我。我已经为你爸爸祈祷，我也会去看望我爸爸，感谢他生下我，我要让他感觉一切都好，然后我再回到人间，就像《萨克斯博士》里预言的那样（我在温哥华给学生读了最后几章），"蛇[2]已经处理妥当"。你的信很温柔，所以我也不会再对你说教了，尽管我察觉到你心存疑虑，你怀疑自己是否应该出生，你应该直接去找你母亲，打消她的疑虑，跟她说生下你是正确的。为什么是正确的呢？因为神灵即是感觉，而你一直抱怨说自己不想被生出来，这让她感觉很糟糕。如果你儿子告诉你，因为你生了他他很生气，你难道不会感到难过吗？如果你儿子回到家对你说，爸爸，我们成功了，我很高兴我活着，你做得对，你不会感觉好点吗？除了我们的感觉、我们的心之外，我们还拥有什么呢？我们拥有任何伟大的想法或者使命吗？印度所有大师都说：施无畏，施无畏，佛陀也这么说，我对说英语的小凯鲁亚克也这样说，但我们现在在上帝的帐幕里，所以让我们像羔羊般喜乐，再没有鬼魂困扰。

所以我现在到了旧金山，我到处问每个人我能不能亲亲他们。很可悲对吧，请所有人都来爱我？他们一看我是个操蛋的长发呆瓜，自然心就软了，同意我那么做，除非做起来非常艰难。尽管如此，你环顾四周，看到的却是同样的自我，遍体鳞伤，受尽凌辱。吕西安在我这儿，我们再一次祝福彼此。现在尼尔也来了。我和一些安静的堪萨斯年轻诗人住在一间大公寓里，我在里屋，尼尔和他女朋友在另一个房间（就是你在北港见过的那个安[·墨菲]），他如今明白为什么那儿（北港）的日子如此艰难。我希望周一开始我们能坐下来，尼尔能重新写写他的荒唐事儿，他已经辞去工作，卡洛琳跟他离了婚（我和她呆了几天）。为了让他平静下来，缓和气氛，我给他念了儿小时的祷文，直到他从赛马场上的鬼魂那儿回转到自己的身体里，不再感觉疯狂。我们一同回转，再次聚在一起，哦，地球是属于我们的。我圣诞节来看你，如果你希望我剪短头发，那我就剪短；如果你希望我别剪，那我就留着；如果你想安静几周，那就来我这和我团聚吧。不要醉酒，醉酒让你丧失感觉，赶紧把酒戒了。我不嗑药了，什么也不嗑，我只要风铃草。我和女孩们上床，重获新生，很快乐，我吟唱哈瑞奎师那[3]主祷文和童谣，我热泪盈眶，塞巴斯蒂安［·桑帕斯］知道一切，我们什么都不知道，除非我们真正去爱。现在我们去拯救没有爱的美国。我重写《嚎叫》，写一首白色的《嚎叫》，不再有死亡，哦，沃尔特，你好，杰克！

我和罗伯特·弗兰克要把《卡迪什》拍成电影，回头你来帮我写对白好吗？我很快再给你写信。你会永远爱我吗？彼得正穿越巴基斯坦前往波斯，圣诞节时能回纽约。我们都是宝宝！感觉真好。终于说出来了！

1. cut-ups，由巴勒斯提出的一种文学手段，将书面文本重新剪裁，并组合出新的内容。——译注
2. "蛇"指代魔鬼撒旦。——译注
3. Harikrishna，印度教的传统唱颂，其中"奎师那"（krishna）为印度教传统神祇。——译注

索 引

说明：AG指艾伦·金斯堡。JK指杰克·凯鲁亚克。n指注释。

Academy of Political Science 政治科学研究院，38
Acavalna (Mexico): AG visit to 艾伦·金斯堡前往阿卡瓦尔纳（墨西哥），214-218，222，230
Ace Books 王牌图书
 and AG works 与艾伦·金斯堡的作品，169
 and Burroughs works 与巴勒斯的作品，169，189-192
 and JK finances 与杰克·凯鲁亚克的财务状况，158，161
 and JK publications 与杰克·凯鲁亚克的出版，160，171，173，176，195-196
 Solomon at 所罗门在，133-134，133n
 See also Wyn, A. A. 同见艾·阿·韦恩
Ackerman, Mary 玛丽·阿克曼，223，224，225-226
Adams, Joan Vollmer 琼·沃尔默·亚当斯
 AG comment about Celine to 艾伦·金斯堡评论塞莉纳，25
 AG comments about 艾伦·金斯堡评论，9，184
 AG inquiries about 艾伦·金斯堡询问，106
 and AG in jail 艾伦·金斯堡在监狱时提及，67
 and AG in mental hospital 艾伦·金斯堡在精神病院时提及，98
 and Burroughs trust fund 与巴勒斯信托基金，109
 and Columbia get-together 与哥伦比亚聚会，22
 and JK concerns about morality 与杰克·凯鲁亚克对道德的担忧，21
 JK relationship with 与杰克·凯鲁亚克的关系，14，53
 JK sees 杰克·凯鲁亚克见到，3，22
 JK thoughts about 杰克·凯鲁亚克认为，472
 pseudonyms of 化名为，3n
Adams, Walter 沃尔特·亚当斯，51，91，91n，100，108，109，114，195，223，403，472
Adler, Alfred 阿尔弗雷德·阿德勒，5，5n
Admiral Restaurant (New York City) 上将餐厅（纽约），17，18，19，20，25
"Aether" (AG) 《乙醚》（艾伦·金斯堡），453
"After Gogol" (AG) 《果戈理之后》（艾伦·金斯堡），145
aging: AG views about 艾伦·金斯堡对于变老的看法，457

索引　**641**

Airplane poems, AG　艾伦·金斯堡的《飞机组诗》, 288
Alaska: AG in　艾伦·金斯堡在阿拉斯加, 327-329
Alfred A. Knopf Publishers　阿尔弗雷德·阿·克诺夫出版社, 246, 267, 317
Algren, Nelson　纳尔逊·阿尔格伦, 358
Allen, Donald　唐纳德·艾伦
 AG comments about　艾伦·金斯堡评论, 384
 AG discussions/meetings with　艾伦·金斯堡讨论/见面, 403, 410, 416, 428-29
 and AG preface to *Gasoline*　与艾伦·金斯堡信《汽油》作的序, 365
 and AG request for copies of JK poems　与艾伦·金斯堡索要杰克·凯鲁亚克诗歌复本, 417
 AG sends introduction to　艾伦·金斯堡寄序言给, 361
 and AG works　与艾伦·金斯堡的作品, 361, 420
 and anthology　与选集, 451
 and banning of AG and JK works　与艾伦·金斯堡和杰克·凯鲁亚克的作品被禁, 418
 and *Beat Traveler*　与《垮掉的旅行者》, 449
 and *Book of Blues*　与《布鲁斯之书》, 410, 411, 418
 and Burroughs　与巴勒斯, 366, 375, 385, 388, 390, 429
 and Corso works　与柯索的作品, 356, 393
 and *Doctor Sax*　与《萨克斯博士》, 335, 413, 416, 418, 420, 423
 and Ferlinghetti　与费林盖蒂, 385
 and JK Buddhist writings　与杰克·凯鲁亚克的佛陀写作, 408
 and JK contracts/finances　与杰克·凯鲁亚克的合同/财务状况, 419
 JK gives poems to　杰克·凯鲁亚克将诗歌给, 414
 and JK-Rosenberg meeting　与杰克·凯鲁亚克及罗森堡会面, 359
 and JK views about publishing　与杰克·凯鲁亚克对出版的看法, 419
 and Lamantia works　与拉曼蒂亚的作品, 416, 418
 Lord lunch with　与洛德共进午餐, 419
 and *Mexico City Blues*　与《墨西哥城布鲁斯》, 408, 416
 and Persky works　与佩斯基的作品, 402
 and publication of JK works　与杰克·凯鲁亚克的作品出版, 416
 in San Francisco　在旧金山, 352, 428-429
 and "Sather Gate,"　与《萨瑟大门》, 345
 and Snyder works　与斯奈德的作品, 416, 418
 and *Subterraneans*　与《地下人》, 335, 343, 376, 419
 and *Visions of Gerard*　与《吉拉德的幻象》, 335, 418
 and *Visions of Neal*　与《尼尔的幻象》, 418
 and "Zizi's Lament,"　与《齐齐的哀歌》, 365
Allen, Steve　史蒂夫·艾伦, 385, 395, 398, 406, 432, 436, 440

"America" (AG) 《美国》（艾伦·金斯堡）, 337, 389
Americana: JK views about 杰克·凯鲁亚克对典型美国事物的看法, 378
American Academy of Arts and Letters 美国艺术暨文学学会, 305, 321
American Mercury magazine 《美国水星》杂志, 161, 172
American Revolution 美国革命, 233, 243
Amsterdam, The Netherlands: AG in 艾伦·金斯堡在荷兰阿姆斯特丹, 355-359, 360-362
Anderson, Joan 琼·安德森, 258, 271-272, 278, 379
"The Angels in the World" (JK) 《世上的天使》（杰克·凯鲁亚克）, 330
Ansen, Alan 艾伦·安森
    AG invitation from 艾伦·金斯堡受邀, 195
    AG letters to/from 来自/写给艾伦·金斯堡的信, 328
    and AG as literary agent 与艾伦·金斯堡作为他的文学代理, 173
    AG reading works of 艾伦·金斯堡阅读其作品, 140
    and AG in San Jose 与艾伦·金斯堡在圣何塞, 229
    AG visits with 艾伦·金斯堡来访, 141-142
    and AG writing abilities 与艾伦·金斯堡尝试散文创作, 230
    as Auden secretary 作为奥登的秘书, 133n
    and Burroughs 与巴勒斯, 229, 346, 350, 361
    on Cape Cod 在科德角, 105
    disappearance of 失踪, 310
    and drugs 与毒品, 347
    Duncan abilities similar to 和邓肯相似的能力, 240
    in Europe 在欧洲, 328, 345, 346, 347, 348-353, 354, 355, 376, 450
    and Gaddis 与加迪斯, 224-225
    influence on AG of 对艾伦·金斯堡的影响, 162
    JK comments about 杰克·凯鲁亚克对他的评论, 224-225, 345, 378
    JK inquiries about 杰克·凯鲁亚克对他的询问, 387, 472
    JK letters to/from 来自/写给杰克·凯鲁亚克的信, 348-351
    JK missing of 杰克·凯鲁亚克想念, 358
    and JK-Orlovsky letters 转交杰克·凯鲁亚克给彼得的信, 356
    and JK plans to visit Europe 与杰克·凯鲁亚克访问欧洲计划, 350, 377
    and JK in San Francisco 与杰克·凯鲁亚克在旧金山, 352
    JK sends regards to 杰克·凯鲁亚克问候, 148
    JK suggestion for writings by 杰克·凯鲁亚克的写作建议, 352
    JK visits with 杰克·凯鲁亚克访问, 222
    nihilism of 虚无主义, 276
    publication of works by 出版作品, 133, 142, 150, 172
    and Whalen 与惠伦, 352
    writings of 文章, 141-142

索引   **643**

anti-Semitism 反犹主义, 235
Antoninus, Brother 安东尼乌斯兄弟, 429, 431
Apollinaire 阿波利奈尔, 4n, 367, 368, 374, 377
Aronowitz, Al 阿尔·阿罗诺维茨, 452
art 艺术
 AG views about 艾伦·金斯堡的看法, 10, 26, 27, 52, 297
 JK views about 杰克·凯鲁亚克的看法, 5, 24-25, 63
Arts and Sciences grants 艺术与科学基金, 154, 158
Associated Press: AG job with 艾伦·金斯堡在美联社工作, 62
Atlantic Monthly 《大西洋月刊》, 227, 236
Auden, W. H. 威·休·奥登, 133n, 140, 142, 155, 223n, 249, 277, 288, 328
Avalokitesvara (JK) 《观世音菩萨》(杰克·凯鲁亚克), 350
Avon Publications 亚文出版社
 JK-AG editing anthology for 杰克·凯鲁亚克—艾伦·金斯堡为其编辑选集, 429, 429n, 431, 432, 435-436, 437, 438, 440-441
 Tristessa published by 出版《特丽丝苔莎》, 451

Babbitt, Irving 欧文·白璧德, 279
Bach, Johann Sebastian 约翰·塞巴斯蒂安·巴赫, 284, 286, 311, 452, 470
Bacon, Francis (English painter) 弗朗西斯·培根（英国画家）, 347
Baker, Jinny 吉尼·贝克, 45-46
Baldwin, James 詹姆斯·鲍德温, 245, 246, 247, 343, 348, 351, 472
Balzac, Honoré de 奥诺雷·德·巴尔扎克, 140, 186, 253, 392, 393, 442
Bantam Books 矮脚鸡图书, 451
Barnes, Djuna 朱娜·巴恩斯, 103, 103n
Barzun, Jacques 雅克·巴尔赞, 444
Baudelaire, Charles 夏尔·波德莱尔, 4n, 368
BBC 英国广播公司, 389, 393, 395
Beat Generation 垮掉的一代
 AG advice to JK about writing about 艾伦·金斯堡对杰克·凯鲁亚克的写作建议, 370
 AG promotion of 艾伦·金斯堡的宣传推广, 399, 427, 428
 and brutality 与暴行, 389
 and Burroughs *Junkey* 与巴勒斯的《瘾君子》, 189
 communist infiltration of 共产党渗透, 431
 confessions and honesties of 1947 of 1947年的坦白与诚实, 246
 definition of 定义, 427
 Feldman-Citadel anthology about 费尔德曼—城堡出版社选编, 375
 Holmes article about 霍尔姆斯的文章, 392

    Holmes as co-expert on　霍尔姆斯作为共同的垮掉派专家, 190
    image of　形象, 439
    JK articles about　杰克·凯鲁亚克的文章, 353, 357
    JK-Corso article about　杰克·凯鲁亚克—柯索的文章, 471
    JK interviews about　杰克·凯鲁亚克的访谈, 413
    JK views about　杰克·凯鲁亚克的观点, 190, 389, 427, 432
    and JK withdrawal　与杰克·凯鲁亚克的退出, 399
    as literary racquet　作为文学骗子, 451
    Mademoiselle feature about　《小姐》专栏文章, 335, 335n
    as "San Francisco Renaissance"　作为"旧金山文艺复兴", 370
Beat Generation (Corso)　《垮掉的一代》(柯索), 306
Beat Generation (JK)　《垮掉的一代》(杰克·凯鲁亚克)
    and Cowley　与考利, 300-301, 303, 305, 321
    dreams about Hollywood buying　梦想好莱坞买下, 295
    Giroux requests copy of　吉鲁索要样书, 289n
    Harper article about　《哈泼斯》文章, 352
    publication of　出版, 253, 267, 282, 285, 300, 302, 303, 305
    as title for *On the Road*　作为《在路上》的标题, 227, 236
Beat Generation (JK play)　《垮掉的一代》(杰克·凯鲁亚克剧本), 366, 366n
Beat Generation (movie)　《垮掉的一代》(电影), 405
Beat Generation Road (JK)　《垮掉的一代之路》(杰克·凯鲁亚克), 246
The Beat Traveler (JK)　《垮掉的旅行者》(杰克·凯鲁亚克), 413, 449
Beatitude magazine　《八福》杂志, 436, 438, 455
Beckett, Samuel　塞缪尔·贝克特, 351, 361, 364
Beebe, Lucius　卢修斯·毕比, 97, 303
Beethoven, Ludwig van　路德维希·范·贝多芬, 5, 185, 401
Belson, Jordan　乔丹·贝尔森, 249, 277, 451
Berkeley Blues (JK)　《伯克利布鲁斯》(杰克·凯鲁亚克), 337
Berkeley, California　加利福尼亚伯克利
    AG in　艾伦·金斯堡在, 318, 320, 321, 325-326, 332-335
    AG plans to move to　艾伦·金斯堡计划搬去, 315-316, 317
    JK in　杰克·凯鲁亚克在, 325, 344-351, 352
    JK move to　杰克·凯鲁亚克搬去, 341, 342
    JK writings about　杰克·凯鲁亚克写, 373
Berkeley Review　《伯克利评论》, 348
Bickford's cafeteria (New York City): AG job at　艾伦·金斯堡在比克福德自助餐厅(纽约)工作, 437, 437n
big meat poems, AG　艾伦·金斯堡写屠宰车上肉块的诗, 360
Big Sur: JK at　杰克·凯鲁亚克在大瑟尔, 453, 458-460
Big Sur (JK)　《大瑟尔》(杰克·凯鲁亚克), 453, 472

Big Table magazine 《大桌子》杂志，429, 436, 436n, 438

"Birthday Ode" (AG) 《生日颂歌》(艾伦·金斯堡), 89, 89n

Black Mountain Review 《黑山评论》, 325, 348, 389, 403, 407

Blake, Nin (JK sister) 尼恩·布莱克（杰克·凯鲁亚克的姐姐）, 73, 178, 291, 308, 325, 351, 414–415, 450

Blake, Paul 保罗·布莱克, 40, 59, 75, 175, 273, 280, 305, 306, 307, 325, 383, 384, 474

Blake, William 威廉·布莱克, 38, 49, 89, 90, 175, 214, 263, 264, 296–297, 306, 307, 383, 384, 393, 473

Bloom (mental patient) 布卢姆（精神病人）, 104–105

Bobbs-Merrill 鲍勃—梅里尔, 184

Book of Blues (JK) 《布鲁斯之书》(杰克·凯鲁亚克), 343, 348, 357, 365, 371, 372, 375, 410, 411, 412, 418

Book of Dreams (JK) 《梦之书》(杰克·凯鲁亚克), 224, 414, 451, 465

The Book of Martyrdom and Artifice (AG) 《殉道与诡计之书》(艾伦·金斯堡), 27n, 89n

Bowery Blues (JK) 《鲍厄里街布鲁斯》(杰克·凯鲁亚克), 282, 285

Bowles, Jane 简·鲍尔斯, 347, 364

Bowles, Paul 保罗·鲍尔斯, 197, 236, 301, 302, 347, 472

Brandel, Marc 马克·布兰德尔, 452

Brando, Marlon 马龙·白兰度, 295, 354, 357, 373, 374, 390, 413

Brata Gallery: JK poetry reading at 杰克·凯鲁亚克在布拉塔画廊读诗, 385

Bremser, Ray 雷·布雷姆泽, 372, 372n, 444, 455

Brierly, Justin 贾斯汀·布赖尔利, 31n, 73, 73n, 81, 97, 98, 105, 108, 296

Brody, Iris 艾丽斯·布罗迪, 223

Bronx County Jail: Kerouac in 凯鲁亚克在布朗克斯监狱, 3–4

Brooks, Eugene "Gene" (AG brother) 尤金·布鲁克斯（艾伦·金斯堡的哥哥）

    AG buying Corso records for 艾伦·金斯堡为他买柯索的唱片, 332

    AG dream of killing 艾伦·金斯堡做梦尤金被刀捅死, 207

    and AG financial affairs 与艾伦·金斯堡的财务状况, 193, 203

    and AG in jail 与艾伦·金斯堡在监狱, 67, 67n

    as AG lawyer 作为艾伦·金斯堡的律师, 154

    AG letters to/from 来自/写给艾伦·金斯堡的信, 284–285

    and AG in mental hospital 与艾伦·金斯堡在精神病院, 105

    and AG in Mexico 与艾伦·金斯堡在墨西哥, 203, 207

    AG relationship with 与艾伦·金斯堡的关系, 327

    and AG return to New York City 与艾伦·金斯堡返回纽约, 252

    and AG trip to New York City 与艾伦·金斯堡的纽约之行, 397

    and AG views about U.S. 与艾伦·金斯堡对美国的看法, 232

    AG visit with 艾伦·金斯堡到访, 334

and AG X letter 与艾伦·金斯堡关于"X"的信, 270
and bed for AG 与帮艾伦·金斯堡搬床, 75
children of 孩子, 327
and closing on JK house 与杰克·凯鲁亚克打听地址, 433
Columbia lawsuit against 哥伦比亚对他提起诉讼, 444
Garen resemblance to 葛伦与他的相似之处, 385
and JK book contracts 与杰克·凯鲁亚克的图书合同, 133, 142, 148
and JK child support payments 与杰克·凯鲁亚克的子女抚养费, 157, 160, 267-268
and JK finances 与杰克·凯鲁亚克的财务状况, 298, 304, 307, 317
JK house near 杰克·凯鲁亚克的房子在附近, 393
JK letter to 杰克·凯鲁亚克的去信, 304
and JK-Orlovsky (Laff) investigation 与杰克·凯鲁亚克—奥洛夫斯基（拉夫）的调查, 364
and JK television appearance 与杰克·凯鲁亚克的电视出镜, 372
and JK trip to New York City 与杰克·凯鲁亚克的纽约之行, 299
JK views about 杰克·凯鲁亚克的看法, 157, 304-305, 469
JK visit with 拜访杰克·凯鲁亚克, 469
and keeping in touch with AG 与艾伦·金斯堡保持联系, 70, 105
and Naomi in mental hospital 与内奥米在精神病院, 69, 299
in North Carolina 在北卡罗来纳, 285
and Solomon in mental hospital 与所罗门在精神病院, 285
wedding of 婚礼, 252
Broyard, Anatole 阿纳托尔·布鲁瓦亚尔, 452
Brubeck, Dave 戴夫·布鲁贝克, 239, 244
Buchwald, Art 阿特·布赫瓦尔德, 397, 398
Buddha Tells Us (JK) 《佛说》（杰克·凯鲁亚克）, 282, 291-292, 301, 302, 308, 321
Buddhism 佛教
  AG comments about 艾伦·金斯堡的评论, 221, 473, 474
  AG interest in 艾伦·金斯堡的兴趣, 222, 228, 243, 244, 250, 262, 265, 271, 273, 278, 279, 281, 283-284, 287, 294, 316, 407, 408, 411
  AG writings about 艾伦·金斯堡的写作, 243
  Burroughs interest in 巴勒斯的兴趣, 237, 246
  and Carr 与卡尔, 246, 273
  and Elvins 与埃尔文斯, 231
  JK belief in 杰克·凯鲁亚克信仰, 218-220, 221, 223-226, 228, 231-232, 253, 263, 266-272, 273, 281, 294-295, 306-308, 309-310, 386, 399-400, 465
  and JK-Orlovsky (Laff) investigation 与杰克·凯鲁亚克—奥洛夫斯基（拉夫）

的调查，364
　JK thoughts of abandoning　杰克·凯鲁亚克打算放弃，289–290
　JK translations of works about　杰克·凯鲁亚克翻译相关作品，276
　JK writings about　杰克·凯鲁亚克的写作，280, 282, 290, 291–292, 300,
　　　301, 302, 308, 309–310, 390, 413, 416
　and Lamantia　与拉曼蒂亚，313
　and Orlovsky (Peter)　与奥洛夫斯基（彼得），278
Burford, Bev　贝弗·伯福德，272, 296
Burford, Bob　鲍勃·伯福德，147, 147n, 162, 169, 172, 184, 245, 246, 247
Burnett, Dave　戴夫·伯内特，276, 279, 301, 306, 359
Burroughs, Joan (common-law wife)　琼·巴勒斯（事实婚姻的女方），126, 131,
　　　168, 170, 268, 276, 302, 304, 307, 316, 352, 353
Burroughs, William "Bill" "Denison"　威廉"比尔""丹尼森"·巴勒斯
　Adams as common-law wife of　亚当斯作为事实婚姻的女方，3n
　and Allen　与艾伦
　and Americana　与典型美国事物，378
　and Avon anthology　与亚文选集，440
　Bacon as similar to　与培根相像，347
　Baldwin comments about　鲍德温的评论，245, 246
　banning of works of　作品被禁，418
　and *Big Table* magazine　与《大桌子》杂志，438
　and Buchwald interview　与布赫瓦尔德访谈，398
　and Buddhism　与佛教，237, 246
　Burford comments about　伯福德的评论，245, 247
　and Carr　与卡尔，242, 394
　and changes in world　与世界的变化，211–212
　children of　孩子，138
　code names for　人名代号，71
　and Columbia get-together　与哥伦比亚聚会，22
　and communism　与共产主义，243, 398
　and Corso　与柯索，360–361
　and Cowley　与考利，247, 302, 306, 326
　as crazy　发疯，99
　criticisms of　批评，13, 245, 246, 247, 88–89
　curiosity of　好奇，25
　"Doc Benway" by　"本威医生"，430
　drawling act of　慢吞吞讲话，64
　and drugs　与毒品，239, 286, 298, 299, 334, 347, 368, 396, 434
　in Ecuador　在厄瓜多尔，156, 157
　in Europe and North Africa　在欧洲和北非，203, 204, 207, 211–212, 222,

229, 262, 277, 294, 328, 334, 341-344, 346-347, 348-351, 354, 355, 356, 393, 412, 429, 454
and extinction of human race　与人类灭绝，80
as Factualist　作为事实主义者，63
and Ferlinghetti　与费林盖蒂，361, 372, 385, 388, 390
finances of　财务状况，244, 247, 249, 393, 429, 451
finger story of　手指的故事，272
Florida trip of　佛罗里达之旅，244, 247, 249, 434
and Frechtman　与弗雷希特曼，364
and Garver　与加弗，138, 318n
help for compiling and typing works of　帮助编写和打出来作品，346, 350
as homosexual　作为同性恋，201
and Huncke　与洪克，69
and Huston meeting　与休斯顿的访谈节目，398
as Ignu　作为伊戈努，86
illness of　生病，229, 298, 347
imitations of　模仿，165
inquisitiveness of　好奇心，26
intelligentsia views of　知识分子观，349
Interzone by　《区际城》，272, 346, 388, 417
Junkey by　《瘾君子》，150, 152, 155, 156, 168, 173, 189-192, 227, 233, 278, 306
and KiKi　与奇奇，238, 364, 364n
lack of information about　缺少有关他的消息，21, 404, 418
and laughing disease　与笑病，371
and LaVigue-Orlovsky-AG relationship　与拉维涅—奥洛夫斯基—艾伦·金斯堡的关系，256
Lee as pseudonym of　化名李，189, 190, 191
as "leprous,"　麻风病，21
as lost　失踪，222
Marker relationship with　与马克的关系，201
in mental hospital　在精神病院，100
and Merchant Marine　与商船队，21
in Mexico　在墨西哥，124, 131, 138, 144, 147, 152, 156-157, 162, 167-168, 169, 173, 176, 178
Mexico knowledge of　墨西哥知识，206, 211
mind views of　心灵观，98
money views of　金钱观，82
and morality　与道德，20
movie idea of　电影想法，398

索　引　**649**

  Naked Lunch by 《裸体午餐》, 247, 277, 302, 306, 325, 341, 370, 385, 452
  and New Guinea Disease 与新几内亚病, 360
  and new literary movement 与新文学运动, 158
  New York City trip of 纽约之行, 196–197, 429, 430, 432
  nihilism of 虚无主义, 276
  in Peru 在秘鲁, 193
  as picking up women 搭讪女人, 15
  police search for 警察搜寻, 429
  publication of works by 作品出版, 133, 143, 159, 161, 169, 172, 277, 355, 370, 372, 375, 384, 388, 389, 401, 406, 417, 438
  and publicity for *Junkey* 《瘾君子》宣传, 189–192
  Queer by 《酷儿》, 156, 159, 168, 172, 173, 176, 249, 306, 388
  and religion 与宗教, 431
  return to U.S. of 回到美国, 242
  and Rexroth 与雷克斯罗斯, 233, 248, 277, 283
  Rothschild friend of 朋友罗斯柴尔德, 396, 400
  San Francisco visit of 旧金山之访, 233, 245, 246
  "Sebastian Midnite" by 《塞巴斯蒂安午夜》, 417
  and sex 与性, 156
  Shakespeare knowledge of 莎士比亚知识, 377
  at Sheepshead Bay 在羊头湾, 15, 16, 17, 19, 21
  and Solomon 与所罗门, 150
  and South America trip 与南美之行, 316
  Spenglerian and anthropological ideas of 有关斯宾格勒以及选集的想法, 27
  Stern praised by 对斯特恩的夸赞, 433
  in Texas 在得克萨斯, 86
  trial of 审判, 131, 144
  trust fund of 信托基金, 109
  and Vidal 与维达尔, 175
  Wernham compared with 与沃纳姆对比, 317
  and White death 与怀特之死, 138–139
  and Wieners 与维纳斯, 348, 351
  and *Word Hoard* 与《词语群》, 346, 359, 372, 431
  writing method of 写作手法, 277
  writings of 创作, 138, 162, 247, 384
  Yage of 《死藤水》, 193, 196, 249, 306, 327, 346, 361, 388, 389
  and yage vine 与死藤, 449
  Yiddishe Kopfe of 犹太人的头脑, 12
Burroughs, William "Bill" "Denison," and AG 威廉 "比尔" "丹尼森" ·巴勒斯与

艾伦·金斯堡

advice to AG from　给艾伦·金斯堡建议, 9, 13

AG in agreement with　与艾伦·金斯堡意见一致, 90

AG comments and concerns about　艾伦·金斯堡的评论和关心, 13, 76, 201, 222, 228-229, 234, 242, 245, 294, 303, 434, 454, 457

AG desire to make movie about　艾伦·金斯堡想要拍成电影, 204

AG dreams about　艾伦·金斯堡的梦, 115-116, 207, 209, 472

and AG fears　与艾伦·金斯堡的恐惧, 127, 173

and AG finances　与艾伦·金斯堡的财务状况, 170

and AG as genius　与艾伦·金斯堡作为天才, 94

AG inquiries about　艾伦·金斯堡询问, 86, 106, 229

and AG and JK helping each other　与艾伦·金斯堡和杰克·凯鲁亚克互相帮助, 300

and AG-JK letters　与艾伦·金斯堡—杰克·凯鲁亚克信件, 374

and AG legal problems　与艾伦·金斯堡的法律问题, 67, 69-70, 71, 87

AG letters to/from　来自/写给艾伦·金斯堡的信, 27, 171, 196, 203, 211-212, 213, 220, 228-229, 233, 244, 245, 258, 262, 272, 276-277, 284, 316, 320, 327, 328, 334, 360, 362, 371, 387, 388, 454

AG as literary agent for　艾伦·金斯堡作为文学代理人, 143, 160, 172, 173, 189-192, 325, 361

and AG-Lord letters　与艾伦—洛德的信, 361

and AG madness　与艾伦·金斯堡的疯狂, 50

and AG in mental hospital　与艾伦·金斯堡在精神病院, 92, 93-94, 98, 100, 103, 104, 106, 108-109

and AG in Mexico　与艾伦·金斯堡在墨西哥, 173, 203, 204, 206, 207, 209, 210, 211, 213, 230

AG ode to son of　艾伦·金斯堡致其子颂歌, 89, 89n

AG plans to visit　艾伦·金斯堡计划来访, 334

AG references to　艾伦·金斯堡提及, 195

AG relationship with　与艾伦·金斯堡的关系, 242, 244, 245, 246, 248, 250-251, 329, 331, 346, 358, 399, 474

AG reliance on　艾伦·金斯堡的依赖, 59

and AG self-image　与艾伦·金斯堡的自我形象, 11

AG sends money to　艾伦·金斯堡寄钱, 276-277

and AG views about death　与艾伦·金斯堡的死亡观, 48

AG views about writings of　艾伦·金斯堡的创作观, 143, 155

and AG and women　与艾伦·金斯堡和女人, 126

and AG writing abilities　与艾伦·金斯堡尝试散文创作, 230

analysis of AG by　分析艾伦·金斯堡, 99

and Burroughs as complication in AG-JK friendship　与巴勒斯作为艾伦·金斯

索引 **651**

堡—杰克·凯鲁亚克关系的复杂因素，246
and *Howl* trial 与《嚎叫》的审判，362
Burroughs, William "Bill" "Denison," and JK 威廉"比尔""丹尼森"·巴勒斯与杰克·凯鲁亚克
 advice to JK from 给杰克·凯鲁亚克建议，344
 in *Beat Generation* 在《垮掉的一代》，302
 and Burroughs as laughing at JK 与嘲笑杰克·凯鲁亚克的巴勒斯，59
 and "cityCityCITY," 与《城城城》，291，305
 comments about JK of 评论杰克·凯鲁亚克，246
 as complication in AG-JK friendship 作为艾伦·金斯堡—杰克·凯鲁亚克友谊的复杂因素，246
 And the Hippos Were Boiled in Their Tanks (with JK) by 《而河马被煮死在水槽里》（与杰克·凯鲁亚克），144
 and JK and AG helping each other 与杰克·凯鲁亚克和艾伦·金斯堡互相帮助，300
 and JK-AG letters 与杰克·凯鲁亚克—艾伦·金斯堡通信，374
 and JK article explaining Beat Generation 与杰克·凯鲁亚克撰文解释垮掉的一代，353
 JK borrows money from 杰克·凯鲁亚克借钱，178
 JK cancels appointment with 杰克·凯鲁亚克取消约会，23
 JK comments and concerns about 杰克·凯鲁亚克评论和关心，82，156，168，212，238，246，268，272，288-289，290，307，322，345，349，377，378，389，391-392，400，401，465，472
 JK daydreams about 杰克·凯鲁亚克做白日梦，469
 JK desire to visit 杰克·凯鲁亚克想要拜访，160
 and JK divorce 与杰克·凯鲁亚克离婚事件，345
 JK fear of 杰克·凯鲁亚克担心，26
 and JK finances 与杰克·凯鲁亚克的财务状况，160
 JK hope to see 杰克·凯鲁亚克希望看到，236
 and JK idea for movie 与杰克·凯鲁亚克的电影想法，386
 JK imitating style of 杰克·凯鲁亚克模仿其风格，34
 JK inquiries about 杰克·凯鲁亚克询问，193，292，342，352，387，390，396
 JK letters to/from 来自/写给杰克·凯鲁亚克的信，53，108-109，133，137，156-157，196-197，222，236-237，245，246，280，285，291，298，314-315，322，341-344，348-351，352，353，375，432，452
 JK loans money to 杰克·凯鲁亚克借钱给，247，249
 JK love for 杰克·凯鲁亚克的爱，54，197
 JK missing of 杰克·凯鲁亚克的想念，358，359
 JK plans to visit 杰克·凯鲁亚克计划拜访，391

and JK plans to visit Europe 与杰克·凯鲁亚克计划访问欧洲, 109, 295, 377
JK promotion of works of 杰克·凯鲁亚克宣传作品, 277
and JK psychic balance 与杰克·凯鲁亚克的心理平衡, 24
JK relationship with Burroughs 与杰克·凯鲁亚克的关系, 9, 15, 168, 246, 274, 344, 352, 358, 375, 379, 391, 433, 473,
and JK self-image 与杰克·凯鲁亚克的自我形象, 274
and JK as success 与杰克·凯鲁亚克的成功, 359
JK thoughts of murdering 杰克·凯鲁亚克起杀心, 53
and JK views of half-of-life-is death 与杰克·凯鲁亚克视生命的一半为死亡, 63
and JK views of people as godlike 与杰克·凯鲁亚克视人如上帝一般, 53, 59
JK visits with 杰克·凯鲁亚克探望, 124, 341
and JK writing of *Doctor Sax* 与杰克·凯鲁亚克创作《萨克斯博士》, 185
and JK writing method 与杰克·凯鲁亚克的写作方法, 393
JK writings about 杰克·凯鲁亚克写作, 144, 173, 230, 280, 413, 420, 422
letter to JK mother from 写给杰克·凯鲁亚克母亲的信, 402
and *On the Road* 与《在路上》, 156, 173, 396
and *T&C* 与《镇与城》, 118, 156
Burroughs, Willie 威利·巴勒斯, 89, 89n, 168, 429
Butorac, Pete 皮特·布托拉克, 223, 226

Caen, Herb 赫伯·凯恩, 345, 396, 418
California 加利福尼亚
　　JK decides not to go to 杰克·凯鲁亚克决定不去, 289
　　JK plans/desires to visit 杰克·凯鲁亚克计划/想要去, 22, 290, 292
Cambridge Review 《剑桥评论》, 303, 331
Cannastra, Bill 比尔·坎纳斯特拉, 105, 114, 127, 142, 151, 162, 170, 209, 231, 253, 420
Cape Cod: AG's desire to go to 艾伦·金斯堡想要去科德角, 105
Capote, Truman 杜鲁门·卡波特, 81, 186, 435, 435n
car crash: of AG 艾伦·金斯堡车祸, 67–68
Carman, Dean 卡曼院长, 87, 87n
Carr, Cessa von Hartz 塞萨·冯·哈尔茨·卡尔, 42, 138, 158, 161, 176, 224, 231, 357, 359, 431, 441, 452, 460, 472
Carr, Lucien "Claude" 吕西安·"克劳德"·卡尔
　　and Beat Generation confessions and honesties 与垮掉的一代的坦白和诚实, 246
　　in Brazil 在巴西, 217
　　and Buddhism 与佛教, 246, 273

索引　653

and Burroughs 与巴勒斯, 242, 394
Celine relationship with 与塞莉纳的关系, 22
code names for 代号, 71
and Corso 与柯索, 224, 302, 431, 471
drinking by 酗酒, 35, 37, 42-46, 161, 219, 224, 230, 322, 351, 358, 359, 395, 402
egocentrism of 自我中心主义, 26
as family man 以家庭为重的男人, 401
Garcia Villa meeting with 与加西亚·维拉会面, 223
and girl on skates 与穿溜冰鞋的女孩, 43-44
and Hardy poetry 与哈代的诗歌, 70
heroes in writings of 作品中的英雄, 174
illness of 疾病, 441
imitations of 模仿, 165
in jail 在监狱, 140
and Joan poem dream 与关于琼的梦的诗歌, 304, 307
jobs for 工作, 326
and Kammerer murder 与卡默勒谋杀案, 3, 12, 12n, 44n
and liberation of Paris 与巴黎解放, 4
Livornese relationship with 与利沃内斯的关系, 46
and love 与爱, 101
and "Lucienism" efforts 与"吕西安主义"的努力, 16
marriage of 婚姻, 134, 135, 138
and Mexico 与墨西哥, 169, 170, 176, 302
and new literary movement 与新文学运动, 158
and new vision 与新幻象, 24
New Year's Eve parties at 除夕夜聚会, 57, 442, 444
and New York monster scenery 与纽约光怪陆离的风景, 384
nihilism of 虚无主义, 276
at parties 在聚会, 123
in prison 在监狱, 4n, 44, 44n
publication of work by 作品出版, 144
and reality 与现实, 99
religion of 宗教, 353
resentment of 怨恨, 21-22
Robinson as friend of 罗宾逊作为朋友, 61
in San Francisco 在旧金山, 475
self-image of 自我形象, 5, 124
self-understanding of 自我认知, 42
and shrouded stranger phrase 与尸衣陌客短语, 158

spirituality of　精神性, 222
views about New York City of　对纽约的看法, 392
at Village Vanguard　在先锋俱乐部, 391
wedding of　婚礼, 152, 156
women/lovers of　女人/爱人们, 86, 472

Carr, Lucien "Claude," and AG　吕西安·"克劳德"·卡尔, 与艾伦·金斯堡
  AG comments about　艾伦·金斯堡评论, 124, 196, 222, 229, 239, 277
  AG desire to see　艾伦·金斯堡想要见, 399
  AG dreams about　艾伦·金斯堡梦见, 106
  AG inquiries about　艾伦·金斯堡询问, 222, 229, 348
  and AG-JK letters　与艾伦·金斯堡—杰克·凯鲁亚克通信, 230
  and AG legal problems　与艾伦·金斯堡的法律问题, 70, 77, 85-86
  AG letters to/from　来自/写给艾伦·金斯堡的信, 394
  AG as living with　与艾伦·金斯堡同住, 190
  and AG in mental hospital　与艾伦·金斯堡在精神病院, 93, 100, 106
  and AG in Mexico　与艾伦·金斯堡在墨西哥, 204, 213, 217, 220, 230
  and AG new faith　与艾伦·金斯堡的新信仰, 50
  and AG New York City visit　与艾伦·金斯堡的纽约之行, 252, 334
  AG painting house for　艾伦·金斯堡粉刷房子, 456
  and AG poems　与艾伦·金斯堡的诗歌, 152, 159, 364
  AG poems dedicated to　艾伦·金斯堡的献诗, 145
  AG regard to　艾伦·金斯堡问候, 294, 364, 384
  AG relationship with　与艾伦·金斯堡的关系, 51, 251, 301, 307, 441, 475
  AG reliance on　艾伦·金斯堡依赖, 59
  and AG self-understanding　与艾伦·金斯堡的自我认知, 49
  AG sends love to　艾伦·金斯堡传达爱, 356
  AG similarity to　与艾伦·金斯堡的相似之处, 64
  AG talks with　与艾伦·金斯堡聊天, 406, 444
  AG views about　艾伦·金斯堡的看法, 10, 26, 162
  and AG views about death　与艾伦·金斯堡对死亡的看法, 48
  and AG views about hate　与艾伦·金斯堡对仇恨的看法, 59, 60
  and AG views about systems　与艾伦·金斯堡对体制的看法, 117
  and AG visions　与艾伦·金斯堡的幻象, 265
  AG visits with　与艾伦·金斯堡同游, 403
  AG at wedding of　艾伦·金斯堡在婚礼上, 152, 156
  and AG and women　与艾伦·金斯堡和女人们, 126
  and AG writing abilities　与艾伦·金斯堡的写作能力, 159, 230
  and Burroughs-AG relationship　与巴勒斯—艾伦·金斯堡的关系, 242
  comments/views about AG of　关于艾伦·金斯堡的评论/观点, 44-45, 302, 401, 406, 409

and *Howl* trial 与《嚎叫》的审判，362
influence on AG of 对艾伦·金斯堡的影响，88
invitation to AG from 邀请艾伦·金斯堡，410
and *Siesta in Xbalba* 与《在西瓦尔巴的午睡》，239
understanding of AG poems by 对艾伦·金斯堡诗歌的理解，151

Carr, Lucien "Claude," and JK 吕西安·"克劳德"·卡尔，与杰克·凯鲁亚克
advice to JK of 建议杰克·凯鲁亚克，413
and Baker-JK relationship 与贝克—杰克·凯鲁亚克的关系，45，46
as character in JK writings 作为杰克·凯鲁亚克作品中的角色，162
comments about JK of 对杰克·凯鲁亚克的评论，24，44-45，289，302，326，406，409
comments about *T&C* of 对《镇与城》的评论，123
and *Doctor Sax* 与《萨克斯博士》，177，301
and JK-AG letters 与杰克·凯鲁亚克—艾伦·金斯堡通信，230
JK car rides with 与杰克·凯鲁亚克一起开车，230，231，359
JK comments about 杰克·凯鲁亚克评论，135-136，180，219，224，231，273，307，312，373，401，406
and JK as "disreputable writer," 与杰克·凯鲁亚克作为"声名狼藉的作家"，43，47
and JK drinking 与杰克·凯鲁亚克的酗酒，42-46，460
and JK finances 与杰克·凯鲁亚克的财务状况，158，300
and JK illness 与杰克·凯鲁亚克的疾病，404
JK as imitating 杰克·凯鲁亚克模仿，156
JK inquiries about 杰克·凯鲁亚克询问，41，402
and JK interview about San Francisco murders 与采访杰克·凯鲁亚克关于旧金山的谋杀，400
JK letters to/from 来自/写给杰克·凯鲁亚克的信，393
JK love for 杰克·凯鲁亚克的爱，54，440
and JK madness at AG 与杰克·凯鲁亚克对艾伦·金斯堡感到生气，185
JK memories of 杰克·凯鲁亚克的记忆，453
and JK move to California 与杰克·凯鲁亚克搬去加利福尼亚，343
JK need to impress 杰克·凯鲁亚克需要打动吕西安，42
JK New Jersey trip with 与杰克·凯鲁亚克的新泽西之行，231
and JK in New York City 与杰克·凯鲁亚克在纽约，302，357，358，359，391，452
and JK Paris trip 与杰克·凯鲁亚克的巴黎之行，94，378
JK relationship with 与杰克·凯鲁亚克的关系，138，274，375，433，441，473
and JK in San Francisco 与杰克·凯鲁亚克在旧金山，326
and JK self-image 与杰克·凯鲁亚克的自我形象，274

JK settling of arguments with　杰克·凯鲁亚克解决争端, 62
　　JK similarity to　与杰克·凯鲁亚克的相似之处, 64
　　and JK views of half-of-life-is death　与杰克·凯鲁亚克视生命的一半为死亡, 64
　　JK visits/talks with　杰克·凯鲁亚克探望/聊天, 351, 357, 421, 436, 459, 465, 470, 471
　　and JK wedding　与杰克·凯鲁亚克的婚礼, 158
　　and JK withdrawal　与杰克·凯鲁亚克退出, 394
　　JK writing compared with that of　与杰克·凯鲁亚克的写作对比, 181
　　JK writings about　杰克·凯鲁亚克描写, 422, 440, 441, 460
　　and *On the Road*　与《在路上》, 356
　　and selling of JK seaman's papers　与售卖杰克·凯鲁亚克的海员证, 317–318
　　support for JK by　对杰克·凯鲁亚克的支持, 379
　　and *T&C* advertising　与《镇与城》推广, 123
　　and *Tristessa* revisions　与《特丽丝苔莎》修订, 441
Carroll, Paul　保罗·卡罗尔, 373, 436, 438–439
Cassady, Carolyn　卡洛琳·卡萨迪
　　Ackerman similarity to　与阿克曼的相似之处, 223
　　AG comments about　艾伦·金斯堡评论, 234, 240, 241, 251
　　and AG in Mexico　与艾伦·金斯堡在墨西哥, 201–211, 213–218
　　and AG in San Jose　与艾伦·金斯堡在圣何塞, 234
　　and AG-JK letters　与艾伦·金斯堡—杰克·凯鲁亚克通信, 145
　　AG letters to　艾伦·金斯堡去信, 201–211, 213–218, 219, 238
　　and AG-Neal relationship　与艾伦·金斯堡—尼尔的关系, 238–239, 241
　　AG relationship with　与艾伦·金斯堡的关系, 229, 234, 251
　　AG visits with　艾伦·金斯堡探望, 475
　　in Arizona　在亚利桑那, 163
　　and Cayce　与凯西, 287
　　divorce of　离婚, 475
　　Horney influence on　霍尼的影响, 212
　　as JK advisor about women　作为杰克·凯鲁亚克的女性顾问, 155
　　and JK and Buddhism　与杰克·凯鲁亚克和佛教, 218
　　and JK-Cassady visit with Lamantia　与杰克·凯鲁亚克—卡萨迪探望拉曼蒂亚, 166
　　JK comments about　杰克·凯鲁亚克评论, 292, 400
　　JK contemplates living with Neal and　杰克·凯鲁亚克考虑和尼尔同住, 193
　　and JK influence on Neal　与杰克·凯鲁亚克对尼尔的影响, 345, 349
　　JK relationship with　与杰克·凯鲁亚克的关系, 186, 405
　　and JK San Francisco visit　与杰克·凯鲁亚克的旧金山之行, 301, 303, 325
　　and JK trip to Mexico　与杰克·凯鲁亚克的墨西哥之行, 163

索引　657

    JK views about　杰克·凯鲁亚克的看法, 148, 166

    JK visits with　杰克·凯鲁亚克的探访, 453

    and JK writings　与杰克·凯鲁亚克的写作, 223

    and Neal cross-country car trip　与尼尔横穿全国的自驾行, 56, 57

    and Neal in jail　与尼尔在监狱, 396, 397, 400

    and Neal jobs　与尼尔的工作, 166

    Neal relationship with　与尼尔的关系, 218, 234, 238-239, 240, 249, 250, 281, 293, 325, 333

    pregnancy of　怀孕, 57n

    in San Jose　在圣何塞, 201-211

    second marriage of　第二次婚姻, 471

    Tennessee trip of　田纳西之行, 146

Cassady, Diana Hansen　戴安娜·汉森·卡萨迪, 121, 123n, 126-127, 182, 223

Cassady, Neal "Pommy"　尼尔·"波默"·卡萨迪,

    and Ansen　与安森, 141

    in Arizona　在亚利桑那, 163

    birthday of　生日, 137

    Brierly offer to help　布赖尔利提供帮助, 82

    car trips of　汽车旅行, 55-57, 281

    Carolyn relationship with　与卡洛琳的关系, 234, 238-239, 240, 249, 250, 251, 281, 286, 287, 293, 325, 333

    and Cayce　与凯西, 234, 240, 250, 251, 287, 307, 332, 345

    and Chase letters　与蔡斯通信, 279

    childhood and youth of　童年和青春期, 104

    children of　孩子, 126-127, 219, 223, 240, 242, 296, 349

    code names for　代号, 71

    in Colorado　在科罗拉多, 90

    and Corso　与柯索, 330

    Diana relationship with　与戴安娜的关系, 126-127

    divorce of　离婚, 475

    and Dostoevsky story　与陀思妥耶夫斯基的小说, 92

    dreams of　梦见, 175

    and drugs　与毒品, 212, 249, 251-252, 255, 286, 330, 394, 396, 400

    finances of　财务状况, 154, 166, 345, 349, 371, 405, 458

    The First Third by　《前三分之一》, 155, 258n, 400

    Garen play about　葛伦的戏剧, 357

    and Gould　与古尔德, 456

    and Greek and poem styles　与希腊和诗歌风格, 306

    and Hinkle　与欣克尔, 251, 255, 268

as Ignu 作为伊戈努，86
illness of 生病，332
imitations of 模仿，385
injuries of 受伤，146, 146n, 193
and Jackson 与杰克逊，281, 286, 303, 325
in jail 在监狱，34, 104, 396, 397, 400
"Joan Anderson letter" of 《琼·安德森的信》，258, 258n, 271-272, 278, 379
jobs of 工作，34, 56, 145-146, 166, 249, 262, 320, 332, 333, 433, 457-458, 475
and Lamantia 与拉曼蒂亚，140, 165-166
Lustig play about 路斯蒂格的戏剧，357
and Mann lecture 与曼的讲座，76
marriage of 婚姻，114n, 126
and Mexico 与墨西哥，127, 249-250, 262, 331, 332, 333
and new literary movement 与新文学运动，150, 158
and New Year's Eve party (1948) 与除夕夜聚会（一九四八），57
New York City trip plans of 纽约之行计划，258
nihilism of 虚无主义，276
picture of 照片，144
in prison 在监狱，359, 428, 429, 430
publication of works by 出版作品，140, 149, 174, 416
relationship with people of 与众人的关系，68
as religious 宗教的，212-213, 212n, 213, 220-221, 353
in San Francisco 在旧金山，56, 74, 86-87, 113, 131-135, 137-145, 149-150, 165-166, 212, 232, 240, 281, 286-287, 316
in San Jose 在圣何塞，178-180, 201-211, 213-218, 219
and Six Gallery readings 与六画廊诗歌朗诵会，316
and Solomon 与所罗门，124, 158
soul of 灵魂，152, 222
as stealing book from Giroux 从吉鲁那里偷书，180
stealing of car by 偷车，55-56, 57
and Sublette 与萨布莱特，227, 233, 250
Tennessee trip of 田纳西之行，146
and Williams (Sheila) 与威廉斯（希拉），249
and women in The Netherlands 与荷兰的女人们，355
women/lovers of 女人/爱人们，109, 254, 258, 258n, 285, 332, 349, 475
writing abilities of 写作能力，230
writings of 作品，123, 132, 134, 140, 234, 240, 332, 430, 475
Cassady Neal "Pommy," and AG 尼尔·"波默"·卡萨迪，与艾伦·金斯堡

索引 659

AG comments and concerns about 艾伦·金斯堡评论和关心, 124, 149, 152, 155, 169, 213, 221, 222, 228, 229, 230, 234–235, 240–242, 249–250, 251–252, 299, 396, 397
and AG decision not to go to San Francisco 与艾伦·金斯堡决定不去旧金山, 152
AG dedication of poems to 艾伦·金斯堡献诗给, 145
AG dreams about 艾伦·金斯堡梦见, 36, 326
and AG in Europe 与艾伦·金斯堡在欧洲, 346
AG feelings about 艾伦·金斯堡的感受, 54, 59–60, 121, 140, 143
and AG finances 与艾伦·金斯堡的财务状况, 346
AG first meets 艾伦·金斯堡第一次会面, 31
and AG illness 与艾伦·金斯堡的病, 114
AG inquiries about 艾伦·金斯堡询问, 70, 75, 100, 362, 456,
AG jealousy of 艾伦·金斯堡嫉妒, 120
AG job recommendation for 艾伦·金斯堡推荐工作, 87
and AG in San Francisco 与艾伦·金斯堡在旧金山, 251, 254, 255
and AG in San Jose 与艾伦·金斯堡在圣何塞, 220–221, 222, 228, 233, 234
and AG-JK letters 与艾伦·金斯堡—杰克·凯鲁亚克通信, 172, 303, 304
and AG legal problems 与艾伦·金斯堡的法律问题, 71
AG letters to/from 来自/写给艾伦·金斯堡的信, 131–35, 137–143, 145, 155, 184, 201–211, 213–218, 397, 445
and AG as literary agent 与文学代理人艾伦·金斯堡, 173
and AG in mental hospital 与艾伦·金斯堡在精神病院, 100, 104, 108
and AG in Mexico 与艾伦·金斯堡在墨西哥, 201–211, 213–218, 220
and AG plans to leave San Francisco 与艾伦·金斯堡计划离开旧金山, 284
AG poems about 艾伦·金斯堡的诗歌, 84, 91, 329
AG relationship with 与艾伦·金斯堡的关系, 119, 121, 134, 238–239, 240, 241, 251, 255, 265, 285, 286, 475
AG requests letter/poems from 艾伦·金斯堡索要信件/诗歌, 135, 153
AG sends writings to 艾伦·金斯堡寄去作品, 38
AG visit with 艾伦·金斯堡探望, 428, 429
AG working with 与艾伦·金斯堡一起工作, 434
comments about AG poems of 评论艾伦·金斯堡的诗歌, 143
feelings about AG of 对艾伦·金斯堡的感受, 145–146
and *Howl* trial 与《嚎叫》的审判, 371
influence on AG of 对艾伦·金斯堡的影响, 258n
Cassady, Neal "Pommy," and JK 尼尔·"波默"·卡萨迪, 与杰克·凯鲁亚克
as actor in JK plays/movies 作为杰克·凯鲁亚克戏剧/电影中的演员, 362, 366, 457
borrows money from JK 从杰克·凯鲁亚克处借钱, 56–57

as characters in JK writings 作为杰克·凯鲁亚克作品中的角色, 295, 371
and Cowley changes to *On the Road* 与考利对《在路上》的删改, 352
and *Doctor Sax* 与《萨克斯博士》, 177
as hating JK 怨恨杰克·凯鲁亚克, 54
influence on JK of 对杰克·凯鲁亚克的影响, 134, 258n
and JK-AG letters 与杰克·凯鲁亚克—艾伦·金斯堡通信, 172, 303, 304
and JK and Buddhism 与杰克·凯鲁亚克和佛教, 218
JK comments about 杰克·凯鲁亚克评论, 212-213, 219, 247, 248, 288, 289, 292, 301, 307, 312, 335, 349, 374, 394, 400, 449
JK desire to see 杰克·凯鲁亚克想要见, 31
and JK finances 与杰克·凯鲁亚克的财务状况, 391, 405-406
JK first meets 杰克·凯鲁亚克第一次见, 31
JK imitation of 杰克·凯鲁亚克模仿, 181
and JK in Berkeley 与杰克·凯鲁亚克在伯克利, 351, 352
and JK in Denver 与杰克·凯鲁亚克在丹佛, 108
JK influence on 杰克·凯鲁亚克的影响, 345, 349
and JK in Mexico 与杰克·凯鲁亚克在墨西哥, 318
and JK in San Francisco 与杰克·凯鲁亚克在旧金山, 330
JK job recommendation for 杰克·凯鲁亚克推荐工作, 34
JK letters to/from 来自/写给杰克·凯鲁亚克的信, 108, 245, 249, 252, 262, 278, 282, 333, 374, 399, 405, 408, 430, 443
JK living with 与杰克·凯鲁亚克同住, 178, 186
and JK move to California 与杰克·凯鲁亚克搬去加利福尼亚, 341
and JK on television 与杰克·凯鲁亚克上电视, 371
and JK plans/desires to visit San Francisco 与杰克·凯鲁亚克计划/想要前往旧金山, 302, 303, 305, 307
and JK plans to visit Paris 与杰克·凯鲁亚克计划前往巴黎, 94
and JK plans to visit San Francisco 与杰克·凯鲁亚克计划前往旧金山, 290, 293, 294, 296, 300
JK play about 杰克·凯鲁亚克的戏剧, 374
JK reading poetry to 杰克·凯鲁亚克为其读诗, 459
JK relationship with 与杰克·凯鲁亚克的关系, 147, 148, 185-186, 262, 285, 318, 375, 379, 405, 453
JK thoughts about 杰克·凯鲁亚克念及, 81, 471
and JK trip to Mexico 与杰克·凯鲁亚克的墨西哥之行, 163, 166
JK trip to San Francisco with 与杰克·凯鲁亚克的旧金山之行, 67
JK views about 杰克·凯鲁亚克的看法, 158, 166, 179, 186, 271-272, 408
and JK views of half-of-life-is death 与杰克·凯鲁亚克视生命的一半为死亡, 63, 64
and JK visit to Denver 与杰克·凯鲁亚克的丹佛之行, 296

索　引　**661**

  and JK visit to San Francisco 　与杰克·凯鲁亚克的旧金山之行, 296, 298,
    299, 301, 303, 304, 320
  JK visits with 　与杰克·凯鲁亚克同行, 325, 327, 453, 457, 459
  and JK withdrawal 　与杰克·凯鲁亚克退出, 470
  and JK works in *New World Writing* 　与杰克·凯鲁亚克的作品出现在《新世界
    写作》, 286
  JK writing compared with that of 　与杰克·凯鲁亚克的写作对比, 181
  JK writings about 　杰克·凯鲁亚克描写, 137, 157, 175, 235, 245, 258,
    295, 330, 449
  and jobs for JK 　与杰克·凯鲁亚克的工作, 146
  and *On the Road* 　与《在路上》, 137, 173, 174, 177, 178, 179, 183, 352,
    362, 371, 386, 396
  See also *Visions of Neal* 　同见《尼尔的幻象》
cat joke, Hoffman's 　霍夫曼的下流笑话, 139–140
Catholicism 　天主教, 413
cave: and AG in Mexico 　洞穴：与艾伦·金斯堡在墨西哥, 216–218, 229
"Caw Caw" (AG) 　《哇哇》（艾伦·金斯堡）, 429
Cayce, Edgar 　埃德加·凯西
  and AG in San Jose 　与艾伦·金斯堡在圣何塞, 220–221
  AG views about 　艾伦·金斯堡的看法, 240, 287
  and AG views about U.S. 　与艾伦·金斯堡对美国的看法, 232
  and Cassady (Carolyn) 　与卡萨迪（卡洛琳）, 287
  Cassady (Diana) letters from 　给卡萨迪（戴安娜）的信, 223
  Cassady interest in 　卡萨迪的兴趣, 212–213, 212n, 234, 240, 250, 251,
    287, 307, 332, 345
  and JK and Buddhism 　与杰克·凯鲁亚克和佛教, 218
  JK comments about 　杰克·凯鲁亚克评论, 213, 292, 307
Céline, Louis-Ferdinand 　路易-费迪南·塞利纳, 104, 121, 121n, 286, 337,
  351, 415n, 456
Cervantes, Miguel de 　米格尔·德·塞万提斯, 71, 374, 375, 377
Cézanne, Paul 　保罗·塞尚, 42, 47, 50, 100, 104, 151, 245, 284
chain poem manifesto, AG 　艾伦·金斯堡的链式诗宣言, 360
Chaplin, Charlie 　查理·卓别林, 288, 390, 443
Chase, Hal 　哈尔·蔡斯
  AG comments about 　艾伦·金斯堡评论, 256
  AG compared with 　相较于艾伦·金斯堡, 250
  AG inquiries about 　艾伦·金斯堡询问, 134, 279, 348
  and AG introspection 　与艾伦·金斯堡的自省, 77
  AG letters to/from 　来自/写给艾伦·金斯堡的信, 329
  AG reliance on 　艾伦·金斯堡依赖, 59

  AG sex poem about　艾伦·金斯堡性爱长诗，329
  AG thoughts about　艾伦·金斯堡想起，79
  and AG views about hate　与艾伦·金斯堡对仇恨的看法，60
  and Americana　与典型美国事物，378
  and Cassady　与卡萨迪，87
  death of　死亡，98，108
  in Denver　在丹佛，9
  JK views about　杰克·凯鲁亚克的看法，179-180
  and JK views about people as godlike　与杰克·凯鲁亚克视人如上帝一般，53
  lack of information about　缺少消息，138
  leaves Berkeley　离开伯克利，345
  and love　与爱，101
  lovers of　爱人们，22，126
  profoundness of　深奥，32
  reputation of　名声，207
  and seminarists　与神学院成员，53
  T&C comments by　《镇与城》评论，31-32
  vision of　幻象，58
Chicago, Illinois　伊利诺伊，芝加哥
  AG trip to　艾伦·金斯堡前往，418，420-421
  JK in　杰克·凯鲁亚克在，235
Chicago Review　《芝加哥评论》，373，384，385，407，417-418，420
children　孩子
  AG's views about　艾伦·金斯堡的看法，54
  and JK's child support payments　与杰克·凯鲁亚克的孩子抚养费，157，160
  JK's views about　杰克·凯鲁亚克的看法，54，97
Chile　智利
  AG trip to　艾伦·金斯堡前往，449
  JK invitation to visit　杰克·凯鲁亚克受邀前往，442，443-444，449
Citron, Casper　卡斯珀·西特伦，437
City Lights Bookstore (San Francisco, California)　城市之光书店（加利福尼亚旧金山），303n，320，325，326，328，362，367，372，375，393，414，417，418，429，455
"cityCityCITY" (JK)　《城城城》（杰克·凯鲁亚克），289，291，301，302，303，305-306，343
Civil Liberties Union　美国公民自由联盟，349
civil war novel, JK　南北战争小说，杰克·凯鲁亚克，174
clairvoyance　洞察力，186，224，232
"Classic Unity" (AG)　《经典的统一》（艾伦·金斯堡），61-62
Climax magazine　《高潮》杂志，393

索　引　**663**

Cloud of Unknowing (anon.) 《未知之云》（注释本），209
Cocteau, Jean 让·科克托，210，350，377
Cold War 冷战，232，427
colleges/universities: AG views about 艾伦·金斯堡对学院/大学的看法，444
Colorado 科罗拉多
 JK in 杰克·凯鲁亚克在，73-109
 See also Denver, Colorado 同见科罗拉多丹佛
Columbia Presbyterian Hospital 哥伦比亚长老会医院，92
Columbia University 哥伦比亚大学
 AG debt to 艾伦·金斯堡的债务，444
 Ginsberg as student at 金斯堡作为学生就读于，9
 See also specific person 同见具体人物
Combustion magazine 《燃烧》杂志，361
Commentary magazine 《评论》杂志，159，161
communism 共产主义，235，243，386，398，431，455，460
"The Complaint of the Skelton to Time" (AG) "骷髅向时间的抱怨"（艾伦·金斯堡），78-79
Confidence Man (AG) 《骗子》（艾伦·金斯堡），196
Constable, Rosalind 罗莎琳德·康斯特布尔，362，372，418
contemplatives: AG views about 艾伦·金斯堡对冥想的看法，209
Corso, Gregory 格雷戈里·柯索
 abstract poetry of 抽象诗，417
 as actor 作为演员，398
 and Allen 与艾伦，393
 "Army Army Army" by 《军队军队军队》，393
 "Arnold" by 《阿诺德》，385
 Beat Generation views of 垮掉的一代的观点，400
 "Bomb" by 《炸弹》，408，415，418，430，433
 Buchwald interview of 布赫瓦尔德的采访，397
 and Buddhism 与佛教，224
 and Burroughs 与巴勒斯，360-361
 and Carr 与卡尔，224，302，431，471
 and Cassady 与卡萨迪，330
 as celebrity 作为名人，303，306
 and City Lights 与城市之光，328
 "Clown" by 《小丑》，460
 "Concourse Didils" by 《迪迪尔广场》，385
 and Cowley 与考利，301，302，303
 and de Angulo (Gui) 与盖伊·德·安古洛，332，333
 drinking by 酗酒，301，343，397

664　　凯鲁亚克与金斯堡通信集

and drugs 与毒品，471
Esquire picture of 《绅士》照片，351
European trip of 欧洲之行，333, 336, 341, 343, 345, 355, 356, 360, 364, 365, 368, 376-378, 389, 391, 393, 402, 42, 434, 436, 439, 450, 454
and Ferlinghetti 与费林盖蒂，333, 356, 365
finances of 财务状况，333, 334, 346, 350, 367, 429, 434, 471
Garcia Villa views about 加西亚·维拉的观点，310
Gasoline by 《汽油》，356, 360-361, 365, 386, 390, 438
as greatest Italian poet 作为最伟大的意大利诗人，377
and Hanover records 与汉诺威唱片，432, 433
Happy Birthday of Death by 《死亡生日快乐》，460
and Huston meeting 与休斯顿会面，398
in jail 在监狱，434
and Jarrell 与贾雷尔，333-34, 336-337
Laughlin inquiry about 劳夫林询问，410
as leading poet of Beat Generation 作为垮掉的一代的领军诗人，134n
leaves New York for West Coast 离开纽约去往西海岸，134
and Lee copy of *The Subterraneans* 与李的《地下人》样书，231
and Lord 与洛德，383, 409, 433
in Los Angeles 在洛杉矶，336
Mexico trip of 墨西哥之旅，329, 331, 332, 335, 336
moon chain poem by 有关月亮的链式诗，455
and Moreland 与莫兰，134
Negro incident of 黑人事件，431
and Orlovsky visit to New York City 与奥洛夫斯基拜访纽约，306
paintings/drawings by 绘画/素描，336, 375, 383
in Paris 在巴黎，354, 374, 400, 404, 418
Persky compared with 相较于佩斯基，402
plays of 戏剧，366
poems by 诗歌，303, 306, 375, 383, 393, 411-412
poetry readings of 诗歌朗诵，331, 334, 336
"Power" by 《力量》，333, 334, 356
publication of works by 出版作品，333, 355, 372, 375, 401, 409, 417
and religion 与宗教，431
as romantic 浪漫，399
style of 风格，373
This Hungup Age by 《这个受挫的年代》，306
"use use use" poem by 《利用利用利用》，385, 391
The Vestal Lady on Brattle by 《布拉托的贞女》，302

索 引 665

  in Washington　在华盛顿, 336-337
  wedding of　婚礼, 471
  at Wesleyan College　在韦斯利恩学院, 430
  and Wieners　与维纳斯, 350
  and Williams　与威廉斯, 337, 345, 348, 350
  women/lovers of　女人/爱人们, 301, 341, 351, 383
  writing by　写作, 332, 360, 367
Corso, Gregory, and AG　格雷戈里·柯索, 与艾伦·金斯堡
  AG borrowing money from　艾伦·金斯堡借钱, 374
  AG comments about　艾伦·金斯堡评论, 304, 312, 332, 348, 367, 408, 417, 457, 460
  and AG in Alaska　与艾伦·金斯堡在阿拉斯加, 328
  AG letters to/from　来自/写给艾伦·金斯堡的信, 328, 404, 408, 412, 418, 429, 439, 454
  and AG poetry　与艾伦·金斯堡的诗, 331
  AG reading of works of　艾伦·金斯堡作品朗读, 311
  AG relationship with　与艾伦·金斯堡的关系, 224
  AG sends respects to　艾伦·金斯堡致敬, 243-244
  AG views about works of　艾伦·金斯堡对其作品的看法, 364, 411-412
  and *Howl*　与《嚎叫》, 328
Corso, Gregory, and JK　格雷戈里·柯索, 与杰克·凯鲁亚克
  and Giroux views about *Doctor Sax*　与吉鲁对《萨克斯博士》的看法, 301
  and JK article explaining Beat Generation　与杰克·凯鲁亚克撰文解释垮掉的一代, 353
  JK comments about　杰克·凯鲁亚克评论, 288, 373, 377, 391, 421, 461
  JK copies of poems of　杰克·凯鲁亚克的诗歌副本, 472
  and JK-Corso article about Beat Generation　与杰克·凯鲁亚克—柯索关于垮掉的一代的文章, 471
  and JK finances　与杰克·凯鲁亚克的财务状况, 384, 405-406
  and JK idea for movie　与杰克·凯鲁亚克关于电影的想法, 386
  JK inquiries about　杰克·凯鲁亚克询问, 356, 390, 465
  and JK in Washington Park　与杰克·凯鲁亚克在华盛顿公园, 224
  JK letters to/from　来自/写给杰克·凯鲁亚克的信, 352, 356, 367, 376-378, 386, 402, 408, 414, 427-428, 450
  and JK lifestyle change　与杰克·凯鲁亚克生活方式的改变, 453
  and JK losing copy of Corso poem　与杰克·凯鲁亚克丢失柯索诗歌的副本, 391
  JK missing of　杰克·凯鲁亚克想念, 358
  and JK plans to visit Paris　与杰克·凯鲁亚克计划前往巴黎, 377
  JK poem about　杰克·凯鲁亚克诗歌, 373

JK praise for　杰克·凯鲁亚克称赞，365
　　JK proposes AG write book about　杰克·凯鲁亚克建议艾伦·金斯堡为其写书，391
　　JK reading of works of　杰克·凯鲁亚克朗读其作品，385
　　JK relationship with　与杰克·凯鲁亚克的关系，379，471
　　and JK stolen poems　与杰克·凯鲁亚克被偷的诗，335
　　JK views about　杰克·凯鲁亚克的看法，179，224，318，377，399，402，471
　　and JK views about poetry　与杰克·凯鲁亚克对诗歌的看法，377
　　and JK visit to New York City　与杰克·凯鲁亚克前往纽约，301，306
　　JK visit with　与杰克·凯鲁亚克同行，351
　　JK writings about　杰克·凯鲁亚克描写，330，361，420，422，451
　　On the Road copy for　《在路上》副本，396
　　poem about JK by　关于杰克·凯鲁亚克的诗歌，306
Cowen, Elise　伊利斯·考恩，342，343，348，351，352，391，403
Cowley, Malcolm　马尔科姆·考利
　　and AG copy of *Subterraneans*　与艾伦·金斯堡的《地下人》副本，393
　　and AG Guggenheim application　与艾伦·金斯堡的古根海姆申请，355，362
　　AG meeting with　艾伦·金斯堡会面，325-326
　　AG views about　艾伦·金斯堡的看法，229，326
　　and AG writings　与艾伦·金斯堡的写作，239，302，304
　　and *Beat Generation*　与《垮掉的一代》，300-301，303，305，321
　　and *Buddha Tells Us*　与《佛说》，308
　　and Burroughs works　与巴勒斯的作品，247，302，306，326
　　and "cityCityCITY,"　与《城城城》，289
　　and Corso writings　与柯索的写作，301，302，303
　　and *The Dharma Bums*　与《达摩流浪者》，376
　　and *Doctor Sax*　与《萨克斯博士》，352，353
　　JK compares AG with　杰克·凯鲁亚克拿艾伦·金斯堡作比较，318-319
　　JK drinking with　与杰克·凯鲁亚克喝酒，301
　　and JK finances　与杰克·凯鲁亚克的财务状况，352
　　and JK grant　与杰克·凯鲁亚克的补助金，321
　　JK letters to/from　来自/写给杰克·凯鲁亚克的信，196，280，321，352，376
　　JK mentioned in book by　书中提及杰克·凯鲁亚克，238，246，252
　　and JK offer to go to Mexico　与杰克·凯鲁亚克前往墨西哥的提议，302
　　JK relationship with　与杰克·凯鲁亚克的关系，292
　　as JK supporter　作为杰克·凯鲁亚克的支持者，194，196，235-236，240，246，266，277，302
　　JK views about　杰克·凯鲁亚克的看法，291，301，308
　　and JK visit to New York City　与杰克·凯鲁亚克拜访纽约，295，300，302
　　and *On the Road*　与《在路上》，194，194n，235-236，289，300，302，302n，

索　引　**667**

326，352
　　and publication of JK works　与杰克·凯鲁亚克的作品出版，194，196，240，
　　　277，302，305
　　and Rexroth support for JK　与雷克斯罗斯对杰克·凯鲁亚克的支持，277
　　San Francisco trip of　旧金山之行，325-326
　　and Solomon knowledge about publication of JK's works　与所罗门对杰克·凯
　　　鲁亚克作品出版的了解，196
　　as Viking Press consultant　作为维京出版社的顾问，194n
　　Williams-AG discussion about　威廉斯—艾伦·金斯堡谈论，293
Crane, Hart　哈特·克兰，14，97，154，434
Crazy Lights (AG)　《疯狂之光》（艾伦·金斯堡），262，272，278
"A Crazy Spiritual" (AG)　《一首疯狂的灵歌》（艾伦·金斯堡），143
credo, AG's　艾伦·金斯堡的信条，221
Creeley, Robert　罗伯特·克里利，327，330，331，335，357，432，436，438，
　　473
crime: JK's views about　杰克·凯鲁亚克的犯罪观，82
Criterion Publishing　标准出版社，301
critics: JK views about　杰克·凯鲁亚克对批评家的看法，422-423
Cru, Henri　亨利·克鲁，139，139n，222，226，301，373，376，401，413，414，
　　415，421，451，452，458
crucifix, JK's　杰克·凯鲁亚克的十字架，335n，386
Cuba　古巴
　　AG story about　艾伦·金斯堡的古巴故事，454
　　AG trip to　艾伦·金斯堡的古巴之行，202，456
　　U.S. war with　美国与古巴的战争，460
culture: JK's views about　杰克·凯鲁亚克对文化的看法，82
cummings, e. e.　爱·艾·卡明斯，140，320
Cummings, Robert　罗伯特·卡明斯，417，420

Dahlberg, Edward　爱德华·达尔伯格，417-418
Dakar Doldrums (AG)　《达喀尔的阴霾》（艾伦·金斯堡），31n，38，141，312
Dancingmaster. *See* Brierly, Justin　舞蹈大师，见贾斯汀·布赖尔利
Dante, Alighieri　阿利吉耶里·但丁，36，263
Davalos, Dick　迪克·达瓦洛斯，170-171，170n，172，176，289，294，295，
　　296，300
Davis, Miles　迈尔斯·戴维斯，163，373
De Angulo, Gui　盖伊·德·安古洛，331，331n，332-333
　　de Angulo, Jaime　杰米·德·安古洛，149-150，149n，165，204，228
death　死亡
　　AG views about　艾伦·金斯堡的看法，48，49，50，75，90，115-116，151，

221, 475
 and JK self-image　与杰克·凯鲁亚克的自我形象, 53
 JK views about　杰克·凯鲁亚克的看法, 53, 63-64, 180, 275, 290, 406
 lack of imagination as　缺乏想象力作为, 221
 madness as　疯狂作为, 50
 as subject of poetry　作为诗歌的主题, 180
 Williams views about　威廉斯的看法, 151
 of world　世界之死, 115-116
"The Death of George Martin" (JK)　《乔治·马丁之死》(杰克·凯鲁亚克), 51-52, 51n, 227
Delpire Publishing　德尔皮尔出版社, 357
Delta Chemical Works　德尔塔制药厂, 316, 319
Dempsey, David　戴维·邓普西, 189, 190
Denver, Colorado　科罗拉多丹佛
 AG plans to visit　艾伦·金斯堡计划拜访, 329
 JK trip to　杰克·凯鲁亚克前往, 31, 73-79, 80-109, 296
The Denver Doldrums (AG)　《丹佛的阴霾》(艾伦·金斯堡), 31n, 37, 108, 312
Desolation Angels (JK)　《荒凉天使》(杰克·凯鲁亚克), 352, 375, 422, 471
Desolation Peak, Washington　华盛顿荒凉峰, 327-329, 391
Deutsch Publications　德意志出版, 398, 419
The Dharma Bums (JK)　《达摩流浪者》(杰克·凯鲁亚克), 325, 373-374, 376, 390-391, 393, 395, 406-407, 411, 416, 418, 420n, 422, 430
Diamond, David　戴维·戴蒙德, 53, 53n, 302
Dickens, Charles　查尔斯·狄更斯, 4, 33, 54, 253, 257
Dickinson, Emily　艾米莉·狄金森, 49, 97, 175, 306, 307, 437
Doctor Sax (JK)　《萨克斯博士》(杰克·凯鲁亚克)
 and AG as agent for JK　与艾伦·金斯堡作为杰克·凯鲁亚克的代理人, 192-193, 194-195, 196, 257, 278-279, 280
 AG letter to *NY Times* about　艾伦·金斯堡写给《纽约时报》的信, 428
 AG reading in Vancouver of　艾伦·金斯堡在温哥华朗读, 474
 AG views about　艾伦·金斯堡的看法, 177, 180-183, 184, 185, 186, 228, 418-419, 431
 and Allen　与艾伦, 335, 416, 418, 423
 and Carr comments about JK　与卡尔评论杰克·凯鲁亚克, 302
 characters in　里面的角色, 183
 contract for　合同, 353-354
 and Cowley　与考利, 352, 353
 and criticisms of JK　与对杰克·凯鲁亚克的批评, 434
 Giroux views about　吉鲁的观点, 301
 JK autographs copies of　杰克·凯鲁亚克亲笔签名本, 430

索　引　**669**

and JK finances　与杰克·凯鲁亚克的财务状况，412-413，420

　　JK poems in　里面的杰克·凯鲁亚克诗歌，182

　　and JK reputation　与杰克·凯鲁亚克的名声，419

　　JK views about　杰克·凯鲁亚克的观点，408

　　and JK views about U.S.　与杰克·凯鲁亚克对美国的看法，400

　　JK writing new scenes for　杰克·凯鲁亚克描写新场景，353

　　and Lord　与洛德，290

　　as myth　作为神话，177，181-182，183

　　origins of　起源，247

　　prophecy in　里面的预言，474

　　publication of　出版，173，184，193，194-195，247，253，280，289，301，352，376，394，412-413，415，418，419，420，432

　　reviews of　评论，430

　　revisions for　修订，352

　　Rexroth views about　雷克斯罗斯的看法，282-283，379

　　sex in　里面的性，184

　　Van Doren views about　范·多伦的观点，226，228

　　writing of　写作，94，174，178，185，399

Dodd Mead Publisher　多德·米德出版商，301，302

Donlin, Bob　鲍勃·唐林，345，357，391，435

Don't Knowbody Laff Behind My America Hunchback (AG)　《我的美国驼背》（艾伦·金斯堡），143

Dostoevsky, Fyodor　费奥多尔·陀思妥耶夫斯基，20，22，33，41，50，91-92，96，135，161，179，245，253，255，268，305，350，350n，352，357，358，377

　　drama　戏剧

　　JK views about　杰克·凯鲁亚克的看法，442

　　and poetry　与诗歌，442，444

dreams　梦

　　JK views about　杰克·凯鲁亚克的看法，274-275

　　See also visions; *specific person*　幻象，同见具体个人

drums: AG playing　艾伦·金斯堡打鼓，457

Dulles, John Foster　约翰·福斯特·杜勒斯，383-384，415

Duncan, Robert　罗伯特·邓肯，240，253，257，262，262n，283，325，330，334，429，434

du Peru, Peter　彼得·杜佩鲁，242，254，349

Durgin, Russell　罗素·德金，37，50，153，209，313

Dutton Publishing　达顿出版社，227，246，283

Eager, Alan　艾伦·伊格，201-220，201n，227，385

earthquakes, Mexican 墨西哥地震, 213–217, 353, 422
Eberhart, Richard 理查·艾伯哈特, 327, 362
Ecuador 厄瓜多尔, 156, 157
education: JK views about 杰克·凯鲁亚克的教育观, 82
Einstein, Albert 阿尔伯特·爱因斯坦, 114, 288
Eisenhower, Dwight D. 德怀特·戴·艾森豪威尔, 232, 415
"Elegy for Mother" (AG) 《母亲的挽歌》（艾伦·金斯堡）, 368–369, 372
Eliot, T. S. 托·斯·艾略特, 89, 96–97, 107, 108, 120, 228, 279, 327, 472
Elvins, Kells 凯尔斯·埃尔文斯, 86, 86n, 137, 138, 156, 163, 169, 171, 193, 223, 231, 244, 317
Empty Mirror (AG) 《空镜子》（艾伦·金斯堡）, 184, 265, 311
Encounter magazine 《相遇》杂志, 429
Encyclopedia Britannica: JK reading of 杰克·凯鲁亚克阅读《大英百科全书》, 458
Enrique (Mexican hipster) 恩里克（墨西哥嬉普士）, 163–164, 165, 166, 167–168
Escapade magazine 《恶作剧》杂志, 420, 453
Esoteric Records: JK reading for 杰克·凯鲁亚克朗读具有神秘教义的记录, 209n
Esquire magazine 《绅士》杂志, 343, 351, 357, 387, 392, 408
Essentials of Spontaneous Prose (JK) 《自发性写作的要领》（杰克·凯鲁亚克）, 240, 262n
Europe 欧洲
  AG in 艾伦·金斯堡在, 341–359, 360–362
  AG plans/desire to visit 艾伦·金斯堡计划/想要拜访, 204, 209–210, 250, 281, 284, 295, 299, 305, 329, 334, 393
  AG poems about 艾伦·金斯堡的诗歌, 239
  AG reluctance to go to 艾伦·金斯堡不情愿去, 155
  JK in 杰克·凯鲁亚克在, 341, 399
  JK plans/desires to visit 杰克·凯鲁亚克计划/想要拜访, 108, 146, 158, 280, 289, 330, 331, 334, 336, 350, 395, 421, 471
  See also Paris, France; *specific person* 法国巴黎，同见具体个人
European Blues (JK) 《欧洲布鲁斯》（杰克·凯鲁亚克）, 420
Evergreen Review 《常青评论》, 335, 343, 352, 370, 387, 428, 438
evil 魔鬼
  AG views about 艾伦·金斯堡的观点, 117
  Burford views about 伯福德的观点, 247

Factualists 事实主义者, 63
"Fall of America" (AG) 《美国的陨落》（艾伦·金斯堡）, 397

索引 **671**

fame: JK views about 杰克·凯鲁亚克对成名的看法, 387
"The Fantasy of the Fair" (AG) 《爱人的幻想》（艾伦·金斯堡）, 36
Fantasy Records 幻想唱片公司, 362, 371, 393, 395, 434, 435
Farrar Straus 法拉·斯特劳斯, 176
fathers: JK views about 杰克·凯鲁亚克对父亲的看法, 33, 375
Faulkner, William 威廉·福克纳, 135, 140, 142, 154, 207, 229, 312, 327, 421
Federal Bureau of Investigation (FBI) 联邦调查局, 409
Feldman-Citadel: Beat Generation anthology of 垮掉的一代：费尔德曼-城堡出版社选集, 375
Ferlinghetti, Lawrence 劳伦斯·费林盖蒂
    AG comments about 艾伦·金斯堡的评论, 388
    and AG finances 与艾伦·金斯堡的财务状况, 374, 444
    and AG recordings 与艾伦·金斯堡的唱片, 371
    and Allen (Donald) 与艾伦（唐纳德）, 385
    arrest of 逮捕, 342n
    and banning of AG and JK works 与艾伦·金斯堡和杰克·凯鲁亚克作品被禁, 418, 420
    Big Sur cabin of 大瑟尔小木屋, 453
    and *Big Table* magazine deal 与《大桌子》杂志的交易, 436, 438
    and *Book of Dreams* 与《梦之书》, 451
    and Burroughs works 与巴勒斯的作品, 361, 372, 385, 388, 390
    Chile trip of 智利之行, 449
    and Corso works 与柯索的作品, 333, 356, 365, 385, 390
    Evergreen recordings of 《常青评论》录音带, 343
    and *Howl* 与《嚎叫》, 327, 342n, 355, 358, 362
    and JK *Blues* 与杰克·凯鲁亚克《布鲁斯》, 357, 365, 371, 372, 411
    JK buys books from 杰克·凯鲁亚克买书, 458
    and JK finances 与杰克·凯鲁亚克的财务状况, 430
    and JK invitation to Chile 与杰克·凯鲁亚克受邀去智利, 444
    JK letters to/from 来自/写给杰克·凯鲁亚克的信, 390
    and JK writing about Corso 与杰克·凯鲁亚克有关柯索的写作, 361
    and *Kaddish* 与《卡迪什》, 454, 460
    and Lamantia works 与拉曼蒂亚的作品, 410
    and *Mexico City Blues* 与《墨西哥城布鲁斯》, 385
    and "Old Angel" poem 与"老天使"诗歌, 430
    and rejections from *Chicago Review* 与《芝加哥评论》的拒稿, 420
    and Snyder works 与斯奈德的作品, 410
    and Whalen 与惠伦, 388
Field, Joyce 乔伊斯·菲尔德, 21, 22

Fields, W. C. 威·克·菲尔兹, 151, 234, 243, 254, 449
Fitzgerald, Jack 杰克·菲茨杰拉德, 124, 124n, 174, 352
Five Spot (New York City) 五点俱乐部（纽约）, 308, 386, 395n, 403, 412
Florida 佛罗里达
　AG in 艾伦·金斯堡在, 201–220
　Burroughs in 巴勒斯在, 244, 247, 249
　JK in 杰克·凯鲁亚克在, 336–338, 351–353, 354–355, 360–374, 376–378, 383–392
　JK plans to visit 杰克·凯鲁亚克计划拜访, 413, 429, 430, 432
　JK trip with Frank to 杰克·凯鲁亚克与弗兰克同行, 394
　JK writings about 杰克·凯鲁亚克写作, 422
Foley, Martha 玛莎·福利, 193, 193n
Folio magazine 《一页》杂志, 262
Ford Foundation 福特基金, 262
Forst, Miles 迈尔斯·福斯特, 386, 389
Fox, Bill 比尔·福克斯, 225, 358
Fox, Joe 乔·福克斯, 253, 267
"Fragments of the Monument" (AG) 《纪念碑的碎片》（艾伦·金斯堡）, 145
Frank, Robert 罗伯特·弗兰克, 357, 385–386, 389, 391, 394, 400, 427, 431, 456, 475
Frechtman, Bernard 伯纳德·弗雷希特曼, 341, 342, 345, 348, 350, 361, 364
friendship 友情, 116, 196
　See also relationship, AG-JK 同见艾伦·金斯堡—杰克·凯鲁亚克关系
Fromm (mental patient) 弗洛姆（精神病人）, 101–102

Gallimard Publishing 伽利玛出版, 377
Garcia Villa, Jose 何塞·加西亚·维拉, 158, 223, 310
Garen, Leon 莱奥·葛伦, 357, 358, 365, 366, 385
Garver, Bill 比尔·加弗
　and AG 与艾伦·金斯堡, 204, 205, 316, 320, 331
　Burroughs views about 巴勒斯的看法, 318
　death of 死亡, 352, 353, 354
　and drugs 与毒品, 138n, 319, 320, 368
　and JK 与杰克·凯鲁亚克, 212, 318, 322, 330, 335, 354
　in Mexico 在墨西哥, 204, 205, 212, 314, 318, 320, 322, 330, 331, 335
　and White death 与怀特之死, 138
Gellhorn, Martha 玛莎·盖尔霍恩, 154, 154n
Genet, Jean 让·热内, 104, 133, 140–141, 147, 151, 155, 161, 162, 169, 171, 286, 317, 350, 354, 361, 371, 374, 377

索　引　　**673**

genius 天才, 52, 63, 94, 184, 197, 352
gentleman's agreement 君子协议, 47, 48
Geological Institute of Mexico 墨西哥地质研究所, 216
Gide, André 安德烈·纪德, 14-15, 21, 368
Giggling Ling 咯咯笑的玲, 80-81, 88, 89, 145, 422
Gilmore, Bill 比尔·吉尔摩, 17, 18, 21, 26, 27, 36, 452
Ginsberg, Allen 艾伦·金斯堡
 accomplishments of 成就, 472
 appearance of 外表, 252, 288, 469
 birthday of 生日, 137, 296
 depression of 抑郁, 297, 298, 299, 317, 390, 435
 double nature of 双重秉性, 25-26
 dreams of 梦, 115-116, 207, 209, 297, 302, 326, 328, 384, 472
 drinking of 酗酒, 229, 233, 250, 296, 360, 393, 397, 398
 and drugs 与毒品, 221, 239, 249, 251, 255, 299, 316, 319, 346, 368, 374, 383, 397, 398, 399, 407, 440, 450, 454, 475
 education of 教育, 4, 4n
 ego of 自我, 25-26, 40, 58
 fears of 恐惧, 127, 170
 finances of 财务状况, 126, 133, 17, 172, 193, 203, 204, 205, 207, 217, 218, 281, 284, 293, 299, 304, 312, 316, 320, 327, 329, 329n, 334, 336, 337-338, 346, 355, 362, 372, 375, 377, 383, 384, 387-388, 389, 390, 391-392, 393, 401, 404, 429, 432-433, 435, 436, 444, 456
 Gold story about 戈尔德的故事, 161
 grants and awards for 补助和奖励, 346
 homosexuality of 同性恋, 121, 124
 illness of 生病, 19, 20, 114-115, 254, 261, 367, 443
 imitations of 模仿, 165
 insecurity of 不安全感, 70-71
 introspection of 内省, 46-47, 48-50, 75, 76-77, 88-90, 98, 138, 263-266
 in jail 在监狱, 67-68
 jobs for 工作, 116, 193, 229, 233, 239, 284, 326
 journal of 杂志, 68, 153, 261, 266, 329, 347
 legal problems of 法律问题, 67-70, 76-77, 85-86, 87
 lovers/women of 爱人/女人们, 14, 124, 125-126, 134-135, 170n, 239, 242-243, 244-245, 248, 251, 252, 255-257, 297-298, 335, 351, 365, 456, 457, 473, 475
 madness of 疯狂, 41, 49, 50, 59, 69-70, 77, 80, 248
 in mental hospital 在精神病院, 68, 92-93

  metaphysical concerns of　形而上关怀，263–266，268–271，272–273
  and need for independence　与独立的需求，160
  New York apartment of　纽约公寓，184，456–457
  Partisan article about　《党派评论》文章，428
  "regular guy" mask of　"正常人"面具，13–14
  reputation of　名声，333–334
  schooling of　学校教育，51
  self-concept of　自我定义，184
  self-image of　自我形象，10–11，41–42，60，123–124
  soul of　灵魂，93，113，143
  true nature of　本性，41–42
  visions and hallucinations of　幻象和幻觉，38–40，41–42，87，144，153，228，231，232，265，270，288，313
Ginsberg, Allen—poems/writings of　艾伦·金斯堡——诗歌/写作
  AG comments about　艾伦·金斯堡评论，38，61，88–90，151–152，230，265，331，365，383，412
  and AG desire to write　与艾伦·金斯堡想要写，71
  and AG difficulties writing　与艾伦·金斯堡创作瓶颈，393
  and AG dreams　与艾伦·金斯堡的梦，83–84
  and AG in jail　与艾伦·金斯堡在监狱，67–68
  and AG legal problems　与艾伦·金斯堡的法律问题，77
  and AG in mental hospital　与艾伦·金斯堡在精神病院，99，105
  and AG method　与艾伦·金斯堡方法，79，132–133，258n，319
  and AG plans to leave San Francisco　与艾伦·金斯堡计划离开旧金山，284
  AG working on　艾伦·金斯堡致力于，311
  banning of　禁止，418
  dedication of　执着于，145，146
  as greatest Israeli poet　作为最伟大的以色列诗人，377，378
  images in　里面的意象，79，83–84
  in Japan　在日本，473
  JK encouragement of　杰克·凯鲁亚克鼓励，391
  JK influence on　杰克·凯鲁亚克影响，145，146，147–148，315，337
  JK sketches as similar to　杰克·凯鲁亚克的速写类似于，172
  JK views about　杰克·凯鲁亚克的观点，80，81，135–136，143，144，146–147，151，152，154，179，247，287–289，311–312，377，378，390，449，450
  at Maritime Training Station　在海事训练站，14
  method/style of　方法/风格，288，412
  modern　现代，152
  nonmetrical　无韵诗，121

publication/rejection of 出版/拒稿, 36, 84, 107, 120, 122, 123, 132, 145, 150, 159, 172, 178, 283, 287-288, 320, 331

queer 酷儿, 334

references to JK in 里面提及杰克·凯鲁亚克, 24

revision of 修订, 84-85

sent to JK 寄给杰克·凯鲁亚克, 27, 27n, 229, 232

titles for 标题, 36, 143, 145

topics of 话题, 84, 91, 135, 257, 356

typing of 打字, 150

untitled 无题, 79, 90-91, 99, 105, 133, 170, 254, 257, 261, 284, 297, 312-313, 320-321

See also specific poem, person, or topic 同见某诗、某人或某话题

Ginsberg, Louis (father) 路易斯·金斯堡（父亲）, 38, 50, 68, 69, 70, 71, 72, 94, 113, 114, 116, 132, 157, 160, 170, 184, 289, 320, 334, 372, 379, 385, 389, 436, 456, 461, 474

Ginsberg, Naomi (mother) 内奥米·金斯堡（母亲）, 69, 80, 105, 157, 170, 241, 285, 299, 329, 329n, 368-369, 454-455, 474

Ginsberg, Sheila (sister) 希拉·金斯堡（姐姐）, 115, 283

girl on skates: story about 穿溜冰鞋女孩的故事, 43-44

Giroux, Robert 罗伯特·吉鲁

AG advice to JK about 艾伦·金斯堡建议杰克·凯鲁亚克, 292

and AG cave discovery in Mexico 与艾伦·金斯堡在墨西哥发现洞穴, 218

and AG-JK letters 与艾伦·金斯堡—杰克·凯鲁亚克通信, 109

AG views about 艾伦·金斯堡的观点, 118

and AG views about *T&C* 与艾伦·金斯堡对《镇与城》的看法, 117

and AG works 与艾伦·金斯堡的作品, 107, 120

and Burroughs writings 与巴勒斯的写作, 168

Cassady stealing book from 卡萨迪偷书, 180

in Denver 在丹佛, 98, 108

and *Denver Doldrums* 与《丹佛的阴霾》, 108

and *Doctor Sax* 与《萨克斯博士》, 301

as editor for woman in Mexico 为墨西哥女种植园主作编辑, 206, 211

and JK Buddha works 与杰克·凯鲁亚克的佛教作品, 289n, 290, 291, 300, 302, 308

JK comments about 杰克·凯鲁亚克的评论, 180

and JK compared with Goldsmith and Johnson 与杰克·凯鲁亚克和戈德史密斯及约翰逊的对比, 113

and JK "Go, Go, Go," 与杰克·凯鲁亚克的《走吧，走吧，走吧》, 157

JK letters to/from 来自/写给杰克·凯鲁亚克的信, 292

and JK New York City visit 与杰克·凯鲁亚克纽约之访, 302

JK relationship with 杰克·凯鲁亚克的关系, 108, 288
and JK on television 与杰克·凯鲁亚克上电视, 395
JK views about 杰克·凯鲁亚克的观点, 308
Lord recommended as agent for JK by 洛德推荐为杰克·凯鲁亚克的代理, 247
and *On the Road* 与《在路上》, 108
and publication of JK works 与杰克·凯鲁亚克作品的出版, 285
and *T&C* advertising 与《镇与城》的宣传, 123
and Van Doren (Charles) work 与范·多伦（查尔斯）的作品, 226
and Whalen works 与惠伦的作品, 470
Glassman, Joyce 乔伊思·格拉斯曼
and AG in Hamptons 与艾伦·金斯堡在汉普顿, 415
AG visit with 艾伦·金斯堡拜访, 403
Berkeley visit with JK of 与杰克·凯鲁亚克拜访伯克利, 351
as contact for JK 作为杰克·凯鲁亚克的联系人, 366
and JK-AG relationship 与杰克·凯鲁亚克—艾伦·金斯堡的关系, 379, 415
and JK-Carr visit 与杰克·凯鲁亚克—卡尔的探访, 357
JK letters to 杰克·凯鲁亚克的信, 406
and JK move to California 与杰克·凯鲁亚克搬去加利福尼亚, 341
and JK move to New York City 与杰克·凯鲁亚克搬去纽约, 354
and JK popularity 与杰克·凯鲁亚克广受关注, 358
JK relationship with 与杰克·凯鲁亚克的关系, 341, 379
and JK withdrawal 与杰克·凯鲁亚克的退出, 394, 400
and knife attack on JK 与杰克·凯鲁亚克被刀攻击, 394
and Laff situation 与拉夫境况, 369
move to California of 搬去加利福尼亚, 343, 352
and Orlovsky 与奥洛夫斯基, 376–377
and Orlovsky-JK meeting 与奥洛夫斯基—杰克·凯鲁亚克会面, 376
and "Visions of Elise," 与"伊利斯的幻象", 391
writings by 写作, 343
"Go, Go, Go" (JK) 《走吧，走吧，走吧》（杰克·凯鲁亚克）, 157
God 上帝
AG views about 艾伦·金斯堡的观点, 40, 47, 48, 58, 88, 101
Beat Generation leaders belief in 垮掉的一代领军人物的信仰, 431
JK views about 杰克·凯鲁亚克的观点, 43, 52, 53, 55, 58, 59, 63, 113, 331, 431
Mailer views about 梅勒的观点, 406
Goddard, Dwight 德怀特·戈达德, 262, 266, 267, 278, 279, 408, 411
Gold, Herb 赫伯·戈尔德, 161, 379, 385, 388, 389, 383, 394
Gould, Stanley 斯坦利·古尔德

索引 677

and AG　与艾伦·金斯堡, 127, 456
　　　appearance of　外表, 127
　　　and Cassady　与卡萨迪, 456
　　　and drugs　与毒品, 301, 456
　　　girlfriends of　女朋友, 254–255
　　　JK comments about　杰克·凯鲁亚克评论, 274
　　　JK drinking with　与杰克·凯鲁亚克喝酒, 394
　　　JK relationship with　与杰克·凯鲁亚克的关系, 227
　　　and JK visit to New York City　与杰克·凯鲁亚克访问纽约, 295, 301, 357
　　　JK visits with　与杰克·凯鲁亚克一起探访, 352, 366, 387, 431
　　　and JK in Washington Park　与杰克·凯鲁亚克在华盛顿公园, 224
　　　and knife attack on JK　与杰克·凯鲁亚克受刀攻击, 394
　　　and Pound drawing　与庞德画像, 275–276
　　　as Subterranean　作为地下人, 142
　　　and *Subterraneans*　与《地下人》, 231
　　　as Wyn employee　作为韦恩的雇员, 231, 231n
goyeshe kopfe (goy's head)　异教徒的头脑, 12, 16
Granz, Norman　诺曼·格兰兹, 395, 406
Great White Myth　伟大的白色神话, 100, 101
The Green Automobile (AG)　《绿汽车》（艾伦·金斯堡）, 243, 245, 265, 348, 350, 351, 383, 387
Green, Julian　朱利安·格林, 21, 24
Greenwich Village　格林威治村
　　　JK views about　杰克·凯鲁亚克的观点, 452
　　　and JK visit to New York City　与杰克·凯鲁亚克拜访纽约, 301
　　　parties in　聚会, 33
　　　police/FBI in　警察/联邦调查局, 409, 452
Greyhound poem (AG)　灰狗巴士诗歌（艾伦·金斯堡）, 327
Grieg, Mike　迈克·格里格, 343, 348, 350, 351, 352, 361, 420,
Grove Publishing　格罗夫出版, 283, 335, 357, 358, 361, 362, 367, 371, 372, 375, 390, 414, 416, 419, 429, 442
Guggenheim Foundation　古根海姆基金, 333, 337, 353, 355, 362

Hale, Barbara　芭芭拉·黑尔, 35, 40, 42, 45, 46, 52, 53, 54, 57, 60, 123
Hall, Leonard　伦纳德·霍尔, 227, 310
Hamptons, New York: AG in　艾伦·金斯堡在纽约汉普顿, 403–404, 415
Hanover Records　汉诺威唱片, 406, 432–433, 434, 443
Hansen, Diana. *See* Cassady, Diana Hansen　戴安娜·汉森, 见戴安娜·汉森·卡萨迪
happiness: AG views about　艾伦·金斯堡对幸福的看法, 52

Harcourt Brace Publishers 哈考特·布雷斯出版社, 107, 123
Hardy, Thomas 托马斯·哈代, 70, 140, 239
Harlem 哈莱姆
    AG in 艾伦·金斯堡在, 37-40, 41-42, 50, 60, 144, 152-153, 247, 265, 288
    AG poem about 艾伦·金斯堡诗歌, 279
Harper's Bazaar magazine 《时尚芭莎》杂志, 352, 359
Harrington, Alan 艾伦·哈林顿, 54, 107, 107n, 126, 150, 158, 161, 162, 172, 173, 288, 317
Harris, Julie 朱莉·哈里斯, 331-332
Hart, Howard 霍华德·哈特, 379, 385, 388, 400, 404, 406
Harvard Law School 哈佛法学院, 186
Harvard University 哈佛大学, 306, 312, 427, 438
Harvard University Press 哈佛大学出版社, 301
hate 仇恨
    AG's views about 艾伦·金斯堡的看法, 54, 59-60, 99
    JK's views about 杰克·凯鲁亚克的看法, 54
Haverty, Joan 琼·哈弗蒂, 131, 148, 157, 160, 162, 163, 267-268, 342, 343-346, 348-349, 469-470, 470n
Hearst publications 赫斯特出版, 20, 418, 421, 432
Hemingway, Ernest 欧内斯特·海明威, 126, 154n, 155, 442
Henderson, LuAnne 卢安·亨德森, 108, 108n, 146n, 352
Herrick, Robert 罗伯特·赫里克, 81, 90
Hesse, Herman 赫尔曼·黑塞, 140, 283
Hindus, Milton 米尔顿·辛杜斯, 121, 121n
Hinkle, Al 阿尔·欣克尔, 56, 134, 142, 235, 243, 251, 255, 268, 272, 281, 303, 352, 366, 358
Hinkle, Helen 海伦·欣克尔, 243, 251
And the Hippos Were Boiled in Their Tanks (JK and Burroughs) 《而河马被煮死在水槽里》(杰克·凯鲁亚克和巴勒斯), 144
history: JK's views about 杰克·凯鲁亚克的历史观, 82
Hodos Chameliontos 《变色龙之路》, 88-89, 96, 177, 182
Hoffenberg, Mason 梅森·霍芬伯格, 341, 365, 370, 398, 430
Hoffman, John 约翰·霍夫曼, 139-140, 139n, 165, 288
Holiday, Billie 比莉·哈乐黛, 150, 197
Holiday magazine 《假日》杂志, 391, 427, 450, 470, 471,
Hollander, John 约翰·霍兰德, 145, 151, 152, 304, 312, 411
Hollywood 好莱坞
    AG trip to 艾伦·金斯堡前往, 297
    AG views about 艾伦·金斯堡的看法, 294

索 引   679

  and JK dreams about *Beat Generation* 与杰克·凯鲁亚克梦见《垮掉的一代》, 295
  and JK ideas for movies 与杰克·凯鲁亚克的电影想法, 386, 391
  and JK plans to visit California 与杰克·凯鲁亚克计划拜访加利福尼亚, 294
  and JK plans to visit Paris 与杰克·凯鲁亚克计划拜访巴黎, 389
  JK trip to 杰克·凯鲁亚克前往, 436
  JK views about 杰克·凯鲁亚克的看法, 295
  movie novel for 小说的电影改编, 295
  as refusing to pay JK 拒绝支付杰克·凯鲁亚克, 402
  See also specific work 同见某作
Holmes, John Clellon 约翰·克莱伦·霍尔姆斯
  AG inquiries about 艾伦·金斯堡询问, 222, 365
  and AG as literary agent 与艾伦·金斯堡作为代理人, 173, 184
  AG as reading works by 艾伦·金斯堡朗读作品, 140
  and AG in San Jose 与艾伦·金斯堡在圣何塞, 229
  and AG-JK friendship 与艾伦·金斯堡—杰克·凯鲁亚克的友谊, 59
  AG lack of contact with 艾伦·金斯堡失去联系, 133
  AG letters to/from 来自/写给艾伦·金斯堡的信, 325, 375, 389
  and AG recording 与艾伦·金斯堡录制唱片, 289
  AG regards to 艾伦·金斯堡念及, 229
  and AG soul 与艾伦·金斯堡的灵魂, 93
  AG talks with 与艾伦·金斯堡谈话, 70
  AG views about 艾伦·金斯堡的看法, 141, 155, 161
  Beat Generation article by 垮掉的一代文章, 392
  as Beat Generation co-expert 作为共同的垮掉派专家, 190
  and Beat Generation writings 与垮掉的一代的写作, 370
  on Cape Cod 在科德角, 93, 105
  and Cassady marriage 与卡萨迪的婚姻, 126
  Dickens compared with 与狄更斯对比, 253
  and *Doctor Sax* 与《萨克斯博士》, 184, 186
  drinking of 酗酒, 225-226, 452
  in England 在英格兰, 392
  finances of 财务状况, 226
  Go by 《走吧》, 141, 154, 155, 157, 178, 186, 189, 190, 191, 226
  Harrington as friend of 与哈林顿为友, 107n
  as jealous of JK 嫉妒杰克·凯鲁亚克, 178-179
  JK comments about 杰克·凯鲁亚克评论, 225-226, 288, 408-409
  and JK copyright for *Beat Generation* 与杰克·凯鲁亚克的《垮掉的一代》版权, 405
  JK as disciple of 杰克·凯鲁亚克作为信徒, 452

    JK inquiries about　杰克·凯鲁亚克询问，176，387
    and JK letter to Temko　与杰克·凯鲁亚克写给特姆科的信，53
    JK letters to/from　来自/写给杰克·凯鲁亚克的信，321，337，402，472
    JK views about　杰克·凯鲁亚克的看法，54，179，186，452
    JK visits with　与杰克·凯鲁亚克一起探访，222，431
    Marian relationship with　与玛丽安的关系，141，155，226
    and new literary movement　与新文学运动，158
    and New Year's Eve party　与除夕聚会，57
    Newman house near　纽曼家附近，227
    and *On the Road*　与《在路上》，176
    publication of works of　作品出版，150，172，178
    and publicity for Burroughs *Junkey*　与巴勒斯《瘾君子》宣传，189，190，191
    and Schapiro arrangements　与夏皮罗安排会面，119
    and Solomon work　与所罗门的作品，123
    title for book by　书名，154
    writings about JK and AG of　与杰克·凯鲁亚克和艾伦·金斯堡相关的创作，472
Holmes, Marian　玛丽安·霍尔姆斯，54，141，155，179，226
Holmes, Shirley　雪莉·霍尔姆斯，225，226
homosexuality　同性恋
    AG views about　艾伦·金斯堡的看法，251
    Cru views about　克鲁的看法，226
    JK views about　杰克·凯鲁亚克的看法，196-197，236，246，247
    as power in American Literature　作为美国文学中的力量，196-197
    See also specific person　同见具体的人
honesty　诚实，55，60
Horace Mann School　贺拉斯·曼中学，139n，179，292，450
Horizon magazine　《地平线》杂志，408，410-411
Horney, Karen　凯伦·霍尼，212，212n
Household, Geoffrey　杰弗里·豪斯霍尔德，67
Howard, Richard　理查德·霍华德，67
Howl and Other Poems (AG)　《嚎叫及其他诗歌》（艾伦·金斯堡）
    admiration for　欣赏，331
    and AG finances　与艾伦·金斯堡的财务状况，355，362
    and AG invitation to Chile　与艾伦·金斯堡受邀去智利，444
    AG reading of　艾伦·金斯堡朗诵，398
    AG sends other authors copies of　艾伦·金斯堡寄给其他作家副本，327
    AG views about　艾伦·金斯堡的看法，393，475
    banning of　禁止，342，342n
    City Lights publication of　城市之光出版，320，328

索　引　**681**

Corso "Power" similar to　柯索《力量》一诗的相似之处, 333
　　Corso views about　柯索的看法, 328
　　　dedication of　献给, 350, 356
　　　and Ferlinghetti　与费林盖蒂, 327, 342n, 358
　　　Jarrell views about　贾雷尔的看法, 334
　　　JK copy of　杰克·凯鲁亚克的副本, 318, 319, 320
　　　JK influence on　杰克·凯鲁亚克的影响, 319
　　　JK reading of　杰克·凯鲁亚克朗诵, 385
　　　JK suggests title for　杰克·凯鲁亚克的书名建议, 319
　　　and JK on television　与杰克·凯鲁亚克上电视, 364
　　　JK views about　杰克·凯鲁亚克的看法, 318, 352
　　　Joan Dream poem in　里面关于琼的梦的诗, 328
　　　Mademoiselle quotes from　《小姐》引用, 387
　　　peyote vision as inspiration for　佩奥特掌幻象作为灵感, 249, 249n
　　　reprints of　重印, 375
　　　reviews of　评论, 355
　　　revisions to　修订, 395
　　　and Solomon　与所罗门, 103n
　　　trial concerning　审判相关, 303n, 342, 342n, 249–250, 362, 366, 371
　　　and Whalen　与惠伦, 358
　　　and Williams　与威廉斯, 325
Hudson, Jim　吉姆·哈德逊, 230, 231, 300, 318, 403
Hudson Reviews　《哈德逊评论》, 104, 172
Huncke, Herbert　赫伯特·洪克
　　　AG comments about　艾伦·金斯堡评论, 76, 457
　　　AG copies of work by　艾伦·金斯堡的作品副本, 418
　　　and AG introspection　与艾伦·金斯堡的内省, 77
　　　and AG legal problems　与艾伦·金斯堡的法律问题, 68–69, 71, 77, 87
　　　and AG as literary agent　与艾伦·金斯堡作为文学代理, 173
　　　AG meeting with　与艾伦·金斯堡会面, 184
　　　and AG in mental hospital　与艾伦·金斯堡在精神病院, 104
　　　AG poem about　艾伦·金斯堡的相关诗歌, 84
　　　as AG roommate in Harlem　作为艾伦·金斯堡在哈莱姆的室友, 50
　　　AG views about　艾伦·金斯堡的看法, 313
　　　and Avon anthology　与亚文选集, 435, 440
　　　and Burroughs　与巴勒斯, 69
　　　code names for　代号, 71
　　　dehumanization of　非人化, 68
　　　finances of　财务状况, 439
　　　illness of　生病, 441

  indictment and jailing of 起诉和入狱, 67, 87
  and JK article explaining Beat Generation 与杰克·凯鲁亚克撰文解释垮掉的
    一代, 353
  JK comments about 杰克·凯鲁亚克评论, 80, 212, 288
  JK daydreams about 杰克·凯鲁亚克做白日梦, 469
  JK inquiries about 杰克·凯鲁亚克询问, 32, 472
  JK relationship with 与杰克·凯鲁亚克的关系, 375
  JK visits with 与杰克·凯鲁亚克一同探访, 451
  maudlin phrases of 煽情的句子, 119
  in Mexico 在墨西哥, 166, 167
  and new literary movement 与新文学运动, 150, 158
  in New York City 在纽约, 454
  nihilism of 虚无主义, 276
  publication of works by 作品出版, 150, 172, 352
  relationship with other people of 与其他人的关系, 68–69
  revival of work of 新的文学运动, 150
  saying of 言说, 76
  and shrouded stranger phrase 与短语"尸衣陌客", 158
  and stolen property case 与财物被盗案, 67, 68–69, 87
Hunter College: JK appearance at 杰克·凯鲁亚克出现在亨特学院, 412, 415
Huston, John 约翰·休斯顿, 398

Ignu 伊戈努, 86
imagination: AG comments about 艾伦·金斯堡对想象力的评论, 293
immortality: JK views about 杰克·凯鲁亚克对永生的看法, 63
India 印度
  AG thoughts of visiting 艾伦·金斯堡考虑拜访, 384, 439, 441
  AG trip to 艾伦·金斯堡前往, 456, 469, 473
  Burroughs plans to visit 巴勒斯计划拜访, 396, 400
  JK views about trip to 杰克·凯鲁亚克对印度之行的看法, 453
intellectuals 知识分子
  and Cowley changes to *On the Road* 与考利对《在路上》的删改, 352
  and image of Beat Generation 与垮掉的一代形象, 438
  JK views about 杰克·凯鲁亚克的看法, 349, 395
"Introduction to the Prose of Jack Kerouac" (AG) "杰克·凯鲁亚克的小说导读"
  （艾伦·金斯堡）, 195
Isis magazine 《伊希斯》杂志, 417

Jackson, Natalie 娜塔莉·杰克逊, 254–255, 256–257, 281, 285, 286, 303,
  325

索 引 **683**

Jackson, Phyllis 菲利斯·杰克逊, 193, 194
James, Henry 亨利·詹姆斯, 175, 377
Japan: AG in 艾伦·金斯堡在日本, 469-473
Jargon Press 行话出版社, 325n
Jarrell, Randall 兰德尔·贾雷尔, 333-334, 336-337, 338
jazz: JK writings about 杰克·凯鲁亚克写爵士乐, 235, 238, 286, 452
Jennison, Keith 基思·詹尼森, 302n, 305
Jews: JK views about 杰克·凯鲁亚克对犹太人的看法, 287-289
Joan Dream poem (AG) 关于琼的梦的诗（艾伦·金斯堡）, 328
"Joan Rawshanks" (JK) "琼·罗申克斯"（杰克·凯鲁亚克）, 258, 283, 298, 301
Johnson, Samuel 塞缪尔·约翰逊, 41, 113, 114
Jones, LeRoi 勒鲁瓦·琼斯, 394, 420, 436, 451, 456, 459
Joyce, James 詹姆斯·乔伊斯, 5, 153, 173, 178, 181, 272, 276, 283, 459
Judgment Day 审判日, 82, 156, 159

Kaddish and Other Poems (AG) 《卡迪什及其他诗歌》（艾伦·金斯堡）, 385, 429, 434, 438, 441, 444, 454, 456, 460, 465, 475
Kafka, Franz 弗兰茨·卡夫卡, 39, 100, 140, 277
Kallman, Chester 切斯特·卡尔曼, 155, 223, 223n, 226
Kammerer, David 戴维·卡默勒, 3, 12, 12n, 44n, 306
Karney, Varda 瓦尔达·卡尼, 117, 119, 226
Kazin, Alfred 阿尔弗雷德·卡赞, 57, 247, 302
Keck, Bill 比尔·凯克, 142, 209, 212, 233, 243, 347
Kennedy, John F. 约翰·弗·肯尼迪, 460, 461
Kenyon magazine 《凯尼恩评论》杂志, 36-37, 104, 395
Kerouac, Edie Parker (wife) 伊迪·帕克·凯鲁亚克（妻子）, 3, 3n, 4, 22, 94, 97, 100, 108, 109, 113, 179, 253
Kerouac, Gabrielle (mother) 加布里埃尔·凯鲁亚克（母亲）
  advice to JK about work from 对杰克·凯鲁亚克作品的建议, 62-63
  AG gets manuscript from 艾伦·金斯堡收到手稿, 162, 193, 194
  AG inquiries about 艾伦·金斯堡询问, 90, 100, 334
  and AG-JK relationship 与艾伦·金斯堡—杰克·凯鲁亚克的关系, 394, 398, 399, 400, 402, 433, 474
  as babysitter 作为保姆, 415
  in Berkeley 在伯克利, 422
  and Brooks in North Carolina 与布鲁克斯在北卡罗来纳, 285
  Burroughs letter to 巴勒斯写信给, 402
  California move of 搬去加利福尼亚, 341, 342, 345, 351
  and criticisms of JK 与对杰克·凯鲁亚克的批评, 379

in Denver　在丹佛, 73, 90
　　dreams about JK writings of　梦见杰克·凯鲁亚克写作, 295
　　financial affairs of　财务问题, 344
　　and Hube the Cube　与休伯特, 349
　　invites AG to Northport　邀请艾伦·金斯堡来北港, 428
　　JK concerns about　杰克·凯鲁亚克的担忧, 330
　　and JK finances　与杰克·凯鲁亚克的财务状况, 158, 160, 247, 268, 391, 452
　　JK living alone with　杰克·凯鲁亚克和母亲相依为命, 421
　　and JK loan to Cassady　与杰克·凯鲁亚克借钱给卡萨迪, 56–57
　　JK love for　杰克·凯鲁亚克的爱, 54
　　JK "official" residence with　杰克·凯鲁亚克的"官方"住所, 190
　　and JK paternity suit　与杰克·凯鲁亚克的生父确认诉讼, 267
　　and JK return to North Carolina　与杰克·凯鲁亚克返回北卡罗来纳, 325
　　and JK thoughts of Mexico　与杰克·凯鲁亚克想到墨西哥, 219
　　and JK travel plans　与杰克·凯鲁亚克的旅行计划, 273, 280
　　and JK visits to New York City　与杰克·凯鲁亚克拜访纽约, 295, 314
　　JK writings about　杰克·凯鲁亚克描写, 422, 470
　　and Kingsland visit　与金斯兰之访, 409
　　Long Island move of　搬去长岛, 337–338
　　and meeting JK women　与杰克·凯鲁亚克的女人们会面, 35
　　moves back to New York City　搬回纽约, 94
　　Northport home for　北港的家, 384, 394, 421
　　Orlando move of　搬去奥兰多, 351–352
　　and police search for JK　与警察搜寻杰克·凯鲁亚克, 157
Kerouac, Jack　杰克·凯鲁亚克
　　accomplishments of　成就, 472
　　birthday of　生日, 440
　　in Bronx County Jail　在布朗克斯县监狱, 3–4
　　childhood and youth of　童年和青春期, 24
　　child support payments of　孩子抚养费, 157, 160, 267–268, 342, 343–346, 349
　　depression of　抑郁, 230
　　diary/journals of　日记/日志, 18–19
　　divorce of　离婚, 344–346, 348–349
　　dreams of　梦, 290–291, 312, 357–358
　　drinking by　酗酒, 223, 224, 225–226, 230, 236, 270, 272, 291, 301, 309, 310, 314, 322, 337, 343, 351, 358, 359, 372, 373–374, 378, 385, 387, 394, 395, 404, 406, 409, 410, 423, 427, 428, 453, 458, 460, 461, 470, 472

索　引　**685**

and drugs 与毒品, 164, 165, 166-167, 169, 197, 212, 223, 270, 296, 301, 307, 310, 316, 318, 321, 330, 359, 406, 415, 420, 439, 442, 450

fame of 名声, 399, 440, 472

favorite song of 最喜欢的歌, 405

favorite writers of 最喜欢的作家, 307

finances of 财务状况, 94, 108, 133, 133n, 142, 146, 158, 160, 172, 178, 184, 236, 289, 290, 292, 294, 295, 296, 298, 300, 301, 302, 304, 305, 307, 321, 334, 335, 336, 337-338, 341, 343-344, 349, 351-352, 353, 354, 356, 360, 363, 366-367, 373, 377, 387-388, 389, 391-392, 400, 401, 402, 404, 405-406, 407, 412-413, 419, 420, 421, 427, 429, 430, 431, 436, 443, 444, 449, 450-451, 452, 453, 469

happiness of 幸福, 280-281, 391

Haverty relationship with 与哈弗蒂的关系, 267-268, 342, 343-346, 348-349, 469-470

illness/injuries of 生病/受伤, 267, 292, 296, 314, 315, 354, 404, 406, 432

imitations of 模仿, 165

jobs for 工作, 11-12, 11n, 16, 80, 146, 178, 189, 305, 326, 329, 458

knife attack on 受刀攻击, 394, 401, 428

lifestyle change of 生活方式改变, 453, 458

as mad 发疯, 53, 55

marriage of 婚姻, 4, 131

marriage thoughts of 婚姻想法, 53

Mass for spiritual welfare of 为精神福祉而做的弥撒, 366

in mental hospital 在精神病院, 75, 76, 107-108, 107n

nicknames for 绰号, 119n

"official" residence of "官方"住所, 190

"personal-ness" problem of "个性化"问题, 34

and police 与警察, 3-4, 19

popularity of 受欢迎, 357-359

pseudonyms for 化名, 421-422

psychic balance of 心理平衡, 18, 19-20, 23-24

reputation of 声誉, 333-334

self-image of 自我形象, 124, 377

self-understanding of 自我认知, 49-50

suicide thoughts of 自杀念头, 291

transgressions and regrets of 越界和悔恨, 23-24

visions of 幻象, 42, 58, 230

wedding of　婚礼, 158
　　withdrawal of　退出, 399-401, 427, 433, 439-440, 450, 469
　　women/lovers of　女人/爱人们, 22, 23, 35, 45-46, 53, 108, 109, 143n, 147, 148, 158, 169, 179, 223, 225, 226, 310, 330, 342, 349, 352, 377, 394, 414, 415, 421, 452, 458, 469
Kerouac, Jack—poems/writings of　杰克·凯鲁亚克——诗歌/写作
　　AG as agent for　艾伦·金斯堡作为代理, 189, 192-193, 194-196, 229, 257-258, 262, 277-278, 283
　　AG influence on　艾伦·金斯堡的影响, 147-148, 337
　　AG inquiries about old　艾伦·金斯堡询问衰老, 182
　　AG reading of　艾伦·金斯堡朗读, 407
　　and AG requests for poem/excerpts from JK　与艾伦·金斯堡向杰克·凯鲁亚克索要诗歌/节选, 153, 417
　　AG views about　艾伦·金斯堡的看法, 71-72, 85, 88, 100, 153, 155, 230, 245, 257, 263, 265, 411, 420, 420n, 422
　　anthology of　选集, 414, 414n, 415, 417, 420
　　banning of　禁止, 418
　　contracts for　合同, 195, 353-54, 419
　　and crazy poems　与狂诗, 80-81
　　criticisms of　批评, 379, 385, 392, 408, 452
　　images in　里面的意象, 80-81, 83-84
　　and JK desire to be greatest writer in world　与杰克·凯鲁亚克想成为世上最伟大的作家, 280
　　and JK desire to write　与杰克·凯鲁亚克想写, 449
　　and JK in Florida　与杰克·凯鲁亚克在佛罗里达, 366
　　and JK as greatest American poet　与杰克·凯鲁亚克作为最伟大的美国诗人, 377, 378
　　JK interviews about　与杰克·凯鲁亚克采访, 413-414, 415
　　and JK lack of interest in writing　与杰克·凯鲁亚克缺乏写作兴趣, 335
　　JK problems with　与杰克·凯鲁亚克的问题, 413
　　and JK reputation　与杰克·凯鲁亚克的声誉, 418-19
　　and JK request for AG to send copies of all his works　与杰克·凯鲁亚克要求艾伦·金斯堡寄来他所有作品的副本, 289, 289n
　　and JK style　与杰克·凯鲁亚克的风格, 411
　　JK views about　杰克·凯鲁亚克的看法, 81, 247, 337, 373, 414
　　method in　其中的方法, 181, 258n, 393
　　publication/rejection of　出版/拒稿, 51-52, 172, 229, 277-278, 331
　　reviews of　评论, 411, 417
　　Shakespeare as model for　莎士比亚作为典范, 442
　　sketches in　里面的速写, 172, 174-176, 245, 337

索引　**687**

stolen 被盗, 339
symbolism in 象征主义, 71-72
untitled 无题, 80-81, 106-107, 223-224, 257-258, 314-315, 459
See also specific poem, person, or topic 同见具体的诗、人或话题
Kerouac, Janet Michele "Jan" (daughter) 珍妮特·米歇尔·"简"·凯鲁亚克（女儿）, 131, 267
Kerouac, Leo (father) 利奥·凯鲁亚克（父亲）, 375, 474
Kilgallen, Dorothy 多罗西·基尔加伦, 394
Kingsland, John 约翰·金斯兰, 9, 14, 21-22, 151, 155, 209, 222, 223, 228, 252, 287, 293-296, 301, 409
Knopf Publishers. *See* Alfred A. Knopf Publishers 克诺夫出版社。见阿尔弗雷德·阿·克诺夫出版社
knowing: AG views about 艾伦·金斯堡对"知道"的看法, 48
KPFA radio station KPFA电台, 262, 316, 317, 386
Kulchur magazine 《文化》杂志, 435n, 436, 437, 438

Lamantia, Philip 菲利普·拉曼蒂亚
　AG comments about 艾伦·金斯堡评论, 140, 240, 388, 404
　and AG interest in Buddhism 与艾伦·金斯堡对佛教的兴趣, 407
　AG letters to/from 来自/写给艾伦·金斯堡的信, 416
　and AG peyote request 与艾伦·金斯堡索要佩奥特掌, 133
　and AG in San Francisco 与艾伦·金斯堡在旧金山, 227
　and Allen 与艾伦, 416, 418
　and *Big Table* magazine deal 与《大桌子》杂志的交易, 436
　and Buddhism 与佛教, 313
　and Burroughs writings 与巴勒斯的写作, 345
　Cassady meeting with 与卡萨迪会面, 140
　and Corso poetry reading 与柯索的诗歌朗读, 333
　drinking of 酗酒, 385
　Hart fight with 与哈特起冲突, 406
　and JK article explaining Beat Generation 与杰克·凯鲁亚克撰文解释垮掉的一代, 353
　and JK-Cassady argument 与杰克·凯鲁亚克—卡萨迪争论, 166
　JK comments about 杰克·凯鲁亚克评论, 226, 288, 400
　and JK copy of Corso poem 与杰克·凯鲁亚克的柯索诗歌副本, 391
　JK letters to 杰克·凯鲁亚克写信给, 393, 431
　and JK Mexico plans 与杰克·凯鲁亚克的墨西哥计划, 452
　JK orgy with 杰克·凯鲁亚克狂欢, 385
　JK publicizing poetry of 杰克·凯鲁亚克宣传诗歌, 400
　JK relationship with 与杰克·凯鲁亚克的关系, 375

  JK visit with　与杰克·凯鲁亚克一同探访，165，313
  and Keck　与凯克，142
  and knife attack on JK　与杰克·凯鲁亚克受刀攻击，394
  Loewinsohn as similar to　与罗文森的相似之处，345
  Mexican hipsters views of　墨西哥嬉普士的观点，165
  in Mexico　在墨西哥，331，395，431
  in New York City　在纽约，379，409
  in Oregon　在俄勒冈，411
  poetry of　诗歌，140
  publication of works by　作品出版，410，416，418
  and religion　与宗教，313
  in San Francisco　在旧金山，165
  Six Gallery reading of　六画廊诗歌朗诵会，132n，325
  and Snyder　与斯奈德，411
  visions of　幻象，313
  and Williams　与威廉斯，348
  and Williams-AG correspondence　与威廉斯—艾伦·金斯堡通信，132
Landesman, Jay　杰伊·兰德斯曼，122-123，122n，127，386，395，395n，431
"Laughgass" (AG)　《笑气》（艾伦·金斯堡），445，455
Laughlin, James　詹姆斯·劳夫林，138，138n，233，410，411，414，418
Laughlin, Jay　杰伊·劳夫林，108，143，152，277，278，283，373，431，433，434，451
LaVigne, Robert　罗伯特·拉维涅，252，254，255-257，261，315，318，326，348，351，352，371，393，396，397，404
Lawrence, Seymour　西摩·劳伦斯，51，51n，227，236，267
Leadbelly　"铅肚皮"461
Lee, Alene　艾琳·李，142，222，225，231，290，301，304，307，353，383，387，414
Lee, William. *See* Burroughs, William　威廉·李，见威廉·巴勒斯
Lenrow, Elbert　埃尔伯特·伦罗，70，71，86，86n，88，120，386
Lerner, Max　马克斯·勒纳，406，407，412
Leslie, Alfred　艾尔弗雷德·莱斯利，386，389，427，438，444
Leslie, Hubert　休伯特·莱斯利，333，349
Levertov, Denise　丹尼斯·勒沃托夫，354，375
Library of Congress　国会图书馆，333，333n
Life　人生
  Burroughs views about　巴勒斯的看法，237
  as dream　作为梦，225
  JK views about　杰克·凯鲁亚克的看法，63-64，82，225，336
Life magazine　《生活》杂志，122，330，330n，335，359，362，386，395

limerick, of AG　艾伦·金斯堡的打油诗，139
"Lines Written in Rockefeller Center" (AG)　《写于洛克菲勒中心的诗行》（艾伦·金斯堡），80
"The Lion for Real" (JK)　《真正的狮子》（杰克·凯鲁亚克），392，428
Listener magazine　《听众》杂志，393
literature　文学
　　AG comments about　艾伦·金斯堡评论，221
　　　　homosexuals as powerful in American　同性恋在美国很有势力，196-197
　　　　JK views about　杰克·凯鲁亚克的看法，185，197，317-318，420，451
Little Brown & Co.　利特尔·布朗出版社，227，236
Livornese, Tom　汤姆·利沃内斯，42，43，44，45，46，272
Loewinsohn, Ronny　罗尼·罗文森，345，350
London, England　英国伦敦
　　AG visit to　艾伦·金斯堡前往，384，388-389，393
　　JK in　杰克·凯鲁亚克在，341，342，343
　　JK views about　杰克·凯鲁亚克的看法，351
Lonesome Traveler (JK)　《孤独旅者》（杰克·凯鲁亚克），451，459-460
"Long Live the Spiderweb" (AG)　《蜘蛛网万岁》（艾伦·金斯堡），132，135，144，151-152，158
"Long Poem" (AG)　《长诗》（艾伦·金斯堡），145
Look magazine　《展望》杂志，362，413
Lord, Sterling　斯特林·洛德
　　AG advice to JK about　艾伦·金斯堡对杰克·凯鲁亚克的建议，292，293
　　as AG agent　作为艾伦·金斯堡的代理，433
　　and AG copy of *Subterraneans*　与艾伦·金斯堡的《地下人》副本，393
　　AG dinner with　与艾伦·金斯堡共进晚餐，383
　　and AG finances　与艾伦·金斯堡的财务状况，429
　　AG letters/requests to　艾伦·金斯堡写给他的信/对他的要求，281，358，361，371
　　AG returns material to　艾伦·金斯堡将材料归还给，283
　　AG views about　艾伦·金斯堡的观点，292，419
　　and AG works　与艾伦·金斯堡的作品，362
　　Allen lunch with　与艾伦共进午餐，419
　　and Avon anthology　与亚文选集，432，435，441
　　and *Beat Generation*　与《垮掉的一代》，305
　　and *Big Table* publication of JK poems　与《大桌子》发表杰克·凯鲁亚克的诗，436
　　and *Blues*　与《布鲁斯》，365
　　and *Buddha Tells Us*　与《佛说》，308
　　and Burroughs works　与巴勒斯的作品，361，370

and Cassady works 与卡萨迪的作品, 416
and Corso works 与柯索的作品, 383, 409, 433
and *Doctor Sax* 与《萨克斯博士》, 290, 412-413, 418, 420
and French publishing of JK works 与在法国出版杰克·凯鲁亚克的作品, 247
Giroux recommends 吉鲁推荐, 247
and JK Buddha works 与杰克·凯鲁亚克的佛陀书稿, 290, 291
JK complaints about 杰克·凯鲁亚克抱怨, 290, 291
and JK contracts 与杰克·凯鲁亚克的合同, 419
and JK copyright for *Beat Generation* 与杰克·凯鲁亚克《垮掉的一代》版权, 405
and JK finances 与杰克·凯鲁亚克的财务状况, 352, 384, 429
and JK-Haverty relationship 与杰克·凯鲁亚克—哈弗蒂关系, 342
JK meetings with 与杰克·凯鲁亚克会面, 420
and JK New York City visits 与杰克·凯鲁亚克的纽约之访, 295
and JK reputation 与杰克·凯鲁亚克的名声, 418-419
and JK request to AG to inform Lord about his activities 与杰克·凯鲁亚克要求艾伦·金斯堡告知洛德他的行动, 280
JK views about 杰克·凯鲁亚克的看法, 308
and JK withdrawal 与杰克·凯鲁亚克退出, 394, 440
and Lamantia works 与拉曼蒂亚的作品, 416
and *On the Road* movie 与电影《在路上》, 390
and Paetel 与帕特尔, 442
in Paris 在巴黎, 383
and powers of attorney for AG 与艾伦·金斯堡的授权, 247
sends JK works to Williams 将杰克·凯鲁亚克的作品寄给威廉斯, 348
and *Subterraneans* publication 与《地下人》出版, 335, 343
and Talbot meeting 与塔尔博特会面, 451
Wieners letters to 维纳斯的信, 351
Los Angeles, California 加利福尼亚洛杉矶
AG trip to 艾伦·金斯堡前往, 334, 336
JK desire to go to 杰克·凯鲁亚克想去, 12
Love 爱
AG comments about 艾伦·金斯堡评论, 221, 293, 475
AG desire to write about 艾伦·金斯堡想写, 36
and AG-JK friendship 与艾伦·金斯堡—杰克·凯鲁亚克的友谊, 197, 219
AG views about 艾伦·金斯堡的看法, 10, 26-27, 47, 48, 49, 60, 88, 98, 99, 101, 161, 221, 255, 265, 266
Burroughs views about 巴勒斯的看法, 237
JK comments about 杰克·凯鲁亚克评论, 358
JK stories about 杰克·凯鲁亚克的故事, 12

索引 **691**

JK views about 杰克·凯鲁亚克的看法, 43, 44, 54, 63, 268-269, 270
Lowell, Massachusetts 马萨诸塞洛厄尔, 247, 307, 395, 401
Lowell, Robert 罗伯特·洛厄尔, 107, 140, 151
Lowry, Robert 罗伯特·劳里, 414, 414n
LSD 麦角酸, 430, 430n, 435
"Lucien Midnight" (JK) 《吕西安午夜》(杰克·凯鲁亚克), 373, 406, 413
"Lucien's Face" (AG) 《吕西安的面孔》(艾伦·金斯堡), 36
Lustig, Joe 乔·路斯蒂格, 357, 365-366
Lyons, Martin Spencer 马丁·斯宾塞·莱昂斯, 32

McCarthy hearings 麦卡锡听证会, 305
MacClaine, Chris 克里斯·麦克莱恩, 227, 310, 317, 389, 431
McClure, Michael 迈克尔·麦克卢尔, 325, 334, 352, 371, 388, 429, 431, 436, 441, 459, 470
"MacDougal Street Blues in Three Cantos" (JK) 《三章麦克道格尔街布鲁斯》(杰克·凯鲁亚克), 300
McGraw-Hill Publishing 麦格劳-希尔出版公司, 451, 460
MacGregor, Robert 罗伯特·麦克雷戈, 343, 343n
MacLeish, Archibald 阿奇博尔德·麦克利什, 328, 386
McManus, Patricia 帕特里夏·麦克马纳斯, 422, 422n
Macmillan Publishing 麦克米伦出版公司, 415
Mademoiselle magazine 《小姐》杂志, 335, 335n, 387
madness: AG views about 艾伦·金斯堡对发疯的看法, 39
Maggie Cassidy (JK) 《玛吉·卡西迪》, 192-193, 194-195, 196, 278
Mailer, Norman 诺曼·梅勒, 57n, 301, 358, 406, 415, 431, 469, 472
Mann, Thomas 托马斯·曼, 5, 10, 22, 25, 76, 82
Marconi Hotel (San Francisco, California) 马可尼酒店(加利福尼亚旧金山), 238, 239, 250
Maritime Service Training Station (Sheepshead Bay, Brooklyn): AG at 艾伦·金斯堡在海事训练站(布鲁克林羊头湾), 9-14, 16-17
Marker, Lewis 刘易斯·马克, 138, 144, 156, 169, 201
marriage: JK views about 杰克·凯鲁亚克的婚姻观, 63
"Marriage" (JK) 《婚姻》(杰克·凯鲁亚克), 415
Marshall, Edward 爱德华·马歇尔, 403, 405
Martinelli, Sheri 谢莉·马丁内利, 275, 279
May, Joe 乔·梅, 60, 158
MCA 184, 185, 191, 192, 194, 195, 196
Measure magazine 《标准》杂志, 348, 429
meat poems, of AG 艾伦·金斯堡有关内脏的诗, 360
Melody, "Little Jack," "小杰克"·梅洛迪, 42n, 67, 69, 87, 357

Melville, Herman　赫尔曼·麦尔维尔, 95, 124, 134, 141, 174, 185, 213, 247, 272, 293, 347, 428, 433, 437, 472
Memory Babe (JK)　《回忆宝贝》（杰克·凯鲁亚克）, 401, 423
men: JK views about　杰克·凯鲁亚克对人的看法, 53, 307
mental hospital　精神病院
  AG in　艾伦·金斯堡在, 92–106, 113, 124
  AG mother in　艾伦·金斯堡的母亲在, 241, 285
  AG released from　艾伦·金斯堡出院, 120
  AG tales about　艾伦·金斯堡的故事, 101–5, 107
  AG to go to　艾伦·金斯堡去, 68, 76–77, 85
  Burroughs in　巴勒斯在, 100
  doctors in　医生在, 103
  JK in　杰克·凯鲁亚克在, 75, 76, 107–8, 107n
  Orlovsky (Laff) threatened with　奥洛夫斯基（拉夫）受威胁被送, 363–364, 369–370
  Pound in　庞德在, 107
  Solomon in　所罗门在, 103, 104, 285, 299
Merchant Marine: and AG　商船队与艾伦·金斯堡, 9–11, 326
Merims, Bob　鲍勃·梅里姆斯, 201, 201n, 209, 304, 329, 336, 347, 364, 403, 444
Merton, Thomas　托马斯·默顿, 107, 123
"Metaphysics" (AG)　《形而上》（艾伦·金斯堡）, 131, 132, 135
Mew, Charles　查尔斯·缪, 310, 366
Mexican author. *See* Shields, Karena　墨西哥作家，见凯伦娜·希尔兹
"Mexican Girl" (JK)　《墨西哥女孩》（杰克·凯鲁亚克）, 321
Mexico　墨西哥
  AG in　艾伦·金斯堡在, 170, 201–218, 220, 265, 279, 302, 329, 334, 471
  AG plans to visit　艾伦·金斯堡计划拜访, 176, 303, 329, 331, 332, 333, 441
  AG reluctance to go to　艾伦·金斯堡不情愿去, 169–170, 173
  and drugs　与毒品, 316, 319
  earthquakes in　地震, 213–217, 353, 422
  JK in　杰克·凯鲁亚克在, 124, 125–127, 162–172, 173–178, 314–322, 329, 330–336, 471
  and JK offer to Cowley　与杰克·凯鲁亚克向考利提议, 302
  JK plans to visit　杰克·凯鲁亚克计划拜访, 146, 147, 274, 295, 300, 303, 305, 307, 352, 353, 432, 436, 440, 450, 452
  JK views about　杰克·凯鲁亚克的看法, 330
  JK writings about　杰克·凯鲁亚克描写, 422
  See also specific person　同见具体的人

Mexico City Blues (JK) 《墨西哥城布鲁斯》（杰克·凯鲁亚克），318，320，335，385，408，416，436，438，449
MGM 米高梅，405，440
Micheline-Silver, Jack 杰克·米舍林—西尔弗，402，450，452
Michigan, JK in 杰克·凯鲁亚克在密歇根，4，9
Michigan State prison 密歇根州立监狱，359
"Midnight" (JK) "午夜"（杰克·凯鲁亚克），421-422，438
Mill Valley, California: JK in 杰克·凯鲁亚克在加利福尼亚的米尔谷，326-327
Miller, Henry 亨利·米勒，82，140，332，343，354，362，422
Mills, Charley 查理·米尔斯，450，452
Millstein, Gilbert 吉尔伯特·米尔斯坦，356n，373-374，375
Milton, John 约翰·弥尔顿，371，388
mind 心灵
　　AG views about 艾伦·金斯堡的看法，135，293
　　JK views about 杰克·凯鲁亚克的看法，97-98，135，253，269，290，308，471
Mistral Bookshop 西北风书店，371，371n
Mitchell, John 约翰·米切尔，465
"Moloch" (AG) "摩洛克"（艾伦·金斯堡），326
Monacchio, Tony 托尼·莫纳奇奥，35，180，307，403
money 金钱
　　AG comments about 艾伦·金斯堡评论，221，444
　　JK views about 杰克·凯鲁亚克的看法，82，442，443
　　See also specific person 同见某人
Monk, Thelonious 塞隆尼斯·蒙克，197，403，412，457
"The Monster of Dakar" (AG) 《达喀尔怪物》（艾伦·金斯堡），160
Montgomery, John 约翰·蒙哥马利，411，418，449，450
Montini, JK painting of 杰克·凯鲁亚克画蒙蒂尼，470
moon chain poem, AG 艾伦·金斯堡有关月亮的链式诗，455
Moore, Marianne 玛丽安·摩尔，151，155
Morales, Adele 阿黛尔·莫拉莱斯，57，57n
morality 道德，20-21，33
Moreland, Dusty 达斯迪·莫兰
　　AG dreams about 艾伦·金斯堡梦见，139，209
　　AG inquiries about 艾伦·金斯堡询问，222
　　and AG New York City visit 与艾伦·金斯堡的纽约之访，252
　　and AG poems 与艾伦·金斯堡的诗，135，151，152
　　AG relationship with 与艾伦·金斯堡的关系，154-155，184，231，242，252
　　AG visit with 艾伦·金斯堡拜访，403
　　apartment of 公寓，134，138，139

and Burroughs-AG relationship　与巴勒斯—艾伦·金斯堡关系，242
Corso watching　柯索偷窥，134
and Davalos　与达瓦洛斯，176
JK meeting with　与杰克·凯鲁亚克会面，231
and JK New York City visit　与杰克·凯鲁亚克的纽约之访，301，306
JK relationship with　与杰克·凯鲁亚克的关系，148，174
and Orlovsky New York City visit　与奥洛夫斯基的纽约之访，306
Williams (Sheila) as similar to　与威廉斯（希拉）的相似之处，244
movie novels　小说的电影改编，295
movies　电影
and image of Beat Generation　与垮掉的一代的形象，438
See also Hollywood; specific movie or work　同见好莱坞；具体电影或作品
Muller, Dody　多迪·穆勒，414，415，420，421，422
Mulligan, Jerry　杰瑞·穆里根，197，212
Museum of Modern Art (New York City)　现代艺术博物馆（纽约），86，86n，203
Museum of Natural History (New York City)　自然博物馆（纽约），204
music　音乐
AG interest in　艾伦·金斯堡的兴趣，317
genius in　天赋，197
See also jazz; specific person　同见爵士乐；具体的人
myth　神话
Doctor Sax as　《萨克斯博士》作为，177，181-182，183
JK views about　杰克·凯鲁亚克的看法，63
See also Great White Myth　同见伟大的白色神话
Myth of the Rainy Night: AG views about　艾伦·金斯堡对"雨夜神话"的看法，89

Nation　《国家》，343，385
National Institute of Arts and Sciences　国家艺术与科学学会，346
National Maritime Union　国家海员工会，135，142
Navaretta, Emmanuel A.　伊曼纽尔·艾·纳瓦雷塔，417
"Neal and the Three Stooges" (JK)　《尼尔和三个配角》（杰克·凯鲁亚克），350，357，361，420
Needle magazine　《针头》杂志，327，361
Negros　黑人
and AG as "regular guy,"　与艾伦·金斯堡作为"正常人"，14
Corso incident with　与柯索事件，431
Nervous Set (musical)　《紧张场景》（音乐剧），431
Neurotica magazine　《神经症》杂志，122，122n
New American Reader　《新美国读者》，301

索　引　**695**

New Directions Books 新方向图书, 132, 138n, 143, 145, 177, 184, 229, 233, 248, 277, 343n, 361, 375, 390, 410, 414, 418
New Editions 《新版本》, 343, 348, 350, 351, 352, 357, 420
new literary movement 新文学运动, 150, 158
New School 新学院, 40, 212, 387
New Story 《新故事》, 160, 172, 175, 176
new vision 新幻象, 4, 4n, 5, 24-25
New World Writing 《新世界写作》
    AG wants copy of 艾伦·金斯堡想要副本, 284-285
    and AG works 与艾伦·金斯堡的作品, 362
    and Burroughs writings 与巴勒斯的写作, 277, 361
    Cowley-JK letters about 考利—杰克·凯鲁亚克相关信件, 196
    and JK copyright for *Beat Generation* 与杰克·凯鲁亚克的《垮掉的一代》版权, 405
    and publication of JK works 与杰克·凯鲁亚克的作品出版, 193, 194-195, 227, 235-236, 277, 282, 285, 292, 301, 306
    Rexroth article in 里面雷克斯罗斯的文章, 351
    Rexroth review of 雷克斯罗斯的评论, 286
New York City 纽约
    AG apartment in 艾伦·金斯堡的公寓, 184, 456-457
    AG car trip to 艾伦·金斯堡驾车前往, 435, 437
    AG in 艾伦·金斯堡在, 3-5, 11-27, 33-42, 46-50, 92-109, 117-120, 137-145, 149-155, 159-162, 176-178, 180-185, 189-197, 262-266, 336-338, 403-423, 427-428, 435-445, 449, 454-461
    AG plans to return to 艾伦·金斯堡计划返回, 252, 334, 397, 399, 429
    AG views about 艾伦·金斯堡的看法, 393
    AG visit to 艾伦·金斯堡拜访, 252, 255, 336-338
    Carr views about 卡尔的看法, 392
    drugs in 毒品, 457
    JK in 杰克·凯鲁亚克在, 3-5, 9-27, 31-52, 58-64, 67-73, 113-124, 190, 194-197, 218-258, 261-279, 296-303, 341-344, 355-359, 374-376, 379-380, 394-396, 427
    JK plans to move back to 杰克·凯鲁亚克计划搬回, 94, 108
    JK plans to visit 杰克·凯鲁亚克计划拜访, 173, 295-296, 300, 314, 354, 373
    JK views about 杰克·凯鲁亚克的看法, 33, 395, 431-432, 461
    JK visits to 杰克·凯鲁亚克拜访, 300-301, 302-303, 341-344, 391, 452, 459, 471
New York Daily News 《纽约每日新闻》, 20, 400, 439, 460
New Yorker magazine 《纽约客》杂志, 123, 395

New York *Herald Tribune* 纽约《先驱论坛报》, 320, 374, 413, 415
New York Post 《纽约邮报》, 385, 428, 430, 439
New York Public Library 纽约公共图书馆, 243
New York State Psychiatric Institute: AG at 艾伦·金斯堡在纽约州精神病研究所, 92-106, 113, 120, 124
New York Times 《纽约时报》, 190, 331, 356n, 428
Newman, Jerry 杰里·纽曼, 138, 172, 209, 209n, 226-227, 244, 361, 398, 449
Newsweek magazine 《新闻周刊》杂志, 317
Nicholson, John 约翰·尼科尔森, 429, 429n
Nihilism 虚无主义, 434
Nixon, Richard 理查德·尼克松, 460, 461
Noonday Press 正午出版社, 301
North Carolina 北卡罗来纳
 Brooks in 布鲁克斯在, 285
 Cassady car trip to 卡萨迪开车前往, 55-57
 JK in 杰克·凯鲁亚克在, 52-57, 178, 280-296, 300, 304-313, 325-326
 JK plans to go to 杰克·凯鲁亚克计划去, 40-41
Northport, New York 纽约北港
 AG visit to 艾伦·金斯堡拜访, 415
 JK house in 杰克·凯鲁亚克的房子在, 394, 433, 470
 JK in 杰克·凯鲁亚克在, 396-402, 403-423, 427-445, 449-461, 465, 469-475
nothingness: JK views about 杰克·凯鲁亚克对虚无的看法, 269
"Now Mind Is Clear" (AG) "现在头脑清楚"（艾伦·金斯堡）, 145

"October Railroad Earth" (JK) 《地球铁路的十月》（杰克·凯鲁亚克）, 343, 429
O'Hara, Frank 弗兰克·奥哈拉, 403, 453
"Old Angel Midnight" (JK) 《午夜老天使》（杰克·凯鲁亚克）, 421-422, 430, 436, 450
"Old Bull Balloon" (JK) 《老布尔气球》（杰克·凯鲁亚克）, 420
Olson, Charles 查尔斯·奥尔森, 325, 348, 365
Olympia Press 奥林匹亚出版社, 370, 372, 375, 388
On the Road (JK) 《在路上》（杰克·凯鲁亚克）
 advance for 预付金, 133n
 and AG as agent for JK 与艾伦·金斯堡作为杰克·凯鲁亚克的代理人, 195, 196, 283
 AG copy of 艾伦·金斯堡的副本, 352, 354, 355, 361, 372, 393, 396
 AG influence on 艾伦·金斯堡的影响, 146
 AG inquiry about 艾伦·金斯堡询问, 394

索引   697

AG review of 艾伦·金斯堡评论, 420
AG sends copy to JK 艾伦·金斯堡寄给杰克·凯鲁亚克副本, 171
AG views about 艾伦·金斯堡的看法, 134, 159-160, 176-178, 179, 180-181, 183
Beat Generation as title for 《垮掉的一代》作为书名, 227, 236
　as best seller 作为畅销书, 356, 356n, 371
　and Cassady 与卡萨迪, 177
　characters in 里面的人物, 46n, 137, 139n, 156, 174, 396
　classic sentence in 里面的经典句子, 285
　closing lines of 结束语, 136
　contract for 合同, 133, 133n, 148, 176
　Cowley revisions of 考利的修订, 352
　Cowley's support for 考利的支持, 194, 194n, 235-236, 289, 300, 302, 302n, 326
　Dharma Bums similar to 与《达摩流浪者》的相似之处, 376
　Esquire piece about 《绅士》杂志索要文章, 343
　European rights for 欧洲版权, 357, 366, 377
　as Factualist art 作为事实主义者的艺术, 63
　and Giroux-JK relationship 与吉鲁—杰克·凯鲁亚克的关系, 108
　and JK-AG "stealing from each other," 与杰克·凯鲁亚克—艾伦·金斯堡"互相窃取", 146
　JK autographs copies of 杰克·凯鲁亚克的签名本, 430
　JK comments about 杰克·凯鲁亚克评论, 136-137, 156, 172, 173, 174-176, 179, 185
　and JK finances 与杰克·凯鲁亚克的财务状况, 384, 436
　JK views about 杰克·凯鲁亚克的看法, 174-175, 373
　and JK visit to New York City 与杰克·凯鲁亚克拜访纽约, 300
　JK wants news about 杰克·凯鲁亚克想听到相关消息, 169
　and "Kerouac Craze," 与"凯鲁亚克的狂热", 395
　McClure reaction to 麦克卢尔的反应, 371
　movie version of 电影版本, 349, 357, 362, 373, 374, 384, 386, 389, 390, 392, 405, 423, 431, 456, 457, 469, 471
　paperback edition of 平装本, 144
　picture for cover of 封面图片, 143-144
　poems in 里面的诗, 95
　publication of 出版, 133, 142, 143-144, 148, 149, 157, 159-160, 171, 173, 176-177, 178, 194, 194n, 195, 227, 235-236, 278, 289, 302n, 342, 349, 422
　reprints of 重印, 352
　reviews of 评论, 355, 356n, 359, 398

  revisions of　修订, 398
  Rexroth views about　雷克斯罗斯的看法, 353
  "The Rose of the Rainy Night" section in　《雨夜的玫瑰》部分, 94-96
  sales of　销售, 395
  scroll version of　长卷轴纸书写, 131, 420
  title for　书名, 176, 227, 236
  Village Vanguard reading of　先锋俱乐部的朗诵, 373
  Whalen views about　惠伦的看法, 352-353
  writing and typing of　写作与打字, 96, 134, 142, 146, 148, 174, 175-176
"On the Road with Memere" (JK)　《与母亲在路上》(杰克·凯鲁亚克), 470
Orlando Blues (JK)　《奥兰多布鲁斯》(杰克·凯鲁亚克), 435
Orlovsky, Lafcadio "Laff"　"拉夫"卡迪奥·奥洛夫斯基
  AG comments about　艾伦·金斯堡评论, 457
  AG inquiries about　艾伦·金斯堡询问, 393
  AG letters to/from　来自/写给艾伦·金斯堡的信, 388
  AG relationship with　与艾伦·金斯堡的关系, 317
  AG visit with　艾伦·金斯堡拜访, 376, 443, 444
  and drugs　与毒品, 326
  Esquire picture of　《绅士》照片, 351
  as homosexual　作为同性恋, 421
  JK comments about　杰克·凯鲁亚克评论, 318, 392, 442
  and JK idea for movie　与杰克·凯鲁亚克对电影的想法, 386
  JK inquiries about　杰克·凯鲁亚克询问, 387, 472
  JK investigation of situation with　杰克·凯鲁亚克的情况调查, 363-364, 369-370
  JK letters to/from　来自/写给杰克·凯鲁亚克的信, 377
  and JK New York City visit　与杰克·凯鲁亚克的纽约之访, 373
  JK relationship with　与杰克·凯鲁亚克的关系, 379, 395
  JK visits with　杰克·凯鲁亚克拜访, 358, 408
  JK writings about　杰克·凯鲁亚克描写, 330, 422, 471
  jobs for　工作, 455
  at Marceau show　观看马叟的表演, 456
  as mentally handicapped　精神障碍, 303n
  in Mexico　在墨西哥, 329, 336, 471
  in New York City　在纽约, 352
  and painting Carr house　与粉刷卡尔的房子, 456
  painting Jones apartment　与粉刷琼的公寓, 459
  paintings by　画作, 402, 408, 421
  and Peter　与彼得, 303n, 326, 363-364, 369, 421, 443, 444, 455, 472
  publication of works of　出版作品, 352

索　引　699

in San Francisco　在旧金山, 315
　　and sex　与性, 326
　　and Sorrells　与索雷尔斯, 451
　　threatened with mental hospital　受到入住精神病院的威胁, 363-364, 369-370
　　women/lovers of　女人/爱人们, 410
Orlovsky, Marie (sister)　玛丽・奥洛夫斯基（妹妹）, 408
Orlovsky, Oleg (father)　奥列格・奥洛夫斯基（父亲）, 363, 369, 388
Orlovsky, Peter　彼得・奥洛夫斯基
　　as actor in JK play　作为杰克・凯鲁亚克剧本里的演员, 366
　　AG comments about　艾伦・金斯堡评论, 454, 457
　　AG first meets　艾伦・金斯堡第一次见到, 254
　　AG inquiries about　艾伦・金斯堡询问, 393
　　AG letters to/from　来自/写给艾伦・金斯堡的信, 393, 394
　　AG moves in with　艾伦・金斯堡搬去住, 252, 254
　　and AG plans to leave San Francisco　与艾伦・金斯堡计划离开旧金山, 284
　　AG relationship with　与艾伦・金斯堡的关系, 252, 255-257, 261, 285, 297-298, 317, 319, 327, 472
　　AG writings about　艾伦・金斯堡书写, 261, 318
　　and AG X concept　与艾伦・金斯堡的"X"概念, 263, 270
　　appearance of　外表, 356
　　Asian travels of　亚洲之行, 475
　　and Avon anthology　与亚文选集, 435
　　and Bowles (Jane)　与鲍尔斯（简）, 347
　　and Buddhism　与佛教, 278
　　and Cassady　与卡萨迪, 349
　　and characters in JK writings　与杰克・凯鲁亚克作品中角色, 318
　　and Corso poetry reading　与柯索的诗歌朗诵, 333
　　and de Angulo (Gui)　与德・安古洛（盖伊）, 332
　　depression of　抑郁, 281, 442, 456
　　and *The Dharma Bums*　与《达摩流浪者》, 411
　　and drugs　与毒品, 255
　　and European trip　与欧洲之行, 334, 341, 342, 346, 347-353, 354, 355, 356, 360, 363-364, 369, 376-378, 388
　　finances of　财务状况, 345, 345n, 402, 403
　　in Hamptons　在汉普顿, 403-404, 415
　　and Harris play　与哈里斯戏剧, 331-332
　　and Jarrell San Francisco visit　与贾雷尔的旧金山之访, 333
　　and JK-AG letters　与杰克・凯鲁亚克—艾伦・金斯堡通信, 278
　　JK challenges to　杰克・凯鲁亚克挑战, 417

JK comments about 杰克·凯鲁亚克评论, 268, 301, 344, 392, 442, 461
and JK divorce 与杰克·凯鲁亚克离婚事件, 345
JK feelings about 与杰克·凯鲁亚克的感受, 330, 358, 391, 440
and JK idea for movie 与杰克·凯鲁亚克的电影想法, 386
JK inquiries about 杰克·凯鲁亚克询问, 342, 387, 390, 421, 436, 472
and JK invitation to visit Chile 与杰克·凯鲁亚克受邀拜访智利, 442, 443-444
JK letters to/from 来自/写给杰克·凯鲁亚克的信, 348-351, 356, 360, 363, 372, 374, 376-378, 392, 427-428, 450
and JK New York City visit 与杰克·凯鲁亚克的纽约之访, 306
JK Northport house near family of 杰克·凯鲁亚克北港的房子靠近他家, 393
and JK Paris visit 与杰克·凯鲁亚克的巴黎之访, 377
JK relationship with 与杰克·凯鲁亚克的关系, 375, 379, 395, 422
and JK in San Francisco 与杰克·凯鲁亚克在旧金山, 298, 301, 335
and JK stolen poems 与杰克·凯鲁亚克被偷的诗, 335
JK views about writings of 杰克·凯鲁亚克对其写作的看法, 376
JK visits with 杰克·凯鲁亚克拜访, 415, 451
and JK withdrawal 与杰克·凯鲁亚克退出, 394, 399, 400
JK writings about 杰克·凯鲁亚克描写, 330, 422, 453, 471
and Laff 与拉夫, 303n, 326, 363-64, 369, 421, 443, 444, 455, 472
LaVigue picture of 拉维涅的照片, 348, 351, 352
LaVigue relationship with 与拉维涅的关系, 252, 254, 255-257, 261
and Mexico trip 与墨西哥之行, 329, 331, 332, 334, 335, 336, 471
Monk meeting with 与蒙克会面, 457
in New York City 在纽约, 303, 303n, 304, 306, 313, 376, 388, 397, 403, 408, 410
and painting Carr house 与粉刷卡尔的房子, 456
painting Jones apartment 粉刷琼的公寓, 459
paintings by 画作, 375
passport for 护照, 444
pornographic picture of 色情画, 347
publication of works by 作品出版, 438
reactions to JK writings by 对杰克·凯鲁亚克作品的反应, 283
and religion 与宗教, 431
and Russian Soul 与俄国灵魂, 356
and sales of *Subterraneans* 与《地下人》的销售, 394
in San Francisco 在旧金山, 315, 319
visions of 幻象, 261
and Wieners 与维纳斯, 351
Williams comments about 威廉斯评论, 433, 434

索引 **701**

women/lovers of 女人/爱人们, 330, 335, 376-377, 409, 410, 456
writings of 写作, 352, 376, 388, 434-435, 438, 441, 455
other-ness 他者性, 39
"Over Kansas" (AG) 《穿过堪萨斯》（艾伦·金斯堡）, 383

Paetel, Karl 卡尔·帕特尔, 442, 442n, 444
paintings/drawings 绘画/素描
  by AG 艾伦·金斯堡的, 106
  by Corso 柯索的, 375, 383
  by JK 杰克·凯鲁亚克的, 335-337, 350, 373, 375-376, 402, 428, 470
  of JK 关于杰克·凯鲁亚克的, 421
  by Leslie 莱斯利的, 349
  by Orlovsky (Laff) 奥洛夫斯基（拉夫）的, 402, 408, 421
  by Orlovsky (Peter) 奥洛夫斯基（彼得）的, 375
  pornographic 色情的, 347
Paris, France 法国巴黎
  AG in 艾伦·金斯堡在, 356, 360, 361, 363-380, 383-401, 465
  AG plans/desire to visit 艾伦·金斯堡计划/想要拜访, 154, 160, 210, 334, 355
  AG poem about 艾伦·金斯堡关于巴黎的诗歌, 155
  AG reluctance to go to 艾伦·金斯堡不愿去, 155
  friends of AG and JK in 艾伦·金斯堡和杰克·凯鲁亚克的朋友在, 147, 147n, 172
  JK in 杰克·凯鲁亚克在, 341-342, 421
  JK invitation to AG to go to 杰克·凯鲁亚克邀请艾伦·金斯堡前往, 157
  JK plans/desire to visit 杰克·凯鲁亚克计划/想要拜访, 4, 94, 108, 147, 330, 350, 351, 359, 374, 377, 389, 390, 391, 413
  JK views about 杰克·凯鲁亚克的看法, 341-343, 344, 351, 378
  JK writings about 杰克·凯鲁亚克的相关写作, 413, 419, 420
  women in 女人们, 351
Paris Review 《巴黎评论》, 305, 321, 326
Parker, Charley "Bird," "大鸟"查理·帕克, 197, 275, 303, 328
Parker, Edie. *See* Kerouac, Edie Parker 伊迪·帕克，见伊迪·帕克·凯鲁亚克
Parker, Helen 海伦·帕克, 125-127, 222, 224, 225, 229, 310, 414
Parkinson, Thomas 托马斯·帕金森, 331, 331n, 333, 375, 388-389, 393
Partisan Review 《党派评论》, 104, 120, 361, 372, 375, 395, 428
Passing Through (JK) 《穿越》（杰克·凯鲁亚克）, 471
Paterson, New Jersey 新泽西帕特森
  AG description of 艾伦·金斯堡描述, 85
  AG dreams about 艾伦·金斯堡梦见, 326

AG in 艾伦·金斯堡在, 9–11, 42–46, 51–64, 68–92, 113, 114–117, 120–127, 131–137, 143–148, 151, 153, 162–176, 178–180, 185–186, 401–402, 407–408, 450–453
  AG-JK meeting in 艾伦·金斯堡—杰克·凯鲁亚克会面, 400
  AG plans to go to 艾伦·金斯堡计划前往, 38, 189
  AG views about 艾伦·金斯堡的看法, 160
  AG visits to 艾伦·金斯堡拜访, 252, 418, 439, 443, 444
  politics in 帕特森的政治, 116
  Williams book about 威廉斯相关的书, 85, 131, 135, 177, 293, 410
Payne, Thomas 托马斯·佩恩, 432, 436, 437, 440, 451, 452, 453
Persky, Stan 斯坦·佩斯基, 402, 405
personality: AG views about 艾伦·金斯堡对个性的看法, 48
Perspectives publishing 《观点》上发表, 195
peyote 佩奥特掌, 133, 140, 142, 163, 176, 227, 249, 249n, 284, 313, 319, 350
Philosophical Library (New York City) 哲学图书馆（纽约）, 308, 321
Pippin, R. Gene 罗·吉恩·皮平, 143, 143n, 151, 313, 345
The Place (North Beach bar) 广场（北滩酒吧）, 317, 326, 350, 396
Playboy magazine 《花花公子》杂志, 357, 433, 438, 439, 471
plays, JK 杰克·凯鲁亚克剧本, 365, 370, 374, 431
Podhoretz, Norman 诺曼·波德霍雷茨, 473
"Poem Decided Upon in Ohio" (JK) 《在俄亥俄写下的诗》（杰克·凯鲁亚克）, 74, 75
Poems (JK) 《诗集》（杰克·凯鲁亚克）, 373, 416
"The Poet: I and II" (AG) 《诗人：一》和《诗人：二》（艾伦·金斯堡）, 27, 27n
Poetry magazine 《诗歌》杂志, 120, 152
poetry/poets 诗歌/诗人
  abstraction in 抽象概念, 417
  AG interest in French 艾伦·金斯堡对法国诗歌/诗人的兴趣, 367
  AG views about 艾伦·金斯堡的看法, 11, 47, 434, 444
  and drama 与戏剧, 442, 444
  JK views about 杰克·凯鲁亚克的看法, 180, 269, 377, 379, 385, 387, 396, 442, 451
poetry readings 诗歌朗诵
  BBC 英国广播公司, 389
  Big Table as sponsor of 《大桌子》作为主办方, 438
  at Brata Gallery 在布拉塔画廊, 385
  at Columbia University 在哥伦比亚大学, 444
  Corso views about 柯索的看法, 400
  in Germany 在德国, 418

索引   703

  at Half Note　在半音符俱乐部, 420
  at Harvard University　在哈佛大学, 427
  at Hunter College　在亨特学院, 415
  and jazz　与爵士乐, 365-366
  JK views about　杰克·凯鲁亚克的看法, 386-387, 406
  Lustig　路斯蒂格, 365-366
  for *Measure* magazine　为《标准》杂志, 429
  in New York City　在纽约城, 373, 374-375, 385, 404, 406
  requests for JK at　请求杰克·凯鲁亚克读诗, 440
  in St. Louis　在圣路易斯, 386, 395, 395n
  in San Francisco　在旧金山, 334, 429
  at San Quentin　在圣昆廷, 430, 431
  Six Gallery　六画廊, 132n, 316, 325
  as source of money　作为资金来源, 395
  at Village Vanguard　在先锋俱乐部, 373, 374-375, 385, 388, 389, 391, 392, 420
  at Wesleyan College　在韦斯利恩学院, 430
police　警察, 67, 157, 239, 342, 350, 429, 471
politics　政治
  AG views about　艾伦·金斯堡的看法, 383-384, 460-461
  AG writings about　艾伦·金斯堡的相关写作, 383-384, 460
  JK comments about　杰克·凯鲁亚克的评论, 386, 416, 459, 461, 465
Pommy, Janine　雅尼娜·波默, 456, 457
Porter, Arabelle　阿拉贝尔·波特, 235-236, 277, 361
Pound, Ezra　埃兹拉·庞德
  AG interest in　艾伦·金斯堡的兴趣, 281, 284, 287, 306
  AG sends *Howl* to　艾伦·金斯堡把《嚎叫》寄给, 327
  Buddhist works of　译作《诗经选》, 281
  Cantos by　《诗章》, 301
  and de Angulo's book　与德·安古洛的书, 150
  Duncan as friend of　邓肯作为朋友, 240
  JK interest in　杰克·凯鲁亚克的兴趣, 301, 306
  JK reading of　杰克·凯鲁亚克阅读, 458
  JK as similar to　杰克·凯鲁亚克的相似之处, 146
  and JK views about poetry　与杰克·凯鲁亚克对诗歌的看法, 377
  Martinelli drawing of　马丁内利的画作, 275-276
  in mental hospital　在精神病院, 107
  Rexroth compared with　雷克斯罗斯与之作比, 233
  Translations from Chinese by　庞德的中文翻译, 284
  Williams-AG discussion about　威廉斯—艾伦·金斯堡讨论, 151, 404-405

Yeats description of 叶芝的描述，71
prayer: AG views about 艾伦·金斯堡对祷告的看法，88
Price, Ray 雷·普莱斯，415
Protter, Eric 埃里克·普罗特，175, 247
Proust, Marcel 马塞尔·普鲁斯特，12, 149, 210, 238n, 272
Provincetown, Rhode Island 普罗温斯敦，罗得岛，125, 300
psychoanalysis: AG views about 艾伦·金斯堡对精神分析的看法，39, 47
Publishers Weekly 《出版人周刊》，342
publishing/publishers 出版/出版人
　　AG views about 艾伦·金斯堡的看法，120, 149, 159, 161–162, 229, 243
　　JK views about 杰克·凯鲁亚克的看法，31, 40, 419, 420
　　power of 力量，353
　　Rexroth comment about 雷克斯罗斯的评论，353
　　See also specific publisher, author, or work 同见具体出版人、作者或作品
"Pull My Daisy" (AG) 《扯我的雏菊》（艾伦·金斯堡），84, 122
Pull My Daisy (movie) 《扯我的雏菊》（电影），427

Rabelais, François 弗朗索瓦·拉伯雷，71, 377
radio programs 广播节目，294, 316
Rahv, Philip 菲利普·拉夫，361, 366
"Railroad Earth" (AG) 《地球铁路的十月》（艾伦·金斯堡），327, 352, 458
Random House 兰登书屋，145, 146, 158, 159, 293, 303, 343
Rauch, Jerry 杰里·劳奇，99, 99n
reality 真实
　　AG views about 艾伦·金斯堡的看法，47–48, 99, 101
　　JK views about 杰克·凯鲁亚克的看法，106, 135, 269, 275
reason: AG views about 艾伦·金斯堡对理性的看法，47–48, 99, 101
rebirth: JK views about 杰克·凯鲁亚克对重生的看法，274–275
recordings 唱片
　　of AG 关于艾伦·金斯堡的，427, 432–433
　　of JK 关于杰克·凯鲁亚克的，398, 442–443
　　by JK 由杰克·凯鲁亚克录制的，209n
　　See also specific recording company 同见具体唱片公司
Reich, Wilhelm 威廉·赖希，94, 100
relationship, AG-JK 艾伦·金斯堡—杰克·凯鲁亚克关系
　　and AG as agent for JK 与艾伦·金斯堡作为杰克·凯鲁亚克的代理人，194
　　and AG decision not to go to San Francisco 与艾伦·金斯堡决定不去旧金山，152
　　and AG and JK as brothers 与艾伦·金斯堡和杰克·凯鲁亚克作为兄弟，60
　　and AG as missing JK 与艾伦·金斯堡想念杰克·凯鲁亚克，140, 143

索　引　705

AG views about　艾伦·金斯堡的看法, 27, 52, 473-475
　　and AG views about hate　与艾伦·金斯堡对二人之间的怨恨的看法, 60
　　break in　破裂, 180
　　Burroughs as complication in　巴勒斯作为复杂因素, 246
　　change in　变化, 9-11
　　and clairvoyance compatibility　与相同的洞察力, 186, 224
　　distance in　疏远, 399-401
　　freedom in　自由, 58
　　Glassman comment about　格拉斯曼评论, 415
　　and helping each other　与互相帮助, 300
　　honesty in　真诚, 60
　　hypocrisy in　虚伪, 55, 60, 64
　　and imitation of each other　与互相模仿, 60
　　jealousy between　嫉妒, 178-179
　　and JK as genius　与杰克·凯鲁亚克作为天才, 27
　　and JK fondness for AG　与杰克·凯鲁亚克对艾伦·金斯堡的喜爱, 113
　　and JK invitation to AG to go to Paris　与杰克·凯鲁亚克邀请艾伦·金斯堡去巴黎, 157
　　and JK missing AG　与杰克·凯鲁亚克想念艾伦·金斯堡, 379
　　and JK mother　与杰克·凯鲁亚克母亲, 394, 398, 399, 400, 402, 433
　　and JK need for AG　与杰克·凯鲁亚克需要艾伦·金斯堡, 321
　　JK views about　杰克·凯鲁亚克的看法, 24, 25, 54, 330, 379, 469-473
　　and JK views about AG　与杰克·凯鲁亚克对艾伦·金斯堡的看法, 80, 179
　　as loving relationship　相亲相爱, 54, 135, 156, 197, 219, 390, 398, 453
　　and madness between AG and JK　与艾伦·金斯堡和杰克·凯鲁亚克相互生气, 59, 185, 268, 391
　　and "our poem,"　与"我们的诗", 72-73, 83-84
　　philosophical excitement in　处变不惊的兴奋之情, 64
　　and pleasing each other　与互相取悦, 63, 64
　　police take custody of letters between AG and JK　警察没收艾伦·金斯堡和杰克·凯鲁亚克的通信, 67
　　as stealing from each other　互相窃取, 146, 154
　　strains in　紧张, 428
　　suffering as basis of　痛苦作为二人友谊的基础, 60
　　trust in　信任, 236, 330
　　and truth　与诚实, 54
　　as Van Doren-type relationship　作为范·多伦类型的关系, 401
religion　宗教
　　AG views about　艾伦·金斯堡的看法, 47, 221, 329, 411, 443
　　and "beat" as Second Religiousness of Western Civilization　与"垮掉"作为西

方文明的第二宗教性，353
　　and *The Dharma Bums* 与《达摩流浪者》，411
　　JK study of 杰克·凯鲁亚克的研究，458
　　JK writings about 杰克·凯鲁亚克有关宗教的写作，413
　　and Lamantia 与拉曼蒂亚，313
　　See also Buddhism 同见佛教
Revelations of Golgotha (AG paintings) 《各各他的启示》（艾伦·金斯堡的画作），106
Rexroth, Kenneth 肯尼思·雷克斯罗斯
　　AG comments/views about 艾伦·金斯堡的评论/看法，233，283，389
　　and AG Guggenheim application 与艾伦·金斯堡申请古根海姆基金，362
　　and AG as literary agent for JK 与艾伦·金斯堡作为杰克·凯鲁亚克的文学代理，257，279
　　and AG at poetry reading 与艾伦·金斯堡的诗歌朗诵，248-249
　　and AG in San Francisco 与艾伦·金斯堡在旧金山，227，233
　　and Burroughs works 与巴勒斯的作品，233，248，277，278，283
　　and Cassady arrest 与卡萨迪被捕，397
　　and Cowley 与考利，278，292
　　criticisms of JK by 对杰克·凯鲁亚克的批评，282-283，379，386
　　Doctor Sax comments of 对《萨克斯博士》的评论，279，282-283，379
　　Evergreen recordings of 《常青评论》的录音带，343
　　at Five Spot 在五点俱乐部，395
　　and *Howl* trial 与《嚎叫》的审判，349
　　and Jarrell 与贾雷尔，333
　　JK comments about 杰克·凯鲁亚克的评论，301
　　and JK *New Writing* works 与杰克·凯鲁亚克的《新世界写作》七的作品，292
　　Nation article about JK by 《国家》杂志关于杰克·凯鲁亚克的文章，343
　　as New Directions advisor 作为新方向的顾问，248
　　New World Writing publication of article by 《新世界写作》发表文章，351
　　and *On the Road* 与《在路上》，353，359
　　party at 聚会，313
　　poetry readings of 诗歌朗诵，248-249，325
　　and power of publishers 与出版人的权力，353
　　and publication of JK works 与杰克·凯鲁亚克的作品出版，236，240，277，278-279，282-283
　　radio program of 广播节目，286
　　reviews of JK works by 对杰克·凯鲁亚克作品的书评，359
　　in San Francisco 在旧金山，329
　　as San Francisco poet and writer 作为旧金山诗人和作家，227n
　　and *Subterraneans* 与《地下人》，290，291，292，395

support for JK of 对杰克·凯鲁亚克的支持, 280, 286
and *Visions of Neal* 与《尼尔的幻象》, 278
Visions of Neal reading by 朗读《尼尔的幻象》, 283
Williams-AG discussion about 威廉斯—艾伦·金斯堡讨论, 293
"Richmond Hill" (JK) 《里士满山》(杰克·凯鲁亚克), 136, 144, 153
Rilke, Rainer Maria 莱纳·马利亚·里尔克, 20, 145
Rimbaud, Arthur 阿瑟·兰波, 26, 27, 52, 88, 103, 140, 210, 234, 328, 366, 372
"River Street Blues" (AG) 《河街布鲁斯》(艾伦·金斯堡), 154
Riviera Bar (New York City) 里维埃拉酒吧（纽约）, 301, 310
Roberts, Ed 埃德·罗伯茨, 135, 227, 233, 310
Robinson, E. A. 埃·阿·罗宾逊, 87, 97
Robinson, Jethro 杰思罗·罗宾逊, 61, 64, 84, 226
Rochambeau bar (New York City) 罗尚博酒吧（纽约）, 42-43
rodeo: JK in 杰克·凯鲁亚克在牛仔竞技场, 81
romantic: AG as 艾伦·金斯堡的浪漫化, 77
romanticism 浪漫主义, 16-17, 18
rooming house poems, AG 艾伦·金斯堡的出租屋的诗, 135, 152
"The Rose of the Rainy Night" (JK) 《雨夜的玫瑰》(杰克·凯鲁亚克), 94-96
Rosenberg, Anton 安东·罗森伯格, 142, 209, 276, 279, 290, 301, 359, 387, 406
Rosenthal, Irving 欧文·罗森塔尔, 407, 413, 417-418, 421-422, 430, 438, 457
Rosset, Barney 巴尼·罗塞特, 364, 418
Rotha, Paul 保罗·罗萨, 203, 203n
Rowohlt Verlag Publishers 罗沃尔特·弗拉格出版社, 366
Rubens, Peter Paul 彼得·保罗·鲁本斯, 74, 80, 97
Russell, Vicki 薇姬·罗素, 67, 68-69, 71, 87

Sampas, Sebastian 塞巴斯蒂安·桑帕斯, 114, 114n, 270, 399, 475
San Francisco Blues (JK) 《旧金山布鲁斯》(杰克·凯鲁亚克), 224, 247, 257, 282, 283
San Francisco, California 加利福尼亚旧金山
AG decision not to go to 艾伦·金斯堡决定不去, 152
AG in 艾伦·金斯堡在, 227, 233, 238-258, 261-313, 314-322, 327, 330-332, 335-336, 428-435, 473-475
AG jet plane trip to 艾伦·金斯堡喷气式飞机旅行, 428
AG plans to go to 艾伦·金斯堡计划前往, 207, 211, 218, 329, 334
AG plans to leave 艾伦·金斯堡计划离开, 284
AG views about 艾伦·金斯堡的看法, 396

  and Beat Generation as "San Francisco Renaissance," 与垮掉的一代作为"旧金山文艺复兴", 370
  Corso poem about 柯索的相关诗歌, 383
  FBI investigation of people from 联邦调查局调查旧金山民众, 409
  JK-Cassady trip to 杰克·凯鲁亚克—卡萨迪旧金山之行, 67
  JK in 杰克·凯鲁亚克在, 113, 131-162, 165-166, 180-186, 189-192, 310, 326, 329, 330, 335, 349, 352, 457-458
  JK plans/desires to visit 杰克·凯鲁亚克计划/想要拜访, 272, 274, 280, 290, 293-294, 295, 296, 298, 300, 301, 302, 305, 307, 310, 314, 316, 317, 318, 321, 322
  JK views about 杰克·凯鲁亚克的看法, 400
  JK writings about 杰克·凯鲁亚克的相关写作, 330
  poetry readings in 在旧金山的诗歌朗诵, 429
  and SF poetry 与旧金山诗歌, 385
  See also specific person 同见具体的人
San Jose, California 旧金山圣何塞
  AG in 艾伦·金斯堡在, 218-238, 299
  Cassady in 卡萨迪在, 178-180, 201-211, 213-218
  JK in 杰克·凯鲁亚克在, 178-180, 201-218
San Luis Obispo, California: JK in 杰克·凯鲁亚克在加利福尼亚圣路易斯—奥比斯波, 192-194
San Remo bar (New York City) 圣雷莫酒吧（纽约）, 394, 403
sandwich of pure meat (AG poem) 纯肉三明治（艾伦·金斯堡的诗）, 159
Saroyan, William 威廉·萨洛扬, 34, 120, 120n, 160, 231
Saturday Evening Post magazine 《星期六晚邮报》杂志, 470
Saturday Review 《星期六评论》, 352, 357, 391, 414n, 428
Schapiro, Meyer 迈耶·夏皮罗, 69, 69n, 103, 119, 120, 299, 319, 327, 386
Schleifer, Marc 马克·施莱弗, 435, 435n, 436, 437
Schnall, Norman 诺曼·施内尔, 108, 108n
Schorer, Mark 马克·肖勒, 303, 303n, 312, 353
Schweitzer, Albert 阿尔贝特·施韦泽, 98, 98n
Scribner's 斯克里布纳出版社, 33, 34, 37, 171, 176
self 自我,
  AG views about 艾伦·金斯堡的看法, 98
  JK views about 杰克·凯鲁亚克的看法, 266, 308
sex 性
  and AG at Maritime Training Station 与艾伦·金斯堡在海事训练站, 14
  AG poem about 艾伦·金斯堡的相关诗歌, 329
  AG views about 艾伦·金斯堡的看法, 77, 90, 139, 154-155, 229

索引 **709**

Burroughs views about　巴勒斯的看法，156
　　Cassady writings about　卡萨迪关于性的写作，234，240
　　in *Doctor Sax*　在《萨克斯博士》中，184
　　JK views about　杰克·凯鲁亚克的看法，223，301，358
　　and JK visit to New York City　与杰克·凯鲁亚克拜访纽约，301
　　JK writings about　杰克·凯鲁亚克关于性的写作，181
The Shadow of Dr. Sax (JK)　《萨克斯博士的影子》（杰克·凯鲁亚克），173
Shakespeare, William　威廉·莎士比亚，36，37，59，61，70，97，135，157，
　　175，243，334，374，377，411，442
Shelley, Percy Bysshe　珀西·比希·雪莱，20，377，399
Shields, Karena (Mexican author)　卡莱纳·希尔兹（墨西哥作家），206，211，
　　303，307，316，318
"The Shroudy Stranger" (AG)　《尸衣陌客》（艾伦·金斯堡），84，120，145，
　　147，154，157-158，184，320
Siesta in Xbalba (AG)　《在西瓦尔巴的午睡》（艾伦·金斯堡），239，375
Sim, Alistair　阿拉斯塔尔·西姆，253，254
Simpson, Louis　路易斯·辛普森，171，184，283，288，416
Simpson publishing　辛普森出版，176
sin: AG views about　艾伦·金斯堡对罪的看法，47
Six Gallery reading　六画廊朗诵，132n，316，325
sketches　速写，172，174-176，245，299，337
Slochower, Harry　哈里·斯洛霍瓦，63，63n
Snyder, Gary　加里·斯奈德
　　AG comments about　艾伦·金斯堡的评论，326，388
　　AG first meets　艾伦·金斯堡初见，325
　　and AG interest in Buddhism　与艾伦·金斯堡对佛教的兴趣，407
　　AG letters to/from　来自/写给艾伦·金斯堡的信，372，393，411，416
　　AG possible visit with　艾伦·金斯堡可能拜访，421
　　AG relationship with　与艾伦·金斯堡的关系，398
　　and Allen　与艾伦，416，418
　　and Buddhism　与佛教，326
　　California trip of　加利福尼亚之行，353
　　and *The Dharma Bums*　与《达摩流浪者》，325，373，374，376，411，416
　　Evergreen recordings of　《常青评论》的录音带，343
　　and Ferlinghetti　与费林盖蒂，388，410
　　illness of　生病，397
　　invitation to JK from　邀请杰克·凯鲁亚克，450
　　in Japan　在日本，450，473
　　and JK Beat Generation article　与杰克·凯鲁亚克垮掉的一代文章，353
　　JK camping trip with　与杰克·凯鲁亚克同去露营旅行，325

JK comments about　杰克·凯鲁亚克评论, 352, 414
　　JK inquiries about　杰克·凯鲁亚克询问, 472
　　JK letters to/from　来自/写给杰克·凯鲁亚克的信, 386, 393, 430, 470
　　JK lives with　与杰克·凯鲁亚克住在一起, 326
　　JK plans to visit　杰克·凯鲁亚克计划拜访, 395
　　JK relationship with　与杰克·凯鲁亚克的关系, 375, 379, 470
　　and Lamantia　与拉曼蒂亚, 411
　　lovers of　爱人们, 410, 473
　　and Lustig poetry readings　与路斯蒂格诗歌朗诵, 365
　　and Merims　与梅里姆斯, 329
　　in Mill Valley　在米尔谷, 326
　　in mountains/Oregon　在山间/俄勒冈, 402, 411
　　New York City visit by　拜访纽约, 404, 409
　　nickname for　昵称, 388
　　and poetry readings　与诗歌朗诵, 325, 406
　　publication of works by　作品出版, 331, 410, 416, 418
　　in San Francisco　在旧金山, 397
　　and Whalen　与惠伦, 351
　　and Wieners　与维纳斯, 350
　　and Williams (Sheila)　与威廉斯（希拉）, 404, 410
　　and Williams (William)　与威廉斯（威廉）, 348
　　world travels of　世界旅行, 386
society　社会
　　AG views about　艾伦·金斯堡的看法, 87–88, 98, 121–122
　　JK view about　杰克·凯鲁亚克的看法, 82, 88
　　Van Doren views about　范·多伦的看法, 82, 87, 88
Solomon, Carl　卡尔·所罗门
　　at Ace Books　在王牌图书公司, 133–134, 133n
　　AG comments about　艾伦·金斯堡评论, 103, 161, 293
　　AG first meets　艾伦·金斯堡初见, 103
　　AG inquiries about　艾伦·金斯堡询问, 222, 244, 258, 262
　　and AG-JK meetings　与艾伦·金斯堡—杰克·凯鲁亚克会面, 117
　　AG letters to/from　来自/写给艾伦·金斯堡的信, 285
　　and AG as literary agent　与艾伦·金斯堡作为文学代理, 173, 196
　　AG recommendation to Landesman of　艾伦·金斯堡将他推荐给兰德斯曼, 122–123
　　AG visits with　探望艾伦·金斯堡, 454
　　and Ansen works　与安森作品, 150
　　and Burroughs writings　与巴勒斯写作, 133, 150, 159, 161, 189, 190, 191
　　and Cassady-AG relationship　与卡萨迪—艾伦·金斯堡关系, 124

索　引　711

Cassady-Lamantia meeting at home of　卡萨迪—拉曼蒂亚在他家见面，140
　　and Cassady writings　与卡萨迪的写作，140，149，150，158，174
　　and de Angulo works　与德·安古洛的作品，149-150
　　in Denver　在丹佛，272
　　du Peru's similarity to　与杜佩鲁的相似之处，242
　　and *Empty Mirror*　与《空镜子》，184
　　and Genet　与热内，162，171，175
　　and Harrington books　与哈林顿图书，150
　　and Hoffman joke　与霍夫曼的笑话，139
　　and Holmes works　与霍尔姆斯的作品，150
　　homosexuality of　同性恋，103
　　and *Howl*　与《嚎叫》，103n
　　and Huncke works　与洪克的作品，150
　　identity of　身份，454
　　as jealous of JK　嫉妒杰克·凯鲁亚克，178-179
　　JK comments about　杰克·凯鲁亚克评论，158，179，272，290，294，318
　　and JK finances　与杰克·凯鲁亚克的财务状况，160
　　JK letters to/from　来自/写给杰克·凯鲁亚克的信，291
　　and JK writings　与杰克·凯鲁亚克的写作，155，179，184，196
　　in mental hospital　在精神病院，103-104，285，299
　　in New York City　在纽约，391
　　and *On the Road*　与《在路上》，133，134，142，143-144，148，149，157，159，160，171，173，176
　　in Paris　在巴黎，103
　　personal background of　个人背景，103
　　problems of　问题，149-150
　　and publication of AG works　与艾伦·金斯堡的作品出版，150，157
　　publication of works of　作品出版，122-123，122n，172
　　suicide attempt by　自杀行为，103
　　trips of　旅行，119，149
Some of the Dharma (JK)　《达摩片语》（杰克·凯鲁亚克），230，280，302，337，408，416
"Song: Fie My Fum" (AG with Landesman)　《呸我的恼》（艾伦·金斯堡和兰德斯曼），122，122n
Sorrells, Lois　洛伊丝·索雷尔斯，439，451，452，472
South America: AG trip to　艾伦·金斯堡的南美之行，449
Southern Pacific Railroad　南太平洋铁路，34，233，235，262，274，275，304，314，332，333
Spender, Stephen　斯蒂芬·斯彭德，108，429
Spengler, Oswald　奥斯瓦尔德·斯宾格勒，27，40，136，243，253，377，392

Spokesman 《发言人》, 419
Sputnik: AG views about 艾伦·金斯堡对（苏联）人造地球卫星的看法, 360
Stanford University: AG participation in LSD experiments at 艾伦·金斯堡参与斯坦福大学的麦角酸实验, 430, 430n
Stendhal 司汤达, 53n, 140
Stern, Gerd 格尔德·斯特恩, 262, 277, 278, 294, 379, 434
Story magazine 《故事》杂志, 193n
Stringham, Ed 埃德·斯特林厄姆, 57, 105, 302, 358
Sublette, Al 阿尔·萨布莱特
  as actor in JK play 作为杰克·凯鲁亚克剧作中的演员, 366
  AG comments about 艾伦·金斯堡评价, 229, 277
  and AG in San Francisco 与艾伦·金斯堡在旧金山, 227, 229, 233, 239, 244, 249–250, 285
  arrest and imprisonment of 逮捕和囚禁, 345, 348, 350–351, 397
  and Cassady 与卡萨迪, 250
  drinking of 酗酒, 229, 233, 250, 285
  and drugs 与毒品, 212, 239, 249, 285
  JK description of 杰克·凯鲁亚克的描写, 212
  JK friendship with 杰克·凯鲁亚克的友谊, 212
  JK inquiries about 杰克·凯鲁亚克询问, 282
  JK letters to/from 来自/写给杰克·凯鲁亚克的信, 252
  and JK in San Francisco 与杰克·凯鲁亚克在旧金山, 310
  and JK-Taylor meeting 与杰克·凯鲁亚克—泰勒会面, 246–247
  JK views about 杰克·凯鲁亚克的看法, 158, 227, 301, 318
  JK visit with 杰克·凯鲁亚克探望, 352
  and JK works in New World Writing 与杰克·凯鲁亚克在《新世界写作》中的作品, 286
  jobs for 工作, 285
  at Marconi Hotel 在马可尼酒店, 239
  New York City trip of 纽约之旅, 158
  South America trip of 南美之旅, 250
  views about JK of 对杰克·凯鲁亚克的看法, 307
  and Williams (Sheila) 与威廉斯（希拉）, 239, 244
Sublette, Connie 康妮·萨布莱特, 396–397
The Subterraneans (JK) 《地下人》（杰克·凯鲁亚克）
  and AG as agent for JK 与艾伦·金斯堡作为杰克·凯鲁亚克的代理人, 283
  AG copy of 艾伦·金斯堡的副本, 393
  and Allen 与艾伦, 343
  characters in 里面的角色, 53n
  criticisms of 批评, 392, 409

Italian trial concerning　针对它的意大利审判, 470
　　JK autographs copies of　杰克·凯鲁亚克的签名本, 430
　　and JK finances　与杰克·凯鲁亚克的财务状况, 419
　　and JK at Lee house　与杰克·凯鲁亚克在李的家, 225
　　JK requests copy of　杰克·凯鲁亚克索要副本, 292
　　JK views about　杰克·凯鲁亚克对它的看法, 376
　　Lee copy of　李的副本, 231
　　movie version of　电影版, 405, 440, 456
　　"psychoanalysis" of　"精神分析", 470
　　publication of　出版, 267, 278, 301, 335, 357, 376, 392
　　reviews of　评论, 393-394, 395
　　revisions to　修订, 343, 376
　　and Rexroth　与雷克斯罗斯, 290, 291, 292, 395
　　Trilling comments about　特里林评论, 395
　　and Williams　与威廉斯, 291
suffering　痛苦
　　AG views about　艾伦·金斯堡的看法, 39-40, 60, 88, 262
　　as basis of AG-JK friendship　作为艾伦·金斯堡—杰克·凯鲁亚克友谊的基础, 60
　　Burroughs views about　巴勒斯的看法, 237
　　JK views about　杰克·凯鲁亚克的看法, 273
　　summer camp: JK work at　杰克·凯鲁亚克在夏令营工作, 11-12, 11n, 16
　　Surrealism　超现实主义, 140, 140n, 177, 316, 367
　　"Surrealist Ode" (AG)　《超现实主义颂歌》（艾伦·金斯堡）, 89, 89n
　　Suzuki. T.　铃木, 266, 279, 282, 308, 321

Tejeira, Victor　维克托·特杰拉, 46, 46n
television　电视
　　and image of Beat Generation　与垮掉的一代形象, 438
　　JK interviews on　杰克·凯鲁亚克的采访, 358-359, 362, 364, 366, 371, 372, 395
　　JK views about　杰克·凯鲁亚克的看法, 423
　　parody of JK on　对杰克·凯鲁亚克的戏仿, 437
Temko, Allan　艾伦·特姆科, 37-38, 53, 08, 147, 147n, 247, 288, 333
Tennessee: Cassady trip to　卡萨迪的田纳西之行, 146
Tercerero, Dave　戴夫·特塞雷罗, 168, 168n, 169, 385
Texas: JK in　杰克·凯鲁亚克在得克萨斯, 353-54
Texas'l Darling (musical)　《得克萨斯宝贝》（音乐剧）, 122, 122n
Thomas, Dylan　迪伦·托马斯, 123, 253, 269, 406
Thoreau, Henry David　亨利·戴维·梭罗, 82, 279, 307, 472
time　时间

AG views about　艾伦·金斯堡的看法, 78–79, 89, 91, 137–178, 153, 234, 263
　　AG writings about　艾伦·金斯堡的相关写作, 58, 59, 78–79, 91
　　Bloom talk about　布卢姆谈论时间, 104–105
　　Van Doren views about　范·多伦的看法, 87
Time magazine　《时代周刊》, 317, 347, 430, 436, 439, 470
Times Magazine　《纽约时报》, 189
"Tip My Cup" (AG)　《倾倒我的杯》（艾伦·金斯堡）, 91
Tolstoy, Leo　列夫·托尔斯泰, 20, 174, 377
Tombs (Rikers Island)　"墓地"（赖克斯岛）, 138, 138n
Town and City T&C (JK)　《镇与城》（杰克·凯鲁亚克）
　　advertising for　宣传, 123
　　AG comments about　艾伦·金斯堡评论, 115, 117–119, 183, 184, 220
　　AG gives Parker copy of　艾伦·金斯堡给帕克副本, 127
　　and AG views about U.S.　与艾伦·金斯堡对美国的看法, 398
　　Carr (Cessa) copy of　卡尔（塞萨）的副本, 158
　　Carr views about　卡尔的看法, 123
　　characters in　里面的角色, 156
　　and Edie-JK relationship　与伊迪—杰克·凯鲁亚克关系, 94
　　JK comments about　杰克·凯鲁亚克评论, 273
　　and JK as disciple of others　与杰克·凯鲁亚克作为其他人的信徒, 452
　　and JK finances　与杰克·凯鲁亚克的财务状况, 73, 94, 373
　　and JK "personal-ness" problems　与杰克·凯鲁亚克的"个性化"问题, 34
　　JK views about　杰克·凯鲁亚克的看法, 62, 423
　　and JK views about immortality　与杰克·凯鲁亚克对永生的看法, 63
　　lines from　里面的句子, 33
　　paperback edition of　平装本, 184
　　publication of　出版, 31, 34, 37, 40, 41, 51–52, 51n, 193, 302
　　and publicity for Burroughs Junkey　与巴勒斯的《瘾君子》宣传, 189, 190
　　reviews of　评论, 123
　　sequel to　续篇, 318
　　West End bartender requests copy of　西区酒吧酒保索要副本, 225
　　writing of　写作, 142, 186
"Trembling of Veil" (AG)　《面纱的颤抖》（艾伦·金斯堡）, 152–153
Trilling, Diana　戴安娜·特里林, 87, 428, 430
Trilling, Lionel　莱昂内尔·特里林, 9, 17, 18, 20, 21, 25, 27, 69, 76, 87, 277, 327, 377, 395, 409
Tristano, Lennie　莱尼·特利斯塔诺, 42, 42n
Tristessa (JK)　《特丽丝苔莎》（杰克·凯鲁亚克）, 335, 440, 441–442, 443, 451
truth　真理
　　AG views about　艾伦·金斯堡的看法, 98

索引　715

JK views about 杰克·凯鲁亚克的看法，275，290，308，450
Tuttle Publications 塔特尔出版社，414，416
Twain, Mark 马克·吐温，32，37，422，433
20th Century Fox 二十世纪福斯，389，392

Ulanov, Barry 巴里·乌拉诺夫，176，176n
Ullman, Bill 比尔·乌尔曼，346-347，350
United Nations 联合国，186
United Press 合众国际社，41，317
United States 美国
　　AG views about 艾伦·金斯堡的看法，121-122，232，243，283-284，392，397-398，460-461，475
　　JK views about 杰克·凯鲁亚克的看法，392，400，461
University of California at Berkeley 伯克利加利福尼亚大学，303，306，312，316，318
University of Chicago 芝加哥大学，417-418
unknown/unknowable: AG views about 艾伦·金斯堡对未知/不可知的看法，263-265
USNS *Joseph F. Merrell*, AG on 艾伦·金斯堡在美国海军船只约瑟夫·弗·梅雷尔号上，326-327
USNS *Sgt. Jack J. Pendleton*, AG on 艾伦·金斯堡在美国海军船只中士杰克·詹·彭德尔顿号上，327-329

Van Doren, Charles 查理·范·多伦，226，422
Van Doren, Mark 马克·范·多伦
　　and AG book 与艾伦·金斯堡的书，105
　　AG comments about 艾伦·金斯堡评论，228
　　and AG Guggenheim application 与艾伦·金斯堡申请古根海姆基金，362
　　and AG-JK friendship 与艾伦·金斯堡—杰克·凯鲁亚克的友谊，401
　　and AG legal problems 与艾伦·金斯堡的法律问题，77，87
　　AG lunch with 与艾伦·金斯堡共进午餐，159
　　and AG madness 与艾伦·金斯堡发疯，69
　　and AG in mental hospital 与艾伦·金斯堡在精神病院，94
　　AG reliance on 艾伦·金斯堡的依赖，59
　　AG sends *Howl* to 艾伦·金斯堡把《嚎叫》寄给他，327
　　and Cervantes 与塞万提斯，375
　　and Giroux 与吉鲁，108
　　humility of 谦虚，32-33
　　influence on AG of 对艾伦·金斯堡的影响，257，264
　　JK views about 杰克·凯鲁亚克的看法，32-33

JK visit with 杰克·凯鲁亚克拜访, 226
and JK writings 与杰克·凯鲁亚克的写作, 31, 32, 33, 185, 226, 228, 277
and Melville notes 与麦尔维尔的笔记, 134
as moral man 作为有道德的人, 33
and people at Columbia views of AG 与哥伦比亚的人对艾伦·金斯堡的看法, 70
and publication of AG poems 与艾伦·金斯堡诗歌出版, 120
Shakespeare comments of 莎士比亚评论, 135
society views of 社会看法, 82, 87, 88
and *T&C* 与《镇与城》, 31, 32, 33
time views of 时间观, 87
writings of 写作, 87
Van Meter, Peter 彼得·冯·米特, 142, 242
Vanity of Duluoz (JK) 《杜洛兹的虚荣》(杰克·凯鲁亚克), 473
Vidal, Gore 戈尔·维达尔, 168, 175, 196-197
Vietnam War 越南战争, 473
View magazine 《观点》杂志, 140
Viking Press 维京出版
　　AG views about 艾伦·金斯堡的看法, 419
　　and *Beat Generation* 与《垮掉的一代》, 321
　　Cowley as consultant to 考利作为顾问, 194n
　　and *The Dharma Bums* 与《达摩流浪者》, 395
　　and *Doctor Sax* 与《萨克斯博士》, 419
　　and *Howl* 与《嚎叫》, 358, 362
　　and JK finances 与杰克·凯鲁亚克的财务状况, 302, 421
　　and JK Paris book 与杰克·凯鲁亚克写巴黎的书, 419
　　and *On the Road* 与《在路上》, 194n, 236, 302, 302n, 342, 352-353, 354, 355, 357, 372, 398
　　publicity for JK at 对杰克·凯鲁亚克的宣传, 422n
　　and *Visions of Gerard* 与《吉拉德的幻象》, 413, 420, 423
Village Vanguard (New York City) 先锋俱乐部（纽约）, 373, 374-375, 385, 388, 389, 391, 392, 420
Village Voice 《村声》, 392, 417, 420, 420n, 422, 437
The Vision of the Goatherds (JK painting) 牧羊人的幻象（杰克·凯鲁亚克的画）, 350
visions 幻象
　　of AG 艾伦·金斯堡的, 38-40, 41-41, 87, 144, 153, 228, 231, 232, 265, 270, 288, 313
　　AG views about 艾伦·金斯堡的看法, 221
　　JK views about 杰克·凯鲁亚克的看法, 269
　　JK writings about 杰克·凯鲁亚克的相关写作, 96

Visions of Bill (JK) 《比尔的幻象》（杰克·凯鲁亚克），230，280
Visions of Cody (JK) 《科迪的幻象》（杰克·凯鲁亚克），173n，209n，433，456
Visions of Gerard (JK) 《吉拉德的幻象》（杰克·凯鲁亚克），325，326，335，413，415，418，419，420，423，433，471
Visions of Neal (JK) 《尼尔的幻象》（杰克·凯鲁亚克）
　　and AG as agent for JK　与艾伦·金斯堡作为杰克·凯鲁亚克的代理人，196
　　AG comments about　艾伦·金斯堡评论，183，262
　　AG influence on　艾伦·金斯堡的影响，337
　　AG reading of　艾伦·金斯堡朗读，255，257，262，277，378
　　AG requests excerpts from　艾伦·金斯堡索要选段，417
　　and Allen　与艾伦，410，418
　　Americana in　里面的典型美国事物，378
　　Burford views about　伯福德的看法，246
　　and Carr comments about JK　与卡尔对杰克·凯鲁亚克的评价，302
　　Cassady reading of　卡萨迪朗诵，222
　　changing title of On the Road to　将书名《在路上》改为，176
　　classic sentence in　里面经典的句子，285
　　Duncan reading of　邓肯朗诵，325
　　in "Jazz Excerpts,"　在"爵士节选"中，235
　　JK happiness while writing　杰克·凯鲁亚克创作时的快乐，458
　　JK readings from　杰克·凯鲁亚克的朗诵，436
　　JK views about　杰克·凯鲁亚克的看法，272
　　Laughlin reading of　劳夫林的朗诵，373
　　publication of　出版，246，277，375，410，416，418，419
　　reviews of　评论，375
　　Rexroth views about　雷克斯罗斯的看法，283
　　Village Vanguard reading of　先锋俱乐部的朗诵，373
　　and Williams　与威廉斯，298
　　writing and typing of　写作和打字，414，459
Voices magazine　《声音》杂志，283
Von Hartz, Ernest　欧内斯特·冯·哈茨，138，217，359，359n
VVV magazine　VVV杂志，140，140n

"Wail" (JK)　《哀号》（杰克·凯鲁亚克），349–350
Wake magazine　《觉醒》杂志，51n，227
Wake Up (JK). See *Buddha Tells Us*　《醒来》（杰克·凯鲁亚克），见《佛说》
Wald, Jerry　杰里·沃尔德，389，423
Wallace, Mike　迈克·华莱士，385
Warren, Henry Clarke　亨利·克拉克·沃伦，228，228n
Washington Blues (JK)　《华盛顿布鲁斯》（杰克·凯鲁亚克），336

Washington: JK in 杰克·凯鲁亚克在华盛顿, 336-337
Watts, Alan 艾伦·瓦茨, 279, 390, 407
WBAI radio station WBAI电台, 437
Weaver, Helen 海伦·韦弗, 377, 417
Weitzner, Richard 理查德·韦茨纳, 59, 59n, 61, 62, 105
Welch, Lew 卢·威尔奇, 449, 450, 472
Wesleyan College: JK at 杰克·凯鲁亚克在韦斯利恩大学, 430
West End Bar (New York City) 西区酒吧（纽约）, 25, 214, 225, 359
Whalen, Philip 菲利普·惠伦
　　and AG in Alaska 与艾伦·金斯堡在阿拉斯加, 328
　　AG comments about 艾伦·金斯堡评论, 326, 372
　　AG letters to/from 来自/写给艾伦·金斯堡的信, 329, 371, 404, 456
　　AG reading work by 艾伦·金斯堡朗诵惠伦的作品, 393
　　AG visit with 艾伦·金斯堡探望, 334
　　and AG writing style 与艾伦·金斯堡的写作风格, 412
　　and Ansen 与安森, 352
　　and Avon anthology 与亚文选集, 432
　　and *Big Table* magazine 与《大桌子》杂志, 436
　　and *The Dharma Bums* 与《达摩流浪者》, 374
　　Evergreen recordings of 《常青评论》的录音带, 343
　　and Ferlinghetti 与费林盖蒂, 388
　　finances of 财务状况, 429
　　and Giroux 与吉鲁, 470
　　happiness of 幸福, 391
　　and *Howl* 与《嚎叫》, 350, 358
　　and Jarrell visit to San Francisco 与贾雷尔拜访旧金山, 333
　　and JK-AG letters 与杰克·凯鲁亚克—艾伦·金斯堡通信, 341, 344
　　JK comments about 杰克·凯鲁亚克评论, 345, 414, 472
　　JK drawing of 杰克·凯鲁亚克画, 350
　　JK letters to/from 来自/写给杰克·凯鲁亚克的信, 412
　　and JK move to California 与杰克·凯鲁亚克搬去加利福尼亚, 342
　　and JK in San Francisco 与杰克·凯鲁亚克在旧金山, 326
　　JK views about 杰克·凯鲁亚克的看法, 432, 470
　　and Lavigne picture of Orlovsky 与拉维涅画奥洛夫斯基, 348
　　New York City trip of 纽约之行, 404, 409, 429, 430, 441
　　and *On the Road* 与《在路上》, 352-353
　　and poetry readings 与诗歌朗诵, 325, 406, 429
　　publication of works by 作品出版, 331
　　and Snyder 与斯奈德, 351
　　and Wieners 与维纳斯, 350

索引　719

and Williams 与威廉斯, 348
"What the Young French Writers Should Be Writing" (JK) 《年轻的法国作家应该写什么》(杰克·凯鲁亚克), 175
White, Ed 艾德·怀特, 37, 37n, 105, 147n, 162, 172, 174, 176, 225, 245
White Horse Bar (New York City) 白马酒吧（纽约）, 310, 366
White, Phil 菲尔·怀特, 64, 138-139
Whitman, George 乔治·惠特曼, 371, 371n
Whitman, Walt 沃尔特·惠特曼, 134, 136, 155, 174, 247, 329, 364, 383, 393, 397, 429, 433, 461, 472
whys and whats: G-K exchange about 金—凯交流为什么和什么, 17-18, 32
Wieners, John 约翰·维纳斯, 343, 348, 350, 351, 361, 397, 434, 457
Wilbur, Richard 理查德·威尔伯, 385, 388, 431
Williams, Jonathan 乔纳森·威廉斯, 325, 325n, 352, 407
Williams, Sheila Boucher 希拉·布歇·威廉斯
 and AG appearance 与艾伦·金斯堡的外表, 252
 AG first meets 艾伦·金斯堡初见, 239, 256
 and AG interest in Buddhism 与艾伦·金斯堡对佛教的兴趣, 411
 AG meeting with 艾伦·金斯堡和她见面, 404
 and AG-Orlovsky relationship 与艾伦·金斯堡—奥洛夫斯基关系, 252
 AG relationship with 艾伦·金斯堡与她的关系, 239, 242, 244-245, 248, 251, 252, 254, 255, 409-410
 and Burroughs-AG relationship 与巴勒斯—艾伦·金斯堡关系, 242
 and Cassady 与卡萨迪, 249, 258
 and Cassady-AG relationship 与卡萨迪—艾伦·金斯堡关系, 248
 and drugs 与毒品, 249
 in jail 在监狱, 404
 JK comments about 杰克·凯鲁亚克的评论, 301
 JK desire for 杰克·凯鲁亚克的渴望, 310
 Moreland as similar to 莫兰与她的相似之处, 244
 in New York City 在纽约, 409-410
 railroad ticket for 铁路通行证, 303
 reactions to JK writings by 对杰克·凯鲁亚克作品的反应, 283
 returns to San Francisco 返回旧金山, 409-410
 and Snyder 与斯奈德, 404, 410
 and Sublette 与萨布莱特, 239, 244
Williams, William Carlos 威廉·卡洛斯·威廉斯
 and AG in Europe 与艾伦·金斯堡在欧洲, 346
 and AG finances 与艾伦·金斯堡的财务状况, 346
 and AG Guggenheim application 与艾伦·金斯堡的古根海姆基金申请, 362
 AG and JK visit 艾伦·金斯堡与杰克·凯鲁亚克来访, 337

AG letters to/from　来自/写给艾伦·金斯堡的信，131-132，325，348，410
and AG in NMU　与艾伦·金斯堡在国家海员工会，135
AG reading works of　艾伦·金斯堡阅读他的作品，140，284，285
AG relationship with　与艾伦·金斯堡的关系，334
AG views about　艾伦·金斯堡的看法，132，134，258，293
AG visit with　艾伦·金斯堡拜访，293，404-405
and AG writings　与艾伦·金斯堡的写作，131-132，145，147，150-151，152，159，304，325，331
Arts and Sciences grant for　艺术和科学基金，154
City Lights publication of work by　城市之光出版他的作品，320
Collected Essays of　《随笔集》，285
and Corso　与柯索，337，245，348，350
death views of　死亡观，151
at Horace Mann School　在贺拉斯·曼中学，292
and JK-AG letters　与杰克·凯鲁亚克—艾伦·金斯堡通信，136，151，160
JK comments about　杰克·凯鲁亚克评论，307
JK letters to/from　来自/写给杰克·凯鲁亚克的信，303
JK meeting with　杰克·凯鲁亚克与他会面，156
and JK writings　与杰克·凯鲁亚克的写作，137，162，291，293，296，298，325，348
JK writings about　杰克·凯鲁亚克描写，422
and Lamantia　与拉曼蒂亚，348
Lowell letter to　洛厄尔写给他的信，151
and *Measure* magazine　与《标准》杂志，348
mind views of　心灵观，135
"Notes on the Short Story" by　《短篇小说札记》，293
Orlovsky comment by　对奥洛夫斯基的评论，433，434
Paterson by　《帕特森》，85，131，135，177，293，410
Patterson trip with AG of　与艾伦·金斯堡的帕特森之行，151
and Pound　与庞德，404-405
and Rexroth poetry readings　与雷克斯罗斯诗歌朗诵，249
San Francisco trip of　旧金山之行，287，293
Selected Essays by　《散文选集》，293
and Snyder　与斯奈德，348
and Whalen　与惠伦，348
Wilson, Edmund　埃德蒙·威尔逊，277，283
Wingate, John　约翰·温盖特，357，358
Witt-Diamant, Ruth　鲁思·威特-迪亚曼特，333，333n，362，397
Wolfe, Thomas　托马斯·沃尔夫，4，10，13，16，17，33，38，42，121，122，272，301，337，379，386

索引　721

women 女人
  AG views about 艾伦·金斯堡的看法, 54, 77, 255
  Carr views about 卡尔的看法, 401
  at Ginsberg (Sheila) party 在金斯堡（希拉）的聚会上, 115
  JK views about 杰克·凯鲁亚克的看法, 53, 54, 81, 82, 97, 308-309, 469-470, 471-472
  and JK views of half-of-life-is death 与杰克·凯鲁亚克视生命的一半为死亡, 63
  in The Netherlands 在荷兰, 355
  picking up 搭讪, 15
  See also specific person 同见具体的人
Woods, Dick 迪克·伍兹, 234, 240
world: as death 死去的世界, 115-116
writing 写作
  AG views about 艾伦·金斯堡的看法, 160, 388
  "bad," "糟糕的", 43
  JK views about 杰克·凯鲁亚克的看法, 18-19, 337, 406
  theory of 理论, 35, 36
Wyn, A. A. 艾·阿·韦恩, 133, 133n, 134, 142, 149-150, 152, 192, 193, 194, 195, 231n, 236, 246
  See also Ace Books 同见王牌图书
Wyse, Seymour 西摩·怀斯, 162, 169, 172, 210, 226, 253, 273, 328, 341, 342, 348, 399, 453

X concept, of AG 艾伦·金斯堡的"X"概念, 263-266, 268-271, 272-273, 290, 293, 294

The Yage Letters (AG and Burroughs) 关于《死藤水》的通信（艾伦·金斯堡与巴勒斯）, 193, 196, 249, 306, 346, 361, 388, 389
Yeats, W. B. 威·巴·叶芝, 58, 61, 71, 88, 90, 101, 106, 174, 177, 264, 306
yiddishe kopfe (shrewd Yiddish foresight) 犹太人的头脑（犹太人的精明远见）, 12, 14-15, 16, 31
Yokley, Sara 萨拉·约克利, 143-44, 143n
Young, Bob 鲍勃·扬, 235, 242-243
Young, Celine 塞莉纳·扬, 3, 3n, 4, 9, 14, 18, 22, 25, 35
Young, Lester 莱斯特·扬, 37, 197
Young Socialists League 青年社会主义者联盟, 394-395
Yugen magazine 《幽玄》杂志, 393, 429, 436, 438

Zen: JK writings about 杰克·凯鲁亚克有关禅宗的写作, 453
"Zizi's Lament" (AG) 《齐齐的哀歌》（艾伦·金斯堡）, 361, 365, 371

Jack Kerouac, Allen Ginsberg

JACK KEROUAC AND ALLEN GINSBERG: THE LETTERS

Copyright © 2010, John Sampas, Literary Representative of the Estate of Jack Kerouac
Copyright © 2010, The Allen Ginsberg Trust
All Rights Reserved

图字：09-2021-149号

图书在版编目（CIP）数据

凯鲁亚克与金斯堡通信集 /（美）杰克·凯鲁亚克
(Jack Kerouac)，（美）艾伦·金斯堡
(Allen Ginsberg) 著；胡怡君译. -- 上海：上海译文
出版社，2024.6. -- ISBN 978-7-5327-9285-6

Ⅰ.K837.125.6

中国国家版本馆CIP数据核字第2024WH0503号

凯鲁亚克与金斯堡通信集	Jack Kerouac, Allen Ginsberg	出版统筹 赵武平
Jack Kerouac and Allen Ginsberg: The Letters	[美] 杰克·凯鲁亚克 艾伦·金斯堡 著 胡怡君 译	责任编辑 王 源 装帧设计 张 越

上海译文出版社有限公司出版、发行
网址：www.yiwen.com.cn
201101 上海市闵行区号景路159弄B座
上海盛通时代印刷有限公司印刷

开本890×1240 1/32 印张23.5 插页2 字数390,000
2024年6月第1版 2024年6月第1次印刷

ISBN 978-7-5327-9285-6/I·5784
定价：118.00元

本书中文简体字专有出版权归本社独家所有，非经本社同意不得转载、摘编或复制
如有质量问题，请与承印厂质量科联系。T：021-37910000